Gießen / Nakanishi
Office 2010

Gießen / Nakanishi

Das Franzis Handbuch für

Office 2010

Word · Excel · Outlook

Mit 659 Abbildungen

Bibliografische Information der Deutschen Bibliothek

Die Deutsche Bibliothek verzeichnet diese Publikation in der Deutschen Nationalbibliografie;
detaillierte Daten sind im Internet über http://dnb.ddb.de abrufbar.

Satz: DTP-Satz A. Kugge, München
art & design: www.ideehoch2.de
Druck: Bercker, 47623 Kevelaer
Printed in Germany

ISBN 978-3-645-60055-2

Vorwort

Das neue Office 2010 ist da!

Jetzt haben alle Office Programme die einheitliche Oberfläche erhalten. Aber nicht nur die Oberfläche wurde poliert, jede einzelne Anwendung hat auf seinem Gebiet Verbesserungen erfahren.

In Excel 2010 heben sich *Sparklines*, das sind Diagramme in einer Zelle, als neue Funktion hervor. In Word 2010 wurde das Gestalten der einzelnen Zeichen und die integrierten Suchfunktion erweitert. PowerPoint 2010 hat mit dem Tool der Videobearbeitung dazu gewonnen.

Als gemeinsame Komponente in allen Office-Anwendungen nutzbar, sind die Gestaltungsmöglichkeiten auf Bildern und ClipArts vielfältiger, bunter und aufregender geworden.

Das bis zur Version 2003 bekannte Menü *Datei* ist wieder da. Schließlich können Sie durch die Erstellung eigener Registerkarten und Schaltflächen Ihre persönliche Programmoberfläche mit Ihren Befehlen konfigurieren.

Im ersten Kapitel sind die Gemeinsamkeiten zwischen der Excel-, Word- und Power-Point-Oberfläche beschrieben. Danach gliedert sich das Buch in drei Teile zu Excel, Word und PowerPoint. Der Teil zu PowerPoint 2010 stammt aus den Federn von Frau Hoeren und Frau Wedemeyer, die dort Ihre langjährigen Erfahrungen aus ihren Seminaren einbringen konnten.

Köln, 2010

Saskia Gießen
Hiroshi Nakanishi

Inhaltsverzeichnis

1 Die Oberfläche von Office 2010

Ein Vorteil der Office-Anwendungen wie Word, Excel und PowerPoint liegt darin, dass viele Komponenten in der Oberfläche in der Handhabung gleich oder sehr ähnlich sind. Dadurch sparen Sie sich Zeit, wenn Sie beispielsweise zuerst mit Excel und danach mit PowerPoint arbeiten.

Dieses Kapitel beschreibt die Teile der Arbeitsoberfläche, die gleichartig in den Anwendungen sind. Dazu zählen das Starten und Beenden der Programme sowie der obere und der untere Bereich des Bildschirms. Die Erläuterungen führen wir beispielhaft anhand von Word durch.

1.1 Starten und Beenden einer Office-Anwendung

Der Ausgangspunkt ist hier der Zeitpunkt nach der Installation von Office 2010.

1.1.1 Starten

Nach erfolgreicher Installation starten Sie Ihr Office-Programm folgendermaßen:

1. Klicken Sie auf die *Start*-Schaltfläche in der Taskleiste.

Bild 1.1: Die Anwendung über den Start-Knopf starten

2. Zeigen Sie auf den Eintrag *Alle Programme*. Nach wenigen Sekunden zeigt Windows die Liste aller auf Ihrem Computer installierten Programme.

3. Klicken Sie auf dem Eintrag *Microsoft Office* und wählen Sie die gewünschte Anwendung mit einem Klick aus.

Die Liste der Programmfavoriten

Windows »merkt« sich die von Ihnen zuletzt gestarteten Anwendungen und zeigt Ihnen diese in der Liste der Programmfavoriten.

Diese Liste zeigt Ihnen Windows direkt nach dem Klick auf die *Start*-Schaltfläche.

Bild 1.2: Die Liste der Programmfavoriten

1.1.2 Beenden

Um eine Office-Anwendung zu beenden, klicken Sie auf die Schaltfläche *Schließen* in der rechten oberen Ecke.

Bild 1.3: Word beenden

Alternativ können Sie auch über das Register *Datei* den Befehl *Beenden* aufrufen.

Wenn Sie Ihre Arbeit bis jetzt noch nicht gespeichert haben, werden Sie gefragt, ob Sie Ihre Änderungen speichern möchten.

1.2 Die Oberfläche

Nach dem ersten Starten präsentieren sich alle Anwendungen folgendermaßen:

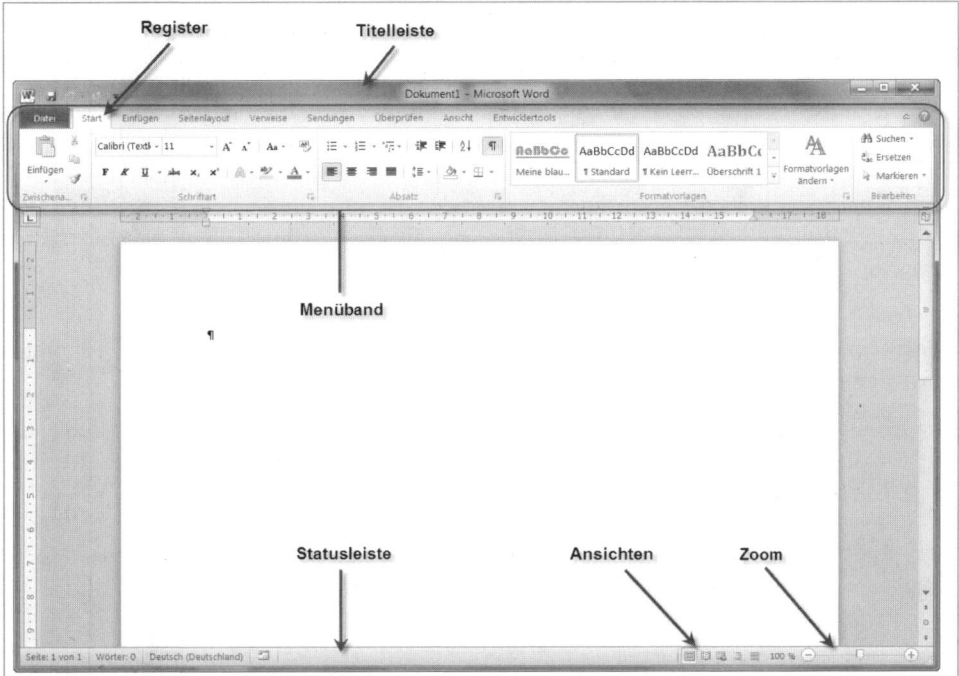

Bild 1.4: So zeigt sich Word nach dem Start der Anwendung.

In der Titelleiste finden Sie neben dem aktuellen Dateinamen auch die Schnellstartleiste. Sie beinhaltet häufig genutzte Befehle. Zu Beginn sind es aber nur die drei Befehle *Speichern*, *Rückgängig* und *Wiederholen*. In diese Leiste können Sie allerdings auch eigene Befehle einfügen. Lesen Sie dazu in diesem Kapitel weiter.

Unter der Titelleiste finden Sie das Menüband. Hier werden alle Programmbefehle, die Sie zur Erstellung und Bearbeitung Ihrer Dateien benötigen, nach Aufgaben sortiert auf Registerkarten in Befehlsgruppen zusammengefasst.

Innerhalb des Menübands wird das erste Register mit dem Namen *Datei* durch die blaue Farbe etwas hervorgehoben. Das Register *Datei* beinhaltet die Befehle, um ein Dokument zu speichern, zu drucken, zu öffnen und viele mehr. Die Befehle im Register *Datei* werden weiter unten in diesem Kapitel beschrieben.

Der größte Teil des Programmfensters ist das leere Dokument, in das Sie Ihre Texte schreiben. Bei Excel ist es das Tabellenblatt, auf dem Sie Ihre Berechnungen erstellen, und bei PowerPoint ist es das Fenster, in dem Sie Ihre Präsentationen erzeugen.

Am unteren Rand finden Sie die Statusleiste, über die Sie die Anzeige des Dokuments steuern können.

1.3   Das Menüband

Das Konzept des Menübands hat Microsoft bereits in der Office-Version 2007 eingeführt. Die in der englischen Version *Ribbon* genannte breite Leiste mit den verschiedenen *Registern* und den darin enthaltenen *Befehlsgruppen* heißt nun in der aktuellen Office-Version nicht mehr Multifunktionsleiste, sondern *Menüband*. Neben der Namensänderung stechen noch zwei Neuerungen hervor.

Das vertraute Menü *Datei* der älteren Office-Versionen ist in Form eines neuen Registers mit dem Namen *Datei* wieder da und ersetzt damit die Office-Schaltfläche der vorherigen Office-Version 2007. Über das Register *Datei* gelangen Sie in den sogenannten *Backstage-Bereich* der Office-Anwendung. Hier finden Sie u. a. die Befehle zum Öffnen und Speichern der Dateien. Das Register *Datei* wird in der »traditionellen« Farbe des Programms angezeigt, d. h. in Word ist es blau, in Excel grün und in PowerPoint orange. Weiter hinten in diesem Kapitel wird das Register *Datei* genauer beschrieben.

Die zweite Neuerung sieht man nicht sofort: Sie können jetzt das Menüband individuell einstellen und anpassen. Dies wird am Ende dieses Kapitel beschrieben.

Die Arbeit mit dem Menüband ist einfach. Ihre Anwendung zeigt Ihnen die Befehle, die Sie zur aktuellen Arbeit benötigen. Nach dem Öffnen sehen Sie immer das Register *Start*. Es enthält die Befehle zur Bearbeitung und Formatierung Ihrer Texte.

Bild 1.5: Das Register *Start* bietet Ihnen alle Befehle zum Bearbeiten der Texte.

Wenn Sie einen Registernamen anklicken, z. B. *Überprüfen*, führt dies zu einem Wechsel auf dem Menüband. Sie erhalten dann die Befehle zu dem gewählten Thema, wie beispielsweise zur Rechtschreibprüfung oder zur Nachverfolgung von Änderungen.

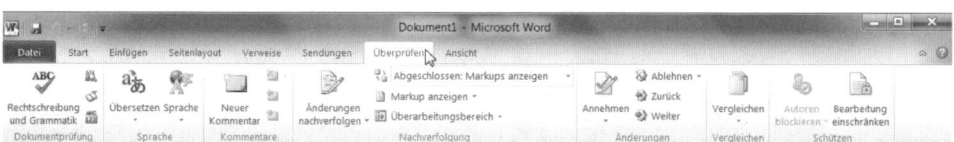

Bild 1.6: Das Register *Überprüfen*

Einige Registerkarten, die sogenannten *Hauptregisterkarten*, sind ständig sichtbar, andere werden nur kontextbezogen eingeblendet, wenn ein entsprechendes Objekt markiert ist. So werden beispielsweise die Register mit den Funktionen zur Bildgestaltung nur angezeigt, wenn ein Bild markiert ist. Kontextbezogene Registerkarten haben einen eigenen Titel. Sie werden rechts neben den Hauptregistern angezeigt und sind farblich hervorgehoben.

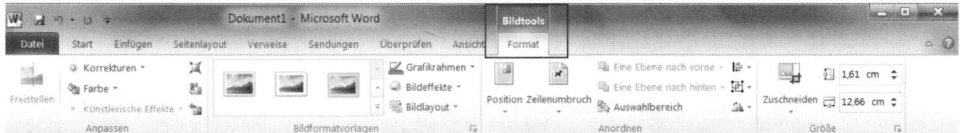

Bild 1.7: Das Register *Bildtools / Format* erscheint, wenn ein Bild markiert ist.

Tipp: Natürlich können Sie mit einem Klick auf den Namen in das gewünschte Register wechseln, aber schneller geht es, wenn Sie mit der Maus auf einen Namen zeigen und mit dem Mausrad scrollen. Um sich die Register weiter links anzeigen zu lassen, scrollen Sie nach oben. Scrollen Sie nach unten, um die Register weiter rechts des derzeit aktiven Registers zu sehen. Dies ist eine schöne Möglichkeit, sich durch die Register zu »zappen«.

Noch mehr Platz zum Schreiben

Wenn Sie mehr Platz zur Darstellung Ihre Dokumente benötigen, können Sie das Menüband mit einem Klick auf die Schaltfläche *Menüband minimieren*, die Sie rechts neben den Registern finden, ausblenden. Alternativ blenden Sie das Menüband mit einem Doppelklick auf den Namen des aktiven Registers aus.

Bild 1.8: Das minimierte Menüband reduziert die Darstellung auf die Registernamen.

Jetzt sehen Sie nur noch die Registernamen. Mit einem erneuten Doppelklick blenden Sie das Menüband wieder ein. Sie können auch die Schaltfläche *Menüband erweitern* nutzen.

Alternativ können Sie das Menüband auch mit der Tastenkombination $\boxed{\text{Strg}}$+$\boxed{\text{F1}}$ ausblenden und natürlich auch wieder einblenden.

1.3.1 Befehlsgruppen

Auf den Registerkarten sind die eigentlichen Programmbefehle in Befehlsgruppen zusammengefasst. Die Namen der Befehlsgruppen sehen Sie zentriert unter der jeweiligen Gruppe.

Je nach Größe des Programmfensters oder eingestellter Bildschirmauflösung werden die einzelnen Befehlsgruppen unterschiedlich detailliert dargestellt. Dies kann variieren von der Darstellung aller in einer Befehlsgruppe befindlichen Symbole bis hin zu einem Symbol für die ganze Gruppe.

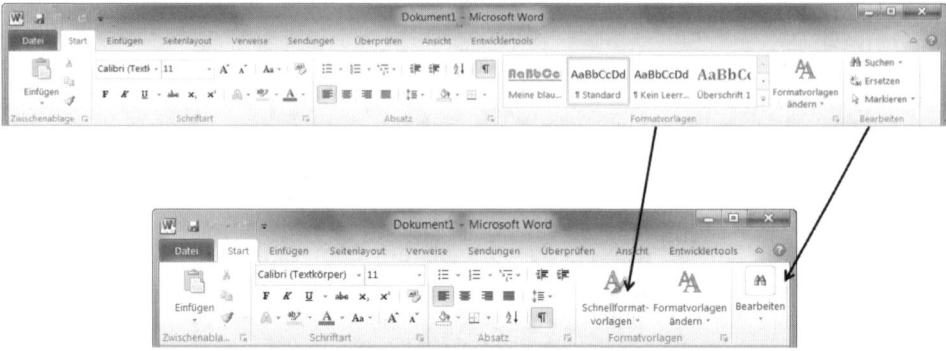

Bild 1.9: Je nach Fenstergröße werden die Befehlsgruppen unterschiedlich angezeigt.

In der vorhergehenden Abbildung sehen Sie das Register *Start*. Bei wenig Platz werden die Befehlsgruppen *Bearbeiten* und *Formatvorlagen* als Schaltflächen dargestellt. Mit einem Klick auf diese Schaltflächen erhalten Sie die Auswahl, die Sie sonst in der Befehlsgruppe sehen.

1.3.2 Schaltflächen

An einigen Schaltflächen finden Sie einen kleinen Listenpfeil. Wenn Sie nicht direkt auf das Symbol, sondern auf den Listenpfeil klicken, werden Ihnen weitere Auswahlmöglichkeiten zu diesem Befehl angeboten. Die verschiedenen Auswahlmöglichkeiten werden teilweise als Katalog oder als einfache Auswahlliste gezeigt.

Die folgende Auswahlliste zeigt das Beispiel der Schaltfläche *Einfügen*. Ein Klick auf den oberen Teil fügt das zuvor kopierte oder ausgeschnittene Objekt an der Cursorposition ein.

Wenn Sie auf den unteren Teil klicken und mit der Maus über die angebotenen Symbole schweben, erkennen Sie in der LiveVorschau, wie das eingefügte Objekt im Text wirkt.

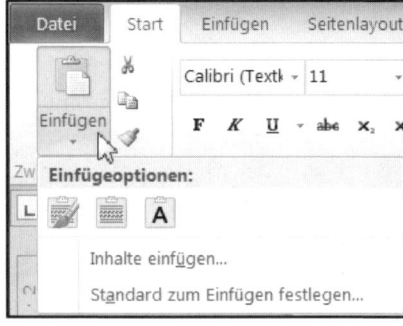

Bild 1.10:
Zweigeteilte Schaltflächen

1.3.3   Die Dialogfenster

Es gibt Dialogfenster, die weitere Befehle enthalten, die nicht auf den Registerkarten gezeigt werden. Schalten Sie zum Register *Start*. Die Register sind in sich wiederum logisch nach Themen gruppiert. So bietet das Register *Start* als dritten Block das Thema *Absatz* an.

An unteren rechten Rand der Gruppe *Absatz* finden Sie eine kleine Schaltfläche. In der folgenden Abbildung weist der Pfeil auf die Schaltfläche. Mit einem Klick öffnen Sie das Dialogfenster *Absatz*. Deshalb werden diese kleinen Schaltflächen auch als »Dialogstarter« bezeichnet.

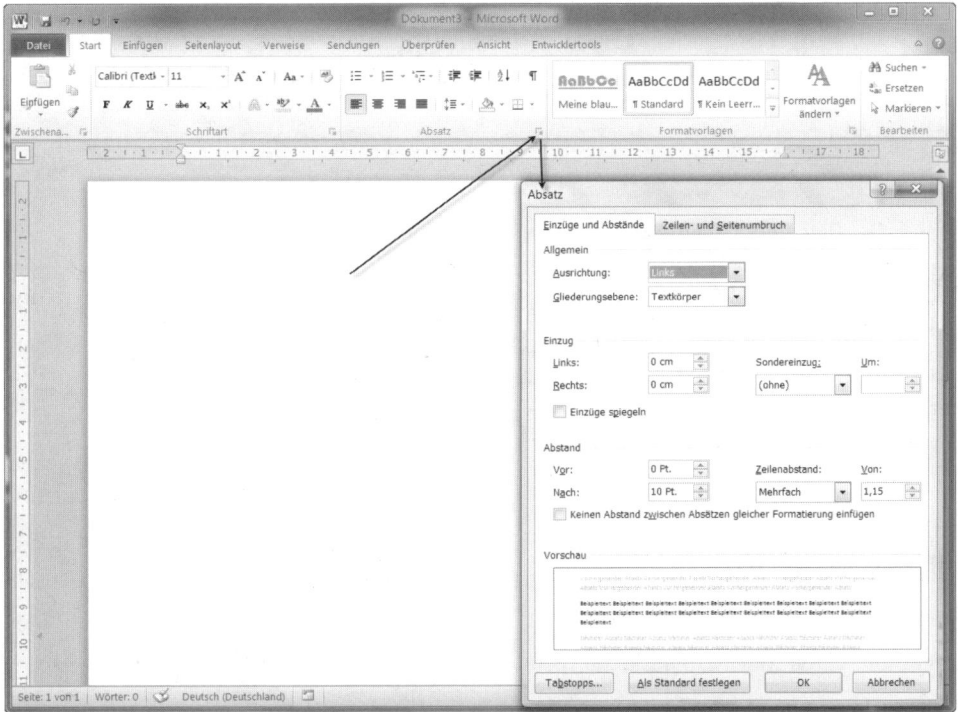

Bild 1.11: Diese Schaltfläche öffnet das zugehörige Dialogfenster mit allen Befehlen.

1.3.4   Tastenkombinationen / Zugriffstasten

Sie können das Menüband auch ohne Maus bedienen. Nutzen Sie dazu die folgenden Tastenkombinationen. Drücken Sie einmal die ALT-Taste und unter jeder Registerkarte, wie auch unter jedem Symbol in der *Symbolleiste für den Schnellzugriff*, erscheinen die Zugriffstasten. Nun brauchen Sie nur noch die entsprechende Taste zu drücken und gelangen auf die entsprechende Registerkarte. Dort werden Ihnen sofort die Zugriffstasten zur Auswahl der weiteren Befehle angezeigt.

Probieren Sie es einmal aus: Drücken Sie die Alt-Taste, und die Zugriffstasten für die einzelnen Registerkarten werden im Menüband angezeigt.

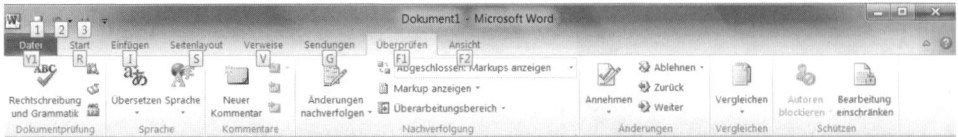

Bild 1.12: Mit [Alt] blenden Sie die Zugriffstasten zum Bedienen des Menübands ein.

Drücken Sie die [R]-Taste, um zum Register *Start* zu wechseln.

Sofort werden Ihnen alle Zugriffstasten für das Register *Start* eingeblendet und Sie können die weiteren Befehle per Tastatur auszuwählen.

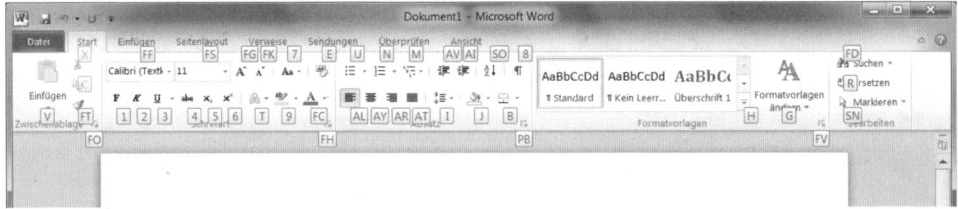

Bild 1.13: Hier sehen Sie die Zugriffstasten für die Befehle im Register *Start.*

Um beispielsweise den Text zu zentrieren, müssen Sie jetzt noch die Tasten [A] und danach [Y] drücken.

Also können Sie mit der folgenden Reihenfolge [Alt], [R], [A], [Y] den markierten Text mittig formatieren.

1.3.5   Kataloge

Eine moderne Form der Auswahlmöglichkeiten sind die Kataloge, die Sie auf einigen Registern finden. Kataloge sind Listenfelder, die Ihnen das gewünschte Ergebnis direkt während der Auswahl präsentieren.

Nehmen wir einmal an, Sie möchten einen markierten Text schnell gestalten.

1. Markieren Sie den gewünschten Text und klicken Sie auf das Register *Start*.

2. Klicken Sie auf den Auswahlpfeil der Schaltfläche *Formatvorlagen*, um die Auswahl der Formate anzuzeigen.

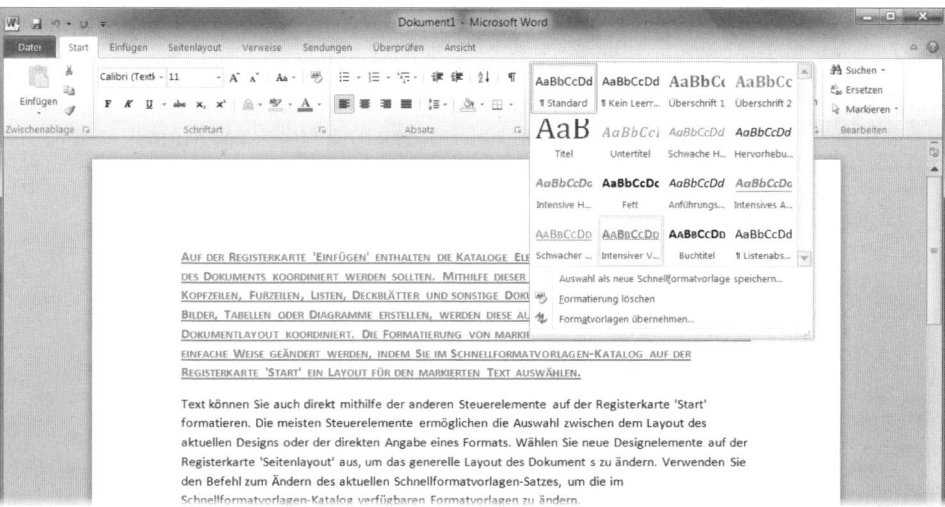

Bild 1.14: Die Formate mit der Vorschau auf das zu erwartende Ergebnis

3. Klicken Sie auf Ihre Auswahl, um das gewünschte Format zuzuweisen.

Der markierte Text erhält nun die gewählte Formatierung.

1.4 Die Statusleiste

In der Statusleiste meldet Word Ihnen beispielsweise, aus wie vielen Seiten und Wörtern Ihr Dokument zurzeit besteht. In PowerPoint erkennen Sie die Anzahl der Folien.

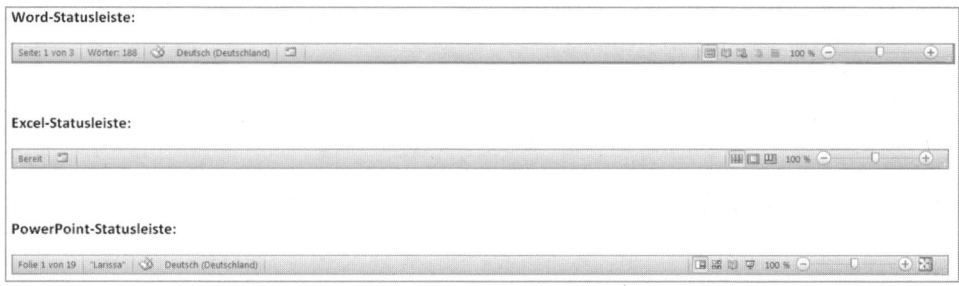

Bild 1.15: Die Statusleisten der Anwendungen Word, Excel und PowerPoint

Mit einem Rechtsklick in die Statusleiste können Sie die Anzeigen bestimmen. So können Sie beispielsweise in Excel entscheiden, welche Funktionsergebnisse Ihnen für die markierten Zellen präsentiert werden.

In Word und Excel finden Sie die Schaltfläche, um die Makroaufzeichnung zu starten.

Am rechten Rand finden Sie die Schaltflächen zum Ändern der Anzeige. In Excel stehen Ihnen die Ansichten *Normal*, *Seitenlayout* und *Umbruchvorschau* zur Verfügung. Power-Point bietet Ihnen die Ansicht *Normal*, *Foliensortierung*, *Leseansicht* und *Bildschirm-*

präsentation. Die fünf Ansichten in Word lauten: *Seitenlayout, Vollbild-Lesemodus, Weblayout, Gliederung* und *Entwurf.*

Am rechten Rand finden Sie die Elemente, um den Zoom einzustellen. Mit einem Klick auf das Plus-Symbol vergrößern Sie die Anzeige um 10 %, über das Minus-Symbol verringern Sie die Größe der Darstellung um 10 %.

Mit einem Klick auf die Zoom-Angabe öffnen Sie das Fenster *Zoom.*

1.5   Das Register Datei

Wir wenden uns nun speziell dem Register *Datei* zu, da es sich gegenüber der Vorgängerversion 2007 verändert hat.

Ein Klick auf das Register *Datei* klappt ein Menü herunter und öffnet den *Backstage-Bereich.* Im *Backstage-Bereich* haben Sie einerseits Zugriff auf Programm-Optionen sowie auf Informationen zur aktuellen Datei und andererseits werden Ihnen hier wichtige Befehle zum Umgang mit Dokumenten wie das Öffnen, Speichern, Drucken oder Schließen von Dateien aufgelistet.

Bild 1.16: Die Informationen und die Befehle im Register *Datei.*

Ein erneuter Klick auf die Registerkarte *Datei* schließt den *Backstage-Bereich* wieder.

1.5.1 Programmoptionen einstellen

Wenn Sie grundlegende Einstellungen in Ihrer Anwendung vornehmen möchten, führen Sie dies über das Fenster *Optionen* durch.

1. Um beispielsweise einzustellen, in welchem Format Ihre Dateien gespeichert werden sollen, klicken Sie im geöffneten Register *Datei* auf den Eintrag *Optionen*.

2. Dieses Fenster ist in verschiedene Kategorien eingeteilt. Um zur gewünschten Kategorie zu gelangen, klicken Sie auf den Kategorienamen. Schalten Sie zur Kategorie *Speichern*.

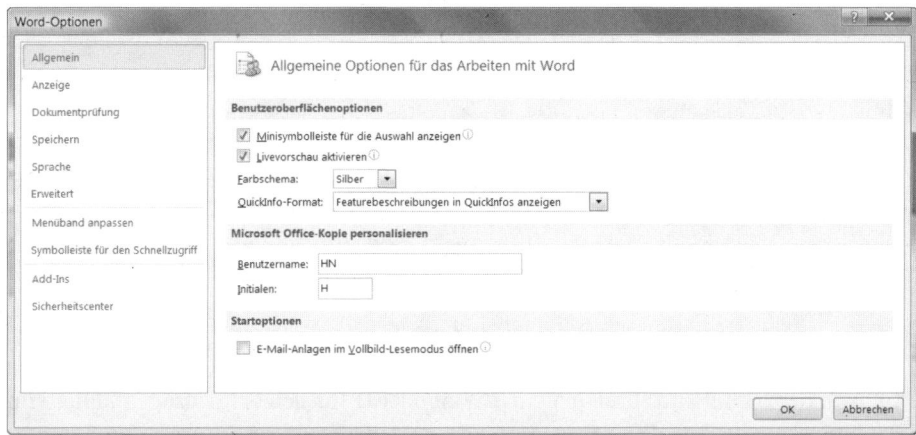

Bild 1.17: Das Fenster zu den Optionen

3. Im ersten Listenfeld können Sie den Standarddateityp zum Speichern Ihrer Dateien festlegen. Word 2010 beispielsweise arbeitet mit dem Dateiformat **.docx*, unterstützt aber alle Formate der Vorgängerversionen von Word und weitere Dateiformate.

Über das Listenfeld können Sie einstellen, welches Dateiformat Ihnen Word beim Speichern anbietet. Sie können dies für jedes Dokument beim ersten Speichern allerdings noch ändern.

4. Bestätigen Sie Ihre Einstellungen mit *OK*.

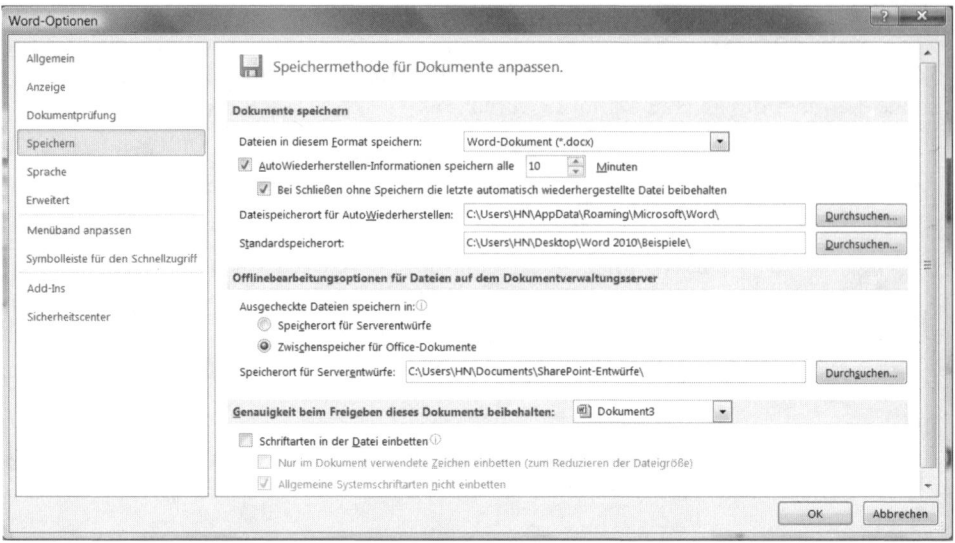

Bild 1.18: Optionen zum Speichern Ihrer Dateien

1.6 Die Symbolleiste für den Schnellzugriff

Oberhalb des Menübands finden Sie die Symbolleiste für den Schnellzugriff. Hier können Sie häufig genutzte Befehle ablegen. Symbole, die Sie hier ablegen, stehen Ihnen immer zur Verfügung, unabhängig vom dem derzeit ausgewähltem Register im Menüband.

Nach der Installation enthält die Symbolleiste für den Schnellzugriff nur die Befehle *Speichern*, *Rückgängig* und *Wiederholen*.

Bild 1.19: So zeigt sich die Symbolleiste für den Schnellzugriff nach der Installation.

Wenn Sie weitere Befehle einfügen möchten, führen Sie die folgenden Schritte durch.

1. Klicken Sie auf das Dreieck am rechten Rand der Symbolleiste für den Schnellzugriff.

2. Wenn Sie Befehle einfügen möchten, die nicht in der Liste sind, wählen Sie den Eintrag *Weitere Befehle*.

3. Aktivieren Sie im ersten Feld den Eintrag *Alle Befehle*.

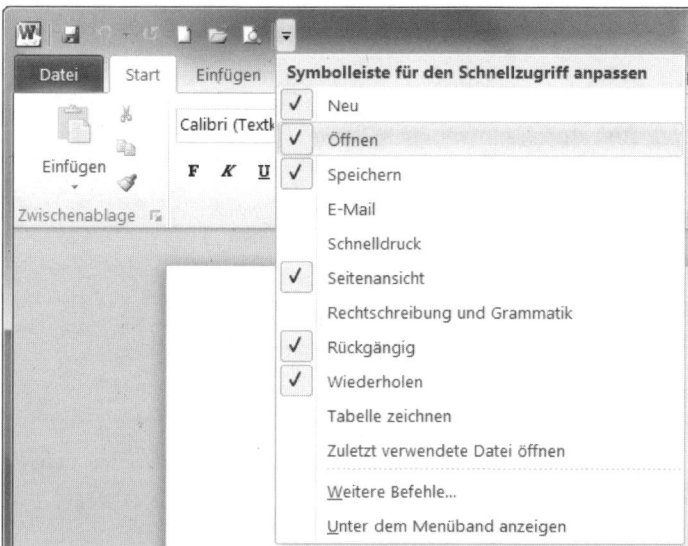

Bild 1.20: Weitere Befehle in die Symbolleiste einfügen

4. Markieren Sie den gewünschten Befehl und klicken Sie auf die Schaltfläche *Hinzufügen*. Führen Sie diesen Schritt für alle gewünschten Schaltflächen durch.

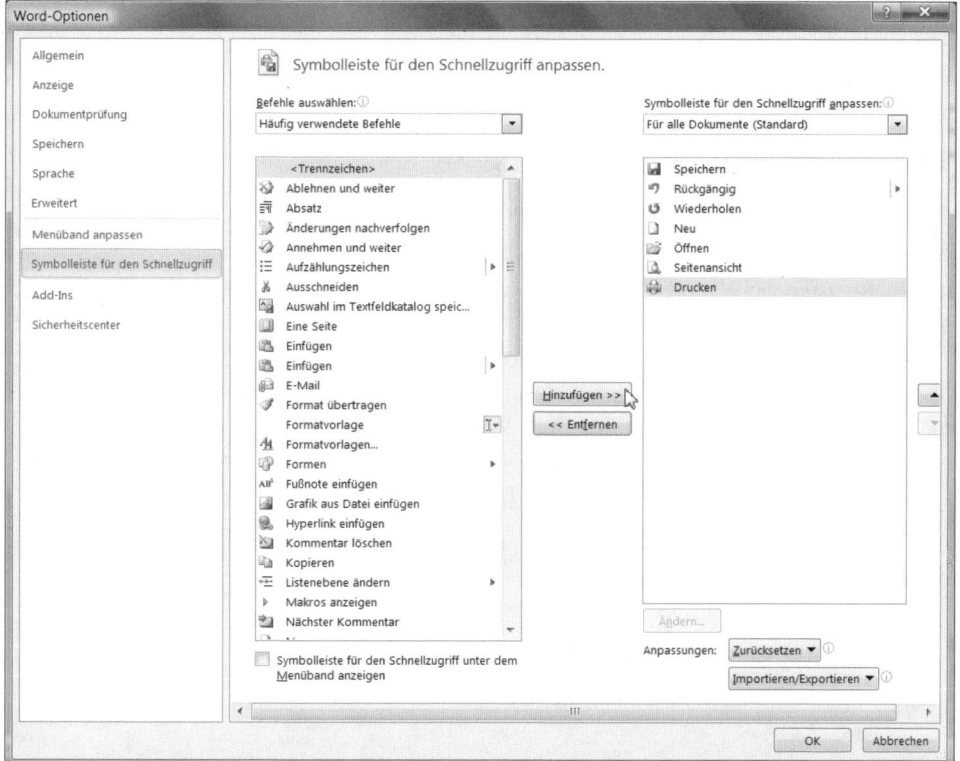

Bild 1.21: Die Symbolleiste für den Schnellzugriff erweitern

Über die kleinen Dreiecke am rechten Rand können Sie die Reihenfolge der Schaltflächen verändern.

Wenn Sie viele eigene Schaltflächen in die Schnellzugriffsleiste legen, empfiehlt es sich, diese sinnig zu sortieren und durch eingefügte <Trennzeichen> in kleine Gruppen zu ordnen.

5. Mit einem Klick auf *OK* übernehmen Sie Ihre Einstellungen.

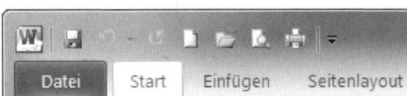 **Bild 1.22:** Die neue Symbolleiste für den Schnellzugriff

Sie können sich diese Symbolleiste auch unterhalb des Menübands anzeigen lassen.

Klicken Sie dazu auf das kleine Dreieck am rechten Rand und wählen Sie den Befehl *Unter dem Menüband anzeigen*.

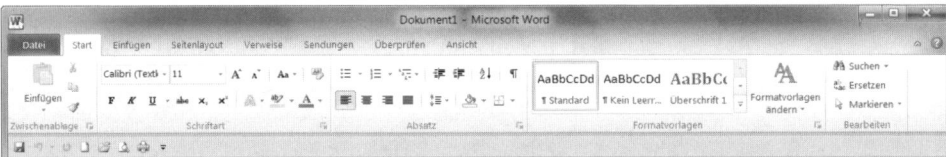

Bild 1.23: Die Symbolleiste für den Schnellzugriff liegt nun unterhalb des Menübands.

1.7 Das Menüband anpassen

Eine große Änderung im Vergleich zur Vorgängerversion Office 2007 liegt darin, dass Sie das Menüband individuell einstellen und anpassen können. Sie können in bestehende Register neue Befehlsgruppen einfügen oder auch eigene Registerkarten mit neuen Befehlsgruppen in das Menüband aufnehmen.

1. Öffnen Sie das Register *Datei* und wählen Sie den Befehl *Optionen*.

2. Aktivieren Sie die Kategorie *Menüband anpassen*.

Im rechten Fensterbereich erkennen Sie die bereits vorhandenen Namen der Registerkarten mit den Befehlsgruppen.

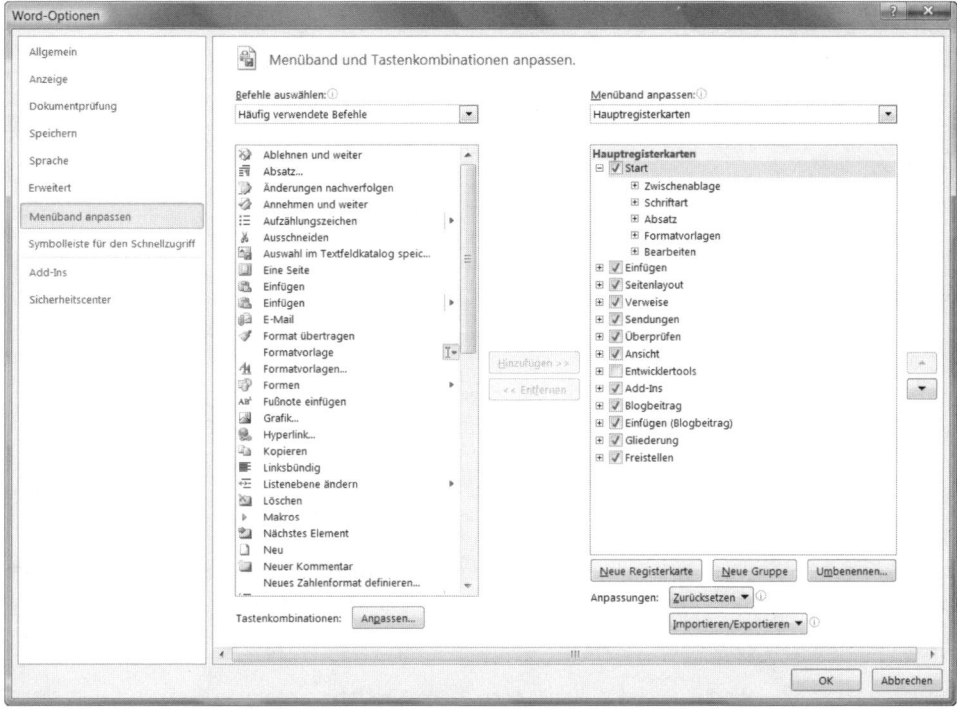

Bild 1.24: Die vorhandenen Hauptregisterkarten im Menüband

3. Klicken Sie auf die Schaltfläche *Neue Registerkarte*.

Ein neues Register mit dem Namen *Neue Registerkarte (Benutzerdefiniert)* und einer Gruppe mit dem Namen *Neue Gruppe (Benutzerdefiniert)* wird eingefügt.

4. Markieren Sie das neue Register und klicken Sie auf die Schaltfläche *Umbenennen*.

5. Geben Sie dem Register einen Namen und bestätigen Sie mit *OK*.

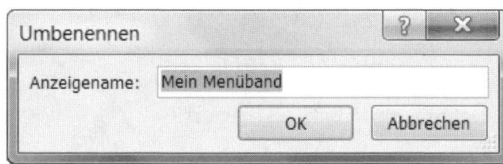

Bild 1.25: Hier können Sie das neue Register umbenennen.

6. Klicken Sie nun auf die Gruppe *Neue Gruppe (Benutzerdefiniert)*, klicken Sie wieder auf die Schaltfläche *Umbenennen* und geben Sie der ersten Gruppe auch einen Namen.

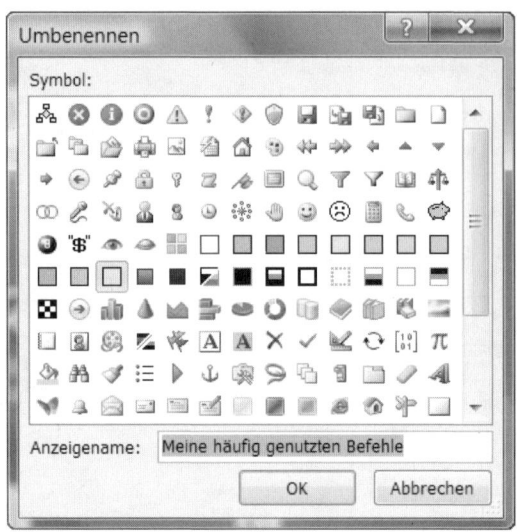

Bild 1.26: Das Benennen der ersten Gruppe im neuen Register

Jetzt können Sie beginnen, die Schaltflächen einzufügen. Wenn Sie allerdings sehen möchten, wie das Ergebnis bis jetzt in Word aussieht, schließen Sie das Fenster *Word-Optionen*.

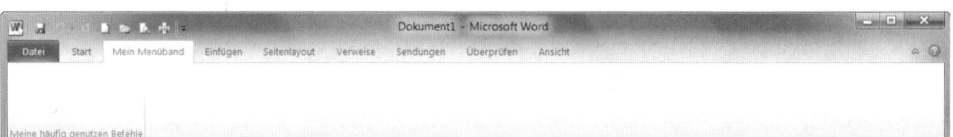

Bild 1.27: Das neue Register mit der ersten Gruppe

In diese Gruppe müssen Sie jetzt noch die gewünschten Befehle einfügen.

1. Öffnen Sie das Fenster *Word-Optionen* erneut, indem Sie über Register *Datei* den Befehl *Optionen* wählen und schalten Sie wieder zur Kategorie *Menüband anpassen*.

2. Markieren Sie Ihre Gruppe im rechten Teil des Fensters.

3. Wählen Sie am Feld *Befehle auswählen* den Eintrag *Alle Befehle*.

4. Jetzt sehen Sie alle möglichen Word-Befehle alphabetisch sortiert.

5. Markieren Sie den gewünschten Befehl und klicken Sie auf die Schaltfläche *Hinzufügen*.

Wenn Sie sich nicht sicher sind, ob es der richtige Befehl ist, zeigen Sie mit der Maus darauf. Dann wird die Befehlsfolge angezeigt.

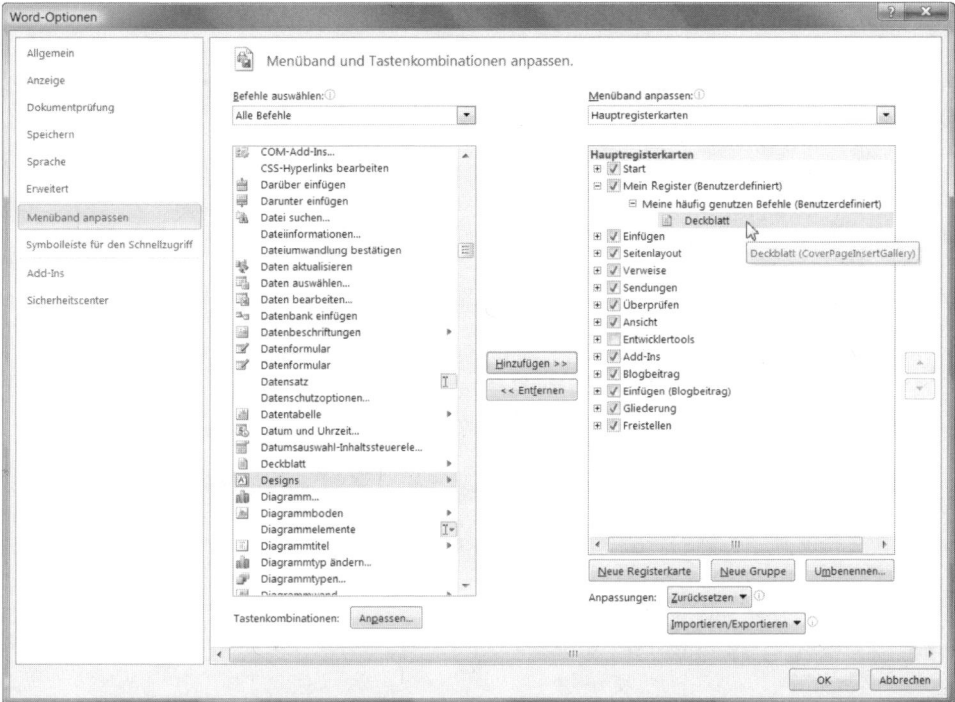

Bild 1.28: Die Anzeige der Befehlsfolge

6. Erzeugen Sie jetzt die notwendigen Gruppen und fügen Sie die gewünschten Befehle ein.

7. Für die Schaltflächen, die ein Symbol besitzen, können Sie das Symbol ändern.

8. Markieren Sie den gewünschten Befehl, nachdem Sie ihn mit dem Befehl *Hinzufügen* in Ihre Gruppe aufgenommen haben, und klicken Sie auf die Schaltfläche *Umbenennen*.

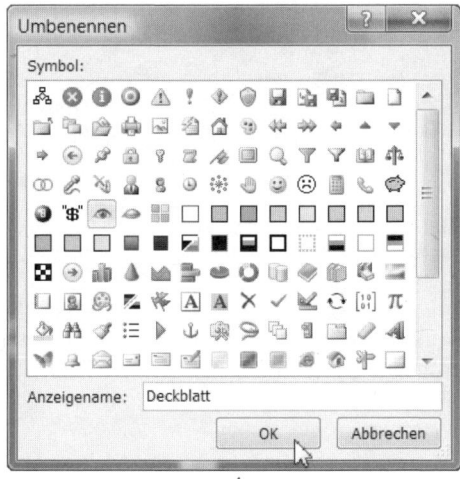

Bild 1.29: Die Symbole für die Schaltflächen

Das Menüband sieht nun folgendermaßen aus:

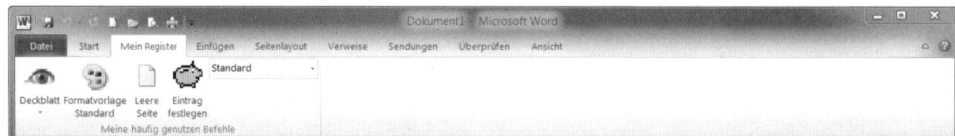

Bild 1.30: Ihr eigenes Register im Menüband

Wenn Sie nur die Symbole sehen möchten, wechseln Sie wieder in das Fenster *Word-Optionen* und lassen sich wieder die Kategorie *Menüband anpassen* anzeigen.

Klicken Sie mit der rechten Maustaste auf Ihre Gruppe und wählen Sie den Befehl *Befehlsbezeichnungen ausblenden*.

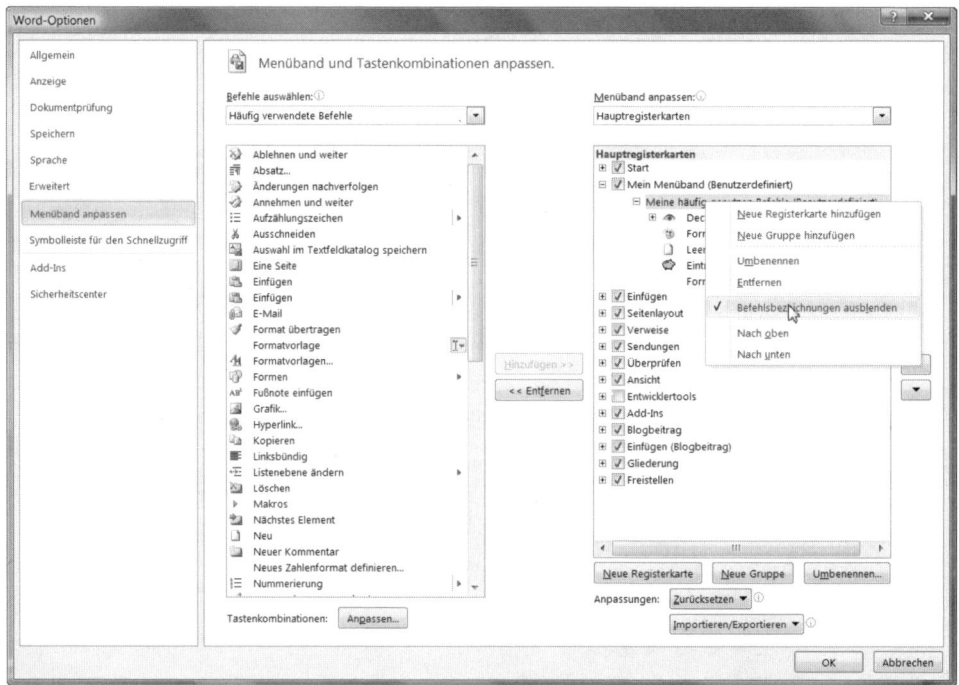

Bild 1.31: Nur die Anzeige der Befehle

In diesem Kontextmenü finden Sie auch den Befehl, um die markierte Gruppe zu verschieben bzw. zu entfernen.

Wenn Sie jetzt das Fenster *Word-Optionen* mit *OK* bestätigen, werden nur noch die Symbole zu den Befehlen gezeigt. Um zu erkennen, welcher Befehl sich hinter dem Symbol verbirgt, zeigen Sie mit der Maus auf das gewünschte Zeichen.

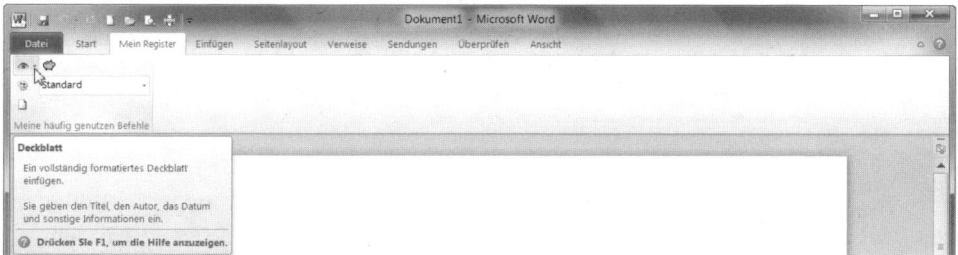

Bild 1.32: Ihre eigene Registerkarte mit kleinen Symbolen

Bei jedem Start der Anwendung wird das automatisch gezeigt.

◼ Lesezeichen

http://www.winfuture-forum.de

http://www.office2010-hilfe.de/

http://www.office-loesung.de

Nützliche Tipps direkt aus der Office-Community

▣ Franzis

http://bit.ly/ag3ydn

4 Stunden Video-Lernkurs zu Windows 7

1.8   Die neuen Funktionen in Office 2010

1.8.1   Die Neuerungen in den Office-2010-Anwendungen

Menüband

In Office 2010 wird der Begriff *Multifunktionsleiste* durch *Menüband* ersetzt. Der Inhalt sowie das Erscheinungsbild dieses Menübands lassen sich jetzt wieder durch jeden Anwender – wie früher bei den Symbolleisten – individuell einstellen.

Das Menü Datei

Im Menüband gibt es für jede Office-Anwendung ganz links an erster Stelle das Register *Datei* – und zwar in einer auffälligen, programmabhängigen Farbe. In Word ist dies Blau, in Excel ist es Grün und in PowerPoint Orange. Im Menü *Datei* finden Sie alle organisatorischen Befehle der Anwendung. Über das Menü *Datei* können Sie Ihre Mappen speichern, schließen, öffnen, drucken u. v. m. Außerdem erhalten Sie Informationen zur aktuell bearbeiteten Datei.

Künstlerische Effekte

Über den Befehl *Künstlerische Effekte* können Sie Ihre Bilder ganz einfach durch Effekte wie Bleistiftskizze, Pinsel, Fotokopie u. v. m. verändern und verfremden.

Bilder freistellen

Über den Befehl *Freistellen* auf dem Register *Bildtools / Format* können Sie unerwünschte Teile eines Bildes entfernen.

Bilder zuschneiden

Über den Befehl *Zuschneiden* auf dem Register *Bildtools / Format* können Sie Bilder auf alle denkbaren Formen zuschneiden. Des Weiteren werden Ihnen dort auch Schnittmöglichkeiten für vorgefertigte Seitenverhältnisse angeboten.

SmartArts

Es stehen deutlich mehr SmartArt-Grafiken zur Verfügung und es ist eine komplett neue Kategorie *Grafik* hinzugekommen. So können Sie jetzt Ihre SmartArts mit Fotos und Grafiken ausstatten. Anwendungsbeispiele und Beschreibungen finden Sie im Word- und PowerPoint-Teil.

Screenshot

Über den neuen Befehl *Screenshot* auf dem Register *Einfügen* fügen Sie ein Fenster oder einen Teil eines Fensters als Bild auf Ihr Tabellenblatt, Ihr Dokument oder Ihre Präsentation ein.

Im Folgenden erfahren Sie, welche neuen Funktionen sich in den einzelnen Programmen Excel und Word verstecken.

1.8.2   Die Neuerungen in Excel 2010

Speichern der Versionen

Sollten Sie einmal beim Schließen einer Mappe das Speichern vergessen haben, bietet Ihnen Excel beim nächsten Öffnen dieser Mappe eine Kopie zur weiteren Bearbeitung an.

Livevorschau beim Einfügen

Stellen Sie sich vor, Sie haben Daten ausgeschnitten oder kopiert und möchten sie an einer anderen Stelle wieder einfügen. Dann können Sie die Daten, bevor Sie den Befehl *Einfügen* starten, in der Livevorschau direkt in den Zellen betrachten.

Hyperlinks entfernen

Früher mussten Sie jeden Hyperlink in den Zellen einzeln entfernen. Heute gibt es mit dem Befehl *Hyperlinks löschen* an der Schaltfläche *Löschen* eine Möglichkeit, alle markierten Zellen auf einmal zu bearbeiten.

Sparklines

Sparklines sind Diagramme, die innerhalb einer Zelle dargestellt werden.

Der Druckbefehl und die Vorschau

Nachdem Sie den Druckbefehl gestartet haben, sehen Sie die Vorschau für den Ausdruck. Sie können dann direkt Layoutanpassungen vornehmen und sehen die Änderungen direkt in der Vorschau.

Datenschnitt

Der Befehl *Datenschnitt* auf dem Register *Einfügen* bietet innerhalb von Pivot-Tabellen eine bequeme Möglichkeit, Daten zu filtern.

Datenüberprüfung

Bei der Gültigkeitsprüfung können bei der Wahl des Eintrags *Liste* jetzt die *Quelldaten* auf einem anderen Tabellenblatt direkt übernommen werden.

1.8.3 Die Neuerungen in Word 2010

Suchen

Das Suchen nach Begriffen in einem Text hat sich grundlegend verändert. Noch während Sie den Begriff eingeben, zeigt Word Ihnen im Dokument die Treffer.

AutoTexte können schneller in der Normal.dotm gespeichert werden

Über die Befehlsfolge *Einfügen / Schnellbausteine / AutoText* speichern Sie den markierten Text mit einem Klick in der Dokumentvorlage *Normal.dotm*.

Texteffekte

Über die Schaltfläche *Texteffekte* auf dem Register *Start* können Sie dem markierten Text einen Grafikeffekt wie beispielsweise ein Leuchten, einen Schatten oder eine Spiegelung zuweisen.

Formatvorlage / Absatzabstand

Word bietet Ihnen auf dem Register *Start* über die Schaltfläche *Formatvorlagen ändern* mit dem Befehl *Absatzabstand* eine schnelle Möglichkeit, die Zeilen- und die Absatzabstände zu verändern.

Bearbeiten / Markieren / Auswahlbereich

Wenn Sie Bilder in Ihrem Dokument haben, dann können Sie sie während der Textbearbeitung temporär ausblenden. Über den Aufgabenbereich *Auswahl und Sichtbarkeit steuern* Sie diese Funktion.

Fotos mit künstlerischen Effekten verfremden

Nachdem Sie ein Foto in Ihrem Text eingefügt haben, können Sie es verändern. So können Sie ihm den Effekt *Glas, Zement, Schwamm* oder *Fotokopie* zuweisen.

Der Druckbefehl und die Vorschau

Nachdem Sie den Druckbefehl gestartet haben, sehen Sie Ihr Dokument in der Vorschau. Sie können dann direkt Layoutanpassungen vornehmen und sehen die Änderungen direkt in der Vorschau.

2 Grundlagen zu Excel 2010

Nachdem Sie Excel 2010 zum ersten Mal gestartet haben, wird das folgende Programmfenster angezeigt:

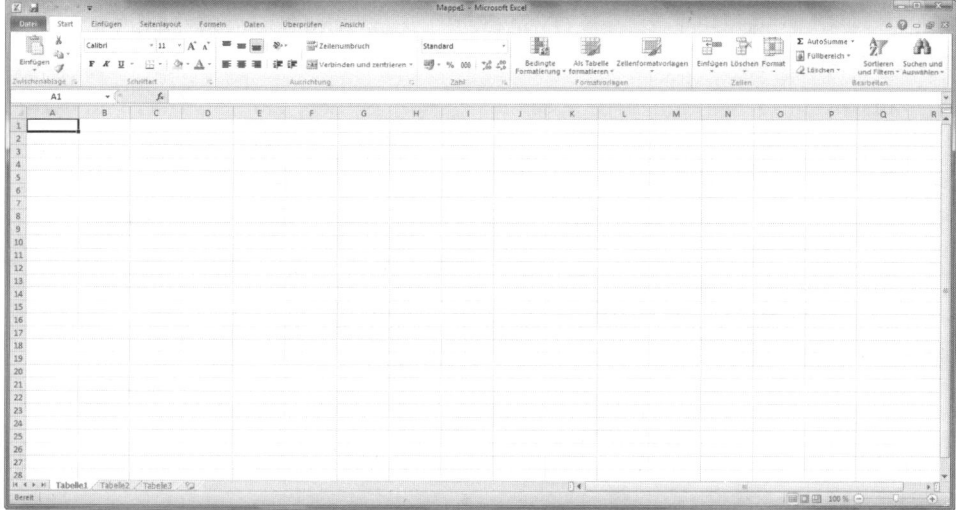

Bild 2.1: Excel nach dem Start der Anwendung

In der Titelleiste finden Sie neben dem Dateinamen der Mappe auch die Schnellstartsymbolleiste. Sie beinhaltet häufig genutzte Befehle und kann auf Wunsch erweitert werden. Dies wurde im ersten Kapitel dieses Buches bereits beschrieben.

Unter der Titelleiste befindet sich das Menüband, welches alle Excelbefehle in Gruppen einteilt. Über die Register steuern Sie die Anzeige der Befehle. Auch die Arbeit mit dem Menüband und das Erstellen eines eigenen Menübands wurden bereits im ersten Kapitel beschrieben.

Das dritte Element im Programmfenster von Excel ist die Bearbeitungsleiste. Sie dient u. a. zur Anzeige der Zellinhalte und zum nachträglichen Bearbeiten.

Der größte Teil des Excel-Programmfensters ist die Tabelle, in die Sie Ihre Daten eingeben. Am linken unteren Rand der Tabelle sehen Sie die Tabellenregister, über die Sie auf ein anderes Tabellenblatt wechseln.

Der untere Teil des Fensters ist die Statusleiste, über die Sie u. a. die Anzeigegröße der Tabelle steuern können.

◙ Franzis

http://bit.ly/bl48Yp

4 Stunden Video-Lernkurs zu Word 2010

2.1 Das Menü *Datei*

Ein paar der wichtigsten Befehle von Excel finden Sie im Menü *Datei*. Wenn Sie auf das Register *Datei* klicken, klappt ein Menü herunter und präsentiert wichtige Befehle zum Umgang mit der aktuellen Mappe. Die aktuelle Mappe wird beim Öffnen des Menüs in den Hintergrund gebracht.

Hier finden Sie u. a. Befehle zur Neuanlage, zum Öffnen, zum Speichern und zum Drucken von Mappen. Außerdem befindet sich hier der Befehl, um das Fenster *Excel-Optionen* zu öffnen, über das Sie die Grundeinstellungen von Excel anpassen können.

Nach dem Öffnen des Menüs zeigt Excel Ihnen die zuletzt an diesem Computer bearbeiteten Mappen im Bereich *Zuletzt verwendet*.

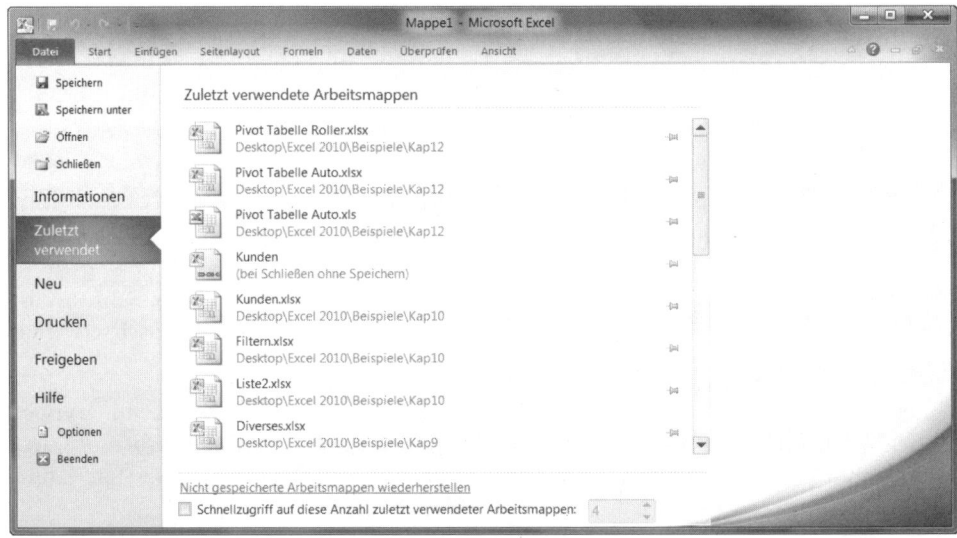

Bild 2.2: Die Befehle des Datei-Menüs mit der Liste der zuletzt bearbeiteten Mappen.

Tipp: Wenn Sie bestimmte Mappen immer in der Liste sehen möchten, klicken Sie auf den kleinen Pin. Sie werden dann im oberen Teil der Liste angezeigt.

Mit einem erneuten Klick auf das Menü *Datei* schließen Sie die Liste wieder.

2.1.1 Die Excel-Optionen

Wenn Sie grundlegende Einstellungen in Excel vornehmen möchten, machen Sie dies über das Fenster *Excel-Optionen.*

1. Um beispielsweise einzustellen, in welchem Dateiformat Excel die Mappen speichern soll, klicken Sie im geöffneten Menü *Datei* auf den Eintrag *Optionen.*

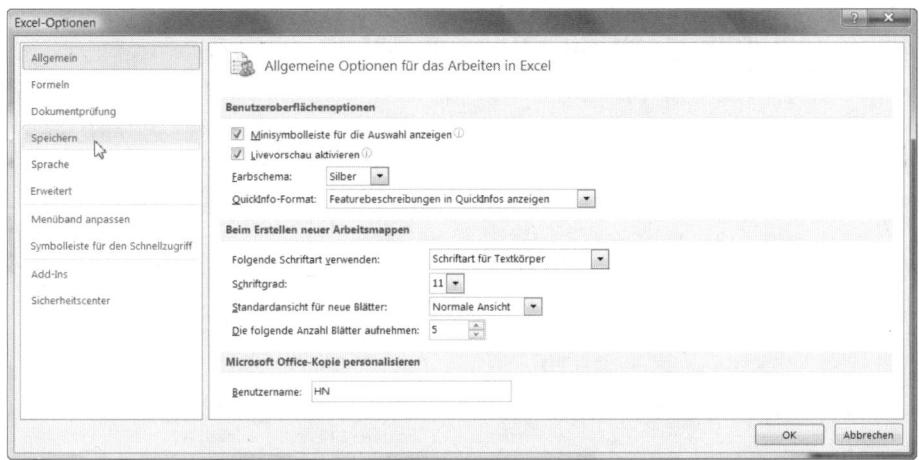

Bild 2.3: Das Fenster zu den Excel-Optionen

2. Das Fenster *Excel-Optionen* ist in verschiedene Kategorien eingeteilt. Beim ersten Aufruf befinden Sie sich in der Kategorie *Allgemein.* Um zur gewünschten Kategorie zu gelangen, klicken Sie auf den Kategorienamen.

Schalten Sie zur Kategorie *Speichern.*

3. Im ersten Listenfeld können Sie den Standarddateityp zum Speichern Ihrer Mappen festlegen. Office 2010 arbeitet mit dem Dateiformat **.xlsx,* unterstützt aber alle Formate der Vorgängerversionen von Office und weitere Dateiformate.

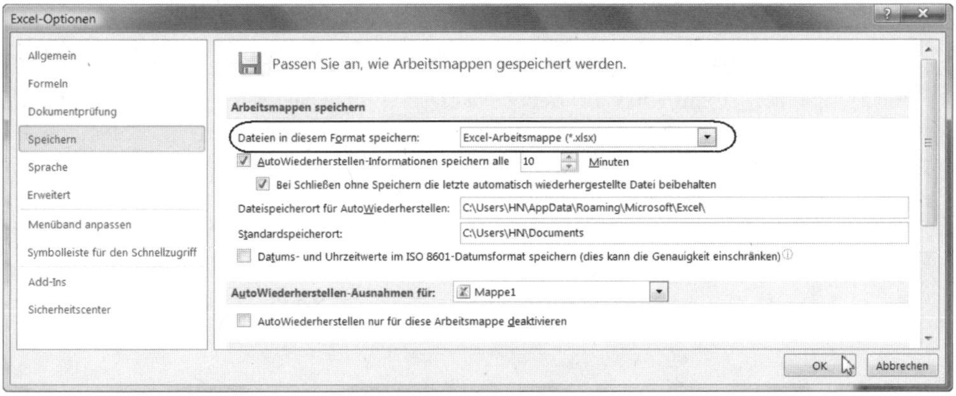

![Excel-Optionen Fenster – Kategorie Speichern]

Bild 2.4: Optionen zum Speichern Ihrer Excel-Arbeitsmappen

Über das erste Listenfeld können Sie einstellen, welches Dateiformat Ihnen Excel beim ersten Speichern anbietet. Während des Speicherns können Sie es dann noch ändern.

Im Feld *Standardspeicherort* können Sie entscheiden, welchen Ordner Ihnen Excel beim ersten Speichern standardmäßig anbietet.

4. Um zur Excel-Mappe zurückzukehren, bestätigen Sie Ihre Einstellungen mit *OK*.

2.1.2 Informationen zur aktuellen Mappe

Wenn Sie beispielsweise wissen möchten, wie viel Speicherplatz Ihre Mappe verbraucht oder wann die Mappe zum letzten Mal gedruckt wurde, dann lassen Sie sich die Informationen anzeigen.

1. Öffnen Sie das Menü *Datei* und aktivieren Sie den Eintrag *Informationen*.

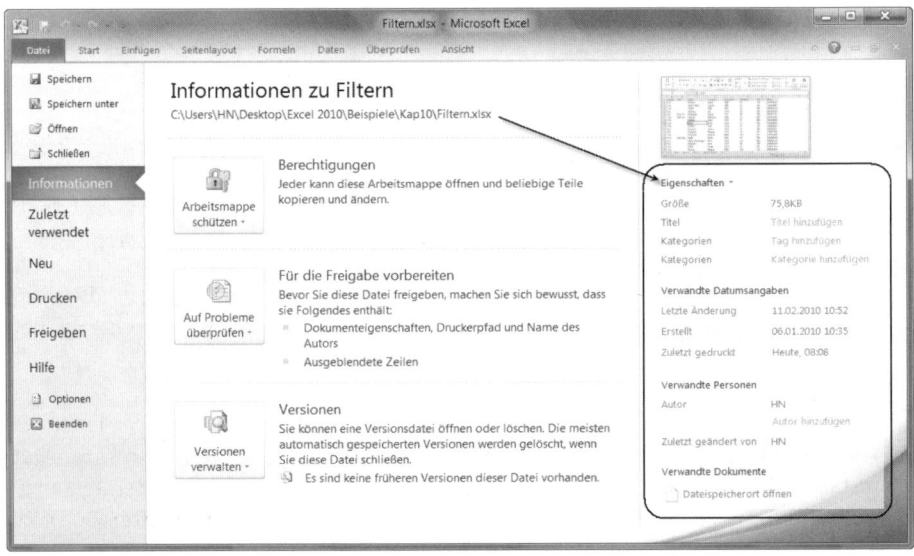

Bild 2.5: Informationen zur Mappe

2. Im rechten Bereich finden Sie einen Überblick über die wichtigsten Informationen zur Mappe. Mit einem Klick auf den Text *Eigenschaften* bietet Ihnen Excel eine kleine Befehlsliste an. Wenn Sie den Befehl *Erweiterte Eigenschaften* starten, öffnet sich ein Dialogfenster, in dem Sie alle Informationen zur Mappe sehen.

2.2   Der Arbeitsbereich

Die folgende Abbildung zeigt die Bereiche des Excel-Bildschirms.

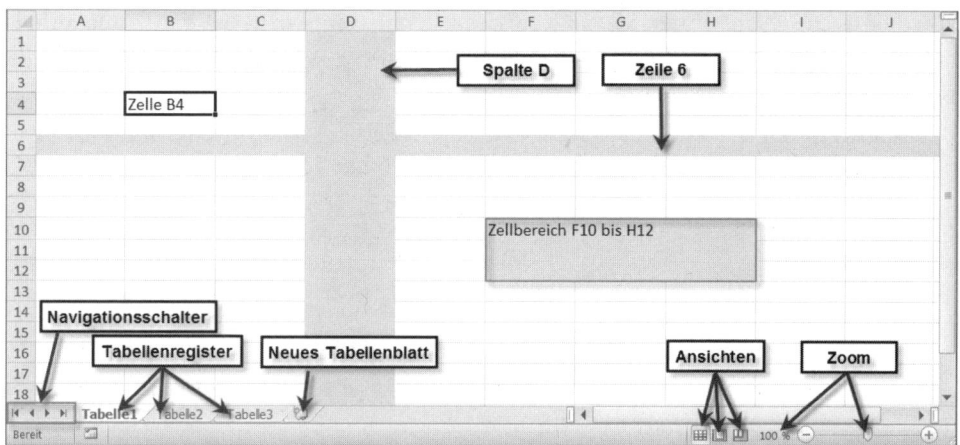

Bild 2.6: Die Excel-Tabelle mit den einzelnen Elementen

2.2.1   Was ist eine Tabelle?

Die Tabelle wird in Excel auch Arbeits- oder Tabellenblatt genannt. Sie ist in Zeilen und Spalten unterteilt. Die kleinste Einheit auf einem Arbeitsblatt ist die Zelle, die über die Spalten- und Zeilenangaben benannt wird. In der folgenden Abbildung befindet sich der Cursor in der Zelle C4: Spalte C, Zeile 4.

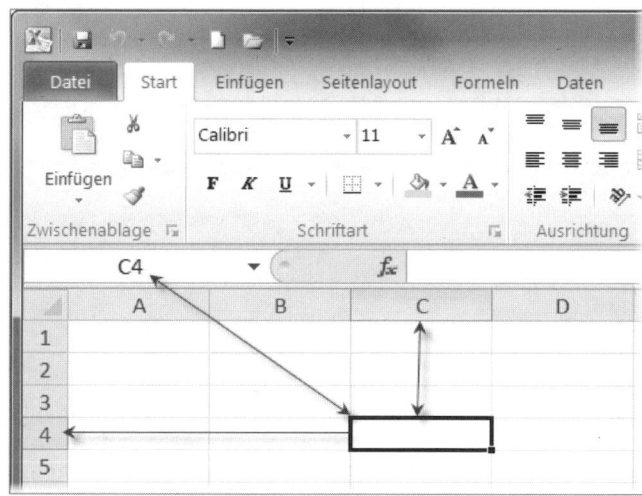

Bild 2.7: Die aktive Zelle im Tabellenblatt

2.2.2 Die Dimensionen eines Tabellenblattes

Ein Tabellenblatt besteht immer aus Zeilen und Spalten. Eine wichtige Fragestellung wäre: Aus wie vielen Zeilen und Spalten besteht ein solches Blatt?

Um dies festzustellen, öffnen Sie ein leeres Tabellenblatt und drücken die Tastenkombination Strg + ↓. Es sind genau 1.048.576 Zeilen!

Drücken Sie nun Strg + →. Sie gelangen in die Spalte XFD. Die Spalten sind mit Buchstaben gekennzeichnet. Es geht los mit A, B C ... bis Z, dann weiter mit AA, AB, AC usw. bis XFD. XFD ist die 16.384. und damit die letzte Spalte auf dem Blatt.

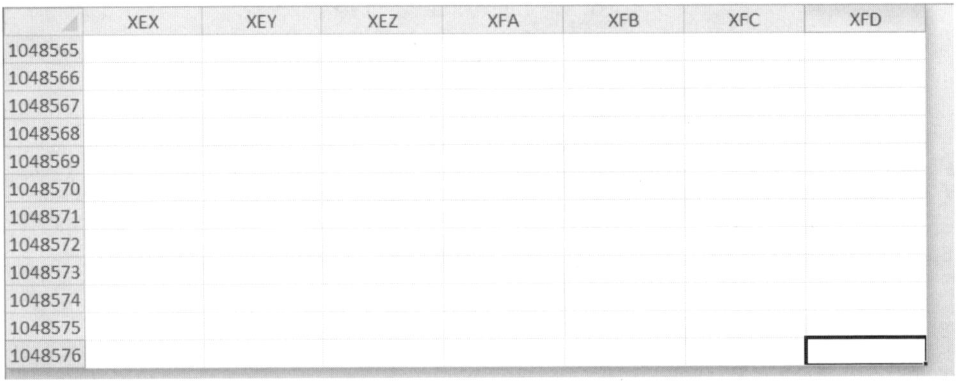

	XEX	XEY	XEZ	XFA	XFB	XFC	XFD
1048565							
1048566							
1048567							
1048568							
1048569							
1048570							
1048571							
1048572							
1048573							
1048574							
1048575							
1048576							

Bild 2.8: Groß genug? Mehr geht nicht!

Zur Vollständigkeit: Mit Strg + ↑ kommen Sie wieder nach oben in die erste Zeile, mit Strg + ← wieder in die erste Zelle.

Um schnell wieder in die Zelle A1 zu gelangen, verwenden Sie am besten die Tastenkombination Strg + Pos1.

> **Tipp:** Die oben beschriebenen Tastenaktionen, bis auf Strg + Pos1, funktionieren nur in einem leeren Tabellenblatt. Bei einem Blatt, in das bereits Daten eingetippt wurden, gelangen Sie mit diesen Aktionen zur letzten mit Daten gefüllten Zelle eines Bereiches.

Pro Blatt stehen somit 17.179.867.184 Zellen für die Dateneingabe zur Verfügung.

2.2.3 Anzahl der Tabellenblätter für eine neue Mappe einstellen

Jedes Mal, wenn Sie Excel starten oder die Befehlsfolge *Datei / Neu / Leere Arbeitsmappe* wählen, erhalten Sie eine Mappe mit mehreren leeren Tabellenblättern. Wenn Sie nun sagen: »Ich werde aber nur glücklich, wenn jede neue Mappe 5 Blätter enthält«, dann gibt es auch hier eine Lösung:

1. Wählen Sie über das Menü *Datei* den Befehl *Optionen*.

2. Aktivieren Sie die Kategorie *Allgemein*.

3. Im Feld *Die folgende Anzahl Blätter aufnehmen* stellen Sie die Anzahl der neuen Tabellenblätter ein, die Sie benötigen. In der folgenden Abbildung ist das Feld hervorgehoben.

4. Bestätigen Sie mit einem Klick auf *OK*.

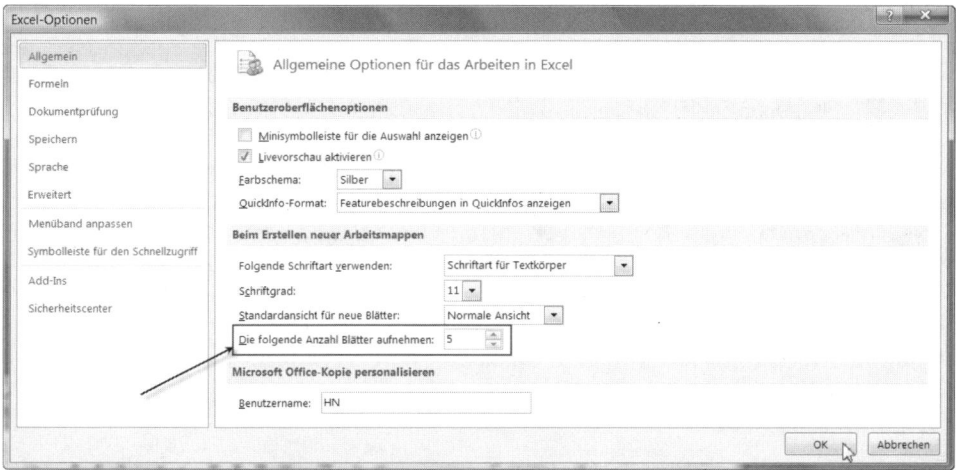

Bild 2.9: Die Anzahl der Blätter pro neuer Arbeitsmappe

> **Tipp:** Diese Aktion wird erst aktiv, wenn Sie jetzt eine neue leere Arbeitsmappe öffnen.

2.2.4 Ein neues Tabellenblatt in eine bestehende Mappe einfügen

Wenn Sie bei Ihrer Arbeit bemerken, dass Sie ein weiteres Blatt benötigen, führen Sie die folgenden Schritte durch:

1. Hinter dem letzten Tabellenblatt sehen Sie die Schaltfläche *Tabellenblatt einfügen*.

Mit einem Klick auf die Schaltfläche wird ein neues Blatt hinter dem letzten Tabellenblatt mit fortlaufender Nummerierung eingefügt.

Bild 2.10: Ein neues Blatt direkt über die neue Schaltfläche einfügen

> **Tipp:** Um ein neues Tabellenblatt direkt zwischen zwei vorhandenen Blättern einzufügen, führen Sie einen Rechtsklick auf dem rechten Tabellenblattregister durch. Wählen Sie den Befehl *Einfügen* und doppelklicken Sie auf das Symbol *Tabellenblatt*.

2.3 Die Statusleiste

In der Statusleiste erhalten Sie Informationen zum aktuellen Bearbeitungsstand.

Bild 2.11: Die Excel-Statusleiste

Mit dem Wort *Bereit* signalisiert Excel Ihnen, dass Sie mit der Eingabe in die aktive Zelle beginnen können. Während Sie Daten in eine Zelle eingeben, meldet Excel dies mit dem Text *Eingeben*. Das Wort *Bearbeiten* erscheint immer dann, wenn Sie vorhandene Zellinhalte verändern.

Mit dem Schalter ![Makro] starten Sie die Aufzeichnung eines Makros.

Wenn Sie Zellen mit Zahlen markiert haben, zeigt Excel Ihnen in der Statusleiste die folgenden Ergebnisse: *Mittelwert*, *Anzahl* und *Summe*.

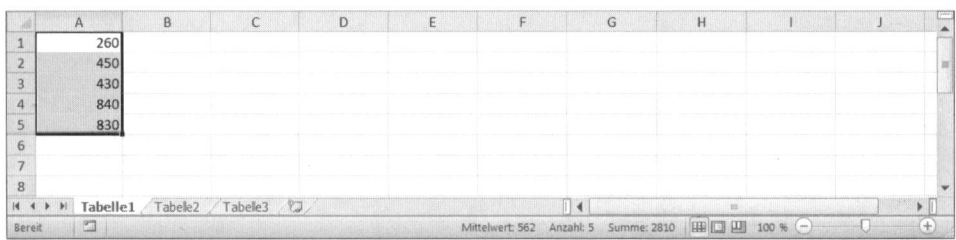

Bild 2.12: Die Berechnungen in der Statusleiste

2.3.1 Die drei Ansichten von Excel

Über die nächsten drei Schaltflächen ändern Sie die Anzeige Ihrer Tabelle.

In der *Normalansicht* bearbeiten Sie Ihre Tabellen. Diese Ansicht gab es immer schon in Excel.

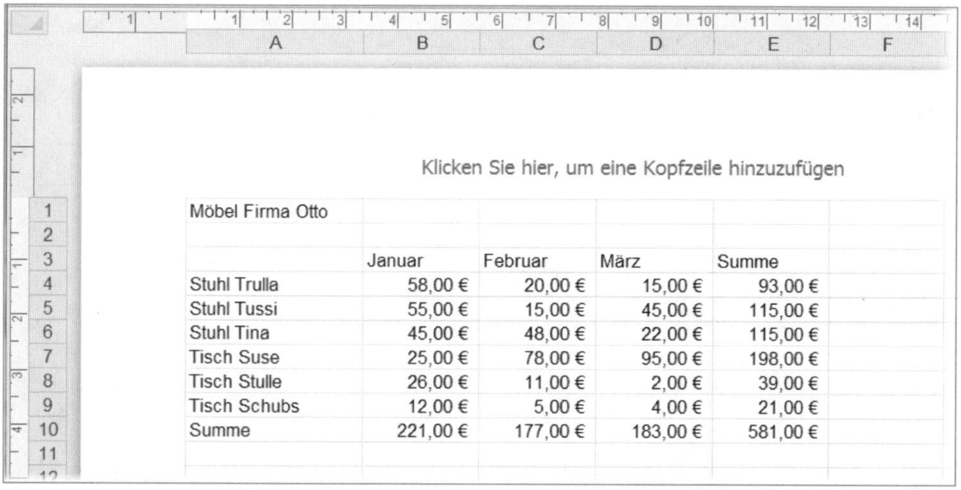

	A	B	C	D	E	F
1	Möbel Firma Otto					
2						
3		Januar	Februar	März	Summe	
4	Stuhl Trulla	58,00 €	20,00 €	15,00 €	93,00 €	
5	Stuhl Tussi	55,00 €	15,00 €	45,00 €	115,00 €	
6	Stuhl Tina	45,00 €	48,00 €	22,00 €	115,00 €	
7	Tisch Suse	25,00 €	78,00 €	95,00 €	198,00 €	
8	Tisch Stulle	26,00 €	11,00 €	2,00 €	39,00 €	
9	Tisch Schubs	12,00 €	5,00 €	4,00 €	21,00 €	
10	Summe	221,00 €	177,00 €	183,00 €	581,00 €	
11						

Bild 2.13: Die Normalansicht

In der *Seitenlayoutansicht* können Sie direkt das Drucklayout erzeugen. So erstellen Sie die Kopf- und Fußzeilen direkt auf dem Tabellenblatt.

Diese Ansicht gibt es seit der Excel Version 2007. Die Seitenlayoutansicht wird im Kapitel 7 beschrieben.

	A	B	C	D	E	F
			Klicken Sie hier, um eine Kopfzeile hinzuzufügen			
1	Möbel Firma Otto					
2						
3		Januar	Februar	März	Summe	
4	Stuhl Trulla	58,00 €	20,00 €	15,00 €	93,00 €	
5	Stuhl Tussi	55,00 €	15,00 €	45,00 €	115,00 €	
6	Stuhl Tina	45,00 €	48,00 €	22,00 €	115,00 €	
7	Tisch Suse	25,00 €	78,00 €	95,00 €	198,00 €	
8	Tisch Stulle	26,00 €	11,00 €	2,00 €	39,00 €	
9	Tisch Schubs	12,00 €	5,00 €	4,00 €	21,00 €	
10	Summe	221,00 €	177,00 €	183,00 €	581,00 €	
11						

Bild 2.14: Die Ansicht *Seitenlayout*

In der *Umbruchvorschau* bestimmen Sie den Seitenwechsel beim Ausdruck. Diese Ansicht wird auch im Kapitel 7 beschrieben.

	A	B	C	D	E
1	Möbel Firma Otto				
2					
3		Januar	Februar	März	Summe
4	Stuhl Trulla	58,00 €	20,00 €	15,00 €	93,00 €
5	Stuhl Tussi	55,00 €	15,00 €	45,00 €	115,00 €
6	Stuhl Tina	45,00 €	48,00 €	22,00 €	115,00 €
7	Tisch Suse	25,00 €	78,00 €	95,00 €	198,00 €
8	Tisch Stulle	26,00 €	11,00 €	2,00 €	39,00 €
9	Tisch Schubs	12,00 €	5,00 €	4,00 €	21,00 €
10	Summe	221,00 €	177,00 €	183,00 €	581,00 €

> **Willkommen zur Umbruchvorschau**
>
> Sie können die Positionen der Seitenumbrüche anpassen, indem Sie sie mit der Maus verschieben.
>
> ☐ Dieses Dialogfeld nicht mehr anzeigen.
>
> [OK]

Bild 2.15: Die Ansicht *Umbruchvorschau*

2.3.2 Die Darstellung vergrößern

Über den Zoom-Regler am rechten unteren Rand können Sie durch Ziehen mit der Maus die Ansicht der Tabelle stufenlos vergrößern bzw. verkleinern.

 **Bild 2.16:** Die Darstellung der Tabelle vergrößern

Mit einem Klick auf das Plus- bzw. Minus-Symbol verändern Sie die Darstellungsgröße in 10%-Schritten.

Wer die Darstellungsgröße lieber über das Dialogfenster einstellt, klickt auf die Schaltfläche, in der der aktuelle Zoomfaktor (z. B. 100 %) angezeigt wird. Excel zeigt dann das Dialogfenster *Zoom* an.

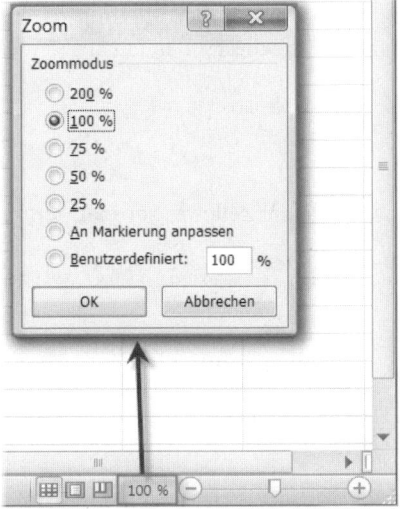

Bild 2.17: Das Zoom-Fenster

Wenn Sie eine individuelle Größe festlegen möchten, geben Sie sie ins Feld *Benutzerdefiniert* ein. Die Eingabe muss zwischen 10 und 400 liegen.

Mit der Option *An Markierung anpassen* vergrößern bzw. verkleinern Sie die Anzeige entsprechend der aktuellen Zellmarkierung.

2.3.3 Die Statusleiste anpassen

Wenn Sie weitere Informationen in die Statusleiste einbringen möchten, führen Sie einen Rechtsklick durch.

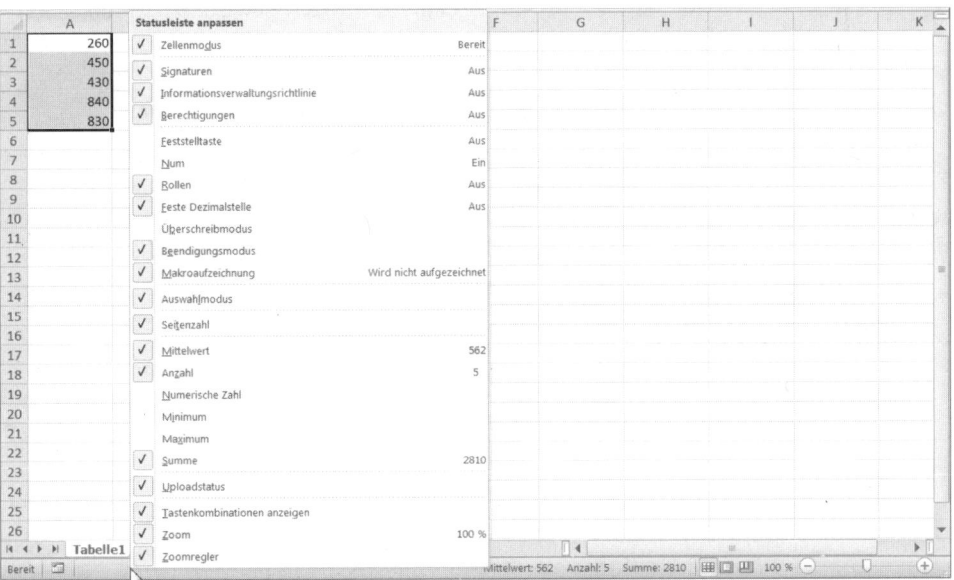

Bild 2.18: Die Statusleiste anpassen

Jetzt können Sie weitere Funktionen, wie beispielsweise Minimum oder Maximum, einfügen. Mit einem Klick auf den Eintrag *Zoomregler* schalten Sie diesen Bereich aus.

2.4 Dateneingabe

Wenn Sie Daten in eine Zelle eingeben möchten, müssen Sie die Zelle vorher markieren.

Um eine Zelle zu markieren, haben Sie die folgenden Möglichkeiten:

- Sie klicken einmal auf die Zelle.

- Sie benutzen die Tasten ⬅, ➡, ⬆ oder ⬇, um zur gewünschten Zelle zu gelangen.

- Sie geben die Zelladresse in das Namenfeld ein und drücken ⎡Eingabe⎤. Das Namenfeld befindet sich über der Spalte A.

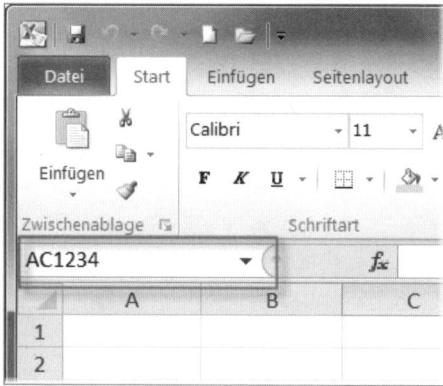

Bild 2.19: Das Namenfeld, in das die Zelladresse AC1234 eingegeben wurde.

Wenn Sie jetzt ⎡Eingabe⎤ drücken, wird die Zelle in der Spalte AC, Zeile 1234 markiert.

2.4.1 Nach dem Eintippen

Jedes Mal, wenn Sie in eine Zelle etwas eingegeben haben, müssen Sie Excel mitteilen, dass die Eingabe beendet ist. Dabei haben Sie, wie immer, mehrere Möglichkeiten:

- ⎡Eingabe⎤-Taste drücken. Dann wird die Zelle unter der aktuellen Zelle markiert.

- ⎡Tab⎤-Taste drücken. Die Zelle rechts daneben wird markiert.

- Auf den Haken ✓ in der Bearbeitungsleiste klicken (lästig, da Sie nach der Maus greifen müssen). Die aktuelle Zelle bleibt markiert.

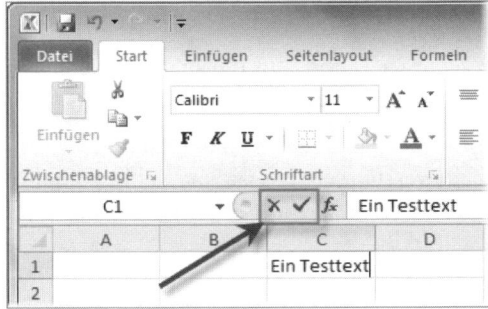

Bild 2.20: Während der Eingabe in eine Zelle sind die Schaltflächen *Eingeben* und *Abbrechen* aktiv.

Sollten Sie merken, dass Sie die falsche Zelle für Ihre Eingabe gewählt haben, können Sie, bevor Sie mit Eingabe bestätigen, die Taste Esc drücken. Damit brechen Sie die Eingabe ab, der vorherige Wert wird angezeigt. Alternativ können Sie auch auf das rote Kreuz in der Bearbeitungsleiste klicken.

Symbol	Beschreibung	Taste
✓	Eingabe abschließen	Eingabe
✗	Eingabe abbrechen	Esc
ƒx	Funktionsassistent öffnen	

Tabelle 2.1: Die Symbole in der Bearbeitungsleiste

Tipp: Die Schaltfläche ƒx ist während der Texteingabe nicht aktiv. Ein Klick auf diese Schaltfläche öffnet den Funktionsassistenten. Mehr hierzu im Kapitel 8.

2.4.2 Texteingabe

Geben Sie Ihren Text ein und drücken Sie Eingabe. Lassen Sie sich dabei zunächst nicht davon irritieren, dass der Text vielleicht rechts aus der Zelle »heraushängt«.

Nach der Eingabe signalisiert Ihnen Excel durch linksbündiges Ausrichten, dass Sie einen Text eingegeben haben.

Tipp: Natürlich können Sie den Text auch rechtsbündig gestalten. Aber hier geht es um die erste Eingabe in ein leeres Tabellenblatt.

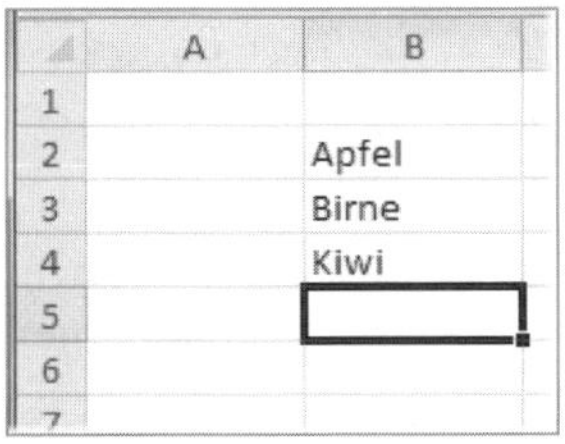

Bild 2.21: So einfach ist die Eingabe von Text.

2.4.3 Die Eingabe von Zahlen

Eine wichtige Bemerkung direkt zu Beginn: Geben Sie immer nur die »nackte« Zahl, also ohne Tausenderpunkte, Währungszeichen oder Einheiten ein.

Wenn Sie eine Zahl eingegeben und `Eingabe` gedrückt haben, wird die Zahl rechtsbündig angezeigt. Damit signalisiert Excel: »Ich habe verstanden, das ist eine Zahl und damit kann ich rechnen.«

⊿	A	B	
1			
2	Apfel		
3	Birne		
4	Kiwi		
5			
6			
7		88	
8		55,66	
9		5123	
10			

Bild 2.22: Die Eingabe von Zahlen ist genauso einfach, wie die Eingabe von Texten.

Sollten Sie in einer Zelle eine umfangreiche Zahl eingeben, beispielsweise eine 1 mit 12 Nullen und anschließend `Eingabe` drücken, dann zeigt Ihnen Excel diese Zahl in einer wissenschaftlichen Darstellung.

1E + 12 entspricht 1000 Milliarden. Alles über das Formatieren großer Zahlen lesen Sie in Kapitel 4.

Wenn Sie eine Zahl eingeben und als Ergebnis nicht die Zahl, sondern #### sehen, teilt Excel Ihnen mit, dass es zur Darstellung der ganzen Zahl in der Zelle nicht genügend Platz gibt. Klicken Sie auf diese Zelle, um ihre Breite zu ändern. Aktivieren Sie das Register *Start*, klicken Sie auf die Schaltfläche *Format* und wählen den Befehl *Spaltenbreite automatisch anpassen*.

Tipp: Im nächsten und übernächsten Kapitel werden wir uns ausführlich mit der Formatierung Ihrer Zellinhalte und der gesamten Tabelle beschäftigen.

Zahlen als Text eingeben

Wenn Sie eine Postleitzahl, etwa 01234, eingeben und `Eingabe` drücken, nimmt Excel die führende Null weg. Um dies zu verhindern, muss diese Zahl als Text dargestellt werden. Geben Sie hierzu vor der 0 ein Hochkomma, ein Apostroph, ein. Sie finden es auf Ihrer Tastatur links von der großen `Eingabe`-Taste auf dem `#` Zeichen.

Wenn Sie nach dem Eintippen des Textes `Eingabe` drücken, wird dieses Zeichen nicht in der Zelle angezeigt. Mit diesem Apostroph-Zeichen machen Sie aus der Zahl einen Text.

Je nach Einstellung, erhalten Sie jetzt an der Zelle einen Hinweis in Form eines grünen Dreiecks. Wenn Sie auf die Zelle klicken, wird ein Hinweissymbol angezeigt.

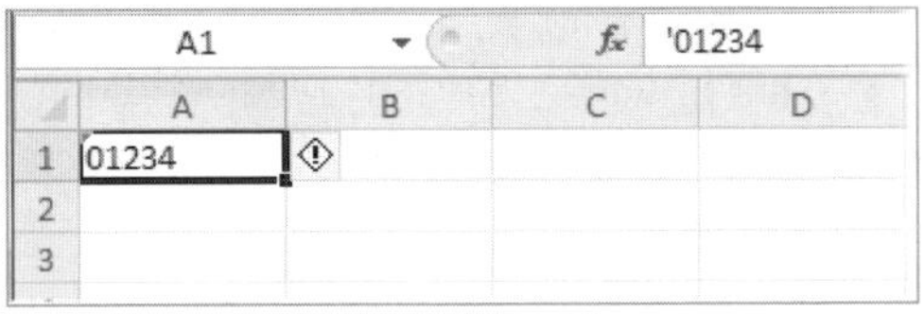

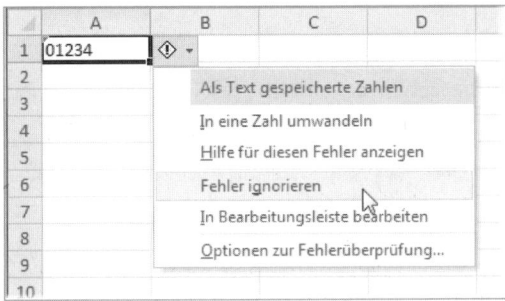

Bild 2.23: Das Apostroph wird in der Zelle nicht gezeigt.

Wenn Sie auf das Symbol klicken, öffnet sich eine Liste und Sie erkennen, dass Excel Ihre Eingabe als möglichen Fehler interpretiert und Ihnen mehrere Alternativen aufzeigt.

Bild 2.24: Der Hinweis, dass Excel diesen Text als Zahl identifiziert hat.

Wenn Sie die Option *In eine Zahl umwandeln* wählen, wird die Null entfernt. Dann steht nur die 1234 in der Zelle. Wenn Sie die Option *Fehler ignorieren* wählen, verschwinden die grüne Ecke und das Hinweissymbol.

> **Tipp:** Um die Anzeige der grünen Ecken auszuschalten, klicken Sie auf das Menü *Datei* und wählen den Befehl *Optionen*. Markieren Sie die Kategorie *Formeln* und deaktivieren Sie das Feld *Fehlerüberprüfung im Hintergrund aktivieren.*

Eine Tabelle schnell mit Daten füllen

Eine lästige Sache in Excel: Sie geben Daten in die erste Zeile ein. Zur Eingabe in der nächsten Zeile müssen Sie umständlich die Zellmarkierung wieder in die erste Zelle dieser nächsten Zeile bringen.

Versuchen Sie doch einmal den folgenden Trick:

- Markieren Sie den Bereich, den Sie ausfüllen wollen. Geben Sie den ersten Wert ein und drücken Sie `Tab`. Wenn Sie am Ende der Markierung angelangt sind, »springt« Excel automatisch in die zweite Zeile.

- Wenn Sie die Daten lieber von oben nach unten füllen möchten, drücken Sie nach der Eingabe in die erste Zelle `Eingabe`. Wenn Sie am Ende der Markierung angelangt sind, markiert Excel für Sie die erste markierte Zelle der folgenden Spalte.

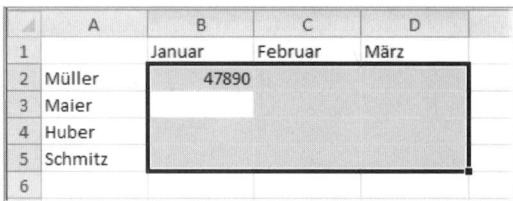

Bild 2.25: Sie können Ihre Daten nun innerhalb der Markierung eingeben und mit [Eingabe] bzw. [Tab] zur nächsten Zelle wechseln.

Wenn Sie eine der Pfeil-Tasten drücken, hebt dies die Markierung wieder auf.

Tipp: Mit der Tastenkombination [Umschalt]+[Tab] bzw. [Umschalt]+[Eingabe] springt die Zellmarkierung rückwärts.

2.4.4 Excel formatiert falsch

Wem ist das nicht schon einmal passiert: Sie geben etwas ein und Excel interpretiert diese Eingabe falsch. Wir möchten Ihnen dies an einem einfachen Beispiel aufzeigen.

Stellen Sie sich vor, Sie möchten in eine Zelle den Wert 3,4 eingeben.

Sie vertippen sich aber und geben 3.4 in die Zelle ein und drücken [Eingabe].

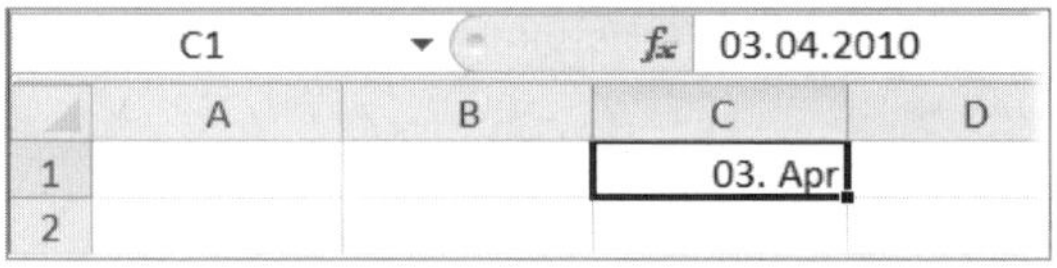

Bild 2.26: Excel interpretiert Ihre Eingabe 3.4 als Datum.

Excel interpretiert nun Ihre Eingabe als Datum und zeigt in der Zelle den Wert *03. April* an. Wenn Sie diese Zelle anklicken und in die Bearbeitungsleiste schauen, erkennen Sie, dass es das aktuelle Jahr ist.

Das Ergebnis ist unerwünscht. Klicken Sie einmal auf diese Zelle und drücken Sie die Taste [Entf], um das Ergebnis zu korrigieren.

Geben Sie nun den richtigen Wert 3,4 in diese Zelle ein und drücken Sie [Eingabe].

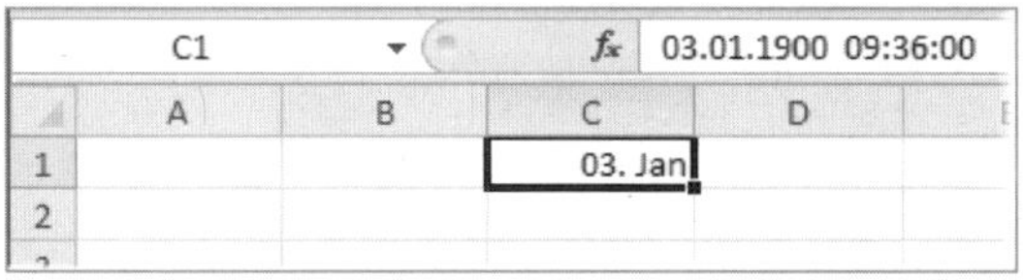

Bild 2.27: Jetzt geht's aber rund!

Nun interpretiert Excel völlig gegen Ihren Willen. In der Zelle wird der 03. Januar 1900 und eine Uhrzeit angezeigt.

Excel hat bei Ihrer ersten Eingabe der Zelle C3 das Format *Datum* zugewiesen. Das bedeutet, egal, welche Zahl Sie eingeben, Excel macht grundsätzlich ein Datum daraus.

Sollte Ihnen so etwas passieren, führen Sie die folgenden Schritte durch:

1. Markieren Sie die Zelle mit dem Datumswert.

2. Aktivieren Sie das Register *Start*. Öffnen Sie die Schaltfläche *Löschen*, das ist die mit dem Radiergummi im letzten Bereich *Bearbeiten,* und wählen Sie den Befehl *Formate löschen.*

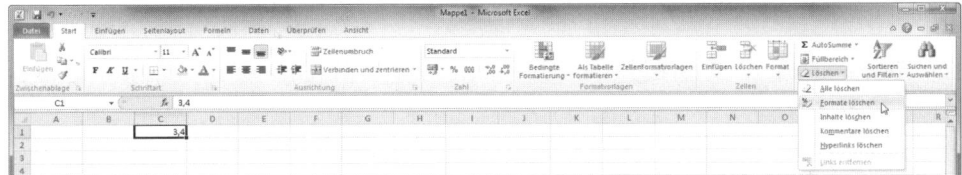

Bild 2.28: Nur die Formate in der Zelle löschen, die Inhalte bleiben, wie sie eingegeben wurden.

Nach dieser Aktion steht nun wieder der korrekte Wert in der Zelle.

Tipp: Alternativ können Sie auch im Bereich *Zahl* auf dem Register *Start* die oberste Schaltfläche öffnen und den Eintrag *Standard* auswählen.

Im Kapitel 8 erhalten Sie viele Informationen zum Rechnen mit Datumswerten. Dort erfahren Sie auch, wie Excel auf den 3. Januar 1900 kommt.

2.4.5 Korrigieren und Löschen

Um einen Text oder eine Zahl in einer Zelle zu korrigieren, stehen Ihnen wieder mehrere Alternativen zu Verfügung. Bevor wir diese auflisten, hier noch ein wichtiger Hinweis: Sollte eine Ziffer oder ein Wort fehlen, dürfen Sie nicht die Zelle markieren und sofort das fehlende Zeichen tippen. Damit würden Sie den bis jetzt in der Zelle stehenden Inhalt vollständig überschreiben.

Wählen Sie eine der folgenden Vorgehensweise für die Korrektur:

• Markieren Sie die gewünschte Zelle, klicken Sie dann in die Bearbeitungsleiste und korrigieren Sie den Fehler dort.

• Markieren Sie die Zelle, drücken Sie die Taste ⎡F2⎤. Der Cursor steht hinter dem Zellinhalt innerhalb der Zelle. Bewegen Sie den Cursor nun mit den Pfeiltasten an die gewünschte Stelle und führen Sie die Korrekturarbeiten durch.

• Doppelklicken Sie auf die Zelle. Damit setzen Sie den Cursor in die Zelle und können, nachdem Sie den Cursor an die gewünschte Position gebracht haben, korrigieren.

• Wenn Sie den Inhalt einer Zelle komplett löschen möchten, markieren Sie die Zelle und drücken Sie ⎡Entf⎤.

2.4.6 Rückgängig machen

Eine der wichtigsten Excel-Funktionen ist das *Rückgängigmachen* der letzten Aktionen. Stellen Sie sich vor, Sie haben aus Versehen ein paar Zellen gelöscht. Dann klicken Sie auf die Schaltfläche *Rückgängig* in der *Symbolleiste für den Schnellzugriff*. Die letzte Aktion wird rückgängig gemacht, so dass der ursprüngliche Zellinhalt wieder erscheint.

Bild 2.29: Das und noch viel mehr kann ungeschehen gemacht werden.

2.5 Excel-Daten automatisch ausfüllen lassen

Sie können Excel die Daten, die Sie immer wieder eingeben müssen, wie etwa Monatsnamen, Wochennamen oder Quartalsangaben, automatisch ausfüllen lassen. Excel »kann« sogar noch mehr: Es »merkt« sich Ihre Eingaben. Wenn Sie immer wieder die Namen der Mitarbeiter, eine Liste von Städten oder Kostenstellennamen eingeben müssen, wird es höchste Zeit für die Funktion *AutoAusfüllen*. Auch Zahlen kann Excel aufzählen. Lassen Sie sich überraschen.

2.5.1 Zellinhalte kopieren

Stellen Sie sich vor, Sie haben in eine Zelle einen Text eingegeben und im Anschluss diese Zelle gestaltet. Jetzt möchten Sie diese Zelle kopieren.

1. Markieren Sie die Zelle, zeigen Sie auf das AutoAusfüllkästchen.

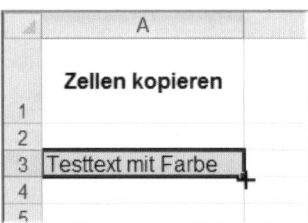

Bild 2.30: Das AutoAusfüllkästchen

2. Ziehen Sie, wenn der Mauszeiger zu einem Plus-Symbol wird, mit gedrückter linker Maustaste nach unten.

Excel hat jetzt den Inhalt und die Formate kopiert.

Außerdem wird am Ende der Liste die Schaltfläche *Auto-Ausfülloptionen* gezeigt.

Bild 2.31: Die Schaltfläche *Auto-Ausfülloptionen*

Mit einem Klick auf diese Schaltfläche können Sie entscheiden, ob Sie nur die Formate oder nur den Text vervielfältigen möchten.

	A	B	C	D	E	F
1	Zellen kopieren			Ohne Formatierung ausfüllen		Nur Formate ausfüllen
2						
3	Testtext mit Farbe			Testtext mit Farbe		Testtext mit Farbe
4	Testtext mit Farbe			Testtext mit Farbe		
5	Testtext mit Farbe			Testtext mit Farbe		
6	Testtext mit Farbe			Testtext mit Farbe		
7	Testtext mit Farbe			Testtext mit Farbe		
8	Testtext mit Farbe			Testtext mit Farbe		
9	Testtext mit Farbe			Testtext mit Farbe		
10	Testtext mit Farbe			Testtext mit Farbe		
11	Testtext mit Farbe			Testtext mit Farbe		
12	Testtext mit Farbe			Testtext mit Farbe		
13	Testtext mit Farbe			Testtext mit Farbe		
14	Testtext mit Farbe			Testtext mit Farbe		
15	Testtext mit Farbe			Testtext mit Farbe		
16	Testtext mit Farbe			Testtext mit Farbe		
17						

Bild 2.32: Die drei Angebote der Schaltfläche *Auto-Ausfülloptionen*

2.5.2 Die mitgelieferten Listen

Geben Sie das Wort *Montag* in eine Zelle ein. Ausnahmsweise müssen Sie jetzt nicht die Taste Eingabe drücken. Zeigen Sie mit der Maus auf das Ausfüllkästchen, es befindet sich in der rechten unteren Ecke der markierten Zelle. Wenn der Mauszeiger zu einem schlanken Plus-Symbol wird, ziehen Sie ihn mit gedrückter linker Maustaste in eine Richtung. Sie können an der Quickinfo, die jetzt am Mauszeiger sichtbar wird, erkennen, welcher Tag gerade aufgezogen wird.

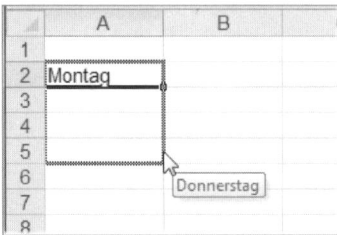

Bild 2.33: Die Wochentage ausfüllen

Dabei ist es egal, mit welchem Tag oder Monat Sie anfangen und in welche Richtung Sie ziehen. Es klappt in alle vier Richtungen.

Probieren Sie es jetzt einmal mit zweistelligen Bezeichnungen für Tage, wie beispielsweise *Di* für Dienstag.

Wenn Sie die Maustaste loslassen, erscheint immer die kleine *Einfügen*-Schaltfläche, die im Folgenden beschrieben wird.

Ohne Wochenenden

Wenn Sie nur die Wochentage, also ohne die Wochenenden, erstellen möchten, führen Sie die folgenden Schritte durch:

1. Geben Sie den ersten Tag, z. B. *Dienstag* in eine Zelle ein.

2. Zeigen Sie mit der Maus auf das Ausfüllkästchen unten rechts der markierten Zelle.

3. Wenn Ihr Mauszeiger zu einem schlanken Plussymbol wird, ziehen Sie die Markierung nach unten. Während des Ziehens »zählt« Excel die Wochentage weiter, zuerst auch mit den Wochenenden.

4. Ziehen Sie bis zum gewünschten Tag und lassen Sie dann die Maustaste los. Es erscheint wieder die *Einfügen*-Schaltfläche. Öffnen Sie sie.

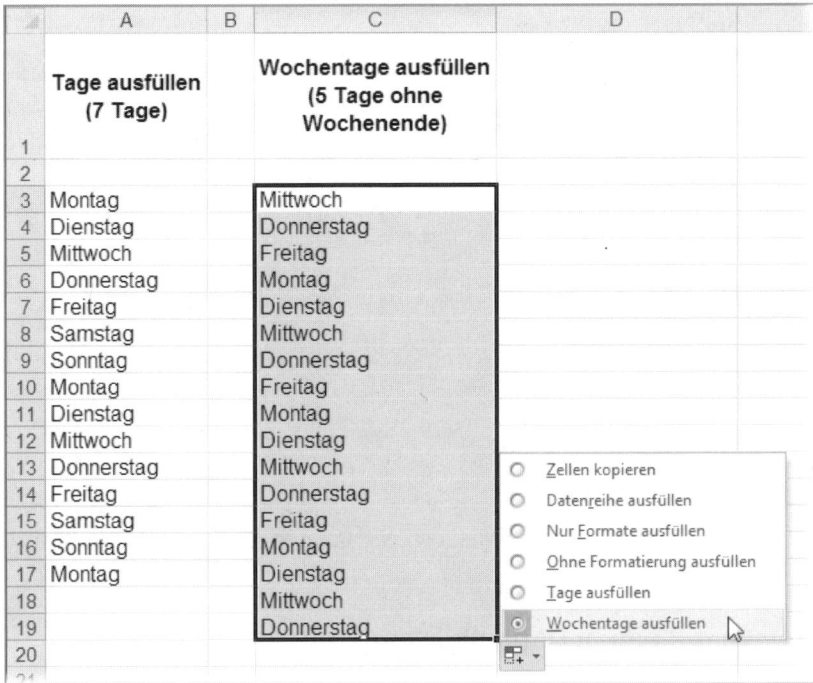

Bild 2.34: Der Einsatz der *Einfügen*-Schaltflächen

5. Aktivieren Sie die Option *Wochentage ausfüllen.*

Jetzt werden nur die fünf Tage der Arbeitswoche angezeigt.

Excel kennt auch die vollen Monatsnamen sowie deren dreistellige Abkürzungen, wie *Jan, Feb* und so weiter. Probieren Sie diese ruhig einmal aus.

Zusätzlich sind Excel auch die gängigen Begriffe zu den Quartalen bekannt. Außerdem kann Excel auch Begriffe durchnummerieren. Z. B. *Test 1.* Durch das Ziehen wird daraus *Test 2, Test 3* usw.

Die folgende Abbildung zeigt einige Beispiele:

B	C	D	E	F	G	H	I	J	K	L	M
	Wochentage ausfüllen (5 Tage ohne Wochenende)		2-stellige Wochentage		Monate		3-stellige Monate		Quartale		Quartale
1											
2											
3	Mittwoch		Do		Juni		Jan		1. Quartal		1. Q
4	Donnerstag		Fr		Juli		Feb		2. Quartal		2. Q
5	Freitag		Sa		August		Mrz		3. Quartal		3. Q
6	Montag		So		September		Apr		4. Quartal		4. Q
7	Dienstag		Mo		Oktober		Mai		1. Quartal		1. Q
8	Mittwoch		Di		November		Jun		2. Quartal		2. Q
9	Donnerstag		Mi		Dezember		Jul				
10	Freitag		Do		Januar		Aug				
11	Montag		Fr		Februar		Sep				
12	Dienstag		Sa		März		Okt				
13	Mittwoch		So				Nov				
14	Donnerstag						Dez				
15	Freitag						Jan				
16	Montag						Feb				
17	Dienstag						Mrz				
18	Mittwoch										
19	Donnerstag										

Bild 2.35: Einige fertige Listen

2.5.3 Listen mit einem Doppelklick ausfüllen

Sie können eine Liste auch mit einem Doppelklick automatisch nach unten ausfüllen lassen.

Stellen Sie sich vor, Sie haben eine große Liste, die bis Zeile 20.000 geht. In der ersten leeren Spalte, z. B. X, müssen Sie einen Text oder eine Formel durch ziehen nach unten kopieren. Dann dauert das Ziehen am Ausfüllkästchen eine Weile. Außerdem kann es passieren, dass die Excel-Markierung »über das Ziel" (Zeile 20.000) hinausschießt.

Probieren Sie doch einmal den folgenden Befehl aus:

1. Setzen Sie den Cursor direkt neben eine Spalte, die bereits Werte enthält.

2. Geben Sie einen Text ein und doppelklicken Sie auf das Ausfüllkästchen.

Excel füllt jetzt die Werte so weit aus, bis in der Spalte links daneben die erste leere Zelle kommt.

Wenn die Spalte links daneben leer ist, orientiert sich Excel an der Spalte rechts neben der aktiven Spalte und füllt bis zur ersten leeren Zelle auf. Wenn beide Spalten um die aktive Spalte leer sind, funktioniert der Doppelklick nicht.

In der folgenden Abbildung wird jetzt bei einem Doppelklick auf das Ausfüllkästchen bis zur Zeile 21 ausgefüllt.

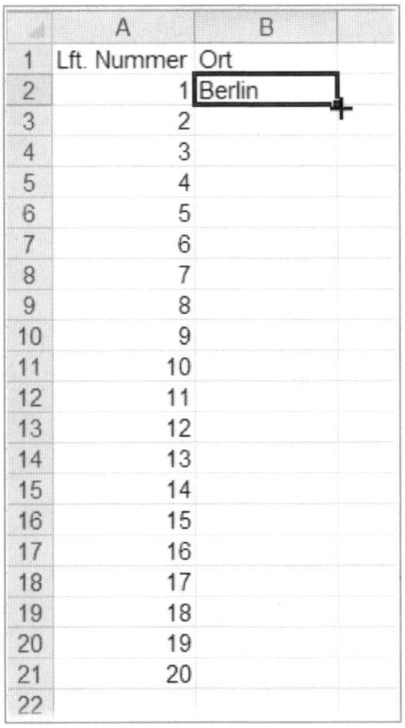

	A	B
1	Lft. Nummer	Ort
2	1	Berlin
3	2	
4	3	
5	4	
6	5	
7	6	
8	7	
9	8	
10	9	
11	10	
12	11	
13	12	
14	13	
15	14	
16	15	
17	16	
18	17	
19	18	
20	19	
21	20	
22		

Bild 2.36: Liste mit einem Doppelklick ausfüllen

Sie können mit einem Doppelklick Werte und Formeln kopieren.

2.5.4   Die eigenen Listen

Die Funktion *Wochentage* und *Monat* sind ja schön und gut, aber sicher haben Sie auch andere Listen, die Sie immer wieder benötigen.

1. Über das Menü *Datei*, dem Befehl *Optionen* und dem Bereich *Erweitert* können Sie über die Schaltfläche *Benutzerdefinierte Listen bearbeiten* das Fenster *Benutzerdefinierte Listen* öffnen

2. Geben Sie im Feld *Listeneinträge* den ersten Begriff ein und drücken Sie `Eingabe`.

3. Verfahren Sie mit allen weiteren Einträgen genauso.

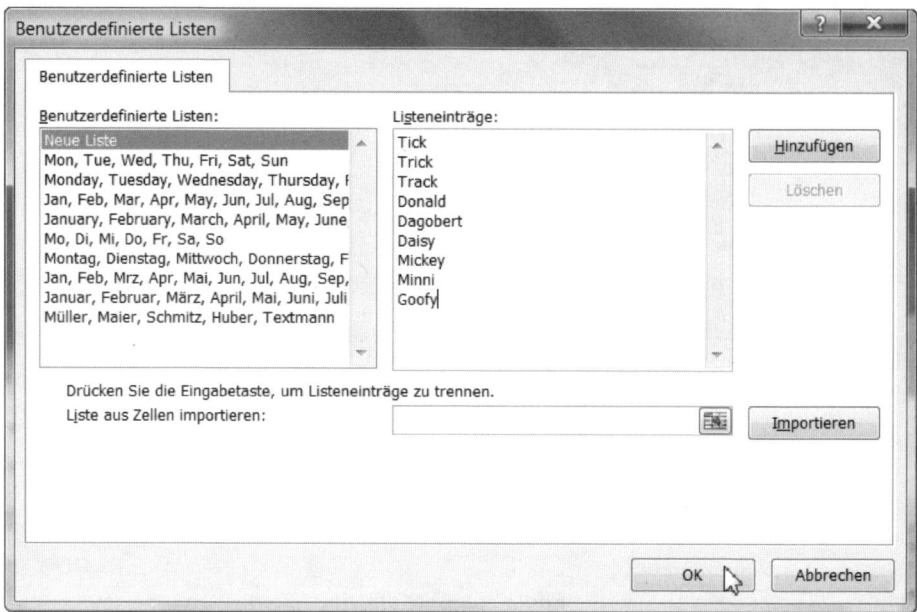

Bild 2.37: Eine eigene Liste mit den Freunden aus Entenhausen erstellen

4. Bestätigen Sie zum Schluss beide Fenster mit *OK*.

Jetzt haben Sie Ihre eigene Liste erstellt, die Sie in jeder Tabelle einsetzen können. Geben Sie einen Begriff aus der Liste ein und ziehen Sie ihn auf.

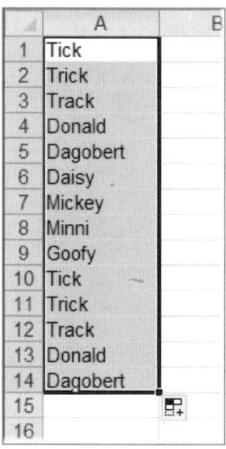

Bild 2.38: Eine eigene Liste einfügen

2.5.5 Fertige Listen übernehmen

Wenn Sie in einer Ihrer Tabellen bereits eine Liste haben, die Sie vielleicht immer wieder in ein neues Blatt kopieren, dann ist der Befehl *Importieren* genau der richtige. Damit übernehmen Sie bereits bestehende Listen.

1. Markieren Sie die Zellen, die Sie übernehmen möchten, z. B. Namen von Mitarbeitern.

2. Öffnen Sie wieder das Fenster *Benutzerdefinierte Listen*.

3. Die Zelladressen der markierten Liste stehen nun im Feld *Liste aus Zellen importieren*.

4. Klicken Sie auf die Schaltfläche *Importieren*.

5. Bestätigen Sie mit *OK*.

Damit ist diese Liste übernommen und Sie können sie jederzeit in jedem Tabellenblatt einsetzen.

2.5.6 Eigene Listen bearbeiten oder löschen

Um eine bereits bestehende Liste zu erweitern, öffnen Sie wieder das Fenster *Benutzerdefinierte Listen*. Markieren Sie die Liste, die Sie ändern wollen. Tippen Sie im Feld *Listeneinträge* die neuen Begriffe ein und klicken Sie anschließend auf *Hinzufügen*. Damit ist die Liste aktualisiert.

Um eine Liste zu löschen, markieren Sie sie im Fenster *Benutzerdefinierte Listen* und klicken auf die Schaltfläche *Löschen*. Beantworten Sie die Sicherheitsabfrage mit *Ja*.

Beachten Sie, dass Sie diesen Löschvorgang nicht rückgängig machen können.

2.5.7 1, 2, 3,...

Excel kann auch zählen.

1. Geben Sie eine Zahl in eine Zelle ein und ziehen Sie am Ausfüllkästchen nach unten.

Zu Beginn kopiert Excel die Zahl nach unten.

2. Klicken Sie an der Schaltfläche *Auto-Ausfülloptionen* und wählen Sie den Befehl *Datenreihe ausfüllen*.

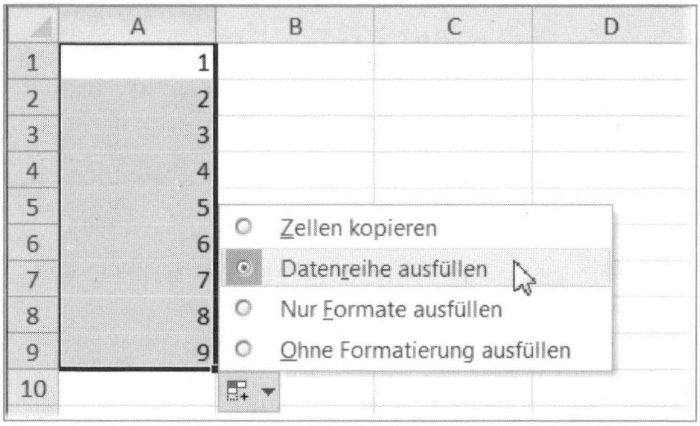

Bild 2.39:
Zahlenfolgen auffüllen

Jetzt zählt Excel weiter. Sie können mit jeder Zahl beginnen.

2.5.8   Andere Zahlenfolgen

Angenommen, Sie möchten die Zahlen von 5, 10, 15 bis 60 nacheinander in den Zellen aufziehen. Sie geben 5 ein und ziehen am Ausfüllkästchen nach unten, dann erhalten Sie als Ergebnis immer nur 5. Woher soll Excel wissen, was Sie vorhaben? Sie müssen die ersten beiden Zahlen eingeben, damit Excel die Zahlenabstände »erkennt«.

1. Geben Sie in die erste Zelle eine 5 und in die nächste Zelle die 10.

2. Markieren Sie jetzt beide Zellen.

3. Zeigen Sie nun auf das Ausfüllkästchen und ziehen Sie.

Durch die Eingabe der ersten beiden Zahlen haben Sie Excel den jeweiligen Zahlenabstand mitgeteilt. Excel kann nun diesen Abstand auf alle weiteren Zahlen in dieser Gruppe übertragen.

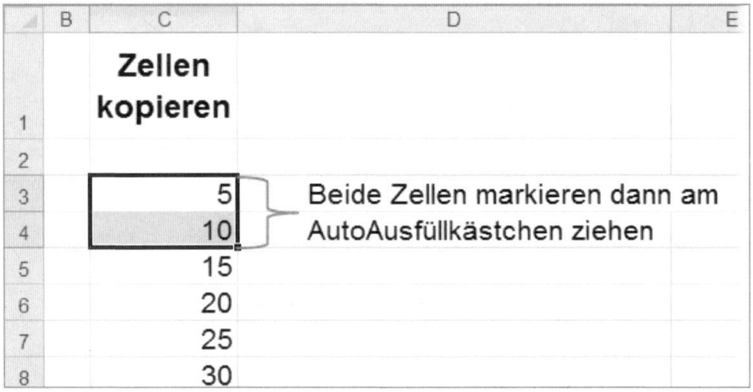

Bild 2.40: Excel kann auch Zahlenfolgen auffüllen.

2.5.9   Datumswerte auffüllen

Excel kann auch Datumswerte automatisch auffüllen. Über die Schaltfläche *Auto-Ausfülloptionen* können Sie entscheiden, ob Sie Tage, Monate oder Jahre auffüllen möchten.

1. Geben Sie das Startdatum in eine Zelle ein und ziehen Sie am Ausfüllkästchen nach unten.

2. Klicken Sie auf die Schaltfläche *Auto-Ausfülloptionen* und wählen Sie eine der folgenden Aktion aus:

    • *Tage ausfüllen* – füllt die Tage fortlaufend auf.

    • *Wochentage ausfüllen* – entfernt die Wochenenden in der Liste.

    • *Monate ausfüllen* – füllt die Monate auf.

- *Jahre ausfüllen* – füllt die Jahre auf.

Die folgende Abbildung zeigt die vier Möglichkeiten mit dem Startdatum 01.07.2010.

	A	B	C	D	E	F	G	H
1	Tage ausfüllen (7 Tage)		Wochentage ausfüllen (5 Tage ohne Wochenende)		Monate ausfüllen		Jahre ausfüllen	
2								
3	01.07.2010		01.07.2010		01.07.2010		01.07.2010	
4	02.07.2010		02.07.2010		01.08.2010		01.07.2011	
5	03.07.2010		05.07.2010		01.09.2010		01.07.2012	
6	04.07.2010		06.07.2010		01.10.2010		01.07.2013	
7	05.07.2010		07.07.2010		01.11.2010		01.07.2014	
8	06.07.2010		08.07.2010		01.12.2010		01.07.2015	
9	07.07.2010		09.07.2010		01.01.2011		01.07.2016	
10	08.07.2010		12.07.2010		01.02.2011		01.07.2017	

Bild 2.41: Excel füllt auf Wunsch auch Datumswerte auf.

2.6 Die verschiedenen Mauszeiger

Es ist Ihnen bestimmt schon aufgefallen, dass Ihr Mauszeiger, je nachdem, wo er sich gerade befindet, eine andere Form annimmt. Während der Bearbeitung ist es äußerst wichtig, die Mausaktionen genau dann zu starten, wenn der »richtige« Mauszeiger angezeigt wird. Aber was ist der »richtige« Mauszeiger?

Weißes Kreuz – zum Markieren

Wenn Sie mit dem Mauszeiger auf eine Zelle zeigen, dann wird er zu einem weißen Kreuz. Mit einem Klick markieren Sie diese Zelle und können mit der Dateneingabe oder mit dem Gestalten beginnen.

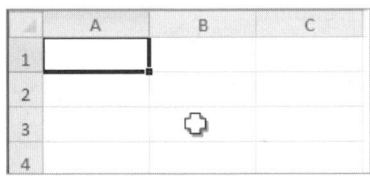

Bild 2.42: Das weiße Kreuz, das das Markieren einläutet

In der Abbildung sehen Sie, dass die Zelle A1 zurzeit noch markiert ist. Wenn Sie jetzt mit der linken Maustaste klicken, wird die Zelle B3 markiert, weil sich der Mauszeiger zurzeit über dieser Zelle befindet.

Wenn Sie mit gedrückter linker Maustaste jetzt etwas nach unten ziehen, markieren Sie auch die folgenden Zellen.

Weißer Pfeil und Vierfach-Pfeil – zum Verschieben

Stellen Sie sich vor, Sie tippen einen Begriff in eine Zelle und merken, nachdem Sie `Eingabe` gedrückt haben, dass Sie die falsche Zelle gewählt haben. Dann zeigen Sie auf den Zellenrand, bis der Mauszeiger ein weißer Pfeil mit Vierfach-Pfeil wird.

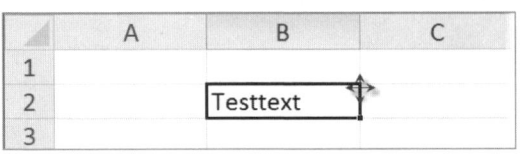

Bild 2.43: Viele Pfeile, die das Verschieben von Zellinhalten ankündigen

Wenn Sie jetzt mit gedrückter linker Maustaste ziehen, verschieben Sie den Inhalt der Zelle. Am Mauszeiger sehen Sie immer die Adresse der Zelle, auf die Sie gerade ziehen.

Nachdem Sie die Maustaste losgelassen haben, steht der Inhalt der zuvor markierten Zelle nun in der von Ihnen gewählten Zelle.

Schlankes Plus – Ausfüll-Funktion

Wenn Sie mit der Maus die rechte untere Ecke einer Zelle langsam anfahren, wechselt der Mauszeiger zu einem schlanken Plus-Symbol. Das Kästchen heißt *Ausfüllkästchen*.

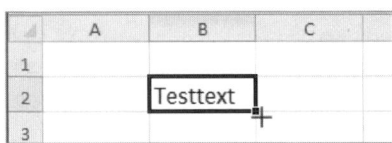

Bild 2.44: Das Plus-Symbol

Sie müssen genau in die Ecke zielen, aber die Mühe lohnt sich, denn Sie ersparen sich viel Arbeit. Sie können nun den Begriff, der in der Zelle steht, in die angrenzenden Zellen kopieren. Sie können auch Formeln kopieren und Zellen mit bestimmten Texten und Zahlen automatisch ausfüllen.

Schwarzer Doppelpfeil – Zeilen- oder Spaltenbreite verändern

Wenn Sie mit der Maus in die grauen Spaltentitel zeigen und dort auf einen der Trennstriche zwischen den Buchstaben fahren, wird Ihr Mauszeiger zu einem schwarzen Doppelpfeil.

Jetzt können Sie durch Ziehen mit gedrückter linker Maustaste die Breite der Spalte verändern. Die Zahl, die Sie dort sehen, definiert die ungefähre Anzahl der Zeichen, die Sie nebeneinander in die Zellen eintippen können. Das Ändern der Zeilenhöhe erfolgt analog.

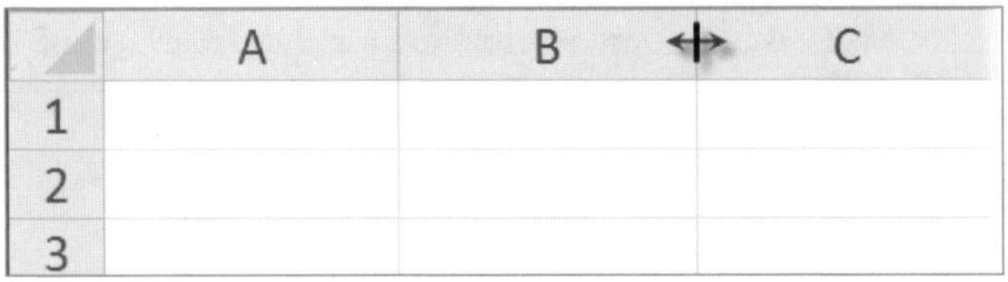

Bild 2.45: Die Spalte B

kann jetzt verbreitert oder verringert werden.

Breiter schwarzer Pfeil

Diesen Pfeil sehen Sie nur, wenn Sie mit der Maus auf einen der Zeilen- oder Spaltentitel zeigen.

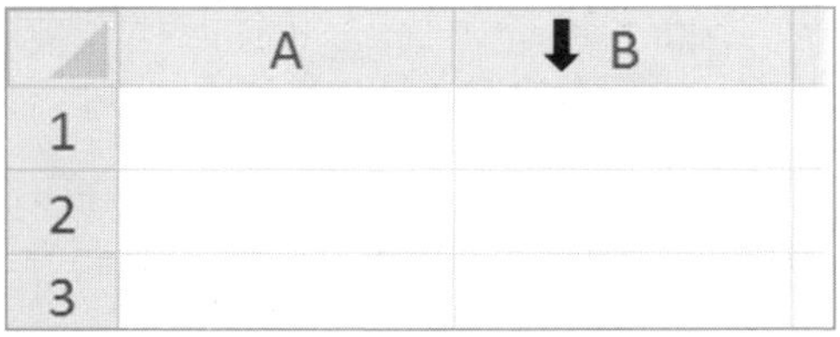

Bild 2.46: Der breite schwarze Pfeil dient zum Markieren der Spalte B.

Mit einem Mausklick auf den Zeilen- oder Spaltentitel markieren Sie die ganze Zeile oder Spalte. Wenn Sie mit gedrückter linker Maustaste weiter ziehen, markieren Sie auch die umliegenden Zeilen bzw. Spalten.

Excel zeigt die Anzahl der markierten Spalten als Kommentar an. Wenn Sie also mit gedrückter linker Maustaste über die Spaltentitel ziehen, erscheint am Mauszeiger ein kleines Feld, das beispielsweise 3S zeigt. Dies ist der Hinweis, dass Sie drei Spalten markiert haben. Für die Zeilen wird beispielsweise 5Z als Hinweis gezeigt, dass Sie fünf Zeilen markiert haben.

Tipp: Wenn Sie die Spalten C, E und G markieren möchten, klicken Sie zunächst auf den Spaltentitel C und halten Sie dann die Strg-Taste gedrückt. Klicken Sie jetzt auch auf die Spaltentitel E und G und lassen Sie zum Schluss die Strg-Taste wieder los.

3 Zellen gestalten, Tabellen speichern

Nachdem Sie mit den Tabellen und der Eingabe von Informationen vertraut sind, kommen wir nun zur Gestaltung der Zellen. Im zweiten Teil dieses Kapitels lesen Sie, mit welchen Befehlen Sie Ihre Tabelle speichern und für eine spätere Überarbeitung wieder öffnen.

⊡ Download-Link

> www.buch.cd
> Hier finden Sie alle Beispieldateien übersichtlich nach Kapiteln sortiert.

3.1 Markieren

Bevor Excel Ihre Formatwünsche umsetzen kann, müssen Sie festlegen, was gestaltet werden soll. Das heißt, Sie müssen die entsprechende Zelle oder Zellen markieren. In der folgenden Auflistung sind die gängigsten Markieraktionen mit der Maus beschrieben.

Eine Zelle markieren

Eine Zelle markieren Sie, indem Sie mit der Maus einmal darauf klicken. Die markierte Zelle erkennen Sie an dem breiten Markierungsrahmen, der um die Zelle herumläuft.

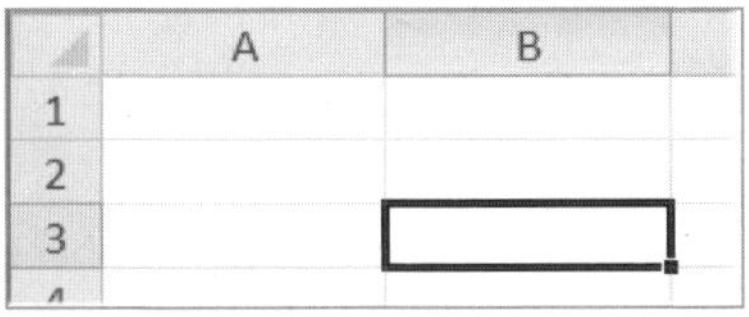

Bild 3.1: Die Zelle B3 ist markiert.

Einen Zellbereich markieren

Wenn Sie mehrere zusammenhängende Zellen markieren möchten, klicken Sie in die erste Zelle und ziehen Sie anschließend mit gedrückter linker Maustaste bis zur letzten Zelle im gewünschten Zellbereich.

Alternativ können Sie auch die erste Zelle markieren, dann die ⌈Umschalt⌉-Taste drücken und die letzte Zelle anklicken. Alle Zellen, die innerhalb dieses Bereichs liegen, sind nun markiert.

Einen markierten Zellbereich erkennen Sie am breiten Markierungsrahmen, der um die Zellen herumläuft. Alle Zellen, bis auf die erste, sind farbig hinterlegt. Warum eine Zelle nicht hinterlegt ist, erfahren Sie auf den nächsten Seiten. In der folgenden Abbildung sind die Zellen von B3 bis D7 markiert.

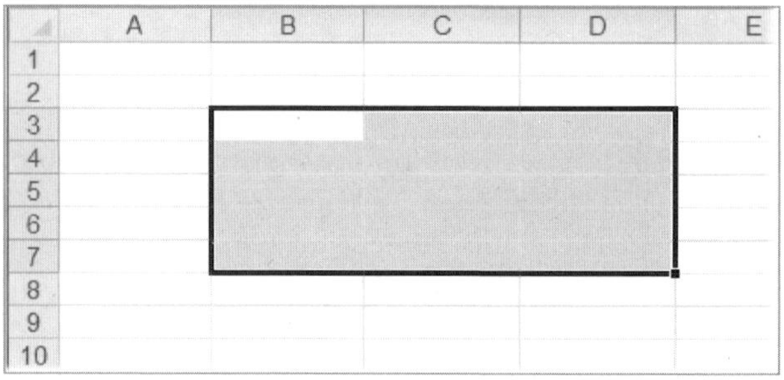

Bild 3.2:
Ein markierter Zellbereich

Jeder Formatierungsbefehl, den Sie jetzt starten, wird auf allen markierten Zellen durchgeführt.

Das erweiterte Markieren

Wenn Sie mehrere Zellen, die nicht innerhalb eines zusammenhängenden Bereichs liegen, markieren möchten, klicken Sie die erste Zelle an, halten Strg gedrückt und klicken dann die anderen Zellen nacheinander an. Diese Art der Markierung nennt man erweitertes Markieren. Einen solchen markierten Zellbereich erkennen Sie daran, dass alle Zellen, bis auf die letzte, farbig hinterlegt sind. Die zuletzt markierte Zelle hat nur einen dünnen Markierungsrahmen.

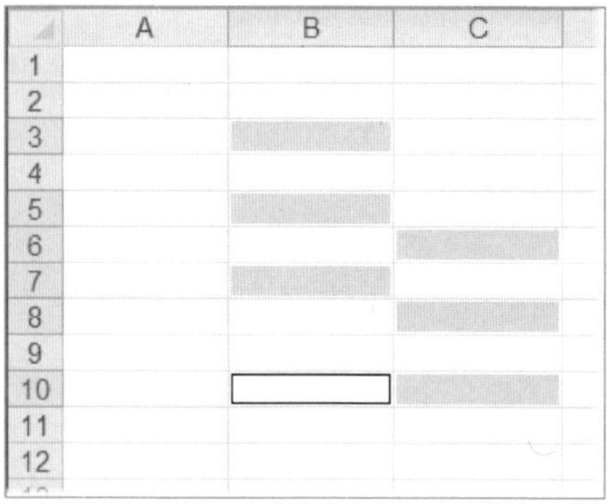

Bild 3.3: Das erweiterte Markieren,
die zuletzt markierte Zelle ist B10.

In der vorherigen Abbildung sind die Zellen B3, B5, B7, C6, C8, C10 und B10 markiert. Das B10 die letzte Zelle ist, die markiert wurde, erkennen Sie hier den dünnen Markierungsrahmen.

Alle Zellen markieren

Wenn Sie alle Zellen des aktuellen Blatts markieren möchten, klicken Sie auf das kleine Feld über der Zeilennummer 1 und links des Spaltentitels A. Jetzt sind alle 17 Milliarden Zellen des Tabellenblattes markiert.

In der Abbildung weist der Pfeil auf diese Stelle hin.

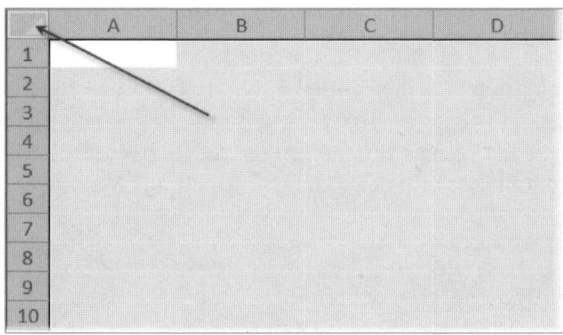

Bild 3.4:
Alle Zellen markieren

Je nachdem, welchen Befehl Sie starten, kann sich ein kleines Fenster öffnen, in dem Sie darauf hingewiesen werden, dass die gewählte Aktion länger dauern kann.

Markierte Zellen schnell mit Werten füllen

Wenn Sie in Excel mehrere Zellen markieren, dann werden alle Zellen, bis auf eine, farbig hinterlegt. Diese nicht eingefärbte Zelle ist die aktive Zelle. Das heißt, wenn Sie jetzt einen Text eingeben, wird dieser Text in der aktiven Zelle angezeigt. Wenn Sie die `Eingabe`-Taste drücken, wird der Text nur in der aktiven Zelle angezeigt. Wenn Sie `Strg`+`Eingabe` drücken, wird der Text in alle markierten Zellen übernommen.

Probieren Sie dies jetzt einmal aus:

1. Markieren Sie ein paar Zellen auf Ihrem Tabellenblatt.

2. Klicken Sie jetzt NICHT mit der Maus, sondern geben Sie sofort einen Text ein.

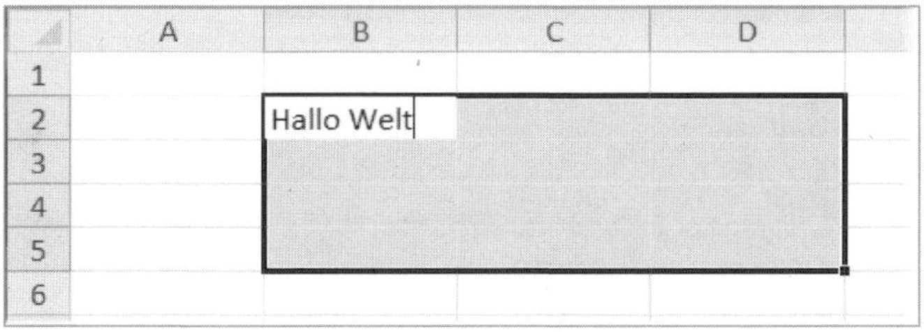

Bild 3.5: Die aktive Zelle innerhalb einer Markierung

3. Drücken Sie zur Bestätigung `Strg`+`Eingabe`.

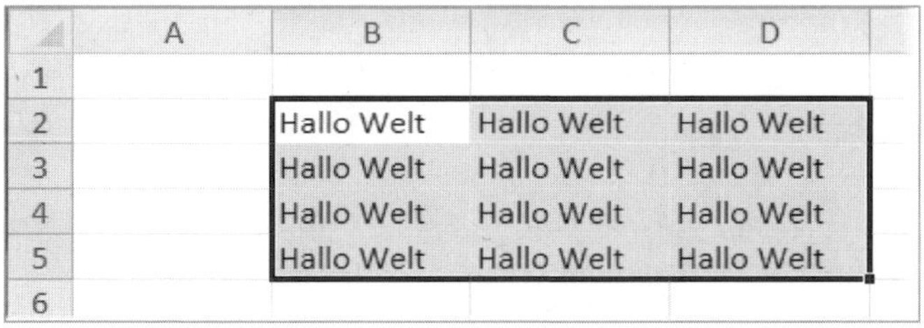

Bild 3.6: Mit `Strg`+`Eingabe` werden die restlichen Zellen schnell gefüllt.

3.2   Zellinhalte gestalten

Haben wir uns bis hierher hauptsächlich mit dem Inhalt Ihrer Tabelle beschäftigt, kommt jetzt der kosmetische Teil.

Um die Zellinhalte Ihrer Tabellen zu gestalten, stehen Ihnen ähnliche Optionen für die Schriftart und Schriftgröße zur Verfügung wie in der Textverarbeitung. Sie können diese Optionen über das Register *Start* einstellen, genau wie Sie es von der Textverarbeitung kennen, oder Sie nutzen die Minisymbolleiste, die bei vielen Aktionen am Mauszeiger erscheint.

> **Tipp:** Wenn Sie die Standardschrift *Arial* ändern möchten, öffnen Sie über das Menü *Datei* und die Schaltfläche *Optionen* das Fenster *Excel-Optionen*. Markieren Sie den Bereich *Allgemein*. Wählen Sie im Feld *Folgende Schriftart verwenden* die neue Schrift aus. Die Änderungen allerdings erst nach einem Neustart von Excel wirksam.

3.2.1   Fertige Zellformate einsetzen

Wenn Sie Ihre Tabelle erstellt haben und sie schnell gestalten möchten, dann nutzen Sie die Zellformatvorlagen. Die Zellformatvorlagen bieten, wie der Name schon sagt, fertige Zellformate an.

- Markieren Sie die gewünschten Zellen, aktivieren Sie das Register *Start* und klicken Sie auf die Schaltfläche *Zellformatvorlagen*.

In der folgenden Abbildung ist die Überschrift in Zeile 1 mit dem Format *Überschrift* und die Monatsnamen und die Inhalte der Zeile 3 sind mit *Überschrift 3* gestaltet worden.

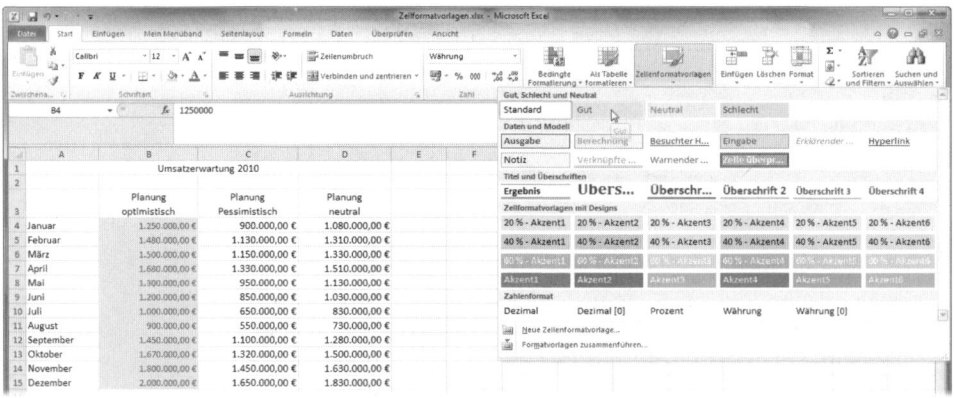

Bild 3.7: Die Liste der Zellformatvorlagen

Die Zahlen in Spalte B sind mit dem Format *Gut*, in Spalte C mit dem Format *Neutral* und in Spalte D mit dem Format *Schlecht* gestaltet worden.

	A	B	C	D
1		**Umsatzerwartung 2010**		
2				
3		Planung optimistisch	Planung Pessimistisch	Planung neutral
4	Januar	1.250.000,00 €	900.000,00 €	1.080.000,00 €
5	Februar	1.480.000,00 €	1.130.000,00 €	1.310.000,00 €
6	März	1.500.000,00 €	1.150.000,00 €	1.330.000,00 €
7	April	1.680.000,00 €	1.330.000,00 €	1.510.000,00 €
8	Mai	1.300.000,00 €	950.000,00 €	1.130.000,00 €
9	Juni	1.200.000,00 €	850.000,00 €	1.030.000,00 €
10	Juli	1.000.000,00 €	650.000,00 €	830.000,00 €
11	August	900.000,00 €	550.000,00 €	730.000,00 €
12	September	1.450.000,00 €	1.100.000,00 €	1.280.000,00 €
13	Oktober	1.670.000,00 €	1.320.000,00 €	1.500.000,00 €
14	November	1.800.000,00 €	1.450.000,00 €	1.630.000,00 €
15	Dezember	2.000.000,00 €	1.650.000,00 €	1.830.000,00 €

Bild 3.8: Die Zellformatvorlagen in der Tabelle

Um die Formate wieder zu entfernen, markieren Sie die Zellen und wählen Sie über den Katalogschalter *Zellformatvorlagen* den Eintrag *Standard*.

Eigene Zellformatvorlagen erstellen

Wenn Sie eigene Formatierungen immer wieder einsetzen möchten, dann können Sie auch eigene Zellformatvorlagen erstellen.

1. Gestalten Sie eine Zelle nach Ihren Wünschen und markieren Sie sie.

2. Wählen Sie über den Katalogschalter *Zellformatvorlagen* den Eintrag *Neue Zellformatvorlage.*

Bild 3.9: Eine eigene Zellformatvorlage erstellen

3. Im Fenster *Formatvorlage* erkennen Sie die Formate der aktiven Zelle. Mit einem Klick auf die Schaltfläche *Formatierung* können Sie Ihre Einstellungen noch ändern.

4. Geben Sie der Formatvorlage einen Namen und bestätigen Sie mit *OK*.

Jetzt steht Ihnen die neue Zellformatvorlage in der aktuellen Mappe für alle Zellen zur Verfügung.

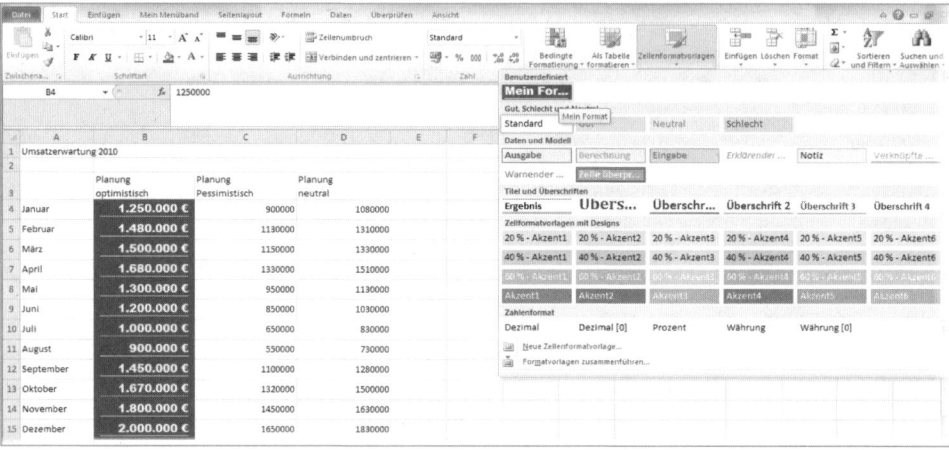

Bild 3.10: Eine benutzerdefinierte Zellformatvorlage

Eigene Zellformatvorlagen bearbeiten

Um Ihre Zellformatvorlage zu bearbeiten oder zu entfernen, klicken Sie mit der rechten Maustaste auf Ihre Vorlage.

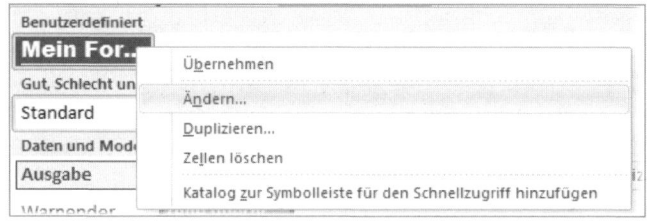

Bild 3.11:
Die Auswahl zum Ändern oder Entfernen der Vorlage

Jede selbst erstellte Zellformatvorlage ist zu Beginn nur in der Mappe gespeichert, in der sie erstellt wurde.

1. Um sie in weitere Mappen zu übergeben, markieren Sie eine Zelle, die mit der Formatvorlage erstellt wurde.

2. Aktivieren Sie das Register *Start* und klicken Sie auf die Schaltfläche *Format übertragen* .

3. Wechseln Sie jetzt zur nächsten Mappe und klicken Sie in eine Zelle.

Die Zellformatvorlage wird auf die gewünschte Zelle übertragen. Ab jetzt steht sie auch über den Katalog *Zellformatvorlagen* allen anderen Zellen in der Mappe zur Verfügung.

Wenn Sie mehrere Zellformatvorlagen mit einem Arbeitsgang in eine andere Mappe übertragen möchten, führen Sie die folgenden Schritte durch:

1. Öffnen Sie die Mappe mit den Vorlagen und die Mappe, die die Vorlagen erhalten soll.

2. Aktivieren Sie die Mappe, die die Vorlagen erhalten soll, und wählen Sie über die Schaltfläche *Zellformatvorlagen* den Befehl *Formatvorlagen zusammenführen*.

3. Markieren Sie den Namen der Mappe, die die Vorlagen enthält.

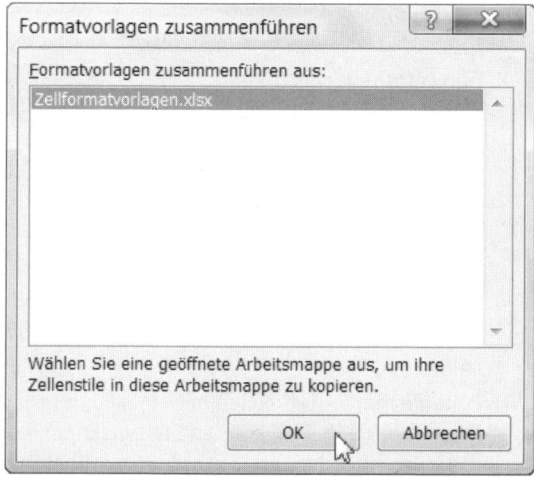

Bild 3.12: Formatvorlagen von einer Mappe in eine andere übertragen

4. Bestätigen Sie mit *OK*.

Jetzt stehen Ihnen alle Zellformatvorlagen auch in der neuen Mappe zur Verfügung.

3.2.2 Die Darstellung des Textes ändern

Stellen Sie sich vor, Sie möchten die Schriftart und die Schriftgröße bestimmter Zellen ändern, dann stehen Ihnen verschiedene Möglichkeiten zur Verfügung, um diese Aktion auszuführen.

1. Markieren Sie die gewünschten Zellen.

2. Aktivieren Sie das Register *Start*. Im Bereich *Schriftart* finden Sie alle Befehle, um die markierten Zellen zu gestalten.

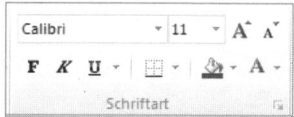

Bild 3.13: Die Befehle, um Inhalte in der Zelle zu formatieren

Die folgende Tabelle erklärt die einzelnen Schaltflächen:

Symbol	Name	Beschreibung
Calibri	Schriftart	Beinhaltet alle Schriftarten, die auf Ihrem Computer installiert sind.
12	Schriftgrad	Verändert die Größe der Schrift. Im Listenfeld sind die gängigsten Größen in der Auswahl. Sie können auch eigene Werte eintippen.
A	Schriftgrad vergrößern	Die Schrift punkteweise vergrößern.
A	Schriftgrad verkleinern	Die Schrift punkteweise verkleinern.
F	Fett	Den Fettdruck einschalten.
K	Kursiv	Die kursive Darstellung aktivieren.
U	Unterstreichen	Am Listenpfeil haben Sie die Wahl zwischen einer einzelnen und einer doppelten Unterstreichungslinie.
⊞	Rahmenlinie	Zieht um die markierten Zellen einen Rahmen. Über den Pfeil können Sie zwischen verschiedenen Rahmenlinien wählen. Dieser Befehl wird im Folgenden ausführlich beschrieben.
🎨	Füllfarbe	Füllt die markierten Zellen mit einer Hintergrundfarbe. Über den Pfeil können Sie zwischen verschiedenen Farben und Farbtönen wählen. Dieser Befehl wird im Folgenden ausführlich beschrieben.
A	Schriftfarbe	Stellt die Schrift in der gewählten Farbe dar. Über den Pfeil können Sie zwischen verschiedenen Farben und Farbtönen wählen.
⌐	Zellen formatieren	Öffnet das gleichnamige Fenster mit aktiviertem Register *Schrift*, das im Folgenden beschrieben wird.

Tabelle 3.1: Die Inhalte im Bereich *Schriftart* auf dem Register *Start*.

Eine weitere Funktionalität bietet die Minisymbolleiste, die bei verschiedenen Mausaktionen an den markierten Zellen erscheint.

Wenn Sie beispielsweise eine Zelle markiert haben und klicken mit der rechten Maustaste, dann erscheint die Minisymbolleiste. Sie beinhaltet die gängigsten Befehle zur Schriftart, Ausrichtung von Zellinhalten und zur Gestaltung von Zahlen.

 **Bild 3.14:** Die Minisymbolleiste im Einsatz

Tipp: Wenn Sie die Minisymbolleiste nicht sehen möchten, wählen Sie *Datei / Optionen*. Deaktivieren Sie im Bereich *Allgemein* den ersten Haken *Minisymbolleiste für die Auswahl anzeigen*. Bestätigen Sie mit *OK*.

3.2.3 Das Fenster Zellen formatieren

Wenn Sie mit den vorherigen Versionen von Excel gearbeitet haben, dann kennen Sie bestimmt das Fenster *Zellen formatieren*. Auch das gibt es in Excel 2010. Es hat sich kaum verändert.

Um es zu öffnen, klicken Sie mit der rechten Maustaste innerhalb der markierten Zellen und wählen den Befehl *Zellen formatieren*. Alternativ können Sie auch die Tastenkombination Strg+Umschalt+A drücken oder Sie klicken auf das kleine Symbol ⌐ im Bereich *Schriftart*.

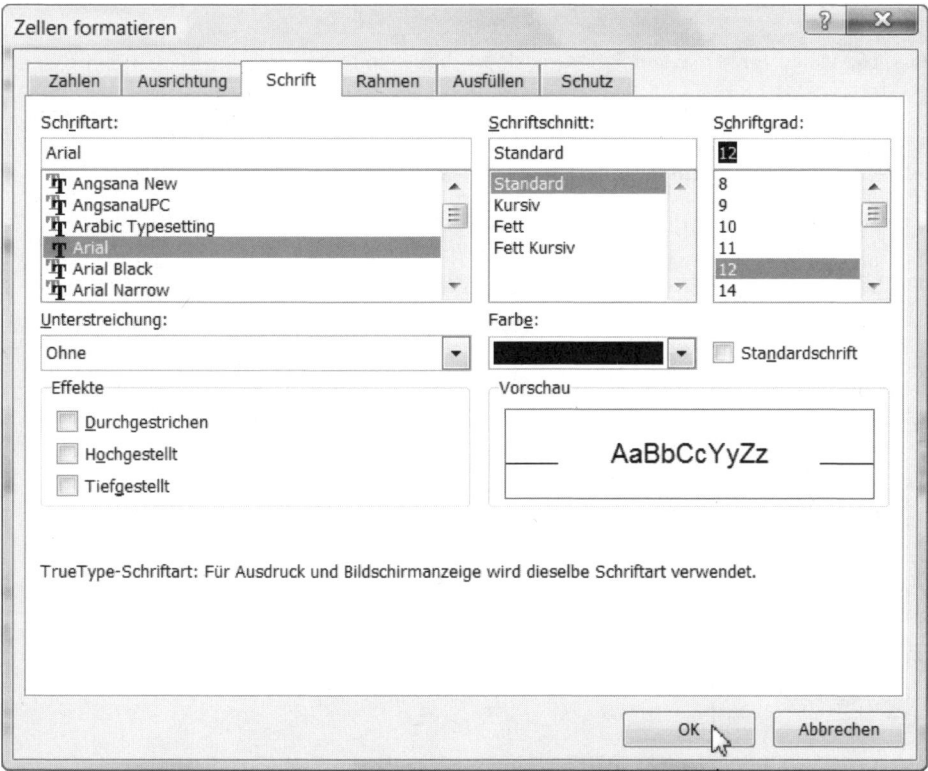

Bild 3.15: Im Fenster *Zellen formatieren* hat sich nichts geändert.

Excel ist es egal, an welcher Stelle Sie Ihre Zellen gestalten. Hauptsache Ihnen gefällt das Ergebnis.

3.2.4   Zeilenumbruch in einer Zelle

Wenn Sie in eine Excel-Zelle einen Text eingeben, der länger ist als diese Zelle, wird er zunächst nach rechts über die benachbarten Zellen hinausgeschoben. Wird jedoch in die Zelle daneben etwas eingegeben, wird der »überstehende« Teil des Textes nicht angezeigt. Sie können, um wieder den ganzen Text zu sehen, natürlich die Breite der Spalte entsprechend anpassen. Bei längeren Texten ist das aber nicht zu empfehlen, da sonst die Spalten sehr breit werden und diese Technik nicht der Lesbarkeit dient.

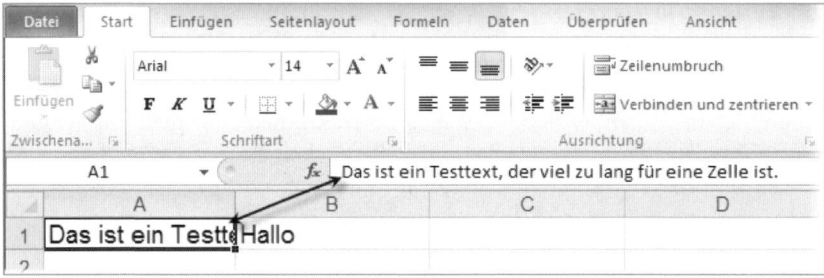

Bild 3.16: Lange Texte in Excel-Zellen werden »abgeschnitten«.

Die Lösung in solchen Fällen ist das Formatieren mit dem Befehl *Zeilenumbruch*.

1. Markieren Sie die Zellen, in denen ein Zeilenumbruch zugelassen werden soll.

2. Klicken Sie in der Gruppe *Ausrichtung* auf die Schaltfläche *Zeilenumbruch*.

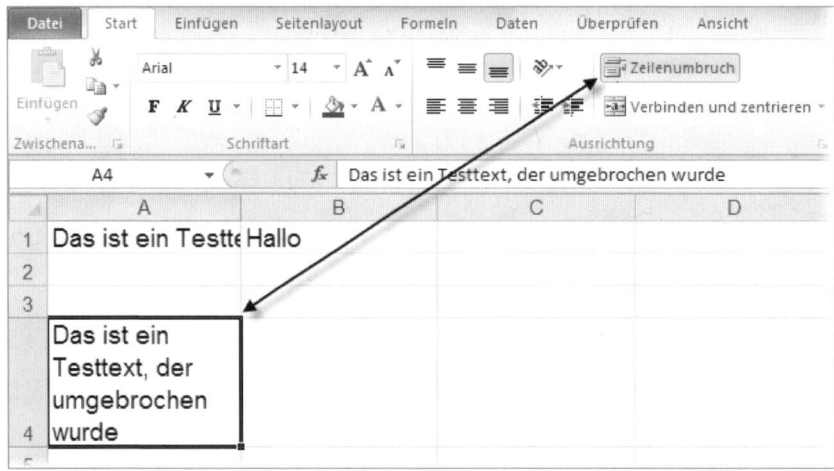

Bild 3.17: Mit Zeilenumbruch innerhalb einer Zelle sieht die Sache schon besser aus!

Jetzt können Sie noch die Spaltenbreite ändern. Der Textfluss in der Zelle wird immer der aktuellen Breite der Spalte angepasst.

Tipp: Einen manuellen Zeilenumbruch innerhalb einer Zelle erzeugen Sie mit der Tastenkombination [Alt]+[Eingabe].

3.2.5 Textausrichtung

Weitere Möglichkeiten zur optischen Gestaltung bieten die Befehle zur Textausrichtung in der Gruppe *Ausrichtung*. Sie können über die Schaltfläche *Orientierung* bestimmen, ob die Schrift horizontal, vertikal im oder gegen den Uhrzeiger ausgerichtet wird.

Bild 3.18: Die Gruppe *Ausrichtung*
auf dem Register *Start*.

Die folgende Tabelle erklärt die einzelnen Schaltflächen:

Symbol	Name	Beschreibung
≡	Oben ausrichten	Richtet den Zellinhalt am oberen Rand aus. Dieser Befehl und die nächsten beiden sind nur dann interessant, wenn Sie mit großen Zellen arbeiten.
≡	Zentriert ausrichten	Richtet den Zellinhalt mittig aus.
≡	Unten ausrichten	Richtet den Zellinhalt am unteren Rand aus.
≫	Orientierung	Dreht den markierten Text in die gewünschte Richtung. Dieser Befehl wird im Folgenden beschrieben.
Zeilenumbruch	Zeilenumbruch	Lässt Zeilenumbrüche in der Zelle zu. Dieser Befehl wurde bereits weiter oben beschrieben.
≡	Linksbündig	Der Zellinhalt wird am linken Zellenrand ausgerichtet.
≡	Zentriert	Der Zellinhalt wird mittig in der Zelle ausgerichtet.
≡	Rechtsbündig	Der Zellinhalt wird am rechten Zellenrand ausgerichtet.
≸	Einzug verkleinern	Verkleinert den Einzug wieder.
≸	Einzug vergrößern	Der Text beginnt nicht am linken Zellenrand sondern später. Der Einzug wird vergrößert.
Verbinden und zentrieren	Verbinden und zentrieren	Macht aus mehreren markierten Zellen eine große Zelle. Über den Pfeil haben Sie zusätzliche Auswahlmöglichkeiten. Dieser Befehl wird im Folgenden beschrieben.
⌐	Zellen formatieren	Öffnet das gleichnamige Fenster mit aktiviertem Register *Ausrichtung*, das im Folgenden beschrieben wird.

Tabelle 3.2: Die Inhalte im Bereich *Ausrichtung* auf dem Register *Start*.

Die folgende Abbildung zeigt einige Beispiele zum Thema *Ausrichtung*:

	A	B	C	D	E	F
1	Linksbündig:					Kein Einzug
2	1234					Einzug vergrößern
3						Einzug noch mehr vergrößern
4	Zentriert:		Verbinden & zentrieren			Einzug noch mehr vergrößern
5	1234					
6			Verbinden & zentrieren			
7	Rechtsbündig:		Oben ausrichten			
8	1234					
9						
10			Verbinden & zentrieren			
11			Zentriert ausrichten			
12						
13						

Bild 3.19: Beispiele zur Ausrichtung innerhalb von Zellen.

3.2.6 Texte drehen

Wenn Sie Texte in den Zellen schräg anzeigen möchten, um beispielsweise Platz zu sparen, dann nutzen Sie die Schaltfläche *Orientierung*.

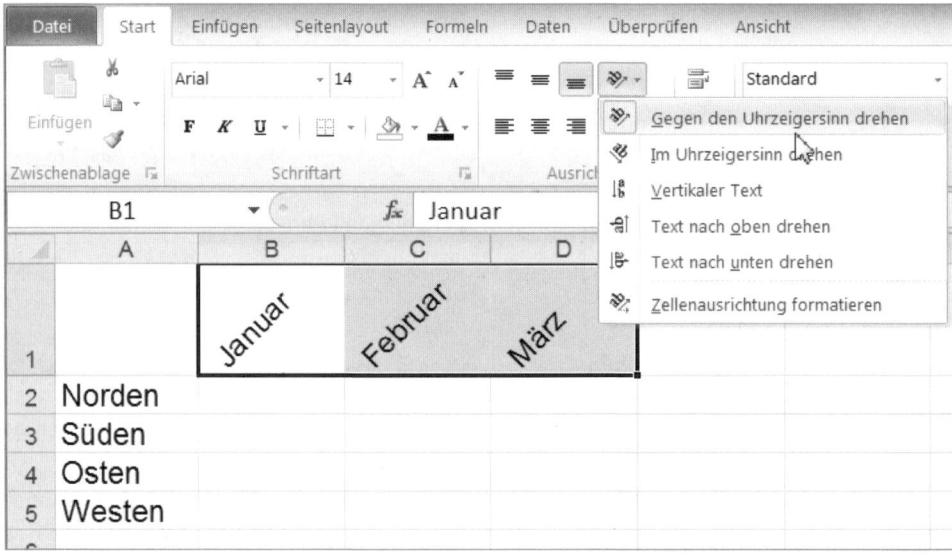

Bild 3.20: Die Spaltenüberschriften wurden schräg gestellt, um Platz zu sparen.

Alle Befehle in dieser Schaltfläche sind Ein- bzw. Ausschalter. Wenn Ihnen eine Darstellung also nicht gefällt, markieren Sie die Zellen und deaktivieren Sie den Befehl in der Liste.

3.2.7 Zentrieren einer Überschrift über mehrere Spalten

In der Gruppe *Ausrichtung* finden Sie die Schaltfläche *Verbinden und Zentrieren*.

Mit ihr können Sie den Inhalt einer Zelle über mehrere Spalten hinweg zentrieren. Markieren Sie die Zellen, die verbunden werden sollen. Klicken Sie auf die Schaltfläche

Verbinden und zentrieren ▾ . Alle markierten Zellen werden nun als eine große Zelle dargestellt. Der Text steht, wie in der folgenden Abbildung, als Überschrift über den Spalten.

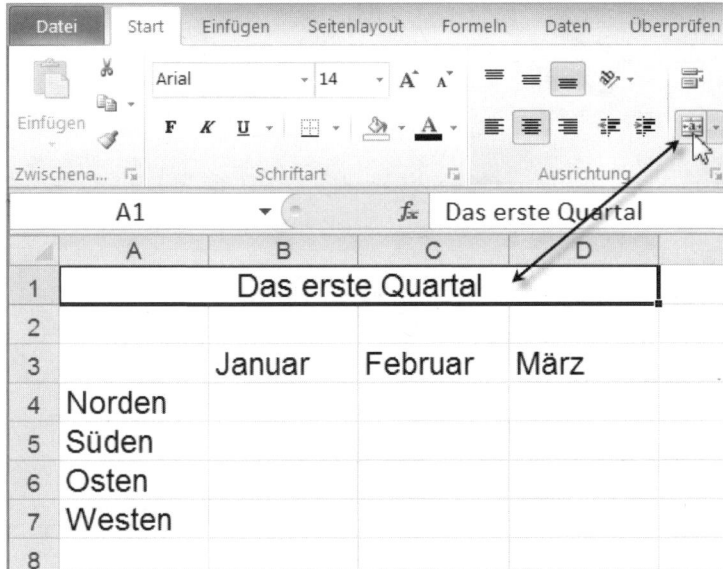

Bild 3.21: Eine Tabellenüberschrift in mehrere Zellen packen.

Um eine Großzelle wieder aufzuheben, markieren Sie sie und klicken erneut auf die Schaltfläche *Verbinden und Zentrieren*.

Sollten Sie versuchen, einen Bereich zu verbinden, in dem mehrere Zellen ausgefüllt sind, erhalten Sie den folgenden Hinweis.

Bild 3.22: Hier könnten Informationen verloren gehen.

In diesem Beispiel wird nur das Wort *Norden* in der neuen großen Zelle stehen.

3.2.8   Rahmen und Linien

Eine große Auswahl an Rahmenlinien bietet schon die Schaltfläche *Rahmen* in der Gruppe *Schriftart*.

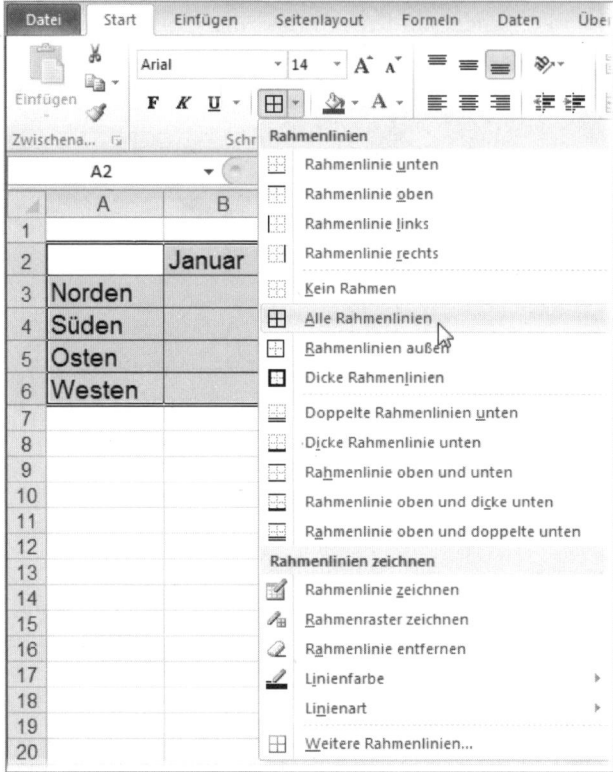

Bild 3.23:
Die Auswahl am Feld *Rahmen*

Tipp: Die Bildschirmansicht Ihrer Arbeit muss nicht hundertprozentig dem entsprechen, was später beim Ausdruck auf Papier erscheint. Klicken Sie einmal kurz auf die Schaltfläche *Seitenlayout* in der Statusleiste, um zu überprüfen, was Ihre Einstellungen zu Rahmen und Linien bewirkt haben.

3.2.9   Das Register *Rahmen*

Wenn Ihnen die Auswahl an der Schaltfläche nicht ausreicht, öffnen Sie über den untersten Eintrag das Fenster *Zellen formatieren* mit aktiviertem Register *Rahmen*.

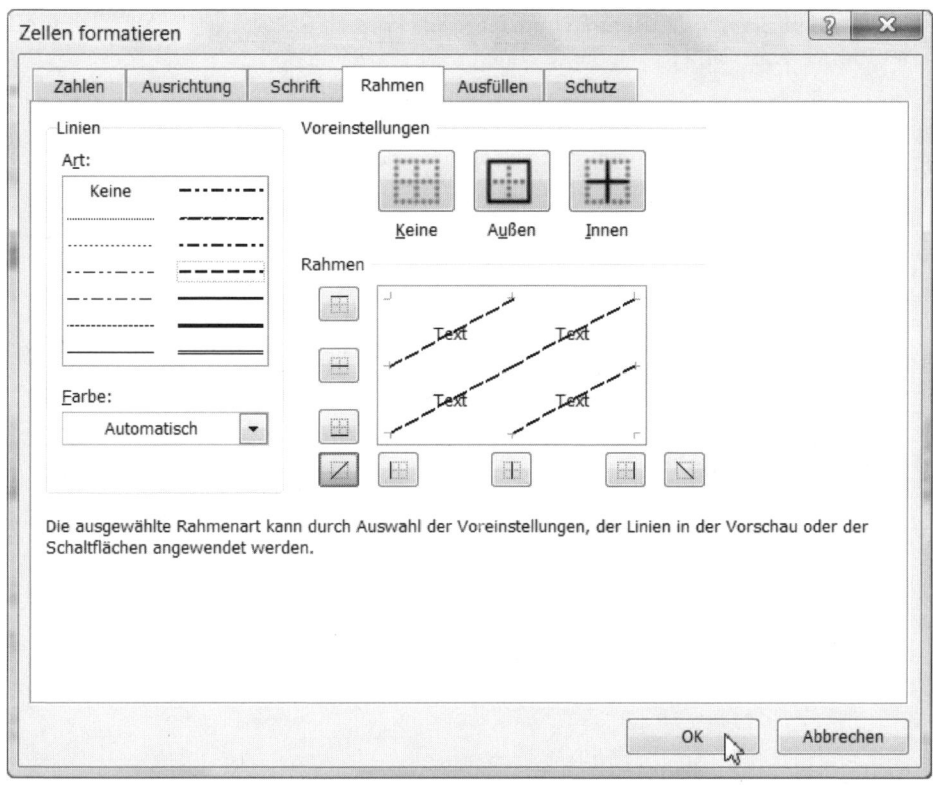

Bild 3.24: Das Fenster, um die Rahmenlinien die erstellen

Wählen Sie in diesem Fenster als Erstes die Art der Linie. Im Anschluss können Sie die Farbe auswählen. Zum Abschluss wählen Sie die Position der Rahmenlinie.

	A	B	C	D	E
1					
2		Januar	Februar	März	April
3	Norden				
4	Süden				
5	Osten				
6	Westen				
7					

Bild 3.25: Schräge Linien in den Zellen

3.2.10 Rahmen freihand zeichnen

Excel bietet Ihnen auch die Möglichkeit, Rahmen um Zellen herum freihand zu zeichnen.

1. Wählen Sie an der Schaltfläche *Rahmenlinie* den Befehl *Rahmenlinie zeichnen*.

Jetzt erscheint am Mauszeiger ein Stift.

2. Zeichnen Sie den Rahmen um die gewünschten Zellen herum.

Über die beiden Befehle *Linienfarbe* und *Linienart* können Sie vorher die Farbe und die Art der Rahmen auswählen, den Sie zeichnen.

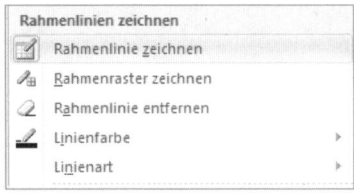

Bild 3.26: Einen Rahmen freihand zeichnen.

Mit dem Befehl *Rahmenlinie entfernen* wird der Mauszeiger zu einem Radiergummi. Jetzt können Sie bestimmte Rahmenlinien entfernen.

3.2.11 Muster

Sie haben die Möglichkeit, einzelne Zellen oder bestimmte Zellbereiche mit einer Farbe oder einem Muster zu hinterlegen.

Um eine Zelle andersfarbig zu gestalten, bedienen Sie sich der Schaltfläche *Füllfarbe* in der Gruppe *Schriftart*, die eine große Auswahl verschiedener Farben anbietet.

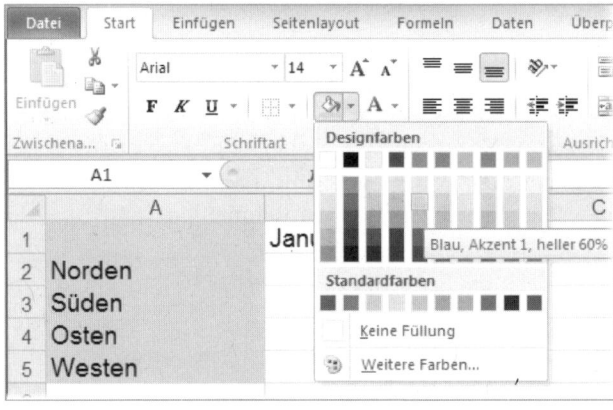

Bild 3.27: Sie haben eine große Auswahl an Farben und Mustern.

Weitere Farben bietet Ihnen die gleichnamige Auswahl.

Ihrer Gestaltungsfreude sind also kaum Grenzen gesetzt. Bevor Sie sich jedoch auf bunte Farbenspiele einlassen, sollten Sie sich davon überzeugen, dass Ihr Drucker die Farben auch wiedergeben kann.

3.3 Zeilen- bzw. Spalten gestalten

Alle Zeilen und Spalten haben in einer neuen Tabelle zunächst eine Einheitsgröße. Da in ihnen unterschiedliche Informationen stehen sollen, die vor allem unterschiedlich lang sind, ist es von Vorteil, die Zellen entsprechend einzustellen.

3.3.1 Einstellen der Zeilenhöhe

Normalerweise passt Excel die Zeilenhöhe, entsprechend der von Ihnen gewählten Schriftgröße, automatisch an.

Sie können sie jedoch manuell verändern, indem Sie mit der Maus die Trennlinie zwischen den Zeilenköpfen anfahren. Wenn der Mauszeiger zu einem schwarzen Doppelpfeil wird, ziehen Sie mit gedrückter linker Maustaste so lange, bis die gewünschte Zeilenhöhe erreicht ist. Das ist die schnellste Methode.

Möchten Sie jedoch einen ganz bestimmten Wert angeben, wählen Sie in der Gruppe *Zellen* über die Schaltfläche *Format* die Option *Zeilenhöhe*.

Sie erhalten dann das folgende Dialogfenster:

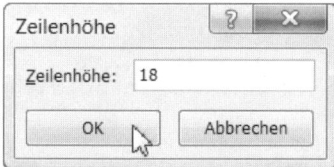

Bild 3.28: Die Zeilenhöhe einstellen.

Hier können Sie den Zahlenwert eingeben, den Sie Ihrer Zeile zuweisen möchten. Gemessen wird nicht in Zentimetern, sondern in Punkten.

Eine weitere Option zur Zeile ist *Zeilenhöhe automatisch anpassen*. Hier überprüft Excel die Höhe aller Einträge und richtet die Zeile dann nach dem höchsten Wert aus. Sie erreichen dasselbe, wenn Sie mit der Maus einfach einen Doppelklick an der unteren Trennlinie zwischen den Zeilenköpfen durchführen.

Tipp: Wenn Sie mit Zeilenumbrüchen in Zellen arbeiten und die Spaltenbreite nachträglich verändert haben, kann es passieren, dass Excel die Zeilenhöhe nicht gleich anpasst und ein Teil der Einträge nicht mehr zu lesen ist. Dann führen Sie einen Doppelklick an der unteren Trennlinie des Zeilenkopfs durch und die Zeilenhöhe ist wieder optimal an den Inhalt angepasst.

3.3.2 Spaltenbreite einstellen

Zur Anpassung der Spaltenbreite stehen Ihnen wieder ähnliche Möglichkeiten wie bei der Einstellung der Zeilenhöhe zur Verfügung.

Wenn Sie den Mauszeiger auf die Begrenzungslinie zwischen zwei Spaltenköpfen positionieren, können Sie, sobald der Mauszeiger zum schwarzen Doppelpfeil geworden ist, die Spalte mit gedrückter linker Maustaste auf die gewünschte Breite aufziehen.

	A	B	C
1			
2			
3			
4			
5			
6			

Bild 3.29: Die optimale
Spaltenbreite für die Spalte B.

Ein Doppelklick auf die Trennlinie weist der Spalte die *Optimale Breite* zu. Sie können die Spaltenbreiten aber auch ändern, indem Sie in der Gruppe *Zellen* über die Schaltfläche *Format* in der Liste die Auswahl *Zeilenbreite automatisch anpassen* wählen.

Beim Befehl *Standardbreite* gelangen Sie in ein ähnliches Dialogfenster wie bei den Zeilen. Hier geben Sie an, wie viele Zeichen Sie in eine Zelle eingeben möchten. Dies ist allerdings nur ein ungefährer Wert, da ein m mehr Platz beansprucht als ein i.

3.4   Formate auf andere Zellen übertragen

Stellen Sie sich vor, Sie haben einer Zelle eine ganz aufwendige Formatierung zugewiesen, etwa ein Zahlenformat, eine Schriftart und -farbe, einen Rahmen und eine Hintergrundfarbe. Nun sollen andere Zellen diese Gestaltung auch erhalten. Die schnellste Lösung bietet Ihnen der Befehl *Format übertragen*.

Bild 3.30: Der Pinsel überträgt ein Format von einer Zelle zur nächsten.

1. Markieren Sie die Zelle mit dem gewünschten Formatierungs-Mix.

2. Klicken Sie einmal auf die Schaltfläche *Format übertragen* auf dem Register *Start*.

3. Klicken Sie nun in die Zelle, die die Gestaltung auch erhalten soll, oder ziehen Sie mit der Maus über mehrere Zellen.

> **Tipp:** Mit einem Doppelklick auf die Pinsel-Schaltfläche *Format übertragen* können Sie die Formatierung auch mehrfach übertragen. Dabei bleibt der Pinsel so lange am Mauszeiger, bis Sie entweder wieder auf die Schaltfläche mit dem Pinsel klicken oder die Taste ESC drücken.

3.4.1   Formatierung entfernen

Die schnellste Alternative zum Entfernen einer Formatierung finden Sie über die Schaltfläche *Löschen* in der Gruppe *Bearbeiten* auf dem Register *Start*. Mit dem Befehl *Formate löschen* werden von den zuvor markierten Zellen alle Formate, inklusive Zahlenformate, entfernt.

Wenn Sie nur die Füllfarbe entfernen möchten, öffnen Sie die Schaltfläche *Füllfarbe* und wählen Sie die Option *Keine Füllung.*

3.5 Als Tabelle formatieren

Stellen Sie sich vor, Sie möchten Ihrer Tabelle schnell ein aussagekräftiges Format zuweisen, dann nutzen Sie den Befehl *Als Tabelle gestalten.*

1. Setzen Sie den Cursor in die Tabelle, die gestaltet werden soll.

2. Aktivieren Sie die Registerkarte *Start* und öffnen Sie den Katalog an der Schaltfläche *Als Tabelle formatieren.*

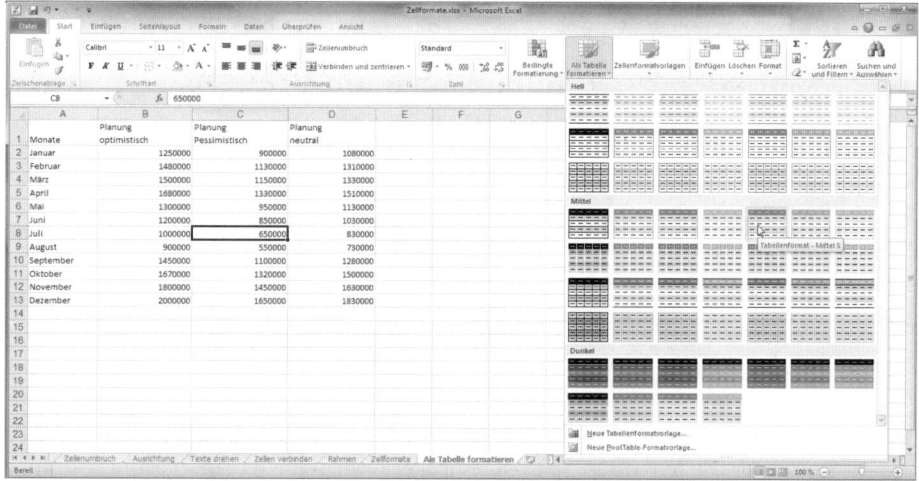

Bild 3.31: Der aktuellen Tabelle ein fertiges Muster zuweisen

3. Klicken Sie auf das gewünschte Format. Im folgenden Fenster zeigt Excel Ihnen den Zellbereich, der gestaltet werden soll. Sie können ihn noch verändern.

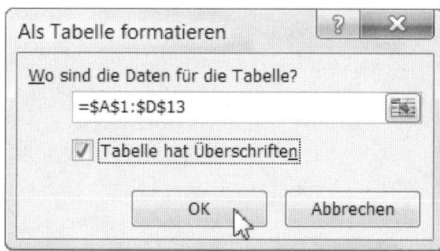

Bild 3.32: Die zu formatierenden Zellen bestätigen

4. Bestätigen Sie mit *OK.*

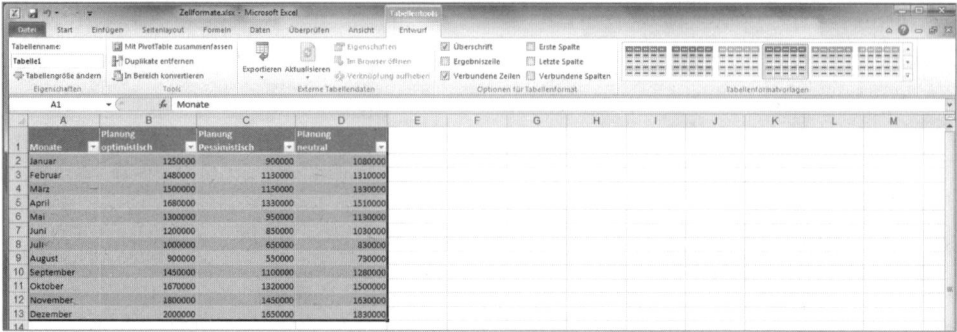

Bild 3.33: Das zugewiesene Tabellen-Format mit den Schaltflächen zum Filtern

Jetzt erhalten Sie das gewünschte Format mit kleinen Dreiecken in der ersten Zeile. Außerdem wird das Register *Entwurf* im Bereich *Tabellentools* gezeigt.

Tipp: Die kleinen Dreiecke in der ersten Zeile stehen für den AutoFilter.

Wenn Sie diese Dreiecke entfernen möchten, aktivieren Sie das Register *Entwurf* und klicken Sie auf die Schaltfläche *In Bereich konvertieren*.

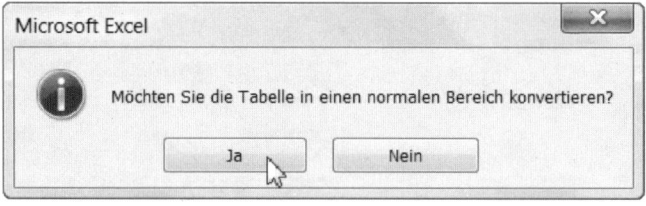

Bild 3.34:
Die AutoFilter entfernen

Jetzt sind die Dreiecke verschwunden und Sie sehen nur noch die gestaltete Tabelle. Wenn Sie später Zeilen oder Spalten einfügen, wird die Formatierung automatisch angepasst.

	A	B	C	D
1	Monate	Planung optimistisch	Planung Pessimistisch	Planung neutral
2	Januar	1250000	900000	1080000
3	Februar	1480000	1130000	1310000
4	März	1500000	1150000	1330000
5	April	1680000	1330000	1510000
6	Mai	1300000	950000	1130000
7	Juni	1200000	850000	1030000
8	Juli	1000000	650000	830000
9	August	900000	550000	730000
10	September	1450000	1100000	1280000
11	Oktober	1670000	1320000	1500000
12	November	1800000	1450000	1630000
13	Dezember	2000000	1650000	1830000
14				

Bild 3.35: Das neue Tabellenformat entspricht liniertem Papier.

3.5.1 Das Format entfernen

Wenn Sie das zugewiesene Tabellenformat wieder entfernen möchten, markieren Sie die Zellen, aktivieren auf dem Register *Start* im Bereich *Bearbeiten* die Schaltfläche *Löschen* und wählen den Befehl *Formate löschen.*

3.6 Bilder einfügen

Manchmal braucht eine Tabelle noch ein kleines Bild, damit sie aussagekräftiger wird. In Office 2010 wird eine Anzahl von Bildern, sie werden hier ClipArt genannt, bereits mitgeliefert.

1. Aktivieren Sie das Register *Einfügen* und klicken Sie auf die Schaltfläche *ClipArt.*

Am rechten Rand öffnet sich der Aufgabenbereich für die ClipArts.

2. Geben Sie im Feld *Suchen nach* den Begriff ein, für den Sie Clips suchen, oder klicken Sie direkt auf *OK.*

	A	B	C	D	E	F	
1	Möbelhändler Paris						
2							
3		Januar	Februar	März			
4	Stuhl Nizza	58	20	15			
5	Stuhl Marseille	55	15	45			
6	Stuhl Lille	45	48	22			
7	Tisch Nantes	25	78	95			
8	Tisch Lyon	26	11	2			
9							
10							
11							
12							
13							
14							

Bild 3.36: Ein Clip auswählen

3. Mit einem Klick übernehmen Sie den gewünschten Clip auf Ihr Tabellenblatt.

> **Tipp:** Sollte Ihnen die angebotene Liste nicht reichen, klicken Sie auf den Link *Auf Office Online weitersuchen.*

Jetzt können Sie den Clip markieren und anschließend verschieben. Um die Größe zu ändern, zeigen Sie mit der Maus auf einen der vier Markierungspunkte an den Ecken. Der Mauszeiger wird zu einem Doppelpfeil. Ziehen Sie nun den Clip auf die gewünschte Größe.

	A	B	C	D	E	F
1	Möbelhändler Paris					
2						
3		Januar	Februar	März		
4	Stuhl Nizza	58	20	15		
5	Stuhl Marseille	55	15	45		
6	Stuhl Lille	45	48	22		
7	Tisch Nantes	25	78	95		
8	Tisch Lyon	26	11	2		

Bild 3.37: Das Clip auf der Tabelle

Jedes Mal, wenn Sie den Clip markieren, wird das Register *Format* im Bereich *Bildtools* angezeigt. Um die Größe millimetergenau anzugeben, aktivieren Sie das Register *Format* im Bereich *Bildtools* und geben Sie ganz rechts ins Feld *Formenhöhe* das gewünschte Maß ein. Wenn Sie das Feld verlassen, ändert sich der Wert in *Formenbreite* automatisch.

Über den Listenpfeil am Feld *Bildformatvorlagen* können Sie einen Rahmen für den Clip auswählen.

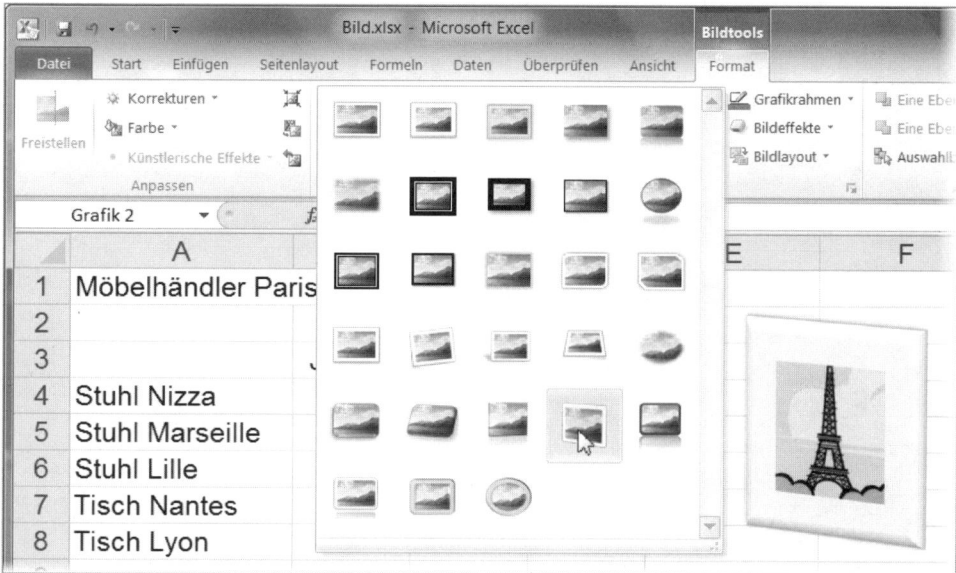

Bild 3.38: Eine Bildformatvorlage auswählen

Über die Schaltfläche *Grafikrahmen* können Sie dem gewählten Rahmen eine Farbe zuweisen.

Um einen Clip wieder vom Tabellenblatt zu entfernen, müssen Sie ihn nur markieren und die Taste ⌨Entf drücken.

3.7 Designs zur einheitlichen Gestaltung einsetzen

Mit den Designs können Sie für Ihre Mappe einheitliche Formatierungsarten definieren. Dabei können Sie zwischen den vordefinierten Designs wählen oder ein eigenes Design erstellen. Zu einem Design gehören die Schriftart, die Füllfarben für den Zellhintergrund und die Farben für Diagramme, AutoFormen und SmartArts.

3.7.1 Ein vordefiniertes Design aktivieren

Sie haben die Wahl zwischen 40 verschiedenen Designs, die nach der Standardinstallation auf Ihrem Computer zur Verfügung stehen. Auf Office.com finden Sie weitere Designs.

1. Aktivieren Sie das Register *Seitenlayout*.

2. Wählen Sie am Feld *Design* ein Muster Ihrer Wahl.

Tipp: Ein Design gilt immer für die aktuelle Mappe, das heißt, Sie müssen diese Schritte für jede Mappe einmal durchführen, wenn Sie die Funktionalität der Designs einsetzen möchten.

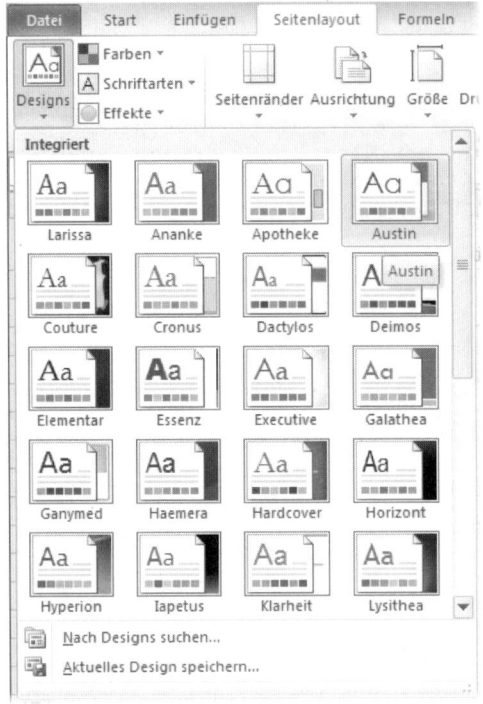

Bild 3.39: Die Auswahl
der mitgelieferten Designs

Sollte Ihre Tabelle noch leer sein, merken Sie nach Wahl eines Designs keinen Unterschied. Wenn Sie allerdings bereits Werte in den Zellen erfasst haben, dann ändert sich die Schriftart.

Sie haben jetzt am Listenfeld *Schriftart* auf der Registerkarte *Start* einen weiteren Bereich mit dem Namen *Designschriften*. Je nach Design steht eine bestimmte Schriftart in der Liste ganz oben.

Außerdem haben Sie an den Feldern *Schriftfarbe* und *Füllfarbe* jetzt auch jeweils einen Bereich mit dem Namen *Designfarben*. Je nach Design stehen Ihnen jetzt bestimmte Farbgruppen ganz oben in der Liste zur Verfügung.

Wenn Sie ein Diagramm, eine Form oder ein SmartArt erzeugen, werden die Farben aus der Farbgruppe des Designs genommen.

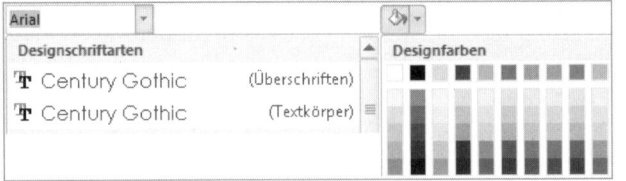

Bild 3.40: Die Design-Bereiche
im Listenfeld *Schriftart* bzw.
Füllfarbe

3.7.2 Ein eigenes Design erstellen

Stellen Sie sich vor, Ihre Firma nutzt immer eine bestimmte Schrift und bestimmte Farben. Dann müssen Sie sowohl die Schrift als auch die Farben einmal definieren und dann als Design speichern.

1. Aktivieren Sie das Register *Seitenlayout*. Klicken Sie auf die Schaltfläche *Farben*, um die Farben für die Schrift und für die Zellen zu wählen.

2. Wählen Sie den Befehl *Neue Designfarben erstellen*.

3. Für jeden Bereich können Sie eine individuelle Farbe einstellen. Öffnen Sie das gewünschte Listenfeld und wählen Sie den Eintrag *Weitere Farben*.

4. Geben Sie den Code in die Felder *Rot*, *Grün* und *Blau* ein und bestätigen Sie mit *OK*.

5. Die ersten vier Felder sind für das Angebot in den Feldern *Füllfarbe* und *Schriftfarbe*.

6. Die Felder *Akzent* sind für die Formen, Diagramme und SmartArts.

7. Außerdem entscheiden Sie, welche Farbe Hyperlinks und besuchte Hyperlinks erhalten sollen.

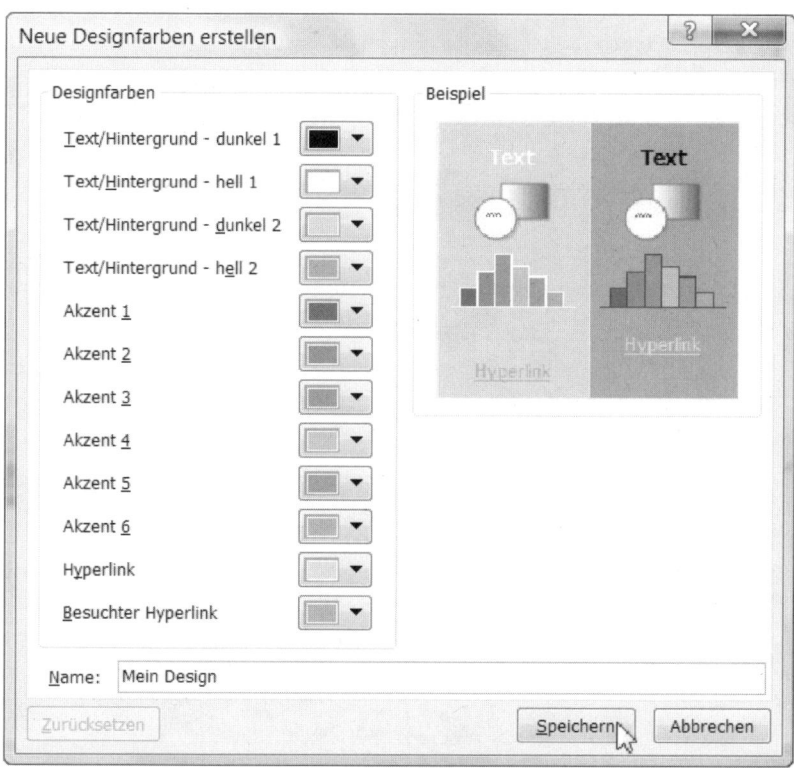

Bild 3.41: Die Farben für das eigene Design wählen.

8. Bestätigen Sie Ihre Eingaben mit *Speichern*.

9. Um die Schriftart zu bestimmen, klicken Sie auf die Schaltfläche *Schriftarten*.

10. Wählen Sie den Befehl *Neue Designschriftarten erstellen*

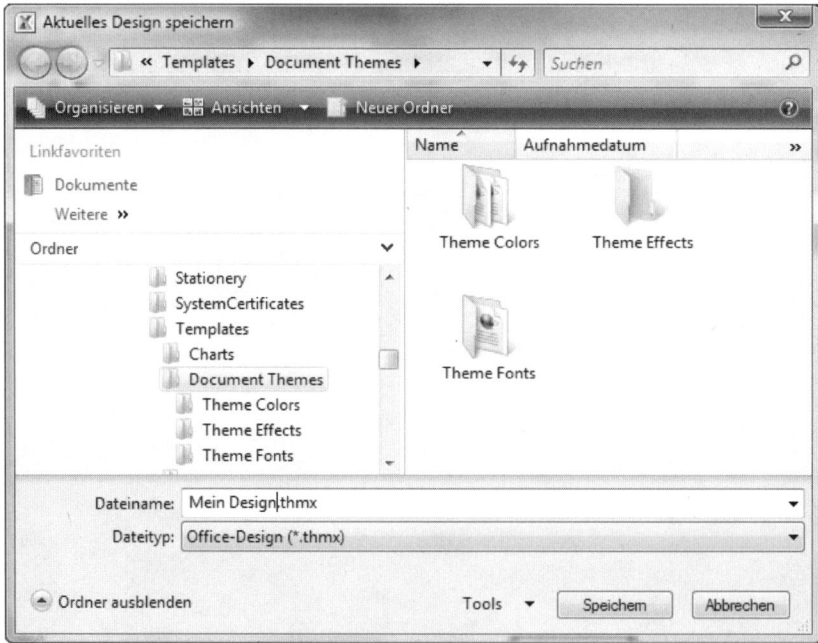

Bild 3.42: Die Schriftarten für das eigene Design wählen.

11. Bestätigen Sie Ihre Eingaben mit *Speichern*.

12. Um jetzt das Design zu speichern, wählen Sie an der Schaltfläche *Designs* den Befehl *Aktuelles Design speichern*.

13. Bestätigen Sie den vorgeschlagenen Namen und den Pfad mit einem Klick auf die Schaltfläche *Speichern*.

Bild 3.43: Das Speichern eines Designs.

Damit steht Ihnen das neue Design an der Schaltfläche im Bereich *Benutzerdefiniert* in allen Anwendungen, also auch in Word und in PowerPoint, zur Verfügung.

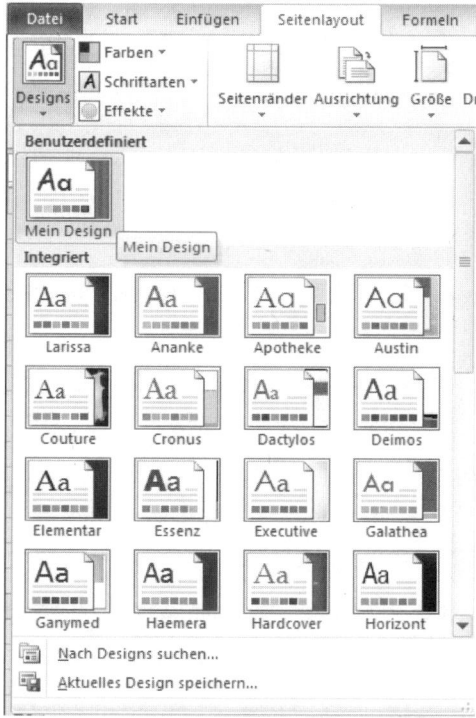

Bild 3.44: Die Auswahl des neuen Designs für die aktuelle Mappe.

In den Feldern *Schriftart* und *Füllfarbe* finden Sie im Bereich *Designschriften* bzw. *Designfarben* die von Ihnen gewählten Schriften und Farben.

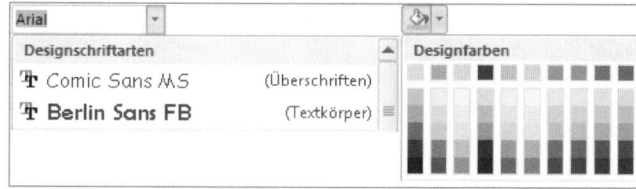

Bild 3.45: Die *Designfarben* im Listenfeld *Schriftart* bzw. *Füllfarbe*.

Im unteren Teil der Kataloge finden Sie nach wie vor alle Werte, aus denen Sie wählen können.

Tipp: Wenn Sie beispielsweise nachträglich eine Farbe ändern möchten, aktivieren Sie das Register *Seitenlayout*, klicken auf die Schaltfläche *Farben* und führen einen Rechtsklick auf Ihrer Farbpalette durch. Wählen Sie den Befehl *Bearbeiten*.

3.8 Speichern und Öffnen von Excel-Mappen

Bevor es jetzt richtig losgeht, lassen Sie uns kurz zwei wichtige Windows-Funktionen erklären: Das Speichern und das Öffnen von Excel-Mappen.

Tipp: Die Excel-Mappe enthält alle Ihre Daten. Mit jedem Speichervorgang sichern Sie immer die gesamte Mappe, also alle Tabellen, die in dieser Mappe enthalten sind. Eine Mappe ist eine Datei, die von Ihnen beim Speichern einen Namen erhält. Die Endung *.xlsx* bedeutet Excel-Sheet.

3.8.1 Eine Mappe speichern

Wenn Sie schon längere Zeit mit dem Computer arbeiten, wissen Sie, dass Sie Ihre Arbeit immer speichern müssen.

Erstes Speichern

Nachdem Sie eine neue leere Mappe geöffnet und ein paar Zellen mit Informationen gefüllt haben, sollten Sie das erste Mal speichern.

1. Klicken Sie auf das Menü *Datei* und wählen Sie den Befehl *Speichern unter* oder drücken Sie die Taste $\boxed{\text{F12}}$.

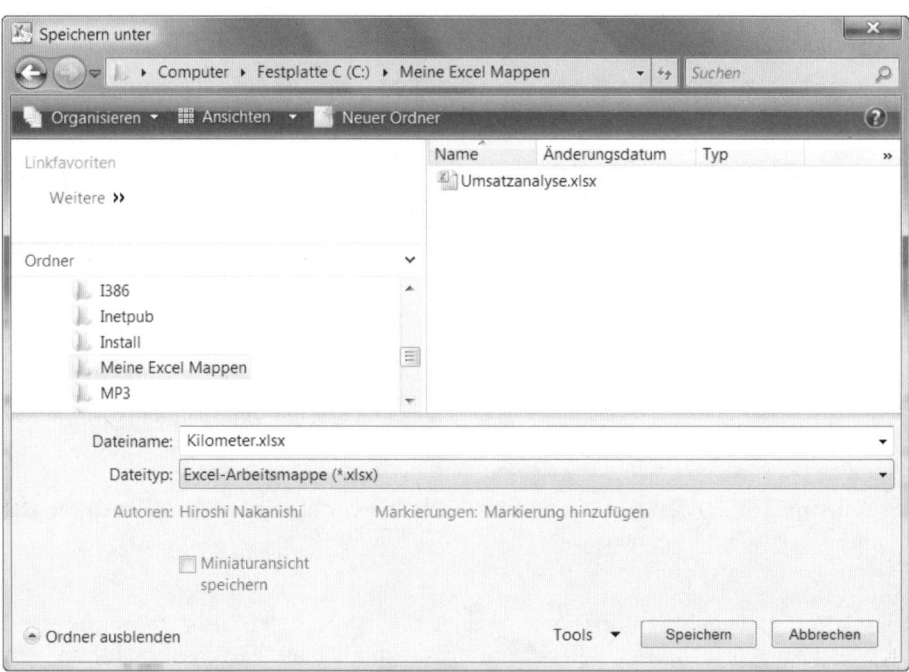

Bild 3.46: Einer Excel-Mappe einen Dateinamen geben.

2. Geben Sie im Feld *Dateiname* den Namen ein, unter dem Sie die Mappe speichern möchten.

3. Wählen Sie im Bereich *Ordner* das Laufwerk und den Ordner aus, in dem Sie Ihre Mappe ablegen möchten.

4. Klicken Sie auf die Schaltfläche *Speichern*.

Das erfolgreiche Speichern erkennen Sie in der Titelleiste. Dort wird der von Ihnen vergebene Dateiname angezeigt.

Änderungen speichern

Nachdem Sie Ihrer Tabelle einen Namen gegeben haben, können Sie weitere Eingaben und/oder Änderungen vornehmen. Sie sollten Ihre Arbeit in bestimmten Abständen immer wieder speichern.

- Der kürzeste Weg ist die Tastenkombination [Strg]+[S].

oder:

- ein Klick auf die Schaltfläche *Speichern* ⊟ in der Symbolleiste für den Schnellzugriff.

Unter anderem Namen speichern

Stellen Sie sich vor, Sie haben eine Mappe erstellt und diese auch gespeichert. Jetzt benötigen Sie diese Mappe wieder, aber unter einem anderen Namen.

Der kürzeste Weg ist, die erste Mappe zu öffnen und unter einem anderen Namen zu speichern.

1. Öffnen Sie die Mappe und drücken Sie die Taste [F12].

2. Das Fenster *Speichern unter* geht auf. Geben Sie der Mappe einen neuen Namen und bestätigen Sie mit einem Klick auf die Schaltfläche *Speichern*.

Die Ursprungsmappe wurde geschlossen. Sie arbeiten jetzt mit der neuen Mappe.

> **Tipp:** Wenn Sie die gerade beschriebene Aktion häufiger vornehmen müssen, empfiehlt sich das Anlegen einer Excel-Vorlage. Früher wurden sie Mustervorlagen genannt.

3.8.2 Eine Mappe öffnen

Um eine bereits vorhandene Mappe zu öffnen, stehen Ihnen wieder einige Alternativen zur Verfügung.

Wenn Sie wissen, dass Sie diese Mappe vor kurzer Zeit bearbeitet haben, öffnen Sie das Menü *Datei* und klicken Sie auf den Eintrag *Zuletzt verwendet*. Jetzt werden die zuletzt bearbeiteten Mappen aufgelistet.

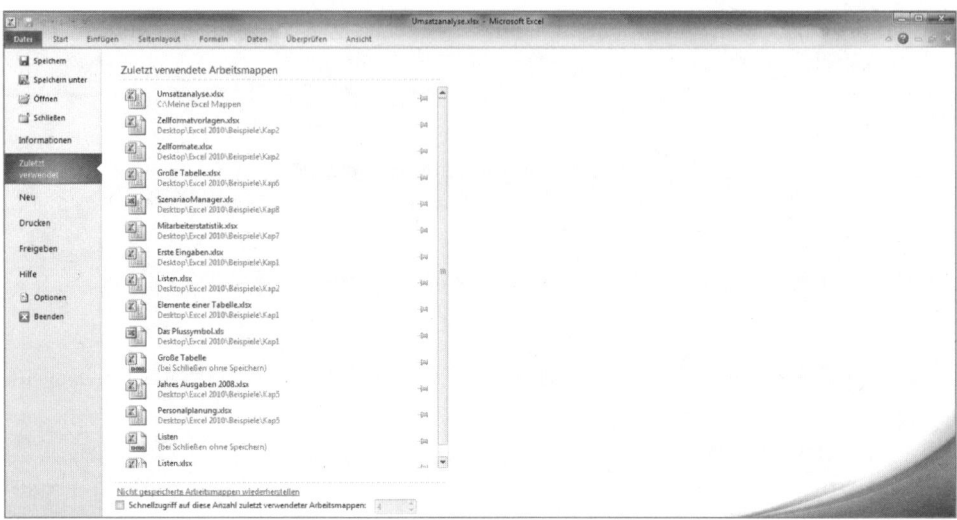

Bild 3.47: Die zuletzt bearbeiteten Excel-Mappen.

Tipp: Über das Menü *Datei*, den Befehl *Optionen* und dem Bereich *Erweitert* können Sie über das Feld *Die Anzahl zuletzt verwendeter Dokumente anzeigen* den Umfang dieser Liste einstellen.

Wenn Sie eine bestimmte Mappe immer in der Liste sehen möchten, klicken Sie auf den Pin.

Sollten Sie die gesuchte Mappe nicht im *Datei*-Menü finden, wählen Sie den Befehl *Öffnen*. Alternativ können Sie das Fenster *Öffnen* auch über die Tastenkombination Strg + O starten.

Öffnen Sie das Laufwerk, danach den Ordner und doppelklicken Sie auf die gewünschte Datei.

Jetzt ist die Datei geöffnet und Sie können mit Ihrer Arbeit beginnen.

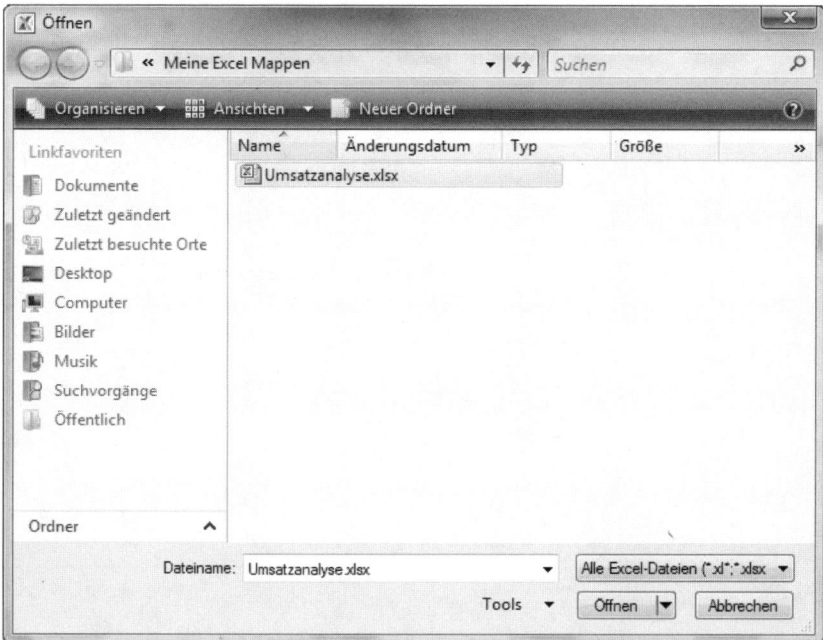

Bild 3.48: Eine Excel-Mappe über das Fenster *Öffnen* starten.

4 Grundrechenarten & Zahlenformate

Excel ist ein Rechengenie. Lesen Sie, wie Sie die Rechenkünste für sich nutzen können. Nachdem Sie erfahren haben, wie Sie Zahlen eingeben, wird in diesem Kapitel das Erstellen von einfachen Rechenschritten beschrieben. Danach werden Sie sehen, wie Sie Ihre Zahlen ansprechend gestalten. Den Abschluss bildet eine umfangreiche Anzahl von Beispielen, wie Sie das Erlernte einsetzen.

⊡ Download-Link

www.buch.cd

Hier finden Sie alle Beispieldateien übersichtlich nach Kapiteln sortiert.

4.1 Grundlagen

Wenn Sie schnell eine kleine Berechnung durchführen möchten und keinen Taschenrechner finden, können Sie auch Excel zu Rate ziehen.

1. Markieren Sie eine Zelle.

2. Geben Sie = ein.

3. Anschließend können Sie den gewünschten Rechenschritt eingeben. Beispiel:

   =4598+85

4. Zur Bestätigung drücken Sie die ⌈Eingabe⌉-Taste.

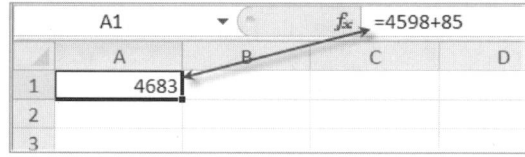

Bild 4.1: Ein recht teurer Taschenrechner

In der Zelle wird das Ergebnis angezeigt, den Rechenschritt sehen Sie in der Bearbeitungsleiste. Wenn Sie Excel allerdings nur zu diesem Zweck einsetzen, wäre es ein recht teurer Taschenrechner. Sollte sich jetzt eine der Zahlen ändern, müssen Sie die Korrektur sehr umständlich, beispielsweise über die Bearbeitungsleiste, durchführen.

Deshalb kommt jetzt die elegantere Variante:

1. Sie geben in die erste Zelle, beispielsweise A1, die erste Zahl ein.

2. Anschließend geben Sie in der zweiten Zelle, beispielsweise A2, die nächste Zahl ein.

3. Dann klicken Sie in die Zelle, in der das Ergebnis stehen soll.

4. Geben Sie ein Gleichheitszeichen = ein. Klicken Sie jetzt mit der Maus in die erste Zelle, die Sie berechnen möchten. In diesem Beispiel ist es die Zelle A1. Tippen Sie jetzt den Rechenschritt, in diesem Beispiel +. Zum Abschluss klicken Sie auf die Zelle A2 und bestätigen mit `Eingabe`.

```
=A1+A2
```

Sofort zeigt Excel Ihnen in der Zelle das Ergebnis. Der Rechenschritt ist in der Bearbeitungsleiste aufgeführt.

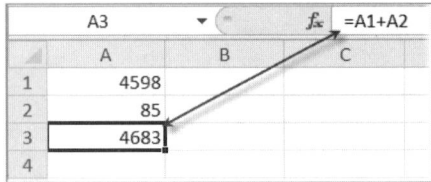

Bild 4.2: Die bessere Alternative: Die Berechnungen über die Zelladressen.

Wenn Sie jetzt eine der beiden oberen Zahlen oder auch beide ändern, wird das Ergebnis in A3 direkt nach Verlassen der Zelle A1 bzw. A2 aktualisiert. Auf diese Art können Sie alle Berechnungen erstellen, so einfache, wie gerade beschrieben, oder auch sehr komplexe.

Die Zelladressen per Hand eintippen

Im oberen Beispiel haben Sie die Zelladressen per Mausklick ausgewählt. Sie können die Zelladressen auch per Hand eintippen. Das konnten Sie in allen Excel-Versionen, das können Sie auch in dieser Version.

1. Geben Sie das Gleichheitszeichen = ein. Tippen Sie jetzt die erste Zelladresse. Nach Eingabe des Buchstabens A erscheint die Liste aller Funktionen, die mit A beginnen.

	A	B	C	D	E
1	4598				
2	85				
3	=A				
4	*fx* ABRUNDEN		Rundet die Zahl auf Anzahl_Stellen ab		
5	*fx* ABS				
6	*fx* ACHSENABSCHNITT				
7	*fx* ADRESSE				
8	*fx* AGGREGAT				
	fx AMORDEGRK				
9	*fx* AMORLINEARK				
10	*fx* ANZAHL				
11	*fx* ANZAHL2				
12	*fx* ANZAHLLEEREZELLEN				
13	*fx* ARBEITSTAG				
14	*fx* ARBEITSTAG.INTL				

Bild 4.3: Die Auswahl aller Funktionen direkt am Mauszeiger.

2. Ignorieren Sie das Angebot und schreiben Sie Ihre Formel weiter. Tippen Sie die 1, danach das + und danach A2.

3. Bestätigen Sie mit [Eingabe].

Die Grundrechenarten

Die folgende Tabelle zeigt die Tasten, auf denen Sie die Rechenschritte finden.

Rechenschritt	Numerischer Block	Tastatur	Beispiel
Addition	[+]	[+]	=A1+A2
Subtraktion	[-]	[-]	=A1−A2
Multiplikation	[x]	[⇧]+[+]	=A1*A2
Division	[÷]	[⇧]+[7]	=A1/A2
Potenz		[^]	=10^3 (entspricht 10*10*10)
Klammern		[⇧]+[8] [⇧]+[9]	=A1*(B1+C1)

Tabelle 4.1: So setzen Sie in Excel die Grundrechenarten ein.

> **Tipp:** Wir bevorzugen die Eingabe über die Zahlentasten im rechten numerischen Block. Dort finden Sie auch die [Eingabe]-Taste. Leider befindet sich dort nicht die Taste [=], sonst wäre das Excel-Glück perfekt.

4.1.1 Kernsätze der Mathematik

Jetzt wird es kurz Ernst. Sie kennen doch sicherlich noch die Aussagen Ihres Mathematiklehrers:

• Punktrechnung geht vor Strichrechnung.

• Was in Klammern steht, wird zuerst berechnet.

• Keine Division durch 0.

Das gilt auch für alle Berechnungen in Excel. Hier die Beweise:

	A7	▾ (	*fx*	=A3+A4*A5	
	A	B	C	D	E
1	**Punkt vor Strich**		**Klammerrechnung**		**Division durch 0**
2					
3	5		5		10
4	4		4		0
5	3		3		
6					
7	17		27		#DIV/0!
8	=A3+A4*A5		=(C3+C4)*C5		=E3/E4
9					
10	Excel rechnet:		Excel rechnet zuerst in der Klammer		Es ist nicht erlaubt, eine Zahl durch 0
11	A4*A5=12		5+4=9		
12	und dann		und dann		Excel bringt eine Fehlermeldung
13					
14	12+5=17		9*3=27		
15					

Bild 4.4: Die Kernsätze der Mathematik gelten auch für Excel.

Tipp: Bei der Klammerrechnung rechnet Excel immer von der inneren Klammer hin zur äußeren.

4.2 Das Summen-Symbol

Und schon geht es an das erste Beispiel. Sie haben eine einfache Umsatzaufstellung für einige Artikel über drei Monate erstellt.

1. Erfassen Sie die folgende Tabelle und speichern Sie sie ab oder öffnen Sie die Beispieldatei *Happy DOG.xlsx*.

	A	B	C	D	E	F
1		**Happy DOG Tierzubehör**				
2						
3		Januar	Februar	März	Summe	
4	**Körbchen ARIS**	15058	12020	11015		
5	**Körbchen LUIS**	14055	9985	12045		
6	**Körbchen BOBBY**	13045	10048	13022		
7	**Schüssel SCHIMA**	15025	15078	15095		
8	**Schüssel LUNA**	11026	11011	14002		
9	**Scüssel LARA**	15012	15005	8500		
10	**Summe**					

Bild 4.5: Eine einfache Tabelle, mit der die Funktion *Summe* gezeigt wird.

Die Einzelschritte der Berechnung in der Zelle B10 könnten lauten:

```
=B4+B5+B6+B7+B8+B9
```

Aber das ist etwas umständlich einzugeben. Es gibt für die Addition eine ganz einfache Lösung, den Inhalt mehrerer Zellen auf einmal zu summieren.

2. Klicken Sie in die Zelle, in der das Ergebnis stehen soll.

3. Klicken Sie auf die Schaltfläche *Summe* $\boxed{\Sigma \;\blacktriangledown}$.

Zuerst setzt Excel die Funktion *Summe* in die aktive Zelle, »rät« anschließend, welche Zellen Sie addieren wollen, und zieht um diese als Markierung die »laufenden Ameisen« herum. Das ist eine sich ständig bewegende, gestrichelte Linie.

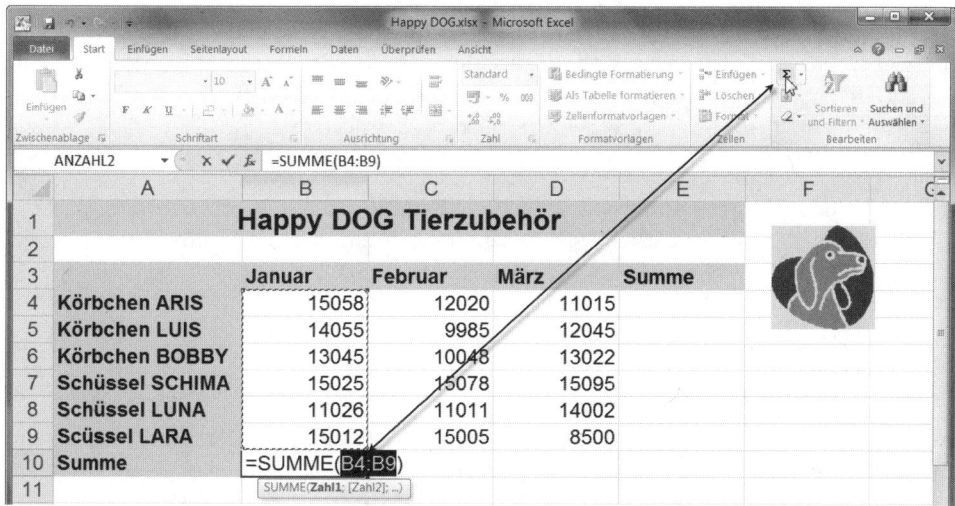

Bild 4.6: Die Summenfunktion erkennt selbstständig die Zellen, die addiert werden sollen.

4. Drücken Sie zur Bestätigung $\boxed{\text{Eingabe}}$.

5. Führen Sie die Schritte zunächst für die Monate Februar und März durch. Wenn Sie damit fertig sind, bilden Sie die Summen für das erste Produkt in der Zelle E4.

In der zweiten Zelle E5 hat Excel auf einmal massive Schwierigkeiten.

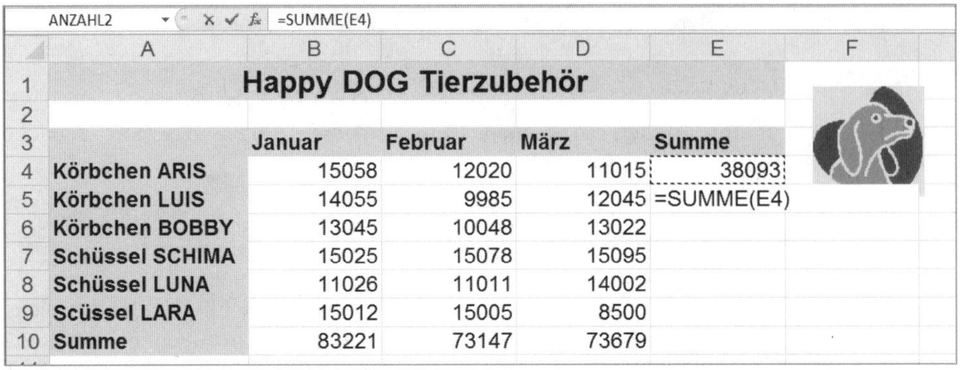

ANZAHL2	▾	× ✓ ƒx	=SUMME(E4)		
	A	B	C	D	E	F

	A	B	C	D	E	F
1	**Happy DOG Tierzubehör**					
2						
3		**Januar**	**Februar**	**März**	**Summe**	
4	**Körbchen ARIS**	15058	12020	11015	38093	
5	**Körbchen LUIS**	14055	9985	12045	=SUMME(E4)	
6	**Körbchen BOBBY**	13045	10048	13022		
7	**Schüssel SCHIMA**	15025	15078	15095		
8	**Schüssel LUNA**	11026	11011	14002		
9	**Scüssel LARA**	15012	15005	8500		
10	**Summe**	83221	73147	73679		

Bild 4.7: Nun heißt es: Aufpassen! Die Summen-Funktion will eine falsche Zelle addieren.

Excel bietet Ihnen die falschen Zellen zur Berechnung an. In solchen Situationen dürfen Sie nicht `Eingabe` drücken, sondern markieren mit gedrückter linker Maustaste die Zellen, die berechnet werden sollen. Wenn die »Ameisen« um die richtigen Zellen herumwandern, diese also entsprechend markiert sind, drücken Sie `Eingabe`.

> **Tipp:** Kontrollieren Sie immer die Zellen, die Excel Ihnen anbietet! Außerdem dürfen Sie nie die Zelle, in der Sie das Ergebnis sehen möchten, mit in die Berechnung einbeziehen.

4.2.1 Formeln kopieren

Nachdem Sie zehn Mal auf den Summen-Schalter geklickt haben und so bereits zehn Additionen erstellt haben, verraten wir Ihnen nun, wie es noch schneller gehen kann.

Sie können die Formeln kopieren.

1. Löschen Sie alle Formeln bis auf die in den Zellen B10 und E4, das sind die Muster.

B10	▼	f_x	=SUMME(B4:B9)	
	A	B	C	D
1		**Happy DOG Tierzubehör**		
2				
3		**Januar**	**Februar**	**März**
4	**Körbchen ARIS**	15058	12020	11015
5	**Körbchen LUIS**	14055	9985	12045
6	**Körbchen BOBBY**	13045	10048	13022
7	**Schüssel SCHIMA**	15025	15078	15095
8	**Schüssel LUNA**	11026	11011	14002
9	**Scüssel LARA**	15012	15005	8500
10	**Summe**	83221		

Bild 4.8: Jetzt geht es noch schneller, die Funktionen können kopiert werden.

2. Klicken Sie auf die Zelle B10.

3. Zeigen Sie auf das Ausfüllkästchen. Wenn aus der Maus ein schlankes Plus-Symbol wird, ziehen Sie bis zur Zelle D10 und lassen dann los.

Excel hat für alle Zellen sofort das Ergebnis ermittelt. Wenn Sie auf die Zelle C10 klicken, erkennen Sie in der Bearbeitungsleiste, dass dort die Summe von C4 bis C9 gebildet wird, obwohl die Formel von der Spalte B herüber kopiert wurde. Excel geht davon aus, dass Sie in der Spalte C nicht das Ergebnis der Spalte B sehen möchten.

4. Führen Sie die Schritte nun in der Spalte E für die Summen der Produkte durch.

5. Um die Arbeit anzuschließen, markieren Sie alle Zahlenfelder und weisen ihnen das Währungsformat *Euro* zu.

E10	▼	f_x	=SUMME(E4:E9)		
	A	B	C	D	E	F
1		**Happy DOG Tierzubehör**				
2						
3		**Januar**	**Februar**	**März**	**Summe**	
4	**Körbchen ARIS**	15.058,00 €	12.020,00 €	11.015,00 €	38.093,00 €	
5	**Körbchen LUIS**	14.055,00 €	9.985,00 €	12.045,00 €	36.085,00 €	
6	**Körbchen BOBBY**	13.045,00 €	10.048,00 €	13.022,00 €	36.115,00 €	
7	**Schüssel SCHIMA**	15.025,00 €	15.078,00 €	15.095,00 €	45.198,00 €	
8	**Schüssel LUNA**	11.026,00 €	11.011,00 €	14.002,00 €	36.039,00 €	
9	**Scüssel LARA**	15.012,00 €	15.005,00 €	8.500,00 €	38.517,00 €	
10	**Summe**	83.221,00 €	73.147,00 €	73.679,00 €	230.047,00 €	

Bild 4.9: Die fertige Tabelle mit allen Summen-Funktionen.

6. Speichern Sie Ihre Änderung ab.

Man nennt die »Erkenntnis« von Excel, in den Formeln die Zelladressen zu ändern, *relative Adressierung*. Dieses Ändern ist jedoch nicht immer erwünscht. In unserem ersten Beispiel haben wir eine klassische Tabelle benutzt. Da gibt es beim Kopieren von Formeln keine Schwierigkeiten.

Im nächsten Abschnitt werden Sie sehen, dass das Kopieren von Formeln nicht immer funktionieren muss.

4.3   Herstellen absoluter Bezüge

Vielleicht kennen Sie das auch: Sie haben eine Berechnung in Excel erstellt, alles ist in Ordnung. Nun kopieren Sie die entsprechende Formel nach unten oder nach rechts und nichts stimmt mehr. Bevor wir hier lange beschreiben, woran das liegt, zeigen wir Ihnen anhand eines einfachen Beispiels, was alles passieren kann und wie man diese Probleme behebt.

4.3.1   Spesenabrechnung

Zu den Kosten, die Ihre Mitarbeiter für Sie aufgestellt haben, sollen noch 25 Euro hinzu-addiert werden. Das ist für Excel natürlich ein Kinderspiel.

1. Erfassen Sie die gezeigte Tabelle und speichern sie unter dem Namen *Spesen* ab oder öffnen Sie die Beispieldatei *Spesen.xlsx*.

2. Positionieren Sie den Cursor in der Zelle D5.

	A	B	C	D	E	F
1	**Spesen**	**25,00 €**				
2						
3	**Datum**	**Name der Mitarbeiters**	**Kosten lt. Beleg**	**Betrag**		
4						
5	01.07.2010	Müller	120,00 €			
6	01.07.2010	Huber	100,00 €			
7	01.07.2010	Maier	3,00 €			
8	01.07.2010	Maier II	150,00 €			
9	02.07.2010	Müller	25,00 €			
10	02.07.2010	Huber	25,00 €			

Bild 4.10: Die Kosten und die Spesen

3. Erstellen Sie die folgende Formel. Damit addierten Sie zu den angegebenen Kosten die 25 Euro Spesen aus der Zelle B1.

```
=C5+B1
```

4. Drücken Sie zur Bestätigung Eingabe .

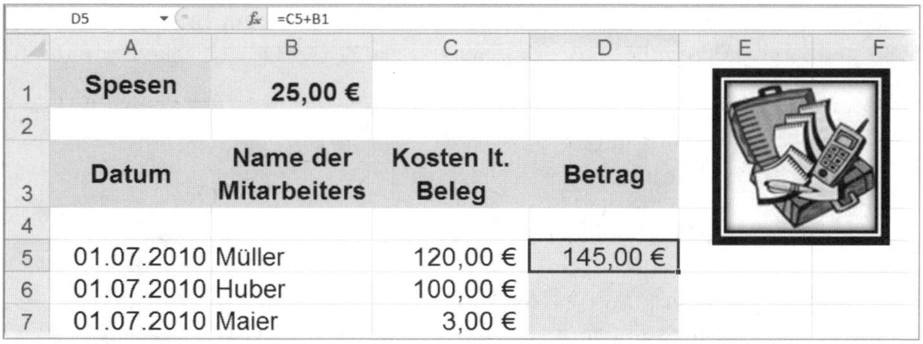

Bild 4.11: Das erste Ergebnis stimmt.

5. Das Ergebnis in der Zelle D5 stimmt. Kopieren Sie die Formel nach unten.

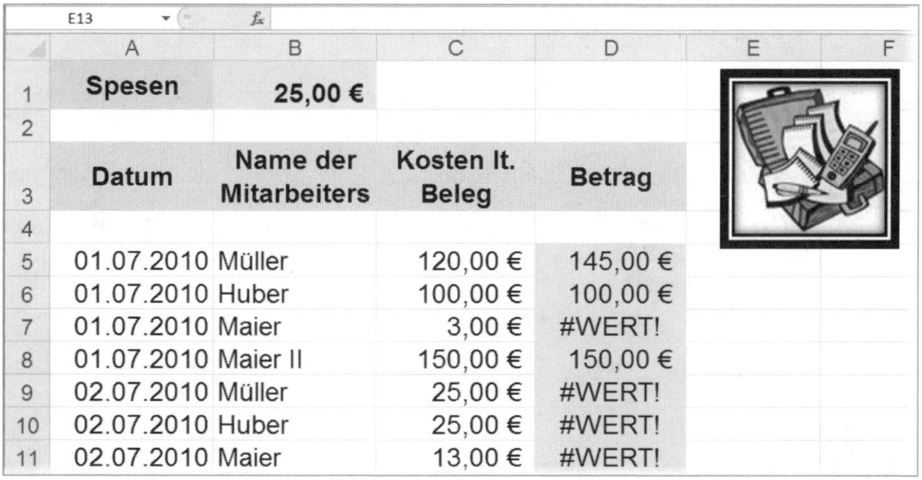

Bild 4.12: Excel »spinnt«: Das erste Ergebnis stimmt, die restlichen nach dem Kopieren nicht mehr.

Wem ist das nicht schon einmal passiert? Jetzt »spinnt« Excel. Zum Erkennen des Problems stehen Ihnen jetzt mehrere Möglichkeiten zur Verfügung.

Erste Prüfungsvariante:

Klicken Sie auf die Zelle D6, dort liegt der erste Fehler. Schauen Sie in die Bearbeitungsleiste. Sie erkennen, welche Zellen Excel zur Berechnung verwendet.

Zweite Prüfungsvariante:

1. Markieren Sie die Zelle D6.

2. Aktivieren Sie die Registerkarte *Formeln* und klicken Sie im Bereich *Formelüberwachung* auf die Schaltfläche *Spur zum Vorgänger*.

Sie erkennen, welche Zellen Excel zur Berechnung heranzieht: Zum einen die »richtige« Zelle B6 und zum anderen die »falsche« Zelle, B2. Da B2 leer ist, heißt die Berechnung: 100+0.

	A	B	C	D	E	F
	D6		f_x =C6+B2			
1	**Spesen**	**25,00 €**				
2						
3	**Datum**	**Name der Mitarbeiters**	**Kosten lt. Beleg**	**Betrag**		
4						
5	01.07.2010	Müller	120,00 €	145,00 €		
6	01.07.2010	Huber	100,00 €	100,00 €		
7	01.07.2010	Maier	3,00 €	#WERT!		

Bild 4.13: Der Einsatz der Pfeile zeigt die Schwachstelle auf.

3. Mit einem Klick auf die Schaltfläche *Pfeile entfernen* »radieren« Sie alle Pfeile wieder aus.

4. Löschen Sie nun die Inhalte der Zellen D5 bis D20.

Bevor wir die Lösung für dieses Dilemma zeigen, möchten wir noch erklären, warum in der Zelle D7 der Text *#WERT!* steht. Für die Zelle D7 wird folgende Berechnung erstellt:

```
3+Name des Mitarbeiters
```

Eine Zahl kann nicht mit einem Text addiert werden. Daher die Fehlermeldung #WERT!.

Die Lösung

Wir haben herausgefunden, dass durch das Kopieren nach unten die Zelle B1 »verrutscht«. Das heißt, wir benötigen einen »Nagel«, um diese Zelle innerhalb der Formel zu befestigen.

Dieser »Nagel« ist die Taste F4.

1. Markieren Sie die Zelle D5.

2. Geben Sie die Formel wie eben ein:

```
=C5+B1
```

3. Da Sie aber B1 »befestigen« müssen, drücken Sie direkt hinter der Zelle B1 die Taste F4, bevor Sie mit Eingabe bestätigen. Die Formel lautet nun:

```
=C5+$B$1
```

4. Kopieren Sie die Formel erneut nach unten.

	D5	▾	f_x	=C5+$B$1		
◢	A	B	C	D	E	F
1	**Spesen**	**25,00 €**				
2						
3	**Datum**	**Name der Mitarbeiters**	**Kosten lt. Beleg**	**Betrag**		
4						
5	01.07.2010	Müller	120,00 €	145,00 €		
6	01.07.2010	Huber	100,00 €	125,00 €		
7	01.07.2010	Maier	3,00 €	28,00 €		
8	01.07.2010	Maier II	150,00 €	175,00 €		
9	02.07.2010	Müller	25,00 €	50,00 €		
10	02.07.2010	Huber	25,00 €	50,00 €		
11	02.07.2010	Maier	13,00 €	38,00 €		
12	02.07.2010	Maier II	26,00 €	51,00 €		
13	04.07.2010	Müller	20,00 €	45,00 €		

Bild 4.14: Jetzt stimmt wieder alles, dank der Taste [F4]

5. Die Ergebnisse stimmen. Speichern Sie Ihre Änderungen ab.

Durch die Dollarzeichen, die Sie auch manuell eingeben können, haben Sie Excel mitgeteilt, dass in jeder Formel unbedingt der Inhalt der Zelle B1 genommen werden muss. In Excel wird dies auch *feste Adressierung* genannt. Die gefahrenen Kilometer ändern sich ja jeden Tag und deshalb müssen wir sie nicht »befestigen«. Man bezeichnet dies als *variable Adressierung*.

Probieren Sie nun einmal Folgendes: Markieren Sie die Zelle C1 und geben Sie =B1 ein. Drücken Sie nun die Taste [F4]. Jetzt steht in der Zelle =$B$1. Drücken Sie erneut [F4]. Jetzt steht =B$1, nach nochmaligen Drücken steht nun =$B1 in der Zelle. Wenn Sie [F4] das vierte Mal drücken, steht in der Zelle wieder =B1.

Die folgende Tabelle gibt Auskunft über die Möglichkeiten der Taste [F4]:

[F4]	*Aktion*
=$B$1	Feste Adressierung. Egal, wohin diese Formel kopiert wird, es wird immer die Zelle B1 genommen.
=B$1	Spalten werden beim Kopieren angepasst. Die Zeile bleibt aber immer die Zeile 1.
=$B1	Zeilen werden beim Kopieren angepasst. Die Spalte bleibt aber immer die Spalte B.
=B1	Variable Adressierung. Beim Kopieren wird die Zelladresse immer verändert.

Tabelle 4.2: Die Varianten mit der Taste [F4].

4.4 Zahlen formatieren

Wie Sie ja schon gesehen haben, interpretiert Excel Ihre Eingaben selbstständig. Normalerweise »erkennt« Excel also anhand der eingegebenen Zeichen korrekt, ob es sich um Zahlen, Text, Datum oder Zeitangaben handelt.

Wenn Sie aber im Nachhinein die Darstellung der Zahlen in den Zellen ändern möchten, müssen Sie die Zellen gestalten. Genau das wird in dem vorliegenden Kapitel beschrieben.

4.4.1 Zahlen

Das Zahlenformat Ihrer Zellinhalte steuern Sie über das Fenster *Zellen formatieren* oder über die Schaltflächen in der Gruppe *Zahl* auf dem Register *Start*.

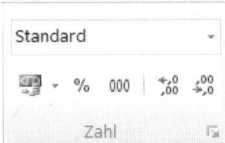

Bild 4.15: Die Gruppe *Zahl* mit den Schaltflächen, die Ihre Zahlen schnell gestalten

Die erste Schaltfläche der Gruppe *Zahl* bietet Ihnen einen Katalog der am häufigsten eingesetzten Formate in der Schnellauswahl an.

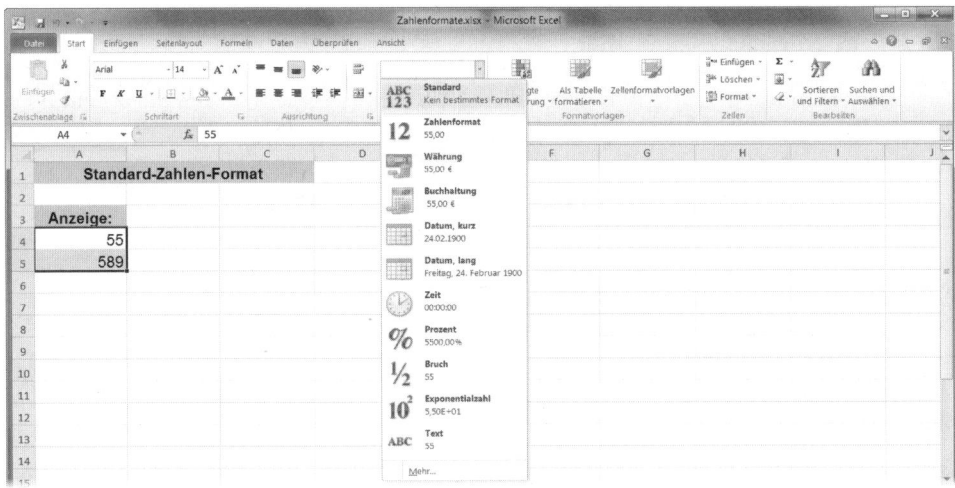

Bild 4.16: Die Schnell-Auswahl der gängigsten Zahlenformate

Zusätzlich werden noch fünf Schaltflächen unterhalb dieses Felds zur noch schnelleren Auswahl angeboten.

Symbol	Name	Beschreibung
	Währung	Fügt das Euro-Format an alle Zahlen an. Bei einem Klick auf das Dreieck können Sie zwischen US-Dollar, Euro und weiteren Währungsformaten wählen
%	Prozent	Multipliziert den Zellinhalt mit 100 und fügt das Prozentzeichen % an.
000	1.000er-Trennzeichen	Fügt zwei Dezimalzeichen und Tausenderpunkte ein.
	Dezimalstelle hinzufügen	Fügt pro Klick eine Dezimalstelle hinzu.
	Dezimalstelle löschen	Entfernt pro Klick eine Dezimalstelle.
		Das Fenster *Zellen formatieren* öffnen.

Tabelle 4.3: Die Formate im Bereich *Zahl* auf dem Register *Start*.

Die größte Auswahl bietet allerdings nach wie vor das Dialogfenster *Zellen formatieren*. Öffnen Sie es entweder über die oben gezeigte Liste mit dem Befehl *Mehr* oder klicken Sie rechts neben dem Gruppennamen *Zahl* auf die kleine Schaltfläche mit dem Pfeil.

Es öffnet sich das Fenster *Zellen formatieren* mit aktiviertem Register *Zahlen*. Hier werden Ihnen verschiedene Kategorien von Zahlenformaten angeboten, die Sie den markierten Zellen zuweisen können.

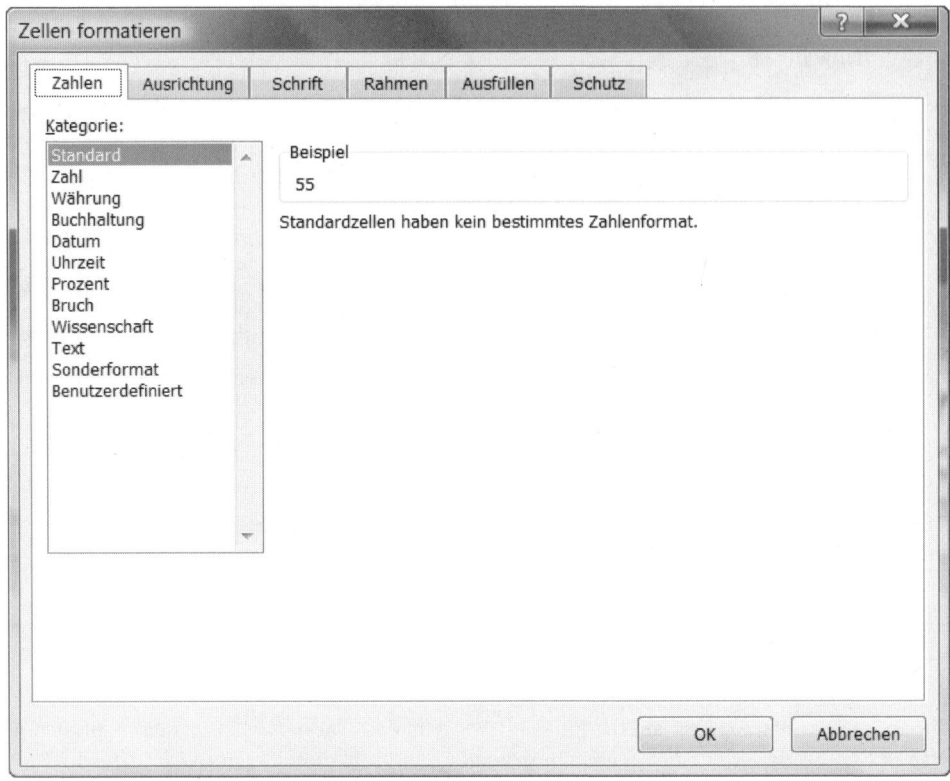

Bild 4.17: Die Registerkarte *Zahlen* des Fensters *Zellen formatieren*.

4.4.2 Die Kategorie Zahl

Wenn Sie zu Beginn Zahlen in eine Zelle eingeben, weist Excel ihnen das Zahlenformat *Standard* zu. Das bedeutet, die Eingabe der Zahl 10,00 wird von Excel als 10 interpretiert und angezeigt.

Unter der Kategorie *Zahl* können Sie bestimmen, wie viele Dezimalstellen angezeigt werden, ob ein Tausenderpunkt erscheinen soll und wie negative Zahlen dargestellt werden sollen.

Bild 4.18: Beispiele zur Kategorie *Zahl*

4.4.3 Die Kategorie Währung

In Ihren Excel-Tabellen werden Sie es häufig mit Beträgen in einer bestimmten Währung zu tun haben. Es ist jedoch nicht notwendig, jedes Mal die Einheit selbst anzugeben. Sie brauchen den Zahlen nur das entsprechende Format zuzuweisen.

Im Fenster *Zellen formatieren* können Sie über die Kategorie *Währung* Einstellungen vornehmen.

Wie in der vorherigen Abbildung gezeigt, bestimmen Sie, wie viele Dezimalstellen angezeigt werden sollen. Für gewöhnlich begnügt man sich bei Geldbeträgen mit zwei Dezimalstellen. Sie können Tausenderpunkte setzen und die Darstellung negativer Beträge farbig hervorheben.

Im Feld *Symbol* wählen Sie dann zwischen den unterschiedlichsten internationalen Währungseinheiten die gewünschte aus.

Dabei finden Sie weiter unten in der Liste *Symbol* auch die internationalen dreistelligen Währungsformate. In der folgenden Abbildung werden die Beträge in verschiedenen Währungsformaten angezeigt.

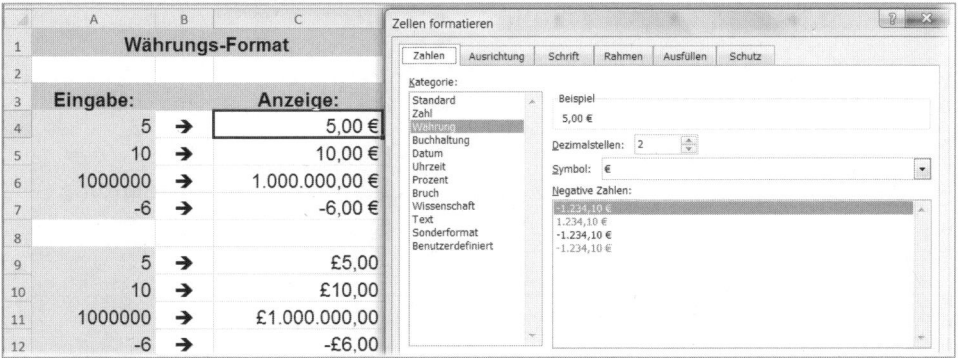

Bild 4.19: Beispiele zur Kategorie *Währung*

> **Tipp:** Sollten Sie jedoch unbedingt das Währungsformat *Entenhausener Taler* benötigen, lesen Sie im Abschnitt über die benutzerdefinierten Formate, wie Excel auch diesen Wunsch in den Griff bekommt.

4.4.4 Buchhaltung

Die Kategorie *Buchhaltung* dient der Darstellung monetärer Werte. Wie bei der Kategorie *Währung* können Sie die Nachkommastellen und ein Symbol für die Währung auswählen.

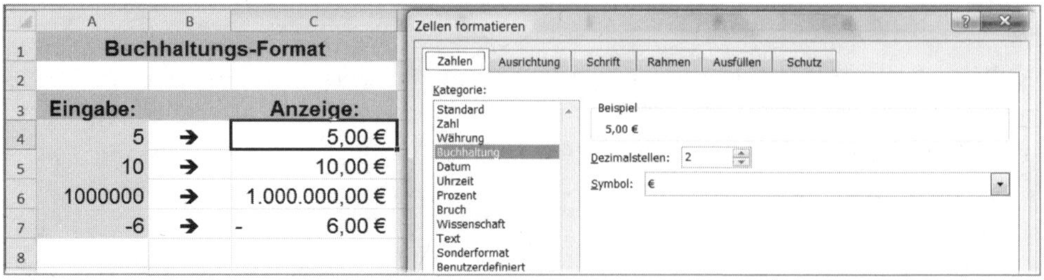

Bild 4.20: Beispiele zur Kategorie *Buchhaltung*

4.4.5 Buchhaltung oder Währung

Wenn Sie in Ihrer Tabelle die Euro-Formate wünschen, dann müssen Sie sich entscheiden, ob Sie dies mit der Kategorie *Buchhaltung* oder *Währung* vornehmen.

Die folgende Abbildung zeigt die Unterschiede.

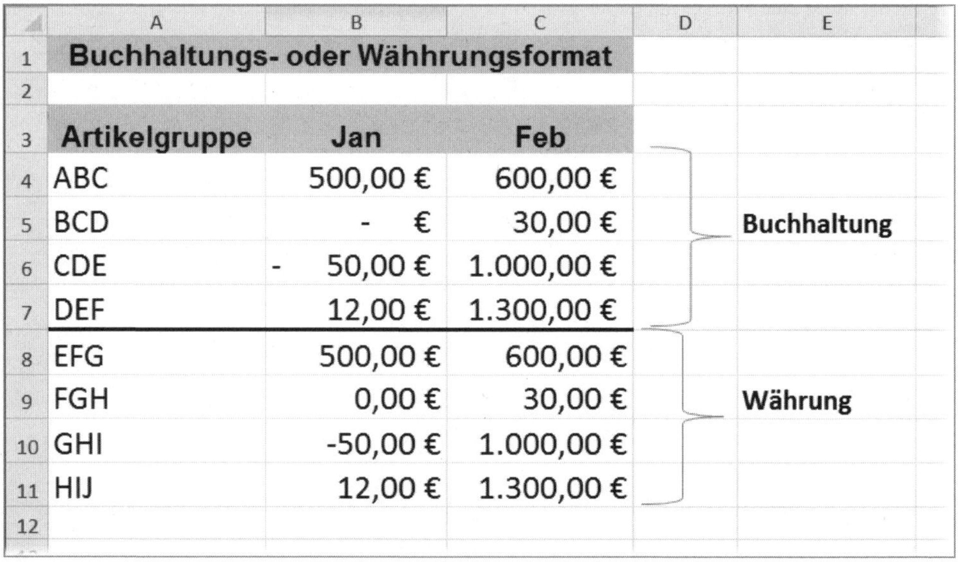

Bild 4.21: Beispiele zur Buchhaltung oder Währung

Bei der Buchhaltung werden die Null mit einem Strich und das Minuszeichen am linken Zellenrand angezeigt. Bei der Währung bleibt die Null sichtbar und das Minuszeichen wird vor der ersten Ziffer der Zahl gezeigt. Außerdem können Sie entscheiden, ob negative Werte rot angezeigt werden.

Das auffälligste Merkmal ist die Position des Euro-Symbols. Wenn Sie beide Formate in einer Tabelle nutzen, erkennen Sie den Versatz der Zeichen.

4.4.6 Datum und Uhrzeit

Mit diesen beiden Kategorien können Sie festlegen, wie Datums- bzw. Uhrzeitangaben in Ihrer Tabelle gestaltet werden sollen.

Tipp: Das aktuelle Datum erhalten Sie durch Drücken von `Strg`+`.`.

Ein Datum geben Sie am besten folgendermaßen ein:

```
21.07.2010 oder 21.7.10
```

Excel »versteht« aber auch:

```
21.07
```

Es wird dann aber folgendes Format angezeigt:

```
21. Jul  (in der Bearbeitungsleiste steht 21.07.2010)
```

Tipp: Die Formatierung als Datum hat jedoch nicht nur »kosmetische« Gründe. Excel hinterlegt diese Werte intern als fortlaufende Zahlen, mit denen Sie auch rechnen können.

Im Fenster *Zellen formatieren* können Sie die Darstellung des eingegebenen Datums anschließend ändern. Es steht Ihnen eine große Auswahl an Datumsformaten zur Verfügung. Wie Sie eigene Datumsformate erstellen können, lesen Sie im Abschnitt *Benutzerdefinierte Formate*.

Tipp: Sie sollten gleich bei der Eingabe der Uhrzeit darauf achten, dass Sie die Stunden und Minuten durch einen Doppelpunkt trennen.

Bild 4.22: Die verschiedenen Datumsformate

4.4.7 Prozent

Wenn Sie die Kategorie *Prozent* auswählen, hat das den gleichen Effekt wie ein Klick auf die Schaltfläche *Prozentformat* % im Bereich *Zahl* auf dem Register *Start*.

Der Zellinhalt wird mit 100 multipliziert und mit dem Prozentzeichen versehen.

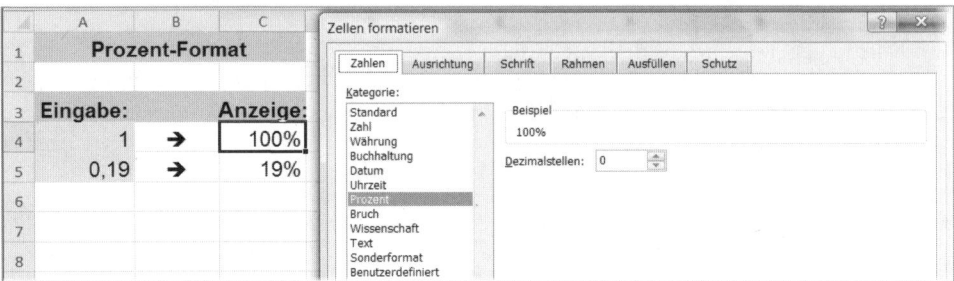

Bild 4.23: Die Kategorie Prozent

4.4.8 Bruch

Möchten Sie bestimmte Angaben in Ihrer Tabelle als Bruch eingeben, etwa 1/2, müssen Sie die entsprechenden Zellen vorher durch die Auswahl der Kategorie *Bruch* definieren. Ansonsten wird Excel Ihre Eingaben als Datum interpretieren.

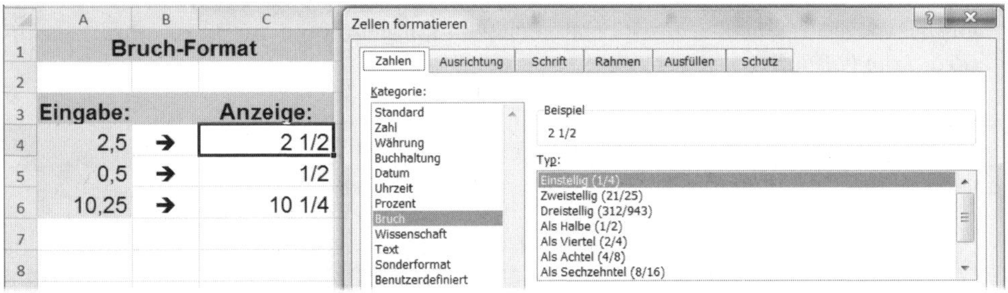

Bild 4.24: Die Zellinhalte mit der Kategorie *Bruch*

Diese Formatierung betrifft lediglich die Anzeige. In der Bearbeitungsleiste können Sie nach Eingabe einer Zahl erkennen, dass die Anwendung sie als Dezimalzahl verwaltet.

Tipp: Sie können auch beispielsweise 0,5 eintippen und die Zelle anschließend mit dem Format *Bruch* gestalten.

4.4.9 Wissenschaft

Diese Kategorie werden Sie im Büroalltag kaum benötigen. Zahlen werden in Exponentialschreibweise in der Form 1,23E+7 wiedergegeben.

4.4.10 Sonderformate

Unter der Kategorie *Sonderformate* bietet Ihnen Excel besondere Zahlenformate an. Sie finden hier verschiedene Formate für Postleitzahlen, Sozialversicherungsnummern oder *ISBN*-Nummern für Bücher.

4.4.11 Benutzerdefinierte Formate

Wenn Sie unter den zahlreichen Zahlenformaten kein für Ihre Daten passendes Format gefunden haben, können Sie ein eigenes Format anlegen.

Definieren eines Formats für kg

Angenommen, Sie verkaufen Obst und Gemüse. Diese Waren werden in der Regel nach Gewicht in Kilogramm gehandelt. Also ist es sinnvoll, sich ein entsprechendes Format für Ihre Excel-Tabellen einzurichten.

1. Öffnen Sie das Fenster *Zellen formatieren*.

2. Aktivieren Sie die Option *Benutzerdefiniert*.

3. Wählen Sie innerhalb der Kategorie das Zahlenformat, das Ihrem Formatwunsch nahe kommt, hier vielleicht 0,00.

4. Geben Sie im Feld *Typ* die Einheit "kg" ein. Dabei sind die Anführungszeichen zwingend.

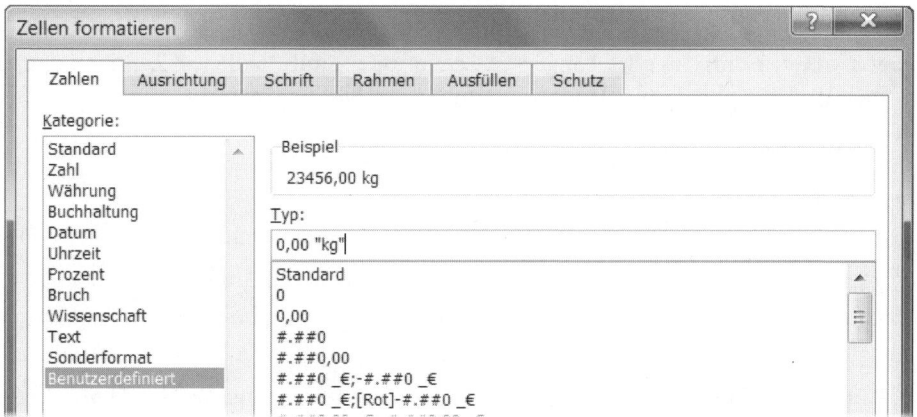

Bild 4.25: Ein benutzerdefiniertes Zahlenformat

5. Schließen Sie das Dialogfenster wieder mit *OK*.

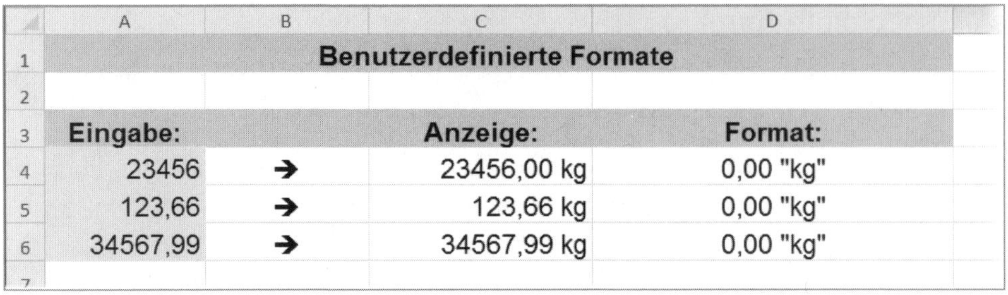

	A	B	C	D
1			**Benutzerdefinierte Formate**	
2				
3	**Eingabe:**		**Anzeige:**	**Format:**
4	23456	➔	23456,00 kg	0,00 "kg"
5	123,66	➔	123,66 kg	0,00 "kg"
6	34567,99	➔	34567,99 kg	0,00 "kg"
7				

Bild 4.26: Das neue Format im Praxiseinsatz

Das Format wird jetzt unter *Benutzerdefiniert* angeboten. Wenn Sie es markierten Zellen zuweisen, erscheinen Ihre Zahleneingaben als Gewicht.

In der Liste der Formate finden Sie weitere Muster, die Sie folgendermaßen einsetzen könnten:

Format	Anzeige
0 " kg"	1000 kg
0,000 " kg"	1000,000 kg
#.##0 " kg"	1.000 kg
#.##0,000 " kg"	1.000,000 kg

Tabelle 4.4: Ein Beispiel für benutzerdefinierte Formate

Ähnlich können Sie bei allen vorstellbaren Maßeinheiten verfahren, mit denen Sie häufig arbeiten müssen, etwa Längen-, Flächen- oder Raummaße wie Zentimeter, Quadratmeter oder Kubikmeter. Wichtig ist nur, dass Sie die Texte in Anführungszeichen setzen.

Einzahl und Mehrzahl unterscheiden

Excel kann bei den benutzerdefinierten Zahlenformaten auch Einzahl und Mehrzahl unterscheiden.

Stellen Sie sich vor, Sie müssen Autoren abrechnen, die bei Ihnen eine bestimmte Seitenanzahl abgeliefert haben.

Bei fünf Seiten hätten Sie gerne in der Zelle *5 Seiten* und bei einer Seite *1 Seite* stehen.

1. Markieren Sie die gewünschten Zellen und öffnen Sie das Fenster *Zellen formatieren*.

2. Aktivieren Sie die Option *Benutzerdefiniert*.

3. Geben Sie im Feld *Typ* das folgende Muster ein.

```
[=1]0 "Seite";#.##0 "Seiten"
```

4. Schließen Sie das Dialogfenster wieder mit *OK*.

8				
9	**Eingabe:**		**Anzeige:**	**Format:**
10	23	→	23 Seiten	[=1]0 "Seite";0 "Seiten"
11	44	→	44 Seiten	[=1]0 "Seite";0 "Seiten"
12	1	→	1 Seite	[=1]0 "Seite";0 "Seiten"
13				

Bild 4.27: Einzahl und Mehrzahl

Das Muster [=1]0 "Seite"; steht für den Fall, dass in die Zelle eine 1 eingegeben wurde. Die 0 ist der Platzhalter für die 1. Das Semikolon trennt den Einzahl- vom Mehrzahlbereich. Das Muster ";#.##0 Seiten" ist für die anderen Zahlen, die in der Zelle stehen.

Eigene Datumsformate

Weiter oben in diesem Kapitel wurden bereits die fertigen Datumsformate vorgestellt. Sollten Ihnen diese nicht zusagen, können Sie sich auch eigene Datumsformate erstellen.

1. Geben Sie in eine Zelle ein Datum ein und markieren Sie sie.
2. Öffnen Sie das Fenster, um benutzerdefinierte Zahlenformate anzulegen.
3. Sie können jetzt die Formate für Tage, Monate und Jahre miteinander kombinieren.

Als Beispieldatum wählen wir den 21.07.2010.

Für die Tage können Sie eines der folgenden Muster eingeben:

```
T = 21; TT = 21, TTT = Mi, TTTT = Mittwoch
```

Für die Monate können Sie eines der folgenden Muster eingeben:

```
M = 7, MM = 07, MMM = Jul, MMMM = Juli
```

und für die Jahre stehen Ihnen zwei Muster zur Verfügung:

```
JJ = 10, JJJJ=2010
```

Zum Abschluss möchten wir Ihnen noch ein weiteres Format präsentieren:

```
TTTT MMMM JJJJ = Mittwoch Juli 2010
```

Da fehlt natürlich noch etwas:

```
TTTT, "den" TT. MMMM JJJJ = Mittwoch, den 21. Juli 2010
```

4.5 Angebotsvergleich

Stellen Sie sich vor, Sie haben von verschiedenen Reiseveranstaltern Angebote eingeholt und möchten diese jetzt miteinander vergleichen. Die Kalkulationen in den Angeboten weichen aufgrund der Zusatzkosten häufig voneinander ab.

1. Erfassen Sie die folgende Tabelle und speichern Sie sie unter dem Namen *Reisekostenvergleich* ab oder öffnen Sie die gleichnamige Beispieldatei.

	A	B	C	D	E	F	G
1							
2	**Reisekostenpreisvergleich**						
3	**für unsere Reise nach Thailand**						
4							
5							
6	**Anbieter**	**Flug mit Gebühren**	**Übernachtung mit Frühstück**	**All inclusiv**	**Summe**	**Frühbucher rabatt**	**Gesamt preis**
7	Müllers Weltreisen	405,00 €	195,00 €	80,00 €		- €	
8	Flieg & Spar	350,00 €	220,00 €	90,00 €		35,00 €	
9	Hubers Abenteuer	309,00 €	200,00 €	79,00 €		- €	
10	Metzlers Reiseshop	440,00 €	300,00 €	88,00 €		150,00 €	
11	Ritas Reisewelt	399,00 €	210,00 €	87,00 €		50,00 €	

Bild 4.28: Eine Tabelle zum Angebotsvergleich.

2. Setzen Sie den Cursor in die Zelle E7.

3. Klicken Sie auf die Schaltfläche *Summe* Σ ▾ .

4. Excel sollte nun die drei Zellen B7, C7 und D7 zur Addition anbieten.

5. Drücken Sie ⌈Eingabe⌉, wenn es die richtigen sind. Ansonsten ziehen Sie über die gewünschten Zellen und drücken dann ⌈Eingabe⌉.

E7	▾	*fx*	=SUMME(B7:D7)				
	A	B	C	D	E	F	G
1							
2	**Reisekostenpreisvergleich**						
3	**für unsere Reise nach Thailand**						
4							
5							
6	**Anbieter**	**Flug mit Gebühren**	**Übernachtung mit Frühstück**	**All inclusiv**	**Summe**	**Frühbucher rabatt**	**Gesamt preis**
7	Müllers Weltreisen	405,00 €	195,00 €	80,00 €	680,00 €	- €	
8	Flieg & Spar	350,00 €	220,00 €	90,00 €	660,00 €	35,00 €	
9	Hubers Abenteuer	309,00 €	200,00 €	79,00 €	588,00 €	- €	
10	Metzlers Reiseshop	440,00 €	300,00 €	88,00 €	828,00 €	150,00 €	
11	Ritas Reisewelt	399,00 €	210,00 €	87,00 €	696,00 €	50,00 €	

Bild 4.29: Die Formeln in der Tabelle zum Angebotsvergleich.

6. Kopieren Sie die Formel in der Zelle E5 nach unten.

Tipp: Probieren Sie beim Kopieren der Formel nach unten doch einmal etwas Neues aus: Zeigen Sie mit der Maus auf das Ausfüllkästchen und führen Sie einen Doppelklick durch.

7. Positionieren Sie nun den Cursor in die Zelle G7.

8. Um den Endpreis zu errechnen, geben Sie die folgende Formel ein und drücken Eingabe .

```
=E7-F7
```

Damit ziehen Sie von der tatsächlichen Summe den Rabattbetrag ab.

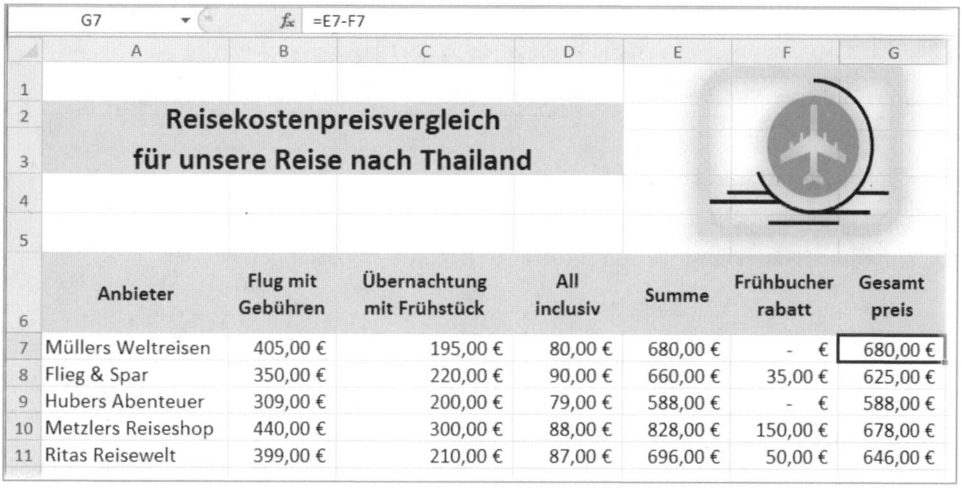

	G7	▼	f_x	=E7-F7		
	A	B	C	D	E	F	G

	Anbieter	Flug mit Gebühren	Übernachtung mit Frühstück	All inclusiv	Summe	Frühbucher rabatt	Gesamt preis
7	Müllers Weltreisen	405,00 €	195,00 €	80,00 €	680,00 €	- €	680,00 €
8	Flieg & Spar	350,00 €	220,00 €	90,00 €	660,00 €	35,00 €	625,00 €
9	Hubers Abenteuer	309,00 €	200,00 €	79,00 €	588,00 €	- €	588,00 €
10	Metzlers Reiseshop	440,00 €	300,00 €	88,00 €	828,00 €	150,00 €	678,00 €
11	Ritas Reisewelt	399,00 €	210,00 €	87,00 €	696,00 €	50,00 €	646,00 €

Bild 4.30: Sie haben es geschafft, Ihre Angebotsvergleichstabelle ist fertig.

9. Kopieren Sie die Formel in der Zelle G7 nach unten.

10. Speichern Sie Ihre Änderungen ab.

4.6 Autokosten verwalten

Stellen Sie sich vor, Sie wollen die Ausgaben, die Sie für Ihr Auto haben, überwachen. Vom Knöllchen, über das Tanken bis hin zum Reifenwechseln wollen Sie alles erfassen.

4.6.1 Laufende Kosten überwachen

1. Erfassen Sie die folgende Tabelle und speichern Sie sie unter dem Namen *Autokosten* ab oder öffnen Sie die Beispieldatei *Auto.xlsx*.

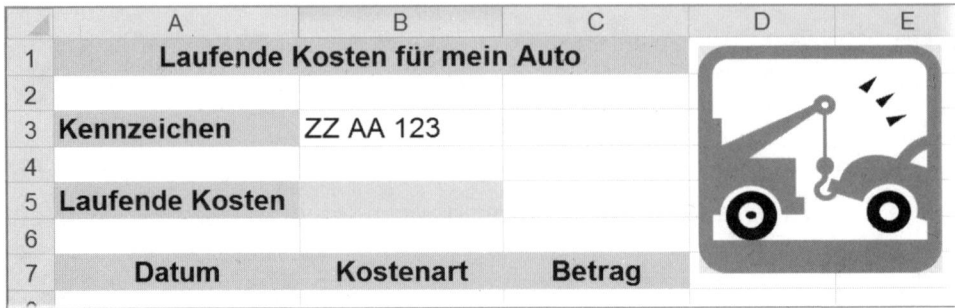

	A	B	C	D	E
1	Laufende Kosten für mein Auto				
2					
3	Kennzeichen	ZZ AA 123			
4					
5	Laufende Kosten				
6					
7	Datum	Kostenart	Betrag		

Bild 4.31: Eine Tabelle, um die laufenden Kosten eines Autos zu verwalten

Ab der Zeile 8 wollen Sie die Kosten erfassen. In der Zelle B5 wird die Summe der laufenden Kosten aus der Spalte C addiert. Jetzt gibt es folgendes Problem: Wie viele Zellen aus der Spalte C werden Sie beim Erstellen der Formel einbeziehen?

2. Positionieren Sie den Cursor in der Zelle B5, da Sie dort die Gesamtsumme der Ausgaben sehen möchten.

3. Klicken Sie auf die Schaltfläche *Summe* Σ ▾ .

4. Markieren Sie in der Spalte C die Anzahl der Zellen ab der Zelle C8, von denen Sie annehmen, dass Sie sie für das Eintragen der Kosten benötigen werden.

	A	B	C	D	E
1	Laufende Kosten für mein Auto				
2					
3	Kennzeichen	ZZ AA 123			
4					
5	Laufende Kosten	=SUMME(C8:C18)			
6		SUMME(**Zahl1**; [Zahl2]; ...)			
7	Datum	Kostenart	Betrag		
8					
9					
10					
11					
12					
13					
14					

Bild 4.32: Die Summe über die zurzeit noch leeren Zellen

In diesem Beispiel haben wir angenommen, dass wir maximal zehn Belege für Kosten haben werden. Daher sind die Zellen von C8 bis C18 markiert.

5. Bestätigen Sie mit Eingabe .

B5	▼	*fx* =SUMME(C8:C18)		
	A	B	C	D	E

	A	B	C	D	E
1	Laufende Kosten für mein Auto				
2					
3	**Kennzeichen**	XY ZZ 123			
4					
5	**Laufende Kosten**	247,00 €			
6					
7	**Datum**	**Kostenart**	**Betrag**		
8	12.07.2010	Öl	35,00 €		
9	24.07.2010	Inspektion	212,00 €		

Bild 4.33: So könnte die fertige Tabelle mit Werten aussehen

6. Angenommen, Sie haben jetzt mehr als zehn Belege. Dann müssen Sie die Formel in Zelle B5 verändern. Das können Sie, indem Sie die Zelle B5 markieren, wieder auf den Summenschalter klicken und die Zellen markieren, die zur Berechnung hinzugezogen werden sollen.

7. Speichern Sie die Änderungen ab.

4.6.2 Benzinabrechnung

Angenommen, Sie wollen neben den laufenden Kosten für Ihr Auto auch eine Statistik über den Benzinverbrauch führen. Dann sehen Sie sich die folgende Aufgabe etwas genauer an.

1. Erfassen Sie die gezeigte Tabelle und speichern Sie sie unter dem Namen *Benzinverbrauch* ab oder öffnen Sie die gleichnamige Beispieldatei.

	getankt bei km Stand	getankt am	Betrag bezahlt	gefahrene km	getankte Liter	Verbrauch pro 100 km	Kosten pro 100 km	Benzin preis
7	3645	15.07.2010	40,02 €	unbekannt	31,5	unbekannt	unbekannt	unbekannt
8	4050	27.07.2010	43,55 €		33,0			
9	4581	03.08.2010	55,00 €		42,0			

Bild 4.34: Eine Tabelle zum Verwalten der Benzinkosten

Die Daten in den Zellen von D7 und F7 bis H7 können nicht berechnet werden, da wir jetzt erst mit dem Erfassen der Daten beginnen und nicht wissen, wie beispielsweise der Kilometerstand beim vorherigen Tanken war.

2. Positionieren Sie den Cursor in die Zelle D8.

3. Geben Sie die folgende Formel ein, um die gefahrenen Kilometer zu berechnen, und drücken Sie ⌷Eingabe⌷.

```
=A8-A7
```

4. Markieren Sie mit dem Cursor die Zelle F8.

5. Geben Sie die folgende Formel ein, um den Verbrauch pro 100 Kilometer zu berechnen, und drücken Sie ⌷Eingabe⌷.

```
=E8/D8*100
```

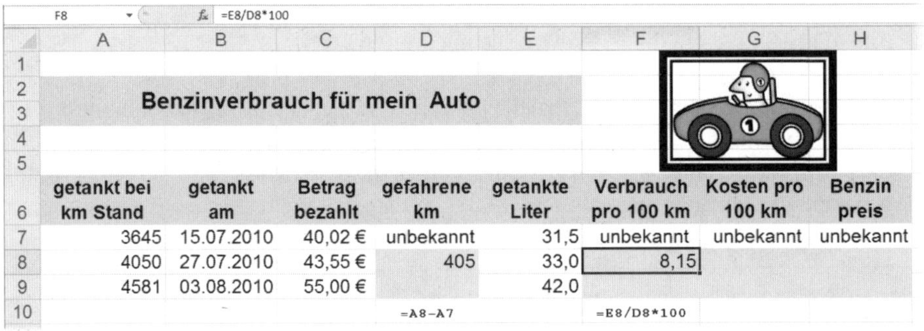

	F8	▾	ƒx	=E8/D8*100				
	A	B	C	D	E	F	G	H
1								
2		**Benzinverbrauch für mein Auto**						
3								
4								
5								
6	getankt bei km Stand	getankt am	Betrag bezahlt	gefahrene km	getankte Liter	Verbrauch pro 100 km	Kosten pro 100 km	Benzin preis
7	3645	15.07.2010	40,02 €	unbekannt	31,5	unbekannt	unbekannt	unbekannt
8	4050	27.07.2010	43,55 €	405	33,0	8,15		
9	4581	03.08.2010	55,00 €		42,0			
10				=A8-A7		=E8/D8*100		

Bild 4.35: Die gefahrenen Kilometer und der Verbrauch pro 100 km wurden berechnet.

6. Positionieren Sie den Cursor in die Zelle G8.

7. Geben Sie die folgende Formel ein, um die Benzinkosten pro 100 km zu berechnen:

```
=C8/D8*100
```

8. Bestätigen Sie wieder mit ⌷Eingabe⌷.

9. Markieren Sie zum Abschluss die Zelle H8 und geben Sie die folgende Formel ein, um den Preis pro Liter zu ermitteln:

```
=C8/E8
```

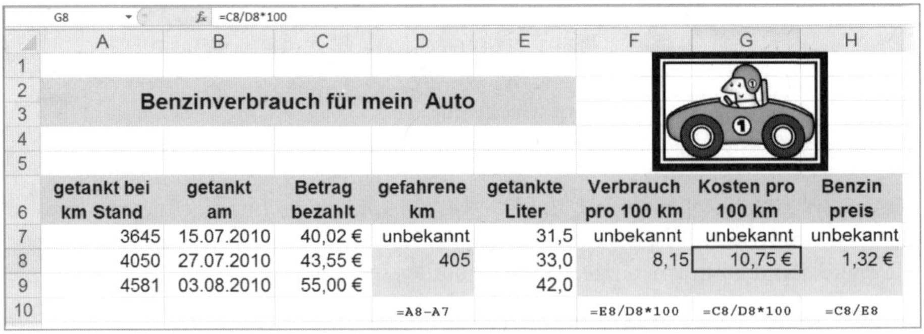

	G8	▾	ƒx	=C8/D8*100				
	A	B	C	D	E	F	G	H
1								
2		**Benzinverbrauch für mein Auto**						
3								
4								
5								
6	getankt bei km Stand	getankt am	Betrag bezahlt	gefahrene km	getankte Liter	Verbrauch pro 100 km	Kosten pro 100 km	Benzin preis
7	3645	15.07.2010	40,02 €	unbekannt	31,5	unbekannt	unbekannt	unbekannt
8	4050	27.07.2010	43,55 €	405	33,0	8,15	10,75 €	1,32 €
9	4581	03.08.2010	55,00 €		42,0			
10				=A8-A7		=E8/D8*100	=C8/D8*100	=C8/E8

Bild 4.36: So könnte Ihre fertige Tabelle aussehen.

10. Wenn das Ergebnis in Zelle F8 zu viele Nachkommastellen zeigt, markieren Sie die Zelle und klicken Sie auf die Schaltfläche *Dezimalstelle löschen* auf dem Register *Start*.

11. Kopieren Sie nun die Formeln nach Bedarf nach unten.

12. Speichern Sie Ihre Änderungen ab.

Tipp: In den Beispieldateien im Ordner *Formulare* finden Sie eine fertige Reisekostenabrechnung, die Sie sich unbedingt ansehen sollten.

5 Umgang mit Tabellen

Sie haben bereits erfahren, wie Sie Daten eingeben, gestalten und berechnen. Jetzt werden weitere Befehle im Umgang mit Tabellen gezeigt.

Zuerst lesen Sie, wie Sie Ihre bereits vorhandene Tabelle erweitern oder reduzieren können. Danach wird das Kopieren, Ausschneiden und Einfügen von Daten beschrieben. Sie erfahren, wie Sie beim Blättern in großen Tabellen die Überschriften im Blick behalten. Im Anschluss wird der Befehl *Gruppieren* beschrieben, der Teile Ihrer Daten ein- bzw. ausblendet. Danach erfahren Sie, wie Sie bereits bei der Eingabe von Daten eine Überprüfung einschalten. Lesen Sie im Anschluss, wie Sie Kommentare zu Informationszwecken einsetzen. Die bedingte Formatierung gestaltet Ihre Zellen automatisch, wenn eine Bedingung zutrifft.

☑ Download-Link

www.buch.cd
Hier finden Sie alle Beispieldateien übersichtlich nach Kapiteln sortiert.

5.1 Tabellen erweitern oder reduzieren

Stellen Sie sich vor, Sie haben in einer Tabelle eine Spalte oder eine Zeile vergessen und möchten diese jetzt nachträglich einfügen.

5.1.1 Spalten einfügen

Zu Beginn möchten wir die Tabelle *Reisekostenvergleich* um eine Spalte erweitern. In dieser Spalte sollen die Kosten für den Transfer zwischen Flughafen und Hotel aufgeführt sein. Die neue Spalte soll zwischen die Spalten C und D eingefügt werden.

1. Öffnen Sie die Datei Reisekostenvergleich.xlsx.

2. Klicken Sie in die Spalte, neben die eine andere eingefügt werden soll. In diesem Beispiel ist es die Spalte D.

Tipp: Dabei spielt es keine Rolle, ob Sie eine Zelle oder gleich die ganze Spalte D markieren.

3. Aktivieren Sie die Registerkarte *Start*. Wählen Sie an der Schaltfläche *Einfügen* im Bereich *Zellen* den Eintrag *Blattspalten einfügen*.

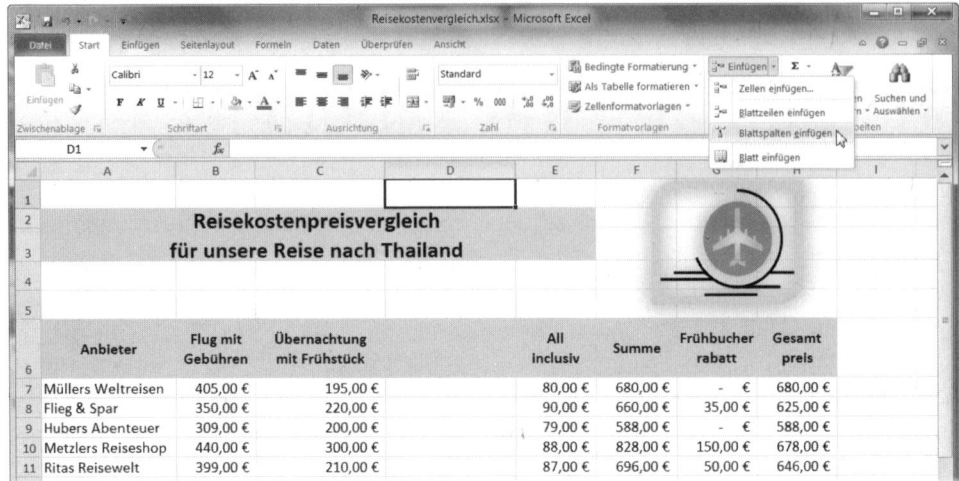

Bild 5.1: Eine Spalte nachträglich in eine bestehende Tabelle einfügen.

> **Tipp:** Alternativ können Sie auch mit Rechtsklick auf Spaltentitel D den Befehl *Zellen einfügen* wählen. Durch den Rechtsklick ist die Spalte markiert. Mit der Tastenkombination ⟨Strg⟩+⟨+⟩ wird vor der markierten Spalte eine neue Spalte eingefügt.

Wenn Sie mehrere Spalten auf einmal einfügen möchten, markieren Sie die Anzahl der Spalten und starten Sie dann einen der oben beschriebenen Wege.

Alle Spalten ab der Spalte D »rücken« eine Spalte nach rechts.

4. Nun können Sie beginnen, die neuen Daten in Spalte D einzugeben.

	Anbieter	Flug mit Gebühren	Übernachtung mit Frühstück	Transport zum Hotel	All inclusiv	Summe	Frühbucher rabatt	Gesamt preis
7	Müllers Weltreisen	405,00 €	195,00 €	25,00 €	80,00 €	705,00 €	- €	705,00 €
8	Flieg & Spar	350,00 €	220,00 €	50,00 €	90,00 €	710,00 €	35,00 €	675,00 €
9	Hubers Abenteuer	309,00 €	200,00 €	30,00 €	79,00 €	618,00 €	- €	618,00 €
10	Metzlers Reiseshop	440,00 €	300,00 €	- €	88,00 €	828,00 €	150,00 €	678,00 €
11	Ritas Reisewelt	399,00 €	210,00 €	- €	87,00 €	696,00 €	50,00 €	646,00 €

Bild 5.2: Eine neue Spalte mit Daten

Wenn Sie eine Spalte oder eine Zeile eingefügt haben und bereits Formeln in der Tabelle vorhanden sind, haben Sie beim Eingeben der Zahlen immer ein Auge auf die Ergebnisse. Es ist nicht immer gesichert, dass Excel Ihre Ergebnisse automatisch anpasst, da die Formeln im Hintergrund gegebenenfalls noch nicht aktualisiert sind.

Bei der oberen Übung hat Excel die Formel automatisch angepasst. Während vor dem Einfügen der neuen Spalte in der Zelle E7 die Formel

```
=Summe(B7:D7),
```

stand, steht nach dem Einfügen nun die Formel

```
=Summe(B7:E7).
```

in der Zelle F7.

Excel hat die zu addierenden Zellbereiche automatisch erweitert, weil Sie die Spalte mitten in den zur Berechnung markierten Bereich eingefügt haben.

Die nächste Übung fügt eine Spalte vor der Summenspalte ein. Sie möchten vor der Summenspalte F eine weitere Spalte für die Kosten eines Zimmers mit Meerblick einfügen.

1. Markieren Sie die Spalte F, indem Sie entweder auf den Spaltentitel F oder in eine Zelle dieser Spalte klicken.

2. Aktivieren Sie die Registerkarte *Start*. Wählen Sie an der Schaltfläche *Einfügen* den Eintrag *Blattspalten einfügen*.

Die Summenspalte »rückt« eine Spalte nach rechts und steht nun ab der Spalte G.

3. Geben Sie die Daten ein. Beobachten Sie dabei den Inhalt der Spalte G. Ändert sich die Summe oder nicht? Eventuell müssen Sie die Formel neu erstellen.

Anbieter	Flug mit Gebühren	Übernachtung mit Frühstück	Transport zum Hotel	All inclusiv	Zimmer mit Meerblick	Summe	Frühbucher rabatt	Gesamt preis
Müllers Weltreisen	405,00 €	195,00 €	25,00 €	80,00 €	- €	705,00 €	- €	705,00 €
Flieg & Spar	350,00 €	220,00 €	50,00 €	90,00 €	10,00 €	720,00 €	35,00 €	685,00 €
Hubers Abenteuer	309,00 €	200,00 €	30,00 €	79,00 €	15,00 €	633,00 €	- €	633,00 €
Metzlers Reiseshop	440,00 €	300,00 €	- €	88,00 €	23,00 €	851,00 €	150,00 €	701,00 €
Ritas Reisewelt	399,00 €	210,00 €	- €	87,00 €	- €	696,00 €	50,00 €	646,00 €

Bild 5.3: Noch eine weitere Spalte einfügen

4. Speichern Sie Ihre Änderungen ab.

5.1.2   Zeilen einfügen

Stellen Sie sich vor, Sie erhalten jetzt ein weiteres Angebot, das Sie auch in die Tabelle einfügen möchten. Dabei soll es nicht unten angefügt werden, sondern zwischen Zeile 7 und 8 erscheinen.

1. Klicken Sie mit der rechten Maustaste auf den Zeilentitel 8 und wählen Sie den Befehl *Zellen einfügen*.

Der Inhalt der Zeile 8 und alle folgenden Zeilen »rücken« eine Zeile nach unten.

2. Geben Sie die Daten ein.

3. Die Formeln in den Spalten G und I können Sie durch Kopieren der oberen Formeln nach unten ziehen.

4. Speichern Sie Ihre Änderungen ab.

5.1.3 Zeilen löschen

Es kann vorkommen, dass Sie Teile Ihrer Tabelle nicht mehr benötigen. Stellen Sie sich vor, eine Firma zieht ihr Angebot zurück. Dann hat es keinen Sinn, die Daten weiter in der Tabelle zu behalten.

1. Klicken Sie in der Zeile, die Sie löschen möchten, auf eine Zelle.

2. Aktivieren Sie die Registerkarte *Start*. Wählen Sie an der Schaltfläche *Löschen* den Eintrag *Blattzeilen löschen*.

Alternativ können Sie auch mit einem Rechtsklick eine Zeile entfernen. Führen Sie auf dem gewünschten Zeilentitel den Rechtsklick durch und wählen Sie den Befehl *Zellen löschen*.

Das Löschen von Spalten funktioniert analog.

Tipp: Wenn Sie mehrere nebeneinander liegende Zeilen oder Spalten auf einmal löschen möchten, markieren Sie sie gemeinsam und starten dann einen der oben beschriebenen Befehle zum Löschen.

Mit der Tastenkombination [Strg]+[-] löschen Sie die markierte(n) Zeile(n) bzw. Spalte(n).

5.2 Verschieben und Kopieren

Stellen Sie sich vor, Sie möchten ein paar Zellen von einer an eine andere Stelle kopieren oder verschieben. Diese Themen werden auf den folgenden Seiten beschrieben.

5.2.1 Transponieren

Sie haben eine Tabelle erstellt und stellen nun fest, dass Sie Zeilen und Spalten besser umgekehrt hätten anlegen sollen. Sie brauchen die Tabelle jetzt nicht neu zu erstellen. Excel bietet dafür die Funktion *Transponieren*.

Das ist die Tabelle, in der die Zeilen und Spalten vertauscht werden sollen:

	A	B	C	D	E	F	G	H
1		Stuhl Trulla	Stuhl Tussi	Stuhl Tina	Tisch Suse	Tisch Stulle	Tisch Schubs	Summe
2	Januar	58	55	45	25	26	12	221
3	Februar	20	15	48	78	11	5	177
4	März	15	45	22	95	2	4	183
5	Summe	93	115	115	198	39	21	581
6								

Bild 5.4: Die Beispieltabelle in der die Spalten und Zeilen vertauscht werden sollen.

1. Markieren Sie alle Zellen, klicken Sie mit der rechten Maustaste in die Markierung und wählen Sie den Befehl *Kopieren*.

2. Markieren Sie eine leere Zelle, am besten unterhalb der Tabelle.

3. Aktivieren Sie die Registerkarte *Start*. Wählen Sie an der ersten Schaltfläche *Einfügen* den Eintrag *Transponieren*.

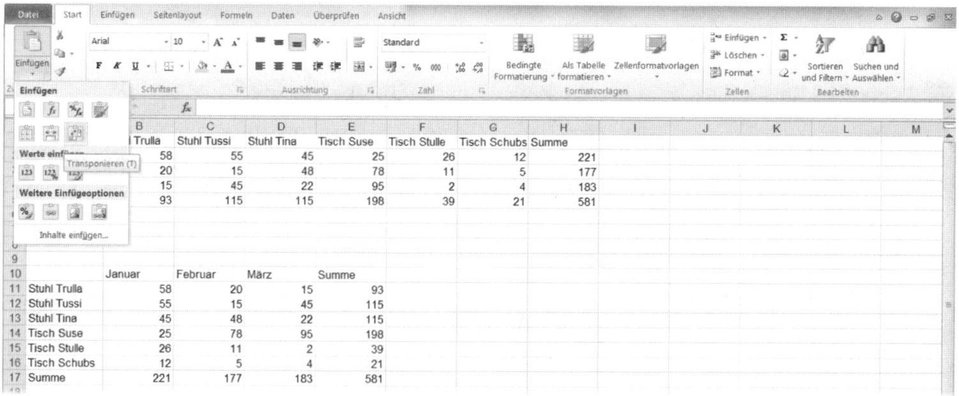

Bild 5.5: Der Befehl zum Transponieren einer Tabelle.

Nun stehen beide Tabellen gemeinsam auf dem Blatt.

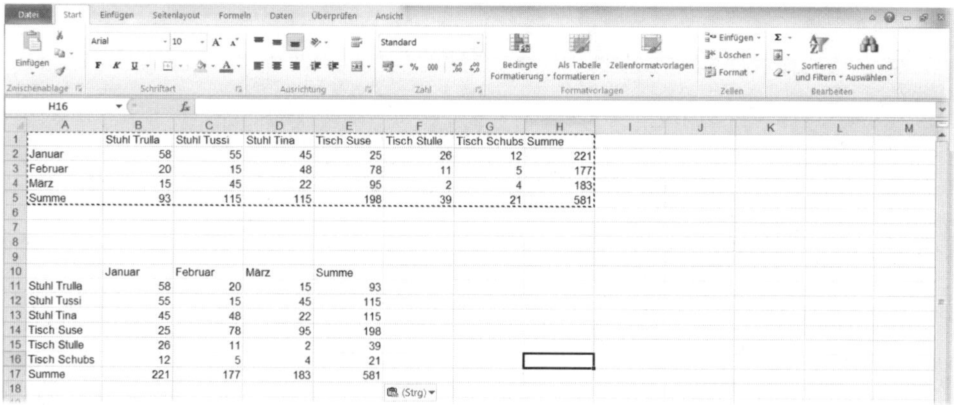

Bild 5.6: Das Ergebnis: Die transponierte Tabelle

4. Um jetzt die erste Tabelle in diesem Beispiel zu entfernen, markieren Sie die Zeilen 1 bis 9, klicken mit der rechten Maustaste auf einen der markierten Zeilentitel und wählen den Befehl *Zellen löschen.*
5. Speichern Sie Ihre Änderungen ab.

5.2.2 Kopieren

Es passiert häufig, dass Sie eine Tabelle erfasst haben und Teile dieser Tabelle auf einem anderen Blatt oder an einer anderen Position benötigen.

Die Reihenfolge beim Kopieren ist immer dieselbe und wird deshalb jetzt kurz aufgezählt. Sie müssen die folgenden vier Schritte einhalten:

1. Die gewünschten Zellen kopieren.
2. Den Befehl *Kopieren* starten.
3. Die Zelle markieren, ab der die Kopie erscheinen soll.
4. Den Befehl *Einfügen* starten.

Im folgenden Beispiel sollen ein paar Zellen vervielfältigt werden.

1. Markieren Sie die gewünschten Zellen.
2. Klicken Sie auf die Schaltfläche *Kopieren* auf dem Register *Start.*

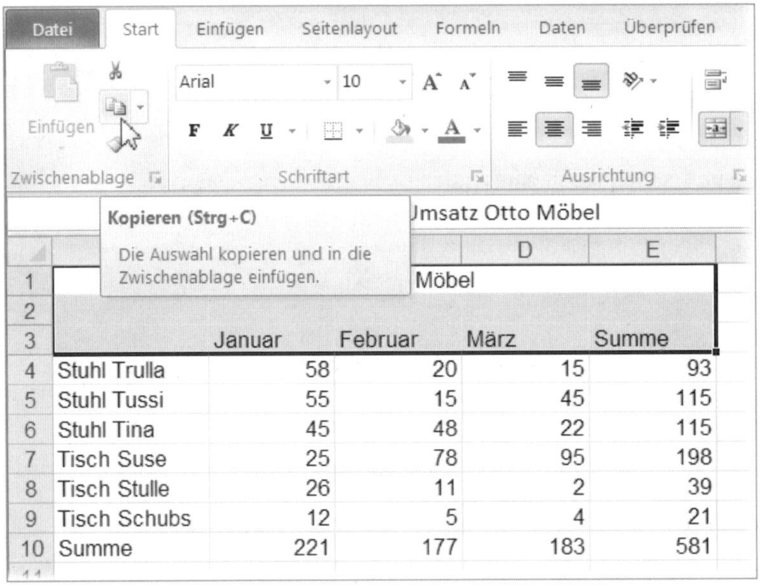
Datei
Start
Einfügen
Seitenlayout
Formeln
Daten
Überprüfen
Arial
10
Einfügen
Zwischenablage
Schriftart
Ausrichtung
Kopieren (Strg+C)
Die Auswahl kopieren und in die Zwischenablage einfügen.
Jmsatz Otto Möbel
D
E
Möbel
Januar
Februar
März
Summe
Stuhl Trulla 58 20 15 93
Stuhl Tussi 55 15 45 115
Stuhl Tina 45 48 22 115
Tisch Suse 25 78 95 198
Tisch Stulle 26 11 2 39
Tisch Schubs 12 5 4 21
Summe 221 177 183 581

Bild 5.7: Einige Zellen kopieren

Um die ausgewählten Zellen geht nun die »Ameisenkolonne« herum.

3. Markieren Sie die Zelle, ab der der kopierte Bereich eingefügt werden soll.

4. Klicken Sie auf die Schaltfläche *Einfügen*.

Sofort werden die Zellen eingefügt. Dabei ist im dritten Schritt wichtig, dass nur die erste Zelle, ab der die kopierten Zellen eingefügt werden soll, markiert ist.

> **Tipp:** Um die eben markierten Zellen geht immer noch die »Ameisenkolonne« herum. Sollte Sie das stören, drücken Sie einmal `Esc`.

In einem vorigen Kapitel haben Sie verschiedene Alternativen zum Markieren von Zellen kennengelernt. Dabei wurde auch das erweiterte Markieren mit der `Strg`-Taste vorgestellt, bei dem Zellen, die nicht zusammenhängen, markiert werden.

Wenn Sie Zellen erweitert markieren und dann den Befehl *Kopieren* starten, erhalten Sie den folgenden Hinweis:

	A	B	C	D	E	F	G
1			Umsatz Otto Möbel				
2							
3		Januar	Februar	März	Summe		
4	Stuhl Trulla	58	20	15	93		
5	Stuhl Tussi	55	15	45	115		
6	Stuhl Tina	45	48	22	115		
7	Tisch Suse	25	78	95	198		
8	Tisch Stulle	26	11	2	39		
9	Tisch Schubs	12	5	4	21		
10	Su						

Microsoft Excel

⚠ Bei einer Markierung von nicht angrenzenden Zellen ist die Ausführung dieses Befehls nicht möglich.

OK

Bild 5.8: Das Kopieren mit erweiterter Markierung ist nicht möglich.

Es ist nicht möglich, Zellen, die nicht zusammenhängend markiert sind, zu kopieren.

> **Tipp:** Wenn Sie Zellen mit Formeln, die eine relative Adressierung haben, kopieren, werden die Zelladressen automatisch angepasst.

5.2.3 Ausschneiden und Verschieben

Stellen Sie sich vor, Sie haben eine Tabelle erstellt und möchten nun die Reihenfolge der Zeilen ändern.

Auch beim Verschieben müssen Sie die folgenden vier Schritte einhalten:

1. Die gewünschten Zellen markieren.

2. Den Befehl *Ausschneiden* starten.

3. Die Zelle markieren, an der die verschobenen Zellen erscheinen sollen.

4. Den Befehl *Einfügen* aufrufen.

In diesem Beispiel wird eine ganze Zeile ausgeschnitten und an anderer Stelle komplett wieder eingefügt.

5. Klicken Sie mit der rechten Maustaste auf den Zeilentitel der Zeile, die Sie ausschneiden möchten, und wählen Sie den Befehl *Ausschneiden*.

6. Klicken Sie nun auf den Zeilentitel, vor dem die Zeile eingefügt werden soll.

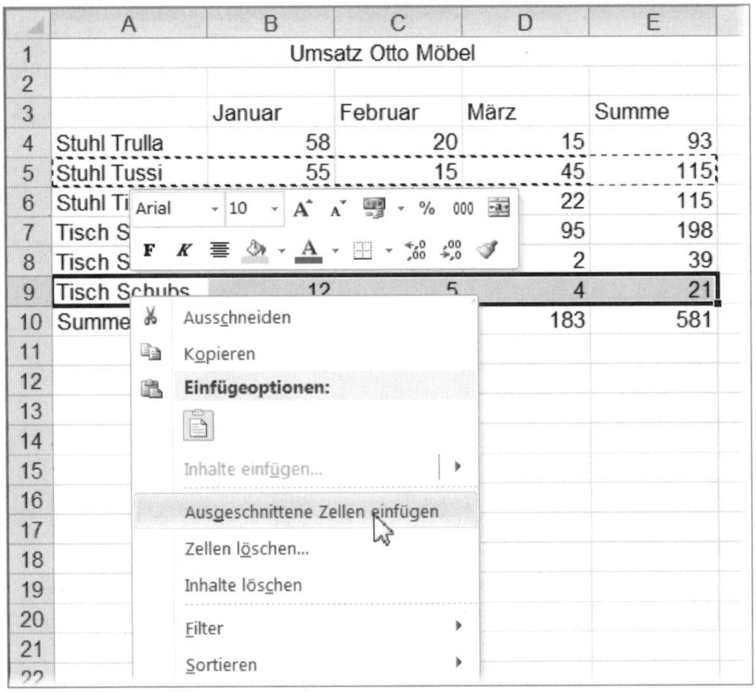

Bild 5.9: Die Zellen an einer anderen Stelle wieder einfügen

7. Wählen Sie den Befehl *Ausgeschnittene Zellen einfügen*.

	A	B	C	D	E
1		Umsatz Otto Möbel			
2					
3		Januar	Februar	März	Summe
4	Stuhl Trulla	58	20	15	93
5	Stuhl Tina	45	48	22	115
6	Tisch Suse	25	78	95	198
7	Tisch Stulle	26	11	2	39
8	Stuhl Tussi	55	15	45	115
9	Tisch Schubs	12	5	4	21
10	Summe	221	177	183	581

Bild 5.10: Die Zellen an einer anderen Stelle wieder einfügen

Das Ausschneiden von Spalten funktioniert analog.

Möchten Sie eine oder mehrere Zellen lieber an einer anderen Stelle sehen, markieren Sie die Zellen. Zeigen Sie mit der Maus auf den Rand der Markierung. Wenn der Mauszeiger zu einem weißen Pfeil mit einem schwarzen Vierfachpfeil wird, ziehen Sie die Zellen mit gedrückter linker Maustaste an die gewünschte Position.

Sollten Sie auf einer Zelle, in der bereits Text steht, die Maus loslassen, erscheint der folgende Dialog:

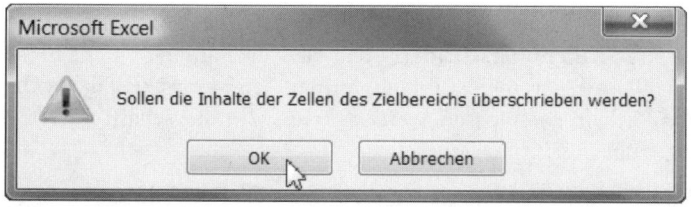

Bild 5.11: Warnung vor eventuellem Datenverlust

Entscheiden Sie, ob Sie jetzt die eben markierten Zellen oder doch den ursprünglichen Text sehen möchten.

5.2.4 Zellinhalte einfügen mit der Livevorschau

Sie haben die Befehle *Kopieren*, *Ausschneiden* und *Einfügen* kennengelernt. Jetzt gibt es hier ein neues Feature. Stellen Sie sich vor, Sie haben ein paar Zellen kopiert und möchten sie nun an anderer Stelle wieder einfügen. Sie würden aber gerne vorher sehen, wie die Zellen, die Sie einfügen, in der Tabelle aussehen.

1. Setzen Sie den Cursor in die Stelle, an der die Zellen eingefügt werden sollen.

2. Klicken Sie auf den Listenpfeil des ersten Befehls *Einfügen* auf dem Register *Start*.

3. Wenn Sie jetzt auf einen der Befehle zeigen, werden die Inhalte per Livevorschau in den Zellen gezeigt.

In der folgenden Abbildung werden die Zellen D1 bis D6 in der Livevorschau gezeigt.

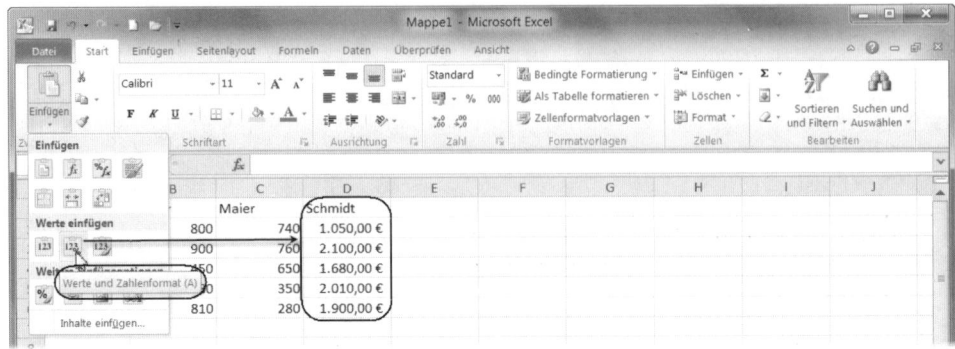

Bild 5.12: Kopierte Zellen einfügen

Wenn Ihnen die Vorschau zusagt, klicken Sie einmal auf den gewünschten Befehl. Damit werden die Inhalte in die Zellen geschrieben.

5.3 Überschriften einfrieren

Wenn Sie mit einer sehr umfangreichen Tabelle arbeiten, die nach oben und unten über die Bildschirmanzeige hinausgeht, haben Sie das Problem, dass Sie beim Blättern in dieser Tabelle irgendwann die Spaltenüberschriften oder die Zeilenanfänge nicht mehr sehen können. Das ist vor allem bei reinen Zahlenkolonnen sehr unpraktisch, da die Zuordnung selten aus dem Inhalt geschlossen werden kann. Abhilfe schafft hier die Funktion *Fenster einfrieren,* früher hieß sie *Fixieren*.

In der folgenden Beispieltabelle befinden sich die Namen der Mitarbeiter in der Zeile 5, die Summen der Umsätze jedes Mitarbeiters in Zeile 35.

Immer wenn Sie mit der Bildlaufleiste nach unten blättern, verschwinden die oberen Zellen, somit auch die Namen der Mitarbeiter. Das bedeutet, Sie müssen immer hinauf- und hinunterblättern, um zu sehen, welcher Mitarbeiter welchen Umsatz getätigt hat.

	A	B	C	D	E	F	G	H	I	J	K	L
31	1993	663	663	452	1778	259	458	259	259	1235	3013	
32	1994	785	854	222	1861	654	663	654	654	2625	4486	
33	1995	485	784	951	2220	825	8952	825	825	11427	13647	
34	1996	222	58	963	1243	33	698	33	33	797	2040	
35	1997	159	55	52	266	88	698	3258	3258	7302	7568	
36	90er	3622	3722	4877	12221	3567	12442	6737	6737	29483	41704	
37												
38	Summe	22809	55424	47264	125497	54572	73530	60022	60102	248226	373723	
39												

Bild 5.13: Sie erkennen zwar die Summen, aber nicht mehr die zugehörigen Namen.

Sie können Teile der Tabelle festsetzen, so dass sie beim Blättern immer am Bildschirm sichtbar bleiben.

1. Markieren Sie die Zelle, ab der geblättert werden soll. In unserem Beispiel ist es die Zelle B6.

2. Aktivieren Sie die Registerkarte *Ansicht*. Wählen Sie dann die Befehlsfolge *Fenster einfrieren / Fenster einfrieren*.

Nun sind alle Zellen oberhalb der Zeile 6 eingefroren. Das heißt, egal wie weit Sie nach unten blättern, die fünf ersten Zeilen bleiben immer stehen, sie sind immer sichtbar.

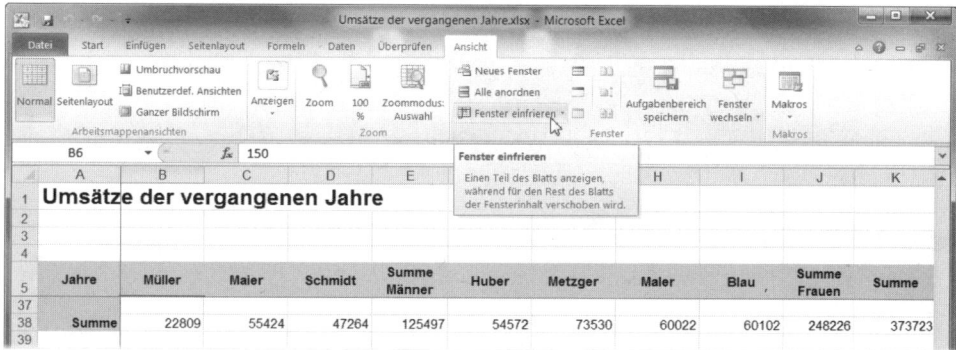

Bild 5.14: Das Einfrieren ermöglicht jetzt das übersichtliche Blättern.

Außerdem ist die Spalte A auch festgesetzt. Das heißt, wenn Sie nach rechts blättern, erkennen Sie auch weiterhin die Jahre.

Mit dem Befehl *Fixierung aufheben*, den Sie jetzt an der Schaltfläche *Fenster einfrieren* finden, heben Sie das Befestigen der Zellen wieder auf.

Das Geheimnis dieser Funktion liegt darin, die Zelle zu finden, ab der geblättert werden soll.

Tipp: Neu sind die beiden Befehle *Oberste Spalte einfrieren* und *Erste Zeile einfrieren* an der Schaltfläche *Fenster einfrieren*. Wenn Sie diese Befehle starten, müssen Sie vorher keine bestimmte Zelle markieren. Es ist allerdings beispielsweise nur die erste Zeile fixiert, was im oberen Beispiel zu einem unbefriedigenden Ergebnis führt.

5.4 Zeilen und Spalten gruppieren

Um die Übersicht zu behalten, bietet Excel Ihnen die Funktionen *Autogliederung und Gruppierung* an. Der Unterschied ist schnell erläutert: Mit der *AutoGliederung* erstellt Excel selbstständig Gliederungsebenen, vorausgesetzt, in Ihrer Tabelle sind Formeln. Eine *Gruppierung* erstellen Sie manuell.

5.4.1 Gruppierung

1. Öffnen Sie die Tabelle *Gliederungen.xlsx*. Das ist die Beispieltabelle, mit der Sie die folgenden Übungen nachvollziehen können.

2. Mit der Funktion *Gruppierung* können Sie bestimmte Spalten oder Zeilen zu einer Gruppe zusammenfassen und aus der Anzeige ausblenden. Um in sehr umfangreichen Tabellen den Überblick zu behalten, kann es vorteilhaft sein, gerade nicht benötigte Detailinformationen auszublenden, wie das folgende Beispiel zeigt.

Wenn Sie eigene Zusammenfassungen erstellen möchten, markieren Sie die Zeilen- oder Spaltentitel, die in einer Gruppe erscheinen sollen.

3. Markieren Sie jetzt die Spaltentitel `B`, `C` und `D` für die Personen Müller, Maier und Schmidt.

4. Aktivieren Sie das Register *Daten*. Wählen Sie im Bereich *Gliederung* die Befehlsfolge *Gruppieren / Gruppieren*.

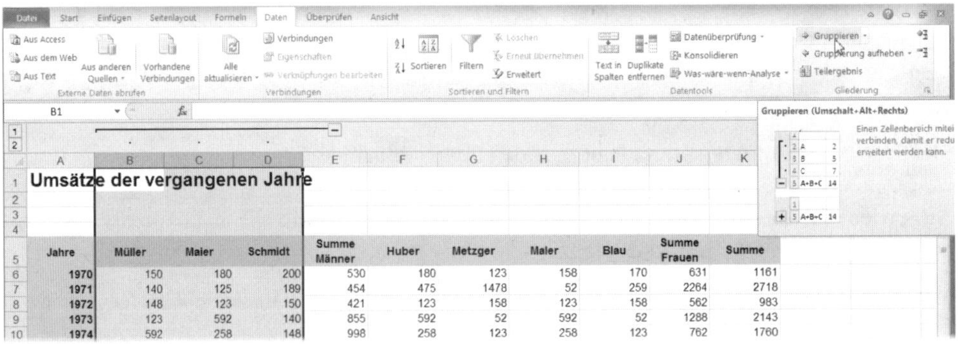

Jahre	Müller	Maier	Schmidt	Summe Männer	Huber	Metzger	Maier	Blau	Summe Frauen	Summe
1970	150	180	200	530	180	123	158	170	631	1161
1971	140	125	189	454	475	1478	52	259	2264	2718
1972	148	123	150	421	123	158	123	158	562	983
1973	123	592	140	855	592	52	592	52	1288	2143
1974	592	258	148	998	258	123	258	123	762	1760

Bild 5.15: Die Gruppierung nach Geschlechtern

Sofort wird über der Spalte `E` ein Minus-Symbol angezeigt. Wenn Sie darauf klicken, werden die drei Spalten `B`, `C` und `D` ausgeblendet. Sie sehen nur noch die Summe in der Spalte `E`.

5. Markieren Sie nun die Spalten `F`, `G`, `H` und `I` und starten Sie erneut die oben beschriebene Befehlsfolge.

6. Markieren Sie nun die Spalten von `B` bis einschließlich `J` und starten Sie diesen Befehl erneut.

Jetzt haben Sie über den Spalten drei Minus-Symbole.

Als Ergebnis müsste Ihre Tabelle so aussehen:

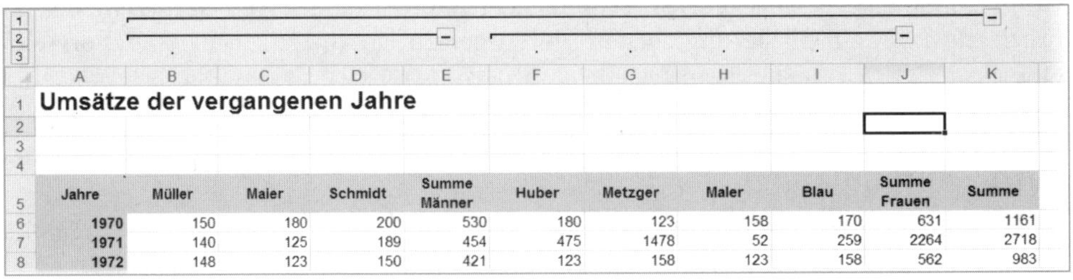

Jahre	Müller	Maier	Schmidt	Summe Männer	Huber	Metzger	Maler	Blau	Summe Frauen	Summe
1970	150	180	200	530	180	123	158	170	631	1161
1971	140	125	189	454	475	1478	52	259	2264	2718
1972	148	123	150	421	123	158	123	158	562	983

Bild 5.16: Gruppierung von Männern, Frauen und Gesamt

Analog können Sie Zeilen gruppieren. Markieren Sie die Zeilenköpfe nach Jahrzehnten und wählen Sie wieder die oben beschriebenen Befehle.

Nachdem Sie auf alle Minus-Symbole geklickt haben, sehen Sie in diesem Beispiel nur noch die Endsumme. Mit Klicks auf die Plus-Symbole werden die entsprechenden Gruppen wieder eingeblendet.

Wenn Sie alle Gliederungen auf einmal entfernen möchten, aktivieren Sie das Programmregister *Daten*. Wählen Sie im Bereich *Gliederung* die Befehlsfolge *Gruppierung aufheben / Gliederung entfernen*.

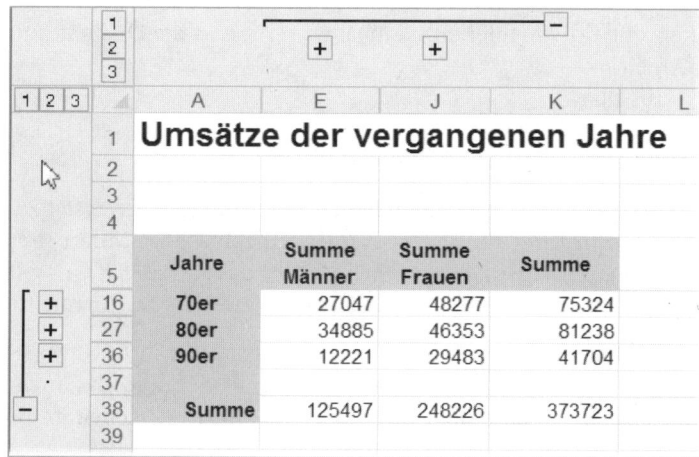

Bild 5.17: Nur die Summen werden angezeigt.

Tipp: Mit einem Klick auf die kleinen Zahlen, die Sie jetzt an der oberen linken Ecke sehen, können Sie die entsprechenden Ebenen mit einem Klick ein- bzw. ausblenden.

Um nur eine der vielen Gruppierungen zu entfernen, markieren Sie die entsprechenden Zeilen- oder Spaltenköpfe und aktivieren Sie das Programmregister *Daten*. Wählen Sie im Bereich *Gliederung* die Befehlsfolge *Gruppierung aufheben / Gruppierung aufheben*.

5.4.2 Die AutoGliederung

Die Funktion *AutoGliederung* funktioniert nur, wenn es in der Tabelle Berechnungen gibt. Excel durchsucht die Tabelle nach Berechnungen und gruppiert diese Zellen.

Bei der *Autogliederung* orientiert sich Excel immer an den Formeln in der Tabelle. Das heißt, in jeder Spalte, in der eine Formel steht, bildet Excel eine Gliederung. Wenn Ihre Tabelle keine Formeln enthält, können Sie die Funktion *AutoGliederung* nicht einsetzen. Der Einsatz der Autogliederung kann Vor- und Nachteile haben. Auf der einen Seite geht diese Variante recht schnell, aber es muss nicht immer ein aussagekräftiges Ergebnis dabei herauskommen.

Um eine AutoGliederung zu erstellen, aktivieren Sie das Programmregister *Daten*. Wählen Sie im Bereich *Gliederung* die Befehlsfolge *Gruppieren / AutoGliederung*.

Um eine AutoGliederung wieder zu entfernen wählen Sie die Befehlsfolge *Gruppierung aufheben / Gliederung entfernen.*

5.5   Gültigkeitsprüfung bei der Eingabe der Daten

Die Gültigkeitsprüfung ist in der Lage, schon die Eingabe von Zeichen zu überwachen und bei Abweichungen von vordefinierten Regeln den Benutzer darauf aufmerksam zu machen. Das kann besonders dann wichtig sein, wenn mehrere Personen mit einem Datenbestand arbeiten.

Jede Vermeidung von Datenmüll durch fehlerhafte Eingaben verbessert die Qualität und damit die Effektivität der Arbeit.

5.5.1   Erste Schritte

Zu Beginn möchten wir Ihnen diese Funktion anhand eines kleinen Beispiels vorstellen. Stellen Sie sich vor, Sie arbeiten in Ihrer Firma mit Namenskürzeln. Jeder Mitarbeiter hat ein dreistelliges Kürzel, so hat etwa die Kollegin Susi Sorglos das Kürzel *SSO*. Es gilt also: der erste Buchstaben des Vornamens, gefolgt von den ersten zwei des Nachnamens.

Sie erstellen eine Tabelle und möchten Ihre Kollegen dazu bringen, nur ihre Kürzel in eine Zelle einzutragen. Sie wissen aber, dass es einige Kollegen gibt, die das nicht machen werden. Beauftragen Sie Excel, darauf zu »achten«, dass nur drei Zeichen in die Zelle eingetragen werden.

1. Markieren Sie eine Zelle, in der gleich die Gültigkeit abgefragt werden soll.

2. Aktivieren Sie das Register *Daten* und klicken Sie auf die Schaltfläche *Datenüberprüfung.*

3. Im Feld *Zulassen* wählen Sie aus, was in die Zelle eingetragen werden darf. Wenn Sie beispielsweise ein Datum abfragen, dann wählen Sie hier den Eintrag *Datum* aus. In unserem Beispiel sollen Buchstaben erkannt werden, wählen Sie also hier den Eintrag *Textlänge.*

4. Da genau drei Zeichen eingegeben werden sollen, muss im Feld *Daten* der Eintrag *Gleich* stehen.

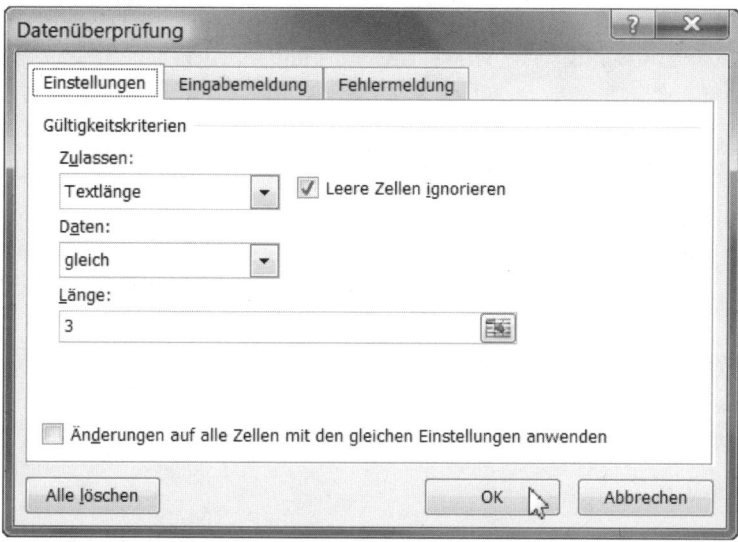

Bild 5.18: Das Definieren der Gültigkeitskriterien

5. Im Feld *Länge* müssen Sie eine 3 eingeben, da es ja genau drei Zeichen sein sollen.

6. Bestätigen Sie Ihre Eingaben mit *OK*.

Tipp: Auf den nächsten Seiten finden Sie weitere Beispiele für den Einsatz der Gültigkeitsfunktion. Außerdem sind dort auch alle Einträge des Feldes *Zulassen* aufgezählt.

7. Geben Sie nun ein paar Buchstaben in die Zelle ein und drücken Sie ‾Eingabe‾.

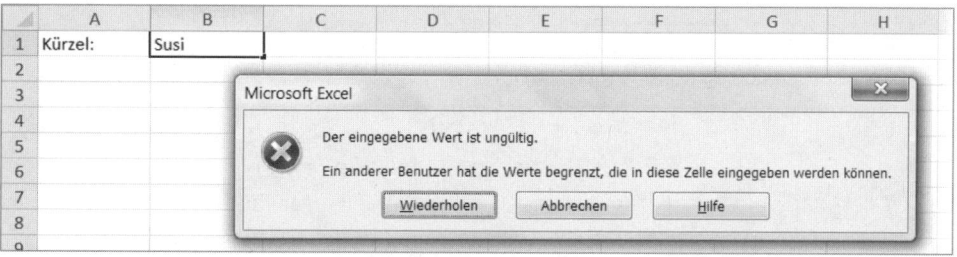

Bild 5.19: Die Fehlermeldung bei einer Fehleingabe.

Jetzt erscheint eine Fehlermeldung, bei der niemand außer Ihnen erkennt, warum die Eingabe nicht akzeptiert wird.

Sie können deshalb zusätzlich zur Gültigkeitsprüfung eine Eingabeaufforderung und auch eine aussagekräftige Fehlermeldung erstellen.

8. Markieren Sie die Zelle und öffnen Sie wieder das Fenster *Datenüberprüfung*.

9. Aktivieren Sie das Register *Eingabemeldung*.

10. Geben Sie in die Felder *Titel* und *Eingabemeldung* die Eingabeaufforderung für Ihre Benutzer ein. Der Eintrag im Feld *Titel* wird später fett gedruckt, er soll eine Überschrift darstellen.

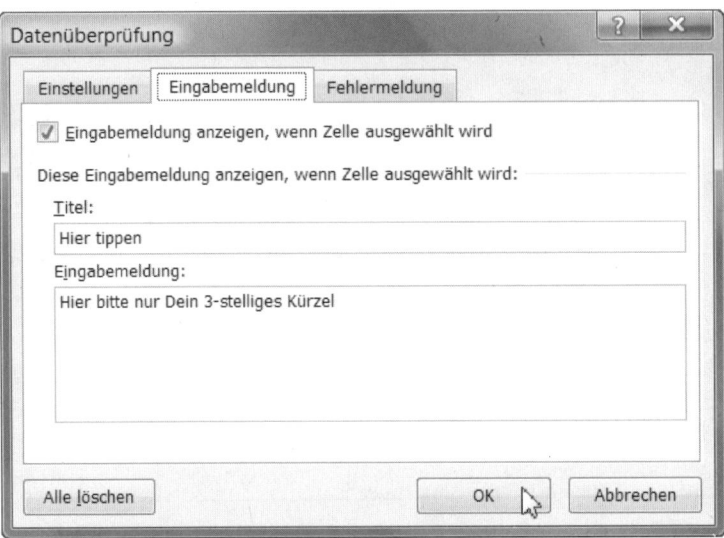

Bild 5.20: Eine eigene Eingabeaufforderung erstellen

11. Bestätigen Sie Ihre Eingaben mit *OK*.

12. Zeigen Sie mit der Maus auf die Zelle, in der die Gültigkeit abgefragt wird.

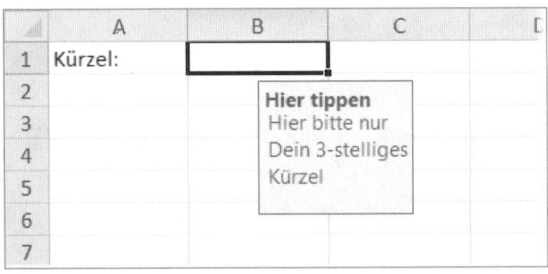

Bild 5.21: Die eigene Eingabeaufforderung

13. Markieren Sie die Zelle und öffnen Sie wieder das Fenster *Datenüberprüfung*, um jetzt auch noch eine lesbare Fehlermeldung zu erstellen.

14. Aktivieren Sie das Register *Fehlermeldung*.

15. Im Feld *Typ* wählen Sie ein Symbol für das Fenster aus. Der Inhalt des Feldes *Titel* steht gleich in der blauen Titelzeile. Im Feld *Fehlermeldung* geben Sie bitte genau ein, was der Benutzer nicht richtig gemacht hat.

Tipp: Wenn Sie im Feld *Typ Warnung* oder *Information* wählen, dann erhält der Benutzer bei einer Fehleingabe eine Warnung, die Eingabe wird aber akzeptiert. Bei *Stopp* wird die Annahme verweigert.

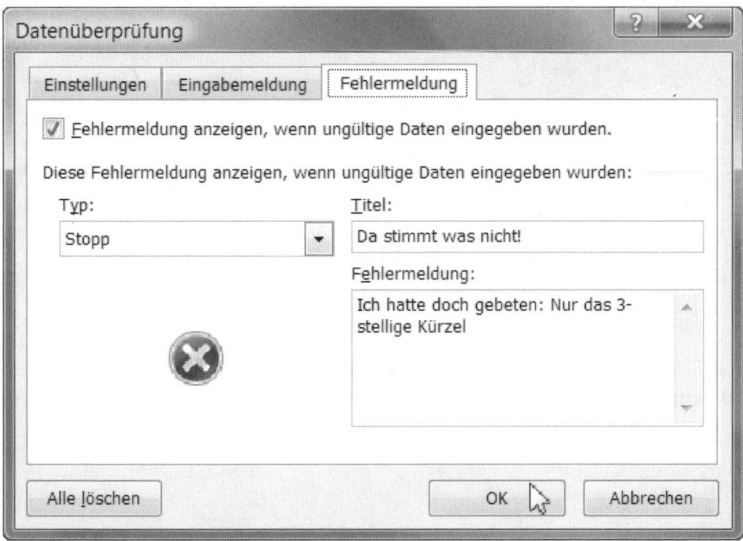

Bild 5.22: Eine verständliche Fehlermeldung erstellen

16. Bestätigen Sie Ihre Eingaben mit *OK*.

17. Tippen Sie nun noch einmal eine falsche Anzahl von Buchstaben in die Zelle ein und drücken Sie ⎡Eingabe⎤.

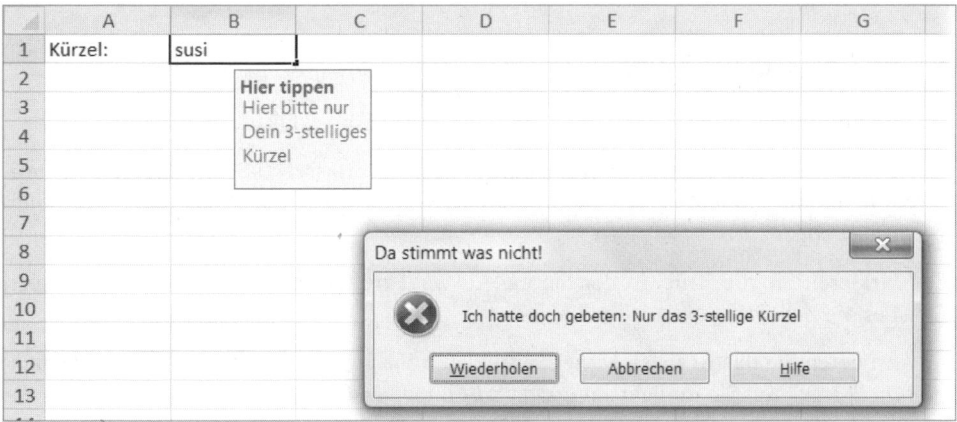

Bild 5.23: Es klappt! Der Benutzer erhält bei Fehleingabe eine verständliche Meldung.

Jetzt wird jeder Benutzer erkennen, was er in die Zelle eintippen soll. Auch die Fehlermeldungen sind jetzt verständlich.

5.5.2 Zulässige Prüfungen

Zulassen	Daten	Einsatzgebiet/Beispiel
Jeden Wert	Alle Buchstaben und Ziffern	Artikelnummern
Ganze Zahl	Ganze Zahlen, ohne Dezimalkomma, werden innerhalb eines hier genannten Bereichs zugelassen.	Eingabe von Postleitzahlen oder Bankleitzahlen
Dezimal	Zahlen, mit und ohne Dezimalkomma, werden innerhalb eines hier genannten Bereichs zugelassen.	Eingabe der Körperlänge
Liste	Lässt nur eine Auswahl zwischen bestimmten vorgegebenen Werten zu.	Auswahl des Familienstandes: Ledig, verheiratet, geschieden, verwitwet usw.
Datum	Nur ein Datum	Eintrittsdatum, Geburtsdatum
Zeit	Nur eine Uhrzeit	Arbeitsbeginn oder Ende
Textlänge	Bestimmte Anzahl an Zeichen für diese Zelle	7-stellige Artikelnummern
Benutzerdefiniert	Prüfung auf Basis von Funktionen	Bestimmte Zellinhalte erkennen

Tabelle 5.1: Die verschiedenen Gültigkeitsprüfungen

5.5.3 Eine Auswahlliste

Excel bietet Ihnen die Möglichkeit, an einer Zelle eine Auswahlliste zu erstellen.

1. Öffnen Sie die Datei *Gültigkeitsprüfung.xlsx* oder erfassen Sie eine kleine Liste mit Namen oder anderen Werten untereinander, die gleich zur Auswahl angeboten werden sollen.

2. Markieren Sie die Zelle, in der Sie die Auswahl treffen möchten. In diesem Beispiel ist es die Zelle D1.

3. Aktivieren Sie das Register *Daten* und klicken Sie auf die Schaltfläche *Datenüberprüfung*. Aktivieren Sie im Feld *Zulassen* den Eintrag *Liste*.

4. Klicken Sie ins Feld *Quelle* und markieren Sie die Zellen, die die Liste bilden sollen.

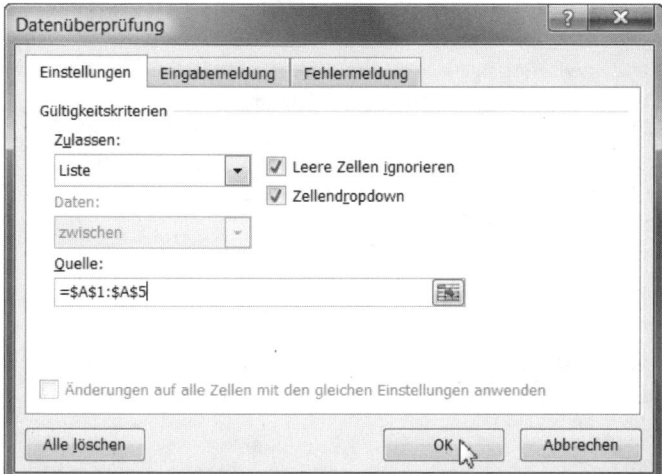

Bild 5.24:
Die Zelladressen
der Liste angeben

5. Bestätigen Sie Ihre Eingaben mit einem Klick auf die Schaltfläche *OK*.

6. An der ausgewählten Zelle ist jetzt ein Drop-Down-Pfeil zu sehen. Klicken Sie einmal darauf und wählen Sie einen Namen aus.

◢	A	B	C	D
1	Italien		Reiseziel:	
2	Griechenland			Italien
3	Thailand			Griechenland
4	Malediven			Thailand
5	Belgien			Malediven
6				Belgien

Bild 5.25:
Die Auswahlliste

Die manuelle Eingabe eines Namens, der in der Liste steht, wird von Excel akzeptiert. Wenn Sie aber versuchen, einen Namen einzugeben, der nicht in der Liste steht, erhalten Sie eine Fehlermeldung.

Änderungen geben Sie immer direkt in die Ursprungsliste ein. Sollten Sie diese Liste erweitern, das heißt in unserem Beispiel noch einige Länder unten anfügen, erkennt Excel dies nicht. Dann öffnen Sie das Datengültigkeitsfenster erneut und markieren alle Zellen.

5.6 Kommentare

Wenn Sie mit mehreren Kollegen an einer Tabelle arbeiten, dann kann es vorkommen, dass Sie zu einer bestimmten Zelle eine Notiz hinterlegen möchten. So wollen Sie vielleicht Ihre Kollegen darüber informieren, woher die Zahlen kommen, die in dieser Zelle stehen.

Am elegantesten lösen Sie dies mit Kommentaren. Das sind kleine gelbe virtuelle Merkzettelchen, die Sie an eine Zelle »kleben«.

5.6.1 Kommentare erstellen

1. Klicken Sie mit der rechten Maustaste auf die Zelle, der Sie einen Kommentar zuweisen möchten, und wählen Sie im Kontextmenü den Befehl *Neuer Kommentar*. Alternativ können Sie auch über das Register *Überprüfen* auf die Schaltfläche *Neuer Kommentar* klicken.

Es öffnet sich an der Zelle ein gelbes Feld, in das Sie Ihre Information eintippen können.

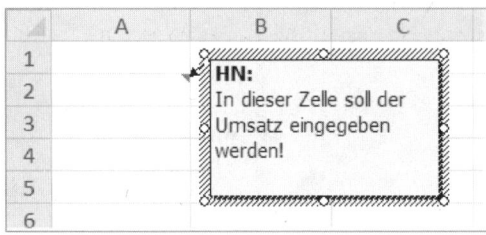

Bild 5.26: Einen neuen Kommentar einfügen.

> **Tipp:** Den Namen des Bearbeiters, im Kommentar fett dargestellt, nimmt Excel aus dem Feld *Benutzername*. Sie können ihn jederzeit ändern, indem Sie über das Menü *Datei* den Befehl *Optionen* starten. In der Kategorie *Allgemein* können Sie im Feld *Benutzername* die Daten ändern.

2. Geben Sie nun Ihre Bemerkungen ein und, wenn Sie fertig sind, klicken Sie einfach in eine andere Zelle. Der Kommentar wird jetzt ausgeblendet.

Am rechten oberen Rand der Zelle sehen Sie jetzt eine rote Ecke, die darauf hinweist, dass in dieser Zelle ein Kommentar eingefügt ist. Jedes Mal, wenn Sie mit der Maus auf diese Zelle zeigen, wird der Kommentar angezeigt.

3. Um den Kommentar zu bearbeiten, beispielsweise den Text zu erweitern, muss er sichtbar sein. Klicken Sie mit der rechten Maustaste auf die Zelle mit der roten Ecke und wählen Sie den Befehl *Kommentar ein/ausblenden*.

> **Tipp:** Um die Gestaltung des Kommentars zu ändern, klicken Sie mit der rechten Maustaste auf den gestrichelten Rand und wählen den Befehl *Kommentar formatieren*. Sie können beliebig viele Kommentare auf Ihrem Blatt einfügen, allerdings immer nur einen pro Zelle.

5.7 Bedingte Formatierung

Mit der bedingten Formatierung bietet Ihnen Excel ein weiteres Programm-Feature, das Ihnen hilft, Ergebnisse zu bewerten und den Überblick zu behalten. Sie können Daten, die bestimmte, von Ihnen festgelegte Kriterien erfüllen, hervorheben lassen. Das empfiehlt sich, wenn beispielsweise ein bestimmter Kostenrahmen nicht überschritten werden soll oder ein Zeitlimit gesetzt ist.

Es muss jedoch in aller Deutlichkeit gesagt werden: Die bedingte Formatierung betrifft nur die Anzeige auf dem Bildschirm, die Sie darauf aufmerksam macht, dass Bedingungen erfüllt wurden. Geeignete Maßnahmen zur Beseitigung dieser Zustände müssen Sie selbst ergreifen.

5.7.1 Erste Schritte

Stellen Sie sich vor, Sie erfassen die monatlichen Kosten pro Abteilung und möchten von Excel direkt darauf aufmerksam gemacht werden, wenn ein Wert über einer speziellen Marke liegt.

1. Öffnen Sie die Datei *Bedingte Formatierung.xlsx* und aktivieren Sie das Register *Bedingung leer*.

2. Markieren Sie jetzt die Zellen, die Sie überprüfen möchten. In diesem Beispiel sind es die Zellen B4 bis B8.

	A	B	C	D
1	Die Kosten im laufenden Jahr			
2				
3		Januar	Februar	März
4	Geschäftsleitung	15000		
5	Buchhaltung	1200		
6	EDV	23000		
7	Verkauf	5000		
8	Einkauf	9990		
9				

Bild 5.27: Die Tabelle, die geprüft werden soll.

Im Zellbereich sollen alle Werte größer als 10.000 farbig hinterlegt werden.

3. Schalten Sie zum Register *Start*.

4. Starten Sie den Befehl *Regeln zum Hervorheben von Zellen / Größer als* am Listenfeld *Bedingte Formatierung*.

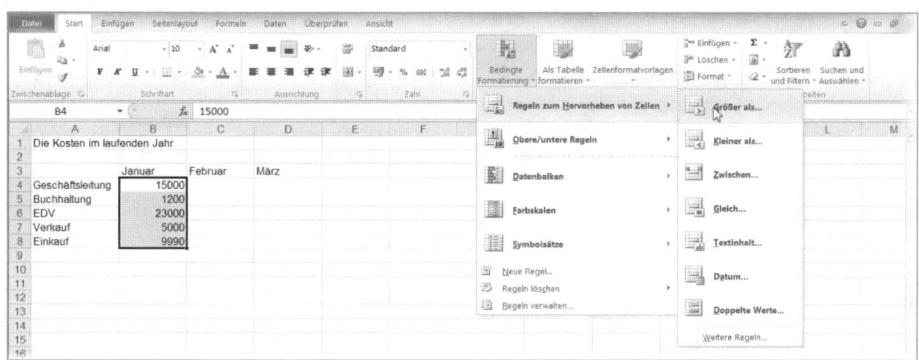

Bild 5.28: Die Auswahl der Bedingung *Größer als*.

5. Geben Sie im angezeigten Eingabefeld den Zahlenwert 10000 ein und wählen Sie die Art der Formatierung. Im vorliegenden Beispiel haben wir die Auswahl *mit hellroter Füllung2* gewählt.

6. Wenn Sie auf *OK* klicken, werden die Zellen, abhängig vom Zellinhalt, formatiert angezeigt.

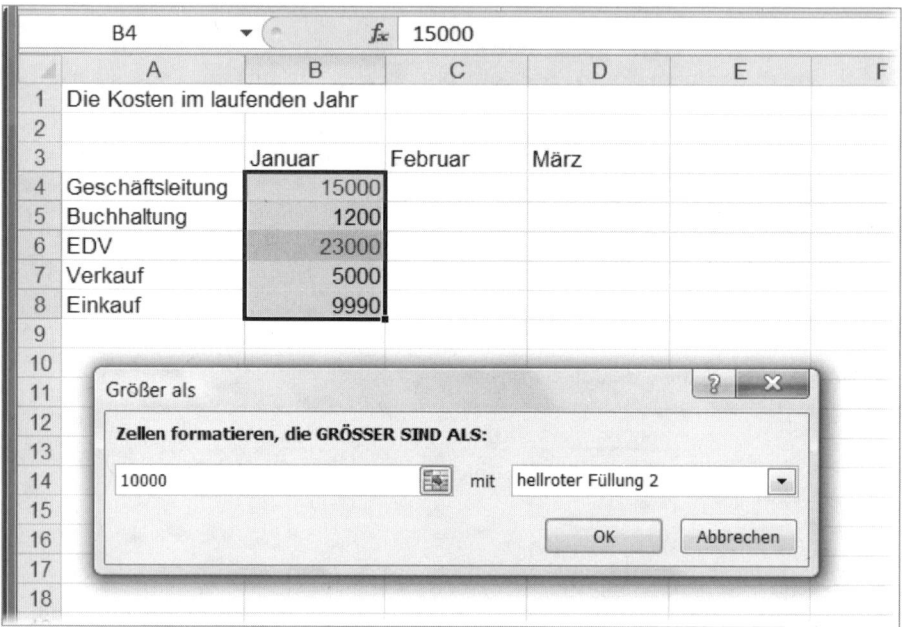

Bild 5.29: Es klappt, die Zellen werden automatisch farbig dargestellt.

Sie können nun weitere Bedingungen definieren. Wenn Zahlen kleiner als 6000 gelb hinterlegt werden sollen, markieren Sie den Zellbereich und rufen die bedingte Formatierung erneut auf, jedoch dieses Mal mit der Bedingung *Kleiner als* und einer anderen Farbgebung.

Wie in den Vorgängerversionen wird nun eine weitere bedingte Formatierung definiert, die prüft, wenn die erste Bedingung nicht zutrifft.

Tipp: Sind die Bedingungen für die Zellen fertig, können Sie die Definitionen für die Formatierung über den Formatpinsel auf andere Zellen, in diesem Beispiel für die Monate *Februar* und *März*, übertragen.

5.7.2 Symbole, Farbverläufe und Farbbalken bei der bedingten Formatierung

Das Listenfeld zur bedingten Formatierung hat es Ihnen bereits verraten. Neben profanem Einfärben und Zeichenformatierung stehen nun Fähnchen, Ampeln, Farbbalken oder andere Symbole im Angebot.

Bedingte Formatierung über Symbole

In der Datei *Bedingte_Formatierung.xlsx* sind auf weiteren Blättern einige Beispiele aufgeführt, welche Ergebnisse Sie mit den neuen Funktionen für die bedingte Formatierung erreichen können.

1. Markieren Sie die gewünschten Zellen und wählen Sie auf der Registerkarte *Start* an der Schaltfläche *Bedingte Formatierung* die Zeile *Symbolsätze* und dort die drei farbigen Pfeile.

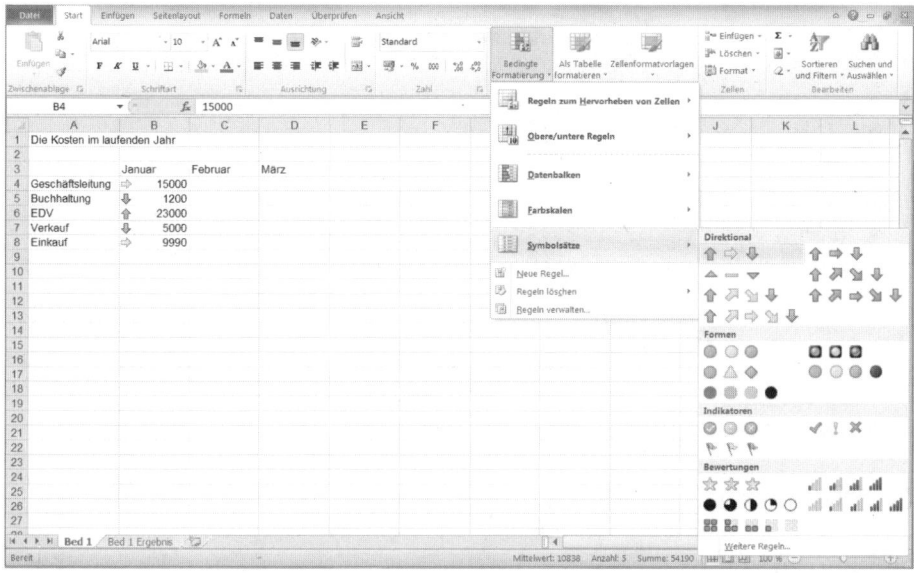

Bild 5.30: Die bedingte Formatierung zeigt ab jetzt auch Pfeile.

2. Excel schlägt folgende Einteilung der Daten vor: 0 bis 33 Prozent (roter Pfeil), 33 bis 66 Prozent (gelber Pfeil) und 67 bis 100 Prozent (grüner Pfeil).

Wenn Sie dies ändern möchten, markieren Sie die Zellen und wählen Sie *Bedingte Formatierung / Symbolsätze / Weitere Regeln*.

3. Lassen Sie die Option *Alle Zellen basierend auf ihren Werten formatieren* aktiviert.

4. Wählen Sie am unteren Fensterrand im Listenfeld *Symbolart* das gewünschte Symbol aus.

5. Wählen Sie anschließend im oberen Feld *Typ* den Eintrag *Zahl* aus und geben dann ins Feld *Wert* den ersten Grenzwert ein.

6. Für die Zeile darunter verfahren Sie genauso.

Bild 5.31: Die Einstellungen für die Pfeile

7. Bestätigen Sie mit *OK*.

	A	B	C	D
1	Die Kosten im laufenden Jahr			
2				
3		Januar	Februar	März
4	Geschäftsleitung	15000		
5	Buchhaltung	1200		
6	EDV	23000		
7	Verkauf	5000		
8	Einkauf	9990		

Bild 5.32:
Die Pfeile spiegeln jetzt
Ihre Werte wieder.

Tipp: Welche Symbole Ihnen weiter zur Auswahl stehen, sehen Sie am Listenfeld *Symbolart*.

Bedingte Formatierung über Farbalken

Eine weitere interessante Funktionalität ist die Darstellung der Zahlenwerte in Form von Farbbalken, ohne ein Diagramm zu erstellen.

Auf dem Blatt *Farbbalken* in der Datei *Bedingte_Formatierung.xlsx* finden Sie die folgende Lösung:

	A	B
1	**Temperatur**	
2		
3	*Datum*	*Temperatur*
4	01.01.2010	-1,2
5	07.01.2010	3,5
6	13.01.2010	5,0
7	19.01.2010	5,2
8	25.01.2010	5,5
9	31.01.2010	5,7
10	06.02.2010	6,0
11	12.02.2010	6,2
12	18.02.2010	6,1
13	24.02.2010	2,5
14	02.03.2010	10,8
15	08.03.2010	14,9
16	14.03.2010	18,7
17	20.03.2010	21,6
18	26.03.2010	22,4
19	01.04.2010	18,9
20	07.04.2010	14,7
21	13.04.2010	20,1

Bild 5.33: Farbbalken verdeutlichen das Zahlenmaterial, ohne dass ein Diagramm erstellt wird.

1. Markieren Sie die Zellen, die gleich einen Farbbalken erhalten sollen. In unserem Beispiel sind es die Zellen B4 bis B28.

2. Starten Sie den Befehl *Datenbalken / Roter Datenbalken* am Listenfeld *Bedingte Formatierung*.

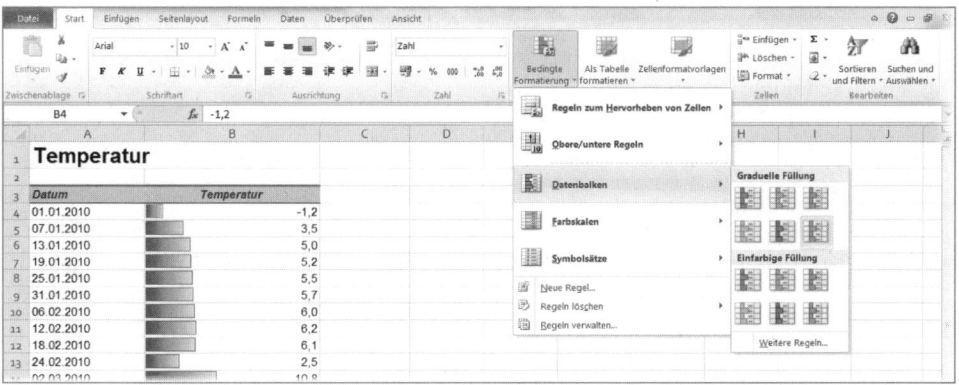

Bild 5.34: Ein Klick genügt, um Farbbalken in einer Zahlenreihe darzustellen.

Tipp: Überzeugen Sie sich, ob das Ergebnis der bedingten Formatierung zu Ihrem Zahlenmaterial passt. Eine weitere interessante Bedingung ist das Hervorheben von leeren Zellen. Das Beispiel dazu finden Sie auf dem Blatt *Leere Zellen* in der Datei *Bedingte_Formatierung.xlsx*.

5.7.3 Doppelte Werte finden

Stellen Sie sich vor, Sie möchten alle doppelten Werte in einer Liste finden.

1. Aktivieren Sie das Register *Doppelte Werte* in der Mappe *Bedingte_Formatierung.xlsx*.

2. Markieren Sie die Zellen, in denen doppelte Werte vorkommen können. In diesem Beispiel sind es die Zellen A4 bis A41.

3. Wählen Sie die Befehlsfolge *Bedingte Formatierung / Regeln zum Hervorheben von Zellen / Doppelte Werte*.

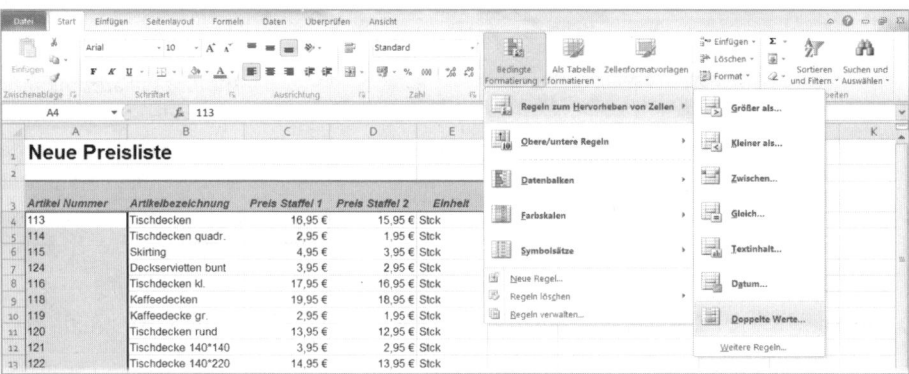

Bild 5.35: Die Befehlsfolge, um doppelte Werte farbig hervorzuheben.

4. Entscheiden Sie im folgenden Fenster, mit welcher Darstellung die doppelten Werte hervorgehoben werden sollen.

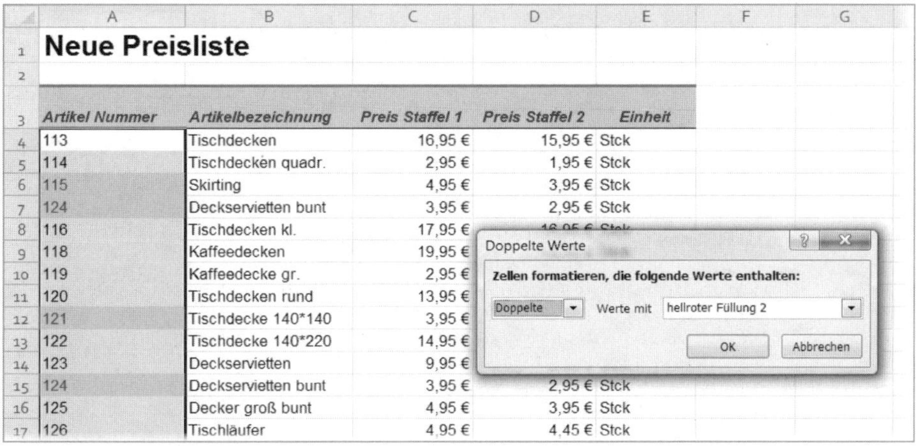

	A	B	C	D	E	F	G
1	**Neue Preisliste**						
2							
3	*Artikel Nummer*	*Artikelbezeichnung*	*Preis Staffel 1*	*Preis Staffel 2*	*Einheit*		
4	113	Tischdecken	16,95 €	15,95 €	Stck		
5	114	Tischdecken quadr.	2,95 €	1,95 €	Stck		
6	115	Skirting	4,95 €	3,95 €	Stck		
7	124	Deckservietten bunt	3,95 €	2,95 €	Stck		
8	116	Tischdecken kl.	17,95 €	16,95 € Stck			
9	118	Kaffeedecken	19,95 €				
10	119	Kaffeedecke gr.	2,95 €				
11	120	Tischdecken rund	13,95 €				
12	121	Tischdecke 140*140	3,95 €				
13	122	Tischdecke 140*220	14,95 €				
14	123	Deckservietten	9,95 €				
15	124	Deckservietten bunt	3,95 €	2,95 € Stck			
16	125	Decker groß bunt	4,95 €	3,95 € Stck			
17	126	Tischläufer	4,95 €	4,45 € Stck			

Doppelte Werte

Zellen formatieren, die folgende Werte enthalten:

Doppelte ▾ Werte mit hellroter Füllung 2 ▾

OK   Abbrechen

Bild 5.36: Die doppelten Werte sind auf einen Blick erkennbar.

5. Bestätigen Sie mit *OK* und sofort werden alle doppelten Werte hervorgehoben.

Über die Filterfunktionen können Sie in Excel 2010 die Liste nach Farben filtern.

6 Umgang mit Tabellenblättern

In diesem Kapitel erfahren Sie alles über die Arbeit mit den Tabellenblättern. Sie enthalten Ihre Daten, und alle Tabellenblätter zusammen bilden die Mappe. Nach dem Speichern wird die Mappe dann zur Excel-Datei.

Zuerst wird das Einfügen, Löschen und Umbenennen von Tabellenblättern beschrieben. Danach lesen Sie, wie Sie mehrere Tabellenblätter gleichzeitig bearbeiten. Im Anschluss wird das Rechnen über mehrere Tabellen beschrieben. Danach zeigen wir Ihnen, wie Sie Tabellenblätter mit Formeln problemlos in andere Mappen kopieren. Zum Abschluss werden die Hyperlinks zum komfortablen Aktivieren eines anderen Tabellenblatts vorgestellt.

⊡ Download-Link

www.buch.cd

Hier finden Sie alle Beispieldateien übersichtlich nach Kapiteln sortiert.

6.1 Umgang mit Registerblättern

In diesem Kapitel werden Sie die ganze Funktionalität der Registerblätter kennenlernen. Dabei wird nicht nur das Einfügen, Löschen und Verschieben einzelner Blätter beschrieben, sondern auch das Umbenennen.

Mit der Funktion *Gruppieren* fassen Sie mehrere Blätter zusammen, um diese dann gemeinsam zu bearbeiten. Zusätzlich werden Sie sehen, wie Sie die Registertabs in verschiedenen Farben einfärben.

6.1.1 Grundsätzliches

Wozu gibt es die vier Schaltflächen mit den Dreiecken neben den Registerblättern? Eigentlich sind die vier zum Blättern durch die Tabellenblätter da, aber sie funktionieren nur, wenn Sie so viele Blätter in Ihrer Mappe haben, dass nicht mehr alle auf einen Blick sichtbar sind. Dann können Sie ein Blatt vor- oder zurückblättern oder zum ersten oder zum letzten Blatt wechseln.

Bild 6.1: Die Rekorderschalter dienen zum Blättern durch umfangreiche Mappen.

Mit einem Klick auf den ersten Schalter werden alle Blätter ab Januar angezeigt. Ein Klick auf den vierten Schalter zeigt die Blätter um den Dezember herum. Aber auch wenn Sie »nur« drei Blätter in Ihrer Mappe haben, können Sie diese Schaltflächen einsetzen.

Zeigen Sie auf einen der Schalter und führen Sie einen Rechtsklick durch.

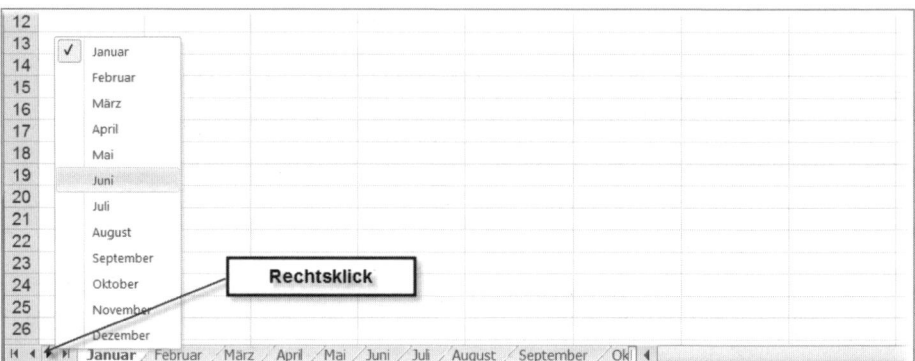

Bild 6.2: Ein Rechtsklick auf den Rekorderschalter zeigt die Liste aller Tabellenblätter.

Eine Liste zeigt Ihnen nun alle Blätter an. Mit dieser Aktion wechseln Sie schnell von Blatt zu Blatt, ohne mehrfaches Klicken auf die Schaltflächen.

Tipp: Sollten sich sehr viele Tabellenblätter in der Mappe befinden, zeigt Excel Ihnen den Eintrag *Weitere Blätter*. Mit einem Klick auf diesen Befehl öffnet sich ein Fenster, in dem Sie das gewünschte Tabellenblatt auswählen können.

6.1.2   Umbenennen und Einfärben

In der Registerleiste sehen Sie alle Tabellenblätter. Standardmäßig hat jedes Tabellenblatt den Namen *Tabelle* und eine fortlaufende Nummer. Das kann gerade bei umfangreichen Tabellen verwirrend werden. Sie könnten sich fragen: »Waren die Zahlen aus dem 3. Quartal auf dem Blatt Tabelle1 oder doch auf Tabelle7?« Es würde helfen, wenn das gesuchte Blatt *3. Quartal* hieße.

Blätter umbenennen

Ein Blatt umzubenennen geht recht schnell.

1. Führen Sie auf dem gewünschten Blattnamen einen Rechtsklick aus und wählen Sie den Befehl *Umbenennen*. Alternativ funktioniert auch der Doppelklick auf dem Blattnamen.

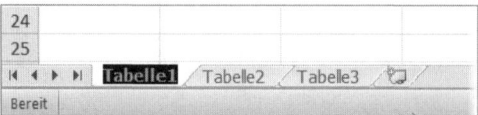

Bild 6.3: Ein Register umbenennen

2. Geben Sie den neuen Namen ein und drücken Sie [Eingabe].

> **Tipp:** Wenn Sie Ihre Eingabe abbrechen und wieder den ursprünglichen Namen sehen möchten, drücken Sie nicht [Eingabe], sondern [Esc].
>
> Der gleiche Registername darf nicht mehrfach vorkommen, er darf weiterhin die folgenden Zeichen nicht enthalten:
>
> : \ / ? * [ ]
>
> Auch darf er nicht unbenannt sein.

Wenn Sie gegen eine dieser Regeln verstoßen, erscheint ein Fenster mit einer Fehlermeldung. Bestätigen Sie mit *OK* und drücken Sie einmal [Esc], um die ganze Aktion abzubrechen.

So sieht ein umbenanntes Tabellenregister aus:

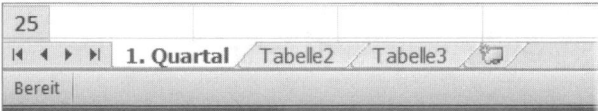

Bild 6.4: Der neue Registername nach Drücken der [Eingabe]-Taste.

> **Tipp:** Auch wenn Sie bereits Formeln in der Mappe erstellt haben, in denen vielleicht auch ein Tabellenblattname erscheint, geht nichts verloren. Excel ändert in der Formel selbstständig den Namen.

Registerblätter einfärben

Eine weitere Funktion ist das farbige Hervorheben der Registertabs mit einer von 16 Millionen Farben.

1. Klicken Sie mit der rechten Maustaste auf das Register, das Sie einfärben möchten.

2. Wählen Sie den Befehl *Registerfarbe*.

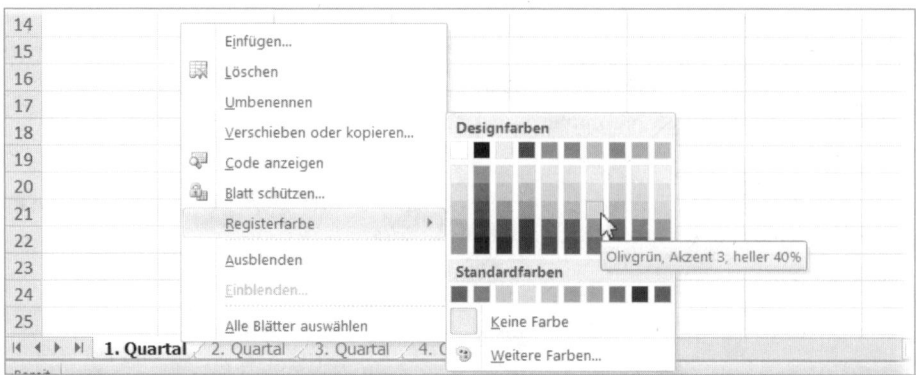

Bild 6.5: Die Farbe des Registers ändern

3. Klicken Sie auf die gewünschte Farbe oder wählen Sie über den Befehl *Weitere Farben* eine der 16 Millionen Farben aus.

Aktivieren Sie jetzt ein anderes Register, damit Sie das Ergebnis bewundern können.

Bei einem aktivierten Registerblatt kann man die Farbe nicht so gut erkennen, da hier nur der Name farbig unterstrichen ist.

6.1.3   Verschieben oder Kopieren von Tabellenblättern

Ein Tabellenblatt verschieben

Stellen Sie sich vor, Sie möchten die Reihenfolge Ihrer Tabellenblätter im Register ändern.

Dazu ziehen Sie mit gedrückter linker Maustaste das Blatt an die gewünschte Stelle.

Dabei erscheint ein schwarzes Dreieck, das Ihnen anzeigt, wo das Blatt erscheinen wird, wenn Sie die Maustaste jetzt loslassen.

> **Tipp:** Auch wenn Sie bereits Formeln in der Mappe erstellt haben, können Sie die Blätter verschieben, ohne die Formeln anpassen zu müssen.

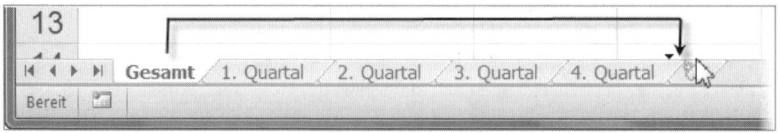

Bild 6.6: Ein Registerblatt verschieben

Es gibt eine weitere Variante des Verschieben-Befehls, der im Folgenden anhand des Kopierens von Arbeitsblättern beschrieben wird.

Ein Tabellenblatt kopieren

Stellen Sie sich vor, Sie haben eine Tabelle erstellt und möchten sie auf ein anderes Blatt kopieren.

1. Führen Sie einen Rechtsklick auf dem Registernamen der Tabelle durch, die Sie kopieren möchten.

2. Wählen Sie den Befehl *Verschieben oder kopieren*.

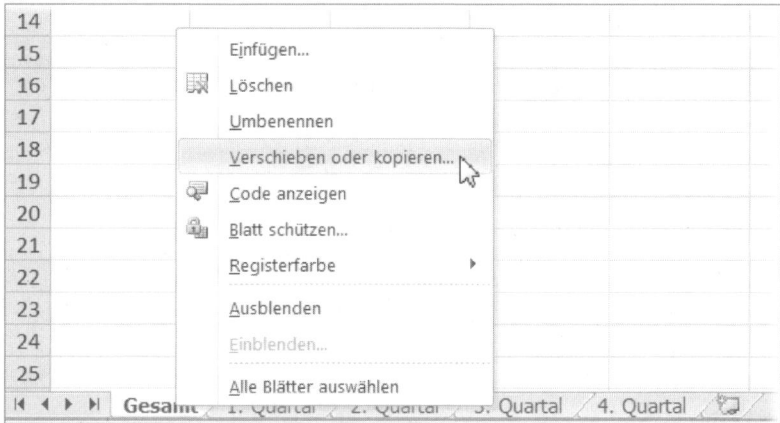

Bild 6.7: Das Kontextmenü der Registerblätter

3. Bestimmen Sie jetzt, an welcher Stelle das Blatt eingefügt werden soll.

Tipp: Wenn Sie ein Blatt in eine andere Mappe kopieren möchten, muss diese Mappe geöffnet sein. Im Feld *Zur Mappe* wählen Sie die entsprechende Datei aus.

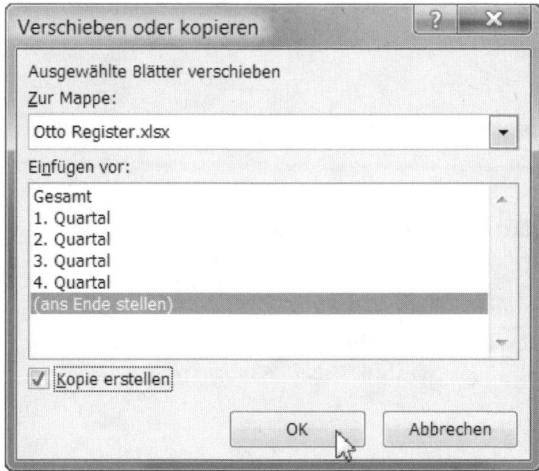

Bild 6.8: Ein Tabellenblatt kopieren

4. Aktivieren Sie die Option *Kopie erstellen*, ansonsten wird das Blatt verschoben.

5. Bestätigen Sie mit *OK*.

> **Tipp:** Für die Mausfans unter Ihnen: Klicken Sie einmal auf das Register, das Sie kopieren möchten. Halten Sie nun ⌷Strg⌷ gedrückt und ziehen Sie das Blatt an die Stelle, an der die Kopie erscheinen soll. Lassen Sie zuerst die Maustaste und erst dann ⌷Strg⌷ los.

6.1.4 Einfügen oder Löschen von Tabellenblättern

Ein neues Tabellenblatt einfügen

Wenn Sie ein weiteres Tabellenblatt benötigen, stehen Ihnen zwei Alternativen zur Verfügung.

- Aktivieren Sie die Registerkarte *Start*. Wählen Sie an der Schaltfläche *Einfügen* den Befehl *Blatt einfügen*.

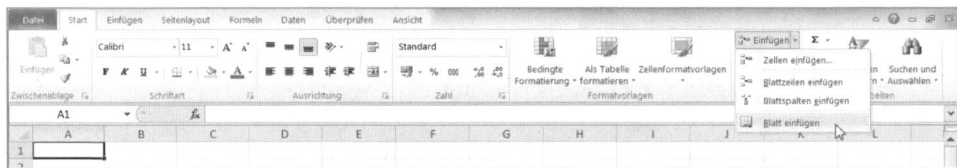

Bild 6.9: Ein neues Tabellenblatt einfügen

Als Ergebnis wird ein neues leeres Blatt vor der aktiven Tabelle eingefügt.

- Alternativ klicken Sie auf die kleine Schaltfläche rechts neben dem letzten Tabellenregister.

Bild 6.10: Ein neues Tabellenblatt einfügen

Über diese Befehlsfolge wird das neue Blatt immer am Ende eingefügt.

> **Tipp:** Es gibt noch eine dritte Alternative. Klicken Sie mit der rechten Maustaste auf das Tabellenblatt, vor dem Sie ein leeres Blatt einfügen möchten. Wählen Sie den Befehl *Einfügen* und doppelklicken Sie auf das Symbol *Tabellenblatt*.

Ein Tabellenblatt löschen

Wenn Sie ein Blatt aus der Mappe entfernen möchten, müssen Sie eines beachten: Sie können diesen Befehl nicht rückgängig machen. Deshalb erscheint auch ein Warnfenster.

Um ein Blatt zu löschen, führen Sie einen Rechtsklick auf dem zu löschenden Tabellenregister aus und wählen den Befehl *Löschen.*

Wenn das Blatt nicht leer ist, weist Sie ein Fenster noch einmal darauf hin, dass diese Entscheidung endgültig ist.

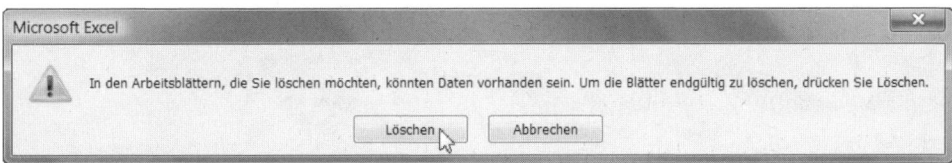

Bild 6.11: Ein Blatt unwiderruflich löschen

Nachdem Sie den Warnhinweis mit einem Klick auf die Schaltfläche *Löschen* geschlossen haben, ist das Tabellenblatt verschwunden.

6.1.5   Gruppieren mehrerer Tabellenblätter

Stellen Sie sich vor, Sie müssen auf mehreren Blättern dasselbe Tabellengerüst erstellen. Es besteht die Möglichkeit, die Tabelle auf einem Blatt zu erstellen und auf die anderen Blätter zu kopieren. Sie können aber auch die Gruppierungsfunktion verwenden.

1. Zu Beginn müssen Sie die Tabellenblätter markieren. Wenn Sie alle markieren möchten, klicken Sie mit der rechten Maustaste auf ein Register und wählen den Befehl *Alle Blätter auswählen.*

Alternativ können Sie auch das erste Register anklicken, die Taste ⇧ drücken und auf das letzte Blatt klicken.

> **Tipp:** Wenn Sie nur das erste und das letzte Blatt auswählen möchten, markieren Sie beide mit gedrückter Strg-Taste.

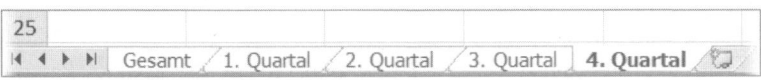

Bild 6.12: Die markierten Blätter bilden eine Gruppe

In der Titelleiste erkennen Sie am Wort *[Gruppe]*, dass Sie mehr als ein Tabellenblatt markiert haben. Alles, was Sie jetzt auf dem Tabellenblatt erstellen, wird später auch auf den anderen markierten Blättern angezeigt.

2. Erfassen Sie das gewünschte Tabellengerüst und gestalten Sie es nach Ihren Wünschen.

3. Um die Markierung wieder aufzuheben, klicken Sie auf ein Register oder arbeiten alternativ wieder mit dem Rechtsklick und wählen dieses Mal den Befehl *Gruppierung aufheben.*

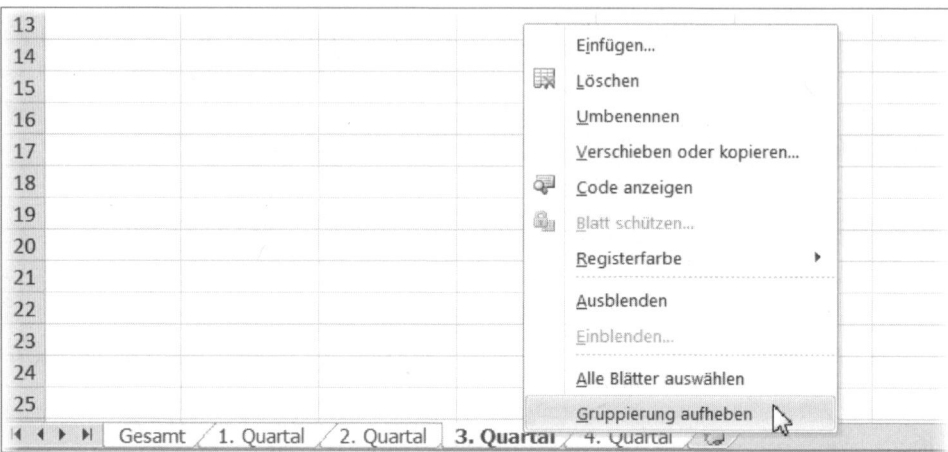

Bild 6.13: Die Gruppierung wieder aufheben, um die Blätter individuell zu bearbeiten.

Nachdem Sie die Gruppierung aufgehoben haben, verschwindet das Wort *[Gruppe]* aus der Titelleiste und es ist auch nur noch ein Tabellenblatt aktiv.

4. Jetzt können Sie beginnen, auf jedem Tabellenblatt die individuellen Daten in die Gerüste einzugeben.

6.2 Rechnen über mehrere Tabellen

Stellen Sie sich vor, in einer Excel-Mappe liegen die Umsatzzahlen auf mehreren Tabellenblättern verteilt vor. Im folgenden Beispiel sind die Umsätze von vier Quartalen auf vier Tabellenblättern verteilt. Nun möchten Sie auf einem fünften Blatt die Jahressumme ermitteln.

1. Öffnen Sie die Datei *Happy DOG Register.xlsx.*

2. Markieren Sie die Zelle, in der Sie die erste Summe ermitteln möchten. In diesem Beispiel ist es die Zelle B4 auf dem Register *Gesamt.*

3. Geben Sie = ein.

4. Klicken Sie nun auf das Register *1. Quartal* und danach auf die erste Zelle, die berechnet werden soll, in diesem Beispiel B4.

5. Geben Sie nun den Rechenschritt ein. In diesem Beispiel +.

6. Klicken Sie nun auf das Register *2. Quartal* und anschließend wieder auf die Zelle B4. Geben Sie nun den Rechenschritt ein, in diesem Beispiel +.

7. Klicken Sie nun auf das Register *3. Quartal* und anschließend wieder auf die Zelle B4. Geben Sie nun den Rechenschritt ein, in diesem Beispiel +.

8. Klicken Sie nun auf das Register *4. Quartal* und anschließend wieder auf die Zelle B4.

> **Tipp:** Sie dürfen nicht wieder auf das Register klicken, in dem Sie das Ergebnis sehen möchten. Wenn Sie sich einmal die Registerleiste ansehen, erkennen Sie, dass das Blatt mit der Summe immer aktiv ist. Außerdem sehen Sie die Formel dieses Blattes auch in der Bearbeitungsleiste.

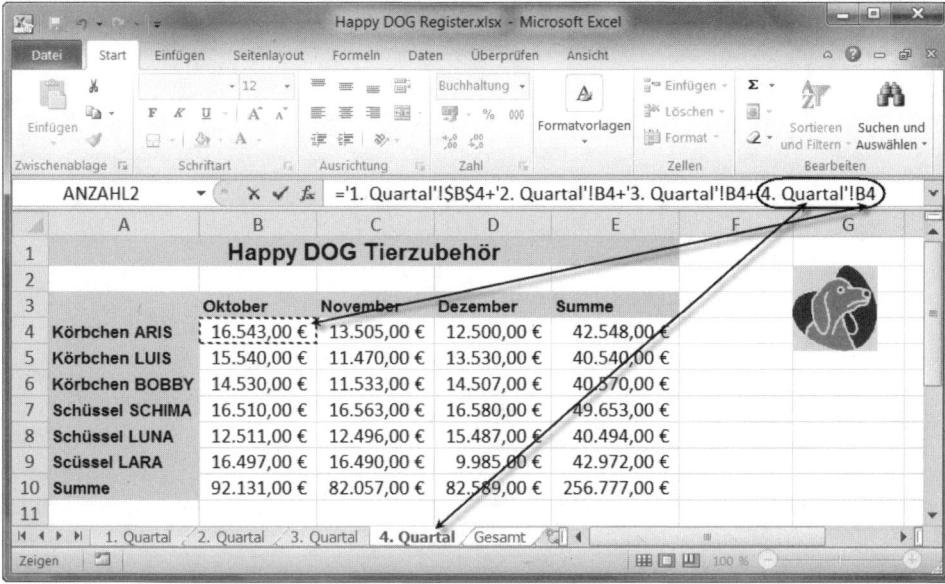

Bild 6.14: Der letzte Schritt beim Rechnen über mehrere Blätter

9. Drücken Sie jetzt zur Bestätigung [Eingabe].

Jetzt steht die folgende Formel in der Zelle B4 auf dem Register *Gesamt*.

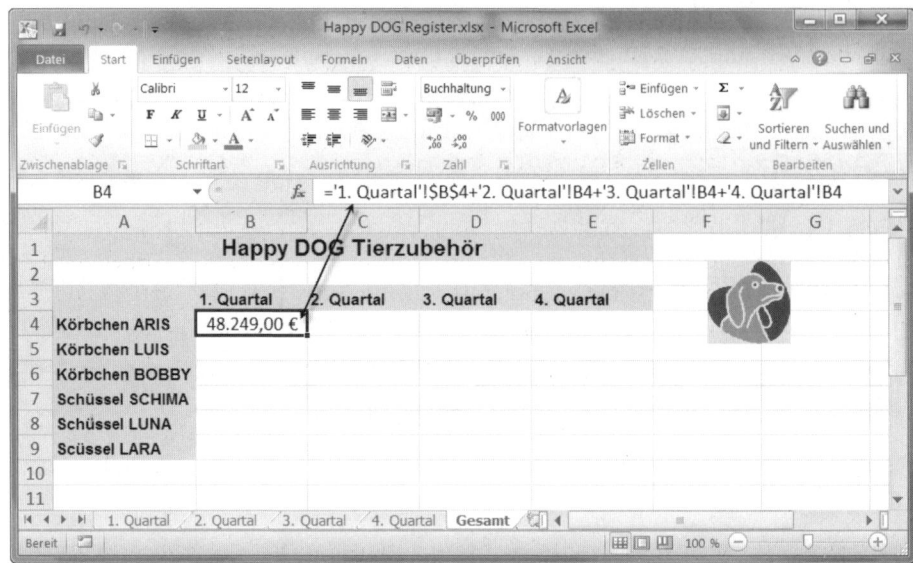

Bild 6.15: Die Formel, die über mehrere Blätter addiert

10. Die Formeln lassen sich nun nach unten und nach rechts kopieren.

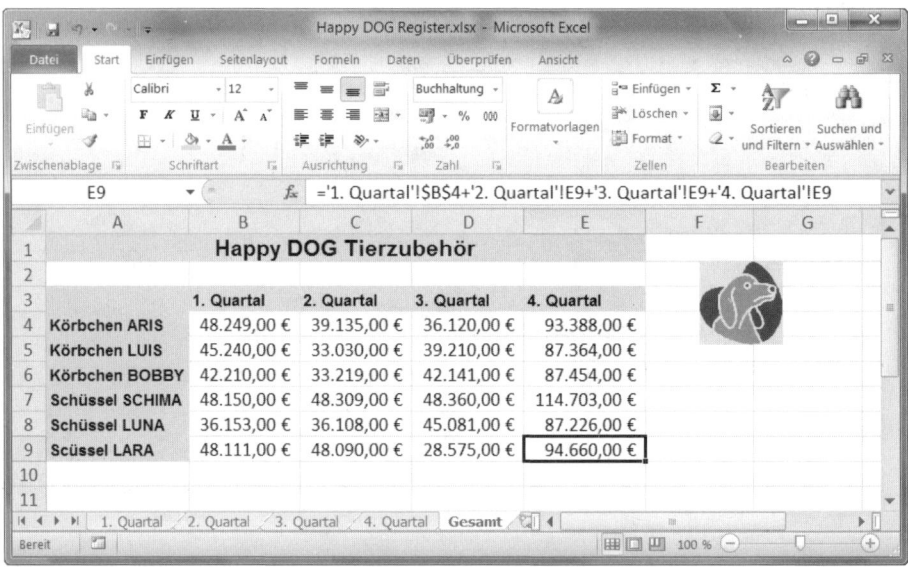

Bild 6.16: Das Ergebnis der Addition über mehrere Blätter

11. Speichern Sie Ihre Änderungen ab.

Die Formel sieht folgendermaßen aus:

```
='1.Quartal'!B4+'2.Quartal'!B4+'3.Quartal'!B4+'4.Quartal'!B4
```

Die Ausrufezeichen kennzeichnen den Tabellenblattnamen. Da die Tabellenblattnamen Leerzeichen enthalten, werden sie zusätzlich automatisch in Hochkommata gesetzt.

6.3 Blätter mit Formeln kopieren

Stellen Sie sich folgende Situation vor: Sie haben eine Tabelle erstellt, in der auf einem Blatt Berechnungen über mehrere andere Blätter erstellt werden. Im vorherigen Beispiel wurde dies auf dem Blatt *Gesamt* vorgeführt. Jetzt möchten Sie das Blatt *Gesamt* in eine andere Mappe kopieren. Dort sollen die aktuellen Blätter auch summiert werden.

1. Öffnen Sie die Mappen *Otto Mappe1.xlsx* und *Otto Mappe2.xlsx*.

2. Wechseln Sie auf die Mappe *Otto Mappe2.xlsx*.

3. Klicken Sie mit der rechten Maustaste auf das Register *Gesamt* und wählen Sie den Befehl *Verschieben oder Kopieren*.

4. Stellen Sie sicher, dass der Eintrag *Gesamt* markiert und der Haken *Kopie erstellen* aktiviert ist.

5. Wählen Sie im obersten Feld *Zur Mappe* den Eintrag *Otto Mappe1.xlsx* aus.

6. Markieren Sie den Eintrag *(ans Ende stellen)*, damit das zu kopierenden Blatt hinter dem letzten Tabellenblatt eingefügt wird.

Bild 6.17: Ein Tabellenblatt von einer Mappe in eine andere Mappe kopieren

7. Bestätigen Sie mit *OK*.

Jetzt finden Sie in der Mappe *Otto Mappe1.xlsx* auch ein Blatt mit dem Namen *Gesamt*.

8. Markieren Sie eine berechnete Zelle auf dem Blatt *Gesamt*.

9. In der Bearbeitungsleiste sehen Sie die Funktion. Mit einem Klick auf die Schaltfläche *Bearbeitungsleiste erweitern* lassen Sie sie mehrzeilig anzeigen.

	A	B	C	D	E	F	G
	='[Otto Mappe2.xlsx]1. Quartal'!B4+'[Otto Mappe2.xlsx]2. Quartal'!B4+'[Otto Mappe2.xlsx]3. Quartal'!B4+'[Otto Mappe2.xlsx]4. Quartal'!B4						
1	Umsatz Otto Möbel						
2							
3		1. Q	2. Q	3. Q	4. Q		
4	Stuhl Trulla	362	210	190	762		
5	Stuhl Tussi	350	190	310	850		
6	Stuhl Tina	310	322	218	850		
7	Tisch Suse	230	442	510	1182		
8	Tisch Stulle	234	174	138	546		
9	Tisch Schubs	178	150	146	474		

Bild 6.18: Der Rechenschritt nach dem Kopieren eines ganzen Blattes in der Bearbeitungsleiste

Zurzeit werden allerdings immer noch die Daten der Mappe *Otto Mappe2.xlsx* berechnet. Sie erkennen dies am Dateinamen in der Funktion.

Wenn Sie möchten, dass die Werte der aktuellen Mappe berechnet werden, müssen Sie die *Verknüpfung bearbeiten*.

1. Aktivieren Sie das Register *Daten* und klicken Sie auf den Befehl *Verknüpfung bearbeiten* im Bereich *Verbindungen*.

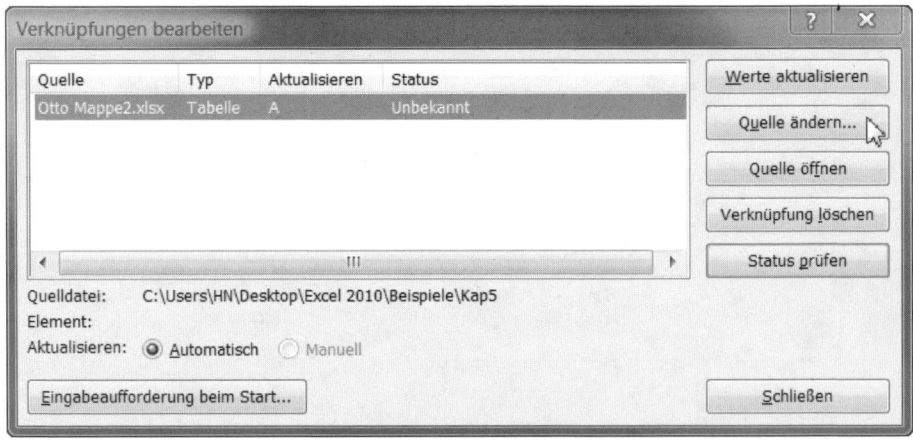

Bild 6.19: Die Liste der Verknüpfungen in der aktuellen Mappe

2. Markieren Sie die Verknüpfung und klicken Sie auf die Schaltfläche *Quelle ändern*.

3. Wählen Sie die aktuelle Mappe, in diesem Beispiel *Otto Mappe1.xlsx* aus.

4. Bestätigen Sie mit *OK*.

Jetzt ist das Fenster *Verknüpfungen bearbeiten* leer. Da Sie die Verknüpfung auf die aktuelle Mappe gelegt haben, besteht für Excel keine externe Verbindung mehr.

5.   Bestätigen Sie mit einem Klick auf *Schließen*.

Jetzt werden die Tabellenblätter der aktuellen Mappe berechnet.

7 Drucken

Die besten Geschäftszahlen sind nichts wert, wenn sie nur im Computer schlummern. Sie möchten bestimmt Ihre Auswertungen auch schwarz auf weiß sehen. Das Ausdrucken von Excel-Daten ist daher ein wichtiges Thema.

Hier möchten wir jedoch zu Beginn einen wichtigen Hinweis geben. Das Druckbild in der Seitenansicht ist grundsätzlich vom installierten Windows-Drucker abhängig. Sie erhalten beispielsweise nur dann eine farbige Seitenansicht, wenn Sie über einen Farbdrucker verfügen.

⊡ Download-Link

www.buch.cd

Hier finden Sie alle Beispieldateien übersichtlich nach Kapiteln sortiert.

7.1 Eine Tabelle zum Drucken vorbereiten

Excel bietet viele Optionen, mit deren Hilfe Sie das Druckbild einstellen können. Sie können den späteren Ausdruck bereits auf dem Bildschirm begutachten. Beim Starten des Druckbefehls sehen Sie die Seiten so wie sie später auf dem Papier ausgegeben werden.

1. Öffnen Sie die Datei *Happy DOG.xlsx*.

2. Um den Ausdruck bzw. die Vorschau zu starten, öffnen Sie das Menü *Datei* und wählen den Eintrag *Drucken*.

Im rechten Teil des Fensters sehen Sie den zu erwartenden Ausdruck. In den Befehlsfeldern im Bereich *Einstellungen* erkennen Sie die wichtigsten Eigenschaften auf einen Blick.

Am unteren Rand zeigt Ihnen Excel, aus wie vielen Seiten der Ausdruck zurzeit besteht. Mit den kleinen Dreiecken blättern Sie durch den Ausdruck, wenn er über mehr als eine Seite geht.

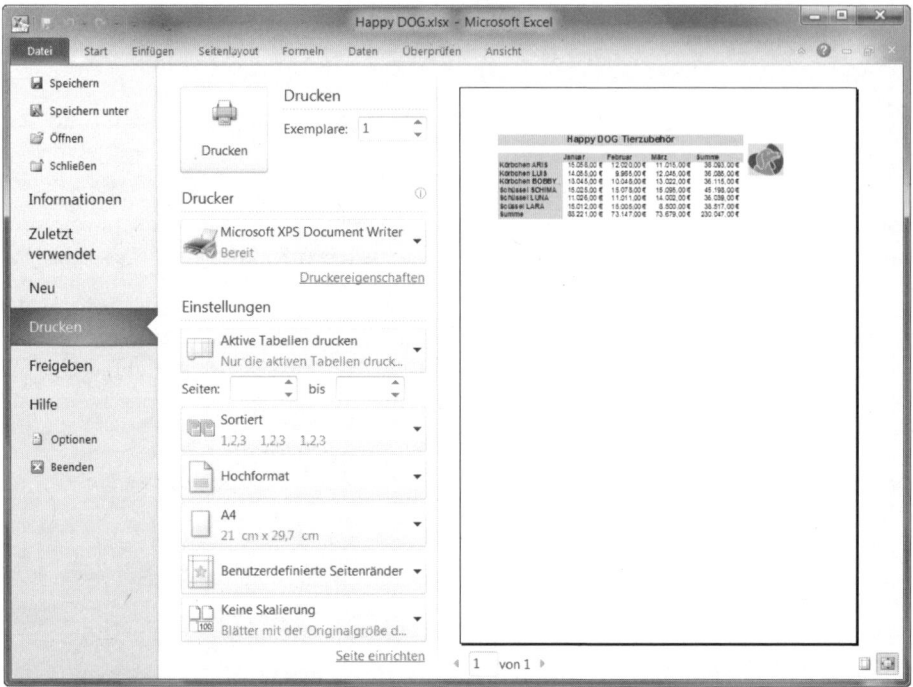

Bild 7.1: Den Druckbefehl starten

3. Um den Druck zu starten, klicken Sie auf die große Schaltfläche *Drucken* im oberen Teil des Fensters.

4. Ihre Tabelle wird dann genauso, wie im rechten Fensterteil gezeigt, auf dem Standard-Windowsdrucker ausgegeben. Wenn Sie die Tabelle mehrfach drucken möchten, geben Sie die Anzahl der *Exemplare* im gleichnamigen Feld ein.

   Möchten Sie Ihre Tabelle auf einem anderen Drucker oder einem anderen Medium ausgeben, öffnen Sie das Listenfeld *Drucker* und wählen das gewünschte Modell aus. Mit einem Klick auf den Link *Druckereigenschaften* öffnen Sie das Fenster, um Einstellungen direkt für den gewählten Drucker einzustellen.

Sollte Excel zu dem gewählten Drucker keine Verbindung herstellen, wird dies im rechten Teil des Fensters gemeldet.

7.1.1 Die Schnelleinstellungen vor dem Druck

Eine neue Funktionalität in Excel 2010 ist die Schnellauswahl der wichtigsten Druckoptionen.

> **Tipp:** Wenn Sie früher bereits mit Excel gearbeitet haben, dann kennen Sie das Fenster *Seite einrichten*. Sie erhalten es, indem Sie auf den Link *Seite einrichten* am unteren Rand der Einstellungen klicken. Dieses Fenster wird weiter unten in diesem Kapitel beschrieben.

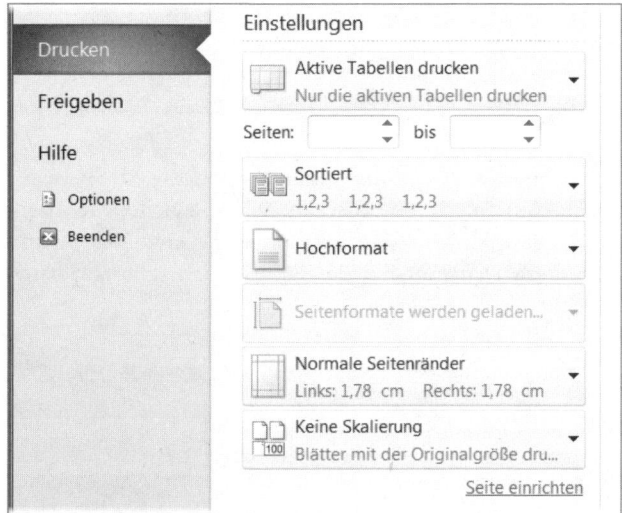

Bild 7.2:
Die neue Schnelleinstellung
vor dem Druck

Aktive Tabelle drucken

Im ersten Teil des Bereichs *Einstellungen* können Sie entscheiden, was gedruckt wird. Wenn Sie hier keine Auswahl treffen, wird nur die rechts gezeigte Tabelle gedruckt. Alternativ können Sie mit dem Befehl *Gesamte Arbeitsmappe drucken* alle Blätter der Mappe auf einen Schritt ausgeben.

Sollten Sie auf dem Tabellenblatt einige Zellen markiert haben und möchten nur diese Zellen drucken, dann wählen Sie den Eintrag *Auswahl drucken*.

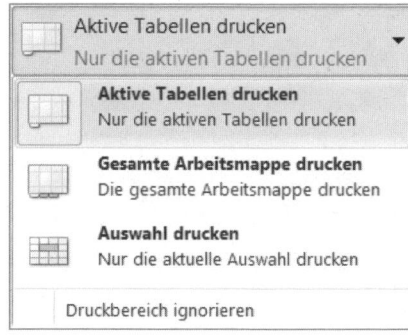

Bild 7.3: Was soll gedruckt werden?

Stellen Sie sich vor, die Vorschau präsentiert Ihnen nur ein paar Zellen, obwohl der Ausdruck über mehrere Seiten gehen müsste. Dann wurde ein Druckbereich erstellt. Wenn Sie den Befehl *Druckbereich ignorieren* wählen, wird die ganze Tabelle gedruckt. Lesen Sie weiter unten in diesem Kapitel, was es mit dem Druckbereich auf sich hat.

Seiten

Sollte Ihre Tabelle so umfangreich sein, dass sie über mehrere Seiten gedruckt werden muss, dann können Sie hier einstellen, welche Seiten gedruckt werden sollen.

Bild 7.4: Es werden nur die hier angegebenen Seiten gedruckt.

Sortiert

Stellen Sie sich vor, Sie haben eine Tabelle, die über vier Seiten gedruckt wird. Sie benötigen diesen Druck zweimal. Dann können Sie entscheiden, wie die Seiten aus dem Drucker kommen. Bei der Wahl *Getrennt* kommt zuerst zweimal die erste Seite, dann zweimal die zweite Seite u.s.w. aus dem Drucker. Bei der Standardeinstellung *Sortiert* werden die Seiten fortlaufend gedruckt.

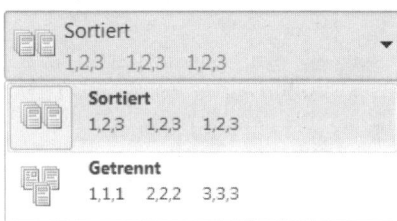

Bild 7.5: Die Reihenfolge des Drucks bestimmen

Hochformat

Am Feld *Hochformat* müssen Sie entscheiden, ob die Tabelle im Hoch- oder im Querformat gedruckt werden soll.

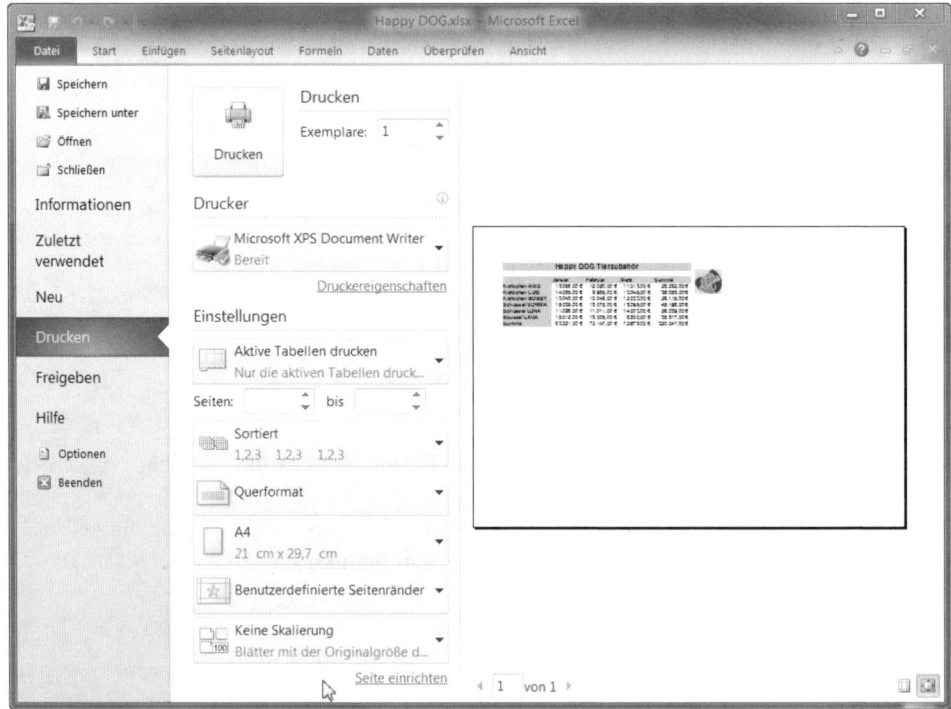

Bild 7.6: Die Tabelle im Querformat

A4

Im Listenfeld mit dem Namen der zurzeit gewählten Papiergröße können Sie diese ändern. Der Umfang der Liste variiert von Drucker zu Drucker. Wenn Ihr Drucker DIN A3 bedrucken kann, dann finden Sie den Eintrag *A3* auch in der Liste.

Seitenränder

Im Feld *Seitenränder* haben Sie die Wahl zwischen drei Standard-Randeinstellungen. Die kleinen Abbildungen und die Angabe der genauen Maße erkennen Sie bereits in der Liste.

Über den Eintrag *Benutzerdefinierte Seitenränder* gelangen Sie in ein Dialogfenster, in dem Sie die Angaben zu den Rändern millimetergenau vornehmen. Dieses Fenster wird in nächsten Abschnitt beschrieben. Wenn Sie individuelle Angaben gemacht haben, merkt sich Excel diese und bietet sie Ihnen bei der Auswahl *Letzte benutzerdefinierte Einstellung* an.

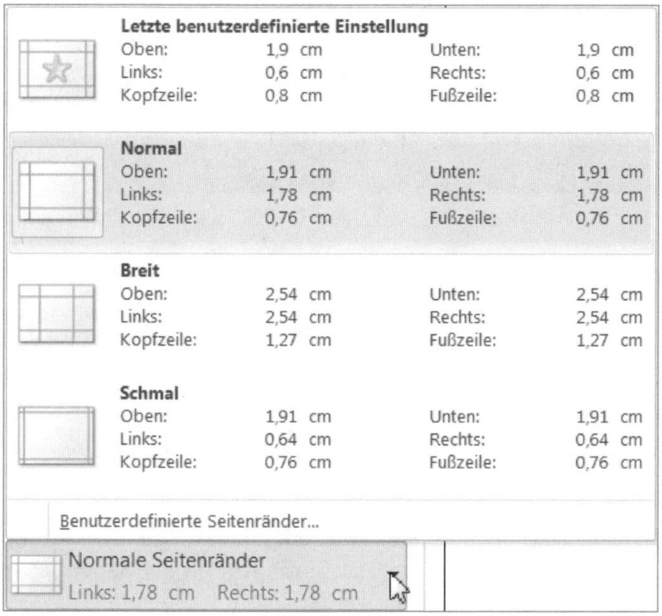

Bild 7.7:
Die Wahl der Ränder

Keine Skalierung

Bei der Einstellung *Keine Skalierung* wird die Tabelle in der Standardgröße gedruckt.

Angenommen, beim Druck rutscht eine Zeile oder/und eine Spalte auf die nächste Seite, dann verkleinert die Option *Blatt auf einer Seite darstellen* Ihre Tabelle. Die beiden nächsten Optionen verkleinern Ihre Tabelle auch, allerdings nur die Zeilen oder Spalten.

Über den Eintrag *Benutzerdefinierte Skalierungsoptionen* gelangen Sie in ein Dialogfenster, in dem Sie weitere Angaben zur Skalierung machen können. Dieses Fenster wird im nächsten Abschnitt beschrieben.

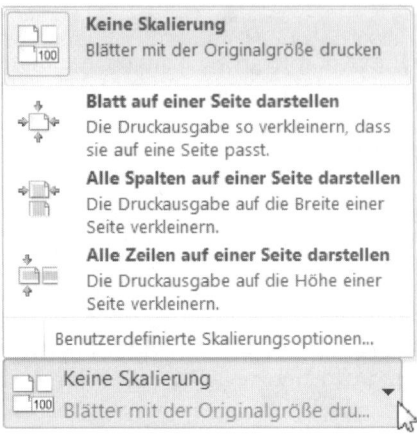

Bild 7.8: Die Wahl der Skalierung

7.2 Papierformat und Seitenränder einrichten

Stellen Sie sich vor, Sie möchten jetzt diese Tabelle so ausdrucken, dass sie quer über das gesamte Papier gedruckt wird. Zusätzlich sollen auch noch das aktuelle Datum, Ihr Name und der Dateiname am unteren Rand des Papiers gedruckt werden.

1. Öffnen Sie das Menü *Datei*, klicken Sie auf den Eintrag *Drucken* und aktivieren Sie den Link *Seite einrichten* am unteren Rand der Anzeige.

- Im Bereich *Ausrichtung* können Sie auch das Hoch- oder Querformat für den Ausdruck einstellen.

- Im Bereich *Skalierung* können Sie im Feld *Verkleinern/ Vergrößern* Ihre Tabelle vergrößern. Sie dehnen die Tabelle so aus, dass sie gleich das ganze Papier ausfüllt. Hier müssen Sie im Feld % *Normalgröße* die entsprechende Größe einstellen. Dabei bleibt Ihnen nichts anderes übrig, als mit der Eingabe zu experimentieren.

Im folgenden Beispiel haben wir es einmal mit 165 % versucht.

- Wenn Sie mit dem Feld *Verkleinern/Vergrößern* versuchen, die optimale Darstellung für Ihre Tabelle zu finden, achten Sie immer unten auf die Anzahl der Seiten. Hier erkennen Sie, wie viele Seiten tatsächlich gedruckt werden.

Mit unserer Tabelle werden wir ab jetzt mit einer Vergrößerung von 165% arbeiten. Das Feld *Anpassen* werden wir Ihnen im nächsten Beispiel vorstellen.

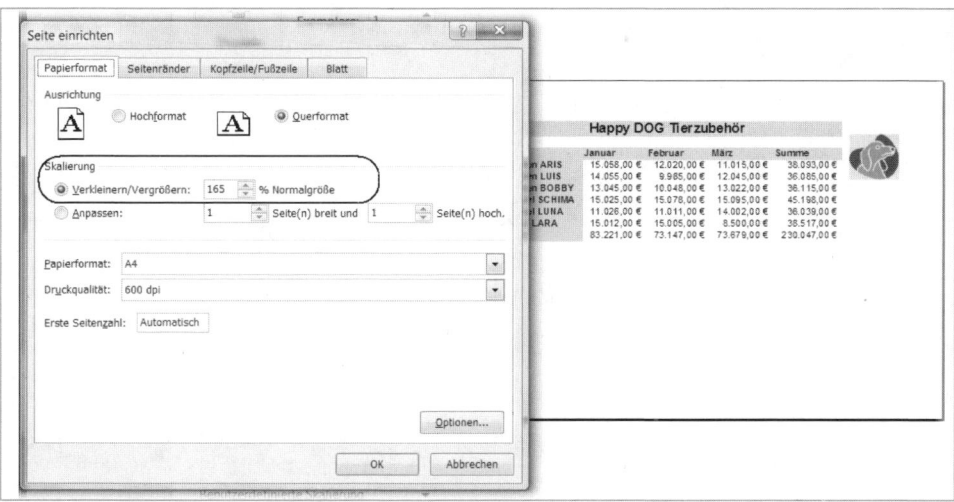

Bild 7.9: Eine starke Vergrößerung

2. Im nächsten Schritt möchten wir, dass die Tabelle auf der Mitte des Blattes gedruckt wird. Dazu aktivieren Sie das Register *Seitenränder*.

3. Hier geben Sie die Abstände der Tabelle zur Papierkante in der Maßeinheit Zentimeter ein. Im unteren Teil dieses Fensters können die Optionen *Horizontal* und *Vertikal* eingeschaltet werden. Dann wird die Tabelle auf der Mitte des DIN A4 Blattes gezeigt.

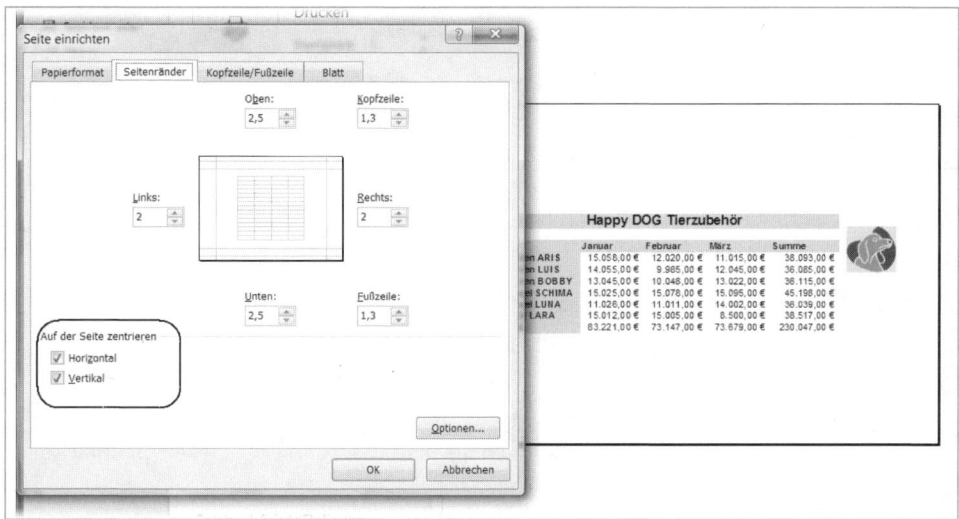

Bild 7.10: Die Tabelle auf der Seite zentrieren

4. Über das Register *Kopfzeile/Fußzeile* im Fenster *Seite einrichten* besteht die Möglichkeit, Texte wie beispielsweise Datum, Seitenzahlen oder Ihren Namen am oberen oder unteren Rand der Tabelle darzustellen.

5. Mit einem Klick auf die Schaltfläche *Benutzerdefinierte Kopfzeile* gelangen Sie ins nächste Fenster.

6. Hier erkennen Sie, dass die Kopfzeile Ihrer Tabelle in drei Bereiche eingeteilt ist. Diese Bereiche werden am oberen Blattrand gedruckt.

- Da der Cursor im linken Bereich steht, können Sie hier sofort mit der Eingabe beginnen. In diesem Beispiel wird der Benutzername *Römer* eingegeben.

- Setzen Sie den Cursor in den mittleren Abschnitt und tippen Sie den Text *Seite* und klicken Sie auf die Schaltfläche *Seitenzahl einfügen* .

- Setzen Sie den Cursor in den rechten Abschnitt und klicken Sie auf die Schaltfläche *Datum einfügen* .

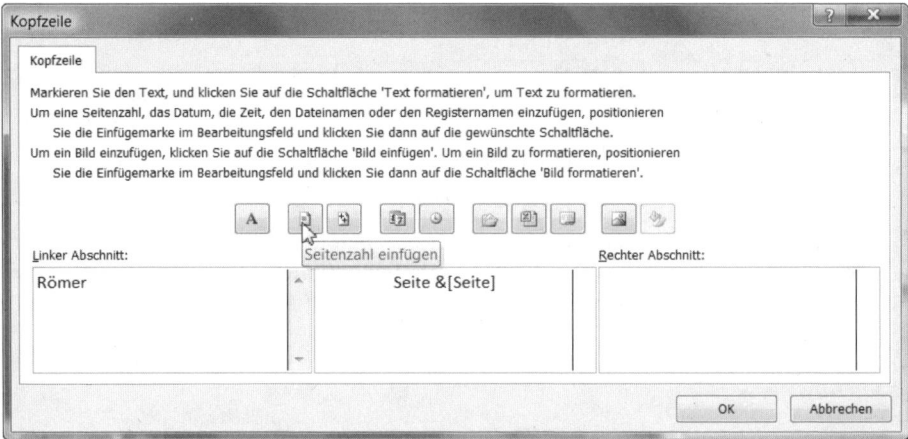

Bild 7.11: Die Kopfzeile mit der Funktion *Seitenzahl einfügen*

7. Bestätigen Sie mit *OK*.

Das Ergebnis wird in der Vorschau oberhalb der Schaltfläche *Benutzerdefinierte Kopfzeile* angezeigt.

Die Schaltflächen im oberen Teil des Fensters haben die folgenden Funktionen:

Symbol	Beschreibung
A	In jeden Bereich können Sie Text eingeben oder mit den folgenden Schaltflächen Felder auswählen. All diese können Sie markieren und über diese Schaltfläche gestalten.
	&[Seite] Zeigt immer die aktuelle Seitenzahl an.

Symbol	Beschreibung
	&[Seiten]
	Zeigt die Gesamtseitenanzahl an.
	Zusammen mit der Schaltfläche darüber können Sie folgende Seitenangaben erstellen:
	2 / 8 &[Seite] / &[Seiten]
	2 von 8 &[Seite] von &[Seiten]
	Sie müssen allerdings »/«und das Wort »von« eingeben.
	&[Datum]
	Zeigt immer das aktuelle Datum an.
	&[Zeit]
	Zeigt immer die Uhrzeit beim Druckstart an.
	&[Pfad]&[Datei]
	Der Dateiname und der Pfad werden angezeigt.
	&[Datei]
	Zeigt nur den Dateinamen an.
	&[Register]
	Der Blattname wird angezeigt.
	&[Grafik]
	Über diese Schaltfläche fügen Sie eine Grafik ein. Diese Funktion steht Ihnen ab Excel 2002 zur Verfügung.
	Sollten Sie in einem Bereich eine Grafik eingefügt haben, dann ist diese Schaltfläche aktiv. Sie können damit die Grafik gestalten.

Tabelle 7.1: Die Befehle für die Kopf- und Fußzeile

8. Nun wollen wir noch die Gitternetzlinien einschalten. Aktivieren Sie das Register *Blatt* und schalten Sie den Befehl *Gitternetzlinien* ein.

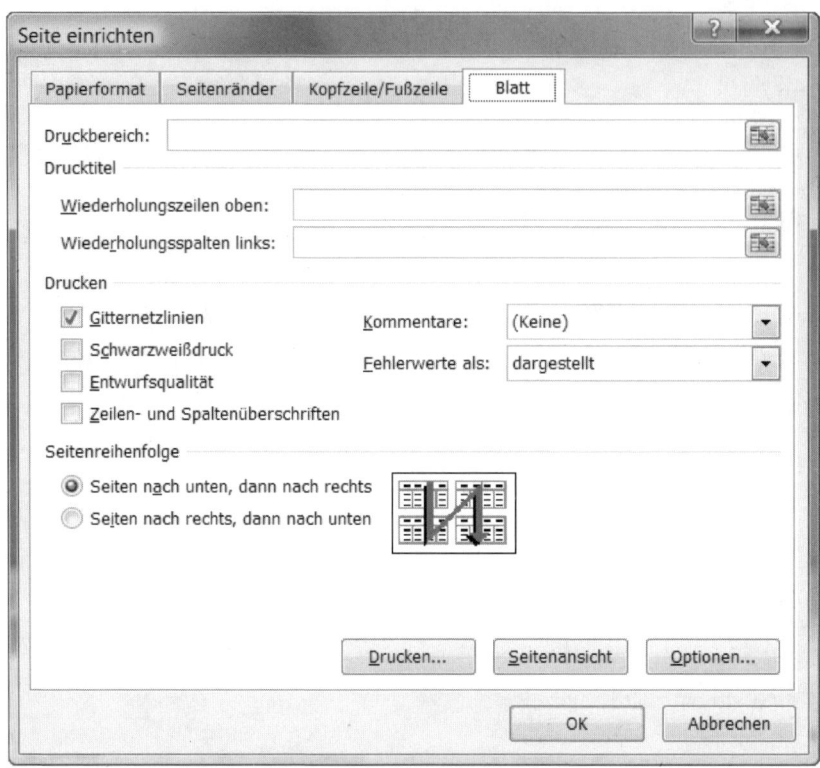

Bild 7.12: Die Gitternetzlinien sollen gedruckt werden.

9. Bestätigen Sie mit *OK*.

Als Ergebnis sehen Sie Ihre Einstellungen auf dem Papier.

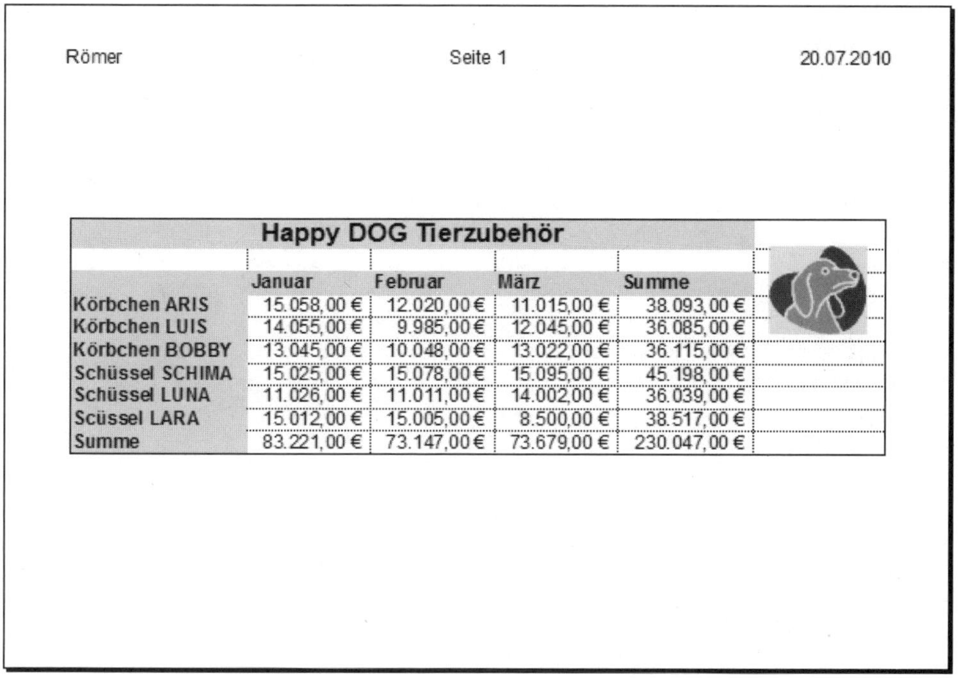

Römer	Seite 1	20.07.2010

Happy DOG Tierzubehör				
	Januar	Februar	März	Summe
Körbchen ARIS	15.058,00 €	12.020,00 €	11.015,00 €	38.093,00 €
Körbchen LUIS	14.055,00 €	9.985,00 €	12.045,00 €	36.085,00 €
Körbchen BOBBY	13.045,00 €	10.048,00 €	13.022,00 €	36.115,00 €
Schüssel SCHIMA	15.025,00 €	15.078,00 €	15.095,00 €	45.198,00 €
Schüssel LUNA	11.026,00 €	11.011,00 €	14.002,00 €	36.039,00 €
Scüssel LARA	15.012,00 €	15.005,00 €	8.500,00 €	38.517,00 €
Summe	83.221,00 €	73.147,00 €	73.679,00 €	230.047,00 €

Bild 7.13: Die Tabelle ist nun zum Druck bereit.

7.2.1 Eine Tabelle beim Ausdruck verkleinern

Im nächsten Beispiel haben wir eine Tabelle, die Excel zu Beginn über zwei Seiten druckt. Auf der zweiten Seite sind allerdings nur wenige Zeilen. Wäre es nicht schön, wenn Excel den Ausdruck so berechnet, dass die gesamte Tabelle auf eine Seite passt? Für diese Fälle bietet Excel natürlich auch eine Lösung.

1. Öffnen Sie die Datei *Große Tabelle.xlsx*.

2. Wählen Sie über das Menü *Datei* den Befehl *Drucken*.

3. Stellen Sie zu Beginn das *Querformat* ein.

4. Klicken Sie auf das Feld *Skalierung* und wählen Sie den Eintrag *Blatt auf einer Seite drucken*.

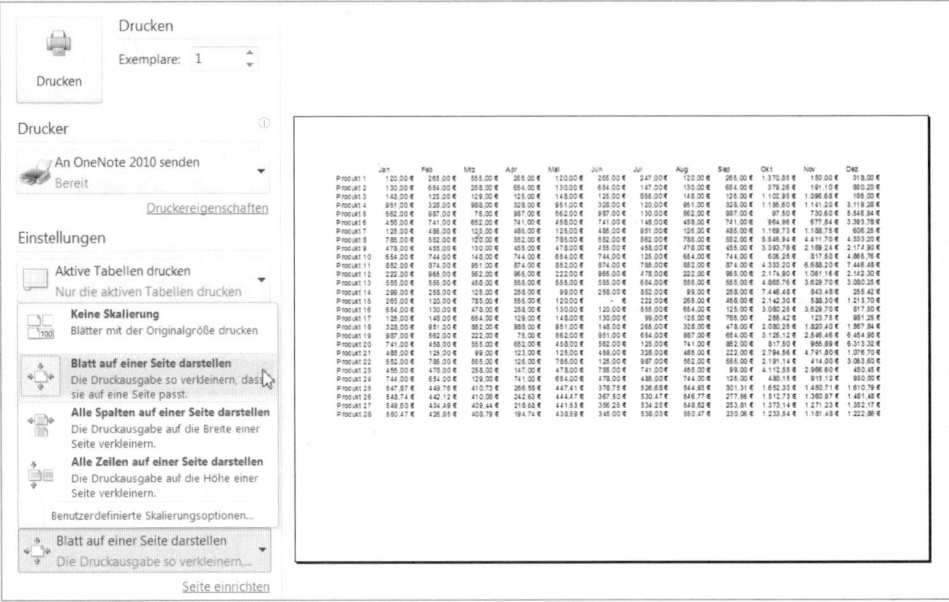

Bild 7.14: Die Tabelle wird nun auf einer Seite gedruckt.

Excel verkleinert die Schrift im Ausdruck, so dass die Tabelle jetzt auf eine Seite passt. Wenn Ihnen die Schrift zu klein ist, dann wählen Sie am Feld *Skalierung* den Eintrag *Alle Zeilen auf einer Seite darstellen*.

Tipp: Im Fenster *Seite einrichten* können Sie auf dem Register *Papierformat* im Bereich *Skalierung* die genaue Anzahl der Seiten angeben.

7.3 Die Ansicht und das Register *Seitenlayout*

Auf dem Register *Seitenlayout* können Sie alle Einstellungen vornehmen, die Sie auch im Fenster *Seite einrichten* machen können. So können Sie u. a. zusammen mit der Ansicht *Seitenlayout* Kopf- und Fußzeilen direkt auf dem Blatt einrichten und betrachten.

1. Öffnen Sie die Datei *Möbel DOG.xlsx* und aktivieren Sie das Register *DOG2*

2. Aktivieren Sie das Register *Ansicht* und klicken Sie auf die Schaltfläche *Seitenlayout*.

3. Wechseln Sie anschließend auf das Register *Seitenlayout*.

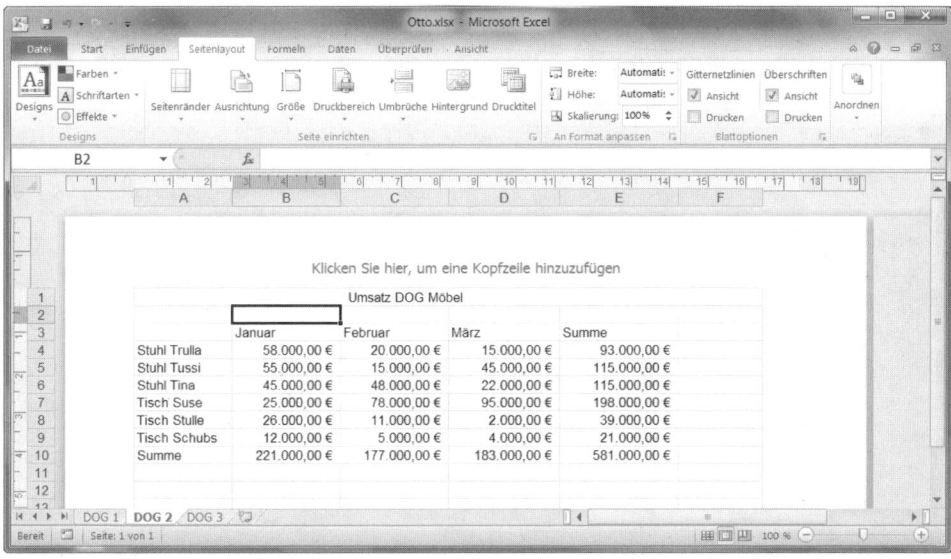

Bild 7.15: Die Tabelle *DOG2* in der *Seitenlayout* Ansicht

7.3.1 Kopf und Fußzeilen direkt auf der Tabelle erstellen

1. Aktivieren Sie zusätzlich jetzt das Register *Entwurf* im Bereich *Kopf- und Fußzeilentools*.

2. Wenn Sie jetzt die Kopf- bzw. Fußzeile erstellen möchten, klicken Sie in den entsprechenden Bereich. Sie erkennen auch hier die Dreiteilung in den linken, den mitteilen und den rechten Abschnitt.

   Sie können, wie auch im Fenster *Seite einrichten*, Texte in die einzelnen Bereiche eingeben. Über die Schaltflächen, die bereits weiter oben beschrieben wurden, können das aktuelle Datum oder die Seitenzahl eingefügt werden. Sobald Sie wieder auf Ihre Tabelle klicken, wird aus der Feldfunktion direkt das Ergebnis.

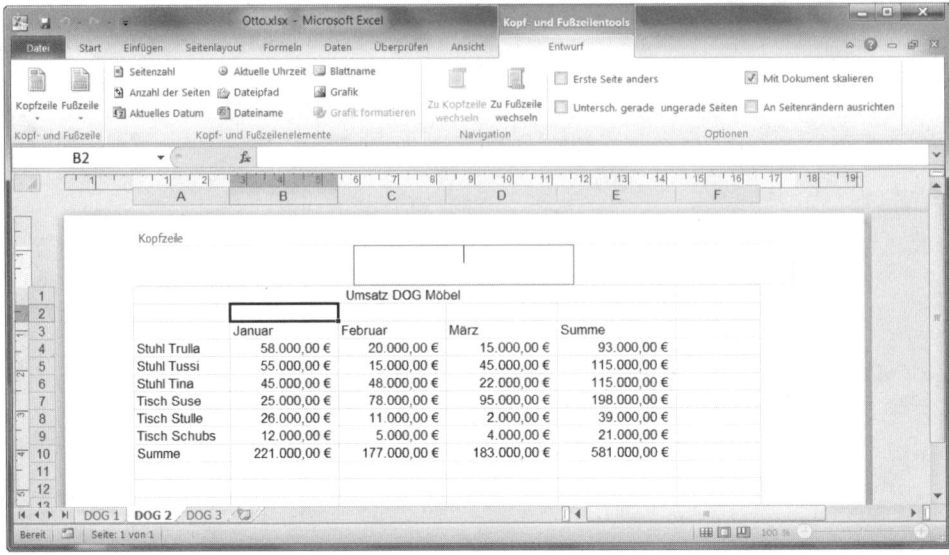

Bild 7.16: Die Auswahl der Befehle für die Kopf- und Fußzeile

Im vorliegenden Beispiel wurde im linken Abschnitt der Benutzername eingegeben und im mittleren Abschnitt das Datum gewählt.

Eine Grafik einfügen und bearbeiten

Im rechten Abschnitt wurde eine Grafik eingefügt. Die folgende Abbildung zeigt das Ergebnis.

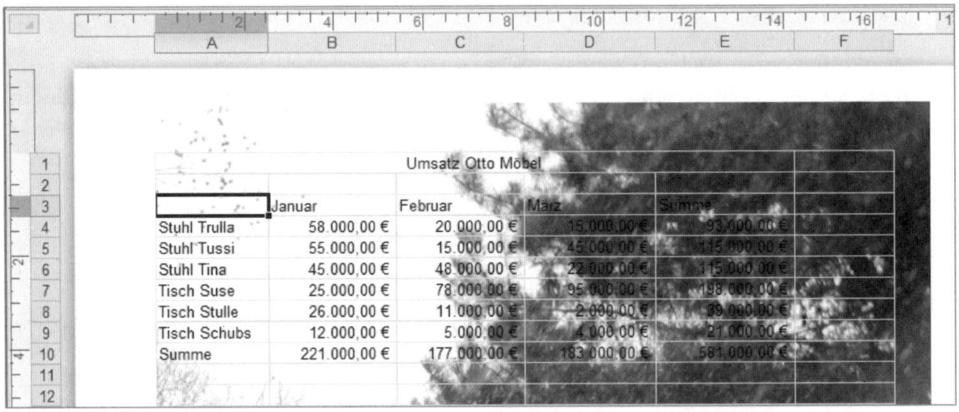

Bild 7.17: Die Kopfzeile mit einer Grafik, die etwas zu groß geraten ist

1. Wenn die eingefügte Grafik wie im vorliegenden Beispiel zu groß ist, klicken Sie in den entsprechenden Abschnitt und auf die Schaltfläche *Grafik formatieren* auf dem Register *Entwurf*.

2. Stellen Sie in den Feldern *Höhe* und *Breite* die gewünschte Größe ein.

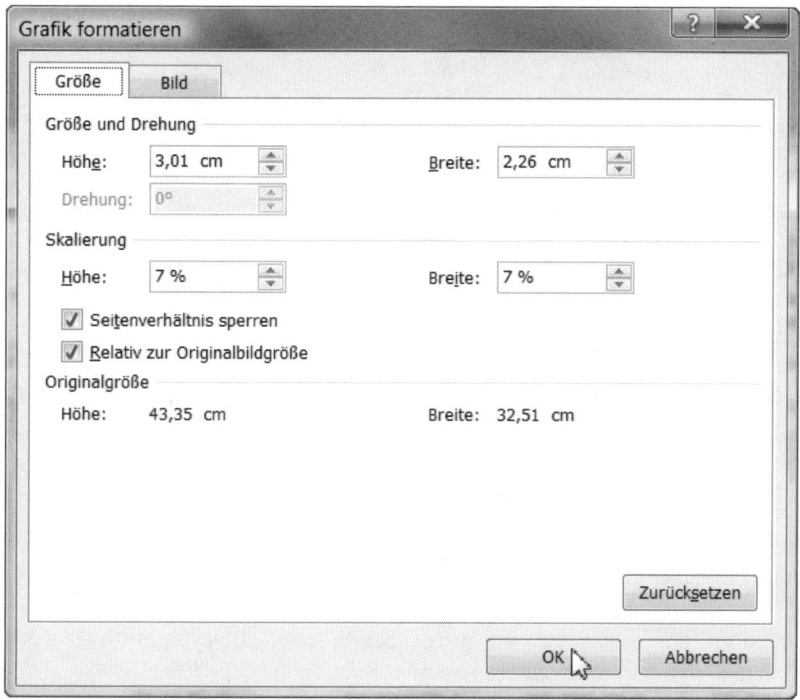

Bild 7.18: Die Größe der Grafik anpassen

3. Bestätigen Sie mit *OK* und klicken Sie wieder auf die Tabelle.

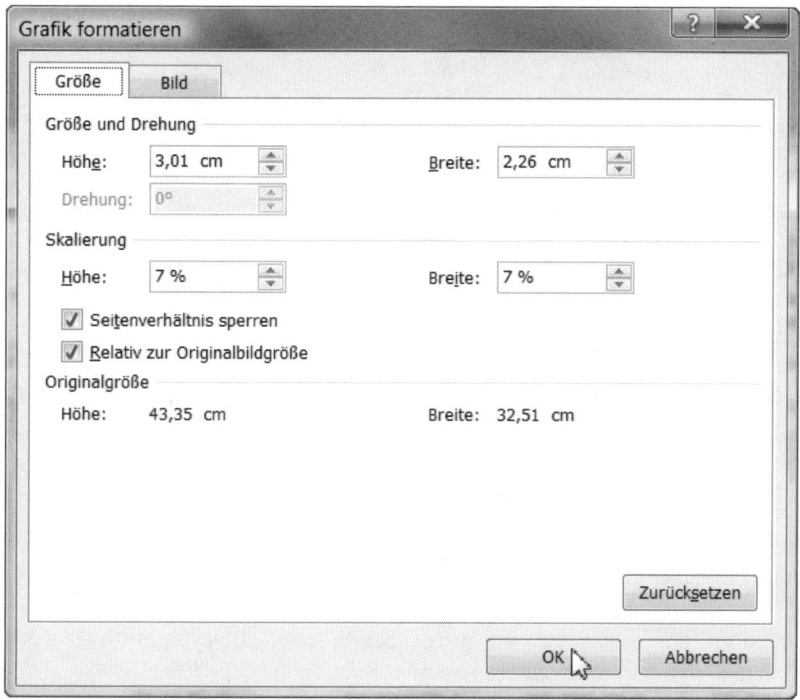

Bild 7.19: Die Kopfzeile mit einer angepassten Größe

7.3.2 Unterschiedliche Kopf- und Fußzeilen

Wenn Ihre Tabelle über mehrere Seiten gedruckt wird, dann können Sie bestimmen, dass die Kopf- und Fußzeilen der geraden Seiten anders sind als die der ungeraden Seiten. Aktivieren Sie die Option *Untersch. gerade ungerade Seiten* auf dem Register *Entwurf*. Die folgende Abbildung zeigt unterschiedliche Kopf- und Fußzeilen bei geraden und ungeraden Seitenzahlen.

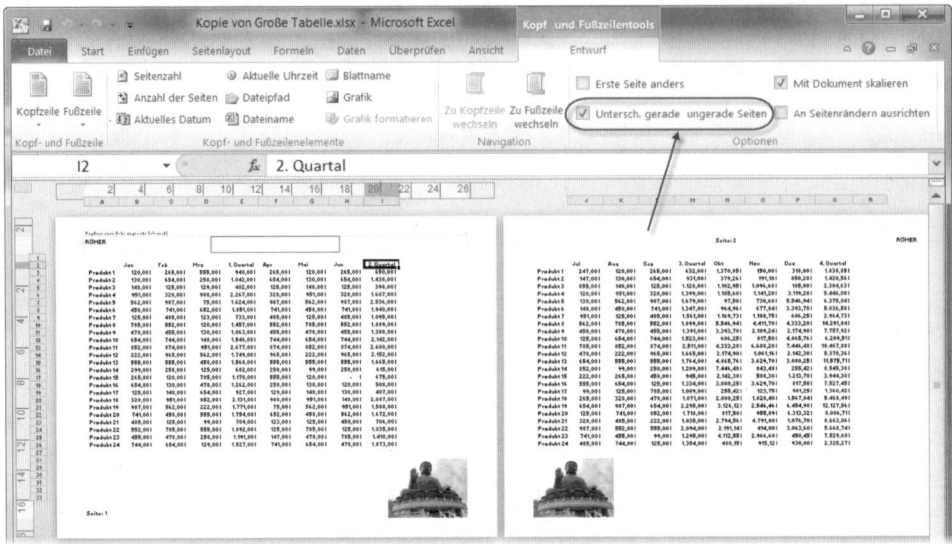

Bild 7.20: Unterschiedliche Kopf- und Fußzeilen auf den geraden und ungeraden Seiten

Wenn Sie möchten, dass beim Druck von mehreren Seiten die erste Seite eine andere Kopf- und Fußzeile darstellt, aktivieren Sie den Haken *Erste Seite anders*.

7.4 Große Tabellen drucken

Stellen Sie sich vor, Sie müssen eine große Tabelle drucken, die sich über mehrere Seiten erstreckt. Dabei können wir den eben gezeigten Trick *Blatt auf einer Seite darstellen* nicht einsetzen, da die Zahlen sonst unleserlich wären.

Im folgenden Beispiel bleibt uns nichts anderes übrig, als die Tabelle über vier Seiten zu drucken. Allerdings wird die erste Zeile mit den Titeln nur auf der ersten Seite gedruckt, so dass wir auf der zweiten Seite nicht mehr erkennen können, wie die Überschriften lauten. Mit der ersten Spalte verhält es sich ähnlich. Auch sie wird nicht auf allen Seiten wiederholt.

557,86	135,06	1.246,08	675,16	822,50	705,63	2.203,30	5.631,61
553,71	111,31	1.227,36	535,57	732,76	576,32	1.844,65	5.209,29
561,56	87,56	1.209,84	395,97	643,02	447,01	1.486,00	4.786,97
563,41	63,81	1.191,72	256,38	553,27	317,70	1.127,35	4.364,65
565,25	40,06	1.173,60	116,78	463,53	188,39	768,71	3.942,33
567,10	16,31	1.155,48	– 22,81	373,78	59,08	410,06	3.520,01
568,95	– 7,44	1.137,36	162,40	284,04	– 70,22	51,41	3.097,70
570,80	– 31,19	1.119,24	– 302,00	194,30	– 199,53	– 307,24	2.675,38

Bild 7.21: Auf der vierten Seite kann man nicht erkennen, wie die Überschriften lauten.

7.4.1 Wiederholungszeilen

Sie müssen Excel in diesem Beispiel dazu bringen, die erste Zeile auf jeder Seite zu wiederholen.

1. Öffnen Sie die Datei *Große Tabelle.xlsx* und aktivieren Sie das Tabellenblatt *Wiederholen*.

2. Aktivieren Sie das Register *Ansicht,* stellen Sie die *Layoutansicht* ein und lassen sich dann das Register *Seitenlayout* anzeigen.

3. Klicken Sie auf die Schaltfläche *Drucktitel.* Das Fenster *Seite einrichten* öffnet sich.

4. Klicken Sie ins Feld *Wiederholungszeilen oben* und markieren Sie die Zeile bzw. die Zeilen, die auf jeder Seite wiederholt werden sollen. In diesem Beispiel ist es nur die Zeile 2.

5. Klicken Sie ins Feld *Wiederholungsspalten links* und markieren Sie die Spalte bzw. die Spalten, die auf jeder Seite wiederholt werden sollen. In diesem Beispiel ist es nur die Spalte A.

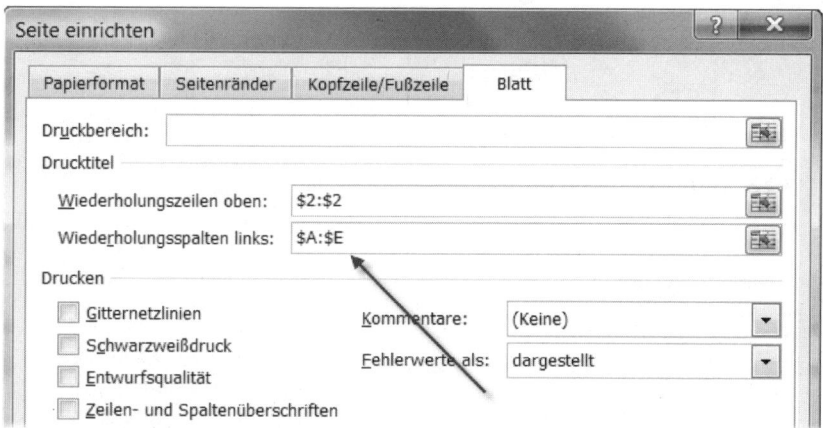

Bild 7.22: Das Register *Blatt* mit den Einstellungen zu den Drucktiteln

In der Seitenvorschau erkennen Sie nun, dass diese Informationen auf jeder Seite wiederholt werden.

	Aug	Sep	3. Quartal	Okt	Nov	Dez	4. Quartal	Summe
Produkt 32	557,86	135,06	1.246,08	675,16	822,50	705,63	2.203,30	5.631,61
Produkt 33	553,71	111,31	1.227,96	535,57	732,76	576,32	1.844,65	5.208,29
Produkt 34	561,58	87,56	1.209,84	395,97	643,02	447,01	1.486,00	4.786,97
Produkt 35	563,41	63,81	1.191,72	256,38	553,27	317,70	1.127,35	4.364,65
Produkt 36	565,25	40,06	1.173,60	116,78	463,53	188,39	768,71	3.942,33
Produkt 37	567,10	16,31	1.155,48	- 22,81	373,78	58,08	410,06	3.520,01
Produkt 38	568,95	- 7,44	1.137,36	- 162,40	284,04	- 70,22	51,41	3.097,70
Produkt 39	570,80	- 31,19	1.119,24	- 302,00	194,30	- 199,53	- 307,24	2.675,38

Bild 7.23: Das Ergebnis: Die Überschriften werden wiederholt.

7.4.2 Druckbereich

Sie möchten nur einen Teil einer recht umfangreichen Tabelle ausdrucken. Sie haben zwei Möglichkeiten, nur einen Ausschnitt Ihrer Daten zu drucken.

Über den Bereich Drucken

Für die kürzeste Variante markieren Sie die Zellen und starten den Befehl *Drucken* im Menü *Datei*.

1. Aktivieren Sie die Option *Auswahl Drucken* im Bereich *Einstellungen*.

Als Ergebnis werden nur die zuvor markierten Zellen gedruckt. Wenn Sie diesen Vorgang aber regelmäßig aufrufen müssen, wird es recht umständlich.

Einen Druckbereich dauerhaft festlegen

2. Markieren Sie die gewünschten Zellen.

3. Aktivieren Sie das Register *Seitenlayout* und wählen Sie die Befehlsfolge *Druckbereich / Druckbereich festlegen*.

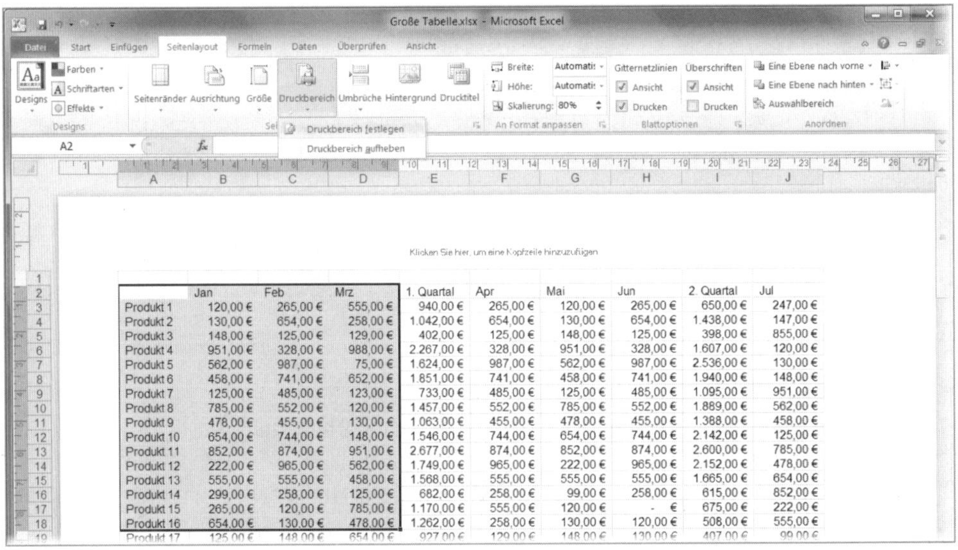

Bild 7.24: Den Druckbereich festlegen

Wechseln Sie jetzt in die Seitenansicht. Sie erkennen, dass Excel jetzt nur die Zellen druckt, die Sie eben definiert haben. Diese Information wird mit der Tabelle gespeichert.

Wenn Sie den Druckbereich erweitern oder reduzieren möchten, müssen Sie ihn zu Beginn aufheben und dann die oben beschriebenen Schritte wieder ausführen.

Sie entfernen einen Druckbereich über die Befehlsfolge *Seitenlayout / Druckbereich / Druckbereich aufheben*.

7.5 Seitenumbruch

Stellen Sie sich vor, Sie möchten eine Tabelle drucken und der Seitenwechsel wird nicht zu Ihrer Zufriedenheit durchgeführt.

Die folgende Abbildung zeigt eine Tabelle, die über zwei Seiten gedruckt wird, wobei der erste Monat des dritten Quartals (Juli) alleine steht.

	Jan	Feb	Mrz	1. Quartal	Apr	Mai	Jun	2. Quartal	Jul
Produkt 1	120,00	265,00	555,00	940,00	265,00	120,00	265,00	650,00	247,00
Produkt 2	130,00	654,00	258,00	1.042,00	654,00	130,00	654,00	1.438,00	147,00
Produkt 3	148,00	125,00	129,00	402,00	125,00	148,00	125,00	398,00	855,00
Produkt 4	351,00	328,00	988,00	2.267,00	328,00	351,00	328,00	1.607,00	120,00
Produkt 5	562,00	387,00	75,00	1.624,00	387,00	562,00	387,00	2.536,00	130,00
Produkt 6	458,00	741,00	652,00	1.851,00	741,00	458,00	741,00	1.940,00	148,00
Produkt 7	125,00	485,00	123,00	733,00	485,00	125,00	485,00	1.095,00	351,00
Produkt 8	785,00	552,00	120,00	1.457,00	552,00	785,00	552,00	1.889,00	562,00
Produkt 9	478,00	455,00	130,00	1.063,00	455,00	478,00	455,00	1.388,00	458,00
Produkt 10	654,00	744,00	148,00	1.546,00	744,00	654,00	744,00	2.142,00	125,00
Produkt 11	852,00	874,00	951,00	2.677,00	874,00	852,00	874,00	2.600,00	785,00
Produkt 12	222,00	965,00	562,00	1.749,00	965,00	222,00	965,00	2.152,00	478,00
Produkt 13	555,00	555,00	458,00	1.568,00	555,00	555,00	555,00	1.665,00	654,00

Bild 7.25: Ein unprofessioneller Seitenwechsel mitten im dritten Quartal

Schöner wäre es, wenn die zweite Seite mit *Juli* beginnen würde.

Die visuelle Lösung ist recht einfach und heißt *Seitenumbruchvorschau*.

1. Öffnen Sie die Datei *Große Tabelle.xlsx* und aktivieren Sie das Blatt *Seitenumbruch*.

2. Öffnen Sie die *Umbruchvorschau* über das Register *Ansicht* oder klicken Sie in der Stausleiste auf die gleichnamige Schaltfläche.

3. Zu Beginn erscheint ein Hinweisfenster, das Sie mit *OK* quittieren müssen.

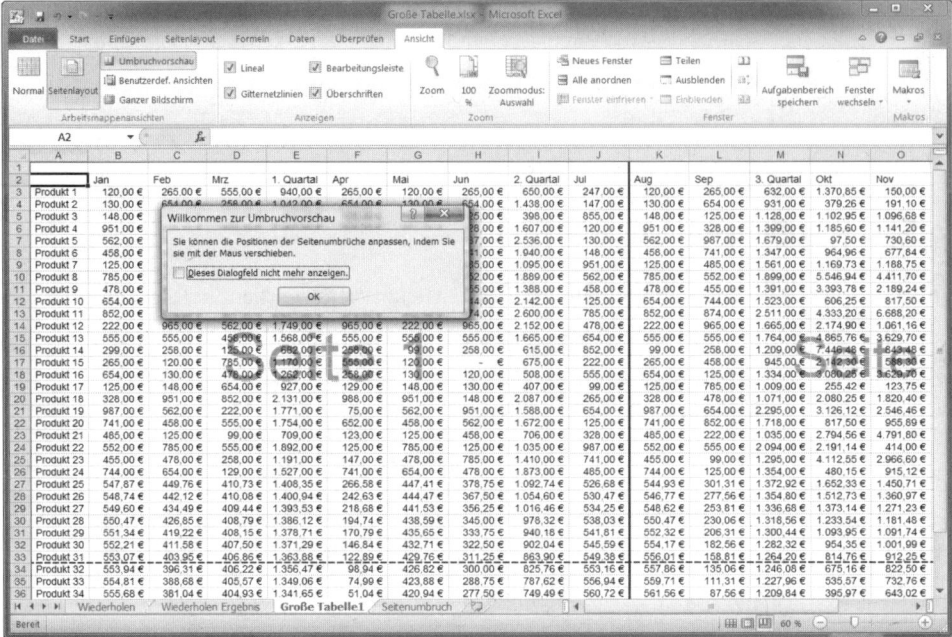

Bild 7.26: Der erste Aufruf der Seitenumbruchvorschau

4. Der Seitenwechsel wird durch eine gestrichelte Linie angezeigt. Zeigen Sie mit der Maus auf diese Linie und ziehen Sie den Seitenwechsel mit gedrückter linker Maustaste an die gewünschte Zeile oder Spalte. In diesem Beispiel werden wir die Linie zwischen der Spalte J und K nach links ziehen. Damit wird der Juli auf die zweite Seite verlegt.

Die gestrichelte Linie wird, nach dem Sie sie verschoben haben, zu einer durchgezogenen Linie. Dies ist der optische Hinweis darauf, dass sie bewegt wurde.

> **Tipp:** Wenn Sie bei der Seitenumbruchvorschau einmal eine neue Seite erzeugen möchten, ziehen Sie an der breiten blauen Linie nach unten oder nach rechts. Wenn Sie weit genug gezogen haben, werden die neue Seite und der gestrichelte Seitenwechsel angezeigt.

7.6 Mehrere Tabellen gleichzeitig einrichten

Stellen Sie sich vor, Sie haben in Ihrer Mappe drei Tabellenblätter mit Daten. Das Drucklayout soll für alle drei Blätter identisch sein. Es ist nicht nötig, bei jedem Blatt dieselben Formatierungsanweisungen vorzunehmen. Wenn Sie Ihre Blätter gruppieren, nehmen Sie Ihre Anweisungen nur ein Mal für alle drei Tabellenblätter dieser Gruppe vor.

Im vorigen Kapitel haben wir Ihnen bereits die Funktion *Gruppieren von Tabellenblättern* vorgestellt.

1. Bilden Sie nun die Gruppe mit den gewünschten Tabellenblättern.

2. Wechseln Sie zum Register *Seitenlayout* und stellen Sie die gewünschten Druckeinstellungen ein.

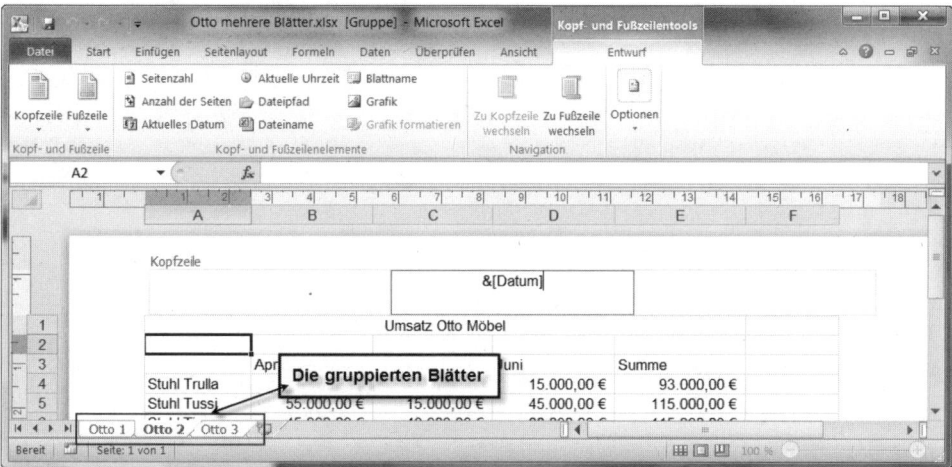

Bild 7.27: Das Erstellen eines Drucklayouts für mehrere Tabellenblätter gleichzeitig

Als Ergebnis werden diese Einstellungen auf alle markierten Blätter übernommen. So stellen Sie sicher, dass Sie ein einheitliches Drucklayout für alle Tabellenblätter haben.

8 Excel-Funktionen nutzen

Nachdem Sie in einem früheren Kapitel schon viel über die Grundrechenarten mit Excel und wichtige Techniken zur Nutzung der Software gelernt haben, möchten wir Ihnen im folgenden Kapitel weitere Möglichkeiten vorstellen, mit Excel Berechnungen anzustellen und Funktionen zu nutzen.

□ Download-Link

---

www.buch.cd

Hier finden Sie alle Beispieldateien übersichtlich nach Kapiteln sortiert.

8.1 Prozentuale Verteilungen

Stellen Sie sich vor, Sie haben Ihre Kunden in Altersgruppen unterteilt und möchten wissen, wie viel Prozent vom Umsatz die einzelnen Gruppen ausmachen, um eventuell die Werbung anzupassen. Diese Art der Auswertung wird auch relative Häufigkeit genannt.

1. Erfassen Sie die folgende Tabelle und speichern Sie sie unter dem Namen *Prozent* ab oder öffnen Sie die Datei *Prozent.xlsx*.

2. Bilden Sie in der Zelle B11 die Summe des Umsatzes.

B11	▼	f_x =SUMME(B2:B10)	
	A	B	C
1	Altersgruppe	Umsatz	Anteil
2	10-15	150.000,00 €	
3	16-20	210.000,00 €	
4	21-25	180.000,00 €	
5	26-30	250.000,00 €	
6	31-35	100.000,00 €	
7	36-40	225.000,00 €	
8	41-45	198.000,00 €	
9	46-50	50.000,00 €	
10	51-55	53.000,00 €	
11		1.416.000,00 €	
12			

Bild 8.1: Die Umsatzliste gestaffelt nach Altersgruppen

3. Setzen Sie den Cursor in die Zelle C2 und geben Sie =B2/B11 ein. Dabei müssen Sie in der Formel die Zelle B11 mit der ⌷F4⌷-Taste festsetzen, damit Sie die Formel nach unten kopieren können.

Die Formel lautet: =B2/$B$11.

	A	B	C
	C2 ▾ (ⁿ fₓ =B2/$B$11		
1	**Altersgruppe**	**Umsatz**	**Anteil**
2	10-15	150.000,00 €	0,1059322
3	16-20	210.000,00 €	
4	21-25	180.000,00 €	

Bild 8.2: Die Berechnung

4. Nachdem Sie ⌷Eingabe⌷ gedrückt haben, zeigt Excel zu Beginn eine Dezimalzahl.

5. Wählen Sie nun für diese Zelle das Prozentformat mit der entsprechenden Schaltfläche auf dem Register *Start*. Fügen Sie, wenn gewünscht, weitere Dezimalstellen mit der Schaltfläche *Dezimalstelle hinzufügen* zu.

6. Ziehen Sie nun die Formeln mit ihren Formaten nach unten.

7. Speichern Sie Ihre Änderungen ab.

Tipp: Sollte das Ergebnis nicht auf 100% kommen, lesen Sie zur Lösung dieses Problems unbedingt hier in diesem Kapitel den Abschnitt *Runden*.

	A	B	C
	C10 ▾ (ⁿ fₓ =B10/$B$11		
1	**Altersgruppe**	**Umsatz**	**Anteil**
2	10-15	150.000,00 €	10,59%
3	16-20	210.000,00 €	14,83%
4	21-25	180.000,00 €	12,71%
5	26-30	250.000,00 €	17,66%
6	31-35	100.000,00 €	7,06%
7	36-40	225.000,00 €	15,89%
8	41-45	198.000,00 €	13,98%
9	46-50	50.000,00 €	3,53%
10	51-55	53.000,00 €	3,74%
11		1.416.000,00 €	
12			

Bild 8.3: Das Ergebnis: Die prozentualen Anteile der Altersgruppen.

Mit dieser Formel können Sie immer die prozentuale Verteilung eines Gesamtwerts berechnen.

8.2 Der Funktionsassistent

Der Funktionsassistent bietet Ihnen nach der Installation von Excel weit über 200 Funktionen an. Sie können jede Funktion ganz bequem aus einem Fenster wählen. Dabei stehen Ihnen sehr gute Hilfefunktionen zur Verfügung.

8.2.1 Einsatzgebiete

Um den Funktionsassistenten zu öffnen, wählen Sie einen der folgenden Schritte:

1. Klicken Sie in der Bearbeitungsleiste auf das Symbol f_x .

- Alternativ können Sie über das Register *Formeln* auf die Schaltfläche *Funktion einfügen* klicken.

oder:

- Wählen Sie am Listenpfeil der Schaltfläche *Summe* Σ auf dem Register *Start* den Eintrag *Weitere Funktionen*.

- Über das Listenfeld *Kategorie auswählen* grenzen Sie die Funktionen thematisch ein. Sollten Sie sich nicht sicher sein, in welcher Kategorie die gesuchte Funktion steckt, lassen Sie sich den Eintrag *Alle* anzeigen.

2. Jetzt sind die Funktionen alphabetisch geordnet. Sollten Sie nun eine Funktion mit dem Anfangsbuchstaben *W* suchen, müssen Sie nicht mühsam blättern. Klicken Sie auf einen Funktionsnamen und geben Sie den gesuchten Anfangsbuchstaben ein. Die Anzeige springt sofort zur ersten Funktion mit diesem Buchstaben.

Mit einem Klick auf eine Funktion sehen Sie im unteren Teil des Fensters zwei Erklärungen. Zum einen sehen Sie die Syntax und die benötigten Informationen zu dieser Funktion und zum anderen eine Erläuterung, was diese Funktion macht.

Aus der Liste aller Funktionen haben wir den Eintrag *Römisch* gewählt. Wir möchten eine arabische Zahl in der römischen Darstellung zeigen.

3. Wenn Sie die gesuchte Funktion gefunden haben, doppelklicken Sie auf diese oder markieren Sie sie und klicken auf die Schaltfläche *OK*.

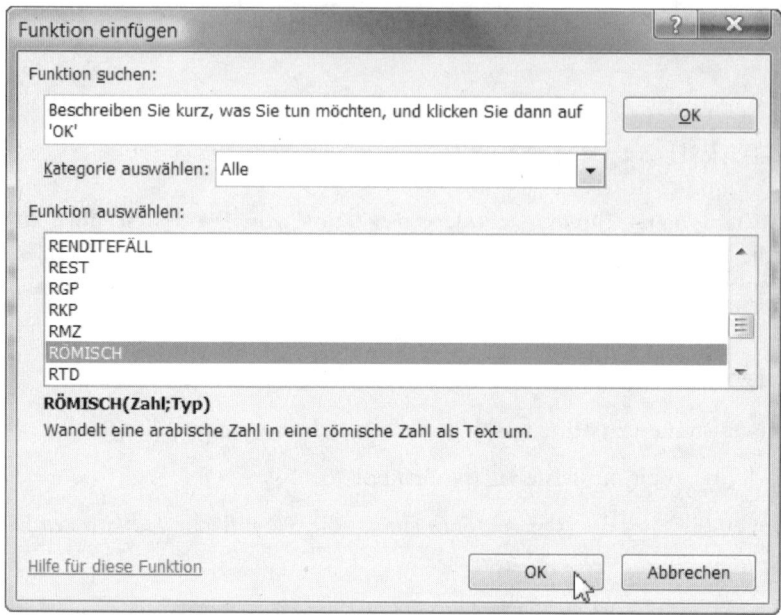

Bild 8.4: Der erste Schritt des Funktionsassistenten

4. Im Fenster *Funktionsargumente* geben Sie die Zellen, in denen die zu berechnenden Zahlen stehen, an. Sie können aber auch direkt Zahlen in das erste Feld *Zahl* eingeben. Bei der nächsten Übung erklären wir, wie das geht.

Tipp: Manchmal kann es sein, dass dieses Fenster vor der oder den Zellen steht, die Sie markieren möchten. Zeigen Sie in den Hintergrundbereich des Fensters und ziehen Sie das Fenster zur gewünschten Position.

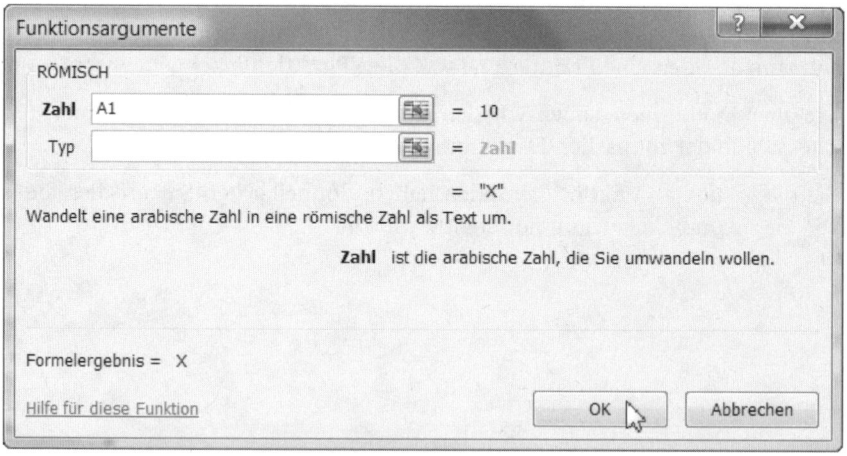

Bild 8.5: Zweiter Schritt des Funktionsassistenten

In diesem Beispiel wurde ins Feld *Zahl* die Zelle A1 eingegeben. Sie enthält zurzeit die Zahl 10.

Als Vorschau steht im Fenster bereits das zu erwartende Ergebnis.

5. Klicken Sie auf die Schaltfläche *OK*. Das Ergebnis wird dann in der aktuellen Zelle und die Funktion in der Bearbeitungsleiste angezeigt.

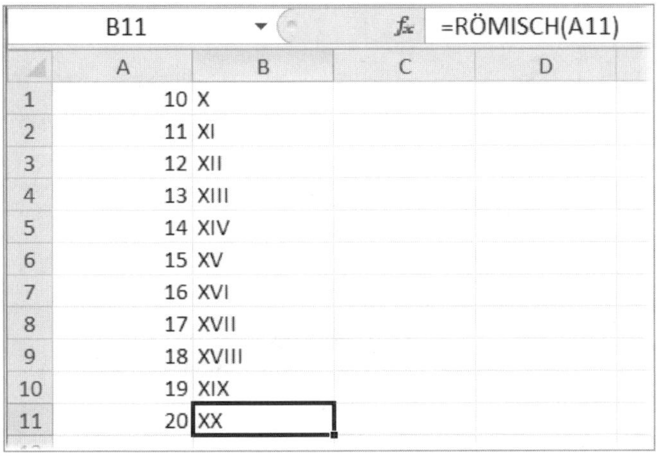

	B11	▼	*fx*	=RÖMISCH(A11)	
	A	B	C	D	
1	10	X			
2	11	XI			
3	12	XII			
4	13	XIII			
5	14	XIV			
6	15	XV			
7	16	XVI			
8	17	XVII			
9	18	XVIII			
10	19	XIX			
11	20	XX			

Bild 8.6: Die römischen Zahlen als Ergebnis der Excel-Funktion

8.2.2 Hilfe

Wenn Sie einmal nicht genau wissen, wozu gewisse Felder im Fenster *Funktionsargumente* dienen, klicken Sie auf den Link *Hilfe für diese Funktion*. Sie erhalten dann ein Fenster mit sehr ausführlichen Hinweisen und Beispielen.

8.2.3 AddIns – weitere Funktionen aktivieren

Wenn Ihnen die mehr als 200 mitgelieferten Funktionen nicht reichen, können Sie weitere Funktionen einrichten.

1. Wählen Sie über das Menü *Datei* den Befehl *Optionen*.

2. Markieren Sie die Kategorie *Add-Ins* und klicken Sie auf die Schaltfläche *Gehe zu*.

3. Setzen Sie das Häkchen bei *Analyse-Funktionen*.

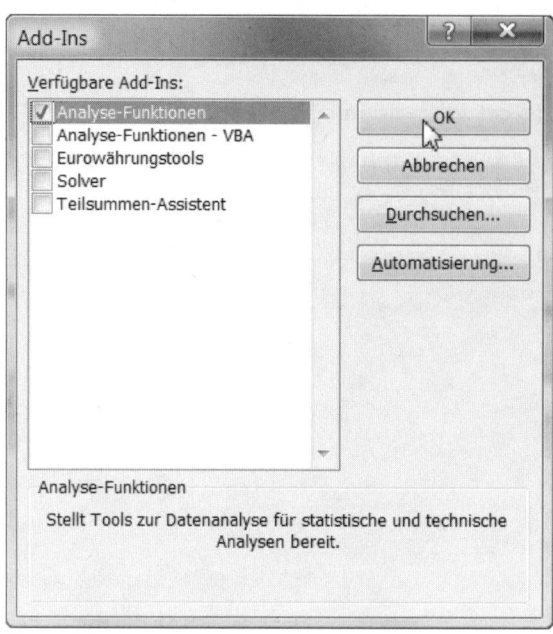

Bild 8.7:
Die verfügbaren Add-Ins

4. Bestätigen Sie mit *OK*.

Je nach Installation müssen die Add-Ins nachinstalliert werden.

Jetzt finden Sie im Fenster des Funktionsassistenten ca. 100 weitere Funktionen.

8.3 Mathematische Funktionen

Mit Excel haben Sie keine Probleme, bis zu 15 Nachkommastellen zu verwalten und zu berechnen, aber für den Überblick verwenden Sie i. d. R. nur eine begrenzte Anzahl von Dezimalstellen in der Anzeige. Deshalb kommt nun die Funktion RUNDEN ins Spiel.

8.3.1 Die Funktion RUNDEN

Wenn Sie so ein Ergebnis später mit einem Währungsformat gestalten, kann das fatale Folgen haben. Die folgende Abbildung zeigt dies:

| D5 | ▼ | f_x | 26,8877677 |

▲	A	B	C	D
1	Umsatzaufstellung in Euro			
2				
3		Januar	Februar	März
4	Müller	79,99 €	80,01 €	6,23 €
5	Maier	61,12 €	23,00 €	26,89 €
6	Schmitz	66,12 €	22,50 €	39,35 €
7				

Bild 8.8: Intern rechnet Excel mit der Zahl in der Bearbeitungsleiste

Vordergründig steht in der markierten Zelle D5 der Wert 26,89 Euro. Intern steht aber der Wert 26,8877677, den Sie in der Bearbeitungsleiste erkennen können. Wenn Sie mit dieser Zelle weitere Berechnungen erstellen, nimmt Excel den Wert aus der Bearbeitungsleiste und kommt so eventuell zu einem anderen Ergebnis.

Ein Beispiel soll dieses Problem noch einmal verdeutlichen und anschließend die Lösung aufzeigen:

1. Erfassen Sie die folgende Tabelle und speichern Sie sie unter den Namen *Runden* ab oder öffnen Sie die Datei *Runden.xlsx*.

	A	B
1	2,869	0,793
2	2,67	0,654
3		

Bild 8.9: Diese Zahlen sollen gleich gerundet werden

2. Positionieren Sie den Cursor in Zelle C1 und geben Sie den folgenden Rechenschritt ein:

```
=A1-B1
```

3. Drücken Sie zur Bestätigung [Eingabe].

4. Führen Sie die Berechnungen nun auch in Zelle C2 durch.

5. Addieren Sie in Zelle C3 die Inhalte von C1 und C2 und formatieren Sie anschließend alle Zellen mit einem Währungsformat.

C3	▼	*fx*	=C1+C2	
	A	B	C	D
1	2,869	0,793	2,08 €	<- =A1-B1
2	2,67	0,654	2,02 €	<- =A2-B2
3			4,09 €	<- =C1+C2
4				

Bild 8.10: Die Summe in C3 stimmt nicht!

```
2,08 + 2,02 ist NICHT 4,09 sondern 4,1
```

Jetzt erkennen Sie das Problem. Vordergründig könnte man den Eindruck gewinnen, Excel rechne falsch. Die Software nimmt aber nur den unformatierten Inhalt der Zellen zur Berechnung.

Die Lösung bietet die Funktion RUNDEN.

6. Positionieren Sie den Cursor in Zelle C1 und geben Sie folgende Funktion ein:

```
=RUNDEN(A1;2)-RUNDEN(B1;2)
```

Sie runden hier die Einzelwerte in den Zellen A1 und B1 und subtrahieren anschließend die gerundeten Beträge.

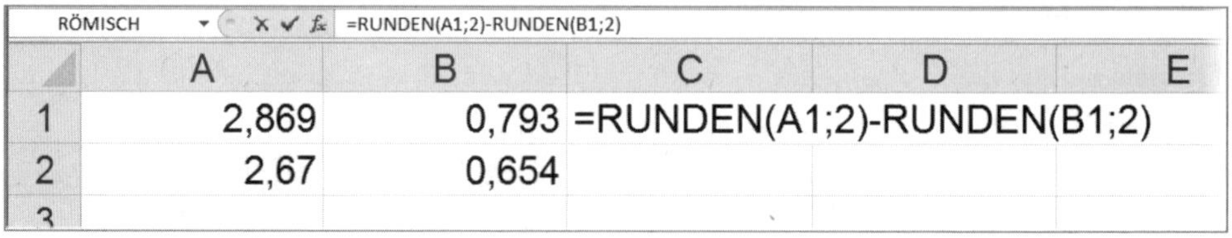

RÖMISCH	▾ (	× ✔ *f*	=RUNDEN(A1;2)-RUNDEN(B1;2)	
	A	B	C	D	E
1	2,869	0,793	=RUNDEN(A1;2)-RUNDEN(B1;2)	
2	2,67	0,654		
3				

Bild 8.11: Die Funktion *Runden*

7. Drücken Sie zur Bestätigung ⌈Eingabe⌋ und führen Sie diese Berechnung auch in der Zelle C2 durch.

8. Addieren Sie wieder die Inhalte von C1 und C2 und kontrollieren Sie, ob Excel nun die »richtigen« Werte ermittelt hat.

Die Syntax der Funktion RUNDEN:

```
=Runden(Was soll gerundet werden; Anzahl der Nachkommastellen)
```

Dabei können Sie entweder eine Zahl, einen Rechenschritt oder das Ergebnis eines Rechenschritts runden lassen.

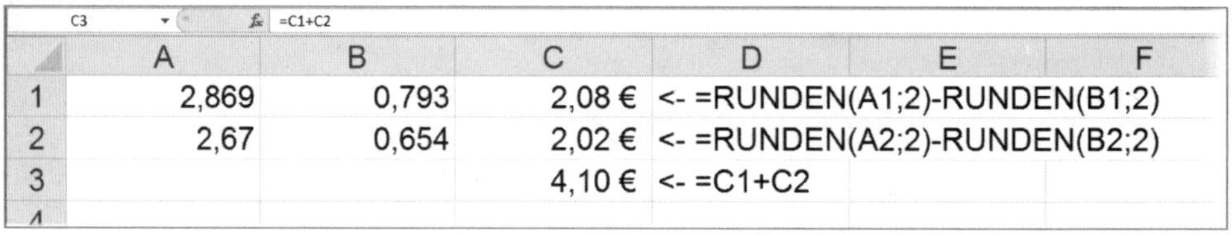

C3	▾ (	*f*	=C1+C2			
	A	B	C	D	E	F
1	2,869	0,793	2,08 €	<- =RUNDEN(A1;2)-RUNDEN(B1;2)		
2	2,67	0,654	2,02 €	<- =RUNDEN(A2;2)-RUNDEN(B2;2)		
3			4,10 €	<- =C1+C2		
4						

Bild 8.12: Das korrekte Ergebnis

9. Speichern Sie Ihre Änderungen ab.

8.4 Statistische Funktionen

Wir haben bereits eine Tabelle mit dem Namen *Vergleich* erstellt und erweitert. In dieser Tabelle haben wir mehrere Angebote verschiedener Lieferanten analysiert. Stellen Sie sich vor, Sie suchen jetzt das höchste oder das preiswerteste Angebot. Wenn es viele Angebote sind, dann kann das »zu Fuß gerechnet« eine Weile dauern. Deshalb empfehlen wir Ihnen, solche statistischen Analysen von Excel durchführen zu lassen.

Zu Beginn lassen wir Excel den höchsten und anschließend auch den niedrigsten Wert suchen. Später wollen wir dann den durchschnittlichen Wert der Angebote wissen. Schließlich möchten wir erfahren, wie viele Angebote es insgesamt sind.

8.4.1 Die Funktion Maximum

Zu Beginn möchten wir Excel anweisen, uns aus allen Angeboten das teuerste heraus-
zusuchen und anzuzeigen.

1. Öffnen Sie die Datei *Reisekostenvergleich* und erfassen Sie in den Zellen A14 bis A18
   die in der folgenden Abbildung gezeigten Texte.

2. Markieren Sie die Zelle B14, da Sie dort jetzt die Funktion zum Berechnen des
   teuersten Angebots erfassen möchten.

3. Aktivieren Sie das Register *Start*. Klicken Sie an der Schaltfläche *Summe* ∑⁻ auf den
   Listenpfeil und aktivieren Sie den Eintrag *Max*.

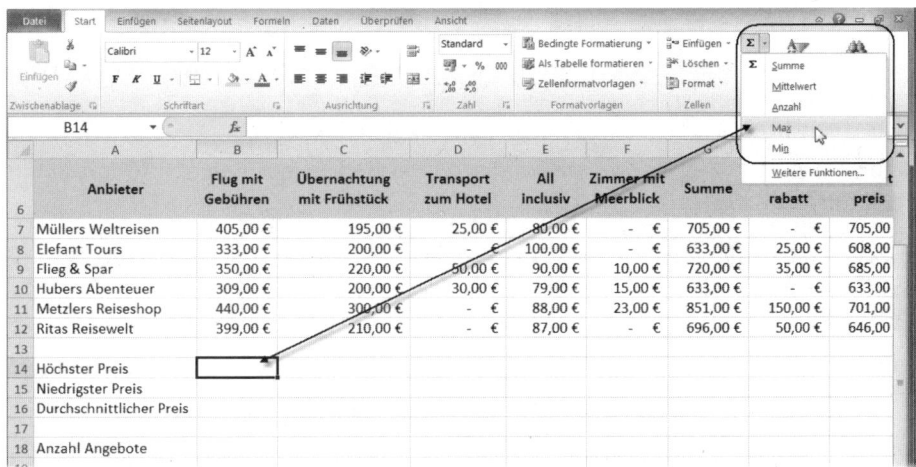

Bild 8.13: Die Funktion zum Ermitteln des größten Wertes innerhalb einer Liste
auswählen.

4. Markieren Sie jetzt die Zellen I7 bis I12, da dort die Zahlen stehen, die Sie zur
   Berechnung benötigen.

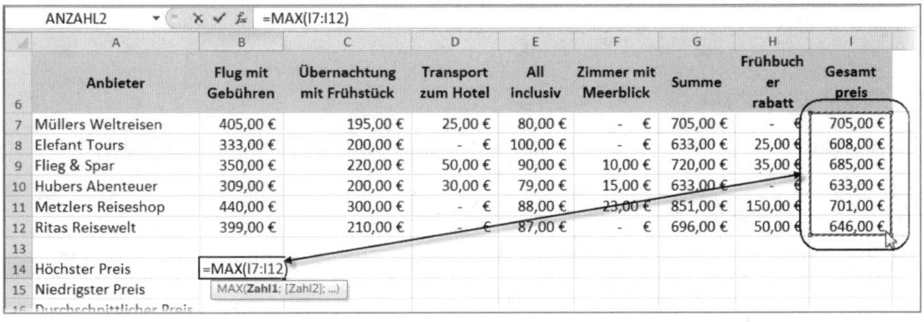

Bild 8.14: Die Zellen, die zur Berechnung hinzugezogen werden.

5. Bestätigen Sie durch Drücken von ⌜Eingabe⌟.

Die Syntax sieht folgendermaßen aus:

```
=Max(Zellbereich)
```

In der Zelle steht nun das Ergebnis und in der Bearbeitungszeile erkennen Sie die Formel.

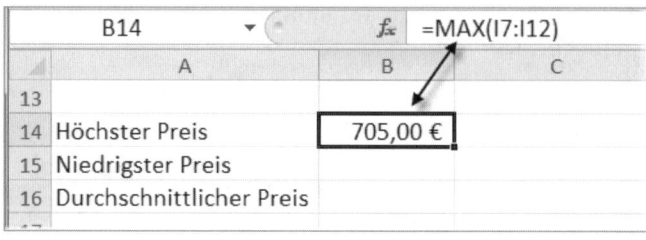

Bild 8.15:
Das Ergebnis: Dies ist
der zurzeit größte Wert.

Der zweitgrößte Wert

Wenn Sie den zweitgrößten Wert in einer Liste finden möchten, dann nutzen Sie die Funktion KGRÖSSTE.

```
Kgrösste(Zellbereich; der wievielte Wert).
```

Ein Beispiel:

```
=KGRÖSSTE(I7:I12;2)
```

8.4.2 Die Funktion MIN

Nun möchten wir Excel anweisen, uns aus allen Angeboten das preiswerteste herauszu-suchen und anzuzeigen.

1. Markieren Sie die Zelle B15.

2. Aktivieren Sie das Register *Start*. Klicken Sie an der Schaltfläche *Summe* auf den Listenpfeil und aktivieren Sie den Eintrag *Min*.

3. Markieren Sie jetzt die Zellen I7 bis I12, da dort die Ergebnisse der Vergleiche stehen.

4. Bestätigen Sie durch Drücken von ⌴Eingabe⌴.

In der Zelle steht nun das Ergebnis und in der Bearbeitungszeile erkennen Sie die Formel.

Der drittkleinste Wert

Wenn Sie beispielsweise den drittkleinsten Wert in einer Liste finden möchten, dann nutzen Sie die Funktion KKLEINSTE. Der Aufbau der Funktion sieht folgendermaßen aus:

```
Kkleinste(Zellbereich; der wievielte Wert)
```

Ein Beispiel:

```
=KKLEINSTE(I7:I12;3)
```

8.4.3 Die Funktion MITTELWERT

Um den durchschnittlichen Wert, der in allen markierten Zellen steht, zu ermitteln, nutzen Sie die Funktion MITTELWERT.

1. Markieren Sie die Zelle B16.

2. Aktivieren Sie das Register *Start*. Klicken Sie an der Schaltfläche *Summe* auf den Listenpfeil und aktivieren Sie den Eintrag *Mittelwert*.

3. Markieren Sie jetzt die Zellen I7 bis I17, da dort die Ergebnisse der Vergleiche stehen.

4. Bestätigen Sie durch Drücken von ⌈Eingabe⌋.

	B16 ▾	*fx*	=MITTELWERT(I7:I12)						
	A	B	C	D	E	F	G	H	I
6	Anbieter	Flug mit Gebühren	Übernachtung mit Frühstück	Transport zum Hotel	All inclusiv	Zimmer mit Meerblick	Summe	Frühbuch er rabatt	Gesamt preis
7	Müllers Weltreisen	405,00 €	195,00 €	25,00 €	80,00 €	- €	705,00 €	- €	705,00 €
8	Elefant Tours	333,00 €	200,00 €	- €	100,00 €	- €	633,00 €	25,00 €	608,00 €
9	Flieg & Spar	350,00 €	220,00 €	50,00 €	90,00 €	10,00 €	720,00 €	35,00 €	685,00 €
10	Hubers Abenteuer	309,00 €	200,00 €	30,00 €	79,00 €	15,00 €	633,00 €	- €	633,00 €
11	Metzlers Reiseshop	440,00 €	300,00 €	- €	88,00 €	23,00 €	851,00 €	150,00 €	701,00 €
12	Ritas Reisewelt	399,00 €	210,00 €	- €	87,00 €	- €	696,00 €	50,00 €	646,00 €
13									
14	Höchster Preis	705,00 €							
15	Niedrigster Preis	608,00 €							
16	Durchschnittlicher Preis	663,00 €							

Bild 8.16: Den durchschnittlichen Wert der Angebote ermitteln

Sie erkennen, dass der durchschnittliche Wert aller Angebote bei 663,00 Euro liegt.

8.4.4 Die Funktion zum Zählen

Als letzte der statistischen Funktionen stellen wir Ihnen die Funktionen ANZAHL, ANZAHL2 und ANZAHLLEEREZELLEN vor.

1. Markieren Sie die Zelle B18.

2. Aktivieren Sie das Register *Start*. Klicken Sie an der Schaltfläche *Summe* auf den Listenpfeil und aktivieren Sie den Eintrag *Weitere Funktionen*. Markieren Sie die Kategorie *Alle* und suchen Sie die Funktion *Anzahl2*.

3. Markieren Sie sie und bestätigen Sie mit *OK*. Markieren Sie jetzt die Zellen, die Sie zählen lassen möchten. In diesem Beispiel sind es die Zellen A7 bis A12.

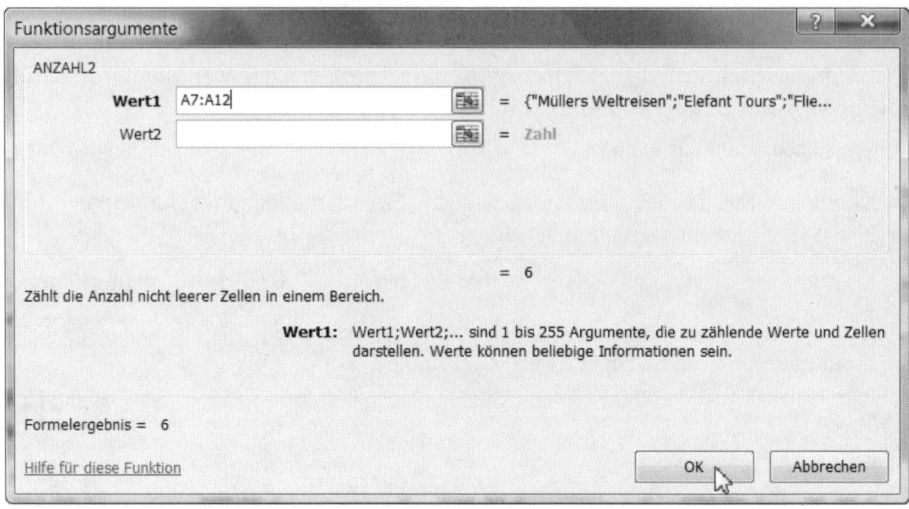

Bild 8.17: Die Funktion *Anzahl2* zählt alle nicht leeren Zellen.

4. Bestätigen Sie mit *OK*.

| | B18 | ▾ | *fₓ* =ANZAHL2(A7:A12) | | | | | | | |

	A	B	C	D	E	F	G	H	I
6	Anbieter	Flug mit Gebühren	Übernachtung mit Frühstück	Transport zum Hotel	All inclusiv	Zimmer mit Meerblick	Summe	Frühbucher rabatt	Gesamt preis
7	Müllers Weltreisen	405,00 €	195,00 €	25,00 €	80,00 €	- €	705,00 €	- €	705,00 €
8	Elefant Tours	333,00 €	200,00 €	- €	100,00 €	- €	633,00 €	25,00 €	608,00 €
9	Flieg & Spar	350,00 €	220,00 €	50,00 €	90,00 €	10,00 €	720,00 €	35,00 €	685,00 €
10	Hubers Abenteuer	309,00 €	200,00 €	30,00 €	79,00 €	15,00 €	633,00 €	- €	633,00 €
11	Metzlers Reiseshop	440,00 €	300,00 €	- €	88,00 €	23,00 €	851,00 €	150,00 €	701,00 €
12	Ritas Reisewelt	399,00 €	210,00 €	- €	87,00 €	- €	696,00 €	50,00 €	646,00 €
13									
14	Höchster Preis	705,00 €							
15	Niedrigster Preis	608,00 €							
16	Durchschnittlicher Preis	663,00 €							
17									
18	Anzahl Angebote	6							

Bild 8.18: Die Anzahl der Zellen mit Text.

Vielleicht ist Ihnen aufgefallen, dass es mehrere Funktionen mit fast identischem Namen gibt:

```
=ANZAHL(Zellbereich)
```

Die Funktion ANZAHL nur die Zellen, in denen Zahlen stehen.

```
=ANZAHL2(Zellbereich)
```

Die Funktion ANZAHL2 zählt alle nicht leeren Zellen, egal ob Zahlen oder Text enthalten sind.

```
=ANZAHLLEEREZELLEN(Zellbereich)
```

Die Funktion ANZAHLLEEREZELLEN zählt alle leeren Zellen.

8.5 Textfunktionen

Textfunktionen können immer dann sehr hilfreich sein, wenn Sie aus Zellen nur einen Teil herausholen möchten, beispielsweise aus der EAN-Nummer die Länderkennzeichnung oder aus der fünfstelligen PLZ nur die beiden ersten Stellen, die die Postleitregion bezeichnen.

Anhand des Wortes *Urlaubsinsel* in der Zelle A1 sollen die wichtigsten Textfunktionen erläutert werden.

Die Funktion LINKS

Die Funktion LINKS zeigt die ersten Zeichen eines Zellinhaltes. Die Anzahl der Zeichen legen Sie über den zweiten Parameter fest.

```
=LINKS(A1;3)
```

Die Funktion RECHTS

Die Funktion RECHTS zeigt die letzten Zeichen eines Zellinhalts. In der folgenden Funktion werden die letzten beiden Zeichen des Zellinhalts A1 angezeigt.

```
=RECHTS(A1;2)
```

Die Funktion TEIL

Die Funktion TEIL zeigt bestimmte Zeichen eines Zellinhalts.

```
=TEIL(A1;4;3)
```

Der zweite Parameter (4) gibt den Startwert an. Der dritte Parameter (3) die Anzahl der Zeichen nach dem Startwert.

Die Funktion SUCHEN

Die Funktion SUCHEN bringt die Position eines gesuchten Zeichens innerhalb eines Textes. Im folgenden Beispiel möchten wir wissen, an welcher Stelle der Buchstabe *a* im Wort *Urlaubsinsel* steht.

```
=SUCHEN("a";A1;1)
```

Der erste Parameter enthält das Suchkriterium. Der zweite Parameter ist die Zelle, die den Begriff, der gesucht wird, enthält. Der dritte Parameter gibt an, ab der wievielten Stelle der Begriff durchsucht werden soll.

Die Funktion LÄNGE

Die Funktion LÄNGE zählt die Anzahl der Zeichen innerhalb einer Zelle.

```
=Länge(A1)
```

A12	▾	f_x	=LÄNGE(A1)

	A	B
1	**Urlaubsinsel**	
2		
3		
4	Url	=LINKS(A1;3)
5		
6	el	=RECHTS(A1;2)
7		
8	aub	=TEIL(A1;4;3)
9		
10	4	=SUCHEN("a";A1;1)
11		
12	12	=LÄNGE(A1)

Bild 8.19: Die am häufigsten eingesetzten Textfunktionen

8.5.1 Vor- und Nachname trennen

Stellen Sie sich vor, Sie haben eine Tabelle erhalten, in der der Vorname und der Nachname Ihrer Freunde in einer Zelle stehen. Dann können Sie mit den gerade vorgestellten Textfunktionen die Namen trennen und jeweils in zwei Zellen darstellen.

B2	▾	f_x	

	A	B	C
1	**Name:**	**Vorname**	**Nachname**
2	Eva Schmitz		
3	Hugo Brüller		
4	Heinz Hurtig		
5	Walter Dürre		
6	Eberhard Maier		
7	Kurt Knolle		
8	Max Münstermann		

Bild 8.20:
Die Namen stehen zusammen in einer Zelle.

Die folgende Funktion findet den Vornamen:

```
=LINKS(A2; SUCHEN(" ";A2;1)-1)
```

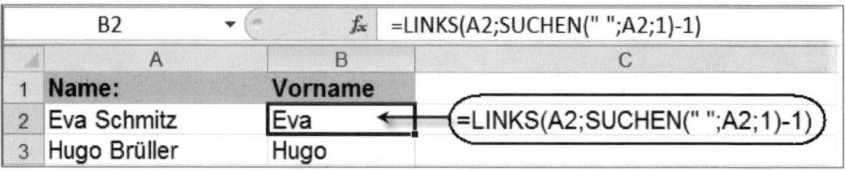

Bild 8.21: Mit den Funktionen LINKS und SUCHEN findet Excel den Vornamen.

Um den Vornamen zu extrahieren, müssen Sie das Leerzeichen suchen, denn dies ist das Trennzeichen zwischen dem Vor- und dem Nachnamen. Das machen Sie mit der Funktion SUCHEN(" ";A2;1). Die Funktion SUCHEN liefert als Ergebnis für die Zelle A2 die Zahl 4. An der vierten Stelle steht in A2 das Leerzeichen.

Die Funktion LINKS sucht jetzt in der Zelle A2 alle Zeichen bis zum Leerzeichen. Damit das Leerzeichen nicht auch noch mitgenommen wird, steht hinter der Funktion Suchen -1.

Die folgende Funktion findet den Nachnamen:

```
=TEIL(A2; SUCHEN(" ";A2;1)+1;LÄNGE(A2)-SUCHEN(" ";A2;1))
```

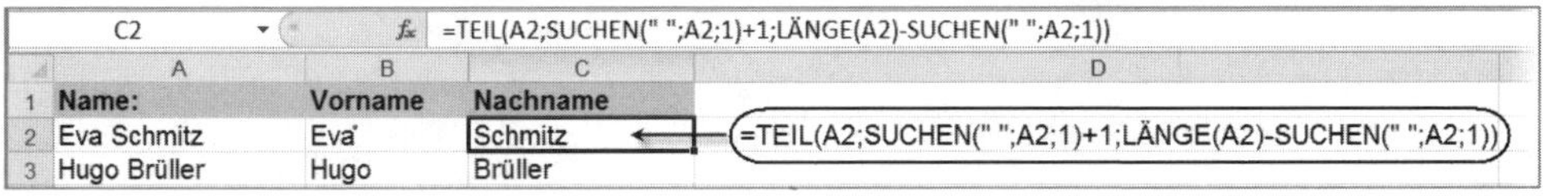

Bild 8.22: Der extrahierte Nachname

Die Funktion TEIL nimmt ab dem Leerzeichen den Inhalt von A2. Da im dritten Funktionsparameter auch die Anzahl der Zeichen, die angezeigt werden sollen, angegeben werden muss, muss dies auch berechnet werden.

Von der Anzahl der Zeichen in A2 wird Anzahl der Zeichen des Vornamens abgezogen: LÄNGE(A2)-SUCHEN(" ";A2;1).

Diese Funktionen können Sie nun nach unten kopieren.

8.5.2   Die Funktion GLÄTTEN und SÄUBERN

Die Funktion GLÄTTEN entfernt überzählige Leerzeichen in einer Zelle.

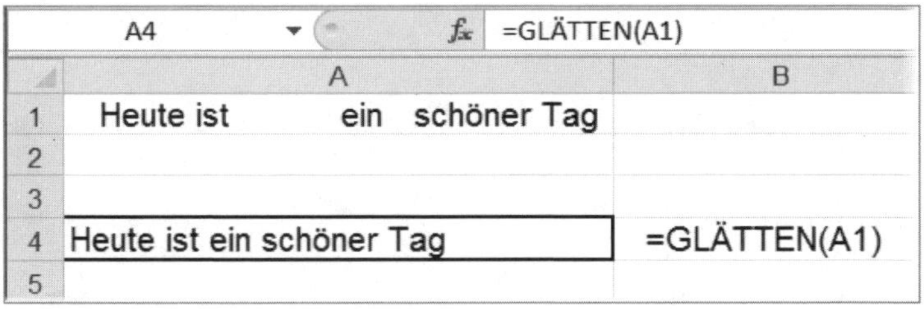

Bild 8.23: Die Textfunktion *Glätten* entfernt unnötige Leerzeichen.

Es gibt aber auch Zellinhalte, die sich nicht mit der Funktion GLÄTTEN bereinigen lassen. Wenn Formatierungszeichen, wie beispielsweise ein Zeilenwechsel, in einer Zelle sind, dann reicht GLÄTTEN nicht aus. Um Sonderzeichen aus einer Zelle zu entfernen, nutzen Sie die Funktion SÄUBERN.

	A	B	C	D	E
1	**SÄUBERN()**			□	
2					
3	Sonder- bzw. Steuerzeichen entfernen				
4					
5	**Beispiel**		**Ergebnis**		**Funktion**
6					
7	Hans □ Muster		Hans Muster		=SÄUBERN(A3)
8	Susi □ Sorglos		Susi Sorglos		=SÄUBERN(A4)
9	Eva □ Schmitz		Eva Schmitz		=SÄUBERN(A5)
10	Insolventia □ Habenichts		Insolventia Habenichts		=SÄUBERN(A6)

Bild 8.24: Die Textfunktionen *Glätten* und *Säubern* bereinigen Zellinhalte.

In der Zelle A7 steht ein Text, der einen manuellen Zeilenwechsel (Alt + Eingabe) enthält. Mit der Funktion SÄUBERN entfernen Sie dieses Sonderzeichen.

Wenn eine Zelle allerdings ein Formatierungszeichen und überflüssige Leerzeichen enthält, dann muss neben der Funktion SÄUBERN auch die Funktion GLÄTTEN eingesetzt werden.

Sie können die beiden Funktionen verschachteln:

```
=SÄUBERN(GLÄTTEN(A7))
```

oder

```
=GLÄTTEN(SÄUBERN(A7))
```

8.6 Datum & Uhrzeit

Es wurde ja bereits beschrieben, wie Sie eine Zelle mit Datum oder Uhrzeit richtig formatieren. In diesem Abschnitt zeigen wir nun, wie Sie mit diesen Angaben rechnen können.

Die folgende Liste zeigt zwei Tastenkombinationen, die Ihnen viel Arbeit abnehmen können:

*   Strg + . zeigt Ihnen das aktuelle Datum.

*   Strg + Umschalt + . zeigt Ihnen die aktuelle Uhrzeit.

Jetzt noch zwei Funktionen und dann kann es bereits losgehen:

```
=HEUTE()
```

zeigt das aktuelle Datum, wird bei jedem Öffnen der Mappe aktualisiert.

```
=JETZT()
```

zeigt das aktuelle Datum und die Uhrzeit. Beide Funktionen werden bei jedem Öffnen der Mappe aktualisiert.

Datum

Seit dem 1.1.1900 addiert Excel jeden neuen Tag eine 1 hinzu. Der 1.1.1900 war die 1, der 2.1.1900 die 2 usw. Der 31.12.2010 ist der also der 40.482 Tag seit dem 1.1.1900. Aufgrund dieser Zählweise kann Excel die Differenz zwischen zwei Daten ermitteln.

Stellen Sie sich vor, Sie möchten ausrechnen, wie viele Tage Sie bereits gelebt haben.

1. Geben Sie in die erste Zelle Ihr Geburtsdatum ein.

2. Geben Sie in die zweite Zelle das aktuelle Datum ein. Dabei ist es egal, ob Sie es über die Tastatur eingeben oder mit der oben beschriebenen Aktion automatisch ausfüllen lassen.

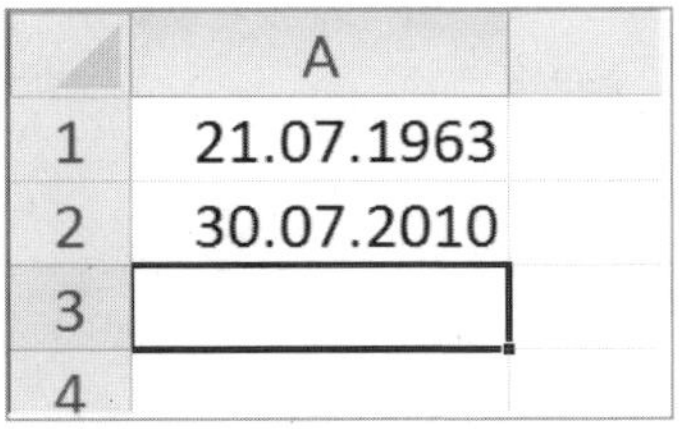

	A
1	21.07.1963
2	30.07.2010
3	
4	

Bild 8.25: Von diesen beiden Daten soll die Differenz ermittelt werden.

3. Positionieren Sie den Cursor in der Zelle, in der Sie das Ergebnis sehen möchten.

4. Geben Sie ein: =A2-A1. Ziehen Sie vom aktuellen Datum das Geburtsdatum ab.

Sollte das Ergebnis jetzt ein Datum sein, dann führen Sie die folgenden Schritte durch:

5. Markieren Sie die Zelle mit dem Ergebnisdatum, klicken Sie auf das Register *Start*, im Bereich *Zahlen* am oberen Feld und wählen Sie den Eintrag *Standard*.

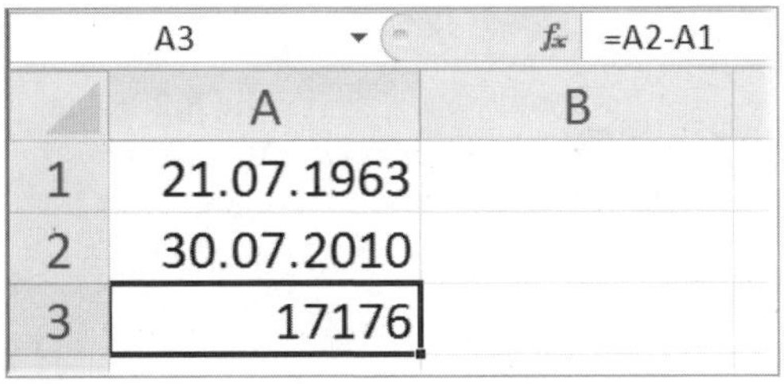

A3	▼	f_x	=A2-A1
	A	**B**	
1	21.07.1963		
2	30.07.2010		
3	17176		

Bild 8.26: Die Anzahl der Tage zwischen zwei Terminen

6. Speichern Sie Ihre Änderungen ab.

Wenn Sie nicht glauben wollen, dass Sie bereits so viele Tage gelebt haben, führen Sie mit dem Ergebnis einen weiteren Rechenschritt aus, in dem Sie die Zahl durch die Anzahl der Tage eines Jahres teilen. Damit erhalten Sie Ihr Alter.

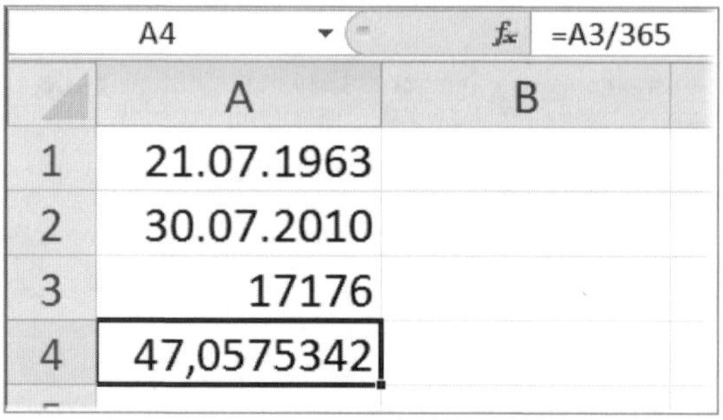

Bild 8.27: Das Alter in Jahren

Überlegen Sie einmal, was Sie damit alles berechnen können:

• wie viele Tage es noch bis Weihnachten sind,

• wie viele Tage Sie für eine Arbeit aufgewandt haben,

• wie viele Tage es noch bis zu Rente sind,

und, und, und ...

8.6.1 Anzahl der Wochentage zwischen zwei Daten

Stellen Sie sich vor, Sie möchten die Anzahl der Wochentage zwischen zwei Daten ermitteln. Die Wochentage sind die Tage von Montag bis Freitag. In der folgenden Abbildung sind alle Apriltage aufgelistet. Insgesamt hat der April 30 Tage. Ohne die Wochenenden sind es aber nur 22 Arbeitstage.

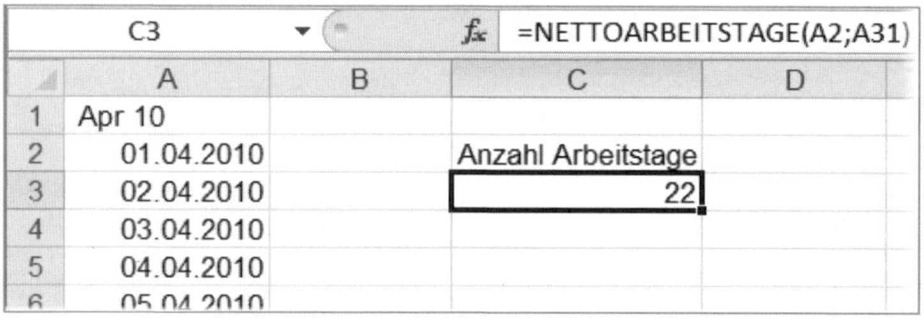

Bild 8.28: Die Anzahl der Arbeitstage zwischen zwei Terminen

Die Funktion heißt NETTOARBEITSTAGE. In der Zelle A2 steht der Startwert und in A31 steht der letzte Wert.

> **Tipp:** Die beschriebene Funktion erhalten Sie nur, wenn Sie die Analyse-Funktionen den Add-Ins aktivieren. Das aktivieren der Add-Ins wurde im Abschnitt *Der Funktionsassistent* weiter oben bereits beschrieben.

8.6.2 Uhrzeit

Sie können mit Excel auch die Anzahl der Stunden errechnen, die zwischen zwei Uhrzeiten liegen.

Dabei müssen Sie sich nur entscheiden, in welcher Form Sie das Ergebnis sehen möchten. Angenommen, Sie haben als Ergebnis acht Stunden und dreißig Minuten. Dann kann Excel Ihnen entweder die Dezimalzahl 8,5 oder die Zeit 08:30 anzeigen.

Das Ergebnis als Dezimalzahl

1. Geben Sie die unten abgebildete Tabelle ein und speichern Sie sie unter dem Namen *Uhrzeit Dezimal* ab oder öffnen Sie die Datei *Rechnen mit Uhrzeiten.xlsx*.

2. Positionieren Sie den Cursor in die Zelle, in der Sie das Ergebnis sehen möchten.

3. Geben Sie =(B2-A2)*24 ein und drücken Sie [Eingabe].

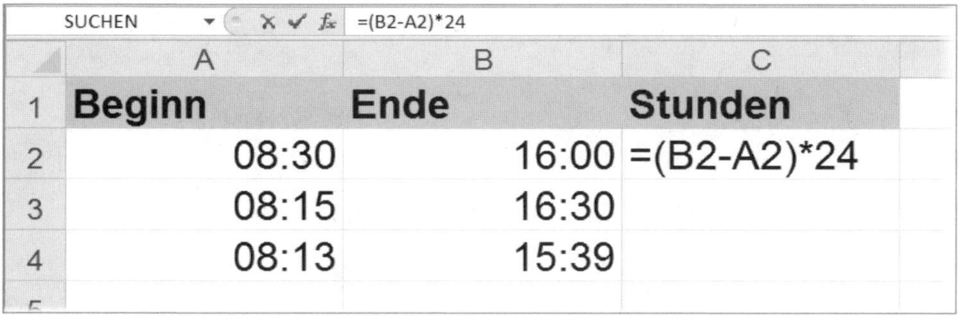

SUCHEN	▾	X ✔ *fx*	=(B2-A2)*24	
	A	B	C	
1	**Beginn**	**Ende**	**Stunden**	
2	08:30	16:00	=(B2-A2)*24	
3	08:15	16:30		
4	08:13	15:39		

Bild 8.29: Endzeit minus Anfangszeit mal 24 ergibt eine Dezimalzahl

In der Zelle sehen Sie nun die Anzahl der geleisteten Stunden als Dezimalzahl.

4. Kopieren Sie jetzt die Formel nach unten.

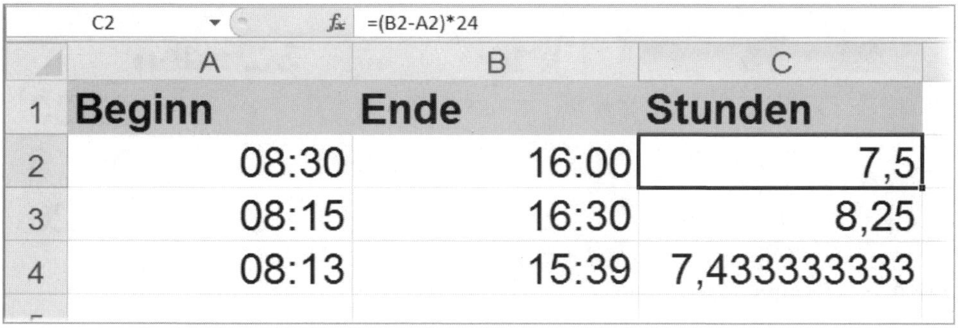

C2	▾	*fx*	=(B2-A2)*24	
	A	B	C	
1	**Beginn**	**Ende**	**Stunden**	
2	08:30	16:00	7,5	
3	08:15	16:30	8,25	
4	08:13	15:39	7,433333333	

Bild 8.30: Die Anzahl der Stunden

In der Zelle C3 erkennen Sie, dass 8 Stunden und 15 Minuten gearbeitet wurden. Dies entspricht der Zahl 8,25. In der Zelle C4 wird als Ergebnis 7,4333 Stunden ausgegeben. Der Wert hinter dem Komma entspricht 26 Minuten.

5. Speichern Sie Ihre Änderungen ab.

Tipp: Sollten Sie zu Beginn der Arbeit vergessen haben, das Ergebnis der Subtraktion mit 24 zu multiplizieren, hat die Zelle nun das Uhrzeitformat. Markieren Sie die Zelle und aktivieren Sie die Registerliste *Start*. Wählen Sie in der obersten Schaltfläche des Bereichs *Zahl* den Eintrag *Standard*.

Das Ergebnis als Zeit

1. Geben Sie die unten abgebildete Tabelle ein und speichern Sie diese unter dem Namen *Uhrzeit.xlsx* ab oder öffnen Sie die Datei *Rechnen mit Uhrzeiten.xlsx*.

2. Positionieren Sie den Cursor in der Zelle, in der Sie das Ergebnis sehen möchten.

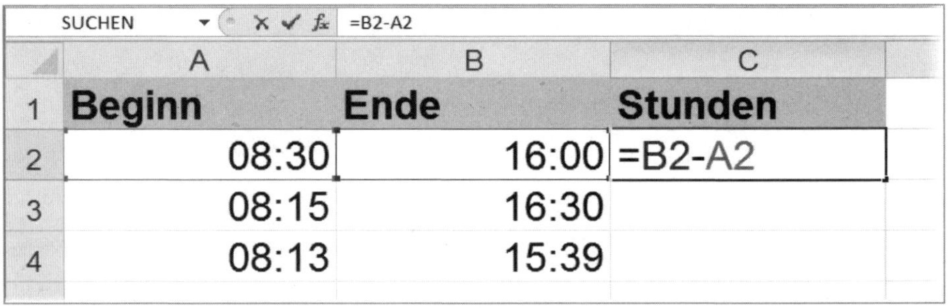

SUCHEN	▼ X ✓ fx	=B2-A2
	A	B	C
1	**Beginn**	**Ende**	**Stunden**
2	08:30	16:00	=B2-A2
3	08:15	16:30	
4	08:13	15:39	

Bild 8.31: Endzeit minus Anfangszeit ergibt eine Uhrzeit

3. Geben Sie =B2-A2 ein und drücken Sie ⌷Eingabe⌷.

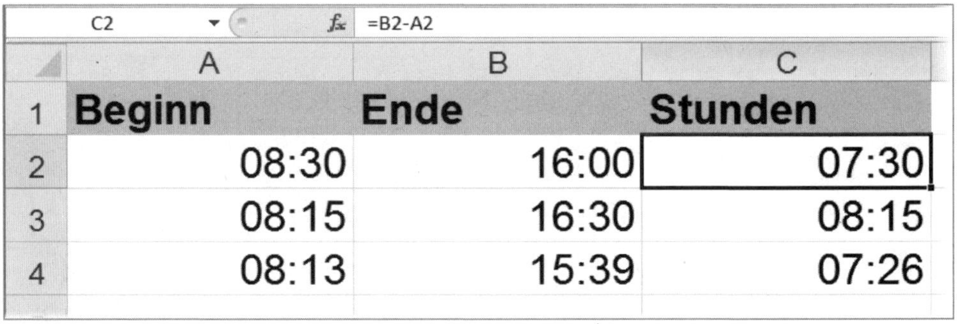

C2	▼	fx	=B2-A2
	A	B	C
1	**Beginn**	**Ende**	**Stunden**
2	08:30	16:00	07:30
3	08:15	16:30	08:15
4	08:13	15:39	07:26

Bild 8.32: Die Arbeitszeit als Uhrzeit

In der Zelle sehen Sie nun die Anzahl der geleisteten Stunden als Zeit.

4. Kopieren Sie jetzt die Formel nach unten.

5. Speichern Sie Ihre Änderungen noch ab.

8.7 Logische Funktionen

Logische Funktionen gehen über die reine Berechnung von Zahlen hinaus. Mit Excel können Sie Zellinhalte auswerten und für bestimmte Fälle unterschiedliche Berechnungen anstellen oder auch Aktionen ausführen, beispielsweise Erfolgs- oder Misserfolgsmeldungen ausgeben. Das erspart Ihnen eine Menge Routinearbeit, die Sie bislang ohne Software-Hilfe abwickeln mussten.

8.7.1 Wenn die WENN-Funktion nicht wär…

In diesem Beispiel errechnen Sie in der Zelle B8 die Kosten einer Reise. In der Zelle B10 steht der Betrag, den Sie maximal ausgeben möchten. In der Zelle B12 soll dann, je nachdem, ob der geplante Wert überschritten wurde oder nicht, der Text *PRIMA, im finanziellen Rahmen* oder der Text *SCHADE, wir liegen drüber* erscheinen.

1. Öffnen Sie die Datei *Wenn Funktionen.xlsx*.

Die Bedingung lautet:

```
Wenn der Inhalt von B8 kleiner als der Inhalt von B10 ist
```

dann soll der Text

```
PRIMA, im finanziellen Rahmen
```

erscheinen, ansonsten soll der Text

```
SCHADE, wir liegen drüber
```

angezeigt werden.

2. Aktivieren Sie die Zelle B12.

3. Öffnen Sie den Funktions-Assistenten.

4. Suchen Sie in der Kategorie *Alle* die Funktion WENN und bestätigen Sie mit *OK*.

5. Im Feld *Prüfung* geben Sie die Bedingung ein: B8<B10.

6. Geben Sie in das Feld *Dann_Wert* den Text PRIMA, im finanziellen Rahmen ein. Die Anführungszeichen setzt Excel automatisch.

7. In das Feld *Sonst_Wert* geben Sie den Text SCHADE, wir liegen drüber ein. Auch hier setzt Excel die Anführungszeichen selbstständig.

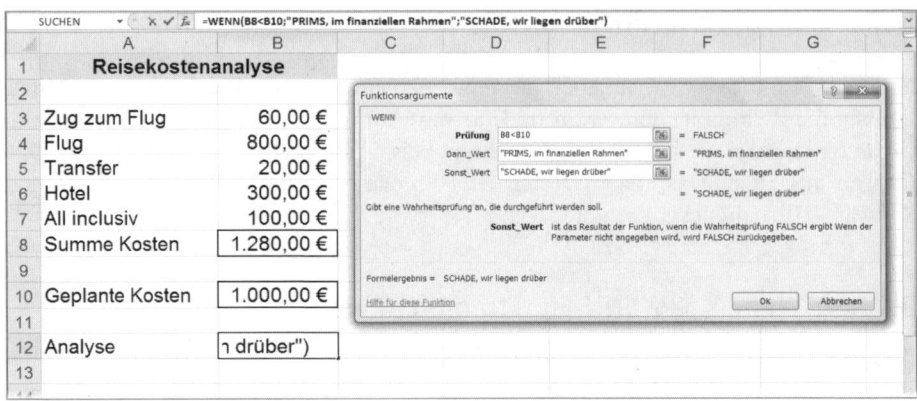

Bild 8.33: Die WENN-Funktion mit den drei Funktionsparametern.

8. Bestätigen Sie Ihre Eingaben mit einem Klick auf die Schaltfläche *OK*.

Kontrollieren Sie die Funktion auf ihre korrekte Arbeitsweise, indem Sie in die Zellen B3 bis B7 verschiedene Werte eingeben.

	A	B	C	D	E
		B12		=WENN(B8<B10;"PRIMS, im finanziellen Rahmen";"SCHADE, wir liegen drüber")	
1	**Reisekostenanalyse**				
2					
3	Zug zum Flug	60,00 €			
4	Flug	800,00 €			
5	Transfer	20,00 €			
6	Hotel	300,00 €			
7	All inclusiv	100,00 €			
8	Summe Kosten	1.280,00 €			
9					
10	Geplante Kosten	1.000,00 €			
11					
12	Analyse	SCHADE, wir liegen drüber			

Bild 8.34: Jede Änderung in den Zellen B3 bis B7 wird von der Zelle B12 sofort geprüft.

Hier die Formel noch einmal ausgeschrieben:

```
=WENN(B8<B10;"PRIMA, im finanziellen Rahmen";"SCHADE, wir liegen drüber")
```

Die Syntax der WENN-Funktion lautet:

```
=Wenn(Bedingung;Dann_Wert;Sonst_Wert)
```

Dieses Beispiel ist ja noch recht einfach. Bei einer so kleinen Tabelle behalten Sie natürlich auch selbst den Überblick über den Kostenrahmen. Stellen Sie sich aber vor, Sie gewähren Ihren Kunden Rabatt, wenn eine bestimmte Umsatzhöhe erreicht ist. Bei einem Kundenstamm von mehreren hundert Personen ist es dann recht mühselig, immer im Auge zu behalten, wann der Umsatz den Grenzwert überschritten hat.

Die folgende Tabelle zeigt die logischen Symbole, die Sie zur Formulierung der Bedingung benötigen:

Symbol	Bedeutung	Beispiel
=	Genau gleich	B1=1000
‹	Kleiner als	B1‹1000
‹=	Kleiner oder gleich	B1‹=1000
›	Größer als	B1›1000
›=	Größer oder gleich	B1›=1000
‹›	Ungleich (nicht)	B1‹›1000

Tabelle 8.1: Die Vergleichsoperatoren mit Beispielen

8.7.2 Stundenabrechnung mit besonderen Ereignissen

Es gibt in der Praxis immer besondere Situationen, die beachtet werden müssen. Stellen Sie sich vor, Sie müssen eine Stundenabrechnung erstellen, bei der an Feiertagen oder ähnlichen Ereignissen ein anderer Stundensatz gilt.

1. Öffnen Sie die Datei *Stundenkontrollzettel.xlsx*.

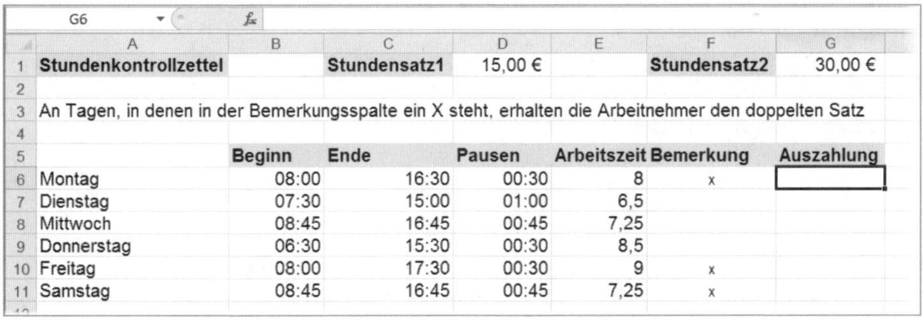

Bild 8.35: Der Stundenkontrollzettel mit den zwei unterschiedlichen Stundensätzen.

2. Markieren Sie Zelle G6 und geben Sie die folgende Funktion ein.

```
=WENN(F6="x";E6*$G$1;E6*$D$1)
```

3. Drücken Sie zur Bestätigung Eingabe.

Wenn in der Zelle F6 ein x steht, multipliziert Excel den Wert aus Zelle E6 mit dem Wert der Zelle G1. Ansonsten wird E6 mit dem Wert aus D1 multipliziert.

SUCHEN	▼	✕ ✓ ƒₓ	=WENN(F6="x";E6*$G$1;E6*$D$1)					
	A	B	C	D	E	F	G	H	I
1	Stundenkontrollzettel		Stundensatz1	15,00 €		Stundensatz2	30,00 €	
2								
3	An Tagen, in denen in der Bemerkungsspalte ein X steht, erhalten die Arbeitnehmer den doppelten Satz							
4								
5			Beginn	Ende		Pausen	Arbeitszeit	Bemerkung	Auszahlung
6	Montag		08:00	16:30		00:30	8	x	=WENN(F6="x";E6*$G$1;E6*$D$1)

Bild 8.36: Die Berechnung im Stundenkontrollzettel

4. Kopieren Sie die Formel nach unten.

	G6	▼		ƒₓ	=WENN(F6="x";E6*$G$1;E6*$D$1)		
	A	B	C	D	E	F	G
1	Stundenkontrollzettel		Stundensatz1	15,00 €		Stundensatz2	30,00 €
2							
3	An Tagen, in denen in der Bemerkungsspalte ein X steht, erhalten die Arbeitnehmer den doppelten Satz						
4							
5			Beginn	Ende	Pausen	Arbeitszeit	Bemerkung	Auszahlung
6	Montag		08:00	16:30	00:30	8	x	240,00 €
7	Dienstag		07:30	15:00	01:00	6,5		97,50 €
8	Mittwoch		08:45	16:45	00:45	7,25		108,75 €
9	Donnerstag		06:30	15:30	00:30	8,5		127,50 €
10	Freitag		08:00	17:30	00:30	9	x	270,00 €
11	Samstag		08:45	16:45	00:45	7,25	x	217,50 €

Bild 8.37: Die Ergebnisse der Berechnung

5. Speichern Sie die Änderungen ab.

8.7.3 Die Funktion WENN verschachtelt

Angenommen, es gibt eine Bonusstaffel, wenn jemand wenige Kilometer mit dem Firmenwagen gefahren ist:

- unter 1000 km gibt es 200 Euro,

- unter 5000 km gibt es 100,

- unter 7500 km gibt es 50 Euro,

- bei allem darüber gibt es nichts.

1. Erfassen Sie die folgende Tabelle und speichern Sie sie unter dem Namen *Staffel* ab oder öffnen Sie die Datei *Staffel.xlsx*.

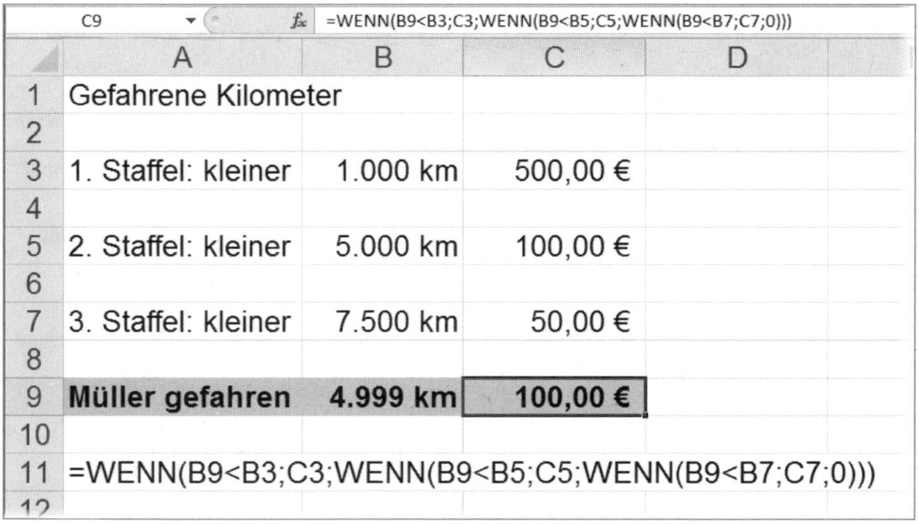

C9	▼	f_x	=WENN(B9<B3;C3;WENN(B9<B5;C5;WENN(B9<B7;C7;0)))	
	A	B	C	D
1	Gefahrene Kilometer			
2				
3	1. Staffel: kleiner	1.000 km	500,00 €	
4				
5	2. Staffel: kleiner	5.000 km	100,00 €	
6				
7	3. Staffel: kleiner	7.500 km	50,00 €	
8				
9	**Müller gefahren**	**4.999 km**	**100,00 €**	
10				
11	=WENN(B9<B3;C3;WENN(B9<B5;C5;WENN(B9<B7;C7;0)))			
12				

Bild 8.38: Eine dreifach verschachtelte WENN-Funktion

2. Positionieren Sie den Cursor in Zelle C9. Dort geben Sie folgende Formel ein:

```
=WENN(B9<B3;C3;WENN(B9<B5;C5;Wenn(B9<B7;C7;0)))
```

3. Bestätigen Sie mit *OK*.

4. Testen Sie die Funktion und speichern Sie Ihre Änderung.

Die Syntax einer verschachtelten WENN-Funktion lautet:

```
=Wenn(Bedingung;Ja_Fall;Wenn(Bedingungen;Ja_Fall;
  Wenn(Bedingung;Ja_Fall;Nein_Fall)))
```

8.7.4 Die Funktionen UND & ODER

Während die WENN-Funktion alleine nur eine Prüfung zulässt, bieten die beiden Funktionen UND bzw. ODER die Möglichkeit, mehrere Prüfungen hintereinander zu schalten. Beide Funktionen werden häufig in Kombination mit der WENN-Funktion eingesetzt, um mehrere Bedingungen gleichzeitig zu überprüfen.

Die Funktionen UND bzw. ODER liefern als Ergebnis entweder den Wert WAHR oder FALSCH.

Damit die UND-Funktion das Ergebnis WAHR liefert, muss jede Einzelprüfung das Ergebnis WAHR haben. Die Funktion ODER liefert dann WAHR, wenn eine der Einzelprüfungen das Ergebnis WAHR hat.

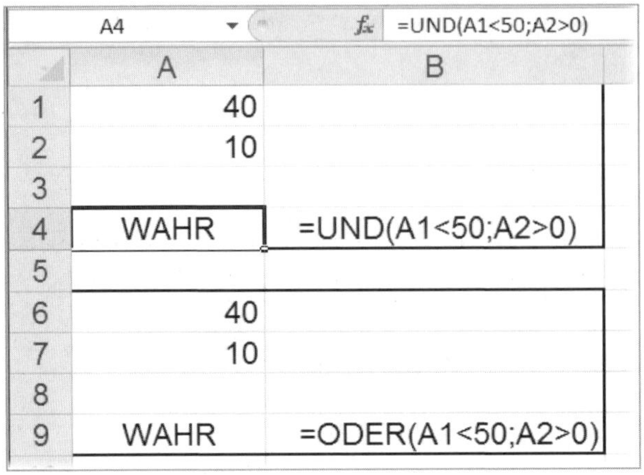

	A	B
A4	▼ f_x =UND(A1<50;A2>0)	
1	40	
2	10	
3		
4	WAHR	=UND(A1<50;A2>0)
5		
6	40	
7	10	
8		
9	WAHR	=ODER(A1<50;A2>0)

Bild 8.39: Die UND-Funktion im Einsatz

Die UND-Funktion

Für die oben gezeigten Zellinhalte würden die Beispiele zur UND-Funktion folgende Ergebnisse anzeigen:

Syntax	Ergebnis	Beispiel
=UND(A1<50;A2>0)	WAHR	A1 (40) ist kleiner als 50 UND A2 (10) ist größer als 0
=UND(A1<50;A2=0)	FALSCH	A1 (40) ist kleiner als 50 UND A2 (10) ist gleich 0
=UND(A1=0;A2>10)	FALSCH	A1 (40) ist gleich 0 UND A2 (10) ist größer als 10
=UND(A1=0,A2=0)	FALSCH	A1 (40) ist gleich 0 UND A2 (10) ist gleich 0

Tabelle 8.2: Beispiel für die UND-Funktion

Die ODER-Funktion

Für die oben gezeigten Zellinhalte zeigen die Beispiele zur ODER-Funktion folgende Ergebnisse an:

Syntax	Ergebnis	Beispiel
=ODER(A1<50;A2>0)	WAHR	A1 (40) ist kleiner als 50 ODER A2 (10) ist größer als 0
=ODER (A1<50;A2=0)	WAHR	A1 (40) ist kleiner als 50 ODER A2 (10) ist gleich 0
=ODER(A1=0;A2>10)	FALSCH	A1 (40) ist gleich 0 ODER A2 (10) ist größer als 10
=ODER(A1=0;A2=0)	FALSCH	A1 (40) ist gleich 0 ODER A2 (10) ist gleich 0

Tabelle 8.3: Beispiel für die ODER-Funktion

Die Funktionen WENN & UND kombiniert

Sie möchten jetzt eine WENN-Funktion erstellen, die den Inhalt zweier Zellen abfragt. Wenn der Umsatz zufriedenstellend ist und geringe Kosten entstanden sind, gibt es ein Lob für den entsprechenden Mitarbeiter.

1. Erfassen Sie die unten gezeigte Tabelle und speichern Sie sie unter dem Namen *Schachteln.xlsx* ab oder öffnen Sie die gleichnamige Datei.

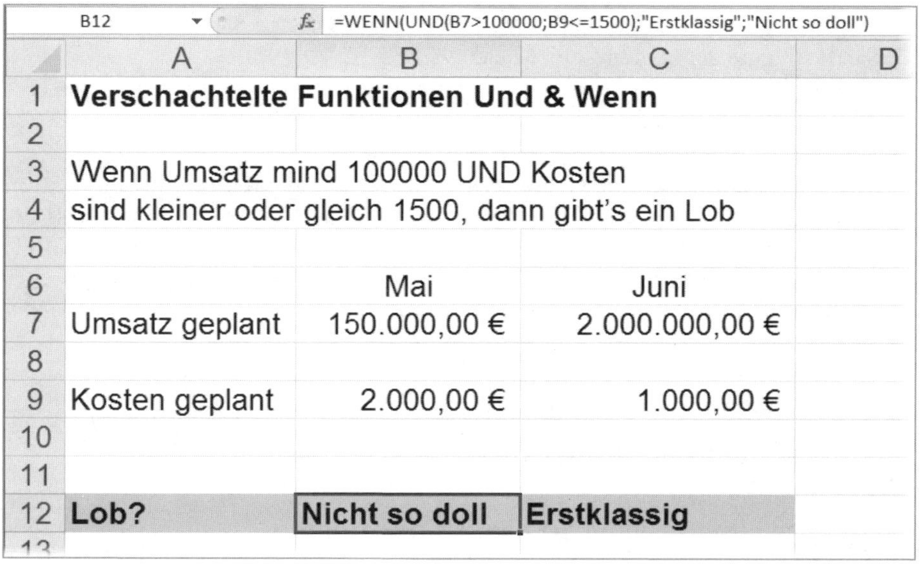

B12	▼	f_x	=WENN(UND(B7>100000;B9<=1500);"Erstklassig";"Nicht so doll")	
	A	B	C	D
1	**Verschachtelte Funktionen Und & Wenn**			
2				
3	Wenn Umsatz mind 100000 UND Kosten			
4	sind kleiner oder gleich 1500, dann gibt's ein Lob			
5				
6		Mai	Juni	
7	Umsatz geplant	150.000,00 €	2.000.000,00 €	
8				
9	Kosten geplant	2.000,00 €	1.000,00 €	
10				
11				
12	**Lob?**	**Nicht so doll**	**Erstklassig**	
13				

Bild 8.40: & UND zusammen genutzt

2. Markieren Sie die Zelle B12 und geben Sie die folgende Formel ein:

```
=WENN(UND(B7>100000;B9<=1500);"Erstklassig!";"Nicht so doll")
```

3. Kopieren Sie nun die Formel in Zelle C12 und testen Sie die Richtigkeit, indem Sie die Inhalte der oberen Zahlenzellen verändern.

4. Speichern Sie Ihre Änderungen ab.

Die Syntax lautet:

```
=Wenn(Und(Bedingung1;Bedingung2);Ja-Fall;Nein-Fall)
```

Dabei liefert der UND-Teil der Funktion

```
Und(Bedingung1;Bedingung2)
```

nur den Wert *Wahr* oder *Falsch*. Dieser wird von der WENN-Funktion interpretiert und an den entsprechenden Fall weitergegeben.

8.7.5 Die Funktionen Wenn & Oder kombiniert

Sie möchten jetzt eine weitere WENN-Funktion erstellen, die den Inhalt von zwei Zellen abfragt. Wenn der Umsatz zufriedenstellend ist oder geringe Kosten entstanden sind, gibt es ein Lob für den entsprechenden Mitarbeiter.

1. Markieren Sie die Zelle B12 und geben Sie die folgende Formel ein:

   ```
   =WENN(ODER(B7>100000;B9<=1500);"Super gemacht!";"Werdet besser!")
   ```

2. Kopieren Sie nun die Formel in die Zelle C12 und testen Sie die Richtigkeit, indem Sie die Inhalte der oberen Zahlenzellen verändern.

3. Speichern Sie Ihre Änderungen ab.

> **Tipp:** Wenn Sie zusätzlich eine optische Kennzeichnung einsetzen möchten, können Sie entweder die bedingte Formatierung oder Sonderzeichen wie beispielsweise Pfeile aus dem Zeichensatz *WingDings* verwenden. Schauen Sie sich dazu das Beispiel *Wenn_WingDings.xlsx* an.

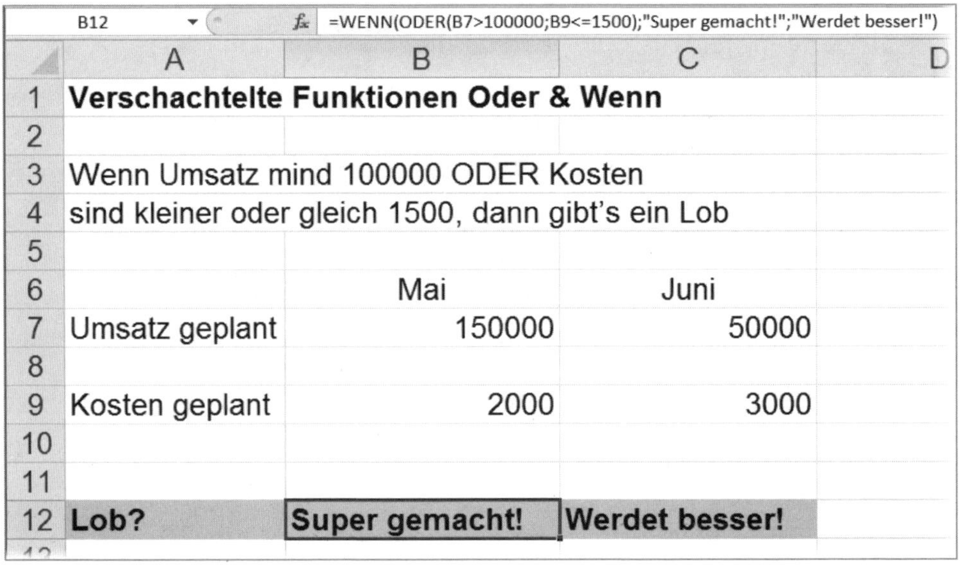

	B12 ▼	f_x =WENN(ODER(B7>100000;B9<=1500);"Super gemacht!";"Werdet besser!")	
	A	B	C	D
1	**Verschachtelte Funktionen Oder & Wenn**			
2				
3	Wenn Umsatz mind 100000 ODER Kosten			
4	sind kleiner oder gleich 1500, dann gibt's ein Lob			
5				
6		Mai	Juni	
7	Umsatz geplant	150000	50000	
8				
9	Kosten geplant	2000	3000	
10				
11				
12	**Lob?**	**Super gemacht!**	**Werdet besser!**	

Bild 8.41: WENN & ODER zusammen

Die Syntax lautet:

```
=Wenn(Oder(Bedingung1;Bedingung2);Ja-Fall;Nein-Fall)
```

Wenn nur eine der beiden Bedingungen zutrifft, wird der Wert *Wahr* geliefert und somit trifft der *Ja-Fall* zu.

8.8 ZählenWenn-Funktion

Stellen Sie sich vor, Sie verwalten eine Teilnehmerliste. Sie wollen wissen, welcher Ihrer Teilnehmer wann da war. Die Tabelle soll auch nicht zu kompliziert werden, da jeder dort selbst seine Anwesenheiten einträgt. Sie müssen sich allerdings mit den Teilnehmern einigen, welches Zeichen die Anwesenheit kennzeichnet.

Die folgende Tabelle zeigt ein Beispiel:

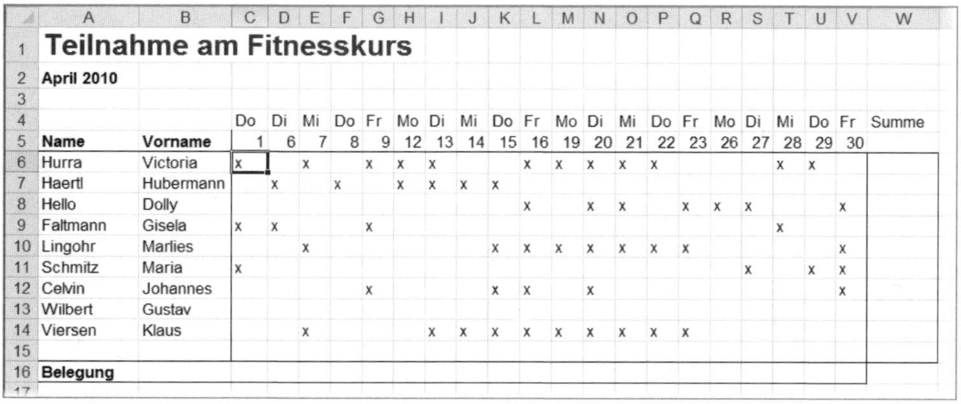

	A	B	C	D	E	F	G	H	I	J	K	L	M	N	O	P	Q	R	S	T	U	V	W
1	**Teilnahme am Fitnesskurs**																						
2	April 2010																						
3																							
4			Do	Di	Mi	Do	Fr	Mo	Di	Mi	Do	Fr	Mo	Di	Mi	Do	Fr	Mo	Di	Mi	Do	Fr	Summe
5	**Name**	**Vorname**	1	6	7	8	9	12	13	14	15	16	19	20	21	22	23	26	27	28	29	30	
6	Hurra	Victoria	x		x		x	x	x				x	x	x	x	x		x	x			
7	Haertl	Hubermann		x		x		x	x	x	x													
8	Hello	Dolly					x		x	x		x	x	x							x		
9	Faltmann	Gisela	x	x			x										x						
10	Lingohr	Marlies		x				x	x	x	x	x	x	x							x		
11	Schmitz	Maria	x												x			x		x	x		
12	Celvin	Johannes				x		x	x		x										x		
13	Wilbert	Gustav																					
14	Viersen	Klaus		x			x	x	x	x	x	x	x	x	x								
15																							
16	**Belegung**																						

Bild 8.42: Teilnehmer des Fitnesskurses mit Hilfe der Funktion ZÄHLENWENN

1. Öffnen Sie die Datei *Teilnehmerplanung.xlsx*. Klicken Sie auf die Zelle, in der Sie das erste Ergebnis sehen möchten. In diesem Beispiel die Zelle C16.

2. Starten Sie den Funktionsassistenten und suchen Sie die Funktion ZÄHLENWENN.

3. Bestätigen Sie mit *OK* und markieren Sie die Zellen von C6 bis C14.

4. Geben Sie in das Feld *Suchkriterien* ein x ein. In diesem Beispiel ist es das Zeichen für Anwesenheit. Excel schenkt Ihnen die Anführungszeichen.

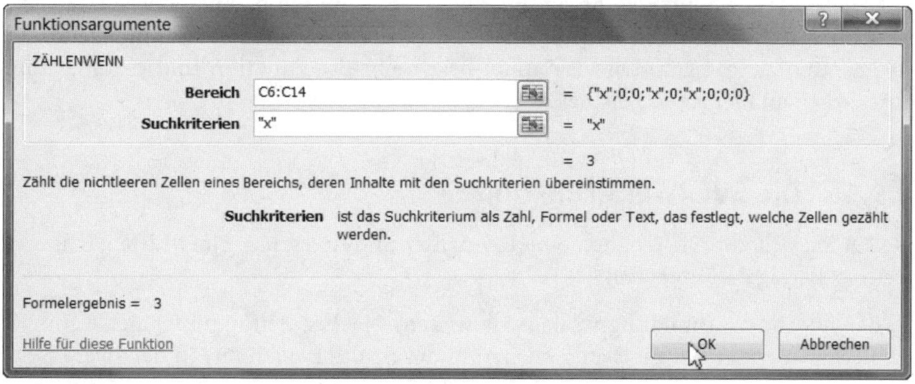

Bild 8.43: Der Rechenschritt mit der Funktion ZÄHLENWENN

5. Bestätigen Sie mit *OK*.

6. Kopieren Sie die Formel nach rechts.

7. Markieren Sie die Zelle W6, um die Anzahl der Kurse pro Person zu ermitteln.

8. Starten Sie wieder die Funktion ZÄHLENWENN.

9. Markieren Sie die Zellen von C6 bis V6. Geben Sie in das Feld *Suchkriterien* ein x ein.

10. Bestätigen Sie mit *OK* und kopieren Sie diese Formel nach unten.

| C16 | | fx | =ZÄHLENWENN(C6:C14;"x") |

Teilnahme am Fitnesskurs

April 2010

		Do	Di	Mi	Do	Fr	Mo	Di	Mi	Do	Fr	Mo	Di	Mi	Do	Fr	Mo	Di	Mi	Do	Fr	
Name	Vorname	1	6	7	8	9	12	13	14	15	16	19	20	21	22	23	26	27	28	29	30	Summe
Hurra	Victoria	x		x		x	x	x				x	x	x	x	x				x	x	12
Haertl	Hubermann		x		x		x	x	x	x												6
Hello	Dolly									x		x	x		x	x	x				x	7
Faltmann	Gisela	x	x		x													x				4
Lingohr	Marlies			x			x	x	x	x	x	x	x								x	9
Schmitz	Maria	x																	x	x	x	4
Celvin	Johannes				x				x	x		x									x	5
Wilbert	Gustav																					0
Viersen	Klaus			x				x	x	x	x	x	x	x	x	x						10
Belegung		3	2	3	1	3	2	3	2	4	5	3	5	4	3	3	1	2	2	2	4	

Bild 8.44: Das Ergebnis: Die Anzahl der Teilenehmer pro Tag

Jetzt sehen Sie in der Zeile 16, an welchem Tag wie viele Teilnehmer mitgemacht haben. In der Spalte W erkennen Sie, welcher Teilenehmer im April an wie vielen Kursen teilgenommen hat.

8.9 Einsatz der SVERWEIS-Funktion

Für viele Excel-Benutzer scheint die SVERWEIS-Funktion eines der letzten großen Mysterien dieser Welt zu sein. Dabei macht sie nichts anderes als Informationen zu suchen und anzuzeigen. Dieses Kapitel beschreibt die Funktion und deren Parameter ausführlich an mehreren Beispielen.

8.9.1 Die SVERWEIS-Funktion

Stellen Sie sich vor, Sie erhalten eine Kennziffer und müssen in einer Liste nachschlagen, welcher Betrag dahinter steckt.

In der folgenden Abbildung wollen wir wissen, welcher Betrag hinter der Kennziffer 3 steht. Wir merken uns die 3 und suchen in der Spalte E nach ihr. In der zweiten Spalte, neben der Spalte E, erkennen wir, dass es 800 Euro sind. Genau dies macht die Funktion SVERWEIS.

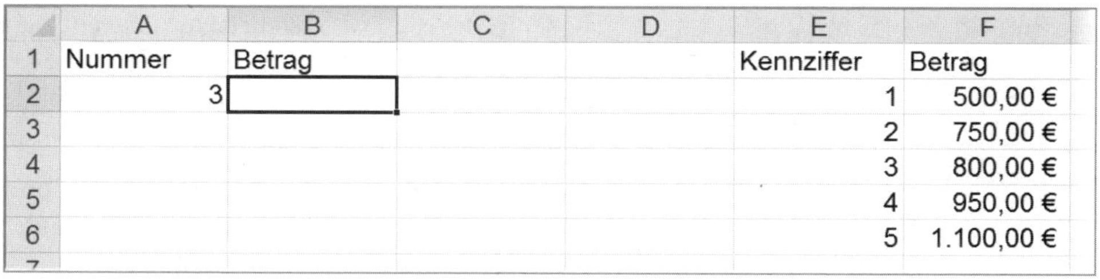

	A	B	C	D	E	F
1	Nummer	Betrag			Kennziffer	Betrag
2	3				1	500,00 €
3					2	750,00 €
4					3	800,00 €
5					4	950,00 €
6					5	1.100,00 €

Bild 8.45: Die Tabelle für die Funktion *SVERWEIS*

Tipp: Im folgenden Beispiel steht die Liste der Beträge zum besseren Erkennen der Funktion auf demselben Tabellenblatt. So eine Liste, die SVERWEIS-Funktion nennt sie Matrix, kann auch auf einem anderen Tabellenblatt stehen.

1. Erfassen Sie die folgende Tabelle und speichern Sie sie unter dem Namen *Kennziffer* ab oder öffnen Sie die Datei *Kennziffer.xlsx*.

2. Positionieren Sie den Cursor in die Zelle B2 und öffnen Sie den Funktions-Assistenten über die Schaltfläche f_x in der Bearbeitungsleiste.

3. Wählen Sie die Funktion SVERWEIS und bestätigen Sie mit *OK*.

4. In das Feld *Suchkriterium* geben Sie die Zelle ein, in der der zu vergleichende Wert steht. In unserem Beispiel ist es die Zelle A2. Das Suchkriterium ist der Wert, den Excel in einer Tabelle suchen soll, um bestimmte Informationen zu diesem Wert zurückzugeben.

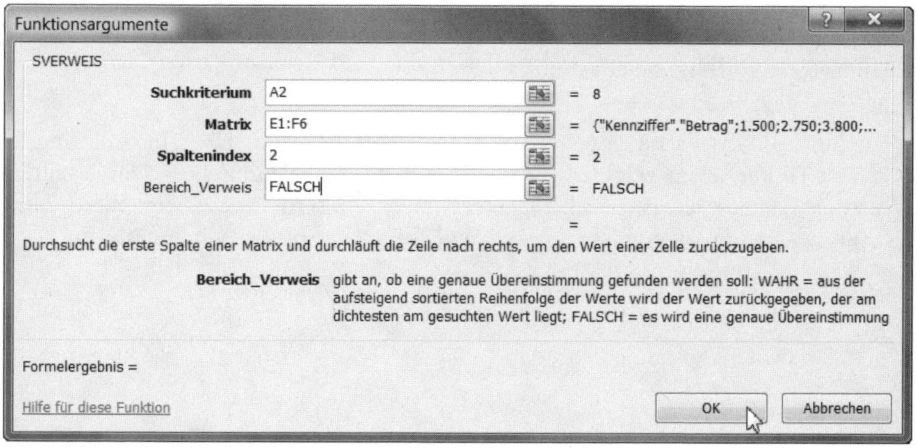

Bild 8.46: Die Funktionsargumente zur SVERWEIS-Funktion

5. Im Feld *Matrix* markieren Sie die Tabelle, in der die Daten stehen. In unserem Beispiel sind es die Zellen E1 bis F6. Da wir die Formel nicht nach unten kopieren müssen, müssen wir den Zellbereich auch nicht mit [F4] fixieren. Der zu suchende Wert muss immer in der ersten Spalte stehen.

6. Im Feld *Spaltenindex* geben Sie die Nummer der Spalte ein, deren Inhalt Sie nun sehen möchten. In diesem Fall ist es die 2, da der Betrag in der zweiten Spalte der eben markierten Matrix steht. Sie müssen die Spalten gegebenenfalls abzählen.

7. In das Feld *Bereich_Verweis* geben Sie das Wort *Falsch* oder eine 0 ein, damit Excel nur dann einen Wert zurück gibt, wenn das Suchkriterium gefunden wurde.

8. Bestätigen Sie mit *OK*.

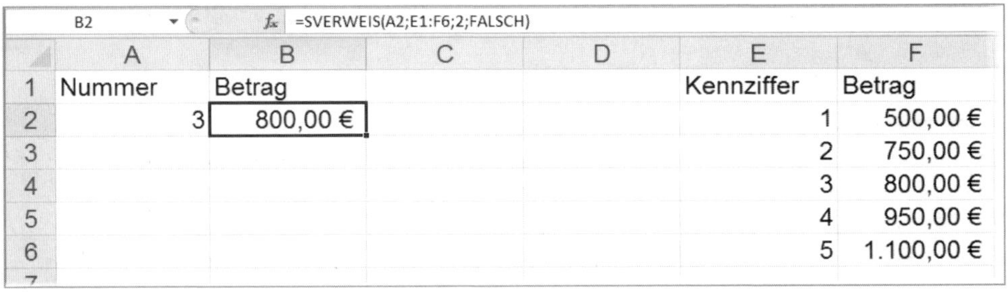

	B2	▼	f_x =SVERWEIS(A2;E1:F6;2;FALSCH)				
	A	B	C	D	E	F	
1	Nummer	Betrag			Kennziffer	Betrag	
2	3	800,00 €			1	500,00 €	
3					2	750,00 €	
4					3	800,00 €	
5					4	950,00 €	
6					5	1.100,00 €	
7							

Bild 8.47: Die Sverweis-Funktion zeigt den Betrag zur gesuchten Nummer.

Wenn Sie jetzt eine andere Nummer in die Zelle A2 eintippen, wird sofort der passende Betrag angezeigt.

Das Feld Bereich_Verweis

Die folgende Abbildung zeigt, warum Sie in das Feld *Bereich_Verweis* das Wort *Falsch* eingeben müssen.

Wenn Sie das Wort *Falsch* eingeben, sucht Excel nur die exakte Übereinstimmung. Sollte es keinen Treffer geben, zeigt Excel eine Fehlermeldung, wie in Zelle B2 dargestellt. Beim Wort *Wahr* sucht Excel den nächst kleineren Wert. Außerdem darf beim Wert *Falsch* die Liste unsortiert sein, wohingegen sie bei *Wahr* oder leer sortiert sein muss.

B3	▼ (●	*f*ₓ	=SVERWEIS(A2;E1:F6;2;WAHR)		
	A	B	C	D	E	F

	A	B	C	D	E	F
1	Nummer	Betrag			Kennziffer	Betrag
2	8	#NV	(Falsch)		1	500,00 €
3	8	1.100,00 €	(Wahr)		2	750,00 €
4					3	800,00 €
5					4	950,00 €
6					5	1.100,00 €
7						

Bild 8.48: Was soll die Funktion melden, wenn es keine Kennziffer gibt?

Tipp: #NV bedeutet nicht vorhanden.

Ein weiteres Beispiel für die SVERWEIS-Funktion

Stellen Sie sich vor, Sie haben in einer Tabelle eine Auflistung von Mitarbeitern und deren Personalnummern. Über diese Nummern ist jeder Mitarbeiter eindeutig zu identifizieren.

	A	B	C	D	E
1	Nummer	Vorname	Namen	Abteilung	Eintrittsdatum
2	123	Harry	Norden	Geschäftsleitung	01.12.1980
3	124	Susi	Sorgen	Buchhaltung	01.02.1981
4	125	Emil	Zufall	Buchhaltung	01.08.1978
5	126	Trulla	Tussen	Vertrieb	01.04.1980
6	127	Anne	Kaffek	Vertrieb	01.04.1988
7	128	Karl	Klammer	Entwicklung	01.02.1999
8	129	Homer	Mittag	Vertrieb	01.01.2000
9	130	Lisa	Bartens	Buchhaltung	01.10.1978
10	131	Monika	Schatz	Geschäftsleitung	01.06.1986
11	132	Beate	Heu	Buchhaltung	01.02.1975
12	133	Steffi	Hummer	Vertrieb	01.09.1985
13	134	Fritz	Eber	Vertrieb	01.11.1988
14	135	Emil	Sucher	Buchhaltung	01.01.1990

Bild 8.49: Eine Personalliste mit der Personalnummer

Nun haben Sie auf einem anderen Blatt nur die Personalnummern. Diese sind nicht sortiert, so dass Sie beispielsweise nicht mit Kopieren und Einfügen arbeiten können.

	A	B	
1	Pers.Nr.	Nachname	
2	125		
3	124		
4	126		
5	127		
6	123		
7	129		
8	131		
9	132		
10	130		
11	128		
12	134		
13	135		
14	133		

Bild 8.50: Eine umsortierte Liste der Personalnummern

1. Positionieren Sie den Cursor in der Zelle B2 und öffnen Sie den Funktionsassistenten.

2. Wählen Sie die Funktion SVERWEIS und bestätigen Sie mit *OK*.

3. Im Feld *Suchkriterium* geben Sie die Zelle ein, in der der zu vergleichende Wert steht. In unserem Beispiel ist es die Zelle A2, denn dort steht die Personalnummer, über die die Person eindeutig zugeordnet ist.

4. Im Feld *Matrix* markieren Sie die Tabelle, in der die Daten stehen. Da Sie die Funktion später nach unten kopieren möchten, müssen Sie jetzt zur absoluten Adressierung die Taste F4 drücken.

5. Im Feld *Spaltenindex* geben Sie die Nummer der Spalte ein, deren Inhalt Sie nun sehen möchten. In diesem Fall ist es die 3, da der Nachname in der dritten Spalte steht. Wenn Sie das Eintrittsdatum sehen wollten, hätten Sie eine 5 eingeben müssen.

6. In das Feld *Bereich-Verweis* geben Sie wieder das Wort *Falsch* ein, da Sie nur exakte Übereinstimmungen finden möchten.

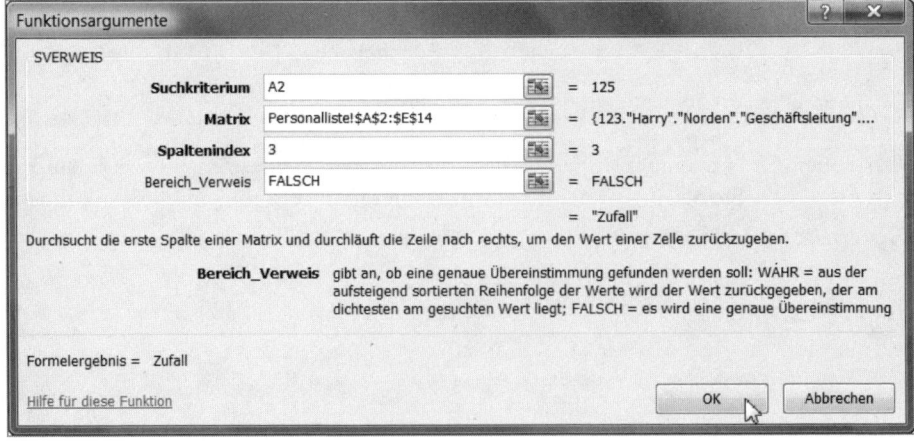

Bild 8.51: So sollte es im Funktionsassistenten aussehen.

Die Formel lautet:

```
=SVERWEIS(A2;Tabelle1!$A$1:$E$14;3;Falsch)
```

7. Bestätigen Sie mit *OK* und kontrollieren Sie, ob von Excel alles richtig berechnet wurde.

8. Kopieren Sie anschließend die Formel nach unten.

9. Speichern Sie die Änderungen ab.

	B2	▼	*fx*	=SVERWEIS(A2;Personalliste!$A$1:$E$14;3;FALSCH)
	A	B	C	D
1	Pers.Nr.	Nachname		
2	125	Zufall		
3	124	Sorgen		
4	126	Tussen		
5	127	Kaffek		
6	123	Norden		
7	129	Mittag		
8	131	Schatz		
9	132	Heu		
10	130	Bartens		
11	128	Klammer		
12	134	Eber		
13	135	Sucher		
14	133	Hummer		

Bild 8.52: Das Ergebnis: Alle Nachnamen wurden über die Personalnummer gefunden.

Fehler abfangen

Wenn Sie nach einer Personalnummer suchen, die nicht existiert, zeigt Excel die Fehlermeldung *#NV* (Nicht vorhanden) an. Viele Anwender können mit dieser Meldung nichts anfangen. Daher wäre es von Vorteil, diese Fehlermeldung mit Hilfe einer WENN-Funktion abzufangen. Wenn die SVERWEIS-Funktion das Ergebnis #NV liefert, dann zeige den Text *Nummer nicht vorhanden*.

Dazu machen wir uns die Funktion ISTNV zu Nutze.

```
=WENN(ISTNV(SVERWEIS(A2;Tabelle1!$A$1:$E$14;3;Falsch));
"Personalnummer nicht gefunden"; SVERWEIS(A2;Tabelle1!$A$1:$E$14;3;Falsch))
```

Wenn der Benutzer nun eine Personalnummer eingibt, die in der Tabelle nicht vorhanden ist, erscheint in der Zelle die Fehlermeldung *Personalnummer nicht gefunden*.

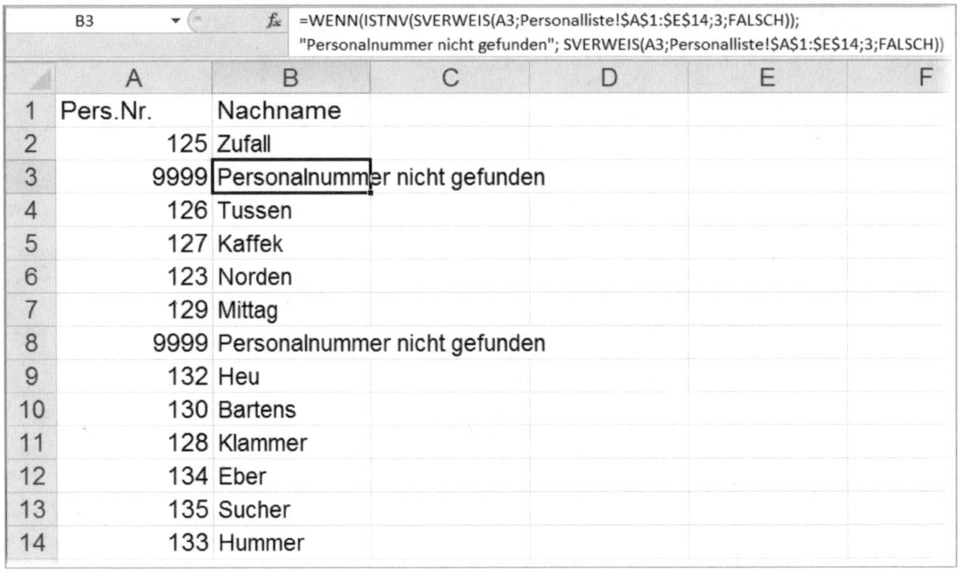

B3	▼ (⁎	*f*ₓ	=WENN(ISTNV(SVERWEIS(A3;Personalliste!$A$1:$E$14;3;FALSCH)); "Personalnummer nicht gefunden"; SVERWEIS(A3;Personalliste!$A$1:$E$14;3;FALSCH))		
	A	B	C	D	E	F
1	Pers.Nr.	Nachname				
2	125	Zufall				
3	9999	Personalnummer nicht gefunden				
4	126	Tussen				
5	127	Kaffek				
6	123	Norden				
7	129	Mittag				
8	9999	Personalnummer nicht gefunden				
9	132	Heu				
10	130	Bartens				
11	128	Klammer				
12	134	Eber				
13	135	Sucher				
14	133	Hummer				

Bild 8.53: Die Fehlermeldung #NV mit einer WENN-Funktion abfangen

9 Listen filtern und bearbeiten

Im Büro werden Listen aller Art benötigt. Von A wie Adresslisten über B wie Bestelllisten bis hin zu Z wie Zähllisten für Inventuren.

Excel hat gegenüber einer einfachen Papierliste enorme Vorteile: Sie können die erfassten Listendaten direkt am Bildschirm sortieren, filtern und auswerten.

⊡ Download-Link

www.buch.cd

Hier finden Sie alle Beispieldateien übersichtlich nach Kapiteln sortiert.

9.1 Eine Liste anlegen

Damit die Inhalte eines Excel-Blatts als Liste erkannt werden, sind »nur« wenige Handgriffe notwendig. Sie erfassen in einer Zeile die Spaltenüberschriften. Diese müssen als erste in der Liste stehen. Sie müssen allerdings nicht zwangsweise in der ersten Zeile des Tabellenblattes stehen. Geben Sie anschließend die Daten zeilenweise untereinander ein. Fertig ist die Datenliste.

Die erste Überlegung hierbei ist, welche Informationen nebeneinander erfasst werden sollten. Im ersten Beispiel wird eine interne Personalliste erstellt. Die Überschriften werden erfasst und die Daten eingegeben.

Tipp: Die Überschriftenzeile muss nicht unbedingt in Zeile 1 eingetragen werden.

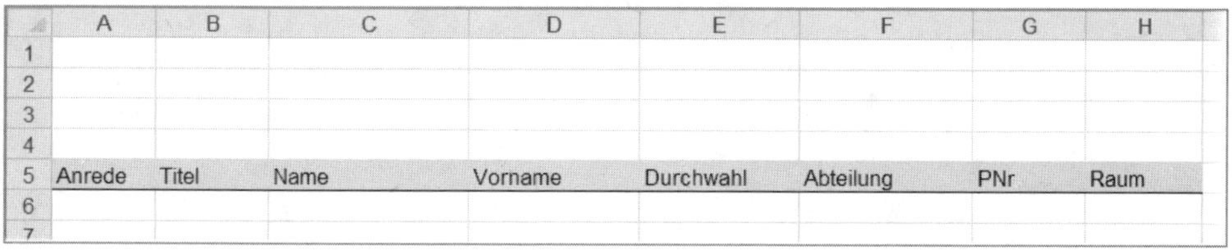

▲	A	B	C	D	E	F	G	H
1								
2								
3								
4								
5	Anrede	Titel	Name	Vorname	Durchwahl	Abteilung	PNr	Raum
6								
7								

Bild 9.1: Spaltenüberschriften erfassen, um eine Mitarbeiterliste zu erstellen.

Im aktuellen Beispiel wurden acht Spaltenüberschriften erfasst. Jetzt müssen die Daten eingegeben werden. Sie können auch die Daten *Sortieren.xlsx* öffnen.

Ihre Liste kann dann folgendermaßen aussehen:

	Anrede	Titel	Name	Vorname	Durchwahl	Abteilung	PNr	Raum
5	Anrede	Titel	Name	Vorname	Durchwahl	Abteilung	PNr	Raum
6	Frau		Ach	Luise	1173	BH	457	B0101107
7	Herr	Dipl. Ing.	Aston	Martin	1269	BH	669	C0101107
8	Herr		Becher	Jo-Kurt	1143	BH	825	B0103301
9	Herr		Black	Jack	3062	BH	808	A0103311
10	Frau		Chilicon	Carne	1149	BH	422	B0100011
11	Frau	Dipl. Ing.	Domo	Technika	1037	BH	161	A0103304
12	Herr		Engel	Michael	1069	BH	816	A0200009
13	Frau		Fromme	Helene	1243	BH	845	B0204402
14	Herr		Geyer	Wally	3086	BH	134	A0103301
15	Frau	Dipl. Ing.	Habenichts	Insolventia	3068	BH	124	A0102206
16	Herr		Heilger	Florian	1063	BH	203	A0200005
17	Frau		Hurtigs	Madi	1127	BH	326	A0202206
18	Herr		Jung	Siegfried	1059	BH	201	A0200001
19	Frau		Kassa	Bianca	3065	BH	123	A0102204
20	Herr		Klemm	Dietrich	1053	BH	172	A0104405
21	Frau		Kuckuck	Beatus	3089	BH	811	A0103303
22	Herr		Maass	Ellen	1191	BH	836	B0103309
23	Herr		Alfa	Romeo	1265	EK	666	C0101105
24	Herr		Banger	Hans	1067	EK	205	A0200007
25	Frau		Besen	Heide	1259	EK	848	C0100009
26	Herr		Block	Walter	1073	EK	215	A0200002

Bild 9.2: Die Mitarbeiterliste, mit der die nächsten Übungen durchgeführt werden.

Eine Bedingung müssen Sie beachten, wenn Sie mit Excel-Listen arbeiten: Sobald eine leere Zeile bzw. leere Spalte auftaucht, ist normalerweise für Excel die Liste dort zu Ende. Alle nach der Leerzeile folgenden Datenzeilen gehören für Excel nicht mehr zur Liste.

Das bedeutet, dass die weiter unten beschriebenen Sortier- und Filterfunktionen dort nicht mehr wie beschrieben wirken.

9.2 Sortieren

Listen im Computer haben den Vorteil, dass sie sich nach verschiedenen Kriterien sortieren lassen. Excel bietet als einfache Lösung die Sortierung über die Schaltflächen in der Registerkarte *Daten* an.

9.2.1 Sortieren nach Zellinhalten

1. Öffnen Sie die Datei *Sortieren.xlsx*.

2. Klicken Sie auf eine Zelle der Spalte, nach der Sie sortieren möchten, und entscheiden Sie dann, ob auf- bzw. absteigend sortiert werden soll.

   ↓ Aufsteigend von A bis Z sortieren

   ↓ Absteigend von Z bis A sortieren

Wenn Sie einige Zellen in einer Spalte markiert haben und das Sortieren über die Schaltflächen starten, dann erscheint der folgende Hinweis:

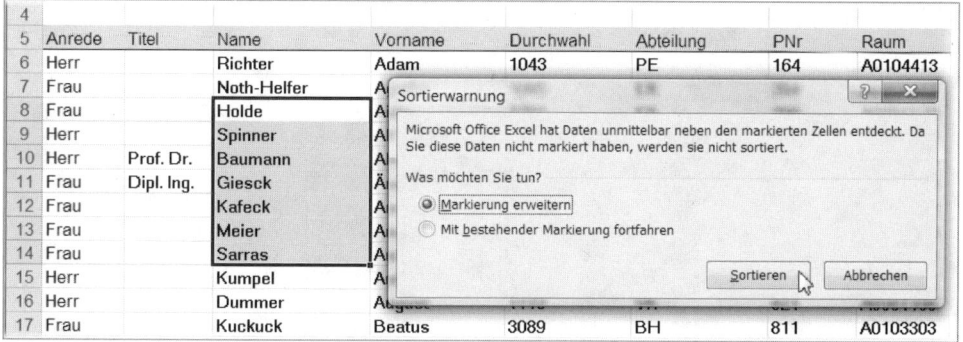

	Anrede	Titel	Name	Vorname	Durchwahl	Abteilung	PNr	Raum
4								
5	Anrede	Titel	Name	Vorname	Durchwahl	Abteilung	PNr	Raum
6	Herr		Richter	Adam	1043	PE	164	A0104413
7	Frau		Noth-Helfer	A				
8	Frau		Holde	A				
9	Herr		Spinner	A				
10	Herr	Prof. Dr.	Baumann	A				
11	Frau	Dipl. Ing.	Giesck	Ä				
12	Frau		Kafeck	A				
13	Frau		Meier	A				
14	Frau		Sarras	A				
15	Herr		Kumpel	A				
16	Herr		Dummer	A				
17	Frau		Kuckuck	Beatus	3089	BH	811	A0103303

Sortierwarnung

Microsoft Office Excel hat Daten unmittelbar neben den markierten Zellen entdeckt. Da Sie diese Daten nicht markiert haben, werden sie nicht sortiert.

Was möchten Sie tun?

◉ Markierung erweitern
○ Mit bestehender Markierung fortfahren

Sortieren   Abbrechen

Bild 9.3: Die Warnung vor dem Sortieren, wenn einige Zellen in einer Spalte markiert sind

3. Wenn Sie jetzt auf die Schaltfläche *Sortieren* klicken, wird die ganze Liste, d. h. bis zur ersten leeren Zelle, sortiert.

Wenn Sie die Option *Mit bestehender Markierung fortfahren* aktivieren, werden nur die markierten Zellen sortiert. Damit könnte es sein, dass Ihre Daten nicht mehr in der korrekten Reihenfolge vorliegen.

Excel bietet in einem Dialogfenster die Sortierung nach verschiedenen Spalten nach einander an. Wenn die Liste Überschriften besitzt, lässt sich die Sortierreihenfolge über die Spaltenüberschriften festlegen.

1. Klicken Sie auf die Schaltfläche *Sortieren* auf dem Register *Daten*.

2. Wählen Sie am ersten Listenfeld die Spalte aus, nach der zuerst sortiert werden soll, und die Sortierrichtung.

3. Klicken Sie auf die Schaltfläche *Ebene hinzufügen*.

Wählen Sie am ersten Listenfeld in der zweiten Zeile das Feld aus, nach dem im Anschluss sortiert werden soll.

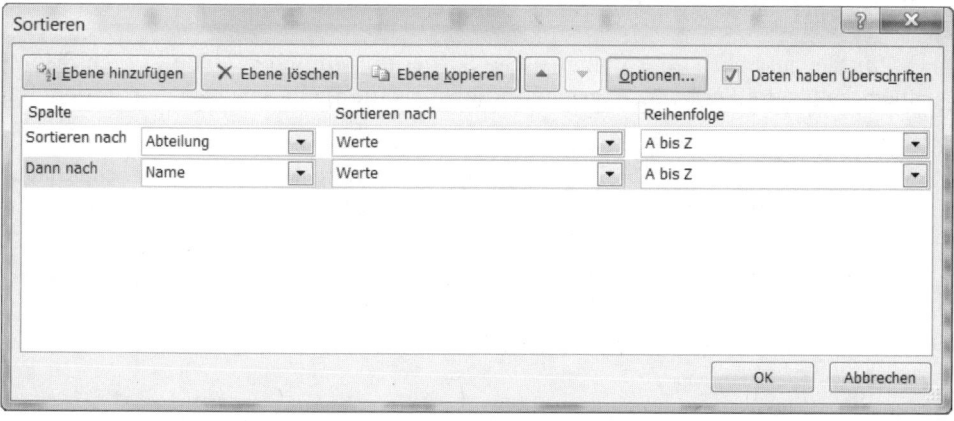

Sortieren

*↑ Ebene hinzufügen   ✕ Ebene löschen   Ⓔ Ebene kopieren   ▲ ▼   Optionen...   ☑ Daten haben Überschriften

Spalte		Sortieren nach	Reihenfolge
Sortieren nach	Abteilung ▾	Werte ▾	A bis Z ▾
Dann nach	Name ▾	Werte ▾	A bis Z ▾

OK   Abbrechen

Bild 9.4: Nach mehreren Feldnamen sortieren

4. Klicken Sie auf *OK*, um die Sortierung zu starten.

	A	B	C	D	E	F	G	H	I	J	K	L
1												
2												
3												
4												
5	Anrede	Titel	Name	Vorname	Durchwahl	Abteilung	PNr	Raum				
6	Frau		Ach	Luise	1173	AF	457	B0101107				
7	Herr		Becher	Jo-Kurt	1143	AF	825	B0103301				
8	Herr		Engel	Michael	1069	AF	816	A0200009				
9	Frau		Schön	Rotraut	3101	AF	151	A0103309				
10	Herr		Werti	Karl	1209	AF	839	B0204401				
11	Herr	Dipl. Ing.	Aston	Martin	1269	BH	669	C0101107				
12	Herr		Black	Jack	3062	BH	808	A0103311				
13	Frau		Chilicon	Carne	1149	BH	422	B0100011				
14	Frau	Dipl. Ing.	Domo	Technika	1037	BH	161	A0103304				
15	Frau		Fromme	Helene	1243	BH	845	B0204402				
16	Herr		Geyer	Wally	3086	BH	134	A0103301				
17	Frau	Dipl. Ing.	Habenichts	Insolventia	3068	BH	124	A0102206				
18	Herr		Heilger	Florian	1063	BH	203	A0200005				
19	Frau		Hurtigs	Madi	1127	BH	326	A0202206				
20	Herr		Jung	Siegfried	1059	BH	201	A0200001				
21	Frau		Kassa	Bianca	3065	BH	123	A0102204				
22	Herr		Klemm	Dietrich	1053	BH	172	A0104405				
23	Frau		Kuckuck	Beatus	3089	BH	811	A0103303				
24	Frau		Maass	Ellen	1191	BH	836	B0103309				
25	Frau		Matt	Hilde	1233	BH	842	B0204409				
26	Herr		Meier-Nachegger	Bert	1155	BH	999	B0204410				

Bild 9.5: Die Liste ist nach Abteilungen und dann nach Namen sortiert.

Zuerst werden alle Zeilen der Abteilung AF zusammengefasst. Innerhalb dieser Zusammenfassung sind die Daten nach dem Nachnamen sortiert. Danach kommt die Abteilung BH, in dieser Gruppe sind wieder die Zeilen nach Nachname sortiert usw.

9.2.2 Sortieren nach Farben

Stellen Sie sich vor, Sie haben in einer Liste bestimmte Personen mit einer Füllfarbe gekennzeichnet. Jetzt möchten Sie nach der Füllfarbe sortieren.

1. Klicken Sie auf die Schaltfläche *Sortieren* auf dem Register *Daten.*

2. Wählen Sie am zweiten Listenfeld den Eintrag *Zellenfarbe* aus, nach der zuerst sortiert werden soll.

3. Dann wählen Sie am dritten Listenfeld *Reihenfolge* die Farbe aus, die zuerst angezeigt werden soll.

4. Wenn Sie zusätzlich eine alphabetische Sortierung wünschen, dann klicken Sie auf die Schaltfläche *Eben hinzufügen* und wählen Sie die Spalte sowie die Sortierrichtung aus.

5. Wenn Sie nach weiteren Farben sortieren möchten, klicken Sie auf die Schaltfläche *Ebene hinzufügen* und wählen die nächste Farbe aus.

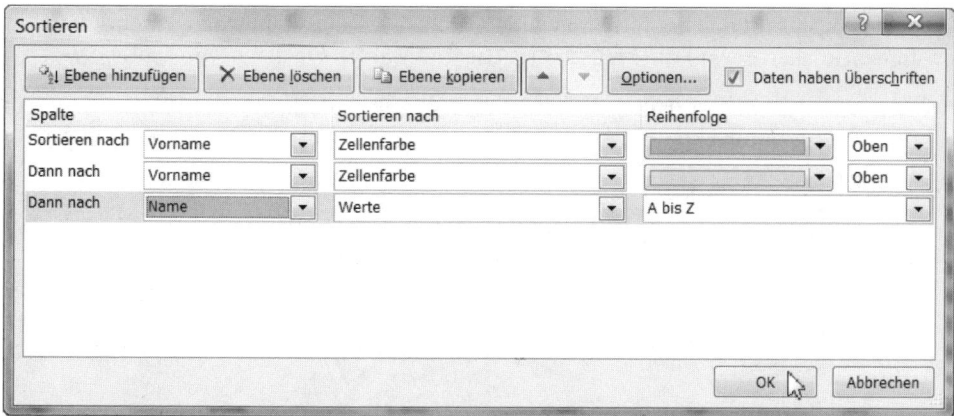

Bild 9.6: Das Sortieren nach Farben und anschließend nach Buchstaben

Nachdem Sie mit *OK* bestätigt haben, werden in diesem Beispiel zuerst die Mitarbeiter mit der blauen Füllfarbe gezeigt. Danach werden alle mit der braunen Füllfarbe gezeigt. Innerhalb der Farben wird dann auch noch nach dem Nachnamen sortiert.

Anrede	Titel	Name	Vorname	Durchwahl	Abteilung	PNr	Raum
Frau		Fromme	Helene	1243	BH	845	B0204402
Frau		Keller	Gitta	1197	PE	463	B0102207
Frau		Maier	Doris	1122	EK	987	B0100004
Frau		Meier	Anne	1166	EK	998	B0100003
Frau		Palm	Olivia	1261	GF	849	C0100001
Herr		Schröpfer	Willmuth	3077	VK	810	A0102210
Herr	Dr.iur.	Semper	Justus	1039	PE	162	A0103306
Frau		Senkblei	Lotti	1203	GF	502	B0200003
Herr		Strait	Hansel	1049	GF	815	A0104403
Frau		Volk	Lore	1107	GF	302	A0201104
Herr		Wiesener	Friedrich	1245	PE	654	C0100001
Herr		Anker	Tao	2054	VK	105	A0102203
Frau		Awe	Maria	1061	GF	202	A0200003
Herr		Banger	Hans	1067	EK	205	A0200007
Herr		Deutsch	Marc	3059	VK	807	A0103311
Herr		Don	Camillo	1271	GF	850	C0101107
Herr		Geldmacher	Leberecht	3074	VK	131	A0102208
Frau		Hättich	Marie	3071	EK	809	A0102206
Herr		Kirch	Linde	2052	EK	106	A0102201
Frau		Kluge	Irene	1085	EK	255	A0201103
Herr		Most	Erich	1213	PE	841	B0204403
Herr		Sprenger	Willi	1225	EK	512	B0201105
Herr		Zimmer	Walter	1035	EK	160	A0103302
Frau		Ach	Luise	1173	AF	457	B0101107
Herr	Dipl. Ing.	Adler	Horst	1241	GF	844	B0204400
Herr		Alfa	Romeo	1265	EK	666	C0101105
Frau		Aquarius	Hilde	1223	PE	511	B0201103
Herr	Dipl. Ing.	Aston	Martin	1269	BH	669	C0101107
Herr	Prof. Dr.	Baumann	Alfred	1167	VK	438	B0101101
Herr		Bäumer	Zacharias	1249	PE	656	C0100003
Herr		Becher	Jo-Kurt	1143	AF	825	B0103301
Frau		Benz	Mercedes	1267	GF	667	C0101107
Frau		Besen	Heide	1259	EK	848	C0100009

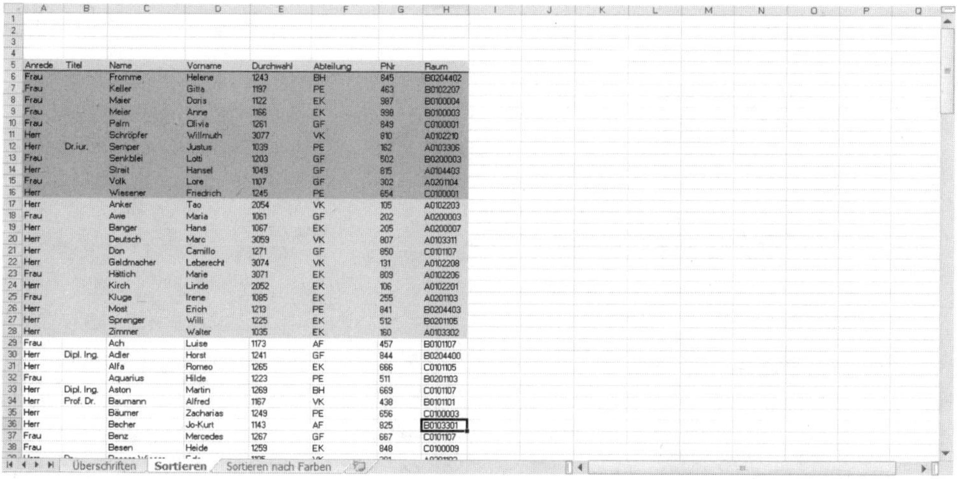

Bild 9.7: Diese Liste wurde nach Farben und anschließend nach Nachname sortiert.

9.3 Filtern

Mit einem Filter lassen Sie sich nur bestimmte Datenzeilen anzeigen.

1. Öffnen Sie die Datei *Filtern.xlsx.*
2. Setzen Sie den Cursor entweder in den Datenbereich oder in die Überschriftenzeile.
3. Aktivieren Sie die Programmregisterkarte *Daten* und klicken Sie auf die Schaltfläche *Filtern.*

4. Alle Überschriftenfelder erhalten jetzt kleine Dreiecke. Um nach einem Wert zu filtern, klicken Sie auf die Pfeilschaltfläche und wählen Sie den gewünschten Wert.

5. Angenommen Sie möchten alle Mitarbeiter einer bestimmten Abteilung sehen, nehmen Sie den Haken bei *Alles anzeigen* raus und setzen Sie ihn beim gewünschten Eintrag.

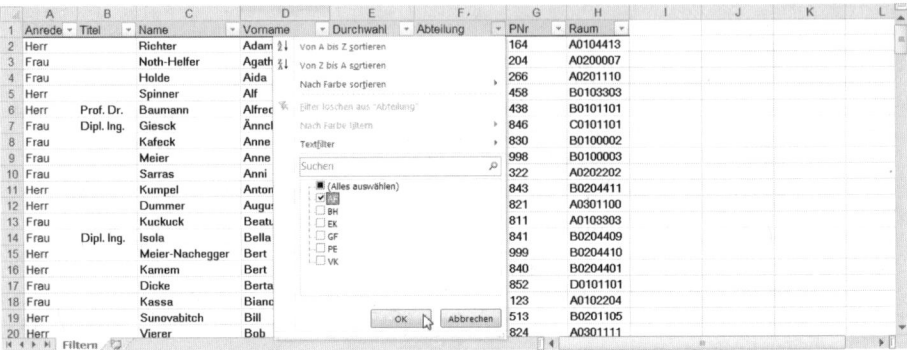

Bild 9.8: Die Auswahlmöglichkeiten des AutoFilters

6. Bestätigen Sie mit *OK*.

Tipp: Um die Pfeilschaltflächen wieder zu entfernen, klicken Sie erneut auf die Schaltfläche *Filtern*.

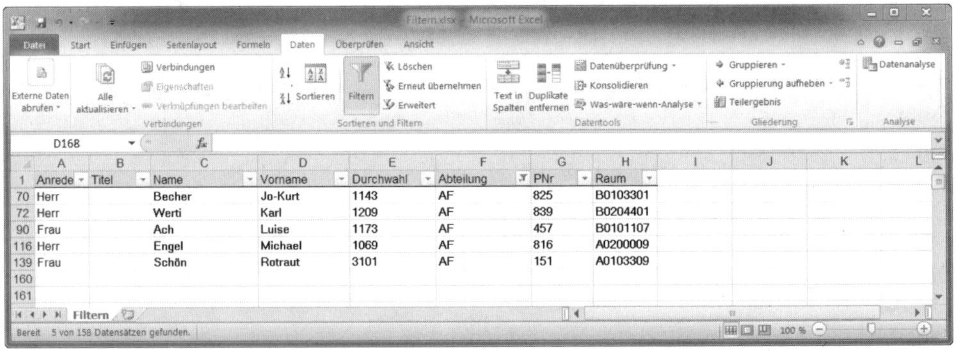

Bild 9.9: Der aktivierte AutoFilter für das Feld *Abteilung*

Als optischer Hinweis, dass Sie zurzeit nicht alle Datensätze sehen, werden die Zeilennummern am linken Rand blau dargestellt. Außerdem weist Sie ein Symbol an der Pfeilschaltfläche darauf hin, dass Sie hier einen Filter gesetzt haben.

Am unteren Bildschirmrand können Sie in der Statusleiste erkennen, wie viele Datensätze mit dem aktuellen Filter angezeigt werden. Außerdem zeigt Ihnen Excel auch die Anzahl aller Datensätze.

Sie können nach weiteren Kriterien filtern, indem Sie den genannten Vorgang bei anderen Spalten wiederholen.

9.3.1 Filter aufheben

Um wieder die komplette Liste anzuzeigen, öffnen Sie die Pfeilschaltfläche und aktivieren den Eintrag *Alles auswählen*. Wenn dann alle Haken gesetzt sind, bestätigen Sie wieder mit *OK*. Der Filter bleibt aktiviert.

9.3.2 Der benutzerdefinierte Filter

Wenn Sie besondere Suchkriterien einsetzen möchten, verwenden Sie den *Benutzerdefinierten AutoFilter*.

Öffnen Sie die Liste zu einer Spalte und starten Sie den sechsten Eintrag. Wenn in der Spalte Zahlen stehen, ist es der Befehl *Zahlenfilter*. Wenn in der Spalte Text steht, steht dort *Textfilter,* und wenn Datumswerte in den Spalten stehen, erscheint der Eintrag *Datumsfilter*.

Im nächsten Beispiel wollen wir uns alle Mitarbeiter anzeigen lassen, deren Nachname entweder mit A oder mit Z beginnt.

1. Klicken Sie auf die Pfeilschaltfläche am Feld *Nachname,* zeigen Sie auf den Befehl *Textfilter* und klicken Sie auf den Eintrag *Beginnt mit*.

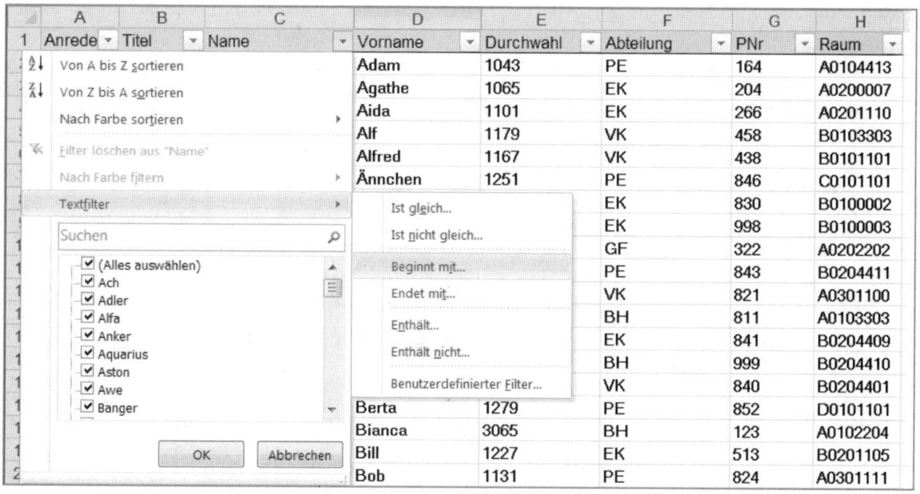

Bild 9.10: Die Auswahl an Textfiltern

2. Es öffnet sich das Fenster *Benutzerdefinierter AutoFilter*. Geben Sie jetzt das A ein.

3. Aktivieren Sie die Option *Oder*.

4. Wählen Sie in der nächsten Zeile im ersten Feld wieder den Eintrag *Beginnt mit* aus und geben Sie ins Feld daneben den Buchstaben Z ein.

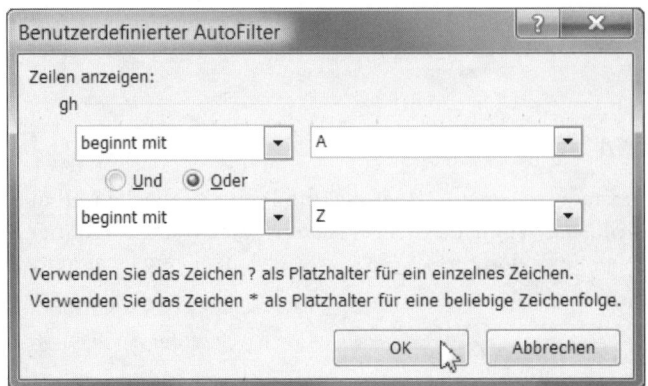

Bild 9.11: Der benutzerdefinierte Filter zeigt nur die Mitarbeiter, deren Nachname mit A oder mit Z beginnt.

5. Bestätigen Sie mit *OK*.

▲	A	B	C	D	E	F	G	H
1	Anrede ▼	Titel ▼	Name ▼	Vorname ▼	Durchwahl ▼	Abteilung ▼	PNr ▼	Raum ▼
60	Frau		Aquarius	Hilde	1223	PE	511	B0201103
63	Herr	Dipl. Ing.	Adler	Horst	1241	GF	844	B0204400
90	Frau		Ach	Luise	1173	AF	457	B0101107
102	Frau		Awe	Maria	1061	GF	202	A0200003
110	Herr	Dipl. Ing.	Aston	Martin	1269	BH	669	C0101107
132	Herr		Zapel	Philipp	1117	VK	321	A0202201
137	Herr		Alfa	Romeo	1265	EK	666	C0101105
143	Herr		Anker	Tao	2054	VK	105	A0102203
152	Herr		Zimmer	Walter	1035	EK	160	A0103302
160								

Bild 9.12: Das Ergebnis: alle Mitarbeiter, deren Nachname mit einem A oder mit einem Z beginnt

Sie heben den benutzerdefinierten Filter wieder auf, in dem Sie auf das Dreieck klicken, und den Befehl *Filter löschen* wählen.

Folgende Vergleichsmöglichkeiten werden für den *Textfilter* in der Liste angeboten:

Auswahl	Vergleich
Ist gleich	Entspricht dem Vergleichswert.
Ist nicht gleich	Entspricht nicht dem Vergleichswert.
Beginnt mit	Der Text beginnt mit dem angegebenen Vergleichswert.
Endet mit	Der Text endet mit dem angegebenen Vergleichswert.
Endet nicht mit	Der Text endet nicht mit dem angegebenen Vergleichswert.
Enthält	Der Text enthält den angegebenen Vergleichswert.
Enthält nicht	Der Text enthält nicht den angegebenen Vergleichswert.

Tabelle 9.1: Die Vergleichsoperatoren

Folgende Vergleichsmöglichkeiten werden für den Zahlenfilter in der Liste angeboten:

Auswahl	Operator	Vergleich
Ist gleich	=	Entspricht dem Vergleichswert.
Ist nicht gleich	<>	Entspricht nicht dem Vergleichswert.
Größer als	>	Ist größer als der Vergleichswert.
Größer oder gleich	>=	Ist größer bzw. gleich dem Vergleichswert.
Kleiner als	<	Ist kleiner als der Vergleichswert.
Kleiner oder gleich	<=	Ist kleiner bzw. gleich dem Vergleichswert.
Zwischen		Findet alle Daten zwischen den angegebenen Werten.
Top 10		Eine bestimmte Anzahl von Werten, z. B. die höchsten 5 Werte.
Über dem Durchschnitt		Die Werte, die über dem Mittelwert liegen.
Unter dem Durchschnitt		Die Werte, die unter dem Mittelwert liegen.

Tabelle 9.2: Die vordefinierten Zahlenfilter in Excel 2010

Suche nach einem Zahlenbereich

Stellen Sie sich vor, Sie möchten sich alle Mitarbeiter anzeigen lassen, deren Personalnummer zwischen 200 und 300 liegt.

1. Wählen Sie am Eintrag *Zahlenfeld* der Spalte *PNr* den Eintrag *zwischen* und geben Sie die folgenden Werte ein:

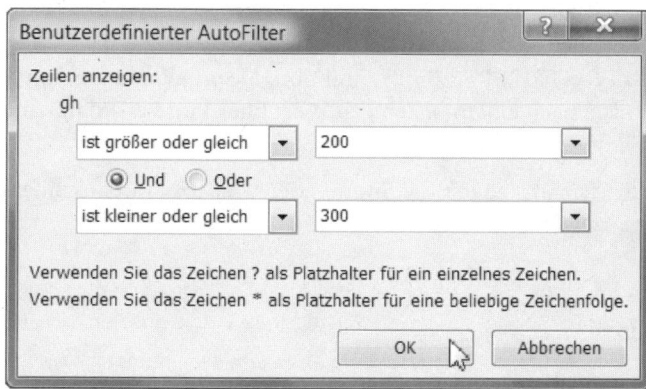

Bild 9.13: Einen Zahlenbereich definierten

2. Bestätigen Sie mit *OK*. Jetzt werden Ihnen alle Mitarbeiter angezeigt, deren Personalnummern im zuvor gewählten Bereich liegen.

	A	B	C	D	E	F	G	H	I	J	K	L
1	Anrede	Titel	Name	Vorname	Durchwahl	Abteilung	PNr	Raum				
3	Frau		Noth-Helfer	Agathe	1065	EK	204	A0200007				
4	Frau		Holde	Aida	1101	EK	266	A0201110				
33	Frau		Mortad	Ella	1089	BH	261	A0201107				
41	Herr		Heilger	Florian	1063	BH	203	A0200005				
50	Herr		Banger	Hans	1067	EK	205	A0200007				
65	Frau		Kluge	Irene	1085	EK	255	A0201103				
75	Frau		Kismi	Kate	1083	VK	252	A0201103				
77	Herr		Multi	Kulti	1095	PE	263	A0201108				
83	Frau		de Mol	Linda	1079	GF	234	A0200008				
93	Herr		Lämpel	Luzifer	1087	VK	260	A0201105				
102	Frau		Awe	Maria	1061	GF	202	A0200003				
104	Frau		Funke	Marie	1097	PE	264	A0201108				
120	Frau		Schreib-Mahl	Nieda	1075	GF	216	A0200004				
124	Frau		Goldner	Oskar	1099	PE	265	A0201110				
125	Herr		Weiser	Otto	1081	EK	251	A0201101				
126	Herr		Schräger	Otto	1093	PE	262	A0201109				
140	Herr		Jung	Siegfried	1059	BH	201	A0200001				
147	Frau		Binder	Traugott	1077	PE	222	A0200006				
151	Herr		Block	Walter	1073	EK	215	A0200002				
160												
161												
162												

Bild 9.14: Alle Mitarbeiter mit Personalnummern im Bereich 200 bis 300

Die Kriterien entsprechen der mathematischen Formulierung: >=200 und <=300.

9.4 Funktionen zur Listenbearbeitung

Ist eine Liste erstellt und gefiltert, können Sie Berechnungen für das aktuell gezeigte Ergebnis erstellen.

Wenn Sie mit dem *AutoFilter* arbeiten, sind einfache Funktionen wie *Summe* und *Anzahl* nicht empfehlenswert. Bei eingeschaltetem Filter werden diese Funktionen ausgeblendet.

9.4.1 Die Teilergebnis-Funktion

Abhilfe schafft in diesem Fall die TEILERGEBNIS-Funktion. Sie erhalten diese Funktion automatisch, wenn Sie die Liste nach einem beliebigen Wert filtern und erst dann auf die Schaltfläche *Summe* in der Registerkarte *Start* klicken.

Im folgenden Beispiel wollen wir uns zuerst die Summe der Umsätze und anschließend die Anzahl der Mitarbeiter anzeigen lassen.

Die Summe bilden

1. Öffnen Sie die Datei *Filtern.xlsx*.

2. Aktivieren Sie das Tabellenblatt *Filtern2*.

3. Filtern Sie zuerst die Liste beispielsweise nach einem Ort.

4. Positionieren Sie den Cursor in eine Zelle unterhalb des Umsatzes.

5. Klicken Sie nun auf die Schaltfläche *Summe*, um die Funktion *TEILERGEBNIS* zu erhalten. Die Zahl 9 bedeutet hierbei, dass die Summe des angegebenen Bereichs ermittelt wird.

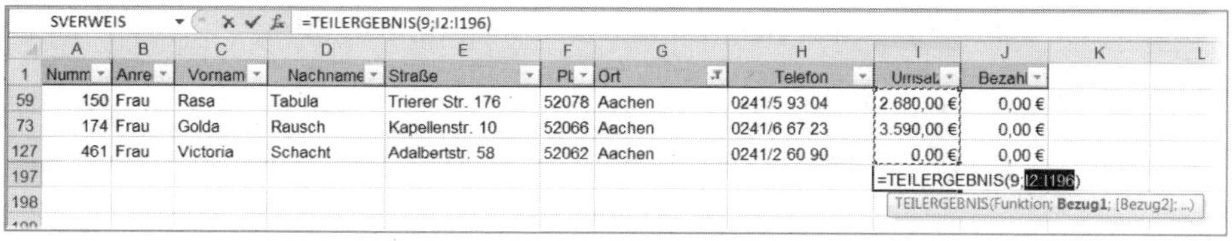

SVERWEIS =TEILERGEBNIS(9;I2:I196)

	A	B	C	D	E	F	G	H	I	J
1	Numm	Anre	Vornam	Nachname	Straße	Pl	Ort	Telefon	Umsat	Bezahl
59	150	Frau	Rasa	Tabula	Trierer Str. 176	52078	Aachen	0241/5 93 04	2.680,00 €	0,00 €
73	174	Frau	Golda	Rausch	Kapellenstr. 10	52066	Aachen	0241/6 67 23	3.590,00 €	0,00 €
127	461	Frau	Victoria	Schacht	Adalbertstr. 58	52062	Aachen	0241/2 60 90	0,00 €	0,00 €
197									=TEILERGEBNIS(9;I2:I196)	
198									TEILERGEBNIS(Funktion; **Bezug1**; [Bezug2]; ...)	

Bild 9.15: Der Aufbau der Funktion TEILEREGBNIS

6. Drücken Sie die [Eingabe]-Taste.

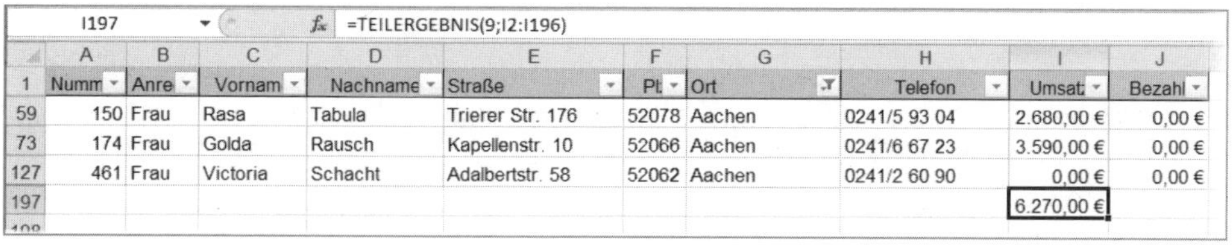

I197 =TEILERGEBNIS(9;I2:I196)

	A	B	C	D	E	F	G	H	I	J
1	Numm	Anre	Vornam	Nachname	Straße	Pl	Ort	Telefon	Umsat	Bezahl
59	150	Frau	Rasa	Tabula	Trierer Str. 176	52078	Aachen	0241/5 93 04	2.680,00 €	0,00 €
73	174	Frau	Golda	Rausch	Kapellenstr. 10	52066	Aachen	0241/6 67 23	3.590,00 €	0,00 €
127	461	Frau	Victoria	Schacht	Adalbertstr. 58	52062	Aachen	0241/2 60 90	0,00 €	0,00 €
197									6.270,00 €	

Bild 9.16: Die Umsätze aller Kunden aus Aachen

Jetzt wird Ihnen immer die Gesamtsumme der zurzeit gefilterten Werte angezeigt. Wenn Sie alle Filter deaktivieren, sehen Sie die Gesamtsumme aller Umsätze.

Die Anzahl der Kunden

1. Kopieren Sie die Funktion, die Sie gerade eingefügt haben, und fügen Sie sie unterhalb des letzten Nachnamens ein.
2. Da wir aber zählen möchten, klicken Sie in die Bearbeitungsleiste, geben statt der 9 eine 3 ein und drücken [Eingabe].

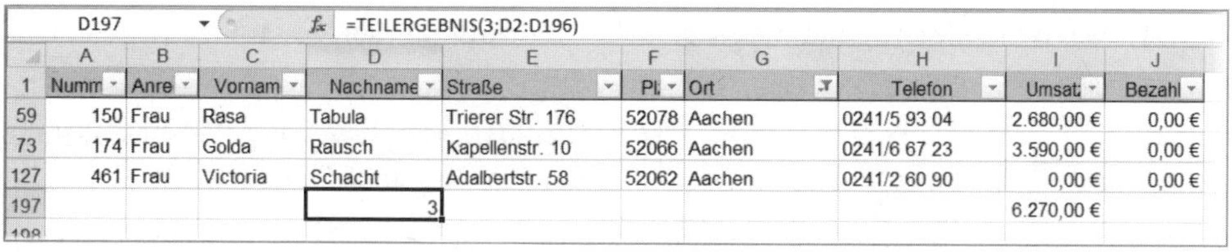

D197 =TEILERGEBNIS(3;D2:D196)

	A	B	C	D	E	F	G	H	I	J
1	Numm	Anre	Vornam	Nachname	Straße	Pl	Ort	Telefon	Umsat	Bezahl
59	150	Frau	Rasa	Tabula	Trierer Str. 176	52078	Aachen	0241/5 93 04	2.680,00 €	0,00 €
73	174	Frau	Golda	Rausch	Kapellenstr. 10	52066	Aachen	0241/6 67 23	3.590,00 €	0,00 €
127	461	Frau	Victoria	Schacht	Adalbertstr. 58	52062	Aachen	0241/2 60 90	0,00 €	0,00 €
197				3					6.270,00 €	

Bild 9.17: Die Funktion TEILERGEBNIS kann auch zählen.

Die TEILERGEBNIS-Funktion stellt über den ersten Parameterwert innerhalb der Klammer die Art der Berechnung ein. Die allgemeine Form der Funktion lautet:

```
=TEILERGEBNIS(Funktionsnummer;Bereich)
```

Die folgende Tabelle zeigt die wichtigsten Funktionsnummern:

Nummer	Funktion
1	MITTELWERT
2	ANZAHL
3	ANZAHL2
4	MAX
5	MIN
6	PRODUKT
7	STABW
8	STABWN
9	SUMME
10	VARIANZ
11	VARIANZEN

Tabelle 9.3: Die Funktionsnummern für die TEILERGEBNIS-Funktion

9.4.2 Filtern nach Datumswerten

Stellen Sie sich vor, Sie benötigen die Information, welcher Ihrer Mitarbeiter im nächsten Monat Geburtstag feiert.

1. Öffnen Sie die Datei *Geburtstage.xlsx*.

2. Setzen Sie den Cursor entweder in den Datenbereich oder in die Überschriftenzeile.

3. Aktivieren Sie die Programmregisterkarte *Daten* und klicken Sie auf die Schaltfläche *Filtern*.

4. Klicken Sie am kleinen Pfeil am Feld *Geburtsdatum* und wählen Sie die folgende Befehlsfolge: *Datumsfilter / Alle Datumsformate im Zeitraum / Januar*.

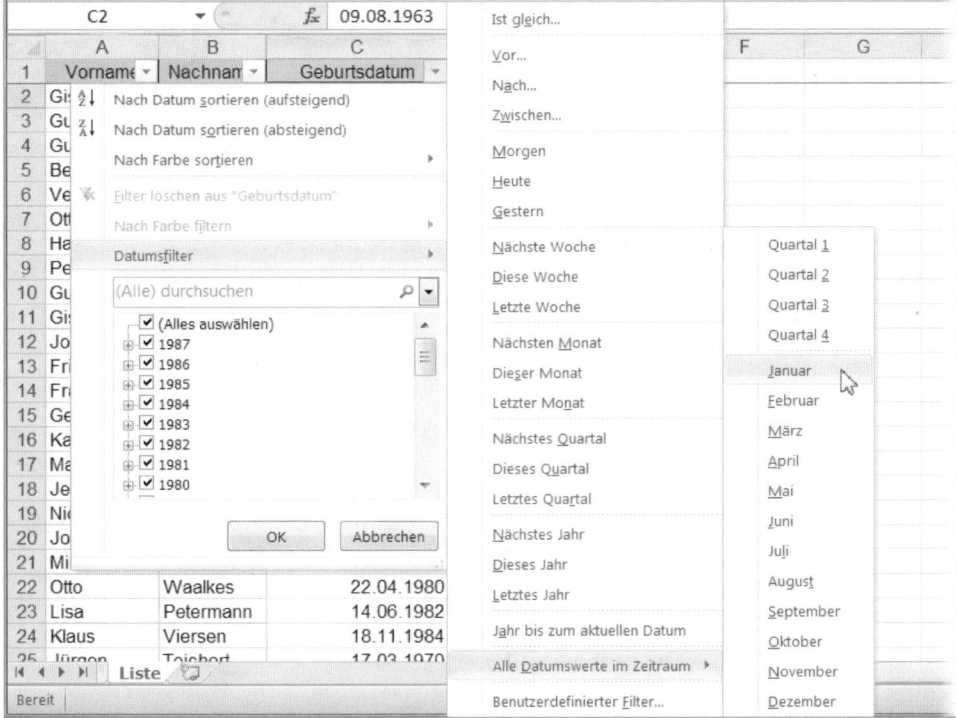

Bild 9.18: Der Filter, um alle Geburtstage innerhalb eines bestimmten Monats zu sehen

Als Ergebnis werden jetzt alle Mitarbeiter angezeigt, die im gewählten Zeitraum Geburtstag feiern.

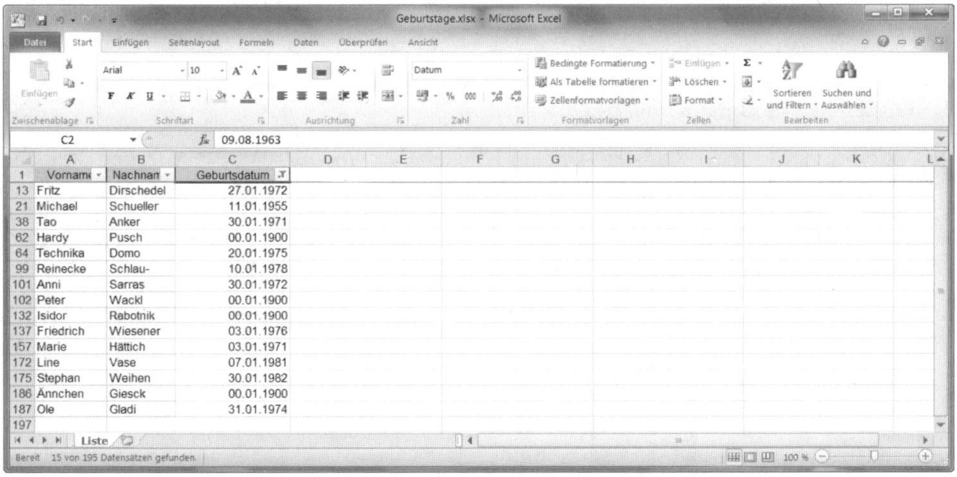

Bild 9.19: Alle Geburtstage im Januar

9.5   Teilergebnisse bilden

Eine Kombination zwischen Gruppierung und Zwischenberechnungen bietet der Befehl *Teilergebnis*. Der Assistent kann dabei automatisch zur Gruppierung Zwischenberechnungen durchführen und diese in die Liste einfügen.

Als Formeln werden die bekannten Funktionen *Summe, Anzahl, Mittelwert, Maximum, Minimum, Produkt* und Funktionen zu den Standardabweichungen angeboten. Im nachfolgenden Beispiel soll der Umsatz pro Ort ermittelt werden.

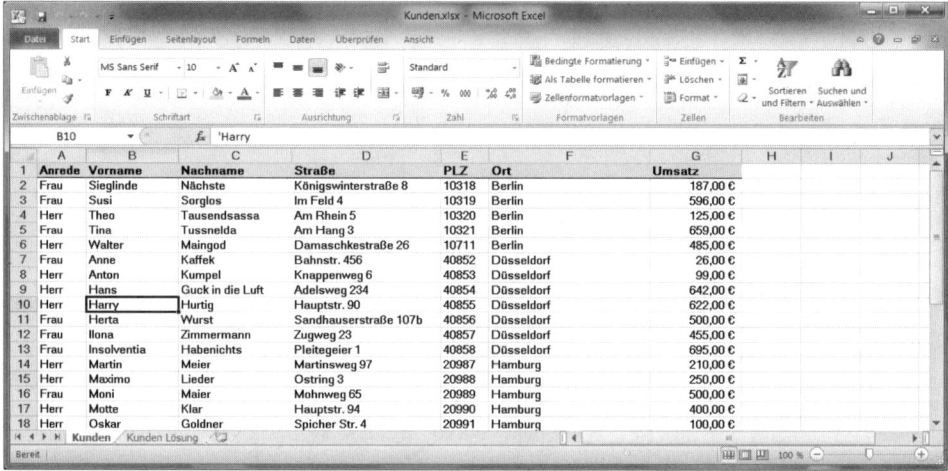

Bild 9.20: Die Umsatzzahlen, die mit dem Befehl *Teilergebnis* gezeigt werden sollen.

Tipp: Sortieren Sie die Liste zuerst nach den Gruppierungsfeldern. In diesem Beispiel ist es die Spalte *Ort*.

1. Öffnen Sie die Datei *Kunden.xlsx*.

2. Aktivieren Sie das Register *Daten*. Klicken Sie im Bereich *Gliederung* auf die Schaltfläche *Teilergebnisse*.

3. Wählen Sie im Feld *Gruppieren nach* den Eintrag *Ort* aus. Dann wird gleich unterhalb jeden Ortes die Berechnung erstellt.

4. Im Feld *Verwendung von* entscheiden Sie, welcher Rechenschritt ausgeführt wird. Wählen Sie hier den Eintrag *Summe*.

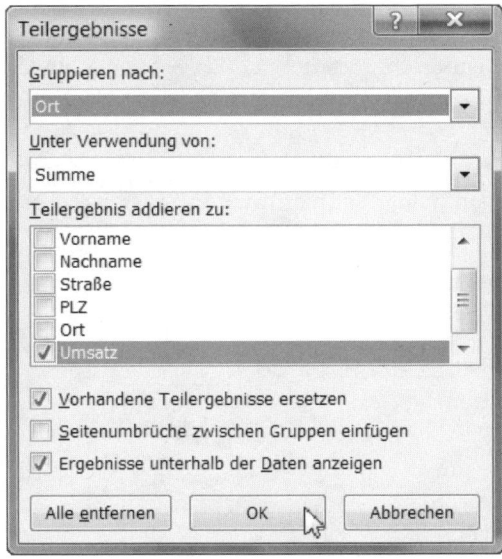

Bild 9.21: Optionen zur Berechnung der Teilergebnisse

5. Aktivieren Sie als letztes das Feld aus, das berechnet werden soll, in unserem Beispiel ist es das Feld *Umsatz*, und klicken Sie auf *OK*.

Der Assistent richtet in der Liste automatisch Gruppierungen nach den gewählten Feldern an und fügt die Funktionen zu den Gruppen ein.

	A	B	C	D	E	F	G
1	Anrede	Vorname	Nachname	Straße	PLZ	Ort	Umsatz
2	Frau	Sieglinde	Nächste	Königswinterstraße 8	10318	Berlin	187,00 €
3	Frau	Susi	Sorglos	Im Feld 4	10319	Berlin	596,00 €
4	Herr	Theo	Tausendsassa	Am Rhein 5	10320	Berlin	125,00 €
5	Frau	Tina	Tussnelda	Am Hang 3	10321	Berlin	659,00 €
6	Herr	Walter	Maingod	Damaschkestraße 26	10711	Berlin	485,00 €
7						Berlin Ergebnis	2.052,00 €
8	Frau	Anne	Kaffek	Bahnstr. 456	40852	Düsseldorf	26,00 €
9	Herr	Anton	Kumpel	Knappenweg 6	40853	Düsseldorf	99,00 €
10	Herr	Hans	Guck in die Luft	Adelsweg 234	40854	Düsseldorf	642,00 €
11	Herr	Harry	Hurtig	Hauptstr. 90	40855	Düsseldorf	622,00 €
12	Frau	Herta	Wurst	Sandhauserstraße 107b	40856	Düsseldorf	500,00 €
13	Frau	Ilona	Zimmermann	Zugweg 23	40857	Düsseldorf	455,00 €
14	Frau	Insolventia	Habenichts	Pleitegeier 1	40858	Düsseldorf	695,00 €
15						Düsseldorf Ergebnis	3.039,00 €
16	Herr	Martin	Meier	Martinsweg 97	20987	Hamburg	210,00 €
17	Herr	Maximo	Lieder	Ostring 3	20988	Hamburg	250,00 €
18	Frau	Moni	Maier	Mohnweg 65	20989	Hamburg	500,00 €
19	Herr	Motte	Klar	Hauptstr. 94	20990	Hamburg	400,00 €
20	Herr	Oskar	Goldner	Spicher Str. 4	20991	Hamburg	100,00 €
21	Frau	Sandra	Sonnenschein	Kölner Str. 6	20992	Hamburg	125,00 €
22						Hamburg Ergebnis	1.585,00 €
23	Herr	Jack	Black	Casinoweg 67	50986	Köln	652,00 €
24	Herr	Jan	Enzi	Bahnhofstr. 29 a	50987	Köln	254,00 €
25	Herr	Jörg	Knutsen	Elbchausse 1	50988	Köln	684,00 €
26	Herr	Karl	Werti	an der B 1	50989	Köln	685,00 €

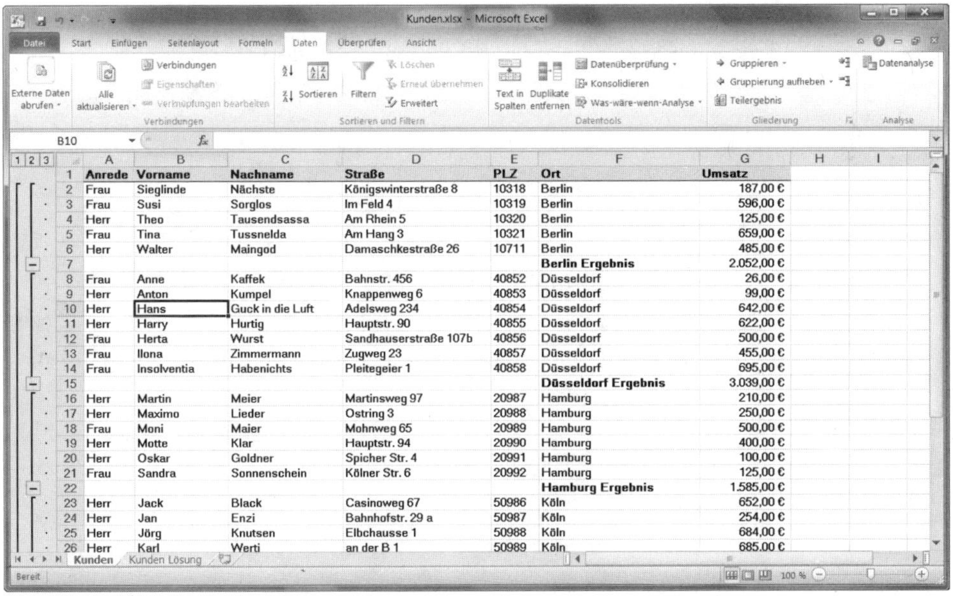

Bild 9.22: Die Ergebnisse werden summiert und gruppiert.

Tipp: Ein Nachteil besteht bei dieser Art der Auswertung: Nach der Umstellung der Listendaten in eine Liste mit Zwischenberechnungen sind das Sortieren und das Filtern nicht mehr sinnvoll, da die Gruppenergebnisse auch mit sortiert und gefiltert werden.

Mit einem Klick auf die Minussymbole am linken Bildschirmrand werden die einzelnen Datenzeilen ausgeblendet.

Die folgende Abbildung zeigt jetzt nur noch die Ergebniszeilen.

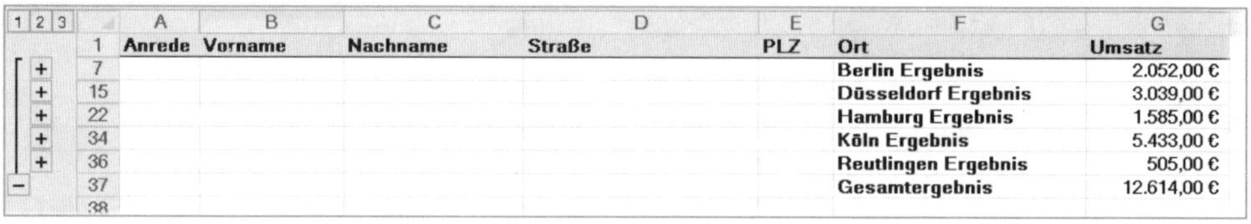

		A	B	C	D	E	F	G
	1	Anrede	Vorname	Nachname	Straße	PLZ	Ort	Umsatz
+	7						Berlin Ergebnis	2.052,00 €
+	15						Düsseldorf Ergebnis	3.039,00 €
+	22						Hamburg Ergebnis	1.585,00 €
+	34						Köln Ergebnis	5.433,00 €
+	36						Reutlingen Ergebnis	505,00 €
−	37						Gesamtergebnis	12.614,00 €
	38							

Bild 9.23: Auf Wunsch werden auch nur die Ergebnisse angezeigt.

Tipp: In diesem Beispiel wurden drei Gliederungsebenen automatisch eingefügt. Mit einem Klick auf eine der drei Zahlen in der linken oberen Tabellenecke können Sie sich ganz einfach alle Daten der gewählten Ebene anzeigen lassen. Dies geht mitunter viel schneller als über die Plus- bzw. Minussymbole.

Um die Gliederungspunkte und die Ergebniszeilen wieder zu entfernen, öffnen Sie das Fenster *Teilergebnis* erneut und klicken auf die Schaltfläche *Alle entfernen*.

10 Daten mit Pivot-Tabellen auswerten

Lernen Sie in diesem Kapitel, wie einfach es ist, Pivot-Tabellen zu erstellen. Die Voraussetzungen für diese Auswertung sind Excel-Listen, so wie Sie sie in Kapitel 10 kennengelernt haben.

⊡ Download-Link

www.buch.cd
Hier finden Sie alle Beispieldateien übersichtlich nach Kapiteln sortiert.

10.1 Vorrausetzung und Ziel von Pivot-Tabellen

Mit der integrierten Funktion *Pivot-Tabellen* lassen sich Daten, die in Listenform vorliegen, mit wenigen Mausklicks zusammenfassen und analysieren. Das Ergebnis lässt sich auch direkt als Diagramm darstellen.

Die Befehle zeigen die englischen Bezeichnung PivotTable und PivotCharts, wobei PivotCharts die direkte Umsetzung des Analyseergebnisses in einem Geschäftsdiagramm zeigt.

Bei der Pivot-Tabelle handelt es sich letztlich um eine Transformation der Liste in eine zwei-, drei- oder mehrdimensionale Auswertung.

In der Arbeitswelt werden Daten aus ganz unterschiedlichen Blickwinkeln betrachtet. Nehmen wir einmal die Umsatzdaten eines Unternehmens. Einige Fragestellungen könnten folgendermaßen lauten:

• Wie hoch ist der Umsatz pro Vertriebsregion nach Monat?

• Wie viele Verkäufe wurden pro Monat getätigt?

• Wie viele Positionen gibt es im Durchschnitt pro Auftrag?

Die folgende Abbildung zeigt das Schema der Datentransformation.

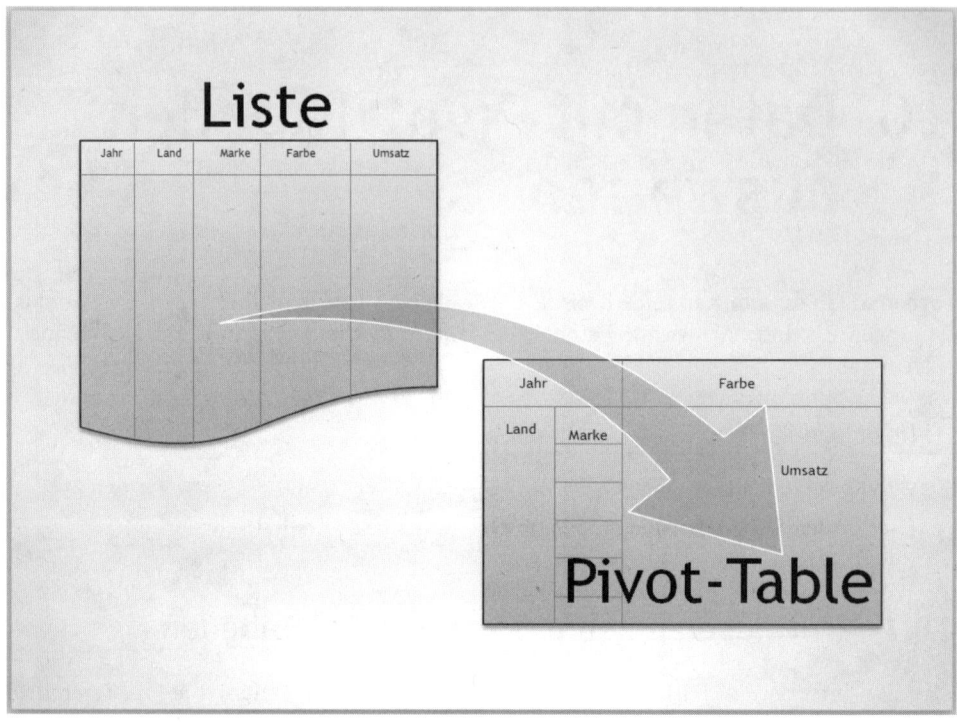

Bild 10.1: Arbeitsweise einer PivotTable

Es sind keine Formeln oder gar Programmierkünste notwendig, um eine PivotTable zu erstellen. Nicht nur, dass es einfach ist, die Auswertung anzulegen, das Ergebnis lässt sich sogar dynamisch verändern. Das bedeutet, dass die Auswertung durch einfaches Drag&Drop (Ziehen & Ablegen) der Gruppierungsfelder auch nachträglich verändert werden kann.

Je mehr Spalten die Datenliste besitzt, umso komplexer kann die Pivot-Tabelle werden.

Neben Excel-Datenlisten sind auch Datenquellen aus Datenbanksystemen verwendbar. Diese Daten liegen ebenfalls in einer Tabellenstruktur vor.

Tipp: Als Datenbanksysteme sind Microsoft Access, Microsoft SQL-Server oder andere Datenquellen, wie beispielsweise Oracle oder mySQL, möglich.

10.2   Die Schritte zur Erstellung einer Pivot-Tabelle

Die Basis zur Erstellung einer Pivot-Tabelle stellen die bereits beschriebenen Datenlisten dar. Die Listen sollten in der ersten Zeile sprechende Überschriftennamen besitzen, da Sie später mit den Spaltennamen arbeiten werden.

Im vorliegenden Beispiel arbeiten wir mit einer Liste mit 2176 Datenzeilen und einer Überschriftenzeile. Gehen wir einmal davon aus, dass es eine Verkaufsstatistik ist.

	A	B	C	D	E	F
1	**Produkt**	**Land**	**Farbe**	**Jahr**	**Monat**	**Stück**
2	Roller 1	Vermont	Rot	2003	Jan	150
3	Roller 2	Vermont	Rot	2003	Feb	150
4	Roller 3	Oregon	Rot	2003	Mrz	180
5	Roller 4	Texas	Rot	2003	Apr	210
6	Roller 5	Maine	Rot	2003	Mai	240
7	Roller 6	Oregon	Rot	2003	Jun	270
8	Roller 7	Texas	Rot	2003	Jul	300
9	Roller 8	Vermont	Rot	2003	Mai	1000
10	Roller 1	Vermont	Rot	2003	Jun	360
11	Roller 2	Vermont	Rot	2003	Jul	300

Bild 10.2: Die Datengrundlage für die Pivot-Tabelle

Natürlich könnten Sie auch mit den Filtern herauskriegen, wie viele rote Roller in Italien im Jahr 2004 verkauft wurden. Wenn Sie allerdings alle Länder nebeneinander vergleichen möchten, dann sind die Filter weniger hilfreich.

1. Öffnen Sie die Datei *Pivot Tabelle Roller.xlsx und s*etzen Sie den Cursor in die Datenliste.

2. Aktivieren Sie das Register *Einfügen* und klicken Sie auf den oberen Teil der Schaltfläche *PivotTable*.

3. Wenn Sie auf den unteren Teil der Schaltfläche klicken, haben Sie die Wahl zwischen den Befehlen *PivotTable* und *PivotChart*. Über den Befehl *PivotChart* erstellen Sie direkt ein Diagramm.

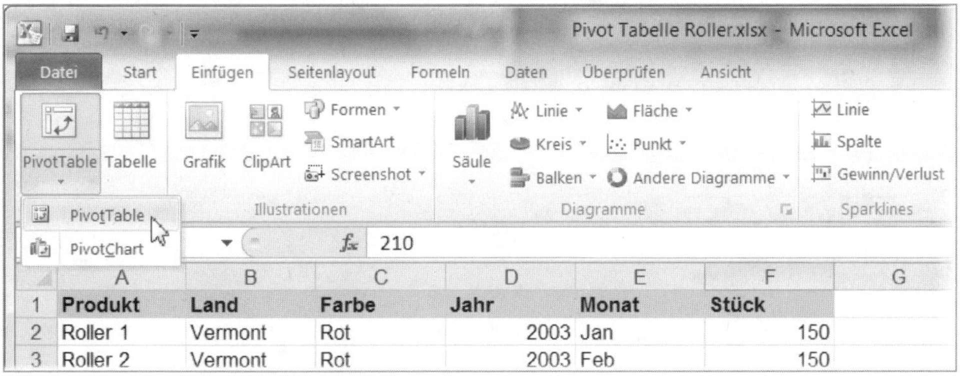

Bild 10.3: Der Aufruf zum Erstellen einer Pivot-Tabelle

Im Fenster *PivotTable erstellen* erkennen Sie, dass Excel die Größe Ihrer Liste erkannt hat. Sollten Sie Ihre PivotTable aus einem anderen Tabellenbereich erstellen, so markieren Sie die gewünschten Zellen.

Tipp: Falls später weitere Daten an die Liste angefügt werden, markieren Sie am besten ganze Spalten. In diesem Beispiel wären es die Spalten A bis F.

4. Legen Sie im unteren Bereich über die Option *Neues Arbeitsblatt* fest, dass die Pivot-Table auf einem separaten Blatt erstellt werden soll.

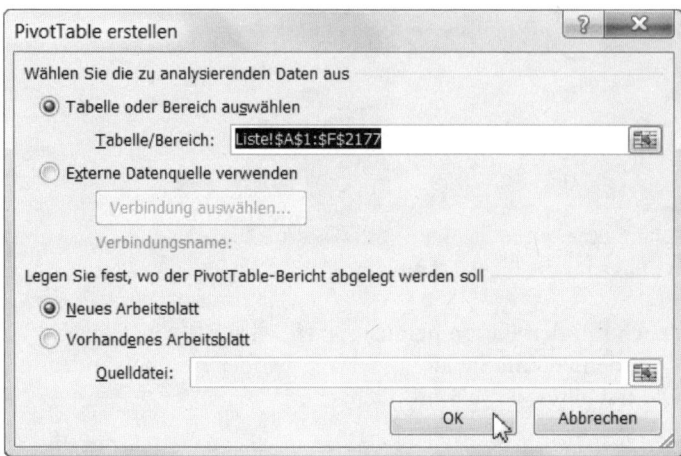

Bild 10.4: Das Fenster *PivotTable erstellen*

5. Klicken Sie auf *OK*.

Es wurde ein neues Tabellenblatt in Ihre Mappe eingefügt. Auf diesem Blatt sehen Sie den Platzhalter für die Pivot-Tabelle. Im rechten Teil des Excel-Fensters sehen Sie den Aufgabenbereich. Außerdem sind zwei weitere Register mit den Namen *Optionen* und *Entwurf* im Bereich *PivotTable-Tools* hinzugekommen.

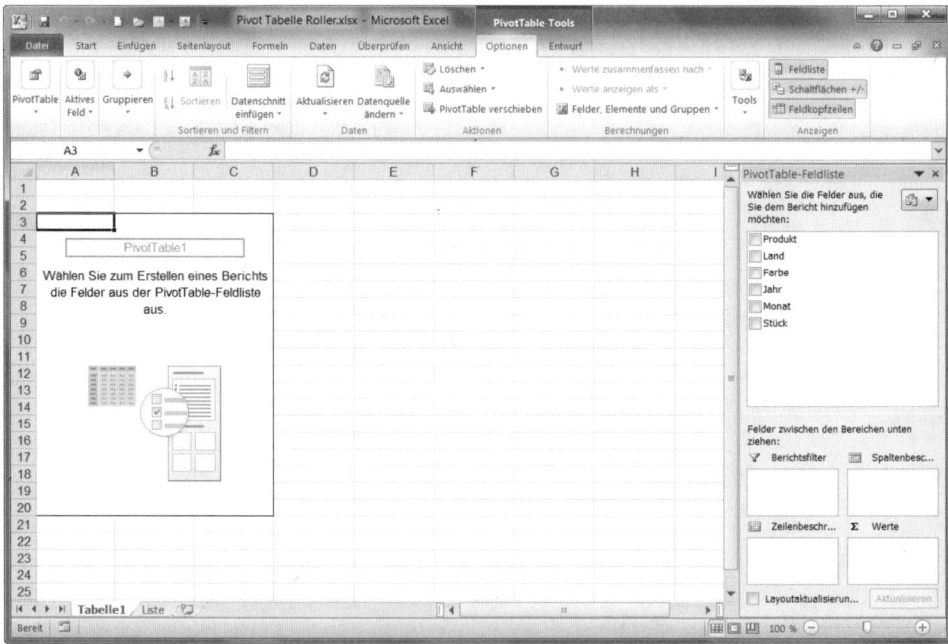

Bild 10.5: Eine leere Pivot-Tabelle

6. Zeigen Sie auf den Feldnamen *Produkt* und ziehen Sie ihn nach unten in das Feld *Zeilenbeschriftung*.

Jetzt werden alle Roller in der Spalte A untereinander aufgelistet und Sie erkennen, wie viele unterschiedliche Artikel Sie in der Liste haben.

7. Ziehen Sie anschließend den Feldnamen *Land* nach unten in das Feld *Spaltenbeschriftung*.

Jetzt werden alle Länder in der Zeile 4 nebeneinander angezeigt.

8. Zum Abschluss müssen Sie das Feld bestimmen, nach dem gerechnet werden soll. Ziehen Sie den Feldnamen *Stück* nach unten in das Feld *Werte*.

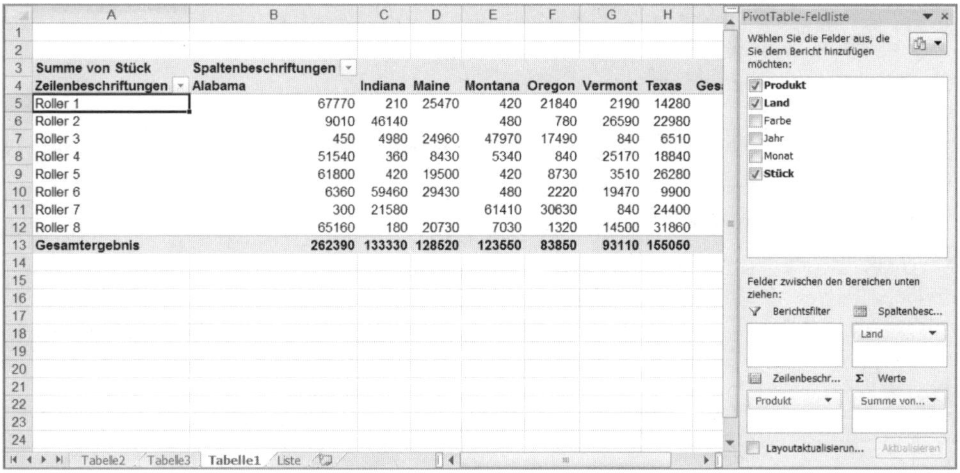

Zeilenbeschriftungen	Alabama	Indiana	Maine	Montana	Oregon	Vermont	Texas	Ges
Roller 1	67770	210	25470	420	21840	2190	14280	
Roller 2	9010	46140		480	780	26590	22980	
Roller 3	450	4980	24960	47970	17490	840	6510	
Roller 4	51540	360	8430	5340	840	25170	18840	
Roller 5	61800	420	19500	420	8730	3510	26280	
Roller 6	6360	59460	29430	480	2220	19470	9900	
Roller 7	300	21580		61410	30630	840	24400	
Roller 8	65160	180	20730	7030	1320	14500	31860	
Gesamtergebnis	262390	133330	128520	123550	83850	93110	155050	

PivotTable-Feldliste — Wählen Sie die Felder aus, die Sie dem Bericht hinzufügen möchten: ☑ Produkt, ☑ Land, ☐ Farbe, ☐ Jahr, ☐ Monat, ☑ Stück. Felder zwischen den Bereichen unten ziehen: Berichtsfilter; Spaltenbesc... Land; Zeilenbeschr... Produkt; Σ Werte Summe von...; Layoutaktualisierun... Aktualisieren

Bild 10.6: Die fertige Pivot-Tabelle

Sie erkennen jetzt, dass der Roller2 und der Roller 7 in Maine nicht verkauft wurden. Diese Aussage können Sie natürlich auch mit den Filtern erhalten, nur dauert es viel länger.

10.3 Eine Pivot-Tabelle bearbeiten

Wenn Sie Ihre Pivot-Tabelle erstellt haben, können Sie mit dem Gestalten und Bearbeiten beginnen.

10.3.1 Eine Pivot-Tabelle gestalten

Um die Zahlen besser lesen zu können, wollen wir zuerst Tausenderpunkte einfügen.

Damit beim Aktualisieren Ihrer Pivot-Tabelle die zugewiesenen Formate nicht verloren gehen, verzichten Sie auf die bis jetzt besprochenen Format-Befehle.

1. Markieren Sie eine Zelle mit einer Zahl.

2. Aktivieren Sie das Register *Optionen* im Bereich *PivotTable-Tools*. Klicken Sie im Bereich *Aktives Feld* auf den Eintrag *Feldeinstellung*.

3. Klicken Sie auf die Schaltfläche *Zahlenformat*. Stellen Sie die Kategorie *Zahl* ein, aktivieren Sie den Haken *Tausenderpunkt* und stellen Sie 0 Dezimalstellen ein.

4. Bestätigen Sie zweimal mit *OK*.

	Summe von Stück	Spaltenbeschriftungen							
	Zeilenbeschriftungen	Alabama	Indiana	Maine	Montana	Oregon	Vermont	Texas	Gesamtergebnis
5	Roller 1		67.770,00	210,00	25.470,00	420,00	21.840,00	2.190,00	14.280,00	132.180,00
6	Roller 2	9.010,00	46.140,00			480,00	780,00	26.590,00	22.980,00	105.980,00
7	Roller 3	450,00	4.980,00	24.960,00	47.970,00	17.490,00	840,00	6.510,00	103.200,00
8	Roller 4	51.540,00	360,00	8.430,00	5.340,00		840,00	25.170,00	18.840,00	110.520,00
9	Roller 5	61.800,00	420,00	19.500,00	420,00	8.730,00	3.510,00	26.280,00	120.660,00
10	Roller 6	6.360,00	59.460,00	29.430,00		480,00	2.220,00	19.470,00	9.900,00	127.320,00
11	Roller 7	300,00	21.580,00		61.410,00	30.630,00	840,00	24.400,00	139.160,00
12	Roller 8	65.160,00	180,00	20.730,00	7.030,00	1.320,00	14.500,00	31.860,00	140.780,00
13	Gesamtergebnis	262.390,00	133.330,00	128.520,00	123.550,00	83.850,00	93.110,00	155.050,00	979.800,00

Bild 10.7: Das neue Zahlenformat

Wenn Sie Ihrer Pivot-Tabelle Farben und Rahmen zuweisen möchten nutzen Sie am Besten die vorgefertigten Vorlagen.

Aktivieren Sie das Register *Entwurf* im Bereich *PivotTable-Tools*. Klicken Sie im Bereich *PivotTable-Formate* auf den Listenpfeil.

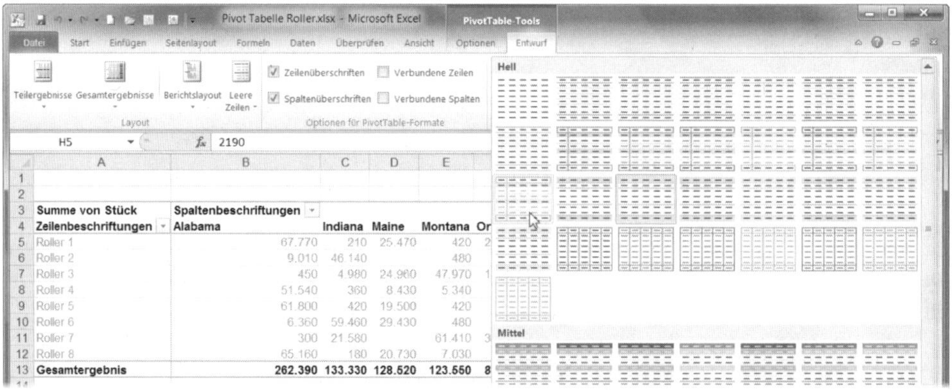

Bild 10.8: Das Pivotformat *Hell 14*

10.3.2 Eine Pivot-Tabelle aktualisieren

Wenn Sie die Werte auf der Liste ändern, so wird dies nicht automatisch in der Pivot-Tabelle übernommen.

1. Wechseln Sie auf das Tabellenblatt *Liste* und geben Sie in die Zelle F2 den Wert 1.000.000 ein.

2. Drücken Sie `Eingabe` und wechseln Sie wieder auf das Blatt *Tabelle1*.

Der Wert in der Zelle mit dem Roller 1 in Vermont, im vorliegenden Beispiel Zelle H5, hat sich aber nicht verändert.

3. Wenn Sie den aktuellen Wert sehen möchten, aktivieren Sie das Register *Optionen* im Bereich *PivotTable-Tools* und klicken auf die Schaltfläche *Aktualisieren.*

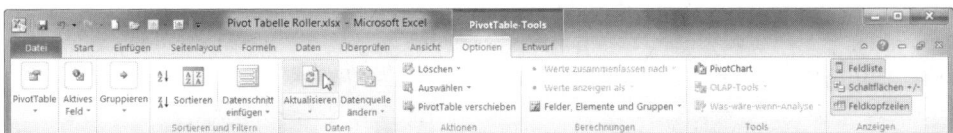

Bild 10.9: Die Schaltfläche *Aktualisieren*

10.3.3 Berechnungen in einer Pivot-Tabelle ändern

Beim Erstellen der Pivot-Tabelle analysiert Excel die Daten, die Sie im Aufgabenbereich ins Feld *Werte* gezogen haben. Bei Zahlen wählt Excel automatisch die Funktion *Summe* und bei Texten die Funktion *Anzahl.*

Stellen Sie sich vor, Sie möchten den jeweils größten Wert pro Roller und Land in der Tabelle sehen.

1. Aktivieren Sie das Register *Optionen* im Bereich *PivotTable-Tools.* Klicken Sie im Bereich *Aktives Feld* auf den Eintrag *Feldeinstellung.*

2. Aktivieren Sie die Funktion *Maximum.*

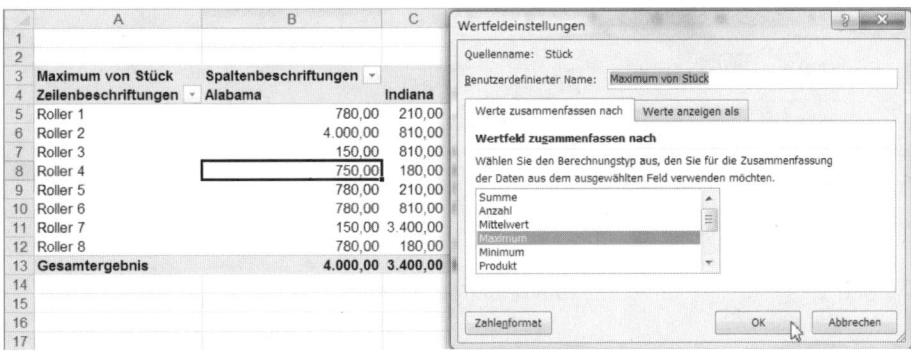

Bild 10.10: Eine andere Funktion zur Berechnung einstellen

3. Bestätigen Sie mit *OK.*

Sie erkennen in der Zelle A3 die aktuell gewählte Funktion und den Feldnamen, der berechnet wird.

10.4 Innerhalb einer Pivot-Tabelle filtern

Standardmäßig zeigt Ihnen Excel immer alle Daten in der Pivot-Tabelle an. Wenn Sie nicht alle Zeilen oder Spalten Ihrer Pivot-Tabelle im Ergebnis sehen möchten, setzen Sie den Filter ein. Dabei bietet Ihnen Excel zwei Wege an: die kleinen Dreiecke an den Beschriftungsfeldern oder den neuen Befehl *Datenschnitt*.

10.4.1 Mit den Feldkopfzeilen filtern

An den beiden Beschriftungsfeldern *Zeilen-* bzw. *Spaltenbeschriftungen* können Sie filtern. Sollten Sie diese Felder nicht sehen, klicken Sie auf dem Register *Optionen* auf die Schaltfläche *Feldkopfzeilen*.

1. Wenn Sie einige Roller ausblenden möchten, klicken Sie auf das Dreieck an der Zeilenbeschriftung in der Zelle A4.

2. Entfernen Sie die Haken an den Werten, die Sie ausblenden möchten.

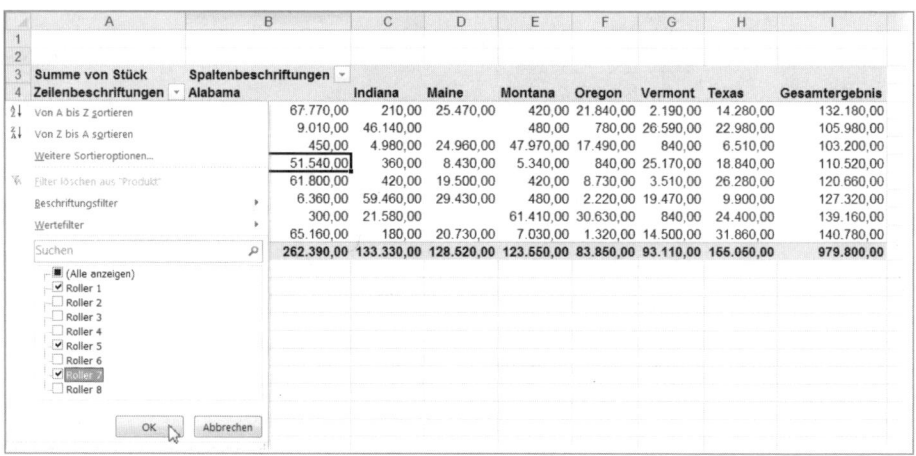

Bild 10.11: Einige Roller über die Feldkopfzeilen ausblenden

3. Bestätigen Sie mit *OK*.

An dem kleinen Trichtersymbol erkennen Sie, dass ein Filter aktiviert ist.

	A	B	C	D	E	F	G	H	I
1									
2									
3	Summe von Stück	Spaltenbeschriftungen ▾							
4	Zeilenbeschriftungen ▾	Alabama	Indiana	Maine	Montana	Oregon	Vermont	Texas	Gesamtergebnis
5	Roller 1	67.770,00	210,00	25.470,00	420,00	21.840,00	2.190,00	14.280,00	132.180,00
6	Roller 5	61.800,00	420,00	19.500,00	420,00	8.730,00	3.510,00	26.280,00	120.660,00
7	Roller 7	300,00	21.580,00		61.410,00	30.630,00	840,00	24.400,00	139.160,00
8	Gesamtergebnis	129.870,00	22.210,00	44.970,00	62.250,00	61.200,00	6.540,00	64.960,00	392.000,00

Bild 10.12: Das gefilterte Ergebnis

Sie können auch die Anzahl der gezeigten Spalten verändern. Die folgende Abbildung zeigt drei Produkte und vier Staaten.

	A	B	C	D	E	F
1						
2						
3	**Summe von Stück**	**Spaltenbeschriftungen** ⟁				
4	**Zeilenbeschriftungen** ⟁	**Indiana**	**Montana**	**Oregon**	**Vermont**	**Gesamtergebnis**
5	Roller 1	210,00	420,00	21.840,00	2.190,00	24.660,00
6	Roller 5	420,00	420,00	8.730,00	3.510,00	13.080,00
7	Roller 7	21.580,00	61.410,00	30.630,00	840,00	114.460,00
8	**Gesamtergebnis**	**22.210,00**	**62.250,00**	**61.200,00**	**6.540,00**	**152.200,00**

Bild 10.13: Die aktivierten Filter über beide Feldkopfzeilen

Um wieder alle Werte zu sehen, klicken Sie auf das Trichtersymbol und aktivieren den Haken *(Alle anzeigen)*.

10.4.2 Mit dem Datenschnitt filtern

Stellen Sie sich vor, Sie haben eine Pivot-Tabelle erstellt und möchten die Daten einem Kollegen präsentieren. Dabei wollen Sie dann auch bestimmte Daten herausfiltern.

1. Aktivieren Sie das Register *Optionen*, klicken Sie auf den unteren Teil der Schaltfläche *Datenschnitt einfügen* und wählen Sie den Befehl *Datenschnitt einfügen*.

2. Wählen Sie die Felder aus, nach denen Sie filtern möchten. Im ersten Beispiel soll nach dem Produkt gefiltert werden.

Bild 10.14: Die Auswahl der Felder, nach denen gefiltert werden soll

3. Nachdem Sie mit *OK* bestätigt haben, erhalten Sie ein kleines Fenster, in dem Sie die Werte markieren können, die Sie sehen möchten. Wenn Sie mehrere Werte gleichzeitig sehen möchten, halten Sie beim Markieren die ⌷Strg⌷-Taste gedrückt.

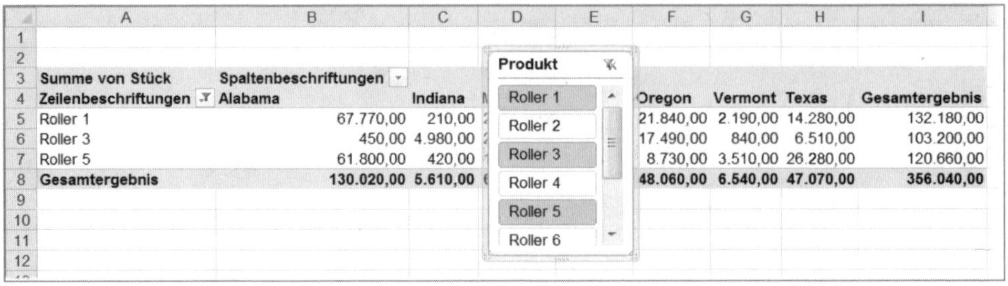

	A	B	C	D	E	F	G	H	I
1									
2				Produkt ⫟					
3	Summe von Stück	Spaltenbeschriftungen ⫽		Roller 1 ▲					
4	Zeilenbeschriftungen ⫟	Alabama	Indiana			Oregon	Vermont	Texas	Gesamtergebnis
5	Roller 1		67.770,00	Roller 2		21.840,00	2.190,00	14.280,00	132.180,00
6	Roller 3		450,00	4.980,00		17.490,00	840,00	6.510,00	103.200,00
7	Roller 5		61.800,00	Roller 3		8.730,00	3.510,00	26.280,00	120.660,00
8	Gesamtergebnis		130.020,00	5.610,00		48.060,00	6.540,00	47.070,00	356.040,00
9				Roller 4					
10				Roller 5					
11				Roller 6 ▼					
12									

Bild 10.15: In dem kleinen Fenster erkennen Sie, welche Werte gezeigt werden und welche nicht.

> **Tipp:** Der Vorteil des oben beschriebenen Filters liegt darin, dass Sie sehen, welche Werte zurzeit nicht gefiltert werden.

Um den Filter auszuschalten, klicken Sie auf die kleine Schaltfläche *Filter löschen* im Fenster mit dem Feldnamen. Um das Fenster zu schließen, führen Sie einen Rechtsklick im Fenster durch und wählen den Befehl »*Produkt*« löschen.

Sie können auch mehrere Felder auswählen, auch die, die Sie zurzeit nicht in der Pivot-Tabelle sehen. Im nächsten Beispiel wurden die Felder *Land* und *Farbe* gewählt. So können Sie sich nur die Informationen zu bestimmten Ländern und Farben anzeigen lassen.

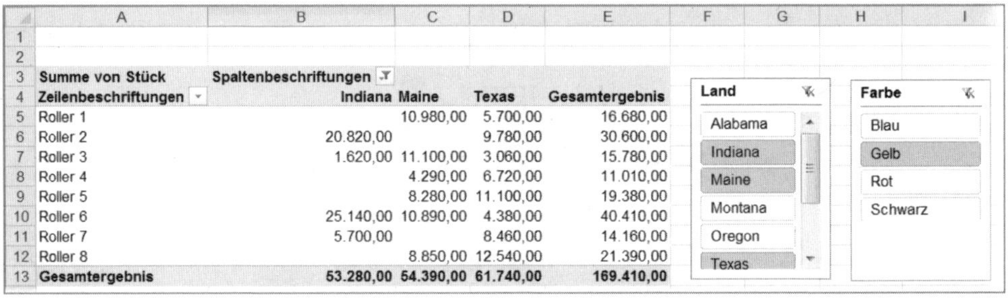

	A	B	C	D	E	F	G	H	I
1									
2									
3	Summe von Stück	Spaltenbeschriftungen ⫟				Land ⫟		Farbe ⫟	
4	Zeilenbeschriftungen ⫽	Indiana	Maine	Texas	Gesamtergebnis				
5	Roller 1		10.980,00	5.700,00	16.680,00	Alabama ▲		Blau	
6	Roller 2	20.820,00		9.780,00	30.600,00	Indiana		Gelb	
7	Roller 3	1.620,00	11.100,00	3.060,00	15.780,00	Maine		Rot	
8	Roller 4		4.290,00	6.720,00	11.010,00	Montana		Schwarz	
9	Roller 5		8.280,00	11.100,00	19.380,00	Oregon			
10	Roller 6	25.140,00	10.890,00	4.380,00	40.410,00	Texas ▼			
11	Roller 7	5.700,00		8.460,00	14.160,00				
12	Roller 8		8.850,00	12.540,00	21.390,00				
13	Gesamtergebnis	53.280,00	54.390,00	61.740,00	169.410,00				

Bild 10.16: Das gleichzeitige Filtern nach mehreren Werten

10.5 Eine Pivot-Tabelle erweitern

Sie können den Aufbau der Felder innerhalb Ihrer Pivot-Tabelle ändern. Ziehen Sie dazu nur die Feldnamen in die gewünschten Bereiche in der Feldliste.

Sie blenden die Feldliste ein bzw. aus, indem Sie das Register *Optionen* im Bereich *Pivot-Table-Tools* aktivieren und dann auf die Schaltfläche *Feldliste* klicken.

10.5.1 Das Feld Berichtsfilter

Ziehen Sie den Feldnamen *Land* vom Feld *Spaltenbeschriftung* nach links in das Feld *Berichtsfilter*.

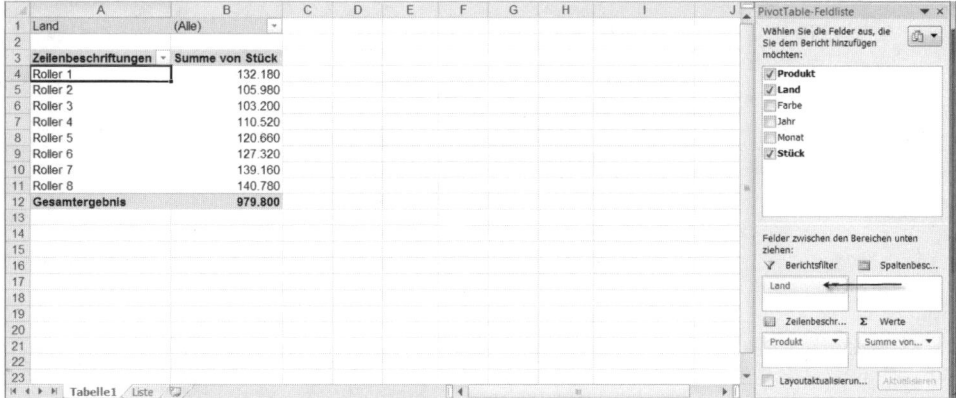

Bild 10.17: Die Struktur der Pivot-Tabelle ändern

Sofort ändert Excel den Aufbau Ihrer Pivot-Tabelle. Die Länder sind jetzt in die erste Zeile übernommen worden. Dies ist der Berichtsfilter.

Sie können mit einem Klick auf das Dreieck in der Zelle B2 ein Land auswählen.

	A	B
1	Land	Maine
2		
3	Zeilenbeschriftungen	Summe von Stück
4	Roller 1	25.470
5	Roller 3	24.960
6	Roller 4	8.430
7	Roller 5	19.500
8	Roller 6	29.430
9	Roller 8	20.730
10	**Gesamtergebnis**	**128.520**

Bild 10.18:
Der Berichtsfilter im Einsatz

Auch hier erkennen Sie am Symbol, dass ein Filter aktiviert wurde. Mit dem Eintrag *(Alle)* lassen Sie sich wieder die Werte alle Länder anzeigen.

> **Tipp:** Zu Beginn können Sie am Berichtsfilter nur einen Wert auswählen. Wenn Sie hier auch mehrere Werte aktivieren möchten, müssen Sie den Haken *Mehrere Elemente auswählen* aktivieren.

10.5.2 Mehrere Feldnamen einsetzen

Wenn Sie weitere Feldnamen in Ihre Pivot-Tabelle einfügen möchten, ziehen Sie sie in die gewünschten Felder.

Im vorliegenden Beispiel wurde der Feldname *Farbe* in das Feld *Zeilenbeschriftung* gezogen, in dem sich bereits der Feldname *Produkt* befindet. Der Feldname *Jahr* wurde ins Feld *Spaltenbeschriftung* gezogen.

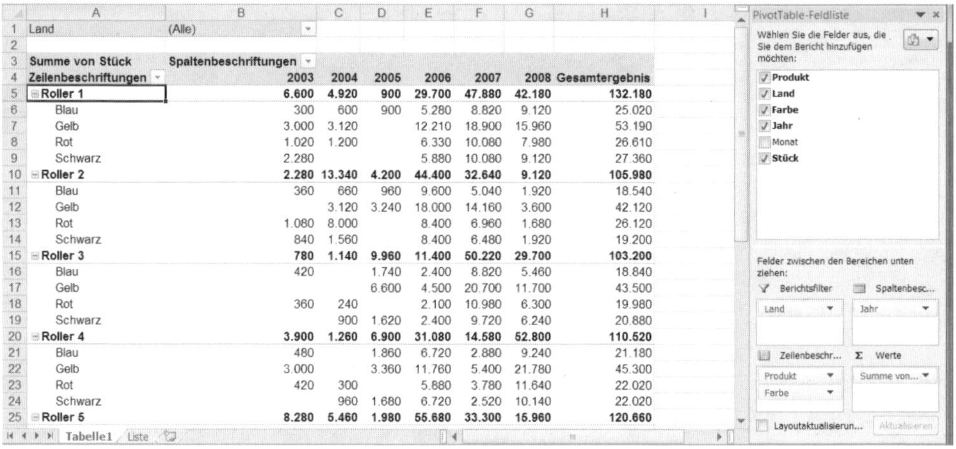

Land	(Alle)						
Summe von Stück	**Spaltenbeschriftungen**						
Zeilenbeschriftungen	**2003**	**2004**	**2005**	**2006**	**2007**	**2008**	**Gesamtergebnis**
Roller 1	**6.600**	**4.920**	**900**	**29.700**	**47.880**	**42.180**	**132.180**
Blau	300	600	900	5.280	8.820	9.120	25.020
Gelb	3.000	3.120		12.210	18.900	15.960	53.190
Rot	1.020	1.200		6.330	10.080	7.980	26.610
Schwarz	2.280			5.880	10.080	9.120	27.360
Roller 2	**2.280**	**13.340**	**4.200**	**44.400**	**32.640**	**9.120**	**105.980**
Blau	360	660	960	9.600	5.040	1.920	18.540
Gelb		3.120	3.240	18.000	14.160	3.600	42.120
Rot	1.080	8.000		8.400	6.960	1.680	26.120
Schwarz	840	1.560		8.400	6.480	1.920	19.200
Roller 3	**780**	**1.140**	**9.960**	**11.400**	**50.220**	**29.700**	**103.200**
Blau	420		1.740	2.400	8.820	5.460	18.840
Gelb			6.600	4.500	20.700	11.700	43.500
Rot	360	240		2.100	10.980	6.300	19.980
Schwarz		900	1.620	2.400	9.720	6.240	20.880
Roller 4	**3.900**	**1.260**	**6.900**	**31.080**	**14.580**	**52.800**	**110.520**
Blau	480		1.860	6.720	2.880	9.240	21.180
Gelb	3.000		3.360	11.760	5.400	21.780	45.300
Rot	420	300		5.880	3.780	11.640	22.020
Schwarz		960	1.680	6.720	2.520	10.140	22.020
Roller 5	**8.280**	**5.460**	**1.980**	**55.680**	**33.300**	**15.960**	**120.660**

Bild 10.19: Eine mehrdimensionale Pivot-Tabelle

Mit den Minussymbolen vor den Produktnamen können Sie die Anzeige der Farben ausblenden.

10.5.3 Teilergebnisse bearbeiten

Bei mehrdimensionalen Pivot-Tabellen erzeugt Excel automatisch Teilergebnisse.

Wenn Sie keine Teilergebnisse sehen möchten, aktivieren Sie das Register *Entwurf* im Bereich *PivotTable-Tools*. Klicken Sie auf die Schaltfläche *Teilergebnisse* und wählen Sie den Befehl *Teilergebnisse nicht anzeigen*.

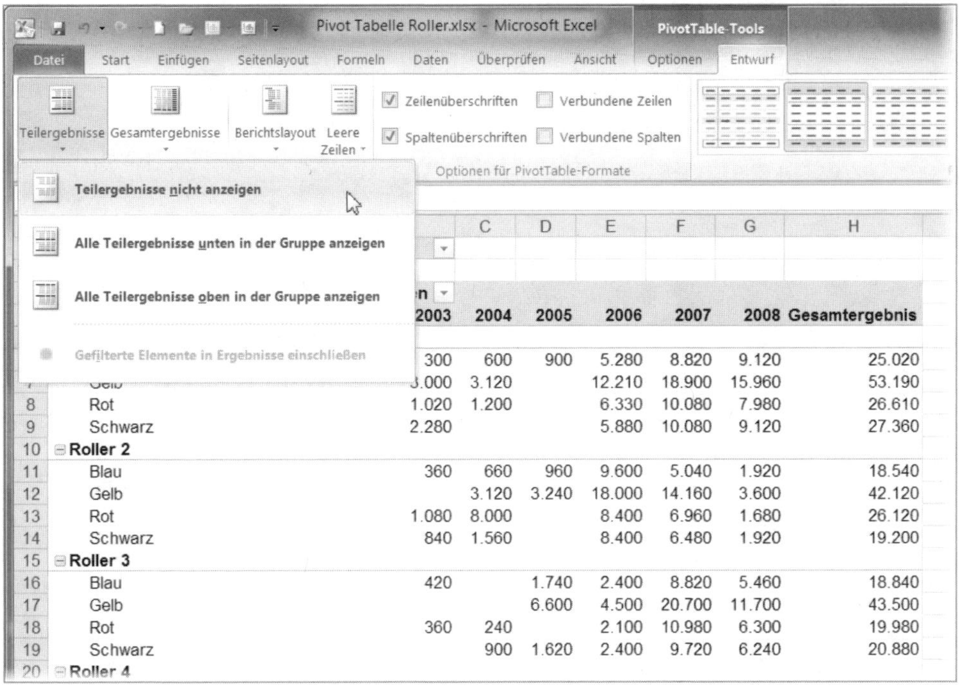

Bild 10.20: Keine Teilergebnisse bei mehrdimensionalen Pivot-Tabellen anzeigen

11 Diagramme in Excel erstellen

Ein bekanntes Sprichwort lautet: Ein Bild sagt mehr als tausend Worte. In die Excel-Sprache übersetzt, könnte es heißen: *Ein Diagramm sagt mehr als tausend Zahlen.*

In diesem Kapitel lesen Sie, wie Sie Ihr Zahlenmaterial in ein Diagramm bringen.

⊡ Download-Link

www.buch.cd
Hier finden Sie alle Beispieldateien übersichtlich nach Kapiteln sortiert.

11.1   Ein Diagramm erzeugen

Die Zeiten, als man mühsam mit Hilfe von Millimeterpapier, Lineal und Farbstiften hantiert hat, sind vorbei. Mit dem Diagramm-Assistenten von Excel ist die Erstellung eines Diagramms ein Kinderspiel bzw. manchmal auch nur ein Tastendruck.

Als Beispiel für die Erstellung eines Diagramms wählen wir die Umsatztabelle der Firma *Möbel Otto.*

Markieren Sie zunächst den Bereich der Informationen, die im Diagramm erscheinen sollen. In unserem Fall sind dies die Zeilen- und Spaltenüberschriften sowie die Umsatzzahlen der einzelnen Monate.

Excel bietet Ihnen jetzt zwei verschiedene Varianten an, ein Diagramm zu erstellen:

• Die schnelle Variante gelingt mit Hilfe der Taste ⌑F11⌑. Hier erhalten Sie ein Standarddiagramm, das Sie anschließend Ihren Anforderungen entsprechend anpassen können.

Oder:

• Sie benutzen die Auswahlmöglichkeiten über die Programmregisterkarte *Einfügen.*

Wir stellen Ihnen hier beide Möglichkeiten vor.

11.1.1 Die schnelle Variante

1. Für das Beispiel markieren Sie den Bereich A3 bis D9. Die Summenspalte und -zeile markieren Sie in diesem Fall nicht mit.

2. Nachdem Sie die Zellen markiert haben, drücken Sie die Funktionstaste ⌑F11⌑.

Als Ergebnis erhalten Sie ein Standardsäulendiagramm auf einem separaten Tabellenblatt. Dieses Blatt erhält den Namen *Diagramm1*.

Die zuvor markierte Tabelle finden Sie auf dem Tabellenblatt *Otto_Daten*. Sie können jetzt zwischen den verschiedenen Tabellenblättern hin und her wechseln.

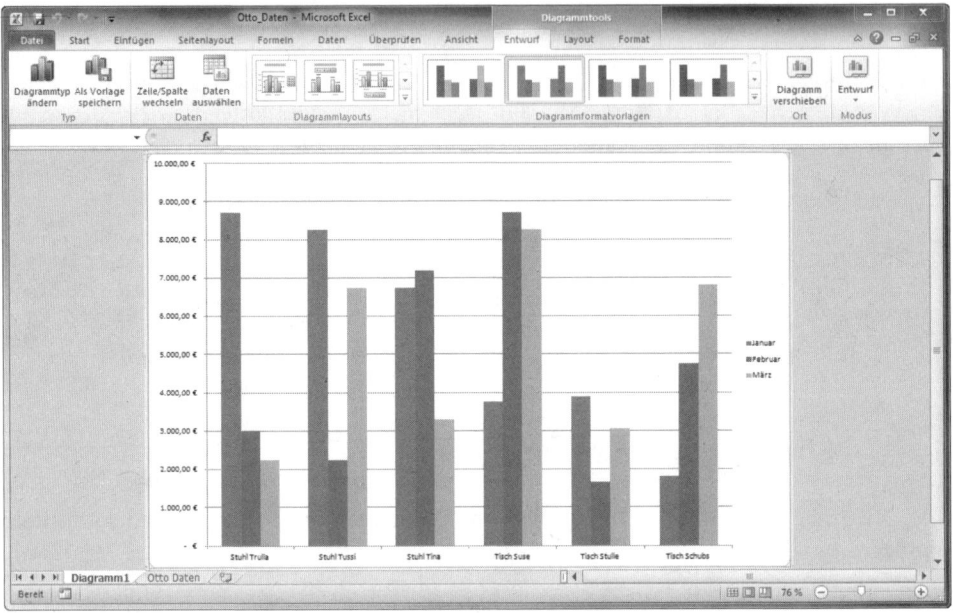

Bild 11.1: Die schnelle Variante zur Erstellung eines Diagramms mit Taste ⎡F11⎤

Tipp: Die Farben des Diagramms sind abhängig vom gewählten Design.

Auf den folgenden Seiten wird das Bearbeiten eines Diagramms beschrieben.

11.1.2 Die Variante über die Schaltflächen

Sie können allerdings auch direkt beim Erstellen eines neuen Diagramms bestimmen, was für einen Diagrammtyp Sie erzeugen möchten.

1. Markieren Sie wieder die Zellen, aus denen Sie das Diagramm erzeugen möchten.

2. Aktivieren Sie das Register *Einfügen* und klicken Sie auf die Schaltfläche, die das gewünschte Diagrammformat zeigt.

3. In diesem Beispiel klicken Sie auf die Schaltfläche *Säule*.

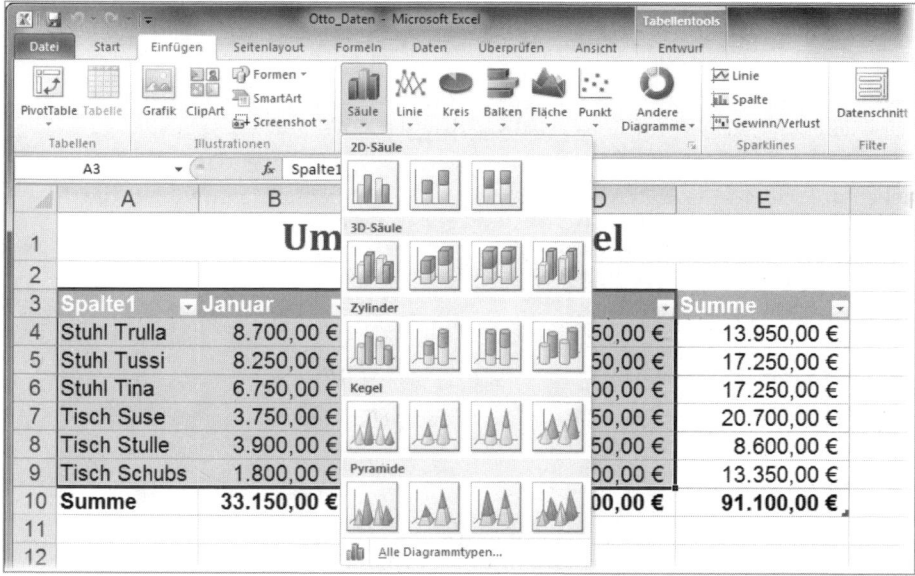

Bild 11.2: Welche Diagrammart darf es sein?

4. Sie erhalten eine Liste von Diagrammtypen, aus denen Sie einen auswählen können. In diesem Beispiel haben wir den ersten in der Liste gewählt.

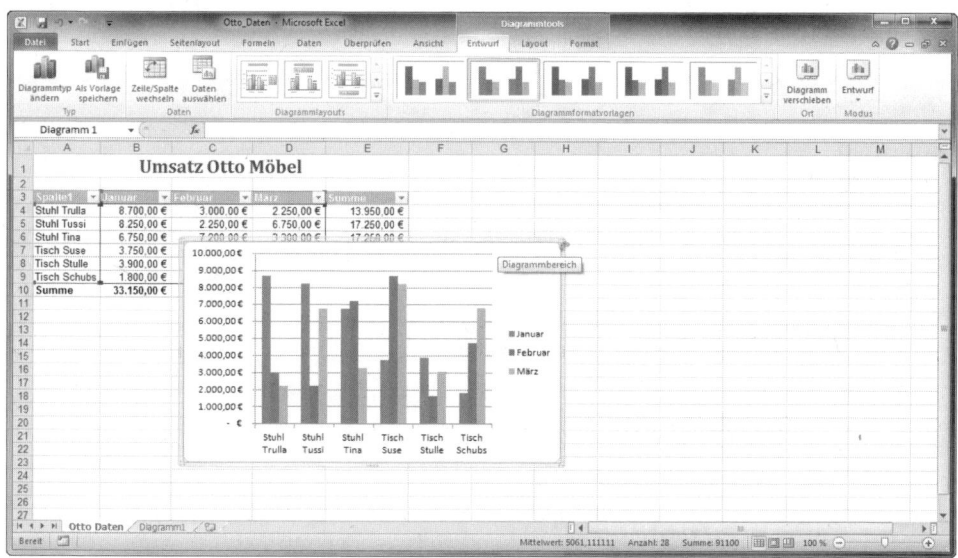

Bild 11.3: Das Diagramm als Objekt auf dem Datenblatt darstellen

Nach dem Klicken erhalten Sie das Diagramm auf Ihrem aktuellen Tabellenblatt. Sollte es Ihre Tabellendaten überlagern, so zeigen Sie auf den Rand des Diagramms und ziehen Sie es, wenn der Mauszeiger zu einem schwarzen Vierfachpfeil wechselt, an die gewünschte Position.

> **Tipp:** Jede Änderung der Zahlen wird automatisch im Diagramm dargestellt.

Ein Diagramm auf ein separates Tabellenblatt verschieben

Sie haben jetzt ein Diagramm erzeugt, das über den Tabellendaten liegt. Wenn Sie es lieber auf einem separaten Tabellenblatt sehen möchten, führen Sie die folgenden Schritte durch.

1. Markieren Sie das Diagramm.

2. Aktiveren Sie die Registerkarte *Entwurf* in der Gruppe *Diagrammtools*.

3. Klicken Sie auf die Schaltfläche *Diagramm verschieben*.

4. Aktivieren Sie die Option *Neues Blatt* und geben Sie, wenn gewünscht, dem neuen Blatt auch direkt einen Namen.

Bild 11.4:
Wo soll das Diagramm abgelegt werden?

5. Bestätigen Sie mit *OK*.

Die Register zum Bearbeiten eines Diagramms

Jedes Mal, wenn Sie ein Diagramm markieren wird automatisch ein neues Menüband mit dem Namen *Diagrammtools* angezeigt. In ihm befinden sich drei Register:

- Entwurf

- Layout

- Format

Mit Hilfe dieser drei Register können Sie das Diagramm Ihren Wünschen anpassen.

11.2   Ein Diagramm ändern

Nach Fertigstellung Ihres kleinen Diagramms stellen Sie fest, dass es nicht so ausgefallen ist, wie Sie es sich vorgestellt haben. Eine Nachbearbeitung ist also notwendig.

11.2.1 Die Textgröße der Beschriftungen ändern

Stellen Sie sich vor, Sie möchten die Beschriftungen der Achsen verändern.

1. Markieren Sie die Zahlen der linken Achse, indem Sie auf eine Zahl einmal klicken. Der Markierungsrahmen geht jetzt die gesamte Achse herum.

2. Wechseln Sie auf die Registerkarte *Start* und stellen Sie über die Schaltflächen in der Gruppe *Schriftart* die gewünschte Formatierung ein. Alternativ können Sie auch mit der rechten Maustaste in die Markierung klicken und die gewünschten Formate über die Minisymbolleiste einstellen.

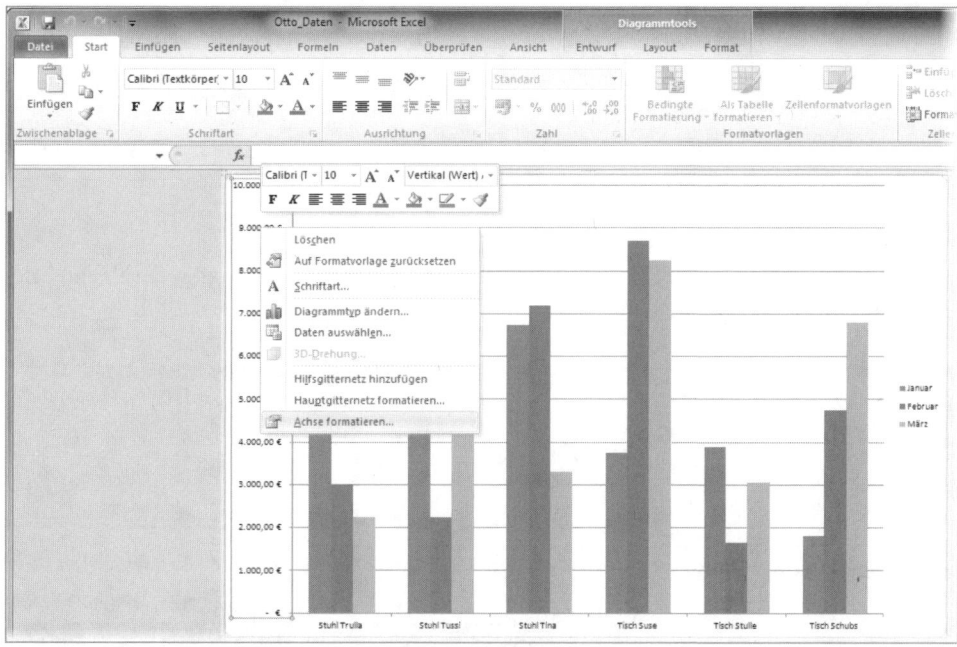

Bild 11.5: Über das Kontextmenü können Sie die Diagrammteile anpassen.

Tipp: Mit derselben Technik lassen sich auch die Texte der X-Achse und die Legende ändern.

11.2.2 Ändern der Farben im Diagramm

Stellen Sie sich vor, Sie möchten den Aufbau und im Anschluss die Farben des Diagramms verändern. Dann haben Sie zum einen die Möglichkeit, über die Gruppe *Schnelllayout* bzw. *Schnellformatvorlagen* das ganze Diagramm in einem Schritt zu verändern. Zum anderen können Sie auch jedes Element Ihres Diagramms markieren und individuell ändern. Beide Wege werden jetzt beschrieben.

Die schnelle Änderung

1. Lassen Sie sich die Registerkarte *Entwurf* anzeigen.

2. Wählen Sie in der Gruppe *Diagrammlayouts* ein gewünschtes Layout aus.

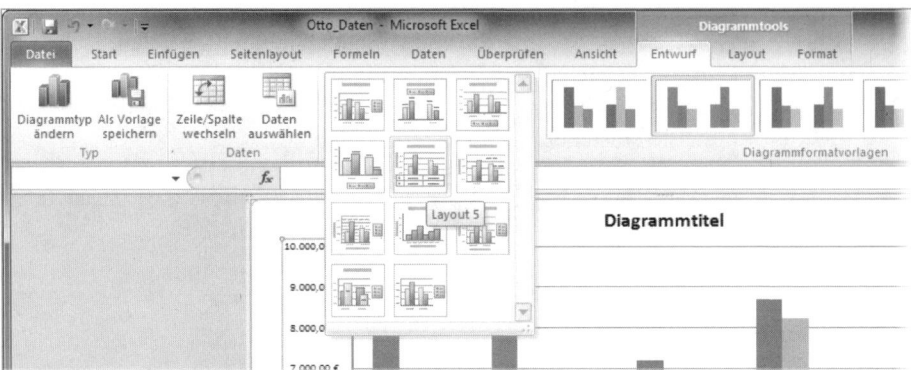

Bild 11.6: Das Schnelllayout gruppiert Ihre Daten neu.

3. Über die Gruppe der Schnellformatvorlagen ändern Sie nun das Farblayout des gesamten Diagramms.

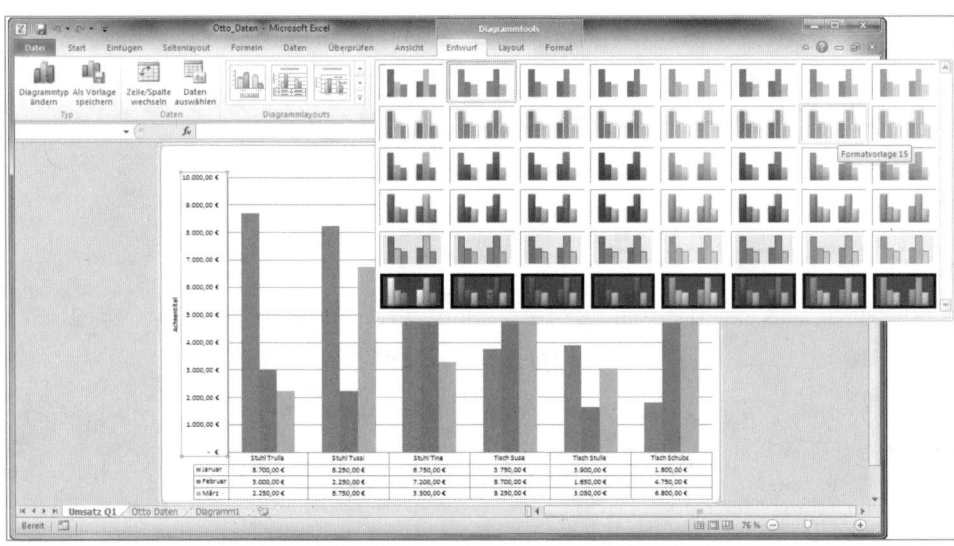

Bild 11.7: Die Schnellformatvorlagen färben Ihre Daten.

11.2.3 Die individuellen Änderungen im Diagramm

Stellen Sie sich vor, Sie möchten die Säulengruppe *Januar* etwas hervorheben. Dann können Sie dies durch eine individuelle Formatierung machen.

1. Klicken Sie auf eine Säule der Gruppe *Januar*.

2. Aktivieren Sie das Register *Format*. Im ersten Feld dieser Registerkarte sehen Sie, was Sie zurzeit markiert haben. Sollte dort nicht der Text *Reihen »Januar«* stehen, dann haben Sie nicht die Reihe *Januar* markiert. Holen Sie dies jetzt nach.

3. Jetzt können Sie über die Gruppe *Formenarten* die Füllfarben der Säulen und die Darstellung ändern. Was neu ist, ist die Auswahl *Formeffekte*, die Ihre Säulen u. a. zum Leuchten bringen kann.

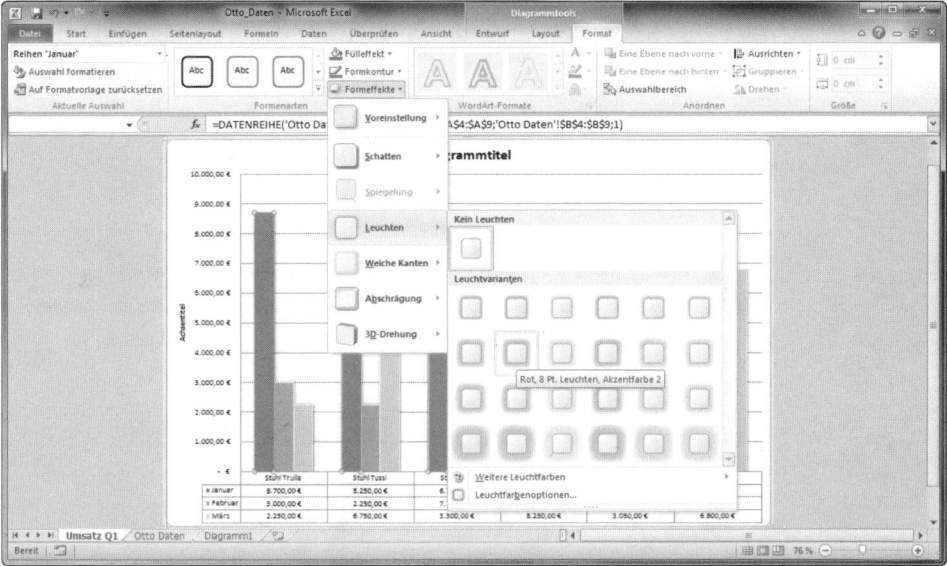

Bild 11.8: Die markierte Säulengruppe über den Befehl *Formeffekte* zum Leuchten bringen

11.2.4 Datenbeschriftungen an Spalten

Wenn Sie sich das Diagramm ansehen, können Sie die meisten Werte nicht genau erkennen oder nicht auf Anhieb sagen, wie hoch der Umsatz vom *Stuhl Tussi* im *Januar* ist?

Deshalb ist es sinnvoll, an den Säulen die jeweiligen Werte einzublenden. Diese Werte heißen *Datenbeschriftung*.

1. Markieren Sie Ihr Diagramm und aktivieren Sie die Registerkarte *Layout*.

2. Wählen Sie an der Schaltfläche *Datenbeschriftung* den Befehl *Weitere Datenbeschriftungsoptionen*.

3. Aktivieren Sie den Haken *Wert* und sehen Sie sich auch die restlichen Formatierungsoptionen an. Stellen Sie beispielsweise über den Bereich *Zahl* die Anzahl der Nachkommastellen auf 0.

4. Bestätigen Sie Ihre Änderungen mit *OK*.

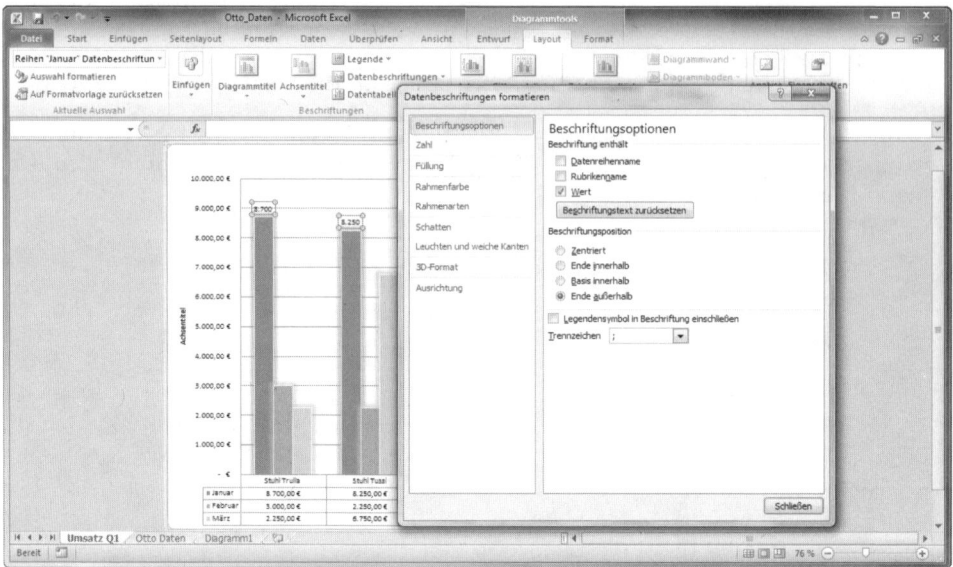

Bild 11.9: Die Datenbeschriftung an den Säulen anpassen

Tipp: Wenn Sie alle Änderungen verwerfen möchten und am liebsten wieder den Ursprungszustand hätten, dann klicken Sie mit der rechten Maustaste auf das Diagramm und wählen den Befehl *Auf Formatvorlage zurücksetzen.*

11.3 Sparklines erstellen

Eine der herausragenden Neuerungen in Excel 2010 sind *Sparklines,* auch *Wortgrafiken* genannt. Mit dieser Funktion können Diagramme in den Excel-Zellen dargestellt werden. Wozu dies nützlich ist und wie einfach Sie *Sparklines* erstellen, zeigt das folgende Beispiel.

1. Öffnen Sie die Datei *Sparklines.xlsx.*

Die Arbeitsmappe zeigt die Kennzahlen über ein Jahr für die angegebenen Städte. In den Zellen 02 bis 07 sollen die Zahlen veranschaulicht werden, so dass Tendenzen erkennbar sind.

2. Setzen Sie den Cursor in die Zelle 02.

3. Öffnen Sie die Registerkarte *Einfügen.* Dort finden Sie die Gruppe *Sparklines* mit drei Schaltflächen.

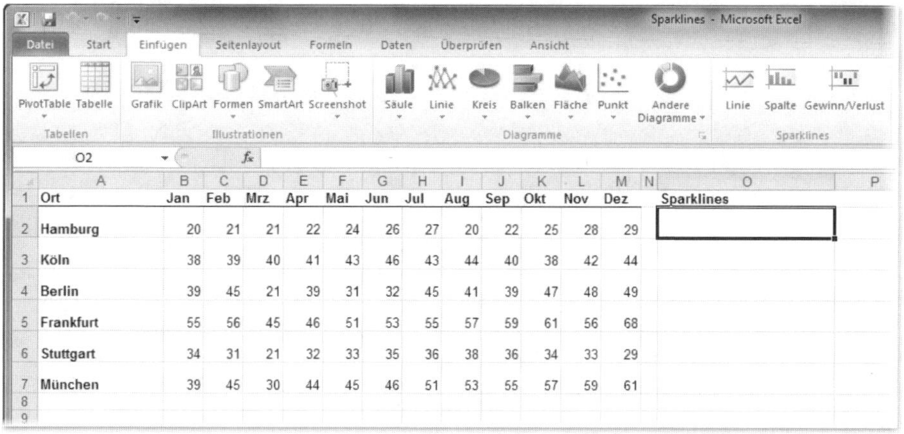

Ort	Jan	Feb	Mrz	Apr	Mai	Jun	Jul	Aug	Sep	Okt	Nov	Dez	Sparklines
Hamburg	20	21	21	22	24	26	27	20	22	25	28	29	
Köln	38	39	40	41	43	46	43	44	40	38	42	44	
Berlin	39	45	21	39	31	32	45	41	39	47	48	49	
Frankfurt	55	56	45	46	51	53	55	57	59	61	56	68	
Stuttgart	34	31	21	32	33	35	36	38	36	34	33	29	
München	39	45	30	44	45	46	51	53	55	57	59	61	

Bild 11.10: Die Befehle für *Sparklines* finden Sie im Register *Einfügen*.

4. Im Beispiel sollen die Zahlen in Form einer Linie dargestellt werden. Klicken Sie auf die Schaltfläche *Linie*. Im Dialogfenster *Sparklines erstellen* müssen Sie zwei Angaben machen.

Im Feld *Datenbereich* legen Sie den Zellbereich fest, in dem sich das Zahlenmaterial befindet. Für die Stadt *Hamburg* sind es die Zellen `B2` bis `M2`. Markieren Sie diesen Bereich. Der Positionsbereich ist bereits eingetragen, da Sie die Zielzelle markiert haben.

5. Bestätigen Sie mit *OK*.

6. Die Zelle zeigt das Liniendiagramm an. Die Sparkline befindet sich in der Zelle, so dass Sie sie einfach verschieben können indem Sie die Zelle verschieben.

Tipp: Beachten Sie dabei, dass sich die Zellangaben im Feld *Datenbereich* wie bei einer Excel-Formel automatisch anpassen, wenn Sie die Zelle kopieren oder die *AutoAusfüllen*-Funktion verwenden. Um die Sparklines für die anderen Städte in der gleichen Art zu erstellen, ziehen Sie die Zellen über die *AutoAusfüllen*-Funktion bis zur Zelle `O7` nach unten.

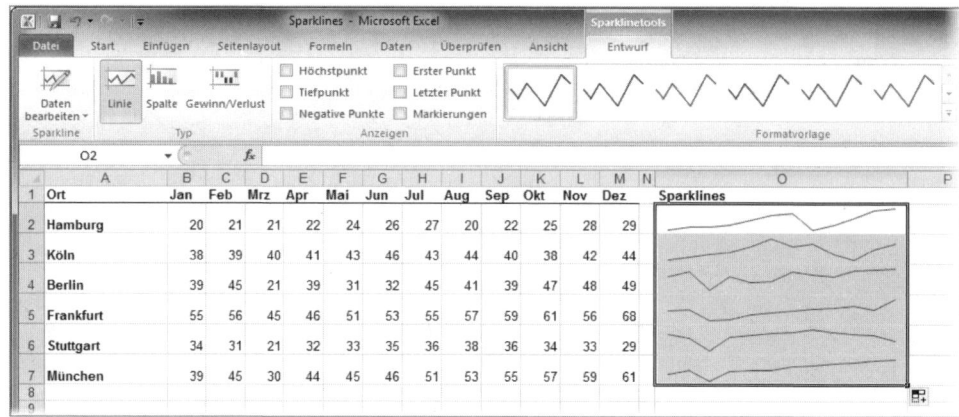

Bild 11.11: Die Sparklines lassen sich nach unten kopieren.

Die Diagramme lassen sich über die Registerkarte *Sparklinetools* anpassen. Über die Schaltfläche in der Gruppe *Typ* können Sie zwischen den drei Diagrammtypen *Linie*, *Spalte* (entspricht einem Säulendiagramm) und *Gewinn/Verlust* wählen.

Mit den Häkchen in der Gruppe *Anzeigen* werden die angegebenen Datenpunkte im Diagramm gezeigt.

> **Tipp:** Für den Typ *Gewinn/Verlust* benötigen Sie mehrere Werte pro Säule. Wir zeigen Ihnen diesen Typ in einem anderen Beispiel.

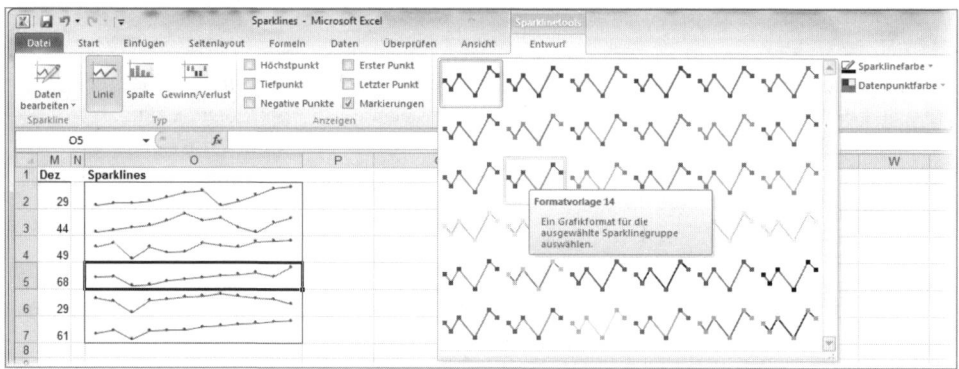

Bild 11.12: Jede Menge Layouts sind direkt über die Liste abrufbar.

11.3.1 Für jede Linie eine andere Farbe einstellen

Wenn Sie die Sparklines über die *AutoAusfüllen*-Option kopieren, werden die Zellen später als Gruppe behandelt. Das bedeutet, dass beispielsweise das Setzen der Farbe für die Sparklines immer für alle Zellen einer *Sparklines*-Gruppe gilt.

1. Möchten Sie jede einzelne Linie in einer anderen Farbe darstellen, erstellen Sie zunächst nur für eine Zahlenreihe eine Sparkline. Nachdem Sie die Zelle mit der Sparklines fertig haben, markieren Sie diese Zelle und kopieren sie in die Zwischenablage.

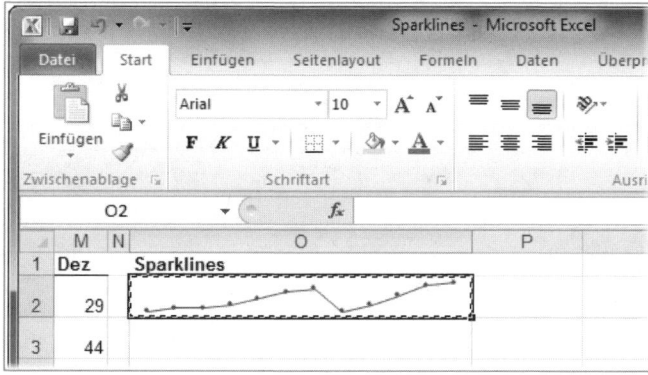

Bild 11.13: Markieren Sie nur eine Sparkline

2. Markieren Sie dann die Zielzelle. In unserem Beispiel ist es die Zelle O2. Das Markieren mehrerer Zellen führt dazu, dass die eingefügten Sparklines eine Gruppe bilden.

3. Fügen Sie den Inhalt der Zwischenablage dort ein.

4. Im obigen Beispiel markieren Sie nacheinander die Zellen O4, O5, O6, O7 und fügen die Sparklines aus der Zwischenablage ein.

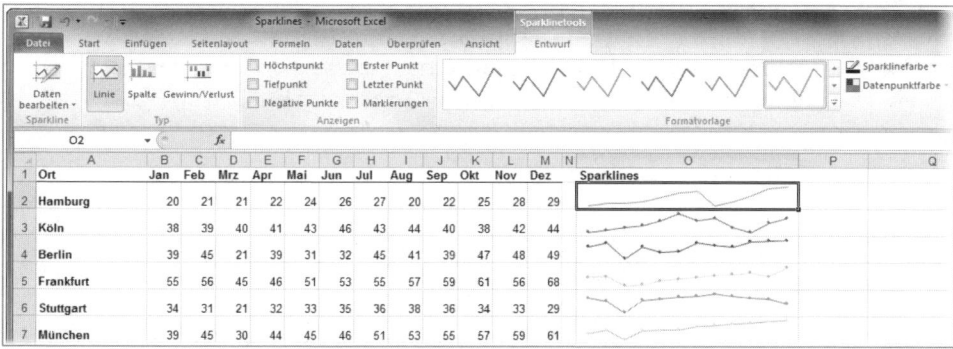

Bild 11.14: Verschiedene Layouts für Sparklines

Tipp: Sie können für jede einzelne Sparkline einen anderen Diagrammtyp, also beispielsweise den Typ *Spalte*, wählen.

11.3.2 Eine Sparkline löschen

Wie Sie vielleicht bemerkt haben, lassen sich Sparklines nicht über die Taste $\boxed{\text{Entf}}$ löschen. Um Sparklines in Zellen zu löschen, wählen Sie die folgende Befehlsfolge.

1. Aktivieren Sie das Register *Sparklinetools / Entwurf.*

2. Klicken Sie auf die Schaltfläche *Löschen* in der Gruppe *Gruppieren.*

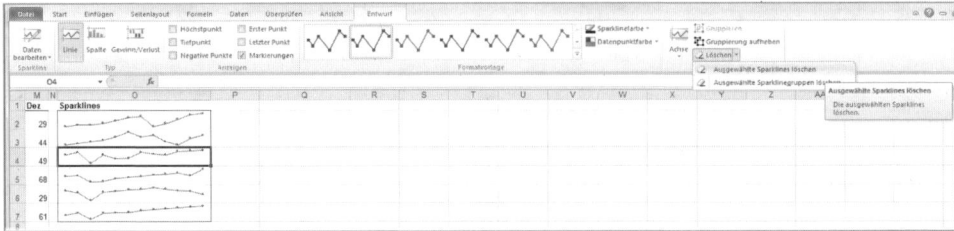

Bild 11.15: Jede Sparkline in einem anderen Layout

Im Listenfeld finden Sie zwei Varianten zum Löschen. Über die erste Option *Ausgewählte Sparklines löschen* wird nur das Diagramm in der Zelle gelöscht. Über *Ausgewählte Sparklinegruppen löschen* werden alle Sparklines, die zur Markierung gehören, entfernt.

Tipp: Alternativ können Sie den *Löschen*-Befehl im Register *Start* aufrufen.

11.4 Ein Diagramm mit zwei Achsen

Stellen Sie sich vor, Sie vergleichen Äpfel mit Birnen. Im vorliegenden Beispiel möchten Sie ein Diagramm aus den Umsatzzahlen und der Anzahl der Kunden erstellen.

	A	B	C
1		Umsatz	Anzahl Kunden
2	Januar	12.250.000,00 €	260
3	Februar	10.000.500,00 €	180
4	März	9.800.000,00 €	160
5	April	8.000.400,00 €	150
6	Mai	15.000.000,00 €	300
7	Juni	11.000.000,00 €	280
8	Juli	5.000.000,00 €	60
9	August	4.800.000,00 €	50
10	September	9.000.000,00 €	90
11	Oktober	13.500.000,00 €	230
12	November	10.100.000,00 €	280
13	Dezember	13.600.000,00 €	300

Bild 11.16: Die Umsatzliste mit recht unterschiedlichen Werten

1. Setzen Sie den Cursor in die Tabelle und drücken Sie die Taste [F11].

Sie erhalten das Standardsäulendiagramm.

Aufgrund der großen Unterschiede bezüglich der Werte werden die Säulen *Anzahl Kunden* nur ganz klein dargestellt.

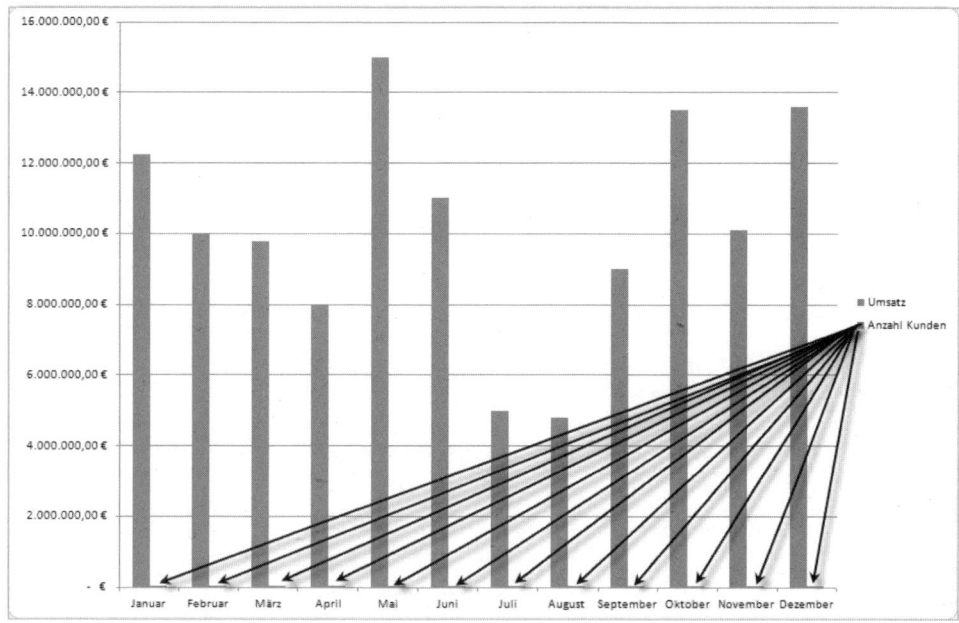

Bild 11.17: Das Standardsäulendiagramm mit den beiden Säulengruppen

2. Markieren Sie die Säulengruppe *Anzahl Kunden* und klicken Sie sie anschließend mit der rechten Maustaste an.

3. Wählen Sie den Befehl *Datenreihen formatieren*.

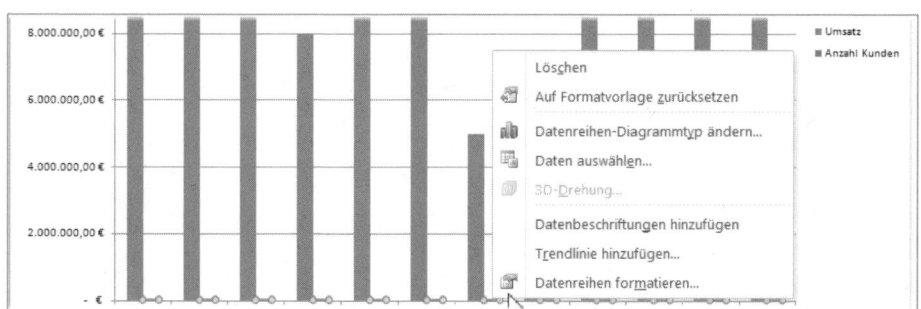

Bild 11.18: Die markierte Säulengruppe *Anzahl Kunden* mit dem geöffneten Kontextmenü

4. Aktivieren Sie im Fenster *Datenreihen formatieren* die Kategorie *Reihenoptionen*.

5. Wählen Sie im Bereich *Datenreihe zeichnen auf* die Option *Sekundärachse*.

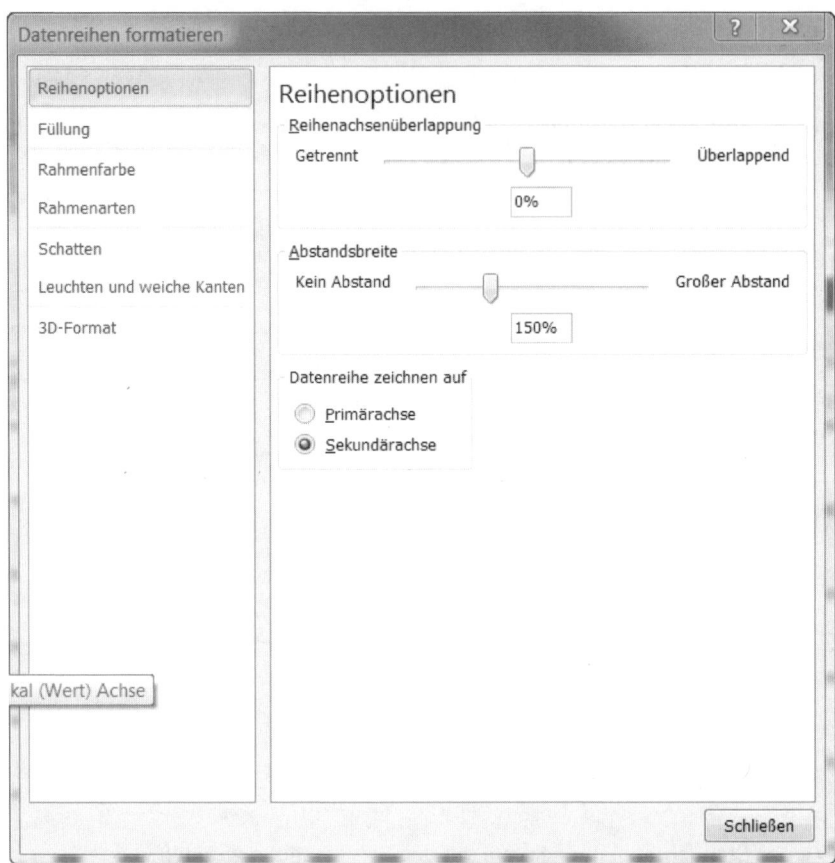

Bild 11.19: Über das Fenster *Datenreihen formatieren* können Sie eine weitere Achse einfügen.

6. Bestätigen Sie mit *OK* und lassen Sie die Markierung auf den Säulen *Anzahl Kunden* stehen.

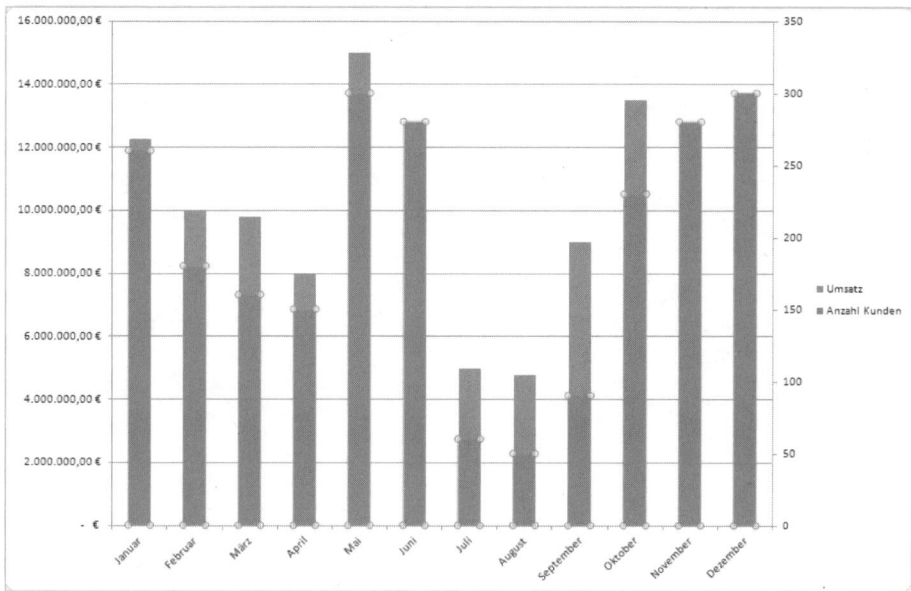

Bild 11.20: Das Säulendiagramm nach dem Einfügen der zweiten Achse

7. Aktivieren Sie das Register *Entwurf* in der Gruppe *Diagrammtools*.

8. Klicken Sie auf die Schaltfläche *Diagrammtyp ändern* und wählen Sie das *Liniendiagramm* aus.

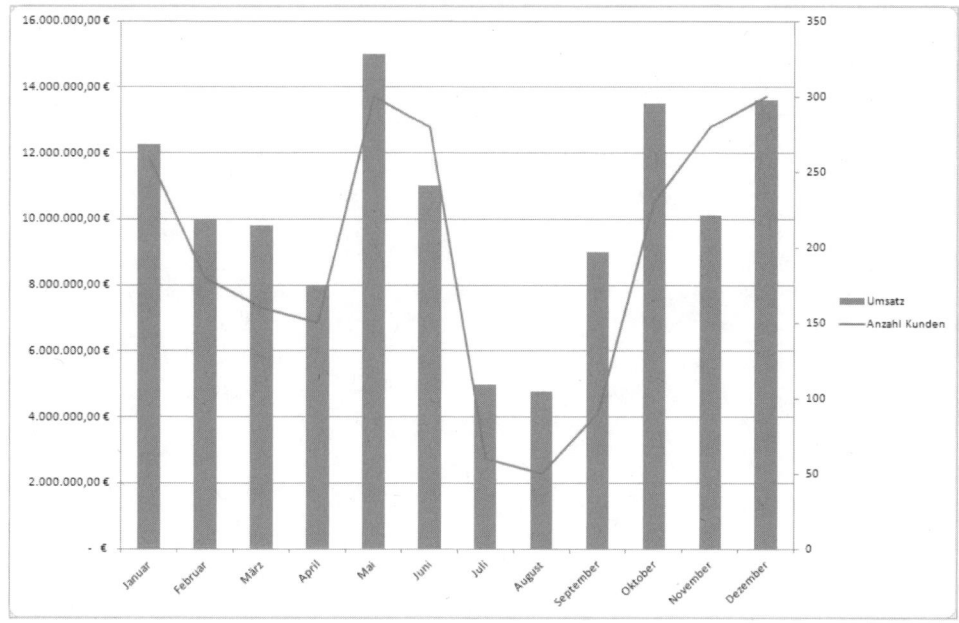

Bild 11.21: Das Ergebnis: ein Diagramm mit zwei Achsen

Jetzt können Sie die Abhängigkeit der beiden Zahlenreihen, die in ganz unterschiedlichen Wertebereichen rangieren, besser gegenüberstellen.

Die erste Y-Achse zeigt Zahlen zwischen 0 und 14 Millionen, die zweite Y-Achse nur Werte bis maximal 300 an.

13 Die Grundlagen von Word 2010

In diesem Kapitel erhalten Sie Basisinformationen zur Anwendung Word 2010. Neben der Bedienoberfläche, die der in den anderen Office-Anwendungen ähnelt, beschreiben wir Befehle, die Sie häufig einsetzen. Die Befehle finden Sie am oberen Bildschirmrand auf verschiedenen Registerkarten.

Die Oberfläche

So zeigt sich Word 2010 nach dem ersten Start:

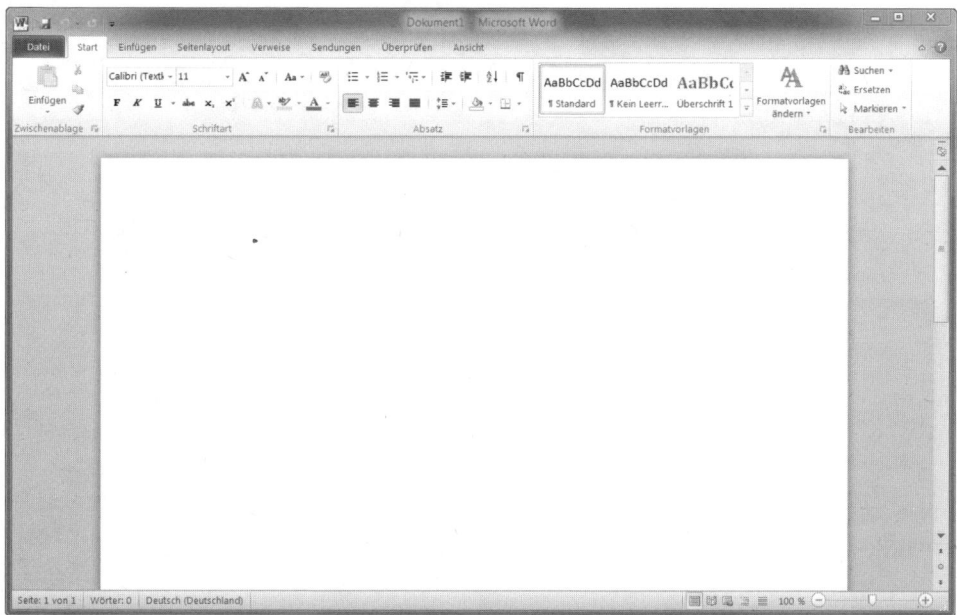

Bild 13.1: Word nach dem Start der Anwendung

In der Titelleiste finden Sie neben dem aktuellen Dateinamen auch die Schnellstartleiste. Sie beinhaltet häufig genutzte Befehle. Zu Beginn sind es aber nur die drei Befehle *Speichern*, *Rückgängig* und *Wiederholen*. In diese Leiste können Sie auch eigene Befehle einfügen.

Unter der Titelleiste finden Sie das *Menüband*, welches alle Word-Befehle enthält. Über die Registerleiste steuern Sie die Anzeige. Die Arbeit mit dem Menüband und das Erstellen eines eigenen Menübands wurden bereits vorne im Buch beschrieben.

Innerhalb des Menübands wird das erste Menü mit dem Namen *Datei* durch die blaue Farbe etwas hervorgehoben. Das Menü *Datei* beinhaltet die Befehle, um ein Dokument zu speichern, zu drucken, zu öffnen und viele mehr. Die Befehle im Menü *Datei* werden weiter unten im Praxiseinsatz beschrieben.

Den größten Teil des Word-Programmfensters nimmt das leere Dokument ein, in das Sie Ihre Texte schreiben. Am unteren Rand finden Sie die Statusleiste, über die Sie unter anderem die Größe des Dokuments steuern können.

12.1 Das Menü *Datei*

Ein paar der wichtigsten Befehle von Word finden Sie im Menü *Datei*. Wenn Sie auf das Wort *Datei* klicken, klappt eine Liste auf und zeigt die wichtigsten Befehle zum Umgang mit dem aktuellen Dokument. Hier finden Sie die Befehle zur Neuanlage, zum Öffnen, zum Speichern und zum Drucken von Dokumenten.

Zuerst zeigt Word Ihnen die Liste der zuletzt an diesem Computer bearbeiteten Dokumente an.

Bild 13.2: Die Befehle im Menü *Datei*

Tipp: Wenn Sie bestimmte Dokumente immer in der Liste sehen möchten, klicken Sie auf den kleinen Pin .

Mit einem erneuten Klick auf das Wort *Datei* schließen Sie das Menü wieder.

12.1.1 Die Word-Optionen

Wenn Sie grundlegende Einstellungen in der Anwendung Word 2010 vornehmen möchten, führen Sie dies über das Fenster *Word-Optionen* durch.

1. Um beispielsweise einzustellen, in welchem Dateiformat Word Ihre Dokumente speichern soll, klicken Sie im geöffneten Menü *Datei* auf den Eintrag *Optionen*.

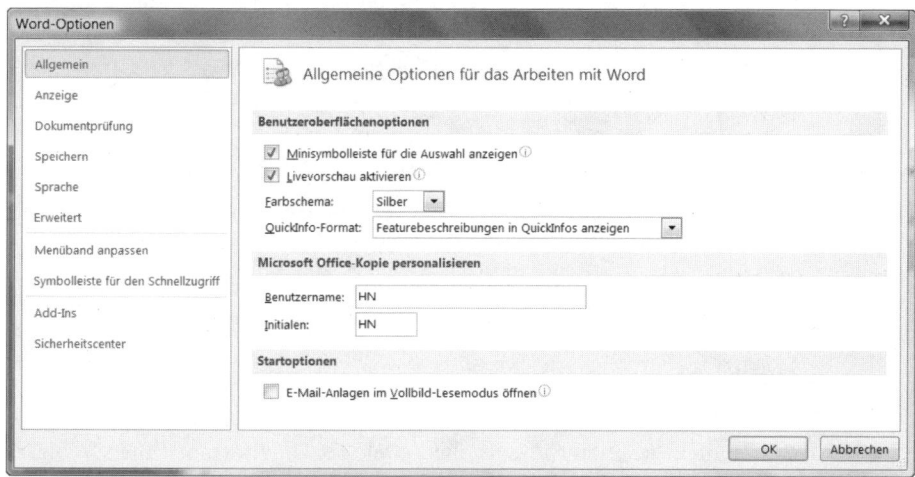

Bild 13.3: Das Fenster zu den Word-Optionen

2. Dieses Fenster ist in verschiedene Kategorien eingeteilt. Um zur gewünschten Kategorie zu gelangen, klicken Sie auf den Kategorienamen.

3. Schalten Sie zur Kategorie *Speichern*.

4. Im ersten Listenfeld können Sie den Standarddateityp zum Speichern Ihres Dokuments festlegen. Word 2010 arbeitet mit dem Dateiformat **.docx*, unterstützt aber alle Formate der Vorgängerversionen von Word und viele weitere Dateiformate.

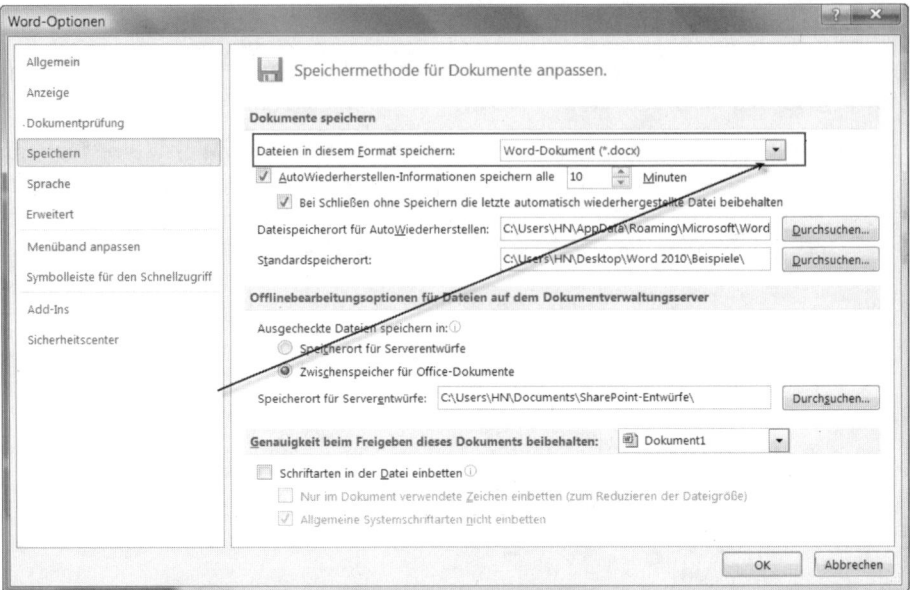

Bild 13.4: Optionen zum Speichern Ihrer Word-Dokumente

5. Über das Listenfeld können Sie einstellen, welches Dateiformat Ihnen Word beim Speichern anbietet. Sie können dies aber für jedes Dokument beim Speichern ändern.

6. Bestätigen Sie Ihre Einstellungen mit *OK*.

12.1.2 Informationen zum aktuellen Dokument

Wenn Sie beispielsweise wissen möchten, wie viel Speicherplatz Ihr Dokument in Anspruch nimmt oder wann es zum letzten Mal gedruckt wurde, dann lassen Sie sich die Informationen anzeigen.

1. Öffnen Sie das Menü *Datei* und wählen Sie den Eintrag *Information*.

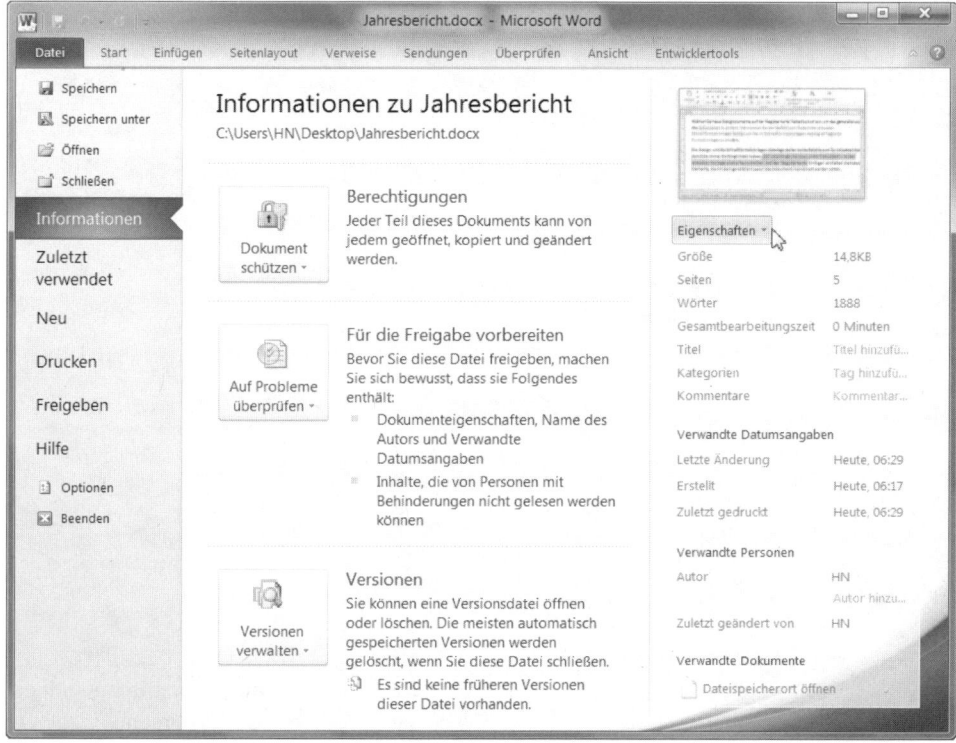

Bild 13.5: Informationen zum Dokument

- Über den Befehl *Dokument schützen* können Sie unter anderem Kennwörter zum Öffnen und zum Bearbeiten des Dokuments vergeben.

- Mit dem Befehl *Auf Probleme überprüfen* kontrollieren Sie, ob dieses Dokument auch mit früheren Word-Versionen geöffnet und bearbeitet werden kann. Dabei können Sie die Version, auf die geprüft wird, auswählen. Sie haben die Wahl zwischen den Versionen 97 bis 2003 und 2007.

- Wenn Word unvorhergesehen beendet wird und das aktuelle Dokument nicht mehr gespeichert werden kann, legt das Programm eine Entwurfversion in einem speziellen Ordner ab. Mit einem Klick auf die Schaltfläche *Entwurfsversion wiederherstellen* lassen Sie sich den Inhalt des Ordners anzeigen, um alle nicht vorschriftsmäßig gespeicherten Dateien zu sehen.

- Im rechten Bereich finden Sie einen Überblick über die wichtigsten Informationen zum Dokument. Mit einem Klick auf den Text *Eigenschaften* bietet Ihnen Word eine kleine Befehlsliste an. Wenn Sie den Befehl *Erweiterte Eigenschaften* starten, öffnet sich ein Dialogfenster mit weiteren Informationen zum Dokument. So können Sie sich über das Register *Statistik* die Anzahl der Zeilen, der Absätze und der Zeichen anzeigen lassen.

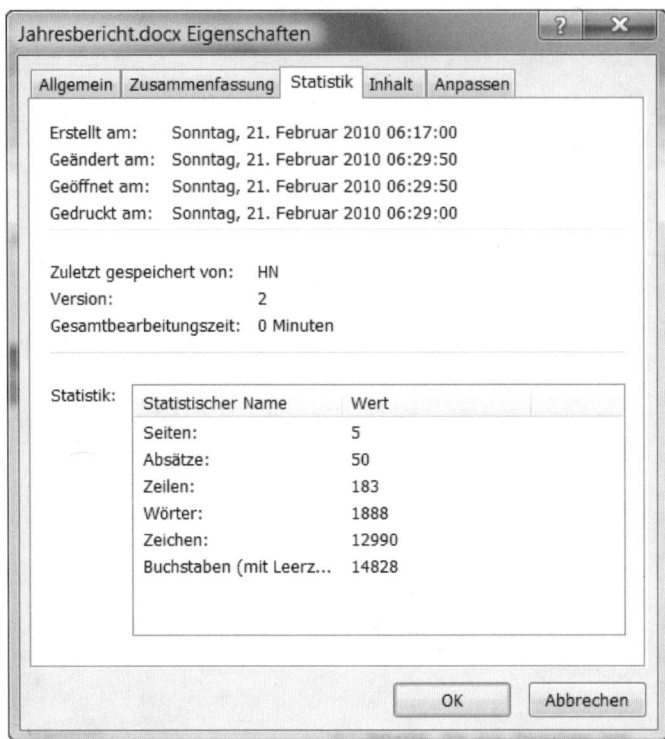

Bild 13.6: Die Statistiken zum Dokument

2. Bestätigen Sie mit *OK* und schließen Sie das Menü *Datei*.

12.2 Der Dokumentbereich

Den größten Teil des Word-Fensters nimmt das Dokument ein. Auf diesem Dokument erfassen Sie Ihre Texte.

Am rechten Rand finden Sie neben der Bildlaufleiste, über die Sie durch Ihr Dokument blättern, auch mehrere Schaltflächen. Über die Schaltfläche *Lineal* blenden Sie das Lineal am oberen und am unteren Rand ein und aus. Alternativ können Sie es auch über das Register *Ansicht* ein- und ausblenden. Das Lineal brauchen Sie unter anderem zur Arbeit mit Absätzen und Tabulatoren.

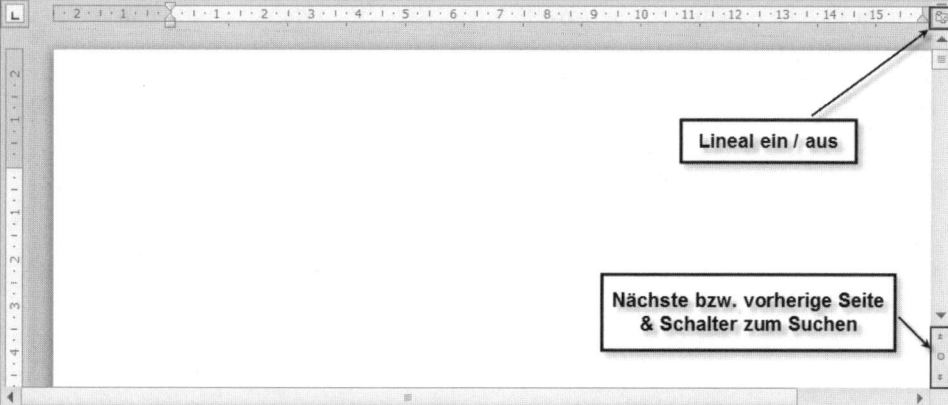

Bild 13.7: Die Schalter im Dokumentbereich

Über die beiden Schaltflächen mit den Dreiecken blättern Sie seitenweise durch Ihr Dokument.

Über die Schaltfläche *Browseobjekt auswählen* öffnen Sie eine Liste von Befehlen, mit denen Sie Ihr Dokument nach bestimmten Objekten durchsuchen können.

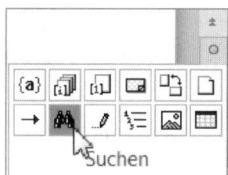

Bild 13.8: Der Schalter *Browseobjekt auswählen*

12.3 Die Statusleiste

In der Statusleiste erhalten Sie Informationen zum aktuellen Bearbeitungsstand Ihres Dokuments. Sie erkennen die Gesamtanzahl der Seiten und auf der wievielten Seite sich der Cursor gerade befindet.

Bild 13.9: Die Statusleiste

Außerdem zählt Word für Sie automatisch die Anzahl der Wörter in Ihrem Dokument. Zusätzlich erkennen Sie, wie viele Wörter Sie derzeit markiert haben.

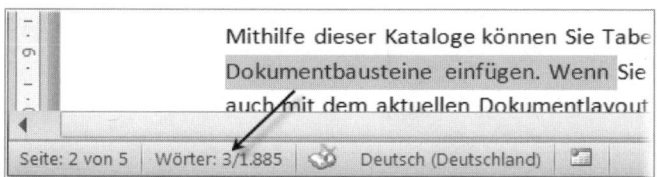

Bild 13.10: Die Anzahl der markierten Wörter in der Statusleiste

Mit dem nächsten Symbol zeigt Word Ihnen, dass die automatische Rechtschreibprüfung aktiviert ist.

Symbol	Beschreibung
	Der Text wird zurzeit geprüft.
	Es wurde mindestens ein Rechtschreibfehler gefunden.
	Es wurde kein Rechtschreibfehler gefunden.

Tabelle 12.1: Die Symbole zur Rechtschreibprüfung in der Statusleiste

Der Eintrag *Deutsch (Deutschland)* weist Sie darauf hin, dass Word zur Rechtschreibprüfung das deutsche Wörterbuch nimmt.

Mit der Schaltfläche starten Sie die Makroaufzeichnung.

Am rechten Rand sehen Sie die fünf Schaltflächen zur Auswahl der Ansichten. Alle fünf Ansichten werden im nächsten Kapitel beschrieben.

Zum Schluss sehen Sie am rechten Rand den Zoom-Bereich, über den Sie die Größe der Anzeige Ihres Dokuments verändern. Auf diesen Bereich gehen wir im nächsten Kapitel genauer ein.

12.3.1 Die Statusleiste anpassen

Wenn Sie anstelle der Anzahl der Wörter lieber die Nummer der Zeile, in der Ihr Cursor steht, sehen möchten, müssen Sie die Statusleiste anpassen.

1. Klicken Sie mit der rechten Maustaste in die Statusleiste und aktivieren Sie den Eintrag *Zeilennummer.*

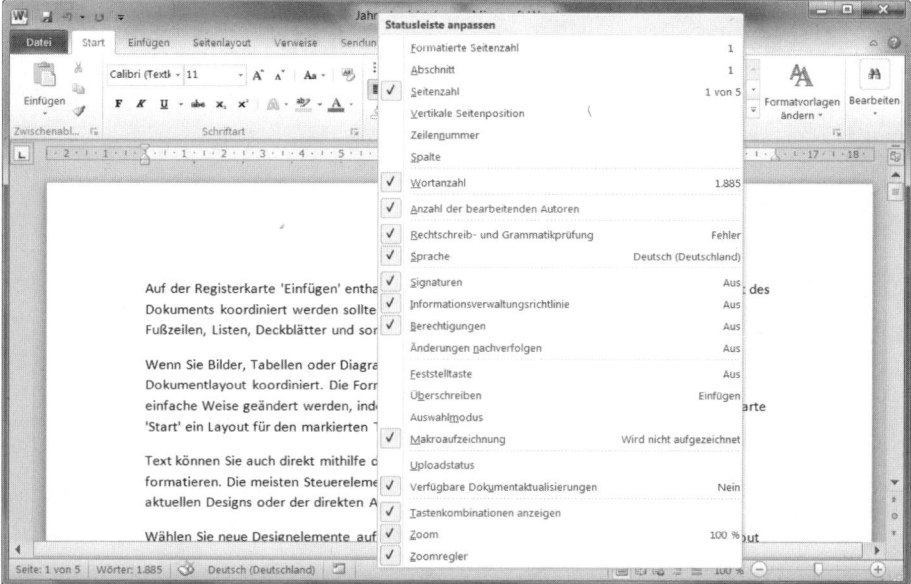

Bild 13.11: Die Statusleiste anpassen

2. Im oberen Teil des Kontextmenüs bestimmen Sie, welche Informationen Ihnen Word bei der Bearbeitung Ihres Dokuments anzeigt.

13 Grundlegendes zu Word

◻ Franzis
_____

http://bit.ly/dbOW8Q

4 Stunden Video-Lernkurs zu Excel 2010

Arbeiten mit Word ist einfach. Trotzdem gibt es noch eine Fülle von Möglichkeiten, die nur darauf warten, von Ihnen genutzt zu werden.

Dieses Kapitel weist Sie in die Basisfunktionen von Word ein. Zuerst werden die Möglichkeiten beschrieben, ein neues Dokument mit Text zu füllen. Danach erfahren Sie alles zum Thema Speichern und Öffnen eines Dokuments.

Im Anschluss stellen wir die verschiedenen Ansichten vor, in denen ein Word-Dokument am Bildschirm angezeigt werden kann.

13.1 Ein neues Dokument erstellen

Wenn Sie Word starten, wird ein neues leeres Dokument angezeigt. Weitere neue Dokumente erhalten Sie über das Menü *Datei* mit dem Befehl *Neu*.

In diesem Dialog markieren Sie das Symbol für ein *Leeres Dokument* und klicken auf die Schaltfläche *Erstellen*, oder Sie wählen das leere Dokument gleich mit einem Doppelklick aus.

Tipp: Weitere Möglichkeiten zum Erstellen neuer Dokumente, basierend auf Vorlagen oder bereits bestehenden Dokumenten, werden später besprochen.

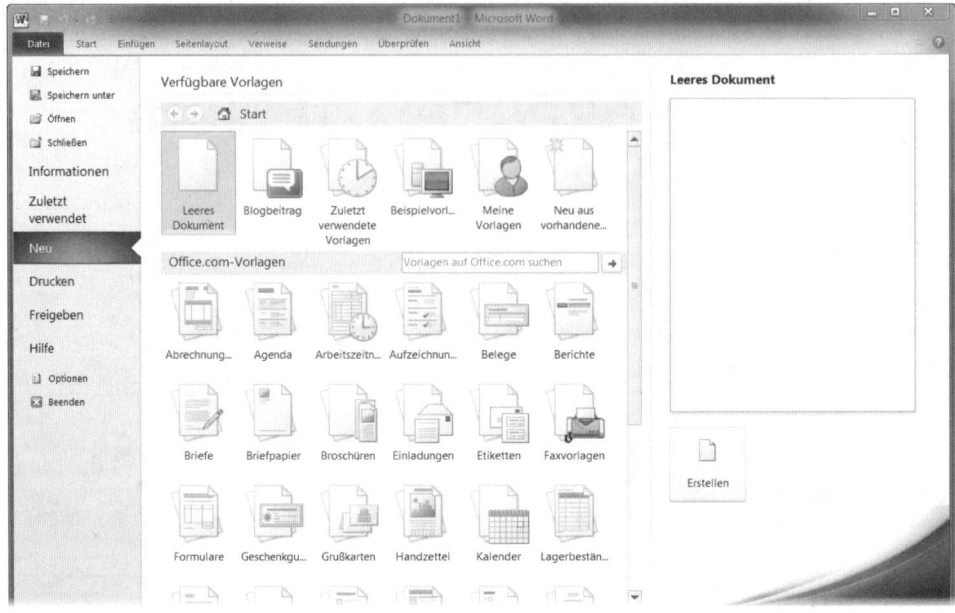

Bild 13.1: Der Befehl *Neu* zum Erzeugen neuer Dokumente

13.1.1 Text erfassen

Sie können jetzt sofort beginnen, den Text einzutippen. Da jedes neue Dokument bereits Ränder hat, schreiben Sie nicht direkt an der Papierkante los. Standardmäßig steht der Cursor jetzt bei 2,5 cm unterhalb und 2,5 cm von der linken Papierkante entfernt. Der Cursor ist Ihre Schreibmarke, es ist der blinkende Strich. Alles, was Sie über die Tastatur eintippen, wird am Cursor gezeigt.

Wenn Sie möchten, dass der Text an einer anderen Stelle, also nicht direkt am linken Rand beginnt, setzen Sie den Cursor mit einem Doppelklick an die gewünschte Stelle und beginnen nun mit der Eingabe.

Wenn Sie mit der Maus über ein leeres Dokument fahren, erkennen Sie die folgenden Symbole:

Symbol	Beschreibung
I≡	Linksbündiger Text
I̲	Linksbündiger Text mit Erstzeileneinzug um 1,25 cm
≡I	Zentrierter Text
I≡	Rechtsbündiger Text

Tabelle 13.1: Der Cursor verändert die Form, je nach Position auf dem Blatt

Das bedeutet: Wenn Sie jetzt mit der Maus doppelklicken, wird der Cursor an dieser Stelle abgesetzt und Sie schreiben entweder linksbündig mit oder ohne Erstzeileneinzug, zentriert oder rechtsbündig.

> **Tipp:** Wie Sie die Ausrichtung von Texten ändern, lesen Sie im Abschnitt *Absatzformatierung*.

Sobald der Cursor auf dem Blatt blinkt, können Sie beginnen, Ihren Text zu schreiben. Der Fließtext bricht am Ende der Zeile automatisch in die nächste Zeile um. Um einen Zeilenwechsel müssen Sie sich nicht kümmern. Wenn ein Absatz zu Ende ist, drücken Sie auf die `Eingabe`-Taste. Damit erzeugen Sie einen neuen Absatz. Ein Text besteht aus Absätzen und innerhalb der Absätze aus einzelnen Sätzen.

13.1.2 Formatierungszeichen

Wenn Sie Text eintippen, kann es sein, dass Sie währenddessen einige Zeichen am Bildschirm sehen, die Sie nicht eingegeben haben. Das sind die nichtdruckbaren Formatierungszeichen, die Sie über die Schaltfläche ¶ ein- und ausschalten.

Sie finden die Schaltfläche auf der Registerkarte *Start* in der Gruppe *Absatz*.

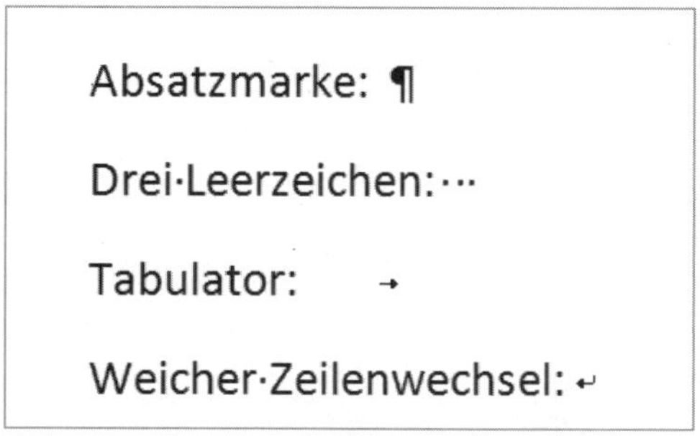

Absatzmarke: ¶

Drei·Leerzeichen:···

Tabulator: →

Weicher·Zeilenwechsel: ↵

Bild 13.2: Die nichtdruckbaren Formatierungszeichen

Wie der Name schon sagt, werden diese Zeichen auf dem Papier später nicht gedruckt. Sie zeigen Ihnen beispielsweise, wie viele Leerzeichen Sie zwischen zwei Wörtern getippt haben.

13.1.3 Korrigieren

Bei jedem Text prüft Word automatisch, ob Fehler enthalten sind. Wenn Word glaubt, einen Fehler gefunden zu haben, wird das Wort mit einer roten Wellenlinie gekennzeichnet.

Klicken Sie mit der rechten Maustaste auf diese rote Wellenlinie. Das Kontextmenü zeigt eine Liste mit Vorschlägen an.

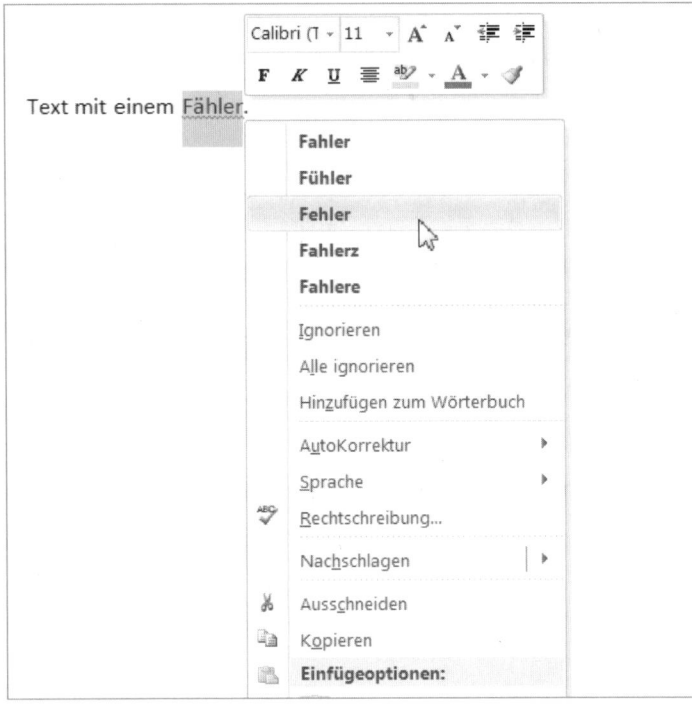

Bild 13.3: Die automatische Rechtschreibprüfung nach einem Rechtsklick auf die rote Wellenlinie

Klicken Sie auf das richtige Wort in der Liste. Nun wird das fehlerhafte Wort durch das gewählte Wort überschrieben. Ist das Wort im Wörterbuch unbekannt, müssen Sie es manuell korrigieren.

Es kommt auch vor, dass Sie ein Wort, beispielsweise einen Fachbegriff, richtig geschrieben haben, aber die Rechtschreibprüfung glaubt, es sei falsch, und es mit einer roten Wellenlinie versieht. Klicken Sie auch hier mit der rechten Maustaste auf die Wellenlinie und wählen Sie den Befehl *Alle ignorieren*. Dieser Begriff wird Ihnen dann bis zur Beendigung des Programms nicht mehr zur Korrektur vorgeschlagen.

Sie können Word auch bestimmte Wörter beibringen. Dies wird im Folgenden beschrieben.

Wenn Sie die roten Wellenlinien ausblenden möchten, öffnen Sie das Menü *Datei* und starten die *Word-Optionen*. Hier wählen Sie die Kategorie *Dokumentprüfung*, blättern in dieser Anzeige ganz nach unten und aktivieren die Option *Rechtschreibfehler nur in diesem Dokument ausblenden*.

Tipp: Um die automatische Rechtschreibprüfung für alle Dokumente zu deaktivieren, entfernen Sie den Haken vor *Rechtschreibung während der Eingabe überprüfen*.

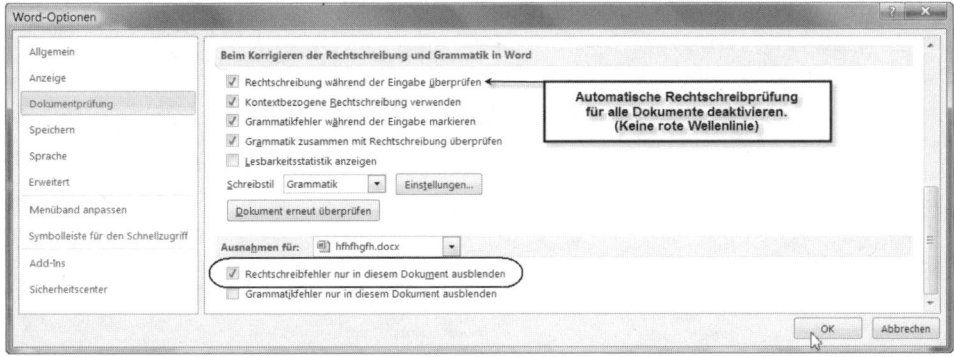

Bild 13.4: Die roten Wellenlinien ausblenden

Sie erkennen dann nur in der Statusleiste am roten Kreuz neben dem Buch-Symbol , dass Word mindestens einen Fehler gefunden hat. Um die roten Wellenlinien wieder zu sehen, wenden Sie die oben beschriebene Befehlsfolge noch einmal an und aktivieren den Haken wieder.

Word zeigt Ihnen grüne Wellenlinien, wenn ein grammatikalischer Fehler gefunden wird. Blaue Wellenlinien kennzeichnen ähnlich lautende Textstellen.

13.1.4 Automatisch einen Beispieltext einfügen

Um die folgenden Beispiele zur Markierung und Gestaltung der Texte auszuprobieren, benötigen Sie viel Text. Um nicht sinnlos auf der Tastatur herumzuklimpern, können Sie den folgenden Befehl einsetzen:

1. Setzen Sie den Cursor in einen leeren Absatz.

2. Geben Sie den folgenden Text ein:
   =Rand(4,5)

Die erste Zahl gibt die Anzahl der Absätze, die zweite Zahl die Anzahl der Sätze an.

3. Drücken Sie zur Bestätigung Eingabe .

Jetzt erhalten Sie vier Absätze mit jeweils fünf Sätzen. Während in den älteren Word-Versionen immer der gleiche Satz eingefügt wurde, werden nun Texte mit Erläuterungen zum Umgang mit Word 2010 angezeigt.

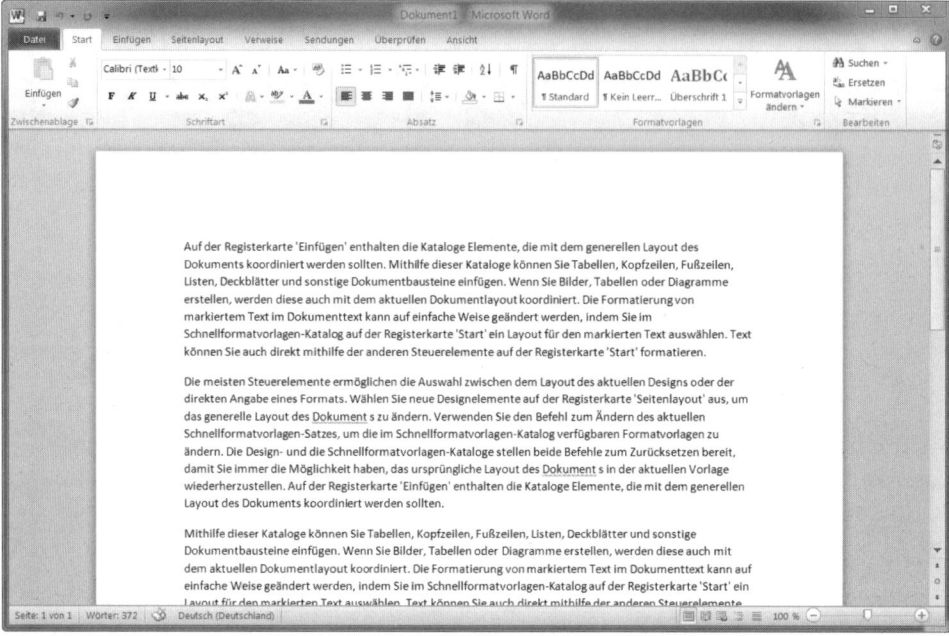

Bild 13.5: Der automatische Text, der in Word hinterlegt ist

13.2 Texte kopieren oder ausschneiden und einfügen

13.2.1 Texte kopieren und einfügen

Haben Sie einen Text geschrieben, den Sie in einem anderen Dokument auch benötigen, dann können Sie diesen Text kopieren und an einer anderen Stelle wieder einfügen.

1. Markieren Sie den Text, den Sie kopieren möchten.

2. Aktivieren Sie das Register *Start* und klicken Sie auf die Schaltfläche *Kopieren*.

3. Setzen Sie den Cursor an die Stelle, an der der Text eingefügt werden soll.

4. Klicken Sie auf die Schaltfläche *Einfügen* auf dem Register *Start*.

Der markierte Text wird jetzt an der Cursorposition eingefügt.

Tipp: Anstelle des Klicks auf die Schaltfläche *Kopieren* können Sie auch die Tastenkombination Strg+C drücken oder den Befehl aus dem Kontextmenü der rechten Maustaste wählen. Für den Befehl *Einfügen* können Sie auch die Tastenkombination Strg+V drücken oder das Kontextmenü nutzen.

13.2.2 Die neue Funktionalität beim Einfügen von Texten

Am eingefügten Text erscheint jetzt die Schaltfläche für Einfügeoptionen 📋 (Strg) ▾. Über diese Schaltfläche können Sie die Formatierung des einzufügenden Textes steuern.

Der kopierte Text hat vielleicht die Formatierung fett, kursiv, Schriftfarbe Schwarz. Der Text, in den eingefügt wird, hat die Farbe Rot. Dann behält der eingefügte Text zu Beginn seine ursprüngliche Formatierung fett, kursiv, Schriftfarbe Schwarz.

Wenn Sie möchten, dass der Text auch in der Farbe Rot gezeigt wird, klicken Sie nach dem Einfügen auf die Schaltfläche für die Einfügeoptionen.

Mithilfe dieser Kataloge können Sie Tabellen, Kopfzeilen, Fußzeilen, Listen, Deckblätter und sonstige Dokumentbausteine einfügen. **Wenn Sie Bilder, Tabellen oder Diagramme erstellen, werden diese auch mit dem aktuellen Dokumentlayout koordiniert.** Die Formatierung von markiertem Text im Dokumenttext kann auf einfache Weise geändert werd 📋 (Strg) ▾ Sie im Schnellformatvorlagen-Katalog auf der Registerkarte 'Start' ein Layout für den hnen Sie auch direkt mithilfe der anderen Steuerelemente auf d Die meisten Steuerelemente ermöglichen die Auswahl zwis gns oder der direkten Angabe eines Formats.

Einfügeoptionen:

📋 A

Standard zum Einfügen festlegen...

Bild 13.6: Die Schaltfläche für die Einfügeoptionen

Word bietet Ihnen drei Alternativen an, Ihren Text einzufügen.

Die erste Option hat Word automatisch für Sie aktiviert: *Ursprüngliche Formatierung beibehalten.* Mit dem Befehl *Formatierung zusammenführen* kombiniert Word beide Formate. In diesem Beispiel erhalten Sie fett, kursiv und die Farbe Rot. Mit dem dritten Befehl *Nur den Text übernehmen* zeigt Word den Text mit der Formatierung des umgebenden Textes, also nur die Schriftfarbe Rot.

> **Tipp:** Mit den in Klammern gezeigten Buchstaben können Sie den gewünschten Befehl auch über die Tastatur starten.

Der Befehl *Standard zum Einfügen festlegen* öffnet das Fenster *Word-Optionen,* in dem Sie entscheiden können, wie Word standardmäßig Ihren Text einfügt.

Die neue Einfügen-Schaltfläche

Word bietet Ihnen eine neue Funktion. Sie können sich während des Einfügens in der Livevorschau ansehen, wie der eingefügte Text im Dokument aussieht.

Nachdem Sie den Text markiert, kopiert und den Cursor an die Wunschposition gesetzt haben, aktivieren Sie das Register *Start* und klicken auf den unteren Teil der Schaltfläche mit dem Text *Einfügen.*

Ziehen Sie mit der Maus über die verschiedenen Angebote. Auch hier können Sie, wie oben bereits beschrieben, entscheiden, ob die ursprüngliche Formatierung beibehalten werden soll, ob die Formatierung zusammengeführt oder nur der Text eingefügt werden soll.

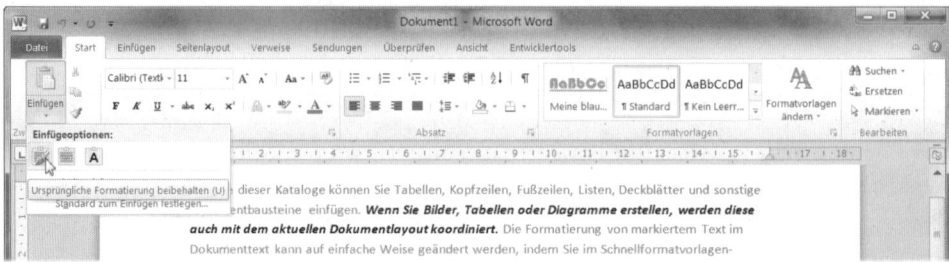

Bild 13.7: Die Schaltfläche *Einfügen* mit der neuen Livevorschau

Tipp: Wenn Sie die Livevorschau nicht sehen, wählen Sie die Befehlsfolge *Datei / Optionen*. Markieren Sie die Kategorie *Allgemein* und aktivieren Sie den Haken vor *Livevorschau aktivieren*.

13.2.3 Texte ausschneiden und einfügen

Sie haben mehrere Absätze geschrieben und merken nun, dass die Reihenfolge etwas unglücklich ist. Hier bietet Ihnen Word mit den Befehlen *Ausschneiden* und *Einfügen* eine Lösung an.

1. Markieren Sie den Text, den Sie ausschneiden möchten.
2. Aktivieren Sie das Register *Start* und klicken Sie auf die Schaltfläche *Ausschneiden*.
3. Setzen Sie den Cursor an die Stelle, an der der Text eingefügt werden soll.
4. Klicken Sie auf die Schaltfläche *Einfügen* auf dem Register *Start*.

Jetzt sehen Sie den Text an der neuen Position. Auch hier bietet Ihnen Word, wie oben beschrieben, die Schaltfläche für die Einfügeoptionen. Sie können auch hier die Formatierung des eingefügten Textes steuern.

Texte verschieben

Wenn Sie die Position von Texten innerhalb eines Dokuments verändern möchten, nutzen Sie die Funktion *Verschieben*.

1. Markieren Sie den gewünschten Text.
2. Zeigen Sie mit der Maus in die Markierung.
3. Wenn der Mauszeiger zu einem weißen Pfeil wechselt, ziehen Sie den Text an die gewünschte Position und lassen dann die Maustaste los.

Während des Ziehens zeigt Ihnen ein kleiner Strich an, an welcher Stelle Word den Text einfügen würde, wenn Sie die Maustaste jetzt loslassen würden.

Tipp: Diese Funktion wird auch *Drag & Drop* genannt.

13.3 Texte suchen und ersetzen

Word bietet Ihnen mit dem Befehl *Suchen* eine Funktion an, die Ihren Text nach einem bestimmten Begriff durchsucht. Dieser Befehl hat sich im Vergleich zu den Vorgängerversionen grundlegend verändert. Mit dem Befehl *Ersetzen* können Sie einen Begriff durch einen anderen Begriff ersetzen.

13.3.1 Texte suchen

Wenn Sie einen Text erfasst haben, möchten Sie vielleicht wissen, ob ein bestimmtes Wort darin vorkommt. Im vorliegenden Beispiel haben wir den Beispieltext von Word eingefügt und wollen ihn nach dem Wort *Dokument* durchsuchen lassen.

1. Aktivieren Sie das Register *Start* und klicken Sie im Bereich *Bearbeiten* auf die Schaltfläche *Suchen.*

Es öffnet sich am linken Rand der Navigationsbereich.

> **Tipp:** Sie können diesen Bereich auch an den rechten Rand ziehen. Beim nächsten Start dieses Befehls wird der Navigationsbereich am rechten Rand gezeigt.

2. Geben Sie ins erste Feld den zu suchenden Begriff ein. Dabei können Sie, während Sie den Begriff eintippen, schon zusehen, wie Word den Text durchsucht.

3. Sollte Word die Suche nicht automatisch beginnen, klicken Sie auf die Schaltfläche mit der Lupe. Standardmäßig aktiviert Word das Register *Durchsuchen der Ergebnisse der aktuellen Suche.*

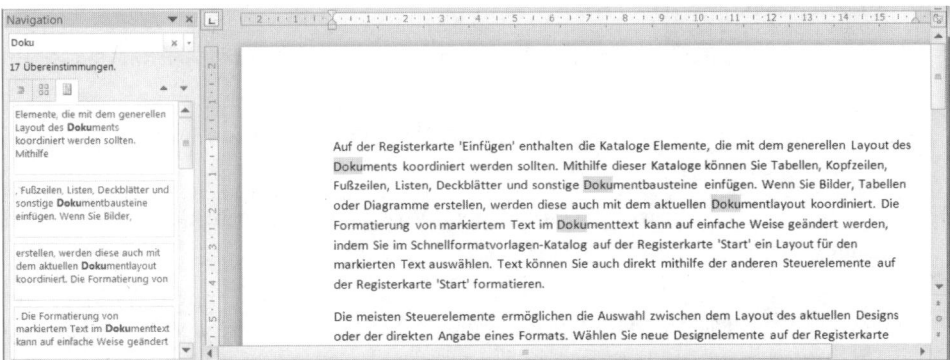

Bild 13.8: Die neue Funktion *Suchen*

Nachdem Sie die ersten Buchstaben eingegeben haben, wird im unteren Teil jeder Treffer mit dem umgebenden Text gezeigt. Außerdem wird jede Übereinstimmung direkt im Dokument hervorgehoben und die Anzahl der Treffer gezählt.

4. Wenn Sie mit der Maus über die Trefferliste im Navigationsbereich fahren, zeigt Ihnen Word die Seitennummer, auf der der Treffer zu finden ist. Mit einem Klick wechseln Sie sofort auf die gewünschte Seite.

Nur in Überschriften suchen

In einem mehrseitigen Dokument haben Sie den Text in mit Überschriften versehene Absätze gegliedert und eine Überschrift-Formatvorlage zugewiesen. In diesem Fall können Sie auch nur die Überschriften durchsuchen lassen.

Nachdem sich der Navigationsbereich geöffnet hat und Sie den zu suchenden Begriff eingetippt haben, klicken Sie auf das Register *Durchsuchen der Überschriften in Ihrem Dokument*.

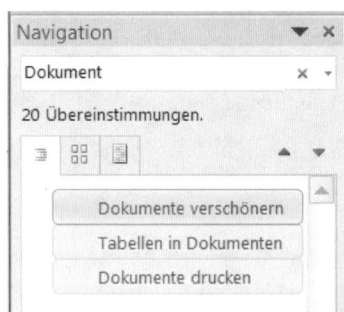

Bild 13.9: Die Suche auf die Überschriften im Text begrenzen

Sollte es Treffer geben, werden sie im unteren Bereich gezeigt. Mit einem Klick auf die entsprechende Zeile gelangen Sie auf die gewünschte Überschrift.

13.3.2 Texte ersetzen

Angenommen, Sie haben in einem Text das Wort *Dokument* immer mit c geschrieben, also *Document*. Dies möchten Sie jetzt mit so wenig Aufwand wie nötig ändern. Nutzen Sie dafür den Befehl *Ersetzen*.

1. Aktivieren Sie das Register *Start* und klicken Sie im Bereich *Bearbeiten* auf den Befehl *Ersetzen*.

2. Geben Sie ins Feld *Suchen nach* den Begriff ein, der verändert werden soll. In diesem Beispiel ist es das Wort *Document*.

3. Geben Sie ins Feld *Ersetzen durch* das neue Wort ein, in diesem Beispiel das Wort *Dokument*.

4. Wenn Sie auf die Schaltfläche *Ersetzen* klicken, wird der erste Treffer markiert. Mit einem erneuten Klick wird der markierte Begriff ersetzt und der nächste Treffer wird markiert.

   Mit einem Klick auf die Schaltfläche *Alle ersetzen* werden alle Treffer ersetzt. Sie erhalten eine Meldung, wie viele Ersetzungen durchgeführt wurden.

Bild 13.10: Texte suchen und ersetzen

Wenn Sie auf die Schaltfläche *Alle ersetzen* geklickt haben, zeigt Word Ihnen zum Schluss, wie viele Ersetzungen durchgeführt wurden.

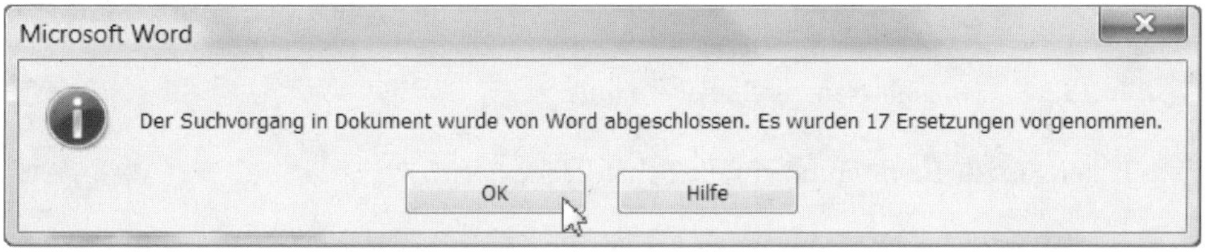

Bild 13.11: So viele Ersetzungen wurden durchgeführt.

Tipp: Wenn Sie nach bestimmten Formaten suchen oder einen Text durch einen anderen formatierten Text ersetzen möchten, klicken Sie im Fenster *Suchen und Ersetzen* auf die Schaltfläche *Erweitern*. Über die Schaltfläche *Format* können Sie die gewünschte Formatierung einstellen.

13.4 Speichern

Jede Arbeit in Word muss gespeichert werden.

13.4.1 Das erste Speichern

Nachdem Sie Ihren Text in einem neuen leeren Dokument erfasst haben, sollten Sie ihn speichern.

1. Wählen Sie im Menü *Datei* den Befehl *Speichern unter* oder drücken Sie die Taste `F12`.

2. Im Feld *Dateiname* bietet Wort Ihnen in der Regel den Inhalt des ersten Absatzes bzw. einen Teil davon an. Sie können diesen Vorschlag annehmen oder einen eigenen Dateinamen eintippen. Wählen Sie gegebenenfalls einen anderen Zielordner aus.

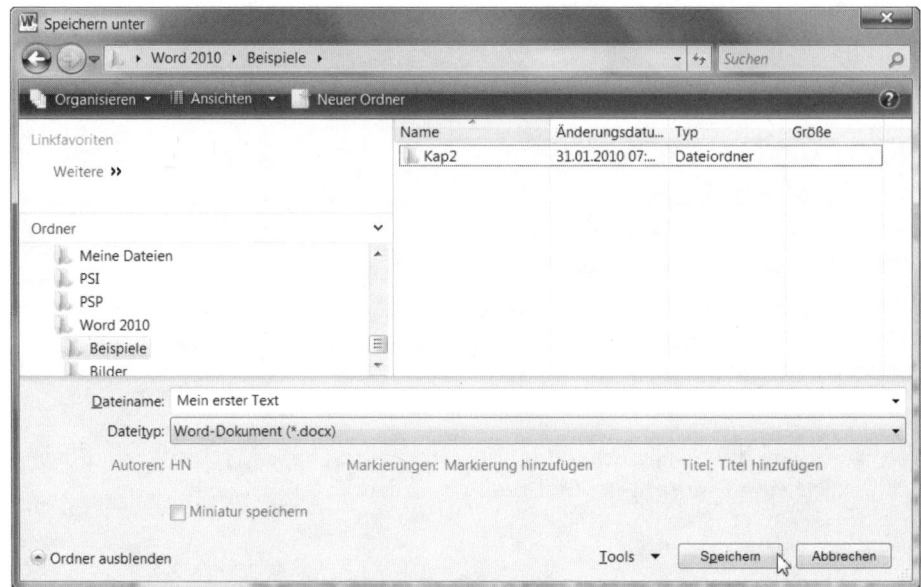

Bild 13.12: Das Dialogfenster *Speichern unter*

3. Klicken Sie zur Bestätigung auf die Schaltfläche *Speichern.*

> **Tipp:** Beim ersten Speichern öffnet Word automatisch das Dialogfenster *Speichern unter*. Sie können auch über die Symbolleiste für den Schnellzugriff auf das Diskettensymbol ⊟ klicken oder die Tastenkombination ⌈Strg⌉+⌈S⌉ drücken.

Änderungen speichern

Nachdem Sie dem Dokument einen Namen gegeben haben, können Sie weiteren Text eintippen und Änderungen vornehmen. Diese Arbeit sollten Sie auch wieder sichern.

Klicken Sie entweder auf die Schaltfläche *Speichern* ⊟ in der *Symbolleiste für den Schnellzugriff* oder drücken Sie die Tastenkombination ⌈Strg⌉+⌈S⌉ oder wählen Sie im Menü *Datei* den Befehl *Speichern.*

Unter anderem Namen speichern

Sie haben gerade einen Brief geschrieben und ihn gespeichert. Jetzt benötigen Sie diesen Brief erneut, es soll nur ein anderer Empfänger eingefügt werden.

1. Öffnen Sie diesen Brief.

2. Wählen Sie im Menü *Datei* den Befehl *Speichern unter* oder drücken Sie die Taste ⌈F12⌉.

3. Im Fenster *Speichern unter* geben Sie im Feld *Dateinamen* einen anderen Dateinamen ein, ändern gegebenenfalls den Speicherort und bestätigen mit einem Klick auf die Schaltfläche *Speichern.*

Der erste Brief wird nun automatisch geschlossen und Sie arbeiten nur noch mit dem neuen Brief.

13.4.2 Den Standardspeicherort ändern

Wenn Sie den Befehl zum ersten Speichern starten, bietet Ihnen Word zuerst immer den Standardordner, in der Regel *Dokumente* an. Vielleicht möchten Sie aber, dass Word Ihnen einen anderen Ordner vorschlägt.

1. Wählen Sie über das Menü *Datei* den Befehl *Optionen* und wechseln Sie in die Kategorie *Speichern*.

2. Klicken Sie in der Zeile *Standardspeicherort* auf die Schaltfläche *Durchsuchen*.

3. Stellen Sie den Wunschordner ein und bestätigen Sie beide Fenster mit *OK*.

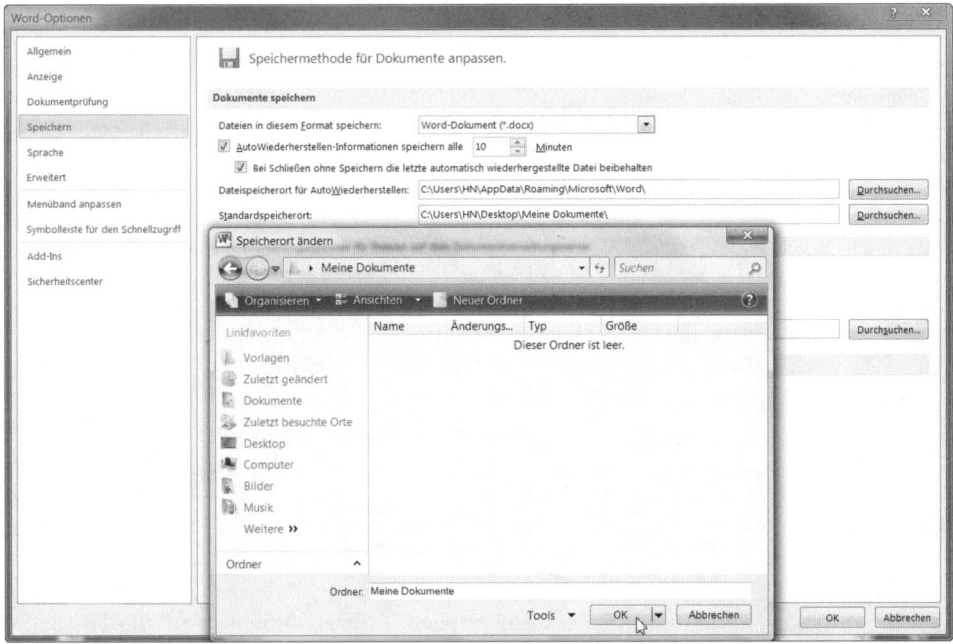

Bild 13.13: Den Standardspeicherort einstellen, der beim Öffnen bzw. beim Speichern zuerst angeboten wird

In diesem Beispiel wird Word beim Speichern zuerst immer den Ordner *Meine Dokumente* anbieten.

13.5 Vergessen zu speichern?

Sie haben einen Text geschrieben und anschließend gespeichert. Danach haben Sie ihn verändert und gestaltet, aber nicht mehr gespeichert. Nach einiger Zeit schließen Sie das Dokument und beantworten die Frage, ob Sie erneut speichern möchten, mit einem Klick auf die Schaltfläche *Nicht speichern*.

Je nach Einstellung ist in Word zwischenzeitlich die automatische Speicherung gelaufen. Am Ende dieses Abschnitts lesen Sie, wie Sie diese Einstellungen anpassen.

Wenn Sie jetzt über das Menü *Datei* den Eintrag *Zuletzt verwendet* wählen, erkennen Sie, dass Word sich gemerkt hat, das Sie das Dokument nicht gespeichert haben.

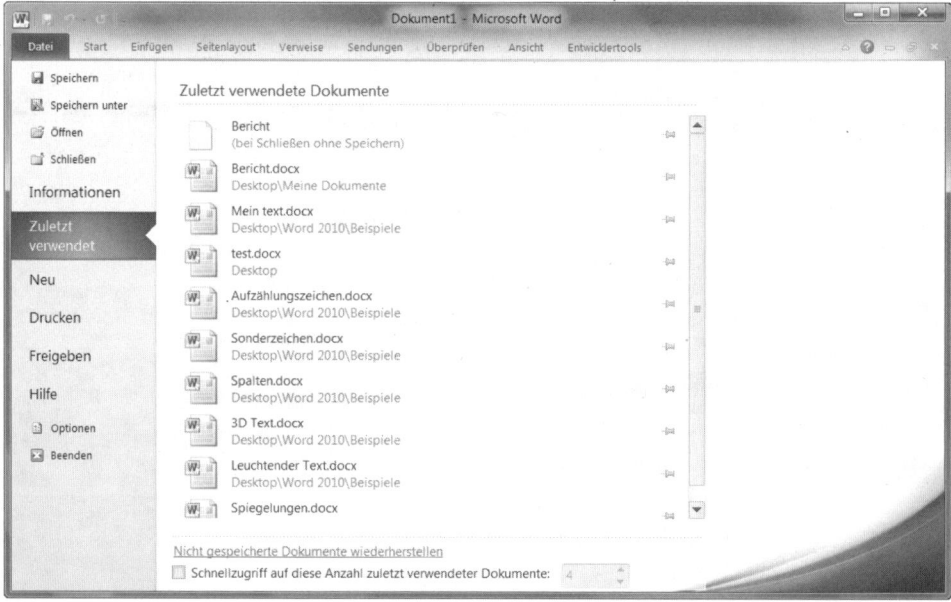

Bild 13.14: Die Liste der zuletzt verwendeten Elemente zeigt den Hinweis auf das Schließen, ohne zu speichern.

Wenn Sie dieses Dokument mit dem eindeutigen Hinweis öffnen, sind alle Formatierungen enthalten, obwohl Sie sie nicht gespeichert haben.

Zusätzlich zeigt Word Ihnen, dass Sie eine automatisch gespeicherte Version des Dokuments betrachten. In der Titelleiste erkennen Sie das Datum und die Uhrzeit, zu der Word das Dokument automatisch gespeichert hat.

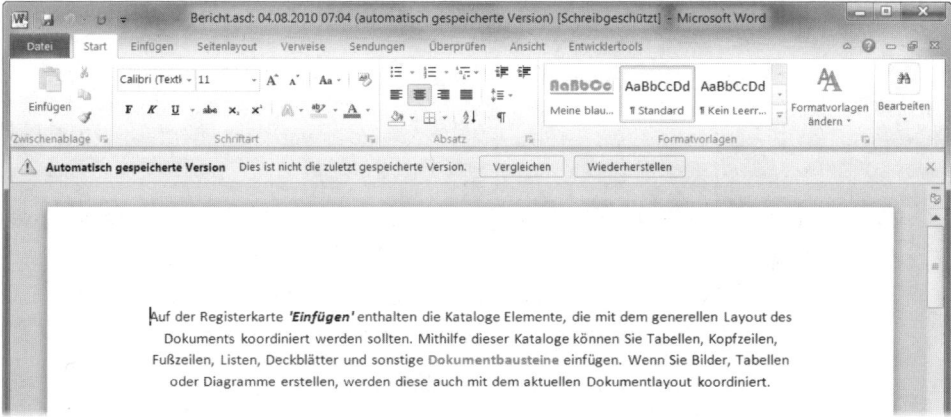

Bild 13.15: Die Formate sind alle da, obwohl Sie nicht gespeichert haben.

Wenn Sie jetzt bereits sicher sind, dass Sie mit der angezeigten Version weiterarbeiten möchten, klicken Sie auf die Schaltfläche *Wiederherstellen*. Beantworten Sie die Frage mit einem Klick auf *OK*.

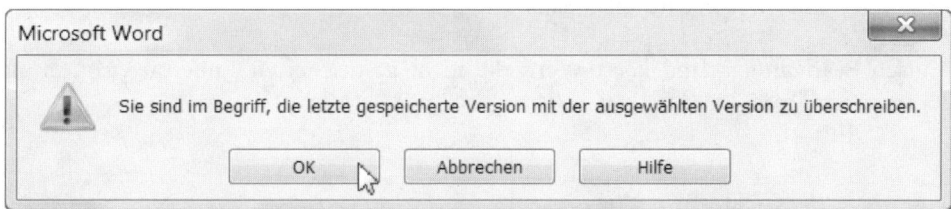

Bild 13.16: Die angezeigte Version speichern

Jetzt haben Sie den Text, so wie Sie ihn sehen, als Datei unter dem in der Titelleiste gezeigten Dateinamen gespeichert.

13.5.1   Beide Dokumente vergleichen

Wenn Sie jetzt wissen möchten, inwiefern sich der von Ihnen gespeicherte Text und der von Word automatisch gespeicherte Text unterscheiden, dann klicken Sie auf die Schaltfläche *Vergleichen*.

Beide Dokumente gleichzeitig anzeigen – oder doch Markups?

Word öffnet beide Dokumente neben- oder untereinander, sodass Sie eine gute Vergleichsmöglichkeit haben, und schaltet automatisch zum Register *Überarbeiten*.

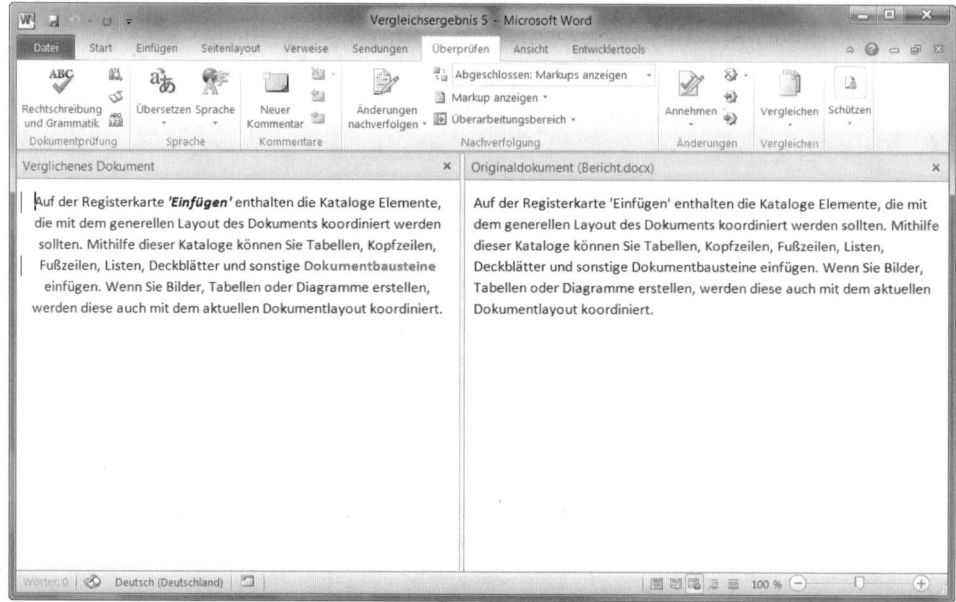

Bild 13.17: Beide Dokumente nebeneinander

Je nach Bearbeitungsstand kann Word die nicht gespeicherten Änderungen auch als Markups anzeigen.

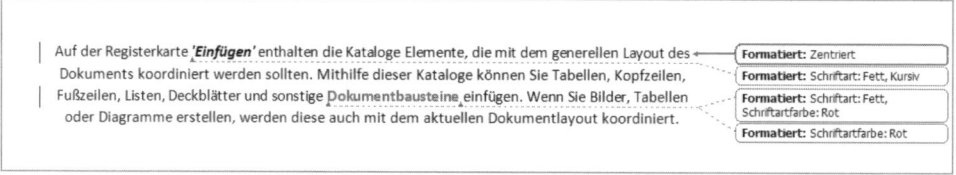

Bild 13.18: Die nicht gespeicherten Änderungen in Markups anzeigen

Wenn Sie beide Dokumente, das gespeicherte Original und die automatisch gespeicherte Version, nebeneinander sehen möchten, wählen Sie auf dem Register *Überprüfen* an der Schaltfläche *Vergleichen* über den Eintrag *Quelldokumente anzeigen* den Befehl *Original anzeigen*.

Wenn Sie den Text lieber mit den Markups sehen möchten, schließen Sie das Originaldokument über den Fensterschalter *Schließen*.

Über die Schaltfläche *Bearbeitungsbereich* lassen Sie sich die Änderungen und Kommentare des Hauptdokuments anzeigen.

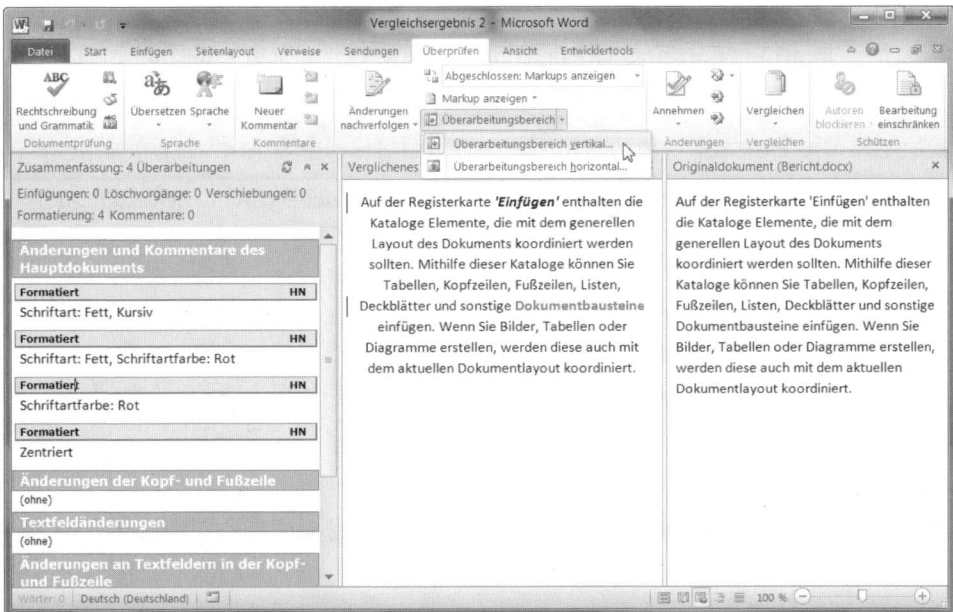

Bild 13.19: Der Bearbeitungsbereich zeigt die Änderungen und Kommentare des Hauptdokuments.

Während der gesamten Arbeit hält Word drei Dokumente für Sie bereit:

- das Originaldokument ohne die Formate,
- das nicht gespeicherte Dokument mit den Formaten und
- ein Vergleichdokument.

Über das Register *Ansicht* können Sie über die Schaltfläche *Fenster wechseln* zwischen den Fenstern hin und her wechseln.

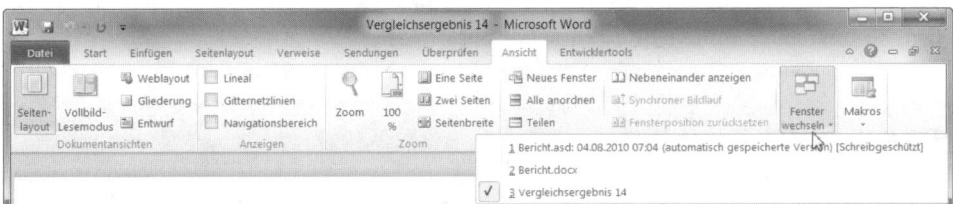

Bild 13.20: Die Schaltfläche *Fenster wechseln* zeigt alle offenen Dokumente.

Wenn Sie sich für das automatisch gespeicherte Dokument entscheiden, wechseln Sie über die Schaltfläche in das Dokument und klicken auf die Schaltfläche *Wiederherstellen*. Bestätigen Sie die Sicherheitsabfrage mit einem Klick auf *OK* und beginnen Sie mit der Arbeit.

Wenn Sie sich für das Ursprungsdokument entscheiden, wechseln Sie auf dieses Dokument und arbeiten dort weiter.

Das Vergleichsdokument können Sie schließen, Sie müssen es nicht speichern. Es wird danach auch nicht in die Liste der zuletzt bearbeiteten Dokumente aufgenommen.

13.5.2 Die Einstellungen für das automatische Speichern

1. Sie können die Einstellungen zum automatischen Speichervorgang jederzeit ändern. Wählen Sie über das Menü *Datei* den Befehl *Optionen* und aktivieren Sie die Kategorie *Speichern*.

2. Im Feld *AutoWiederherstellen-Informationen speichern alle* stellen Sie den Takt zum automatischen Speichern ein.

3. Wenn Sie die gesamte oben beschriebene Funktionalität nicht wünschen, entfernen Sie den Haken im Feld *Bei Schließen ohne Speichern die letzte automatisch wieder-hergestellte Datei beibehalten*.

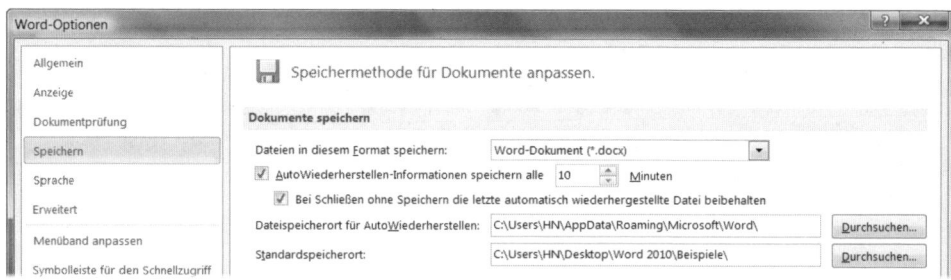

Bild 13.21: Die Optionen zum automatischen Speichern

4. Bestätigen Sie Ihre Eingaben mit *OK*.

13.5.3 Die Liste der zuletzt gespeicherten Dokumente bearbeiten

Wenn es Sie stört, dass ein automatisch gespeichertes Dokument in der Liste aufgeführt wird, können Sie es mit einem Rechtsklick entfernen.

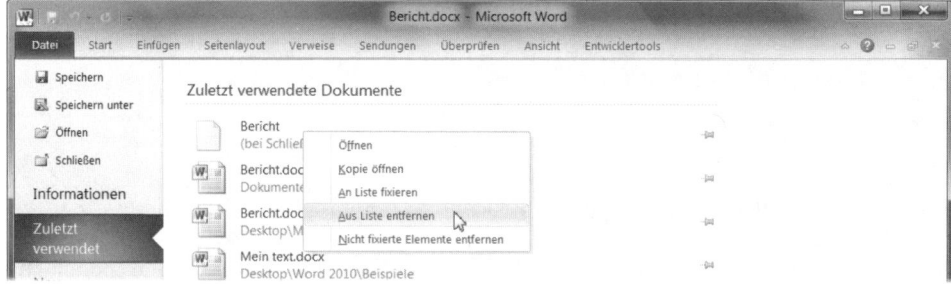

Bild 13.22: Die Liste der zuletzt bearbeiteten Dokumente bearbeiten

Die Abbildung zeigt, welche Befehle Ihnen in dieser Liste zur Verfügung stehen.

13.6 Dokumente öffnen

Um ein Dokument zu öffnen, stehen Ihnen ebenfalls mehrere Alternativen zur Verfügung.

Wenn Sie wissen, dass Sie dieses Dokument erst kürzlich bearbeitet haben, öffnen Sie das Menü *Datei* und markieren den Eintrag *Zuletzt verwendet.*

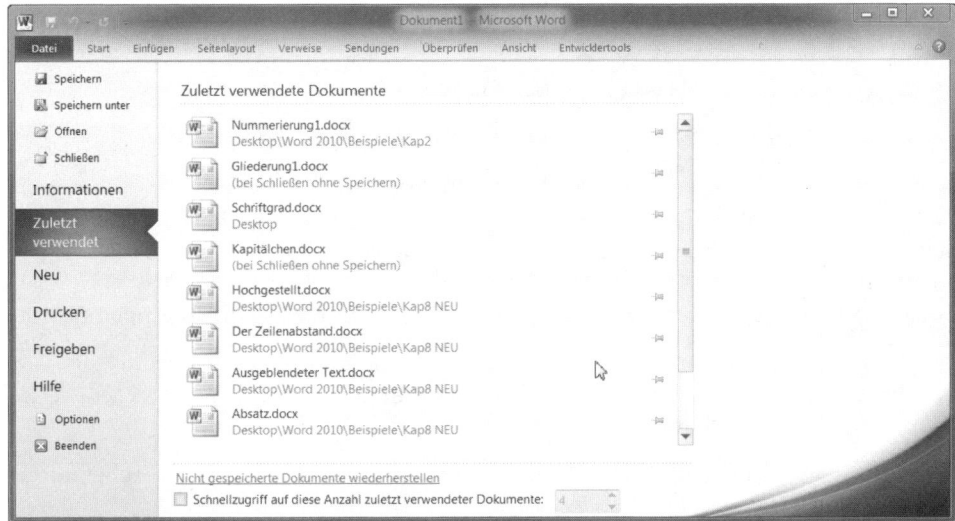

Bild 13.23: Diese Dokumente wurden zuletzt bearbeitet.

> **Tipp:** Diese Liste verändert sich täglich. Neue Dokumente kommen herein, ältere fallen heraus. Wenn Sie bestimmte Dokumente immer in der Liste sehen möchten, aktivieren Sie den Pin am rechten Rand. Dieses Dokument wird dann als erstes in der Liste gezeigt.

Über die *Word-Optionen* können Sie im Bereich *Erweitert* unter dem Feld *Diese Anzahl zuletzt verwendeter Dokumente anzeigen* den Umfang dieser Liste bestimmen.

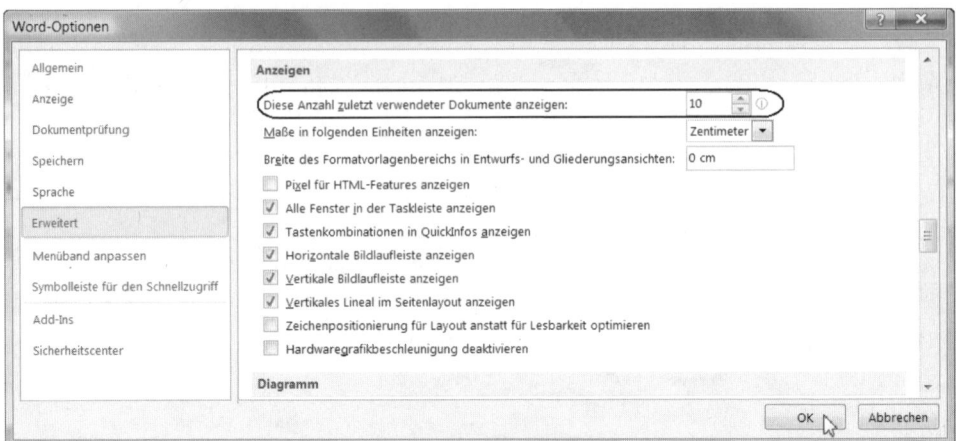

Bild 13.24: In den *Word-Optionen* können Sie die Anzahl der Dokumente in der Liste der zuletzt verwendeten Dokumente auf maximal 50 Dokumente ändern.

Sollte das gesuchte Dokument nicht in der Liste sein, führen Sie die folgenden Schritte durch:

1. Um ein gespeichertes Dokument wieder zu öffnen, aktivieren Sie das Menü *Datei* und starten den Befehl *Öffnen*.

2. Wechseln Sie zum Laufwerk und zum Ordner, in dem sich das Dokument befindet.

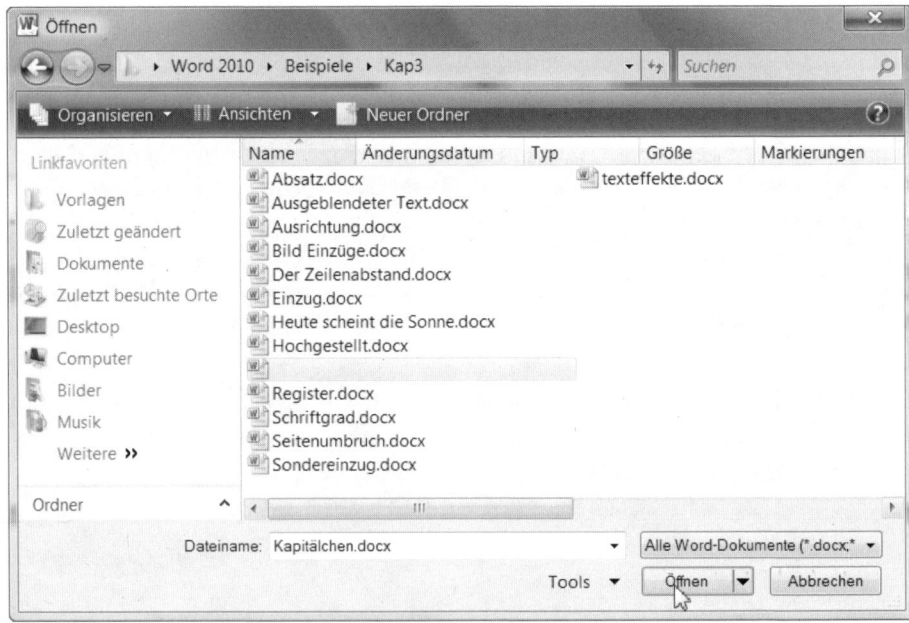

Bild 13.25: Das Dialogfenster *Öffnen* zeigt Ihnen Ihre Dokumente.

3. Doppelklicken Sie auf das gewünschte Dokument oder markieren Sie es und klicken auf die Schaltfläche *Öffnen*.

Tipp: Um einen direkten Zugriff auf die Schaltfläche 📷 zu haben, können Sie sich diese in Ihre Symbolleiste für den Schnellzugriff oder in Ihr eigenes Menüband holen. Dies wurde bereits beschrieben.

13.7 Ein Dokument schließen

Wenn Sie ein Dokument nicht mehr benötigen, sollten Sie es schließen.

Öffnen Sie das Menü *Datei* und wählen Sie den Befehl *Schließen.*

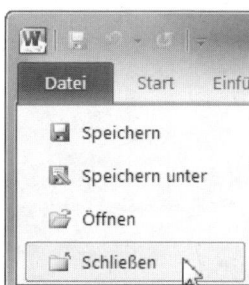

Bild 13.26: Ein Dokument schließen

Nach der Standardinstallation wird Word für jedes Dokument erneut gestartet. Das bedeutet, wenn Sie drei Dokumente geöffnet haben, ist auch Word dreimal gestartet. Sie erkennen dies in der Statusleiste.

Bild 13.27: Die Statusleiste mit drei geöffneten Dokumenten

Um ein anderes Dokument zu öffnen, klicken Sie in der Taskleiste auf den gewünschten Task.

Wenn Sie Ihre Dokumente lieber in einer gestarteten Word-Anwendung bearbeiten, dann führen Sie die folgenden Schritte durch.

1. Wählen Sie die Befehlsfolge *Datei / Optionen*.

2. Aktivieren Sie die Kategorie *Erweitert* und blättern Sie bis zum Bereich *Anzeigen*.

3. Deaktivieren Sie den Haken *Alle Fenster in der Taskleiste anzeigen*.

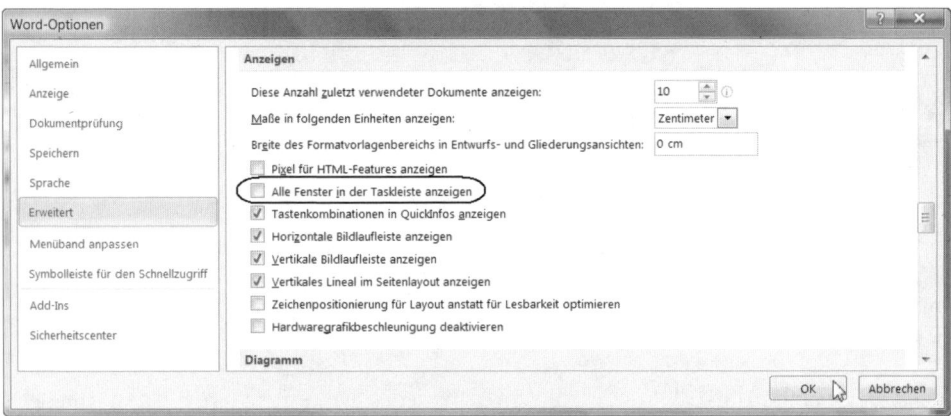

Bild 13.28: Die Optionen zum Anzeigen mehrerer Dokumente

Jetzt sind rechts über dem Menüband drei weitere Schalter hinzugekommen.

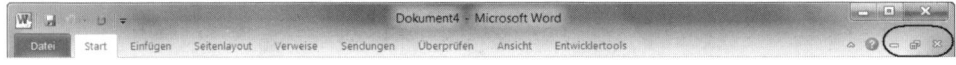

Bild 13.29: Die drei Fensterschalter

Mit dem ersten Schalter *Fenster minimieren* verkleinern Sie das aktuelle Dokument. Es wird innerhalb von Word als Symbol am unteren Rand abgelegt. Mit dem zweiten Schalter *Fenster Wiederherstellen* bringen Sie das Dokument innerhalb von Word in ein Fenster. Der Dateiname und die drei Fensterschalter stehen dann direkt über dem Text. In der Fensterdarstellung haben Sie wiederum den Schalter *Maximieren*, der das Dokument wieder als Vollbild darstellt.

Mit dem letzten Schalter *Fenster schließen* beenden Sie das aktuelle Dokument. Ein Klick auf diesen Schalter ist gleichzusetzen mit der Befehlsfolge *Datei / Schließen*.

Nehmen wir an, Sie haben drei Dokumente gleichzeitig geöffnet und möchten jetzt von einem auf ein anderes wechseln. Dazu aktivieren Sie das Register *Ansicht* und klicken auf die Schaltfläche *Ansicht wechseln*.

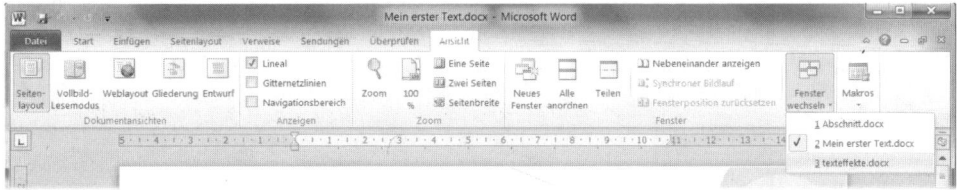

Bild 13.30: Ein anderes Dokument nach vorne holen

Das aktuell aktive Dokument erkennen Sie am Haken.

Ein Klick auf das gewünschte Dokument holt dies nach vorne zur Bearbeitung. Beim Wechsel zwischen den Dokumenten müssen Sie nicht speichern.

Die Warnung

Sollten Sie Ihr Dokument nicht gespeichert, aber den Befehl zum *Schließen* gewählt haben, dann erscheint ein Hinweis mit der Frage, ob Sie nicht doch speichern möchten.

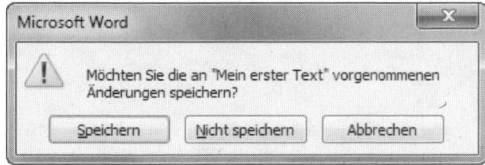

Bild 13.31: Der Hinweis, ob Sie das aktuelle Dokument speichern möchten

Wenn Sie jetzt auf die Schaltfläche *Speichern* klicken, werden die Änderungen am Text gespeichert und das Dokument wird geschlossen. Bei *Nicht speichern* wird das Dokument geschlossen, die letzten Änderungen werden nicht gespeichert. Mit *Abbrechen* verhindern Sie das Schließen des Dokuments.

13.8 Ein Dokument drucken

Nachdem Sie ein Dokument erfasst und gestaltet haben, können Sie es drucken.

1. Wählen Sie die Befehlsfolge *Datei / Drucken*.

2. Über die Felder im aktuellen Fenster können Sie entscheiden, ob alle oder nur bestimmte Seiten gedruckt werden. Im Feld *Exemplare* bestimmen Sie, wie oft Ihr Dokument ausgegeben wird.

3. Mit einem Klick auf die Schaltfläche *Drucken* starten Sie den Ausdruck des aktuellen Dokuments auf dem Standarddrucker.

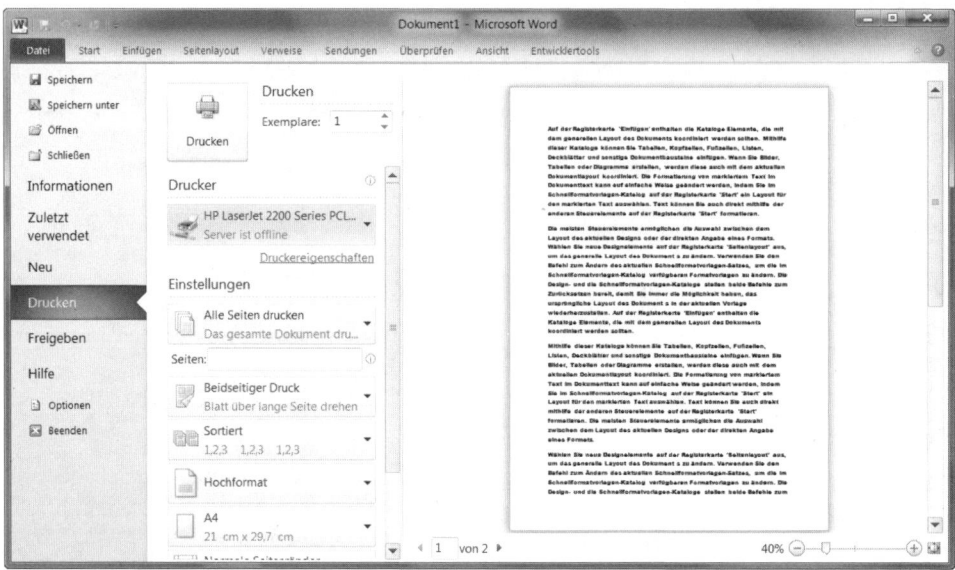

Bild 13.32: Der *Drucken*-Befehl mit automatischer Seitenvorschau

Beidseitiger Druck

Wenn Sie über einen Drucker verfügen, der beide Seiten des Papiers bedrucken kann, wählen Sie im Listenfeld unterhalb des Eingabefeldes *Seiten* die Option *Beidseitiger Druck*. Für A4-Hochformat wählen Sie die Zusatzoption *Blatt über lange Seite drehen*, für A4-Querformat *Blatt über kurze Seite drehen*. Bei anderen Druckern ohne Duplexdruck verwenden Sie die Option *Beidseitiger manueller Druck*.

13.8.1 Der Befehl Schnelldruck

Wenn Ihnen der oben beschriebene Weg zu umständlich ist und Sie einfach nur Ihr Dokument so wie es ist zum Drucker schicken möchten, fügen Sie am besten den Befehl *Schnelldruck* in die *Symbolleiste für den Schnellzugriff* ein.

1. Wählen Sie über den kleinen Listenpfeil an der *Symbolleiste für den Schnellzugriff* den Befehl *Schnelldruck* aus.

2. Jetzt können Sie mit einem Klick auf die neue Schaltfläche *Schnelldruck* Ihr Dokument zum Standarddrucker schicken.

14 Texte gestalten

⊡ Download-Link

www.buch.cd

Hier finden Sie alle Beispieldateien übersichtlich nach Kapiteln sortiert.

Einen wesentlichen Teil der Bearbeitungszeit nimmt das Markieren und Gestalten eines Textes ein, weshalb wir diese Arbeit im vorliegenden Kapitel ausführlich beschreiben. Word 2010 bietet Ihnen »fast« alles zur Textgestaltung an, vom normalen Schreibmaschinentext bis hin zu Symbolen und Text in Regenbogenfarben.

Lesen Sie in diesem Kapitel alles von der Formatierung einzelner Zeichen über Absätze bis hin zur Gestaltung des Papierformats und der Seitenränder.

14.1 Texte gestalten

Nachdem Sie Ihren Text geschrieben haben, können Sie ihn gestalten. Dabei unterscheidet man verschiedene Arten der Gestaltung, die im Folgenden beschrieben werden. Allgemein gilt die Faustregel:

Tipp: Erst markieren, dann gestalten!

Die Zeichengestaltung

Innerhalb der Zeichengestaltung können Sie beispielsweise die Größe und die Farbe der Schrift einstellen. Jedes Zeichen, das Sie gestalten möchten, muss vorher markiert werden.

Die Absatzgestaltung

Ein häufig eingesetztes Absatzformat ist der Abstand zwischen den Zeilen eines Absatzes. Wenn Sie einen Absatz gestalten möchten, muss der Cursor in diesem Absatz stehen. Um mehrere Absätze zu gestalten, müssen Sie sie wie bei der Zeichengestaltung markieren.

Die Seitengestaltung

Sie können hier unter anderem die Randeinstellungen und das Papierformat wählen. Es werden standardmäßig immer alle Seiten eines Dokuments gestaltet, unabhängig davon, ob ein Text markiert ist. Zur Seitengestaltung gehören auch die Kopf- und Fußzeilen sowie eventuell verwendete Wasserzeichen.

14.2 Möglichkeiten der Textmarkierung

Da es viele verschiedene Möglichkeiten zum Markieren des Textes gibt, stellen wir Ihnen jetzt einmal die wichtigsten vor:

Markieren	Aktion
Ein Wort	Doppelklicken auf das Wort
Aufeinander folgende Texte	Mit gedrückter Maustaste über den Text ziehen
Mehrere Texte unabhängig voneinander	Ersten Text markieren, dann mit `Strg` weitere Texte markieren
Ein Satz	`Strg` festhalten und in den Satz klicken
Ein paar Zeichen	Mit gedrückter Maustaste über den Text ziehen
Eine Textzeile	Mauszeiger vor die Zeile bewegen, bis er ein weißer Pfeil wird, dann klicken
Ein Absatz	Dreifachklick im Absatz oder mit der Maus über den Absatz ziehen, oder Doppelklick neben dem Absatz
Mehrere Absätze	Mit der Maus ziehen oder ein Doppelklick neben dem Absatz und direkt mit gedrückter linker Maustaste weiter ziehen
Das ganze Dokument	`Strg`+`A` oder Dreifachklick neben einem Absatz oder `Strg` festhalten und einmal vor einen Absatz klicken

Tabelle 14.1: Texte markieren

Tipp: Wenn Sie bei der Markierung die Maus zu früh losgelassen haben und die Markierung erweitern möchten, halten Sie ⇧ fest und ziehen die Markierung weiter.

Wenn Sie lieber mit den Tasten markieren, halten Sie beim Bewegen mit den Pfeiltasten die ⇧-Taste gedrückt. Damit wird der Text markiert. Wenn Sie lieber Wortweise markieren möchten, probieren Sie doch einmal `Strg`+⇧+→ aus.

14.3 Zeichenformate

Wenn Sie den gewünschten Text markiert haben, können Sie ihn gestalten. Die wichtigsten Befehle zur Zeichengestaltung sind in der Gruppe *Schriftart* auf dem Register *Start* zusammengefasst.

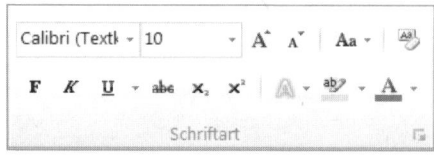

Bild 14.1: Der Bereich *Schriftart* auf dem Register *Start*

Die folgende Tabelle gibt Aufschluss über die angebotenen Möglichkeiten.

Symbol	Beschreibung
Calibri (Text)	*Schriftart* Das Listenfeld zeigt die Liste der installierten Schriftarten an. Sie können bereits in der Vorschau sehen, wie die Schriftart aussieht.
11	*Schriftgröße* In diesem Feld finden Sie die gängigsten Schriftgrößen. Sie können hier auch eigene Werte eintippen.
A	*Schrift vergrößern* Vergrößert die Schrift um einen Punkt.
A	*Schrift verkleinern* Verkleinert die Schrift um einen Punkt.
Aa	*Groß-/Kleinschreibung* Über das Listenfeld können Sie zwischen fünf Befehlen auswählen. So können Sie unter anderem den Text in Groß- oder Kleinbuchstaben darstellen.
Aa	*Formatierung löschen* Entfernt alle Zeichenformate auf dem markierten Text und zeigt wieder das Standardzeichenformat.
F	*Fett* Der markierte Text wird fett dargestellt.
K	*Kursiv* Der markierte Text wird kursiv dargestellt.
U	*Unterstrichen* Der markierte Text wird unterstrichen.
abc	*Durchgestrichen* Der markierte Text wird durchgestrichen.
x_2	*Tiefgestellt* Der markierte Text wird unterhalb der Grundlinie (auf der der normale Text steht) verkleinert angezeigt.
x^2	*Hochgestellt* Der markierte Text wird oberhalb des Textes verkleinert angezeigt.
A	*Texteffekte* Bietet eine große Auswahl an Schatten, Spiegelungen und Konturrahmen an.

Symbol	Beschreibung
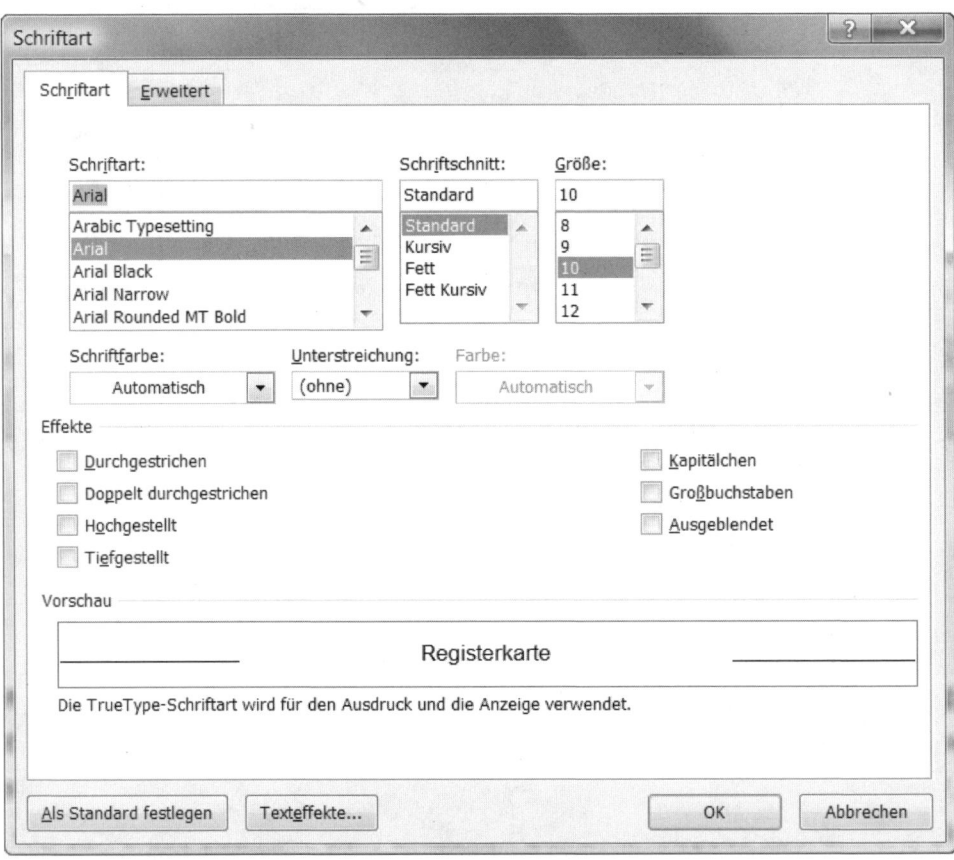	*Hervorheben* Wählen Sie die Farbe Ihres Textmarkers und färben Sie nun Ihren Text ein.
	Schriftfarbe Der markierte Text erhält die ausgewählte Farbe.

Tabelle 14.2: Die Befehle im Bereich *Schriftart* auf dem Register *Start*

Die meisten Befehle finden Sie auch im Dialogfenster *Schriftart*.

Klicken Sie auf die kleine Schaltfläche in der rechten unteren Ecke des Bereichs *Schriftart* oder drücken Sie die Tastenkombination ⌷Strg⌷+⌷D⌷.

Bild 14.2: Das Fenster *Schriftart*

14.3.1 Die Schriftarten

Die Menge der Schriftarten hängt von der bei Ihnen installierten Windows-Version und eventuell noch nachträglich installierten Schriften ab.

In vielen Firmen gibt es Richtlinien, welche Schrift in welchem Dokument verwendet werden soll.

Man unterscheidet ganz grob die folgenden Schriften:

- Schmuckschriften wie z. B. *Comic Sans MS* oder *Bauhaus 93*
- Symbolschriften wie z. B. *Wingdings* oder *Webdings*
- Schriften mit Serifen wie z. B. *Times New Roman*
- Schriften ohne Serifen wie z. B. *Arial*

Serifen sind die kleinen Striche, die die Buchstaben abschließen.

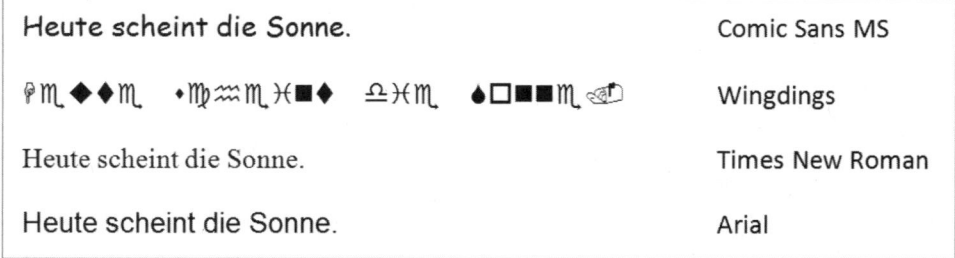

Bild 14.3: Ein Beispiel für verschiedene Schriftarten

14.3.2 Die Schriftgröße

Über das Feld *Schriftgröße* stellen Sie die Größe der Schrift ein. Sie können am Listenfeld eine der vorgegebenen Größen auswählen. Wenn Sie eine eigene Größe benötigen, beispielsweise eine 15-Punkt-Schrift, dann tippen Sie die gewünschte Zahl ein.

Die Größe wird in Punkt gemessen. 72 Punkt entsprechen 1 Zoll.

Sollten Sie eine Größe außerhalb des zulässigen Bereichs eingeben, erscheint der folgende Hinweis:

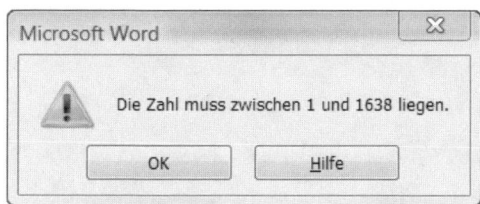

Bild 14.4: Der Hinweis auf eine Eingabe außerhalb der zugelassenen Werte

Die folgende Abbildung zeigt einige Beispiele zur Schriftgröße.

Schriftgrad 6 Punkte

Schriftgrad 14 Punkte

Schriftgrad 43 Punkte

Bild 14.5: Einige Beispiele zur Schriftgröße

14.3.3 Unterstreichung

Über das Listenfeld *Unterstreichung* wählen Sie die Art der Linie, die Ihren Text unterstreicht. Sie können zwischen dicken und dünnen, doppelten und Wellenlinien wählen. Nachdem Sie eine Linienart gewählt haben, können Sie der Linie über das Feld rechts daneben eine Farbe zuweisen.

14.3.4 Effekte im Fenster *Schriftart*

Durchgestrichen / Doppelt durchgestrichen

Mit dem Befehl *Durchgestrichen* wird eine Linie durch den Text gezogen. Mit dem Befehl *Doppelt durchgestrichen* werden zwei Linien durch den Text gezogen. Der Befehl *Doppelt durchgestrichen* wird nicht als Schaltfläche auf dem Register *Start* angeboten.

Hochgestellt

Mit dem Befehl *Hochgestellt* wird der markierte Text verkleinert und höher gesetzt als der restliche Text. Sie benötigen diesen Befehl beispielsweise, wenn Sie mathematische Formeln schreiben.

Tiefgestellt

Mit dem Befehl *Tiefgestellt* wird der markierte Text verkleinert und tiefer gesetzt als der restliche Text. Auch diesen Befehl benötigen Sie beispielsweise für mathematische Formeln.

Beispiele für Hochgestellt:

X^2, m^3, X^Y

Beispiele für Tiefgestellt:

H_2O, O_2, CO_2

Bild 14.6: Einige Beispiele zu hoch- und tiefgestellter Schrift

Kapitälchen und Großbuchstaben

Wenn Sie einem markierten Text den Effekt *Großbuchstaben* zuweisen, dann werden alle Buchstaben in Großschrift geschrieben. Word macht aus dem Buchstaben *ß* automatisch zwei *S*.

Bei den *Kapitälchen* werden auch alle Buchstaben in Großschrift angezeigt. Allerdings bleibt ß erhalten und die Buchstaben, die Sie beim Erfassen als Großbuchstaben geschrieben haben, werden etwas vergrößert dargestellt. Den Unterschied sehen Sie am besten in der folgenden Abbildung.

BEI EINEM TEXT, DER IN KAPITÄLCHEN DARGESTELLT IST, WERDEN ALLE BUCHSTABEN IN GROßBUCHSTABEN GEZEIGT. DIE BUCHSTABEN, DIE VON IHNEN ALS GROßBUCHSTABEN GESCHRIEBEN WURDEN, WERDEN ETWAS GRÖßER DARGESTELLT.

AA, BB, CC, DD....

BEI EINEM TEXT, DER IN GROSSBUCHSTABEN DARGESTELLT IST, WERDEN ALLE BUCHSTABEN GLEICHGROSS IN GROSSBUCHSTABEN GEZEIGT.

AA, BB, CC, DD....

Bild 14.7: Beispiele zu Kapitälchen und Großbuchstaben

Ausgeblendeter Text wird nicht gedruckt

Wenn Sie einem Text den Effekt *Ausgeblendet* zuweisen, wird er nur dann angezeigt, wenn die Formatierungszeichen sichtbar sind. In der folgenden Abbildung wurde zweimal der Text *Der rosa Hase* eingefügt.

Ausgeblendeter·Text·der·rosa·Hase·wird·nicht·gedruckt!·Er·wird·nur·angezeigt,·wenn·die· Formatierungszeichen·sichtbar·sind.·Der·rosa·Hase.·¶

Bild 14.8: Beispiel zum Effekt *Ausgeblendet* mit dem Text

Jetzt wurde der Schalter *Alle Anzeigen* auf dem Register *Start* im Bereich *Absatz* deaktiviert.

Ausgeblendeter Text wird nicht gedruckt! Er wird nur angezeigt, wenn die Formatierungszeichen sichtbar sind.

Bild 14.9: Beispiel zum Effekt *Ausgeblendet* ohne Text

Sie erkennen an der gepunkteten Linie, dass der Text den Effekt *Ausgeblendet* hat.

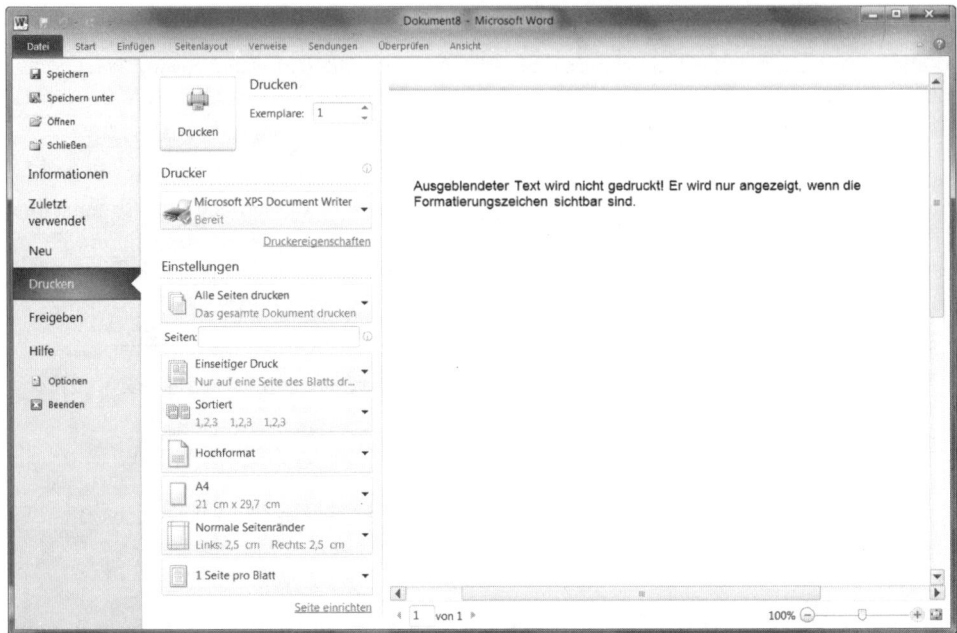

Bild 14.10: Gedruckt wird der ausgeblendete Text nie!

14.3.5 Texteffekte: Vom Schatten bis zu Regenbogenfarben

Mit den Effekten peppen Sie Ihren Text etwas auf. So können Sie ihn beispielsweise in Regenbogenfarben oder mit einem Schatten darstellen lassen. Klicken Sie im Fenster *Schriftart* auf die Schaltfläche *Texteffekte*.

Kategorie *Textfüllung*

Wenn Ihnen die ca. 16 Millionen verschiedenen Farben für Ihren Text nicht reichen, nutzen Sie die Textfüllung.

1. Öffnen Sie das Fenster *Schriftart*, klicken Sie auf die Schaltfläche *Texteffekte* und aktivieren Sie die Kategorie *Textfüllung*.

2. Aktivieren Sie die Option *Graduelle Füllung*.

3. Wählen Sie am Feld *Voreingestellte Farben* einen gewünschten Farbverlauf.

Über weitere Felder können Sie dann den Farbverlauf beeinflussen.

Bild 14.11: Ein Beispiel für Textfüllung

Kategorie *Textkontur*

Mit dem Befehl *Textkontur* weisen Sie der Schrift einen Rahmen zu.

1. Öffnen Sie das Fenster *Schriftart*, klicken Sie auf die Schaltfläche *Texteffekte* und aktivieren Sie die Kategorie *Textkontur*.

2. Aktivieren Sie die Option *Graduelle Füllung*.

3. Wählen Sie am Feld *Voreingestellte Farben* einen gewünschten Farbverlauf.

Wenn Sie es wünschen, können Sie auch hier über die weiteren Felder den Farbverlauf beeinflussen.

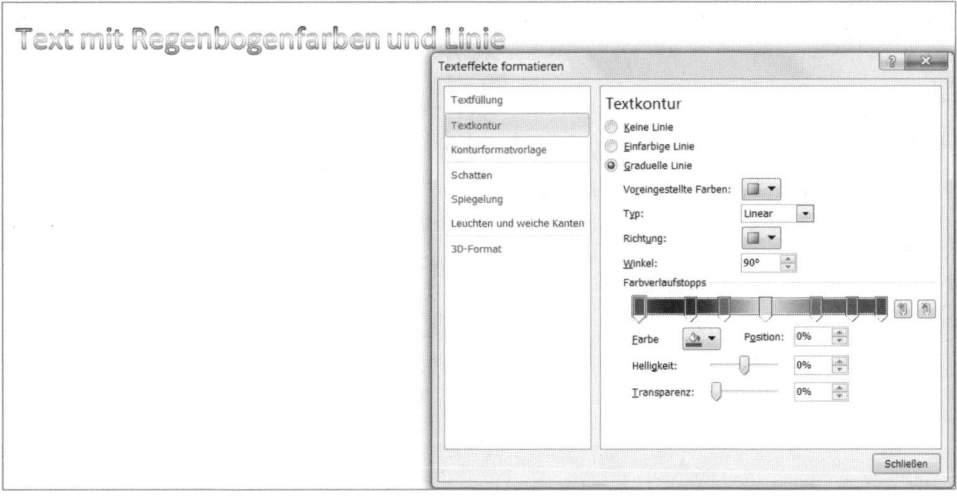

Bild 14.12: Ein Beispiel für Textkontur

Kategorie *Schatten*

Mit der Kategorie *Schatten* entscheiden Sie, ob und was für einen Schatten Ihr Text wirft.

Über das Listenfeld *Voreinstellung* wählen Sie die Art des Schattens. Soll er direkt am Text oder perspektivisch vor, neben oder hinter dem Text erscheinen?

Auch hier können Sie anschließend die Farbe des Schattens einstellen.

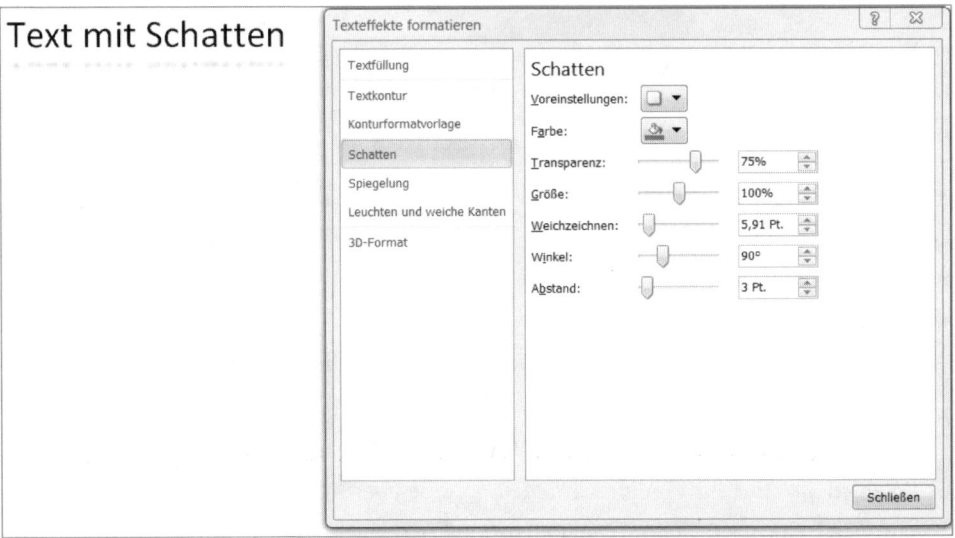

Bild 14.13: Ein Beispiel für einen Schatten

Kategorie *Spiegelung*

Über den Befehl *Spiegelung* spiegeln Sie Ihren Text.

Über das Feld *Voreinstellung* wählen Sie zuerst die Art und Weise, wie der gespiegelte Text angezeigt werden soll, und anschließend die Darstellungsstärke.

In den folgenden Feldern nehmen Sie Einstellungen für den Schatten vor, z. B. wie groß der Abstand zum Originaltext sein soll.

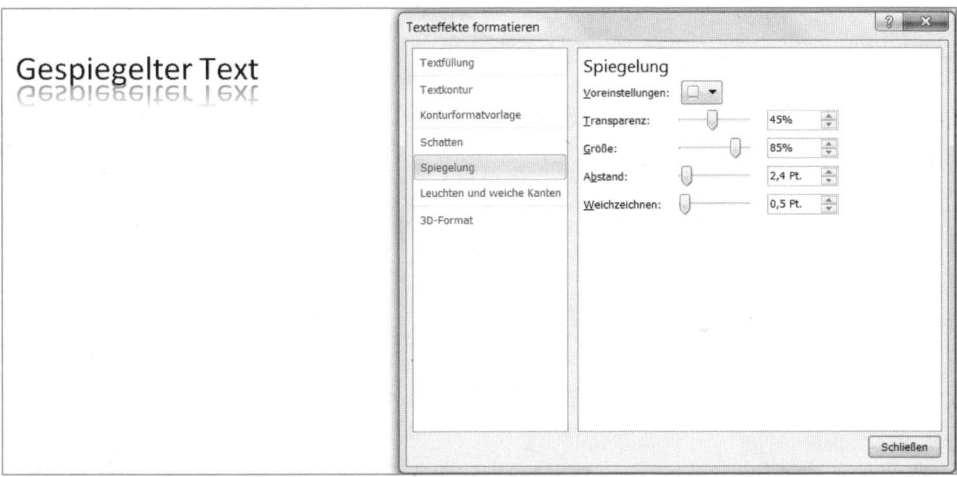

Bild 14.14: Ein Beispiel für gespiegelten Text

Kategorie *Leuchten und weiche Kanten*

Über diese Kategorie lassen Sie Ihren Text »leuchten«. Um die Buchstaben herum erscheint die gewählte Farbe.

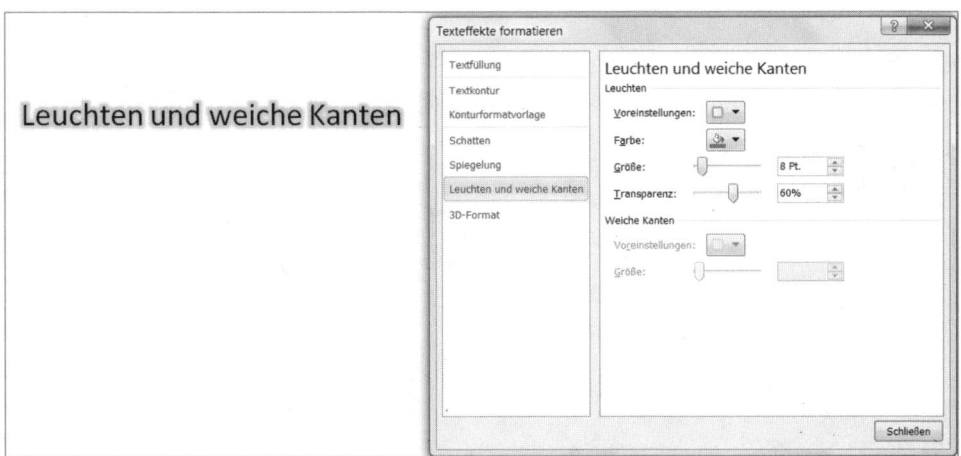

Bild 14.15: Ein Beispiel für Leuchten

Kategorie *3-D-Format*

Mit dieser Kategorie lassen Sie Ihren Text dreidimensional erscheinen.

Wählen Sie zuerst eine Abschrägung. Damit der 3-D-Effekt auch gut rüberkommt, vergrößern Sie dann die Werte in den Feldern *Tiefe* und *Kontur*.

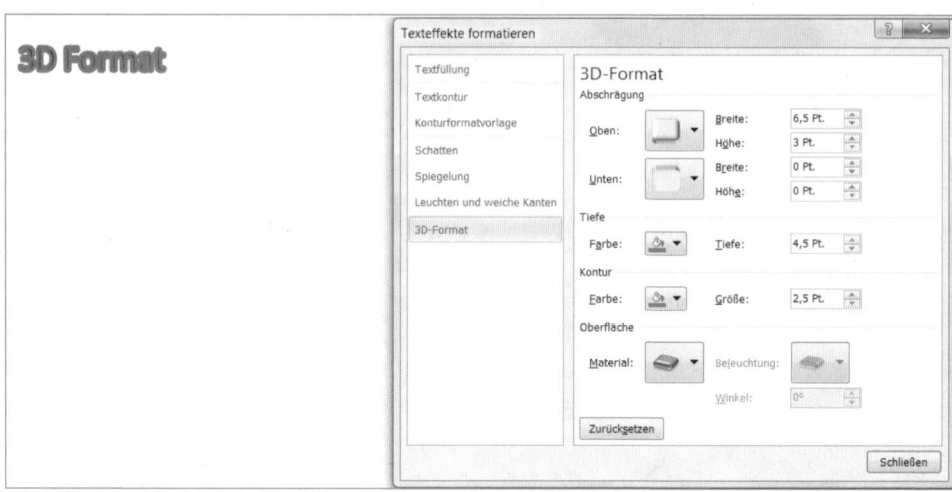

Bild 14.16: Ein Beispiel für 3-D-Effekte

14.3.6 Das Register *Erweitert*

Auf dem Register *Erweitert* können Sie den Abstand und die Position zwischen den Buchstaben einstellen.

Gesperrter Text

Nehmen wir an, Sie brauchen zwischen allen Zeichen einen größeren Abstand.

1. Wählen Sie im Feld *Abstand* den Eintrag *Erweitert*. Geben Sie anschließend im Feld *Von* die gewünschte Anzahl der Punkte ein.

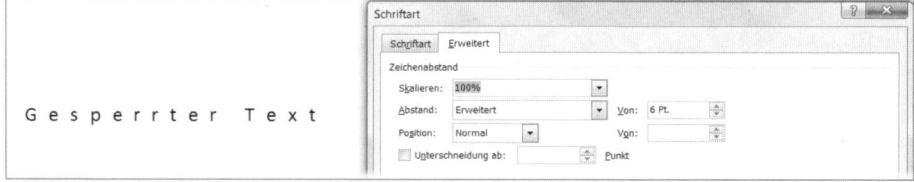

Bild 14.17: Der Zeichenabstand bestimmt den Platz zwischen den Buchstaben.

2. Bestätigen Sie Ihre Angaben mit *OK*.

Die Position eines Textes: Höher- und Tieferstellen

Wenn Sie einen Text schreiben, wird er immer auf der Grundlinie angezeigt. Im Vorschaubereich sehen Sie diese Linie gut. Über das Feld *Position* bestimmen Sie, wie weit der Text über oder unter der Grundlinie stehen soll. Er wird dabei nicht verkleinert. Sie können diese Option z. B. für die Darstellung mathematischer Formeln einsetzen.

Normaler Text, Höherstellen, Tieferstellen

Bild 14.18: Die Position des Textes

Texte mit und ohne Unterschneidung

Normalerweise reserviert Word für jeden Buchstaben ausreichend Platz. Die folgende Abbildung zeigt allerdings das Problem. Der Abstand zwischen den Buchstaben A und V wirkt zu groß. Mit der Unterschneidung rücken die Buchstaben enger zusammen.

VIVA ohne Unterschneidung

VIVA mit Unterschneidung

Bild 14.19: Ein Beispiel für Unterschneidung

14.3.7 Standardschrift

Vielleicht wollen Sie in jedem neuen Dokument eine bestimmte Schriftart und -größe voreinstellen.

1. Öffnen Sie das Fenster *Schriftart*.

2. Stellen Sie die gewünschten Formate ein.

3. Klicken Sie auf die Schaltfläche *Als Standard festlegen*.

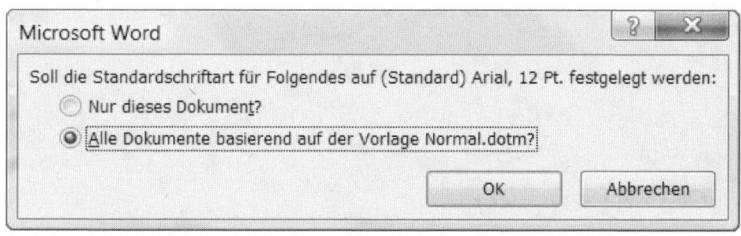

Bild 14.20: Die Standardschrift festlegen

Entscheiden Sie, ob Sie diese Schrift für alle neuen Dokumente oder nur für das aktuelle Dokument festlegen möchten.

4. Bestätigen Sie die Frage mit einem Klick auf die Schaltfläche *OK*.

Jetzt wird jedes neue Dokument mit der von Ihnen eingestellten Schrift angezeigt.

14.3.8 Zeichenformate entfernen

Um alle Zeichenformate auf einem Text wieder zu entfernen, haben Sie in Word 2010 zwei Möglichkeiten:

- Markieren Sie den entsprechenden Text und drücken Sie [Strg]+[Leer].

- ODER: Klicken Sie auf dem Register *Start* in der Gruppe *Schriftart* auf die Schaltfläche *Formatierung löschen* .

14.3.9 Ein Format mit dem Pinsel übertragen

Sie haben einen Text sehr aufwendig formatiert, und jetzt soll ein anderer Text genau dasselbe Format erhalten.

1. Markieren Sie den Text mit dem aufwendigen Format.

2. Klicken Sie auf die Schaltfläche *Format übertragen* .

3. Markieren Sie nun den Zieltext.

> **Tipp:** Wenn Sie das Format mehrfach übertragen wollen, klicken Sie einfach doppelt auf die Schaltfläche *Format übertragen* . Sie bleiben dann so lange in der Funktion *Format übertragen*, bis Sie sie per [Esc]-Taste beenden.

14.4 Absatzformate

Unter einem Absatz versteht man die Wörter und Sätze bis zur Absatzendmarke. Ein Absatzformat wird in der Absatzmarke [¶] gespeichert und beim Drücken von [↵] an den neuen Absatz übergeben. Zu den Absatzformaten gehören:

- Ausrichtung

- Einzüge

- Zeilen- und Absatzabstände

- Nummerierungs- und Aufzählungszeichen

- Tabulatoren

- Absatzrahmen

Wenn Sie den gewünschten Absatz markiert haben, können Sie ihn gestalten. Die wichtigsten Befehle zur Absatzgestaltung sind in der Gruppe *Absatz* auf dem Register *Start* zusammengefasst.

Bild 14.21: Der Bereich *Absatz* auf dem Register *Start*

Die folgende Tabelle gibt Aufschluss über die angebotenen Möglichkeiten.

Symbol	Beschreibung
	Aufzählungszeichen Startet eine Liste, in der jeder Absatz mit einem Symbol beginnt.
	Nummerierung Startet eine Liste, in der alle Absätze nummeriert werden.
	Liste mit mehreren Ebenen Startet eine Liste, in der auf mehreren Stufen aufgezählt oder nummeriert wird.
	Einzug verkleinern Der Einzug vom linken Seitenrand wird verringert.
	Einzug vergrößern Der Einzug vom linken Seitenrand wird vergrößert.
	Sortieren Öffnet den Dialog *Text sortieren*. Der markierte Text kann nach bis zu drei Kriterien alphabetisch auf- oder absteigend sortiert werden.
	Alle anzeigen Absatzmarken und andere nicht druckbare Formatierungszeichen werden auf dem Bildschirm angezeigt oder ausgeblendet.
	Linksbündig Die markierten Absätze beginnen bündig am linken Rand. Das Zeilenende wird im Flattersatz dargestellt.
	Zentriert Die markierten Absätze werden mittig im Schreibbereich angezeigt.
	Rechtsbündig Die markierten Absätze enden bündig am rechten Rand. Das Zeilenende wird im Flattersatz dargestellt.
	Blocksatz Die markierten Absätze beginnen und enden bündig am linken bzw. rechten Rand.
	Zeilen- und Absatzabstand Aus einer Liste können Sie verschiedene Abstände zwischen den Zeilen des markierten Absatzes auswählen. Außerdem können Sie den Abstand zum folgenden Absatz bestimmen.

Symbol	Beschreibung
	*Schattierung* Die markierten Absätze können mit einer Hintergrundfarbe versehen werden.
▦ ▾	*Rahmen* Die markierten Absätzen können ganz oder auch nur an einzelnen Seiten mit verschiedenen Linien eingerahmt werden.

Tabelle 14.3: Die Befehle im Bereich *Absatz* auf dem Register *Start*

Eine weitere Gruppe mit Absatzformaten finden Sie auf dem Register *Seitenlayout* in der Gruppe *Absatz*.

Einzug   Abstand

⊞ 0 cm ⇕   ⊞ 0 Pt. ⇕

⊞ 0 cm ⇕   ⊞ 10 Pt. ⇕

Absatz

Bild 14.22: Der Bereich *Absatz* auf dem Register *Seitenlayout*

⊞ 0,5 cm ⇕	*Einzug links* Die markierten Absätze beginnen mit dem hier eingestellten Abstand vom linken Seitenrand.
⊞ 1 cm ⇕	*Einzug rechts* Die markierten Absätze enden mit dem hier eingestellten Abstand vom rechten Seitenrand.
⊞ 0 Pt. ⇕	*Abstand vorher* Zwischen dem markierten und dem vorherigen Absatz wird der hier eingestellte Abstand gehalten.
⊞ 6 Pt. ⇕	*Abstand nachher* Zwischen dem markierten und dem nachfolgenden Absatz wird der hier eingestellte Abstand gehalten.

Tabelle 14.4: Die Befehle im Bereich *Absatz* auf dem Register *Seitenlayout*

Die meisten Befehle finden Sie auch im Fenster *Absatz*.

Klicken Sie auf die kleine Schaltfläche in der rechten unteren Ecke des Bereichs *Absatz* oder drücken Sie die Tastenkombination [Alt]+[R] und anschließend [P], [B].

Bild 14.23: Das Fenster *Absatz*

14.4.1 Textausrichtung eines Absatzes

Im Bereich *Ausrichtung* wählen Sie die horizontale Textausrichtung der Zeilen. Sie haben die Wahl zwischen *linksbündig, rechtsbündig, zentriert* und *Blocksatz*.

In der folgenden Abbildung erkennen Sie die Ränder im Zeilenlineal.

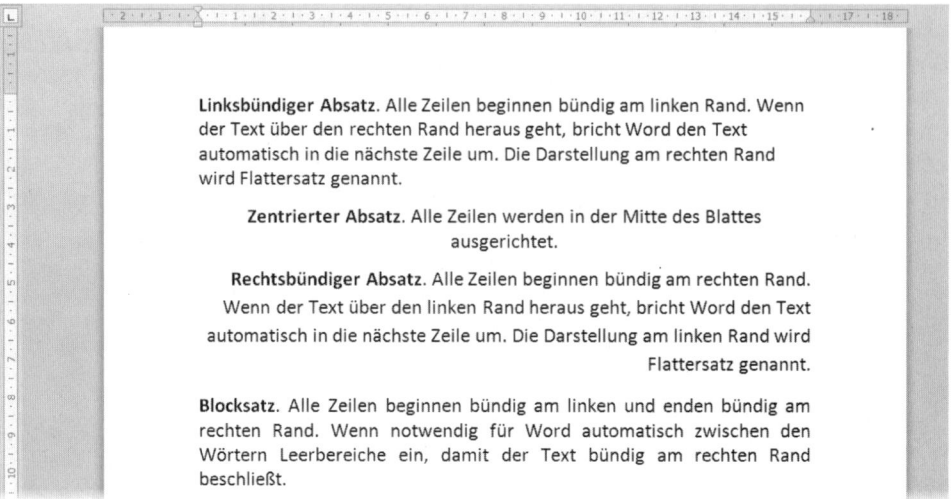

Bild 14.24: Die vier Ausrichtungen

14.4.2 Einzüge vom linken und rechten Rand einstellen

Der Einzug gibt an, mit wie viel Zentimeter Abstand vom linken oder rechten Seitenrand der Absatz beginnen bzw. enden soll.

Sie können beide Einzüge auch gemeinsam einsetzen, wie es das dritte Beispiel in der folgenden Abbildung zeigt. Einzüge und Ausrichtung können Sie auch mischen, wie es das vierte Beispiel in der folgenden Abbildung zeigt.

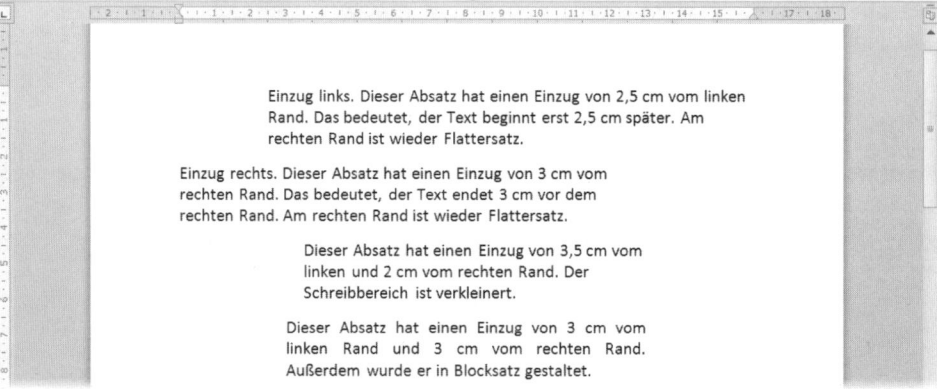

Bild 14.25: Die Einzüge im Einsatz

Die Sondereinzüge bieten eine weitere Variante, den Absatz zu gestalten. Stellen Sie sich vor, Sie möchten, dass wie beim Buchdruck die erste Zeile eines Absatzes mehr eingerückt ist als die restlichen Zeilen. Dann nutzen Sie den Sondereinzug *Erste Zeile*.

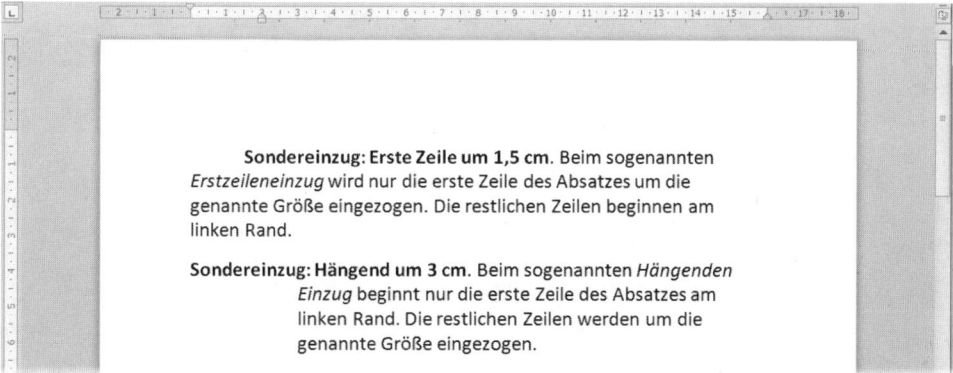

Bild 14.26: Die Sondereinzüge

14.4.3 Der Zeilen- und der Absatzabstand

Der Befehl *Abstand* definiert den Zwischenraum zwischen den Absätzen. Er wird in Punkt gemessen. Je höher der Punkt-Wert, desto weiter ist der folgende Absatz eingerückt.

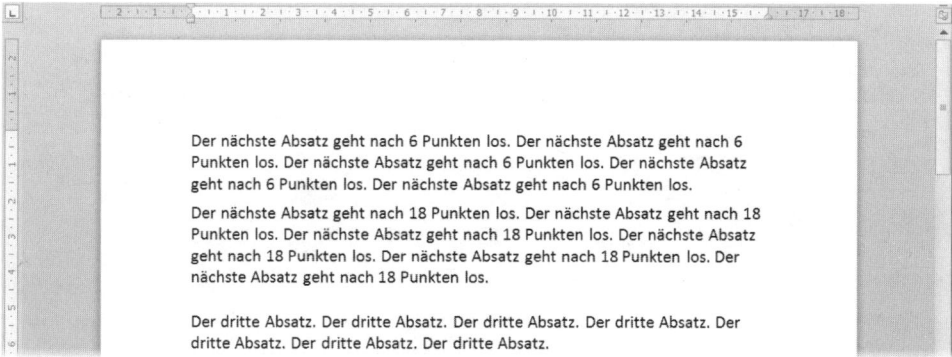

Bild 14.27: Der Abstand zum folgenden Absatz

Der *Zeilenabstand* gibt an, wie weit die Zeilen innerhalb eines Absatzes voneinander entfernt sind.

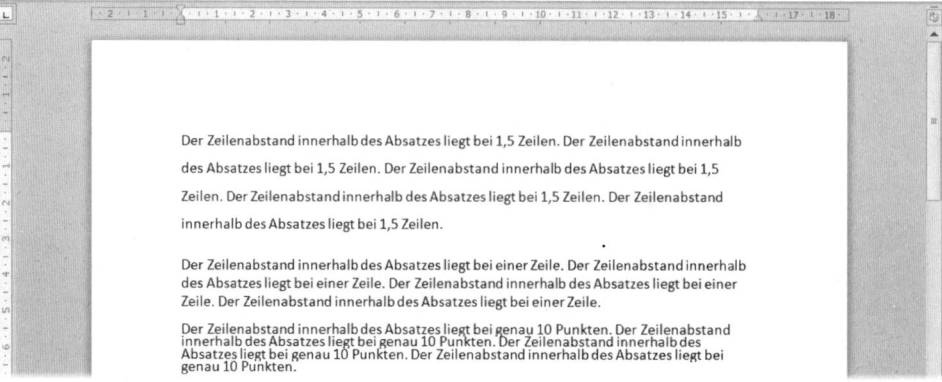

Bild 14.28: Die Zeilenabstände

14.4.4 Zeilen- und Seitenumbruch beeinflussen

Über das Register *Zeilen- und Seitenumbruch* können Sie Einfluss auf den Seitenwechsel zwischen den Absätzen nehmen. Außerdem können Sie Formatierungsausnahmen festlegen.

Bild 14.29:
Das Register *Zeilen- und Seitenumbruch*

Die Optionen zur Paginierung werden in folgender Tabelle erläutert:

Option	Beschreibung
Absatzkontrolle	Diese Option verhindert, dass die erste Zeile eines Absatzes am Ende einer Seite steht und dass die letzte Zeile eines Absatzes auf einer neuen Seite geschrieben wird.
Nicht vom nächsten Absatz trennen	Der markierte Absatz und der nachfolgende Absatz beginnen auf der gleichen Seite. Diese Option sollte bei Überschriften immer aktiviert sein.
Diesen Absatz zusammenhalten	Es wird kein Seitenumbruch innerhalb des Absatzes zugelassen.
Seitenumbruch oberhalb	Absätze mit dieser Option beginnen immer auf einer neuen Seite. Diese Option bietet sich an für Kapitelüberschriften.

Tabelle 14.5: Die Optionen zur Paginierung

14.4.5 Den Absatz über das Zeilenlineal formatieren

Die Formatierungen zu den Einzügen können Sie auch über das Zeilenlineal vornehmen. Sie blenden das Lineal über das Register *Ansicht* mit dem Befehl *Lineal* ein oder aus. Schneller geht es über die Schaltfläche *Lineal*, die sich am oberen Ende der rechten Bildlaufleiste befindet.

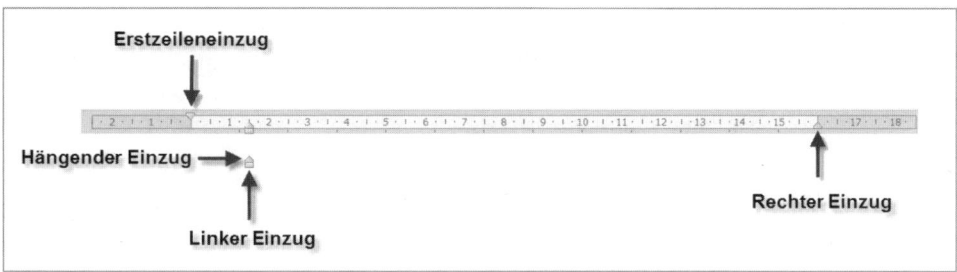

Bild 14.30: Über das Lineal sind Seitenränder und Einzüge einstellbar.

14.4.6 Absatzformate entfernen

Um alle Absatzformate auf einem Absatz wieder zu entfernen, führen Sie die folgenden Schritte durch:

1. Markieren Sie den Absatz.

2. Drücken Sie ⌈Strg⌉+⌈Q⌉.

3. ODER: Klicken Sie auf dem Register *Start* in der Gruppe *Schriftart* auf die Schaltfläche *Formatierung löschen* ✇ .

14.5 Seitenformate

Die Einstellungen zum Seitenlayout gelten in der Regel für alle Seiten des Dokuments. Zum Seitenformat gehören:

- Seitenränder

- Ausrichtung des Dokuments (Hoch- oder Querformat)

- Papierformat (DIN A4, DIN A5 u. v. m.)

- Abschnittseinstellungen

- Position der Kopf- und Fußzeilen

- Seitenrahmen und Seitenzahlen

Wechseln Sie auf das Register *Seitenlayout*. Sie finden dort die Gruppe *Seite einrichten*.

Bild 14.31: Das Register *Seitenlayout* mit der Gruppe *Seite einrichten*

Die nachfolgende Tabelle erläutert die einzelnen Symbole dieser Gruppe:

Symbol	Beschreibung
Seitenränder	*Seitenränder* Öffnet eine Liste mit einer Auswahl vordefinierter Seitenränder. Über den Befehl *Benutzerdefinierte Seitenränder* wird das Fenster *Seite einrichten* geöffnet.
Ausrichtung ▾	*Ausrichtung* Hier wechseln Sie zwischen Hoch- und Querformat Ihrer Seiten.
Größe ▾	*Größe* In der Liste werden die gängigen Papiergrößen A4, A5, Letter etc. zur Auswahl angeboten. Über den Befehl *Weitere Papierformate* am Ende der Auswahlliste geben Sie die Maße für ein eigenes Papierformat ein.
Spalten ▾	*Spalten* Sie können den markierten Text in zwei oder mehr Spalten anzeigen lassen. Die Arbeit mit Spalten wird im nächsten Kapitel beschrieben.
Umbrüche ▾	*Umbrüche* Über diese Schaltfläche fügen Sie Seiten-, Spalten- oder Abschnittswechsel in Ihr Dokument ein.

Symbol	Beschreibung
Zeilennummern ▾	*Zeilennummern* Die Zeilen in Ihrem Dokument erhalten eine fortlaufende Zeilennummer, die am linken Rand vor jeder Zeile angezeigt wird. Über den Listenpfeil entscheiden Sie unter anderem, ob auf jeder Seite wieder neu nummeriert wird, und definieren die Position der Nummern.
Silbentrennung ▾	*Silbentrennung* Stellen Sie hier ein, ob Word die Silbentrennung für Sie automatisch durchführen soll.

Tabelle 14.6: Die Befehle zum Einrichten der Seiten Ihres Dokuments

Alle Befehle finden Sie auch im Fenster *Seite einrichten.*

Klicken Sie auf die kleine Schaltfläche in der rechten unteren Ecke des Bereichs *Seite einrichten* oder drücken Sie die Tastenkombination [Alt]+[S] und anschließend [S], [S].

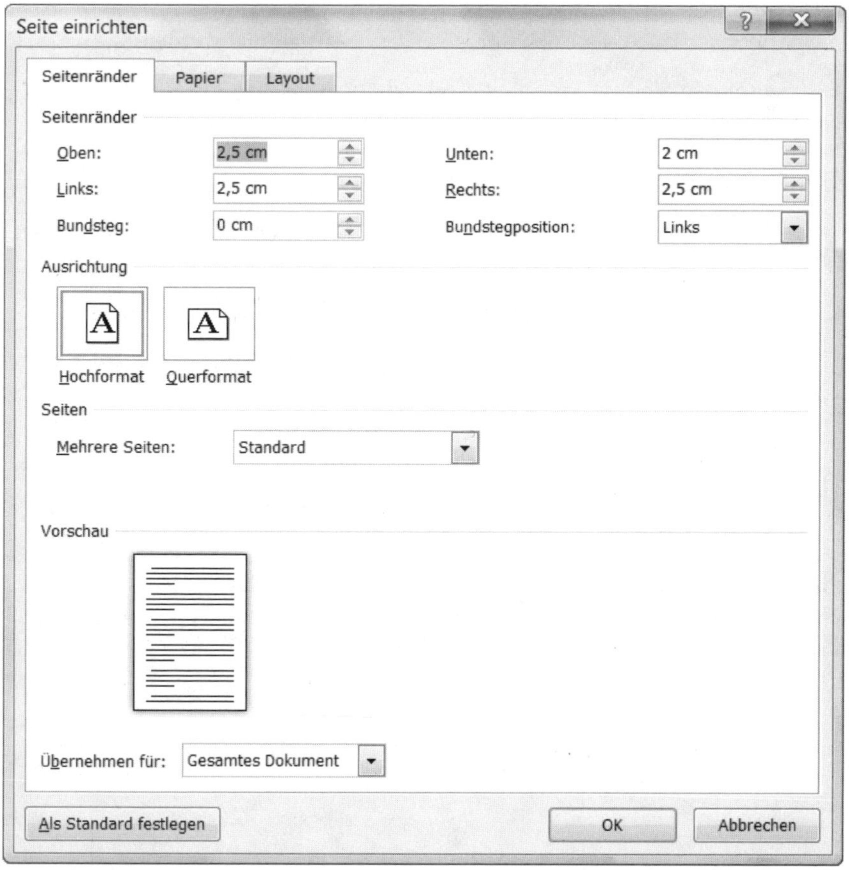

Bild 14.32: Das Fenster *Seite einrichten*

14.5.1 Seitenränder einstellen

Wenn Ihnen die Seitenränder, die Ihnen Word auf dem Register *Seitenlayout* mit der gleichnamigen Schaltfläche anbietet, nicht zusagen, dann können Sie Ihre eigenen Angaben, sogar millimetergenau, eingeben. Die Angaben beziehen sich auf den Abstand zwischen Papierkante und Textbeginn.

Ein *Bundsteg* ist der Platz, den Sie zur Bindung Ihres Dokuments benötigen. Wenn Sie Ihr Dokument mit einer Spiralbindung versehen möchten, dann geben Sie den Platz, den diese Bindung benötigt, in das Feld *Bundsteg* ein. Dieses Maß und der linke Rand werden von Word addiert und der Text beginnt, gesehen von der linken Papierkante, auf dem Papier entsprechend später.

Bei der *Bundstegposition* können Sie entscheiden, ob er am linken oder am oberen Rand erscheinen soll.

Im Bereich *Ausrichtung* entscheiden Sie, ob alle Seiten Ihres Dokuments im Hoch- bzw. im Querformat gezeigt werden. Wie Sie unterschiedliche Ausrichtungen in einem Dokument erzeugen, lesen Sie später.

Wenn Sie mehrere Seiten im Dokument haben, entscheiden Sie im Feld *Mehrere Seiten*, ob sie nebeneinander, als Buch oder ob zwei Seiten pro Blatt gezeigt werden.

Im Feld *Vorschau* können Sie Ihre Eingaben direkt überprüfen.

14.5.2 Die Papiergröße einstellen

Standardmäßig geht Word bei jedem neuen Dokument automatisch von der Papiergröße DIN A4 aus.

Wenn Sie eine andere Größe wünschen, wählen Sie sie aus der Liste im ersten Feld aus.

Sollte Ihre Wunschgröße nicht vorrätig sein, wählen Sie den Eintrag *Benutzerdefiniertes Format* aus und geben die Maße in die beiden Felder darunter ein.

Im Bereich *Papierzufuhr* entscheiden Sie für das aktuelle Dokument, aus welchem Schacht das Papier gezogen wird. Dabei besteht die Möglichkeit, dass die erste Seite eines Dokuments aus einem anderen Schacht gezogen wird als die restlichen Seiten.

Tipp: Sollten Sie ein benutzerdefiniertes Papierformat eingegeben haben, stellen Sie im Bereich *Papierzufuhr* die Option *Manuelle Papierzufuhr* ein. Dann fordert Ihr Drucker Sie auf, das Papier in den manuellen Schacht zu legen.

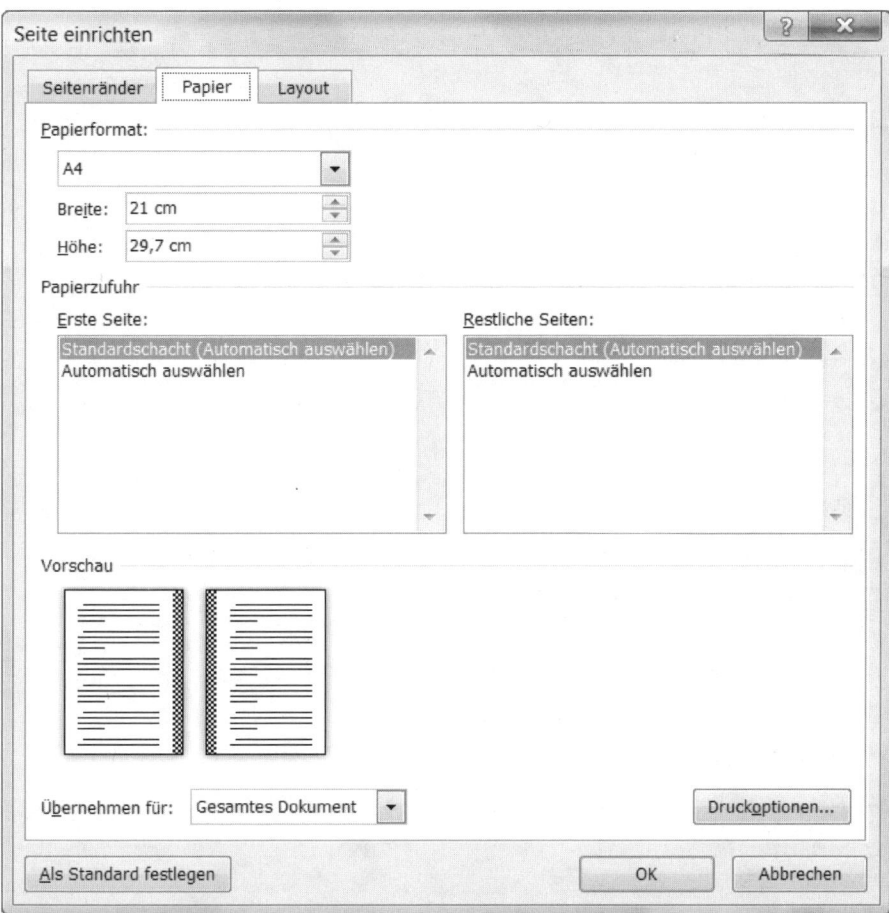

Bild 14.33: Das Fenster *Seite einrichten auf* dem Register *Papier*

14.5.3 Weitere Einstellungen zum Seitenlayout

Im Feld *Abschnittsbeginn* geben Sie an, an welcher Stelle in Ihrem Dokument ein neuer Abschnitt erscheinen soll. Im nächsten Kapitel lesen Sie alles über die Abschnittsformatierung.

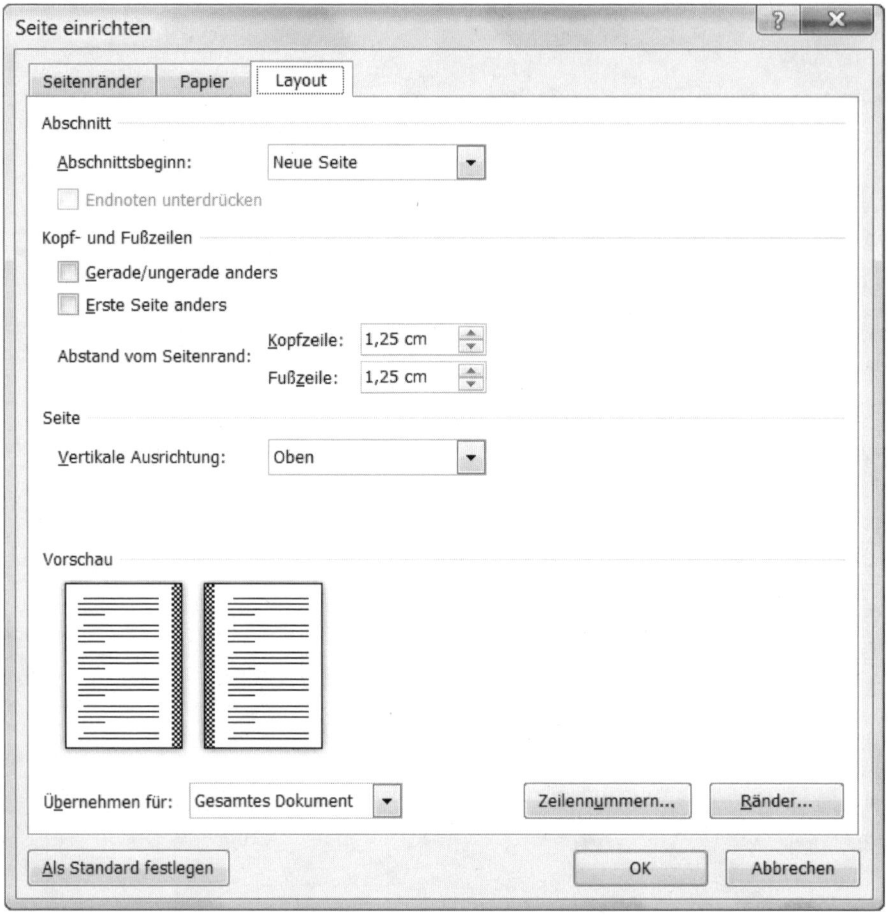

Bild 14.34: Das Fenster *Seite einrichten auf* dem Register *Layout*

Im Bereich *Kopf- und Fußzeilen* können Sie Einstellungen für diese Bereiche vornehmen. Im nächsten Kapitel lesen Sie alles über Kopf- und Fußzeilen.

14.5.4 Einstellungen dauerhaft übernehmen

Wenn Sie die in diesem Fenster vorgenommenen Einstellungen für alle neuen Dokumente übernehmen möchten, dann klicken Sie auf die Schaltfläche *Als Standard festlegen.* Bestätigen Sie die Frage mit *Ja.*

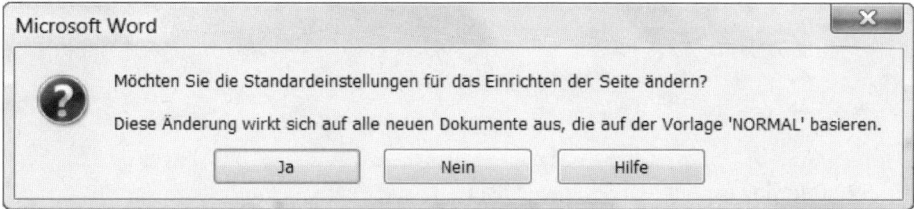

Bild 14.35: Die Standardeinstellung für die Seite einstellen

Ab jetzt gelten diese Einstellungen für jedes neue leere Dokument.

14.5.5 Neue Seite ins Dokument einfügen

Wenn Sie ein mehrseitiges Dokument erfasst und einfach so heruntergeschrieben haben, hat Word für Sie den Seitenwechsel automatisch erzeugt. Das bedeutet, sobald die Seite voll ist, wird auf einer neuen Seite fortgefahren.

Sie können entscheiden, an welcher Stelle im Dokument der Seitenwechsel stattfinden soll.

1. Setzen Sie den Cursor an die Stelle, an der der Seitenwechsel stattfinden soll.

2. Aktivieren Sie das Register *Einfügen* und klicken Sie auf die Schaltfläche *Seitenumbruch*. Alternativ können Sie auch die Tastenkombination $\boxed{\text{Strg}}$+$\boxed{\text{Umschalt}}$+$\boxed{\text{Eingabe}}$ drücken.

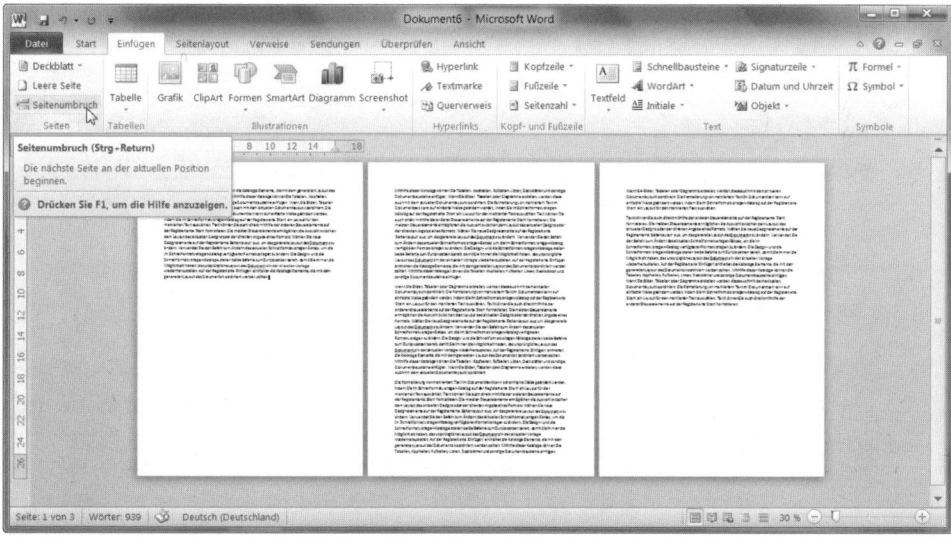

Bild 14.36: Der Befehl zum Seitenumbruch

Der Text, der hinter dem Cursor stand, ist jetzt auf die nächste Seite gerückt.

Wenn Sie die Formatierungszeichen eingeschaltet haben, erscheint an der Stelle, an der der Cursor stand, jetzt der Text *Seitenumbruch*.

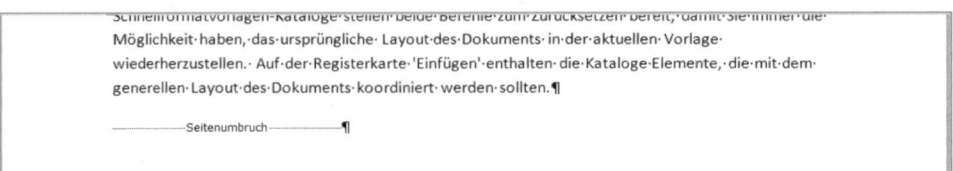

Schnellformatvorlagen-Kataloge stellen beide Befehle zum Zurücksetzen bereit, damit Sie immer die Möglichkeit haben, das ursprüngliche Layout des Dokuments in der aktuellen Vorlage wiederherzustellen. Auf der Registerkarte 'Einfügen' enthalten die Kataloge Elemente, die mit dem generellen Layout des Dokuments koordiniert werden sollten. ¶

--------------Seitenumbruch--------------¶

Bild 14.37: Der Hinweis auf den Seitenwechsel

Um einen manuellen Seitenwechsel wieder zu entfernen, klicken Sie auf den Text *Seitenumbruch* und drücken die Taste ⌈Entf⌋.

14.5.6 Eine leere Seite einfügen

Sie haben einen zweiseitigen Text erfasst und benötigen jetzt, beispielsweise weil Sie ein Bild einfügen möchten, eine weitere Seite.

1. Setzen Sie den Cursor an die Stelle, ab der der Text auf die dritte Seite rutschen soll.

2. Aktivieren Sie das Register *Einfügen* und klicken Sie auf die Schaltfläche *Leere Seite*.

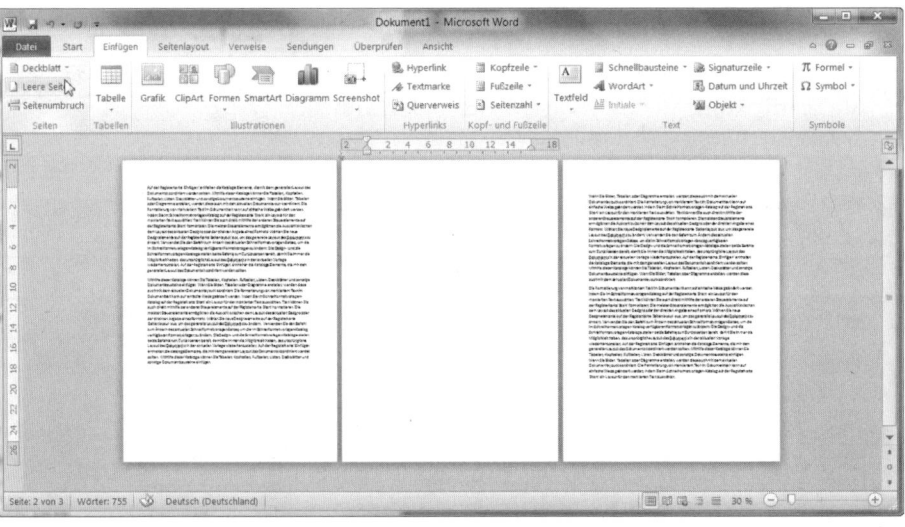

Bild 14.38: Die leere Seite

3. Jetzt können Sie auf die Seite klicken und ein Bild einfügen oder weiteren Text erfassen.

15 Weitere Gestaltungsmöglichkeiten

Die Anforderungen an die Textgestaltung sind vielfältig und hängen stark vom Einsatzgebiet ab. Einige Benutzer benötigen Tabulatoren, Aufzählungen, Nummerierungen oder Text in mehreren Spalten, andere müssen auf verschiedenen Papierformaten drucken. All diesen Anforderungen kann Word gerecht werden.

15.1 Abschnitte einrichten

Vielleicht möchten Sie in einem Dokument die erste Seite hochkant und die zweite im Querformat drucken. Diese Einstellung können Sie über die Abschnittsformatierung vornehmen.

15.1.1 Hoch- und Querformat in einem Dokument

Nehmen Sie sich ein neues Dokument und tippen Sie etwas ein. Es ist wichtig, dass mindestens ein Zeichen auf jeder Seite steht. Setzen Sie den Cursor vor das erste Zeichen auf der zweiten Seite.

1. Wechseln Sie auf das Register *Seitenlayout*.

2. Wählen Sie über den Befehl *Umbrüche* den Eintrag *Nächste Seite*.

3. Aktivieren Sie über den Befehl *Ausrichtung* die Option *Querformat*.

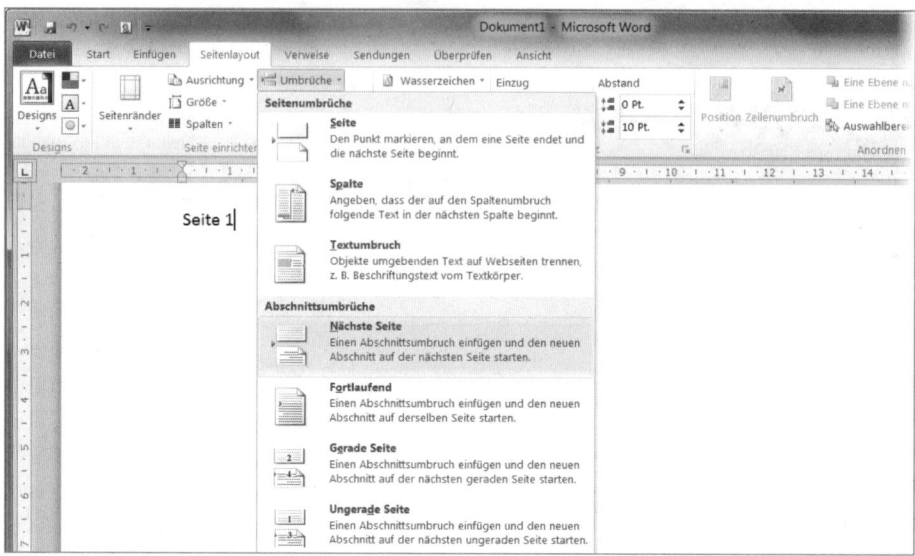

Bild 15.1: Einen Abschnittswechsel einfügen

4. Wechseln Sie auf das Register *Ansicht* und wählen Sie in der Gruppe *Zoom* die Option *Zwei Seiten*.

Die folgende Abbildung zeigt das Ergebnis.

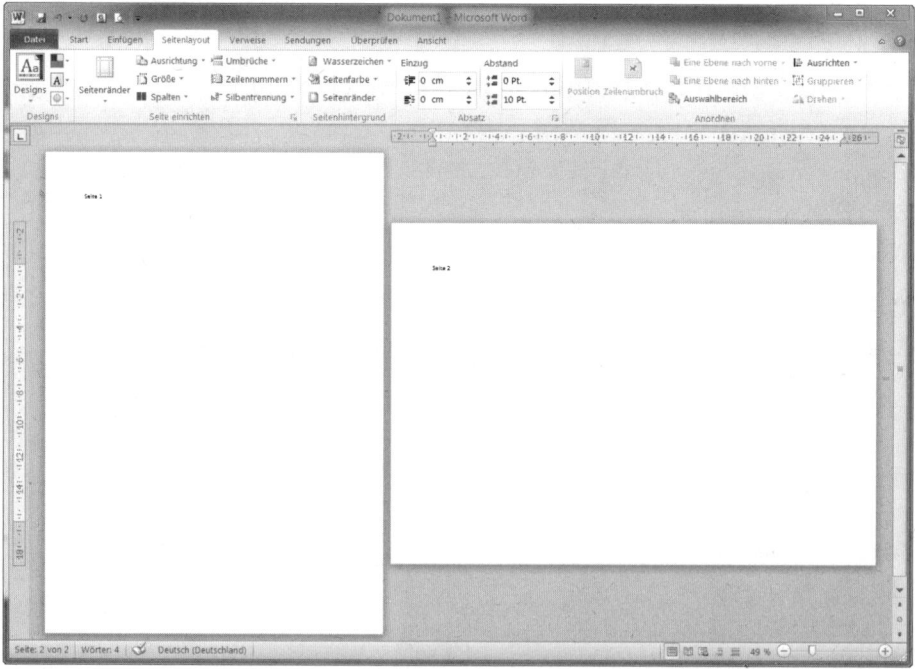

Bild 15.2: Ein Dokument, das aus einer Seite im Hochformat und einer Seite im Querformat besteht

Jetzt können Sie beginnen, die Texte auf den beiden Seiten zu erfassen. Am Ende der zweiten Seite erhalten Sie automatisch eine dritte Seite, auch im Querformat. Wenn Sie jetzt lieber wieder Hochformat hätten, müssen Sie vor dem ersten Zeichen auf der dritten Seite – wie oben beschrieben – einen neuen Abschnittswechsel einfügen und für diesen Abschnitt die Ausrichtung *Hochformat* wählen.

Sie können einen Abschnittswechsel jeweils auf der letzten Seite des vorherigen Abschnitts sehen, wenn Sie auch die Formatierungszeichen über die Schaltfläche ¶ eingeschaltet haben.

Die folgende Abbildung zeigt das Ergebnis in der Seitenansicht.

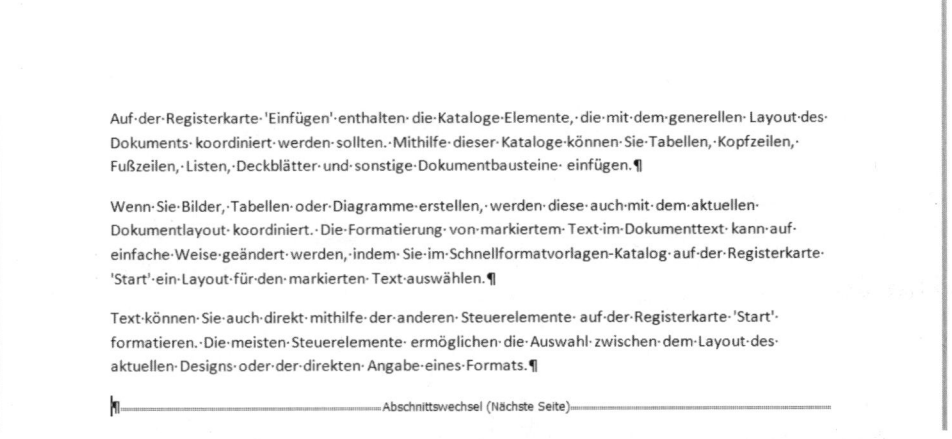

Bild 15.3: Der optische Hinweis auf einen Abschnittswechsel

Wenn Sie einen Abschnittswechsel entfernen möchten, klicken Sie auf den Hinweis im Text und drücken die Taste Entf .

15.2 Spalten

Wenn Sie in Word einen Text erfassen, ist die Standardeinstellung immer einspaltig. Das bedeutet, der ganze Text wird in eine Spalte geschrieben.

1. Um die Anzahl der Spalten zu verändern, aktivieren Sie das Register *Seitenlayout* und klicken auf die Schaltfläche *Spalten*.

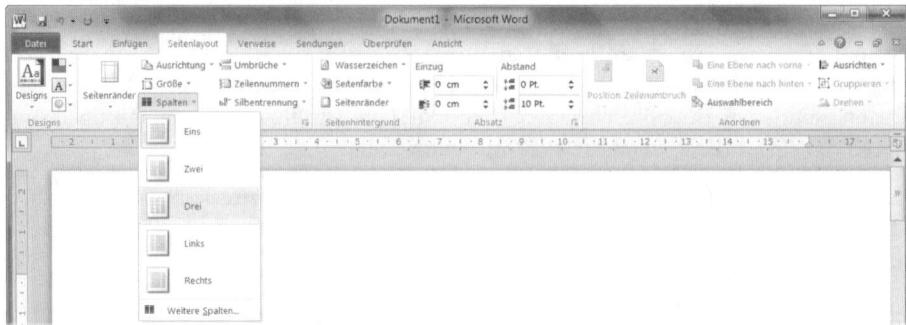

Bild 15.4: Die Auswahl der Spalten

2. Wählen Sie die gewünschte Anzahl der Spalten aus.

> **Tipp:** Sie erkennen die Anzahl und die Breite der Spalten im Zeilenlineal.

Wenn im Dokument noch kein Text steht, können Sie beginnen, ihn einzutippen. Am Ende der Spalte bricht Word automatisch in die nächste Spalte um. Mit der Tastenkombination `Strg`+`Umschalt`+`Eingabe` wechseln Sie in die nächste Spalte, auch wenn der Text noch nicht das Ende der ersten Spalte erreicht hat. Dort können Sie weitertippen.

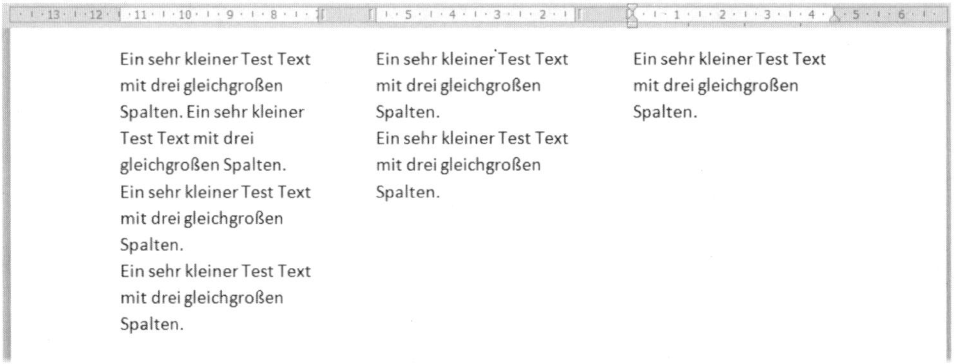

Ein sehr kleiner Test Text mit drei gleichgroßen Spalten. Ein sehr kleiner Test Text mit drei gleichgroßen Spalten. Ein sehr kleiner Test Text mit drei gleichgroßen Spalten. Ein sehr kleiner Test Text mit drei gleichgroßen Spalten.

Ein sehr kleiner Test Text mit drei gleichgroßen Spalten. Ein sehr kleiner Test Text mit drei gleichgroßen Spalten.

Ein sehr kleiner Test Text mit drei gleichgroßen Spalten.

Bild 15.5: Ein dreispaltiger Text

Wenn Sie die Formatierungszeichen eingeschaltet haben, erscheint an der Stelle, an der Sie den manuellen Spaltenwechsel gemacht haben, der Text *Spaltenumbruch*.

Word bietet Ihnen weitere Optionen zu den Spalten an.

- Aktivieren Sie an der Schaltfläche *Spalten* den Eintrag *Weitere Spalten*. Im Fenster *Spalten* können Sie Einstellungen zu den Spalten in Ihrem Dokument vornehmen.

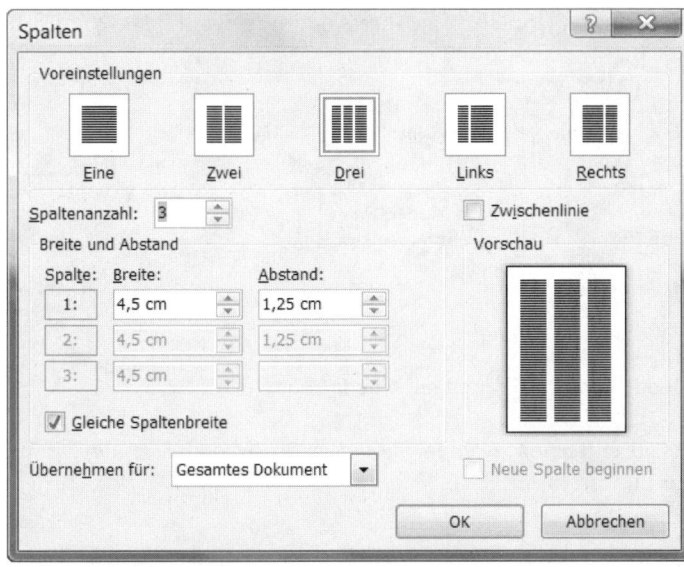

Bild 15.6: Das Dialogfenster *Spalten*

- Wenn Sie einen Trennstrich zwischen den Spalten wünschen, aktivieren Sie den Haken *Zwischenlinie*. In der *Vorschau* können Sie das zu erwartende Ergebnis betrachten.

- Sie können auch die Breite der Spalte verändern. Deaktivieren Sie den Haken *Gleiche Spaltenbreite* und geben Sie die gewünschten Maße in die Felder ein. Das Feld *Breite* steht für die Breite der Spalte und das Feld *Abstand* gibt den Zwischenraum zwischen der aktuellen und der folgenden Spalte ein.

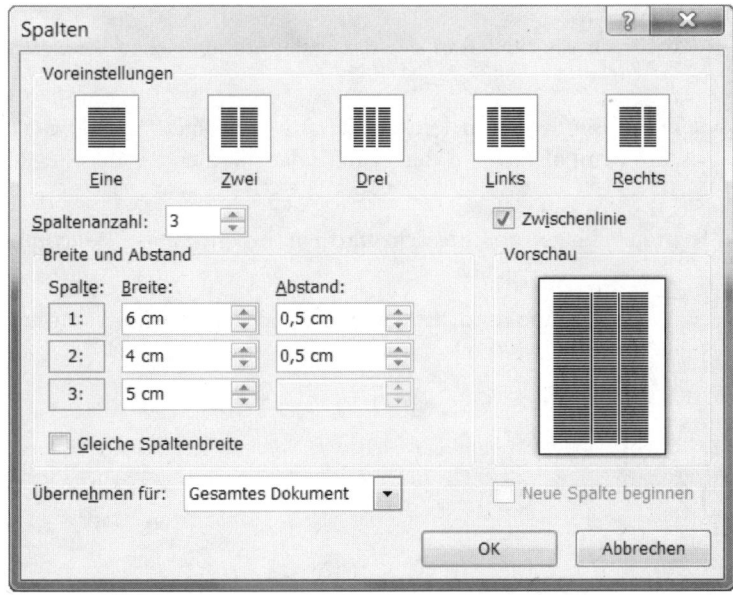

Bild 15.7: Die Einstellungen in Fenster *Spalten*

Nachdem Sie mit *OK* bestätigt haben, sehen Sie Ihre Änderungen auf dem Dokument.

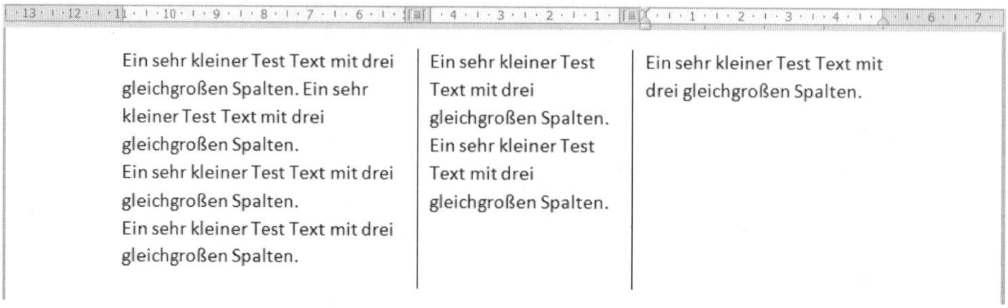

| Ein sehr kleiner Test Text mit drei gleichgroßen Spalten. Ein sehr kleiner Test Text mit drei gleichgroßen Spalten. Ein sehr kleiner Test Text mit drei gleichgroßen Spalten. Ein sehr kleiner Test Text mit drei gleichgroßen Spalten. | Ein sehr kleiner Test Text mit drei gleichgroßen Spalten. Ein sehr kleiner Test Text mit drei gleichgroßen Spalten. | Ein sehr kleiner Test Text mit drei gleichgroßen Spalten. |

Bild 15.8: Die unterschiedlich breiten Spalten mit einem Trennstrich

Um die Spalten wieder zu entfernen, wählen Sie auf dem Register *Seitenlayout* an der Schaltfläche *Spalten* den Eintrag *Eins*.

15.3 Sonderzeichen einfügen

Einen Text können Sie durch Einfügen von Sonderzeichen lesbarer machen. Als Beispiel soll uns die Absenderzeile eines Adressblocks im Brief dienen.

Wir möchten dies erstellen:

```
Aha - Süßwarenhandel ❑ Zucker Weg 5 ❑ 50999 Köln
```

1. Setzen Sie den Cursor in die gewünschte Zeile und tippen Sie zu Beginn den ganzen Text. Tippen Sie an der Stelle, an der gleich ein Sonderzeichen stehen soll, zweimal auf ⌷Leer⌷.

2. Setzen Sie nun den Cursor an die Stelle, an der das erste Sonderzeichen eingefügt werden soll.

3. Aktivieren Sie das Register *Einfügen* und klicken Sie auf die Schaltfläche *Symbol*. Wenn Sie das gewünschte Symbol nicht in der Liste finden, wählen Sie den Befehl *Weitere Symbole*.

4. Stellen Sie im Feld *Schriftart* die gewünschte Schriftart ein, beispielsweise *Wingdings* oder *Webdings*.

5. Markieren Sie das gewünschte Symbol und klicken Sie auf die Schaltfläche *Einfügen*.

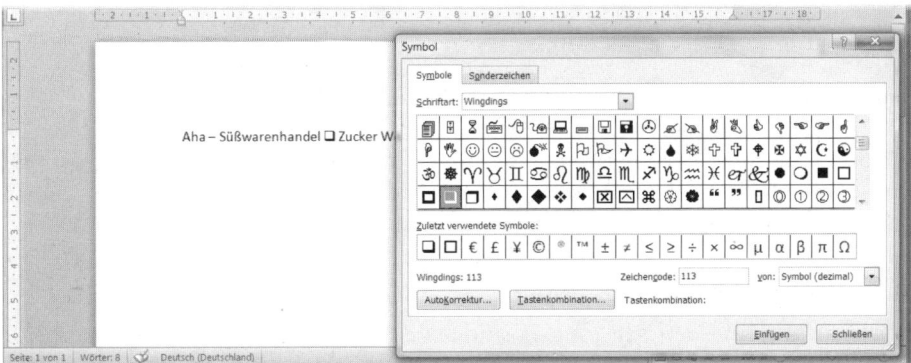

Bild 15.9: Über das Fenster *Symbol* können jetzt verschiedene Zeichen gewählt werden.

6. Klicken Sie nun in den Text, positionieren Sie den Cursor an der nächsten Stelle und klicken Sie wieder auf die Schaltfläche *Einfügen*.

7. Schließen Sie das Fenster *Symbol*, nachdem Sie alle Sonderzeichen eingefügt haben.

Tipp: Das Fenster *Symbol* ist eines der wenigen Fenster in Word, das offen bleiben kann, während Sie den Cursor an eine andere Stelle setzen.

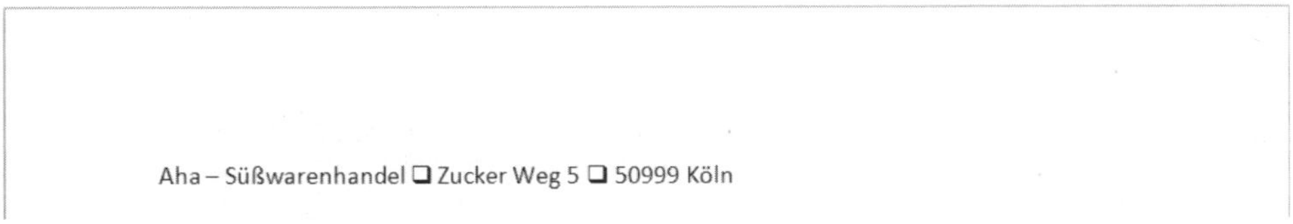

Aha – Süßwarenhandel ❑ Zucker Weg 5 ❑ 50999 Köln

Bild 15.10: Das Ergebnis: Sonderzeichen im Text

Wenn Sie jetzt die Schriftgröße oder -farbe verändern, machen Sie dies für alle Zeichen, auch für die beiden Sonderzeichen.

15.4 Tabulatoren

Mit Tabulatoren ist es einfach, in Word eine Liste zu erstellen. Tabulatoren gehören zu den Absatzformaten, also werden alle Informationen in der Absatzmarke gespeichert.

Zu Beginn müssen Sie die Tabstopp-Positionen bestimmen und im Anschluss die Daten eingeben. Um von den aktuellen Textpositionen zur nächsten Tabstopp-Position zu gelangen, betätigen Sie die ⇥-Taste.

Im Zeilenlineal erkennen Sie, dass Word Ihnen bereits alle 2,25 cm einen Tabulator-stopp anbietet. Sie erkennen diese Positionen an den kleinen Strichen unterhalb des Zeilenlineals. Die folgende Abbildung zeigt diese Positionen.

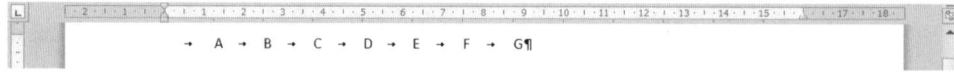

Bild 15.11: Die standardmäßig vorhandenen Tabstopps

Wenn Sie in einem leeren Dokument einmal auf die ⇥-Taste drücken, springt der Cursor innerhalb der Zeile auf die erste Tabulatorposition bei 1,25 cm. Dort können Sie Ihren Text eintippen.

Ändern des Abstands zwischen den Standard-Tabstopps

Wenn Sie keine eigenen Tabstopp-Positionen definiert haben, wird Ihr Cursor bei Betätigen der ⇥-Taste die Standard-Tabstopps »anspringen«. Die Abstände zwischen den Standard-Tabstopps betragen in der Regel 1,25 cm. Sie können diesen Abstand ändern:

1. Öffnen Sie über das Register *Start* in der Gruppe *Absatz* das Fenster *Absatz*.

2. Klicken Sie auf die Schaltfläche *Tabstopps*.

3. Ändern Sie im Feld *Standardtabstopps* die voreingestellte cm-Angabe auf Ihren gewünschten Wert.

4. Klicken Sie anschließend auf die Schaltfläche *OK*.

15.4.1 Eigene Tabstopp-Positionen bestimmen

Über das Fenster Tabulator

Sie haben die Möglichkeit, eigene Tabstopp-Positionen in einem Fenster einzugeben.

1. Setzen Sie den Cursor an die Stelle, an der Sie die Liste eintippen möchten.

2. Klicken Sie auf dem Register *Start* auf das Symbol zum Öffnen des Absatzdialogfensters *Absatz* und klicken Sie auf die Schaltfläche *Tabstopps*.

3. Tippen Sie die Position des ersten Tabstopps in Zentimeter (cm) ein und wählen Sie die Ausrichtung.

4. Entscheiden Sie, ob Sie ein Füllzeichen zwischen dem linken Rand und dem Text wünschen, den Sie gleich eintippen.

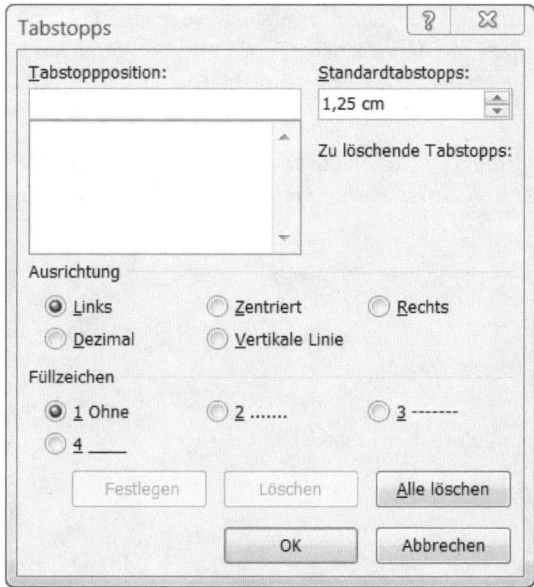

Bild 15.12: Das Fenster zur individuellen Einstellung der Tabstopps

5. Klicken Sie auf die Schaltfläche *Festlegen.*

6. Tippen Sie die nächste Tabstopp-Position ein, suchen Sie sich ein *Füllzeichen* zwischen dem vorherigen Text und dem nächsten Text und bestätigen Sie wieder mit *Festlegen.*

7. Fahren Sie damit so lange fort, bis Sie alle Tabstopp-Positionen angegeben haben.

Bild 15.13: Das ausgefüllte Fenster *Tabstopps*

8. Bestätigen Sie mit einem Klick auf *OK.*

9. Drücken Sie auf die ⇥-Taste und tippen Sie den ersten Wert ein. Drücken Sie wieder auf die ⇥-Taste und tippen Sie den nächsten Wert ein. So verfahren Sie so lange, bis Sie den letzten Wert der ersten Zeile eingetippt haben. Drücken Sie dann die `Eingabe`-Taste.

10. Jetzt werden die Tabulatoreinstellungen in die nächste Zeile kopiert, sodass Sie jetzt die nächsten Werte eingeben können. Im Zeilenlineal erkennen Sie die von Ihnen festgelegten Tabulatorpositionen.

Artikelnummer	Artikelname		Preis¶
ABC1478	Artie		15,00·€¶
CDE4587	Wolle		123,50·€¶
QWE111	Nuschel		1,66·€¶

Bild 15.14: Die Tabulatorliste mit den individuellen Tabstopps

Die verschiedenen Positionen

Im Fenster *Tabstopps* finden Sie im Bereich *Ausrichtung* fünf unterschiedliche Orientierungen für Ihre Tabstopps. Die folgende Abbildung zeigt ihren Einsatz.

Linksbündig	Rechtsbündig	Zentriert	Dezimal
ASC123	Artie	Rot	15,55
QWE789	Wolle	Blau	1,25
YAQ458	Fussel	Schwarz	1000,33

Bild 15.15: Die Tabulatorliste mit allen Tabulatoren

Bei einem linksbündigen Tabulator wird der Text bündig an der angegebenen Position eingegeben. Ein rechtsbündiger Tabulator zeigt den Text bündig an der rechten Tabulatorposition. Bei einem zentrierten Tabulator wird der Text mittig an der eingegebenen Position positioniert. Für Zahlen eignet sich der Tabulator *Dezimal*. Dann werden die Zahlen bündig am Dezimalzeichen, dem Komma, ausgerichtet. Texte ohne Komma werden rechtsbündig ausgerichtet.

Die Vertikale Linie ist keine Tabulatorposition. Sie fügt nur eine senkrechte Linie an der gewählten Stelle ein.

Die Füllzeichen

Das Fenster *Tabulator* bietet noch den Bereich *Füllzeichen*. Sie können den Zwischenraum zwischen zwei Tabulatorpositionen mit einem Zeichen füllen.

Die folgende Abbildung zeigt Beispiele für die Füllzeichen.

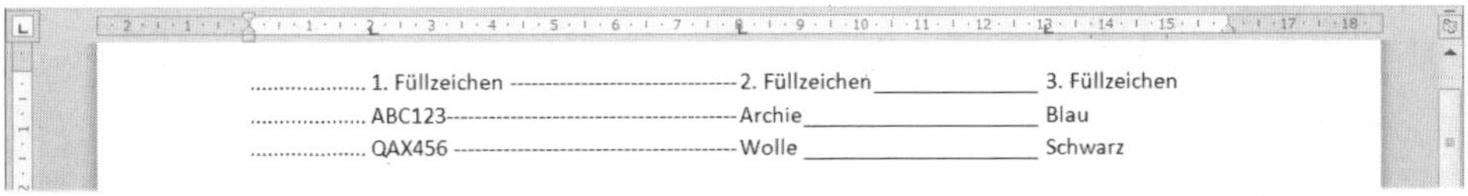

```
.................. 1. Füllzeichen ------------------------------ 2. Füllzeichen_____ 3. Füllzeichen
.................. ABC123------------------------------------------Archie_____ Blau
.................. QAX456 ------------------------------------------Wolle _____ Schwarz
```

Bild 15.16: Die Füllzeichen zwischen den Texten

> **Tipp:** Wenn Sie nach Eingabe von Text Änderungen an den Tabstopp-Positionen vornehmen möchten, markieren Sie immer die ganze Liste.

Über das Zeilenlineal

Sie können die Tabstopp-Positionen ganz einfach über das Lineal definieren. Wählen Sie über das Symbol ⌊L⌋ links neben dem Lineal den Tabulator aus und klicken Sie dann im Lineal an die gewünschte Position.

> **Tipp:** Mit einem Klick auf die Schaltfläche Lineal 🔲 am rechten Rand von Word blenden Sie das Lineal ein bzw. aus. Sollten Sie die Schaltfläche nicht sehen, wählen Sie die Befehlsfolge *Ansicht / Lineal*.

Bild 15.17: Im Lineal lassen sich Tabstopp-Positionen einfach durch Anklicken der gewünschten Position definieren.

> **Tipp:** Manchmal ist es etwas schwierig, genau die richtige Position zu treffen. Mit gedrückter ⌊Alt⌋-Taste heben Sie das Raster auf, bekommen im Lineal die genauen Maße angezeigt und können nun stufenlos die Tabstopp-Position festlegen oder verschieben.

Neben den Tabulatoren können Sie im Lineal auch eine vertikale Linie und Einzüge einstellen. Die folgende Tabelle erläutert die einzelnen Symbole.

Symbol	Beschreibung
L	**Tabstopp links** Die gewählte Position legt den linken Ausgangspunkt für den Text fest. Wenn Sie Text eingeben, wird er rechts von dieser Position angezeigt.
⊥	**Tabstopp zentriert** Die Mitte des eingegebenen Textes befindet sich auf der Tabstopp-Position. Der Text wird zentriert ausgerichtet.
⌐	**Tabstopp rechts** Die eingegebene Position legt den rechten Ausgangspunkt für den Text fest. Wenn Sie Text eingeben, wird er links von dieser Position angezeigt.
⊥	**Tabstopp dezimal** Zahlen werden an der Dezimalstelle ausgerichtet. Die Dezimalstelle wird unabhängig von der verwendeten Anzahl von Ziffern stets an derselben Stelle, der Tabstopp-Position, angezeigt.
I	**Leiste-Tabstopp (vertikale Linie)** Über den Leiste-Tabstopp können Sie eine vertikale Linie in Ihr Dokument einfügen.
▽	**Erstzeileneinzug** Legt fest, wie weit die erste Zeile eines Absatzes eingezogen werden soll. Wählen Sie den Erstzeileneinzug und klicken Sie auf die Stelle im Lineal, an der die erste Zeile eines Absatzes beginnen soll. Alle weiteren Zeilen werden am linken Rand beginnen.
⊔	**Hängender Einzug** Legt fest, wie weit alle Zeilen ab der zweiten Zeile eines Absatzes eingezogen werden sollen. Wählen Sie den hängenden Einzug und klicken Sie auf die Stelle im Lineal, an der alle Zeilen nach der ersten Zeile eines Absatzes beginnen sollen.

Tabelle 15.1: Die Symbole im Tabulatorfeld am Zeilenlineal

Tipp: Sie können die Tabstopp-Positionen verändern, indem Sie den Tabstopp anklicken und mit gedrückter Maus nach links oder rechts ziehen. Beachten Sie, dass alle Zeilen der Liste markiert sind.

15.4.2 Tabulatorstopps entfernen

Sie löschen Tabstopp-Positionen, indem Sie einen Tabstopp nach unten aus dem Lineal hinausziehen. Markieren Sie vorher unbedingt alle Absätze, für die diese Änderung gelten soll!

15.5 Aufzählungszeichen und Nummerierungen

Aufzählungszeichen

Ein Aufzählungszeichen steht immer vor einem Absatz. Es soll eine Auflistung von Werten kennzeichnen.

1. Setzen Sie den Cursor in den gewünschten Absatz.

2. Aktivieren Sie das Register *Start* und klicken Sie auf das Listenfeld der Schaltfläche *Aufzählungszeichen.*

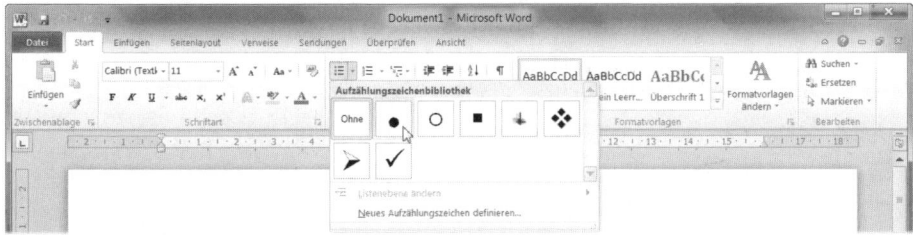

Bild 15.18: Die Schnellauswahl auf dem Register *Start*

3. Wählen Sie das gewünschte Aufzählungszeichen. Tippen Sie dann den Text und drücken Sie ⌨Eingabe.

Vor dem nächsten Absatz steht jetzt wieder das Aufzählungszeichen.

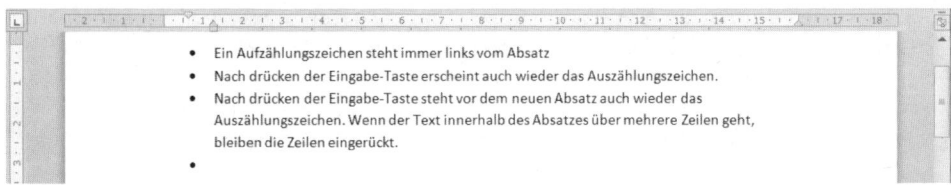

Bild 15.19: Das Aufzählungszeichen

4. Wenn Sie kein Aufzählungszeichen mehr vor dem Absatz wünschen, klicken Sie erneut auf die Schaltfläche *Aufzählungszeichen*.

Weitere Aufzählungszeichen auswählen

Wenn Ihnen die zu Beginn angebotenen Aufzählungszeichen nicht gefallen, wählen Sie einfach ein anderes aus.

1. Aktivieren Sie das Register *Start*, klicken Sie auf den Listenpfeil neben der Schaltfläche *Aufzählungszeichen* und wählen Sie den Eintrag *Neues Aufzählungszeichen definieren*.

2. Klicken Sie im gleichnamigen Fenster auf die Schaltfläche *Symbol*.

3. Wählen Sie im Fenster *Symbol* am Listenfeld *Schriftart* eine der Symbolschriften aus, beispielsweise *Wingdings* oder *Webdings*.

1. Markieren Sie das gewünschte Zeichen und bestätigen Sie mit *OK*.

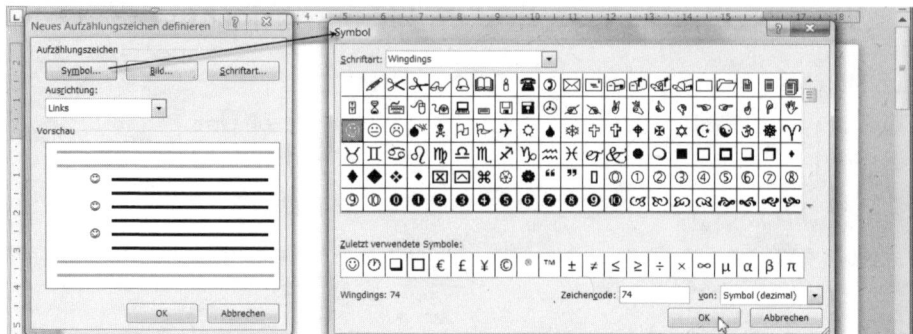

Bild 15.20: Die Auswahl des Aufzählungszeichens

4. Bestätigen Sie das Fenster *Neues Aufzählungszeichen definieren* auch mit *OK*.

Jetzt sehen Sie das neue Aufzählungszeichen vor den markierten Absätzen.

Bild 15.21: Die neuen Aufzählungszeichen

Ab jetzt stehen Ihnen diese Aufzählungszeichen auch für jedes neue Dokument am Listenpfeil im Bereich *Aufzählungszeichenbibliothek* zur Verfügung.

15.5.1 Die Position des Aufzählungszeichens ändern

Die Aufzählungszeichen und der darauffolgende Text fangen immer an bestimmten Positionen an. Wenn Sie diese Positionen ändern möchten, dann führen Sie die folgenden Schritte durch:

1. Markieren Sie die Absätze mit den Aufzählungszeichen.

2. Klicken Sie auf dem Register *Start* auf das Symbol zum Öffnen des Absatzdialogfensters *Absatz*.

3. Geben Sie im Feld *Links* die Position ein, an der das Aufzählungszeichen erscheinen soll.

4. In das Feld *Um* geben Sie das Maß ein, an dem der Text angezeigt werden soll.

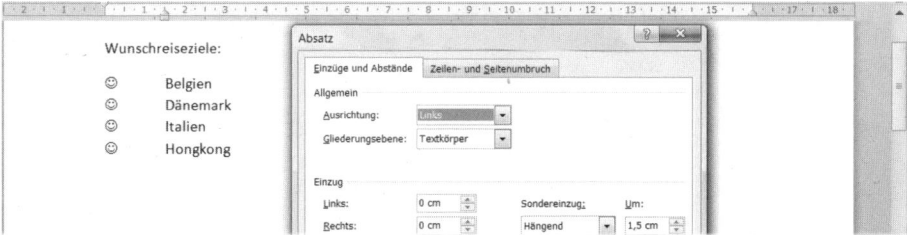

Bild 15.22: Die Position der Aufzählungszeichen

5. Bestätigen Sie das Fenster *Absatz* mit *OK*.

15.5.2 Nummerierungen

Über die Nummerierung weisen Sie den markierten Absätzen eine Aufzählung zu, die bereits eine Reihenfolge enthält. Eine Nummerierung steht auch immer vor den Absätzen.

1. Setzen Sie den Cursor in den gewünschten Absatz.

2. Aktivieren Sie das Register *Start* und klicken Sie am Listenfeld der Schaltfläche *Nummerierung*.

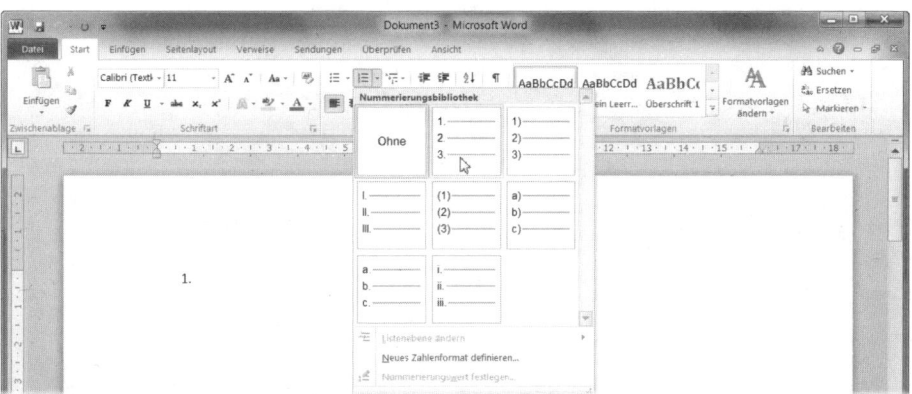

Bild 15.23: Die Schnellauswahl auf dem Register *Start*

3. Wählen Sie die gewünschte Nummerierung. Geben Sie den Text ein und drücken Sie die ⌈Eingabe⌋-Taste.

Vor dem nächsten Absatz steht jetzt die nächste Nummer.

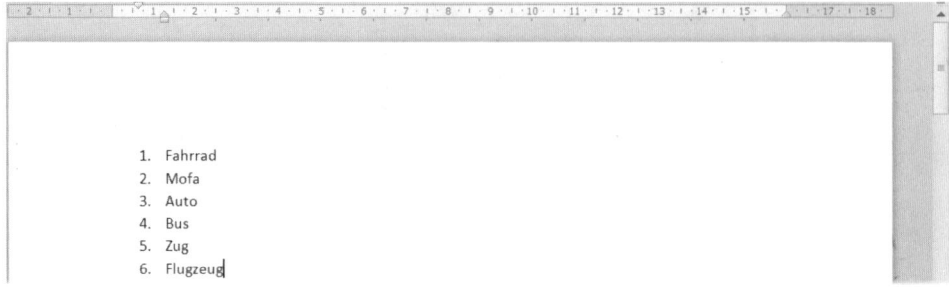

Bild 15.24: Die Nummerierung

Wenn Sie keine Nummerierung mehr vor dem Absatz wünschen, klicken Sie erneut auf die Schaltfläche *Nummerierung*.

Das Nummernformat ändern

Wenn Sie ein anderes Nummernformat wünschen, führen Sie die folgenden Schritte durch:

1. Markieren Sie die ganze Liste.

2. Aktivieren Sie das Register *Start*, klicken Sie am Listenfeld der Schaltfläche *Nummerierung* und ziehen Sie Ihre Maus über die verschiedenen Formate.

Sie erkennen die Veränderungen direkt auf Ihrem Bildschirm.

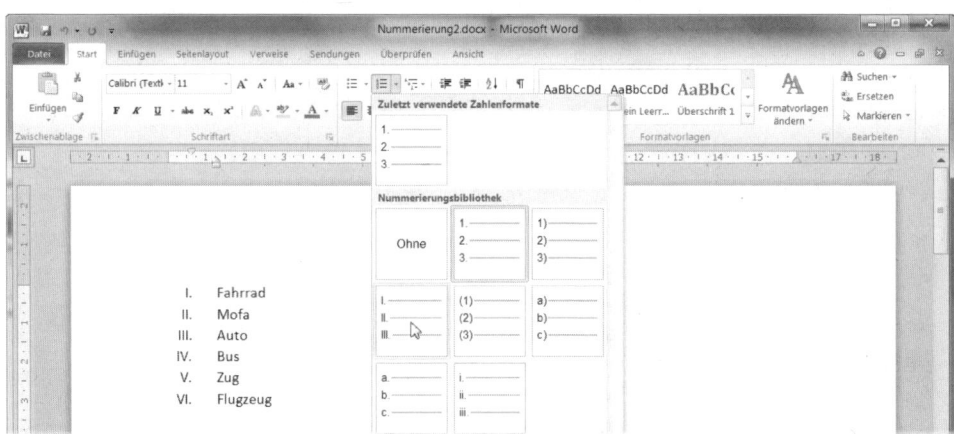

Bild 15.25: Das Nummernformat ändern

Wenn Ihnen auffällt, dass innerhalb der Auflistung ein Wert fehlt, fügen Sie einfach durch Drücken von [Eingabe] einen weiteren Absatz ein. Word nummeriert die Liste automatisch neu.

1. Sie möchten in die Liste jetzt noch einen Roller einfügen. Setzen Sie den Cursor hinter das Wort »Mofa« und drücken Sie [Eingabe]. Sie erhalten einen neuen Absatz mit der richtigen Nummerierung.

I.	Fahrrad
II.	Mofa
III.	
IV.	Auto
V.	Bus
VI.	Zug
VII.	Flugzeug

Bild 15.26: Die nummerierte Liste erweitern

2. Geben Sie jetzt den neuen Wert ein.

Eigenes Nummernformat erstellen

Wenn Ihnen die von Word angebotenen Nummernformate nicht ausreichen, erstellen Sie sich ein eigenes.

1. Markieren Sie die Absätze, die ein eigenes Nummernformat erhalten sollen.

2. Aktivieren Sie das Register *Start*, klicken Sie auf den Listenpfeil neben der Schaltfläche *Nummerierung* und wählen Sie den Eintrag *Neues Zahlenformat definieren*.

3. Wählen Sie als Erstes im Feld *Zahlenformatvorlage* das gewünschte Zählmuster aus.

4. Über die Schaltfläche *Schriftart* können Sie die Darstellung ändern, beispielsweise die Schriftgröße. In diesem Beispiel wurde die Schriftart *Bauhaus 93* gewählt.

5. Im Feld *Zahlenformat* fügen Sie bei Bedarf Zeichen vor und hinter der Nummer ein.

In diesem Beispiel wurde vor und nach der Nummer ein Bindestrich von Hand eingegeben.

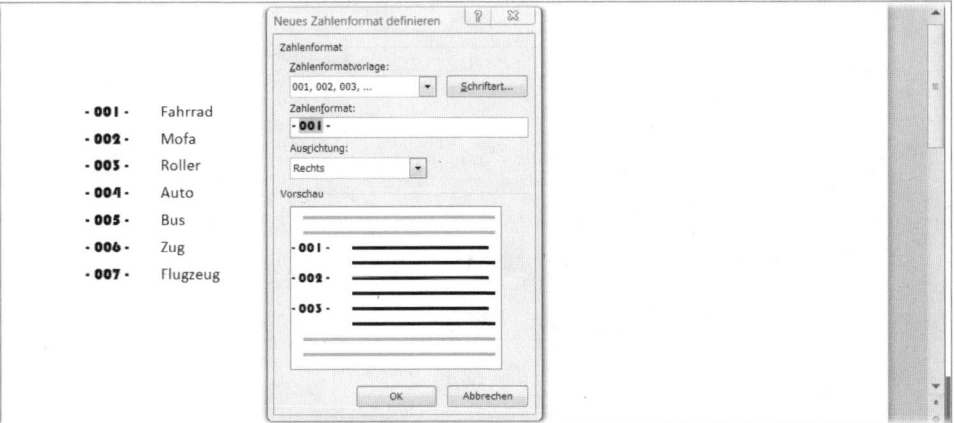

Bild 15.27: Ein eigenes Nummernformat erstellen

6. Bestätigen Sie Ihre Eingabe mit *OK*.

Jetzt wird das neue Nummernformat auf alle markierten Absätze angewandt.

Nummernfolge ändern

Word zählt bei der Nummerierung immer automatisch weiter, beginnend bei 1 bzw. A. Stellen Sie sich vor, Sie haben eine Liste mit Nummern erstellt und wollen mitten in der Liste wieder mit 1 beginnen.

1. Klicken Sie mit der rechten Maustaste auf den Absatz, ab dem wieder mit 1 begonnen werden soll.

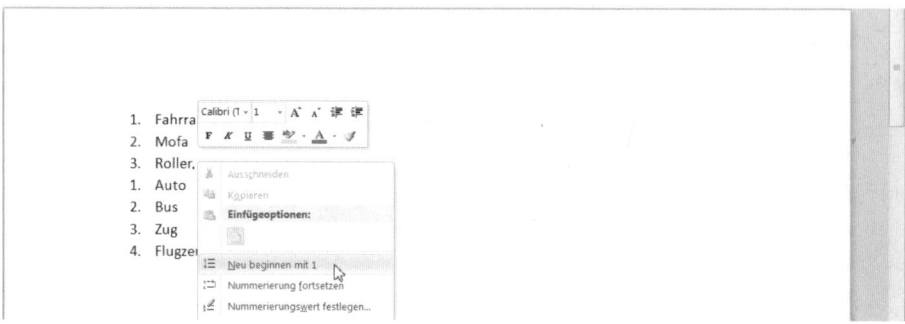

Bild 15.28: Die Nummernfolge ändern

2. Wählen Sie im Kontextmenü den Befehl *Neu beginnen mit 1*.

3. Bestätigen Sie mit *OK*.

Jetzt beginnt Word wieder mit der 1 und zählt die folgenden Absätze automatisch weiter hoch.

Mit einem anderen Wert weiterzählen

1. Wenn Sie mit einer anderen Zahl beginnen möchten, klicken Sie mit der rechten Maustaste auf den gewünschten Absatz und wählen den Befehl *Nummerierungswert festlegen*.

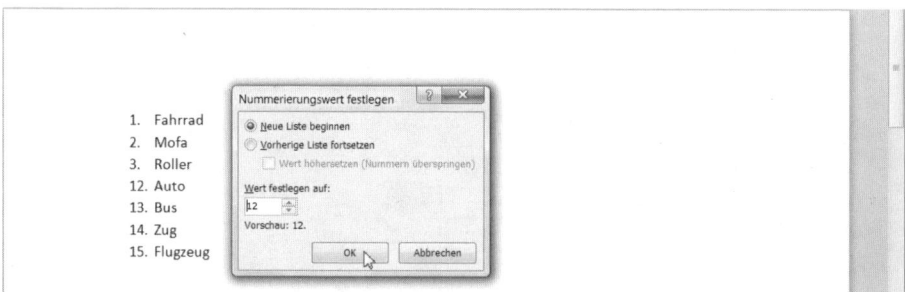

Bild 15.29: Einen eigenen Zählwert eingeben

2. Tragen Sie ins Feld *Wert festlegen auf* die Zahl ein, ab der die Nummerierung starten soll.

3. Bestätigen Sie mit *OK*.

Mitten in der Nummernfolge beginnt Word auf Ihre Anweisung hin mit einer neuen Nummerierung.

15.6 Gliederungen

Beginnen Sie am besten in einem leeren Absatz.

1. Aktivieren Sie das Register *Start* und klicken Sie am Listenfeld der Schaltfläche *Liste mit mehreren Ebenen*.

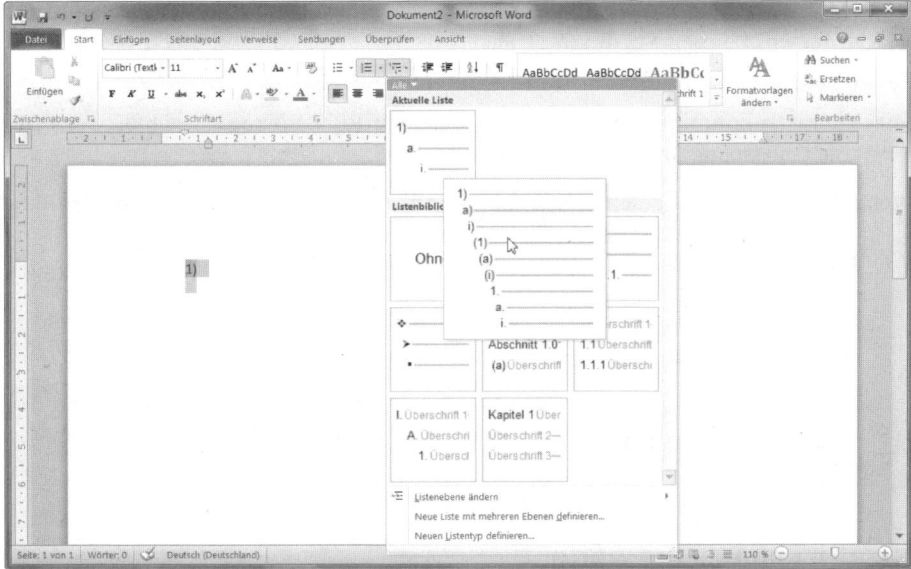

Bild 15.30: Eine gegliederte Liste erstellen

2. Wählen Sie ein Format aus.

3. Geben Sie am obersten Gliederungswert den gewünschten Text ein und drücken Sie ⌑Eingabe⌑.

4. Jetzt zeigt Word Ihnen den nächsten Gliederungspunkt. Wenn Sie eine Ebene weiter einrücken möchten, drücken Sie auf die ⌑Tab⌑-Taste.

5. Geben Sie den Text ein und drücken Sie wieder ⌑Eingabe⌑.

Bild 15.31: Eine gegliederte Liste

Jedes Mal, wenn Sie ⌈Eingabe⌋ gedrückt und somit einen neuen Absatz in der Liste erzeugt haben, können Sie durch Drücken von ⌈Tab⌋ den Einzug nach rechts versetzen und somit die Gliederungsebene um 1 vergrößern.

Mit der Tastenkombination ⌈Umschalt⌋+⌈Tab⌋ wird der Einzug nach links versetzt und somit die Gliederungsebene um 1 verkleinert.

Wenn Sie bereits Text geschrieben haben und möchten eine Ebene verändern, klicken Sie mit der rechten Maustaste in den Absatz und wählen den Befehl *Einzug vergrößern* bzw. *Einzug verkleinern.*

15.7 Rahmen

Word bietet Ihnen die Möglichkeit, mit Rahmenlinien einzelne Wörter oder auch ganze Absätze hervorzuheben.

15.7.1 Rahmen um Wörter

Sie möchten in einem Text bestimmte Wörter hervorheben.

Markieren Sie das gewünschte Wort mit einem Doppelklick. Wenn Sie mehrere Wörter gleichzeitig gestalten möchten, wie es die folgende Abbildung zeigt, halten Sie beim Doppelklick die ⌈Strg⌋-Taste gedrückt.

1. Aktivieren Sie das Register *Start* und klicken Sie am Listenfeld der Schaltfläche *Rahmen.*

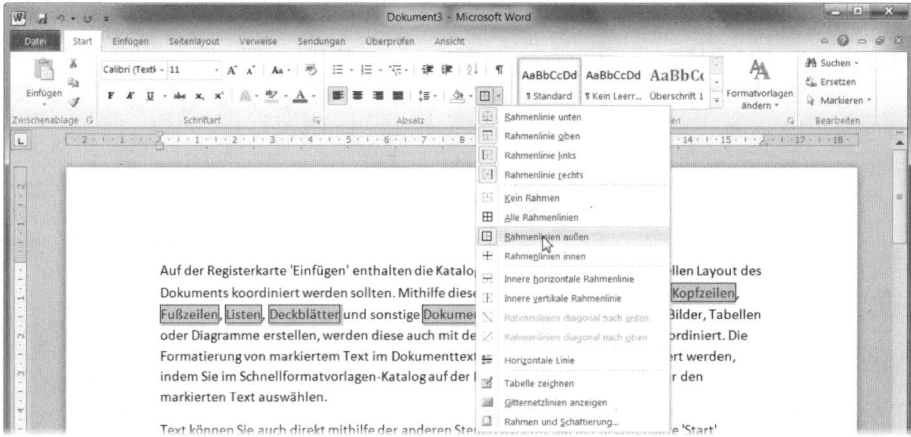

Bild 15.32: Rahmen um Wörter

2. Wählen Sie den Eintrag *Rahmenlinie außen.*

Jetzt wird um alle markierten Texte ein einfacher schwarzer Rahmen gezogen.

15.7.2 Rahmen um Absätze

Wenn der Rahmen um einen Absatz gezogen werden soll, setzen Sie den Cursor in den gewünschten Absatz.

1. Aktivieren Sie das Register *Start* und klicken Sie am Listenfeld der Schaltfläche *Rahmen.*

2. Wählen Sie den Eintrag *Rahmenlinie außen.*

> Auf der Registerkarte 'Einfügen' enthalten die Kataloge Elemente, die mit dem generellen Layout des Dokuments koordiniert werden sollten. Mithilfe dieser Kataloge können Sie Tabellen, Kopfzeilen, Fußzeilen, Listen, Deckblätter und sonstige Dokumentbausteine einfügen.
>
> Wenn Sie Bilder, Tabellen oder Diagramme erstellen, werden diese auch mit dem aktuellen Dokumentlayout koordiniert. Die Formatierung von markiertem Text im Dokumenttext kann auf einfache Weise geändert werden, indem Sie im Schnellformatvorlagen-Katalog auf der Registerkarte 'Start' ein Layout für den markierten Text auswählen.
>
> Text können Sie auch direkt mithilfe der anderen Steuerelemente auf der Registerkarte 'Start' formatieren. Die meisten Steuerelemente ermöglichen die Auswahl zwischen dem Layout des

Bild 15.33: Rahmen um Absätze

Rahmenlinien gestalten

Wenn Ihnen die dünne schwarze Rahmenlinie nicht gefällt, lassen Sie die Markierung stehen und wählen an der Schaltfläche *Rahmen* den Eintrag *Rahmen und Schattierung.*

1. Wählen Sie als Erstes im Bereich *Einstellung* die Art des Rahmens. Wählen Sie im vorliegenden Beispiel die Einstellung *Kontur*.

Dabei haben Sie die Wahl zwischen einem einfachen Rahmen (*Kontur*) oder einem Rahmen, der einen kleinen *Schatten* wirft. Mit der Option *3-D* stellen Sie ein, dass der Rahmen einen dreidimensionalen Eindruck vermittelt.

Bei der Option *Anpassen* kann die Linie aus verschiedenen Arten bestehen. So kann oben und unten eine doppelte und links und rechts eine gestrichelte Linie dargestellt werden.

2. Wählen Sie danach die Liniendarstellung, z. B. ob es eine doppelte, gestrichelte oder eine dreifache Linie sein soll.

3. Ändern Sie, wenn gewünscht, die Farbe der Linie.

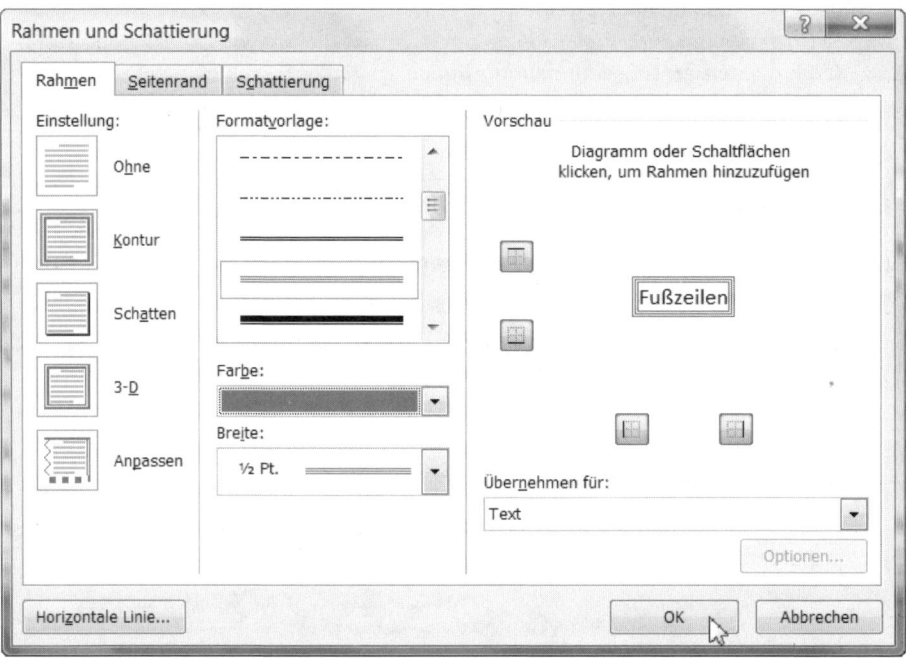

Bild 15.34: Die Rahmenlinien gestalten

4. Bestätigen Sie mit einem Klick auf *OK*.

Jetzt wird um den Text eine dreifache Linie gezogen.

Tipp: Im nächsten Kapitel lesen Sie, wie Sie einen Rahmen auch um eine Seite ziehen.

16 Seitengestaltung

⊡ Download-Link

www.buch.cd

Hier finden Sie alle Beispieldateien übersichtlich nach Kapiteln sortiert.

In den vorangegangenen Kapiteln haben Sie die vielen Möglichkeiten zur Gestaltung von einzelnen Zeichen über Absätze bis hin zum Papierformat und Randeinstellungen kennengelernt.

Für die Formatierung eines Dokuments über mehrere Seiten stehen noch die Kopf- und Fußzeilen sowie weitere Gestaltungsmerkmale wie Wasserzeichen oder ein Muster am äußeren Papierrand aus.

16.1 Kopf- und Fußzeilen

Kopf- und Fußzeilen werden, wenn sie aktiviert sind, automatisch auf jeder Seite des Dokuments angezeigt. Sie müssen sie je Dokument nur einmal einrichten.

In einer Kopf- bzw. Fußzeile können Seitenzahlen, der Dateiname, das Datum und vieles mehr stehen.

16.1.1 Fertige Kopf- und Fußzeilen auswählen

1. Auf dem Register *Einfügen* finden Sie die Gruppe *Kopf- und Fußzeile*. Sie erhalten eine Auswahl von vordefinierten Kopf- und Fußzeilen, wenn Sie die Listenfelder aufklappen.

2. Wählen Sie ein vorgefertigtes Format aus.

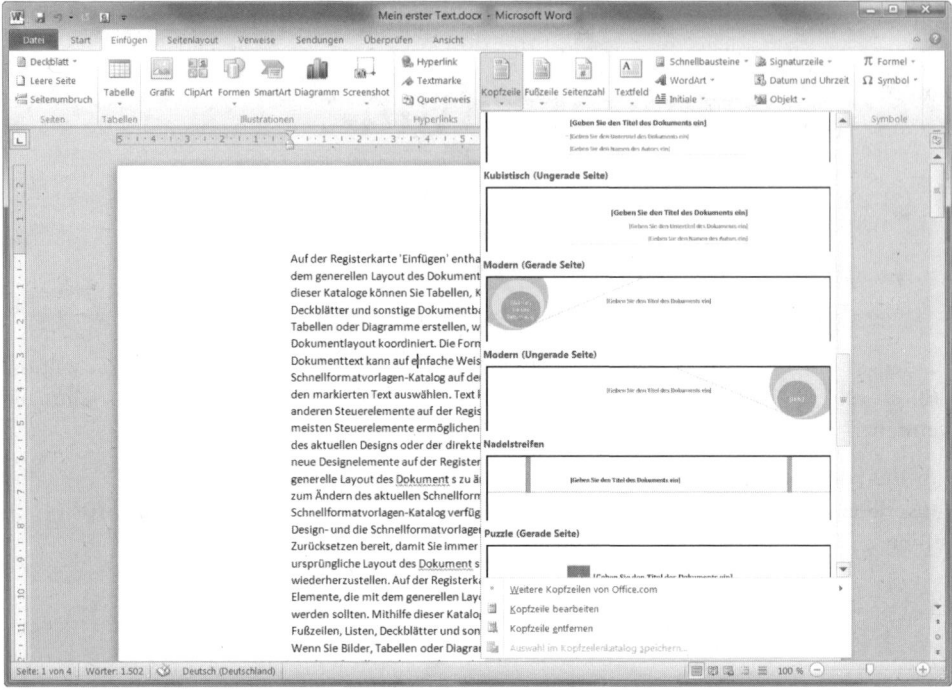

Bild 16.1: Eine Kopfzeile einfügen

Sie sehen nun den Bereich für die Kopfzeile in Ihrem Dokument sowie das Register *Entwurf* im Bereich *Kopf- und Fußzeilentools*. Jede Eingabe, die Sie hier vornehmen, wird automatisch auf jeder Seite des Dokuments angezeigt.

3. Erfassen Sie einen kleinen Text.

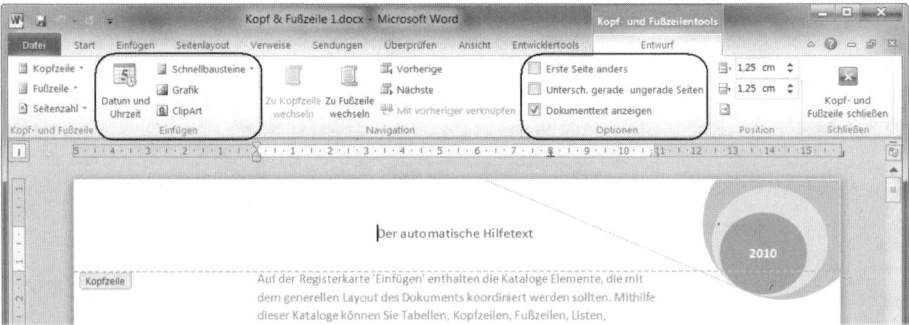

Bild 16.2: Die Kopf- und Fußzeilenansicht und das Register *Entwurf*

4. Über die Befehle in der Gruppe *Einfügen* können Sie nun Bilder, Schnellbausteine sowie Datum und Uhrzeit einfügen.

5. In der Gruppe *Optionen* legen Sie fest, ob alle Kopf- und Fußzeilen Ihres Dokuments gleich sein sollen. Wenn Sie die erste Seite anders gestalten wollen, aktivieren Sie die

gleichlautende Option, möchten Sie unterschiedliche Kopf- und Fußzeilen auf geraden und ungeraden Seiten haben, aktivieren Sie auch die mittlere Option.

6. Die Befehle in der Gruppe *Navigation* erleichtern Ihnen den Wechsel zwischen Kopf- und Fußzeilen.

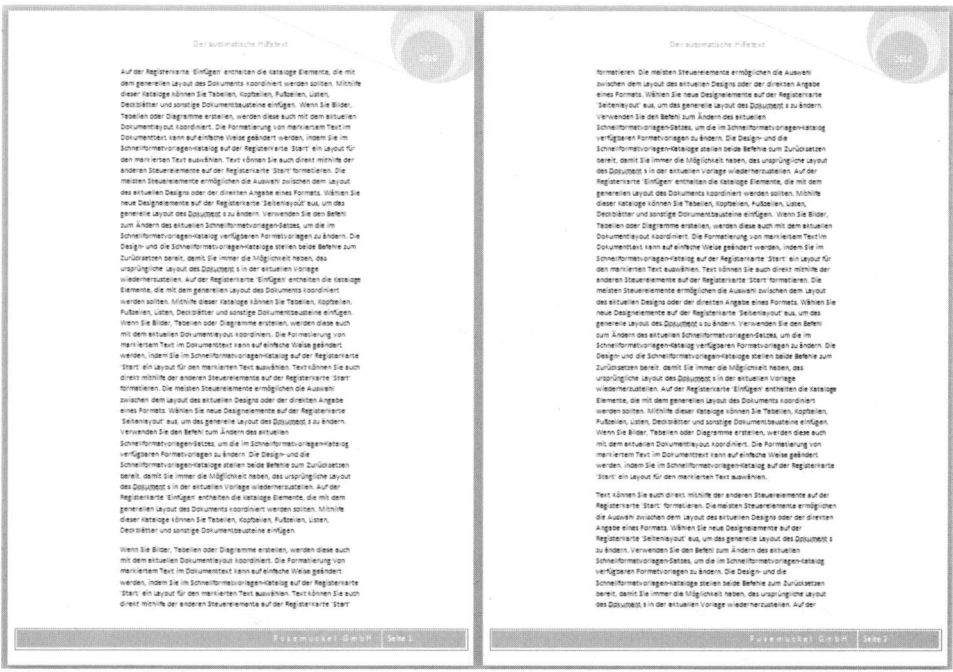

Bild 16.3: Kopf- und Fußzeilen in einem Dokument

Die folgende Tabelle zeigt die Befehle im Bereich *Einfügen*.

Symbol	Beschreibung
Datum und Uhrzeit	*Datum und Uhrzeit* Öffnet das Fenster *Datum und Uhrzeit*. Wählen Sie eine Darstellung des Datums und/ oder der Uhrzeit aus und bestätigen Sie mit *OK*. Das Datum wird an der Cursorposition eingefügt.
Schnellbausteine ▾	*Schnellbaustein einfügen* Sie können vorformatierte Texte, selbst erstellte Schnellbausteine und Felder wie z. B. Seitenzahlen, Dateiname, Pfad und Dateiname usw. einfügen.
Grafik	*Grafik* Fügt an Cursorposition ein Bild aus einer Datei ein.

Symbol	Beschreibung
ClipArt	**ClipArt** Öffnet den Aufgabenbereich *ClipArt einfügen*, in dem Sie eine ClipArt-Grafik suchen können, die dann an der Cursorposition eingefügt wird.
Zu Kopfzeile wechseln	*Zu Kopfzeile wechseln* Aktiviert die Kopfzeile.
Zu Fußzeile wechseln	*Zu Fußzeile wechseln* Aktiviert die Fußzeile.
Vorherige	*Vorherige* Zeigt die Kopf- bzw. Fußzeile des vorherigen Abschnitts an.
Nächste	*Nächste* Zeigt die Kopf- bzw. Fußzeile des nächsten Abschnitts an.
Mit vorheriger verknüpfen	*Mit vorheriger verknüpfen* Übernimmt die Informationen aus dem vorherigen Abschnitt.
Erste Seite anders	*Erste Seite anders* Fügt für die erste Seite Ihres Dokuments eine eigene Kopf- und Fußzeile ein
Untersch. gerade unger	*Unterschiedliche gerade und ungerade Seiten* Fügt für die geraden und die ungeraden Seiten Ihres Dokuments eigene Kopf- und Fußzeilen ein.
Dokumenttext anzeigen	*Dokumenttext anzeigen* Blendet während der Arbeit in den Kopf- und Fußzeilen den Dokumenttext aus.
1,25 cm / 1,25 cm	*Kopfzeile von oben / Fußzeile von unten* Bestimmen Sie den Abstand der Kopfzeile vom oberen Rand und den Abstand der Fußzeile vom unteren Rand.
	Ausrichtungstabstopp einfügen Öffnet das Fenster *Ausrichtung*, in dem Sie die Position, Ausrichtung und eventuelle Füllzeichen für einen Tabulator einstellen, der die Ausrichtung Ihres Textes in Kopf- und Fußzeilen steuert.
Kopf- und Fußzeile schließen	*Schließen* Schließt die Anzeige wieder und zeigt das Dokument.

Tabelle 16.1: Die wichtigsten Befehle für Kopf- und Fußzeilen

16.1.2 Eigene Kopf- und Fußzeilen einrichten

Wenn Ihnen die mitgelieferten Kopf- und Fußzeilenmuster nicht gefallen, dann legen Sie doch eigene an.

Führen Sie einen Doppelklick im oberen Dokumentteil aus.

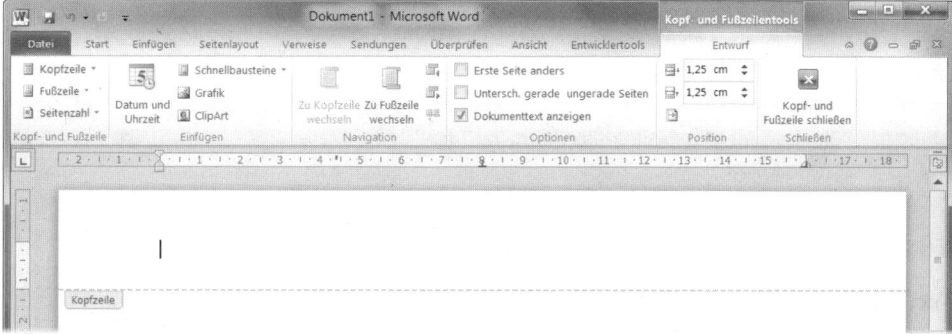

Bild 16.4: Eine eigene Kopfzeile erstellen

Jetzt haben Sie eine leere Kopfzeile, die Sie nach Ihren Wünschen füllen und bearbeiten können.

1. Wenn Sie ein Datum einfügen möchten, aktivieren Sie das Register *Entwurf* und klicken auf die Schaltfläche *Datum und Uhrzeit*.

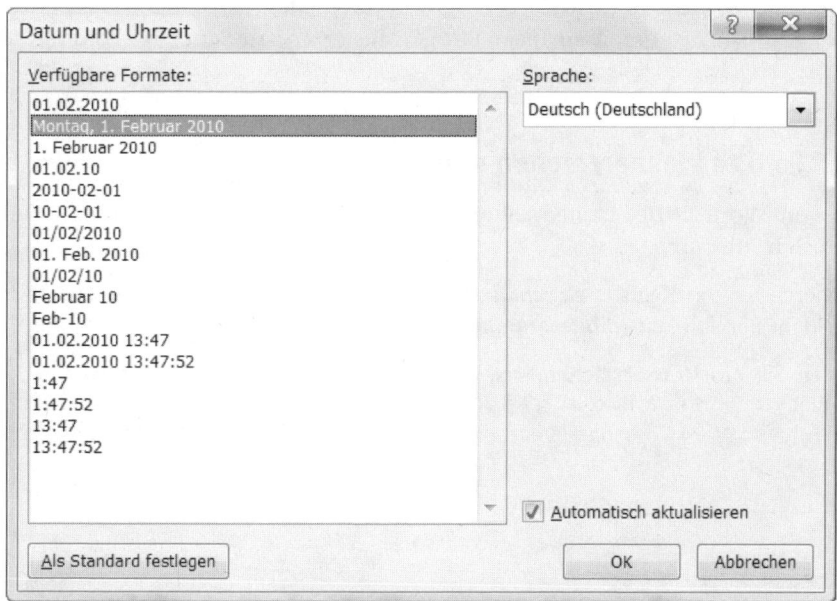

Bild 16.5: Ein Datum einfügen

2. Wählen Sie das gewünschte Datumsformat aus.

3. Aktivieren Sie das Feld *Automatisch aktualisieren*, wenn immer das aktuelle Tages-datum gezeigt werden soll.

4. Bestätigen Sie mit *OK*.

Bild 16.6: Eine eigene Kopfzeile mit einem Datum

16.1.3 Kopf- und Fußzeilen entfernen

Wenn Sie eine Kopf- oder/und eine Fußzeile wieder entfernen möchten, führen Sie die folgenden Schritte durch:

1. Aktivieren Sie das Register *Einfügen* und klicken Sie auf die Schaltfläche *Kopfzeile*.

2. Wählen Sie im unteren Teil der Liste den Eintrag *Kopfzeile entfernen*.

16.2   Wasserzeichen

Ein Wasserzeichen steht immer im Hintergrund des Textes. Es kann ein Text oder ein Bild sein. Word bietet Ihnen ein paar fertige Muster an, Sie können allerdings auch eigene Wasserzeichen erstellen.

16.2.1   Fertige Wasserzeichen nutzen

Um die von Word 2010 bereitgestellten Wasserzeichen auszuwählen, führen Sie die folgenden Schritte durch.

1. Aktivieren Sie das Register *Seitenlayout* und klicken Sie auf die Schaltfläche *Wasser-zeichen* im Bereich *Seitenhintergrund*.

2. Wählen Sie ein Wasserzeichen aus. (Die Abkürzug SFWM bedeutet *So Früh Wie Möglich*.)

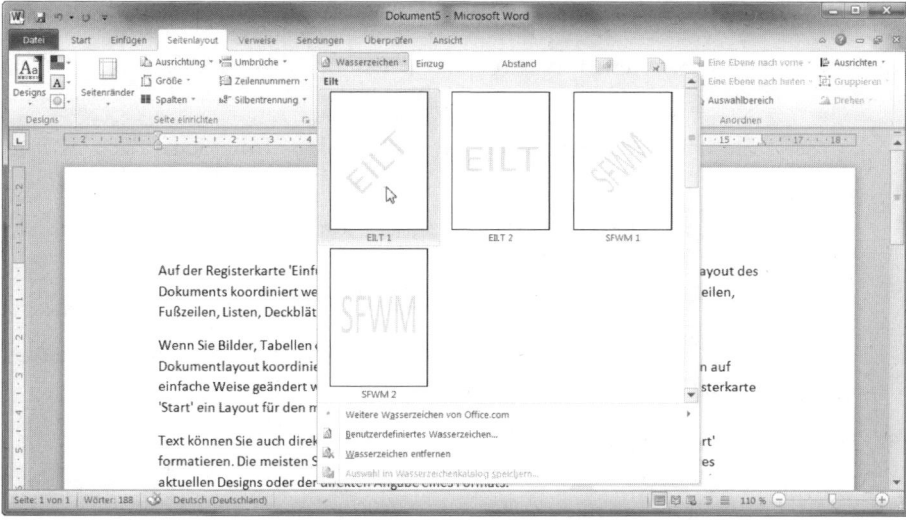

Bild 16.7: Ein Wasserzeichen auswählen

3. Um zu kontrollieren, ob Word Ihren Befehl korrekt ausgeführt hat, wählen Sie die Befehlsfolge *Datei / Drucken*.

In der Druckvorschau sehen Sie Ihre Wahl.

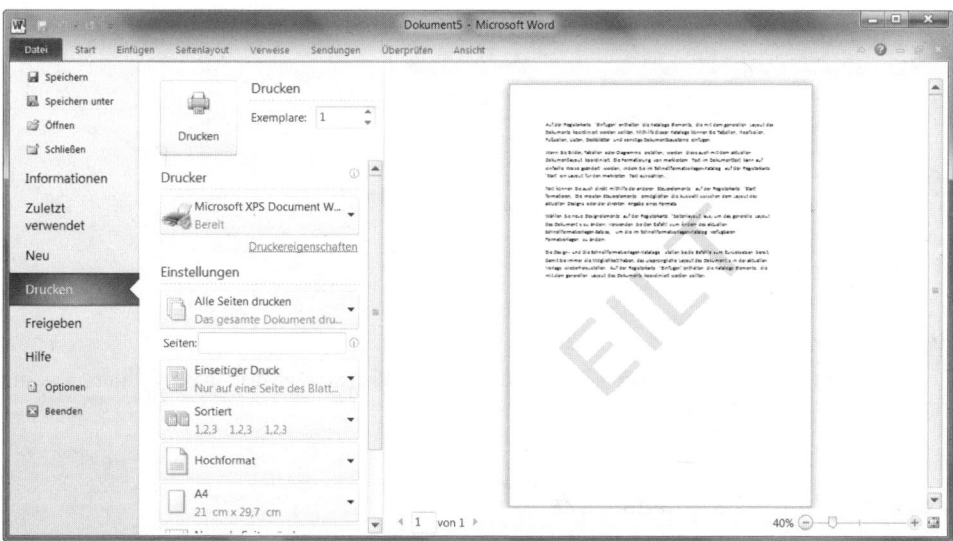

Bild 16.8: Die Druckvorschau mit dem Wasserzeichen

Sollte das Dokument aus mehreren Seiten bestehen, wird das Wasserzeichen auf jeder Seite gedruckt.

16.2.2 Eigene Wasserzeichen erstellen

Wenn Ihnen die angebotenen Wasserzeichen nicht reichen, erstellen Sie einfach ein eigenes.

1. Aktivieren Sie das Register *Seitenlayout,* klicken Sie auf die Schaltfläche *Wasserzeichen* und starten Sie den Befehl *Benutzerdefiniertes Wasserzeichen.*

2. Aktivieren Sie die Option *Textwasserzeichen* und geben Sie anschließend den gewünschten Text in das Feld *Text* ein.

3. Formatieren Sie über die Felder *Schriftart, Größe* und *Farbe* Ihr neues Wasserzeichen.

4. Entscheiden Sie im Bereich *Layout,* ob das Wasserzeichen horizontal oder vertikal angezeigt werden soll.

Bild 16.9: Einen eigenen Text für ein Wasserzeichen erzeugen

5. Bestätigen Sie mit *OK.*

Um zu kontrollieren, ob Word Ihren Befehl korrekt ausgeführt hat, wählen Sie die Befehlsfolge *Datei / Drucken.*

16.2.3 Ein Bild als Wasserzeichen

Sie haben Ihr Firmenlogo als Bild im gängigen Dateiformat abgelegt und möchten jetzt dieses Logo als Wasserzeichen für Ihr Dokument haben.

1. Aktivieren Sie das Register *Seitenlayout,* klicken Sie auf die Schaltfläche *Wasserzeichen* und starten Sie den Befehl *Benutzerdefiniertes Wasserzeichen.*

2. Aktivieren Sie die Option *Bildwasserzeichen* und wählen Sie anschließend die gewünschte Datei aus.

3. Stellen Sie die Größe im Feld *Skalierung* ein.

Testen Sie durch Aktivieren bzw. Deaktivieren der Option *Auswaschen* die Wirkung des Bildes in Ihrem Dokument.

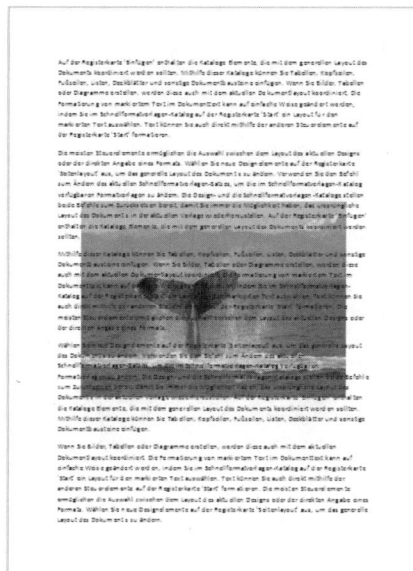

Bild 16.10: Ein Bild als Wasserzeichen

Wasserzeichen entfernen

Wenn Sie das Wasserzeichen wieder entfernen möchten, aktivieren Sie das Register *Seitenlayout*, klicken Sie auf die Schaltfläche *Wasserzeichen* und wählen Sie den Befehl *Wasserzeichen entfernen*.

16.3   Seitenrahmen

Ein Seitenrahmen wird um die gesamte Seite gezogen. Er wird innerhalb des Randes platziert. Sie können zwischen einer einfachen Linie und einem Symbol wählen.

1. Aktivieren Sie das Register *Seitenlayout* und klicken Sie auf die Schaltfläche *Seitenränder*.

2. Wählen Sie im Fenster *Rahmen und Schattierung* einen Rahmen. Stellen Sie die gewünschte Rahmenlinie, die Farbe und die Breite des Rahmens ein.

3. Über das Feld *Effekte* können Sie ein Muster auswählen. In dieser Liste finden Sie neben Bildern, wie Kuchenstücke und Palmen, auch viele Jugendstilrahmen.

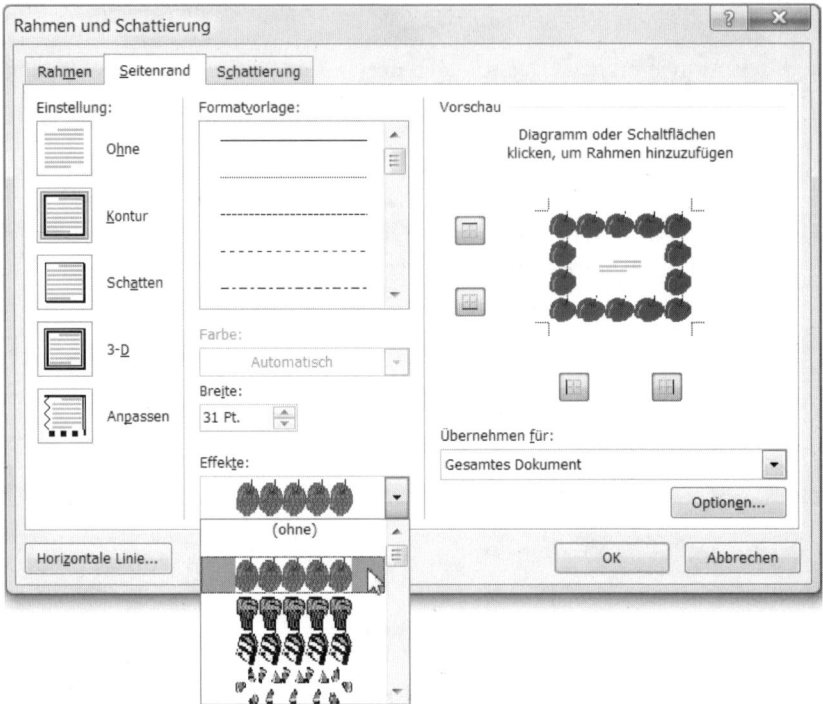

Bild 16.11: Ein Bild für einen Seitenrahmen auswählen

4. Bestätigen Sie Ihre Wahl mit einem Klick auf die Schaltfläche *OK*.

5. Die Rahmenlinie wird um alle Seiten des Dokuments gezogen. Um dies zu kontrollieren, aktivieren Sie das Register *Ansicht* und klicken auf die Schaltfläche *Eine Seite* oder, wenn Ihr Dokument über mehrere Seiten geht, auf die Schaltfläche *Zwei Seiten*.

Bild 16.12: Dieser Seitenrahmen gilt für alle Seiten des Dokuments.

6. Im Feld *Übernehmen für* können Sie bestimmen, dass der Rahmen entweder nur um die erste Seite oder um alle Seiten außer der ersten Seite gezogen wird.

7. Mithilfe der Schaltfläche *Optionen* bestimmen Sie, wie nah der Rahmen an den Text heranreichen soll.

Im folgenden Beispiel wurde die Option *Text* im Feld *Gemessen von* ausgewählt. Und die Maße wurden in die Felder *Oben*, *Links*, *Unten* und *Rechts* eingegeben.

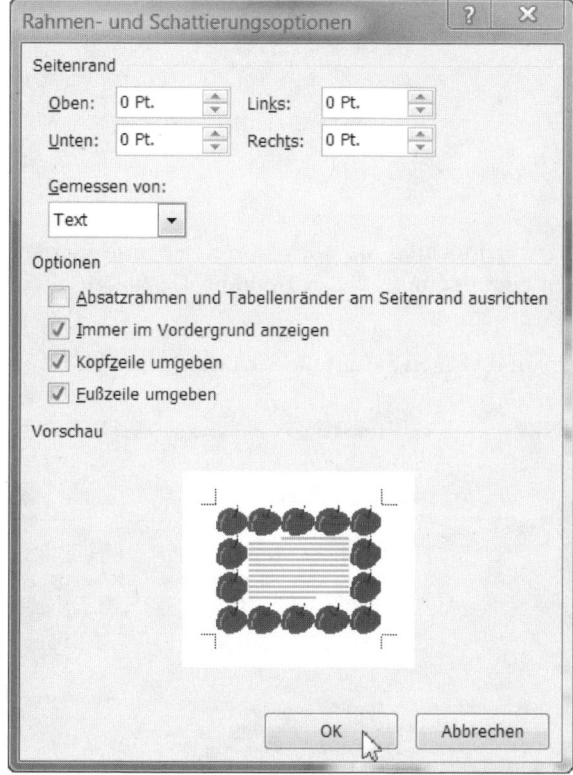

Bild 16.13: Die Optionen zum Seitenrahmen

8. Nachdem Sie zweimal mit *OK* bestätigt haben, wird der Rahmen direkt am Text sichtbar.

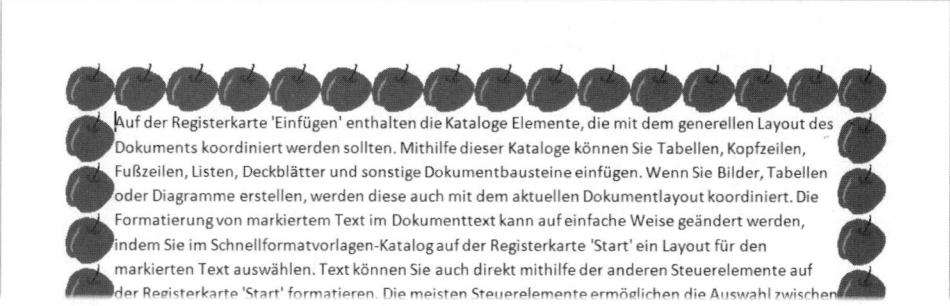

Bild 16.14: Der Seitenrahmen steht ganz nah am Text.

Die folgende Abbildung zeigt eine weitere Verzierung.

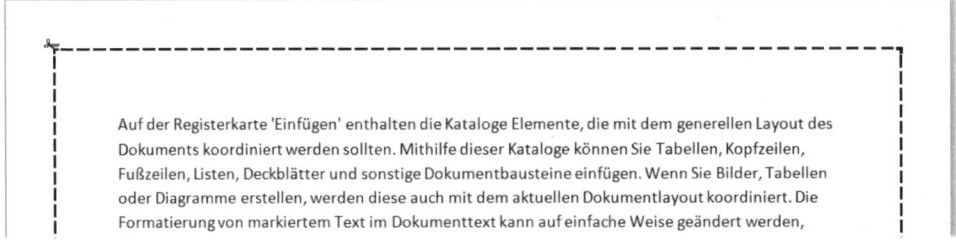

Auf der Registerkarte 'Einfügen' enthalten die Kataloge Elemente, die mit dem generellen Layout des Dokuments koordiniert werden sollten. Mithilfe dieser Kataloge können Sie Tabellen, Kopfzeilen, Fußzeilen, Listen, Deckblätter und sonstige Dokumentbausteine einfügen. Wenn Sie Bilder, Tabellen oder Diagramme erstellen, werden diese auch mit dem aktuellen Dokumentlayout koordiniert. Die Formatierung von markiertem Text im Dokumenttext kann auf einfache Weise geändert werden,

Bild 16.15: Der Rahmen mit der Schere

16.4 Deckblatt

Einen bereits fertig geschriebenen Bericht möchten Sie noch mit einem informativen Deckblatt versehen. Word stellt Ihnen eine unfangreiche Auswahl an Deckblättern zur Verfügung.

1. Aktivieren Sie das Register *Einfügen* und klicken Sie auf die Schaltfläche *Deckblatt*.

Bild 16.16: Die Auswahl an fertig gestalteten Deckblättern

2. Wählen Sie ein gewünschtes Deckblatt aus.

Im folgenden Beispiel wurde das Deckblatt *Modern* gewählt.

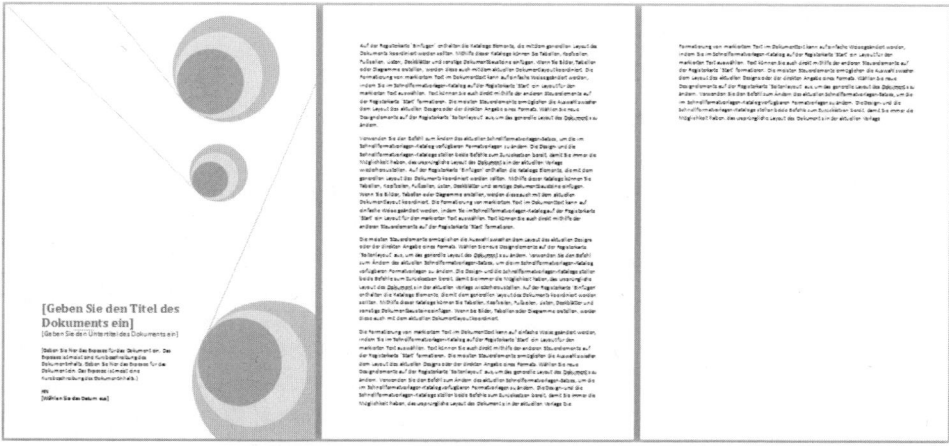

Bild 16.17: Das Deckblatt *Modern*

Das Deckblatt wird automatisch als erste Seite eingefügt. Es enthält, je nach Wahl, unterschiedliche Textfelder, die Sie löschen oder mit Ihren Werten füllen können.

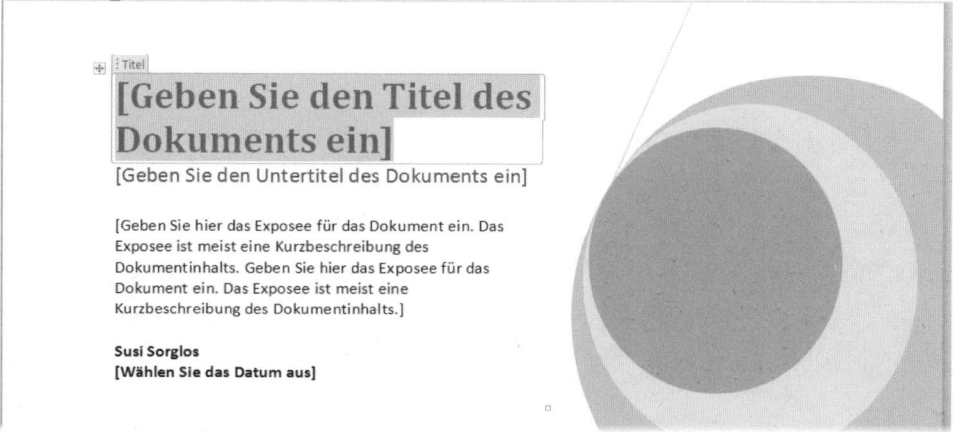

Bild 16.18: Die Felder auf dem Deckblatt

Wenn Sie in ein Textfeld etwas eintippen möchten, klicken Sie in das Textfeld und geben Ihren Text ein.

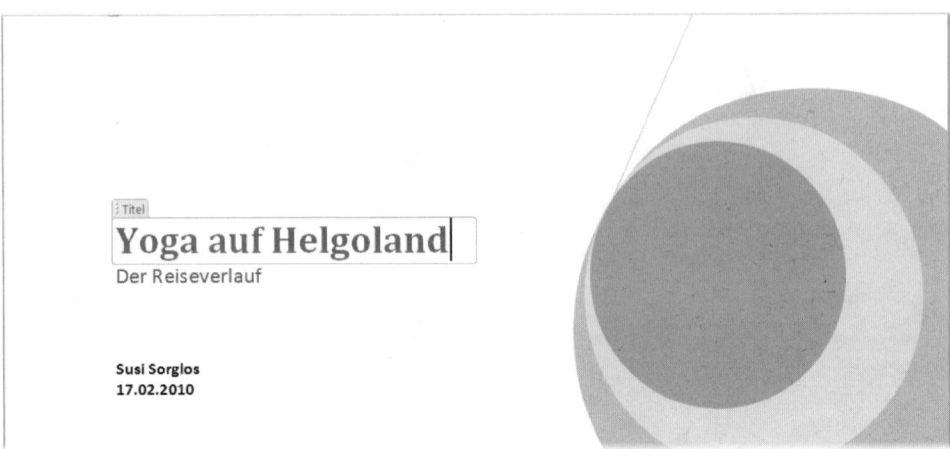

Bild 16.19: Ein gestaltetes Deckblatt

Um ein Textfeld zu entfernen, klicken Sie auf den Namen des Textfeldes am oberen Rand und drücken die Taste ⌷Entf⌷.

17 Tabellen in Word erstellen

www.buch.cd

Hier finden Sie alle Beispieldateien übersichtlich nach Kapiteln sortiert.

Tabellen sind immer dann sinnvoll, wenn gleichartige Informationen übersichtlich dargestellt werden sollen, zum Beispiel in Form von Listen und Formularen.

Word macht es Ihnen sehr leicht, Tabellen per Befehl, per Auswahl mit der Maus oder durch direktes Zeichnen auf dem Papier anzulegen.

17.1 Der Klassiker: Eine Adressliste erstellen

Wenn Sie eine Adressliste erstellen möchten, dann sollten Sie ungefähr wissen, wie viele Informationen Sie nebeneinander erfassen möchten. Im folgenden Beispiel wollen wir den Vornamen, den Nachnamen und die Adresse erfassen. Wir wissen noch nicht genau, wie viele Personen wir in diese Liste eintragen wollen.

Tipp: Sie können eine Word-Tabelle jederzeit erweitern bzw. reduzieren, wenn Sie bemerken, dass Sie nicht genügend Informationen darin unterbringen können.

1. Nehmen Sie sich ein neues leeres Dokument und setzen Sie den Cursor an die Stelle, an der die Tabelle eingefügt werden soll.

2. Aktivieren Sie das Register *Einfügen*. Klicken Sie auf die Schaltfläche *Tabelle einfügen* und zeigen Sie auf die Zahl der Zellen, die Sie zu Beginn gerne hätten.

3. Wenn die Anzahl der gewünschten Zellen markiert ist, klicken Sie auf die letzte Zelle. Sie erhalten jetzt die Tabelle mit der zuvor definierten Zellenanzahl.

Die folgende Abbildung zeigt das Erstellen einer Tabelle mit fünf Spalten und drei Zeilen.

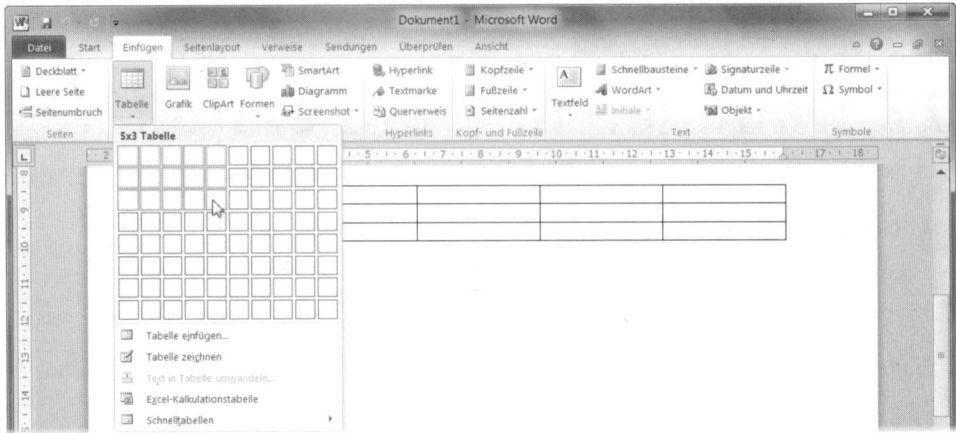

Bild 17.1: Eine Tabelle über die Symbolleiste einfügen

In der folgenden Abbildung sehen Sie die Tabelle mit eingeschalteten Formatierungszeichen. Sollten Sie diese Zeichen stören, so klicken Sie auf die Schaltfläche ¶ . Die Zeichen werden nicht mehr am Bildschirm angezeigt.

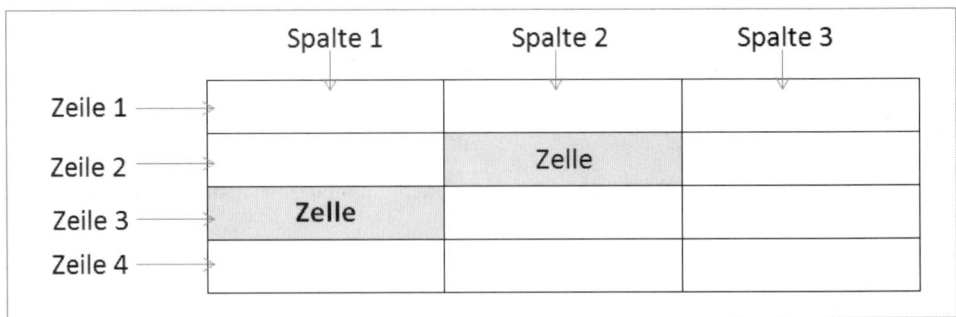

Bild 17.2: Die Tabelle nach dem Einfügen mit eingeschalteten Formatierungszeichen

Diese Tabelle besteht aus fünf Spalten und drei Zeilen. Die Schnittpunkte zwischen den Spalten und Zeilen definieren die Zellen. In diese Zellen schreiben Sie später die Informationen. Unsere Tabelle besteht jetzt aus 15 Zellen.

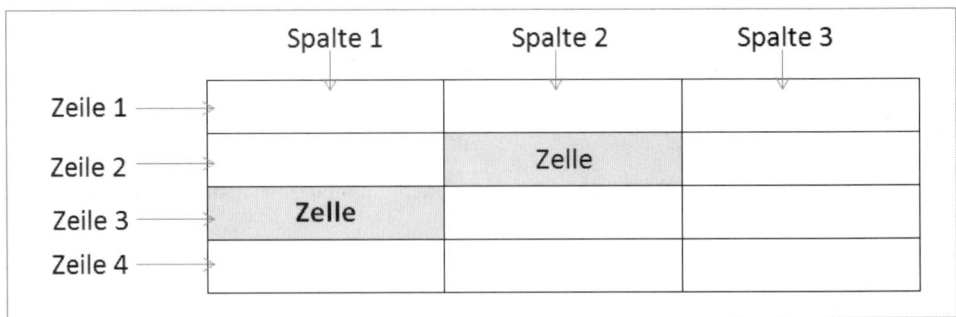

Bild 17.3: Die Bezeichnungen innerhalb einer Tabelle

4. Klicken Sie in die erste Zelle und geben Sie die Überschrift ein. Dabei gelangen Sie mit der ⌨ Tab -Taste schnell in die benachbarten Zellen.

Vorname	Nachname	Straße	PLZ	Ort

Bild 17.4: Die Überschrift für die kleine Beispieltabelle

Wenn Sie in der letzten Zelle der ersten Zeile die ⌶Tab⌶-Taste drücken, gelangen Sie in die erste Zelle der zweiten Zeile.

5. Erfassen Sie nun die Namen und die Adressen in der Tabelle. Wenn Sie in der letzten Zelle die ⌶Tab⌶-Taste drücken, erhalten Sie automatisch eine neue leere Zeile.

Vorname	Nachname	Straße	PLZ	Ort
Harry	Sorglos	Am Bahndamm 1	51230	Köln
Susi	Hirsch	Sonnenallee 12	50762	Köln
Trulla	Test	Hauptstr. 55	40123	Düsseldorf
Eva	Schmitz	Bahnstr. 34	53123	Bonn
Wolfgang	Müller	Flusserweg 3	51123	Köln
Rudi	Maier	An den Gleisen 1	40123	Düsseldorf
Ute	Huber	Neusser Allee	41321	Neuss
Peter	Haber	Sonnenblumenweg 1	50123	Köln
Paul	Reismann-Hubermann	Blumenweg 8	50321	Köln

Bild 17.5: Die Beispieltabelle

Tipp: Wenn Sie in einer Zelle ⌶Eingabe⌶ drücken, erhalten Sie eine neue Zeile innerhalb der Zelle.

17.2 Die Adressliste gestalten

Die Breite der Spalten kann nach Eingabe der Werte angepasst werden.

17.2.1 Spaltenbreite ändern

In diesem Beispiel ist die Breite der ersten Spalte zu groß, die der zweiten und der dritten Spalte ist zu klein. Einige Inhalte werden innerhalb der Zelle automatisch umbrochen. Die Breite der vierten Spalte PLZ ist zu groß, da dort nur fünfstellige Zahlen eingegeben werden.

1. Markieren Sie die erste Spalte, indem Sie den Mauszeiger von oben auf die erste Spalte führen. Wenn er zu einem schwarzen Pfeil wird, klicken Sie einmal.

2. Klicken Sie mit der rechten Maustaste in die Markierung. Wählen Sie den Befehl *Tabelleneigenschaften* und aktivieren Sie das Register *Spalte*. Stellen Sie im Feld *Bevorzugte Breite* den gewünschten Eintrag ein, in diesem Beispiel 2,5.

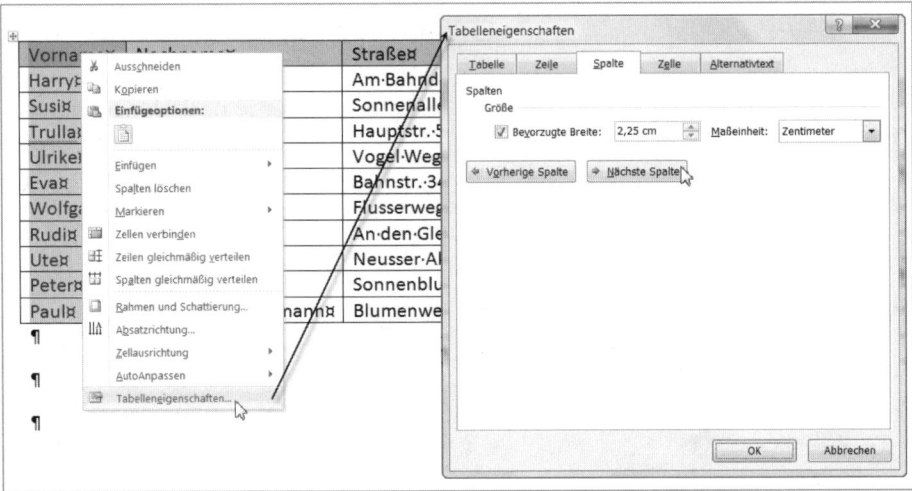

Bild 17.6: Die markierte Spalte mit dem Kontextmenü und dem Fenster *Tabelleneigenschaften*

3. Klicken Sie auf die Schaltfläche *Nächste Spalte* und geben Sie den gewünschten Wert ein.

4. Verfahren Sie so, bis Sie die Breite aller Spalten angepasst haben, und bestätigen Sie mit *OK*.

Sie können die Breite der Spalten auch über das Zeilenlineal ändern. Jede Spalte ist im Lineal durch einen kleinen Tabellenblock gekennzeichnet.

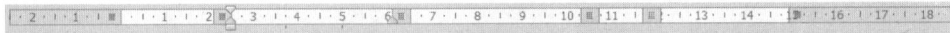

Bild 17.7: Die Kennzeichnung der Spalten im Lineal

Klicken Sie zu Beginn in eine Zelle. Wenn Sie mit der Maus auf das kleine Tabellensymbol im Lineal zeigen, dann verwandelt sich der Mauszeiger in einen schwarzen Doppelpfeil. Ziehen Sie jetzt die gewünschte Breite der Spalte auf.

17.2.2 Spalten einfügen

Wenn Sie nun bemerken, dass Ihrer Tabelle eine Spalte fehlt, dann können Sie sie jederzeit einfügen. In diesem Beispiel möchten wir vor der Spalte *Vorname* eine Spalte mit den Informationen zur Anrede einfügen.

1. Klicken Sie mit der rechten Maustaste in die Spalte *Vorname* und wählen Sie im Kontextmenü die Befehlsfolge *Einfügen / Spalte links einfügen*.

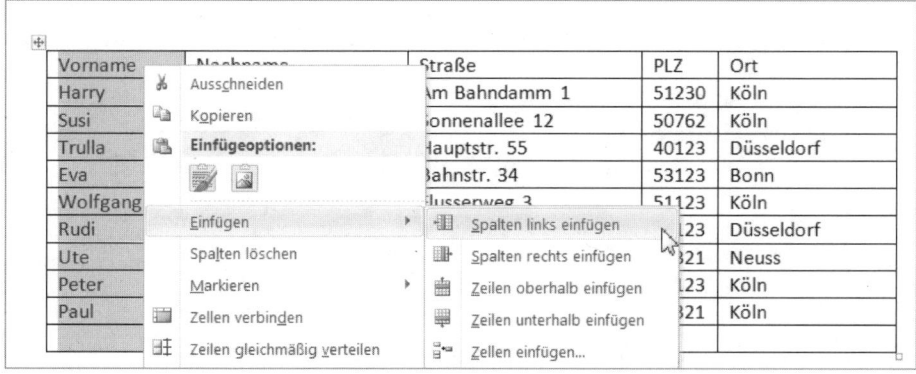

Bild 17.8: Eine Spalte einfügen

2. Tippen Sie anschließend die Überschrift und die Informationen in die neue Spalte ein.

Anrede	Vorname	Nachname	Straße	PLZ	Ort
Herr	Harry	Sorglos	Am Bahndamm 1	51230	Köln
Frau	Susi	Hirsch	Sonnenallee 12	50762	Köln
Frau	Trulla	Test	Hauptstr. 55	40123	Düsseldorf
Frau	Eva	Schmitz	Bahnstr. 34	53123	Bonn
Herr	Wolfgang	Müller	Flusserweg 3	51123	Köln
Herr	Rudi	Maier	An den Gleisen 1	40123	Düsseldorf
Frau	Ute	Huber	Neusser Allee	41321	Neuss
Herr	Peter	Haber	Sonnenblumenweg 1	50123	Köln
Herr	Paul	Reismann-Hubermann	Blumenweg 8	50321	Köln

Bild 17.9: Der aktuelle Stand der Adresstabelle

17.2.3 Zeilen einfügen

Angenommen, Sie möchten nun noch ein paar Adressen einfügen, allerdings nicht am Ende der Tabelle, sondern in der Mitte, dann bietet Ihnen Word auch hier eine einfache Lösung:

1. Klicken Sie mit der rechten Maustaste in die Zeile, über die Sie eine neue leere Zeile einfügen möchten. Wählen Sie im Kontextmenü den Befehl *Einfügen / Zeilen oberhalb einfügen.*

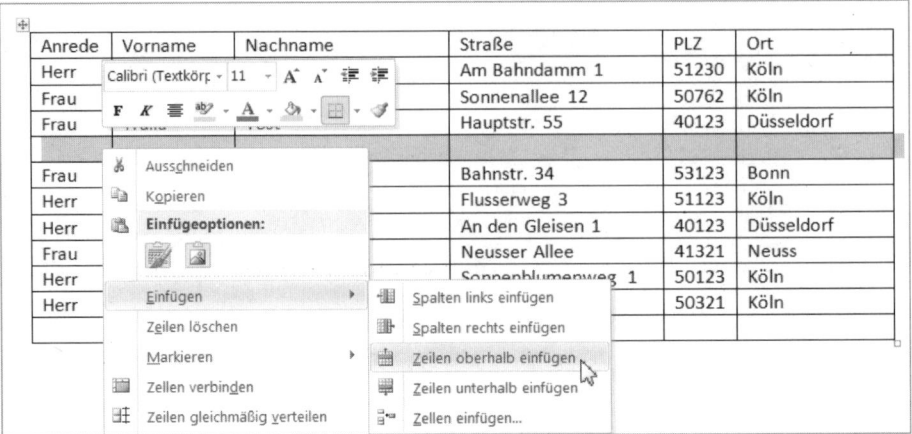

Bild 17.10: Eine weitere Zeile in die bestehende Tabelle einfügen

2. Die neue Zeile hat genau dieselben Formate wie die untere Zeile. Tippen Sie nun die neuen Werte ein.

17.2.4 Zellen gestalten

Wenn Sie die Überschriftenzeile gestalten möchten, müssen Sie zuerst die erste Tabellenzeile markieren.

1. Zeigen Sie mit der Maus vor die erste Zeile und klicken Sie einmal.

2. Aktivieren Sie das Register *Entwurf* und wählen Sie an der Schaltfläche *Schattierung* die gewünschte Hintergrundfarbe aus.

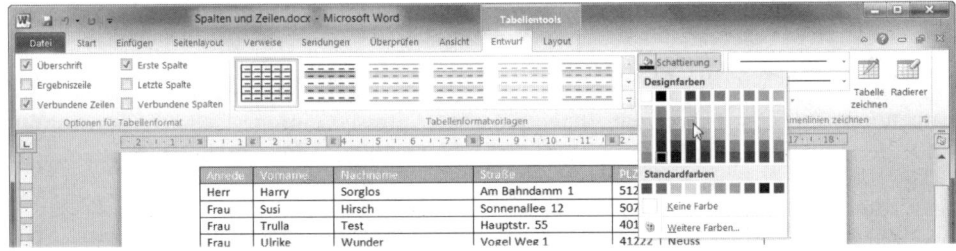

Bild 17.11: Eine markierte Zeile gestalten

Wenn Sie die Schriftgröße innerhalb der Tabelle für alle Inhalte ändern möchten, müssen Sie die ganze Tabelle markieren.

1. Klicken Sie dazu auf das kleine Plus-Symbol an der linken oberen Ecke der Tabelle.

Anrede	Vorname	Nachname	Straße	PLZ	Ort
Herr	Harry	Sorglos	Am Bahndamm 1	51230	Köln
Frau	Susi	Hirsch	Sonnenallee 12	50762	Köln
Frau	Trulla	Test	Hauptstr. 55	40123	Düsseldorf
Frau	Ulrike	Wunder	Vogel Weg 1	41222	Neuss
Frau	Eva	Schmitz	Bahnstr. 34	53123	Bonn
Herr	Wolfgang	Müller	Flusserweg 3	51123	Köln
Herr	Rudi	Maier	An den Gleisen 1	40123	Düsseldorf
Frau	Ute	Huber	Neusser Allee	41321	Neuss
Herr	Peter	Haber	Sonnenblumenweg 1	50123	Köln
Herr	Paul	Reismann-Hubermann	Blumenweg 8	50321	Köln

Bild 17.12: Die markierte Tabelle

2. Stellen Sie jetzt über das Register *Start* mit dem Befehl *Schriftgrad* die gewünschte Größe ein.

17.2.5 Die Überschriften automatisch wiederholen

Wenn Ihre Tabelle über mehrere Seiten geht und Sie die Überschriften auf jeder Seite oben wiederholen möchten, dann markieren Sie die Zeile mit der Überschrift.

1. Wechseln Sie auf das Register *Entwurf* im Bereich *Tabellentools*.

2. Stellen Sie sicher, dass der Haken *Überschriften* aktiviert ist.

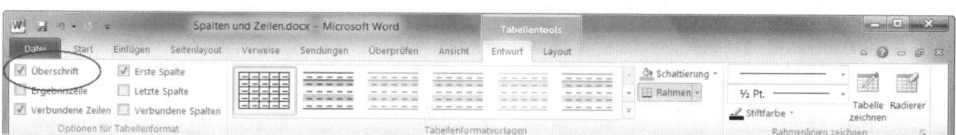

Bild 17.13: Die Überschriften auf jeder Seite automatisch wiederholen

Jetzt wird auf jeder Seite die Überschrift der Tabelle wiederholt, vorausgesetzt, die Tabelle ist auch so umfangreich.

> **Tipp:** Wenn die Überschrift über zwei Zeilen geht, dann markieren Sie die zwei Zeilen und wählen den oben beschriebenen Weg.

17.2.6 Eine Tabelle teilen

In eine eine umfangreiche Tabelle möchten Sie zwischendurch normalen Text tippen.

1. Setzen Sie den Cursor in die Zeile, vor der Sie eine leere Textzeile einfügen möchten.

2. Wechseln Sie auf das Register *Layout* im Bereich *Tabellentools*.

3. Aktivieren Sie den Befehl *Tabelle teilen*.

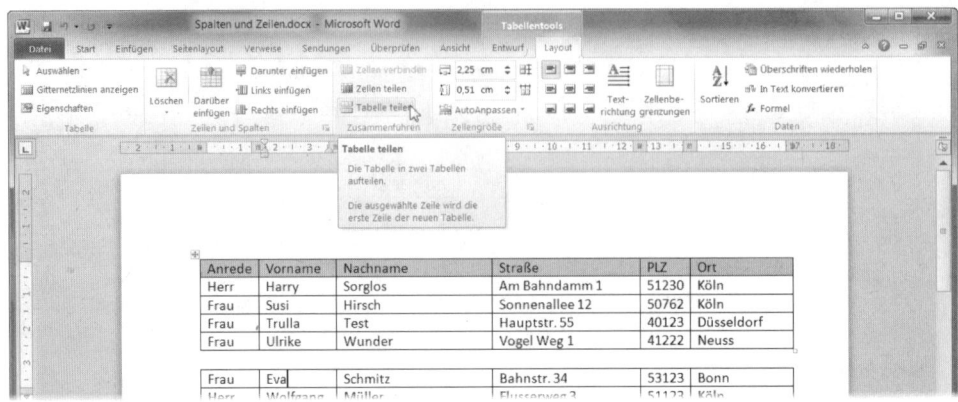

Bild 17.14: Eine Tabelle teilen, um Fließtext zwischen den Zeilen einzugeben

Jetzt erhalten Sie einen neuen leeren Absatz, in den Sie Ihren Text eintippen können.

Tipp: Sie haben am Anfang des Blatts eine Tabelle eingefügt und möchten noch einen Text davor schreiben. Setzen Sie einfach den Cursor in die erste Zeile und wählen Sie den oben beschriebenen Befehl.

17.3 Aushänge

Die folgenden Zettel kennen Sie vielleicht vom Supermarkt oder von Aushängen an der Schule oder der Uni.

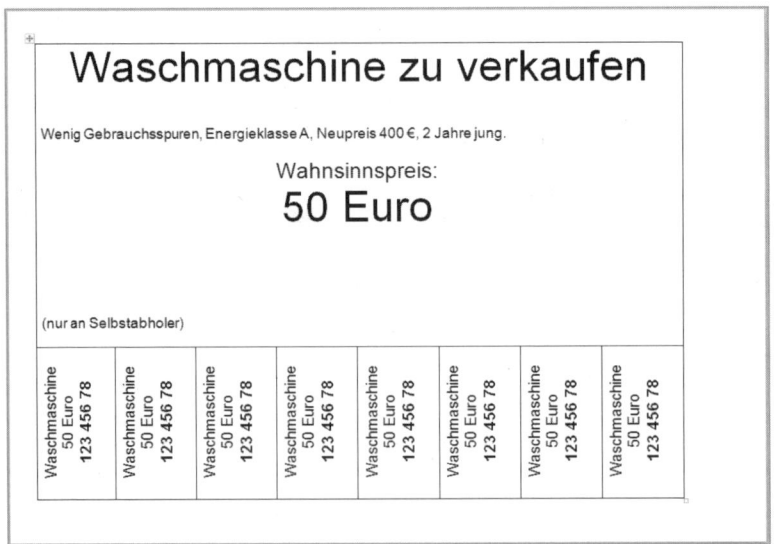

Bild 17.15: Das Ziel: Aushang mit Telefonnummer

1. Nehmen Sie sich ein neues leeres Dokument.

2. Wählen Sie über das Register *Seitenlayout* mit der Schaltfläche *Ausrichtung* das *Querformat* aus.

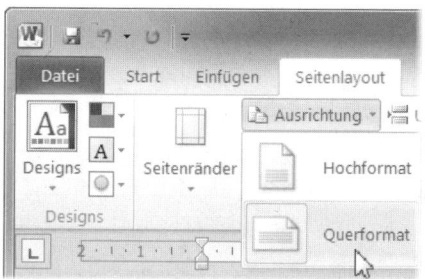

Bild 17.16: Die Seite
in Querformat ausgeben

3. Wählen Sie am Feld *Seitenränder* den Eintrag *Schmal* aus.

4. Wechseln Sie auf das Register *Einfügen* und fügen Sie über die Schaltfläche *Tabelle* eine Tabelle mit einer Spalte und zwei Zeilen ein.

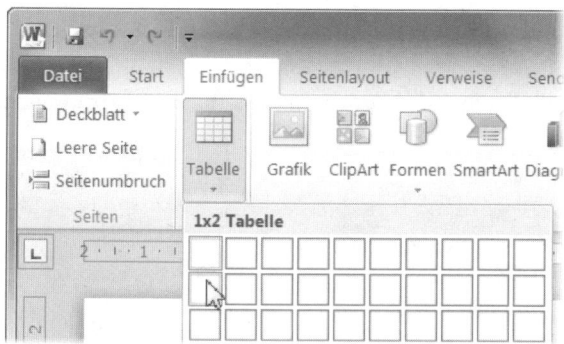

Bild 17.17: Eine Tabelle mit
zwei Zeilen und einer Spalte

5. Klicken Sie in die erste Zeile und wechseln Sie auf das Register *Tabellentools / Layout*. Geben Sie in der Gruppe *Zellengröße* im Feld *Tabellenzeilenhöhe* die Höhe *12 cm* ein.

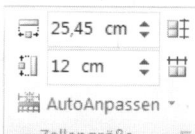

Bild 17.18: Die Höhe der ersten Zeile

6. Klicken Sie in die zweite Zeile der Tabelle und stellen Sie für sie die Höhe *6 cm* ein.

7. Tippen Sie in die erste Zelle den gewünschten Text ein und gestalten Sie ihn nach eigenen Vorstellungen.

8. Klicken Sie in die zweite Zelle, wechseln Sie wieder auf die Registerkarte *Tabellentools / Layout* und klicken Sie in der Gruppe *Zusammenführen* auf die Schaltfläche *Zellen teilen*. Geben Sie die gewünschte Anzahl der Spalten ein. In diesem Beispiel sollen es acht Spalten werden.

Zellen teilen
Spaltenanzahl: 8
Zeilenanzahl: 1
Zellen vor dem Teilen zusammenführen
OK
Abbrechen

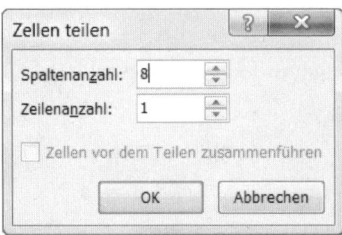

Bild 17.19: Die Anzahl der Spalten

9. Bestätigen Sie mit *OK*.
10. Jetzt erhalten Sie acht Zellen in der zweiten Zeile. Tippen Sie den Text in die erste Zelle ein und gestalten Sie ihn.
11. Um den Text zu drehen, klicken Sie so oft auf dem Register *Tabellentools / Layout* in der Gruppe *Ausrichtung* auf die Schaltfläche *Textausrichtung*, bis der Text die gewünschte Richtung hat.

Layout
Textrichtung
Zellenbe-
grenzungen
Ausrichtung

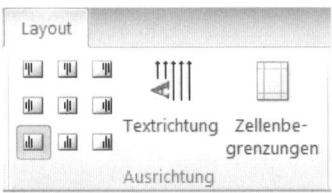

Bild 17.20: Die Textrichtung innerhalb einer Zelle ändern

Ihr Aushang sollte bis jetzt so aussehen:

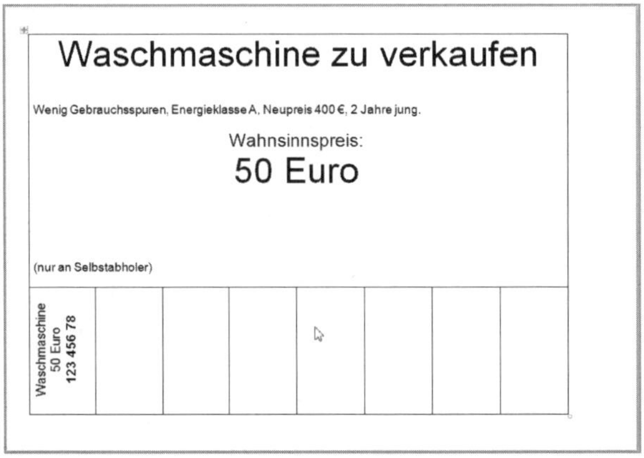

Waschmaschine zu verkaufen
Wenig Gebrauchsspuren, Energieklasse A, Neupreis 400 €, 2 Jahre jung.
Wahnsinnspreis:
50 Euro
(nur an Selbstabholer)
Waschmaschine
50 Euro
123 456 78

Bild 17.21: Der Aushang ist fast fertig.

12. Markieren Sie nun die ganze Zelle, indem Sie einen Dreifachklick in der Zelle ausführen. Damit übernehmen Sie nicht nur den Text, sondern auch die Ausrichtung.
13. Kopieren Sie den Text aus der ersten Zelle in die Zwischenablage und fügen Sie ihn in den restlichen sieben Zellen ein. Nach dem Drucken schneiden Sie den Aushang an den senkrechten Strichen ein, damit man die Schnipsel besser abreißen kann. Nun müssen Sie den Aushang nur noch aufhängen.

18 Prospekte & Co.

www.buch.cd

Hier finden Sie alle Beispieldateien übersichtlich nach Kapiteln sortiert.

Eine Stärke von Word liegt in den vielfältigen Möglichkeiten, Dokumente für den Druck zu gestalten. Prospekte, Namensschilder, Tischkarten, Flyer, Aushänge und Pläne sind alles denkbare Dokumente, die in gedruckter Form vorliegen. Alle Dokumente können Sie mit eingefügten Grafiken und Bildern illustrieren. In diesem Bereich sind beeindruckende Verbesserungen zu früheren Word-Versionen erkennbar.

18.1 Einen Clip einfügen und bearbeiten

Wie Sie wissen, sagt ein Bild mehr als tausend Worte. Sie haben mit Word die Möglichkeit, fertige Bilder, hier werden sie Clips genannt, an jeder Position im Text einzufügen.

18.1.1 ClipArt-Sammlung

Zu jeder Office-Version wird die ClipArt-Sammlung mitgeliefert. Sie enthält eine Vielzahl von Bildern.

1. Um diese Sammlung zu öffnen, wechseln Sie auf das Register *Einfügen*. Sie finden in der Gruppe *Illustrationen* die Schaltfläche *ClipArt*.

Bild 18.1: Die Gruppe *Illustrationen* auf dem Register *Einfügen*

Im rechten Teil des Word-Fensters öffnet sich der Aufgabenbereich *ClipArt*.

2. Geben Sie ins Feld *Suchen nach* den gesuchten Begriff ein. In diesem Beispiel suchen wir nach dem Begriff »Lebensmittel«.

3. Im Feld *Ergebnisse* entscheiden Sie, ob Sie neben den Clips auch Fotos, Filme und Sounds zum gesuchten Thema finden möchten. Standardmäßig werden alle passenden Mediendaten gezeigt.

4. Bestätigen Sie mit einem Klick auf die Schaltfläche *OK*, um die Suche zu starten.

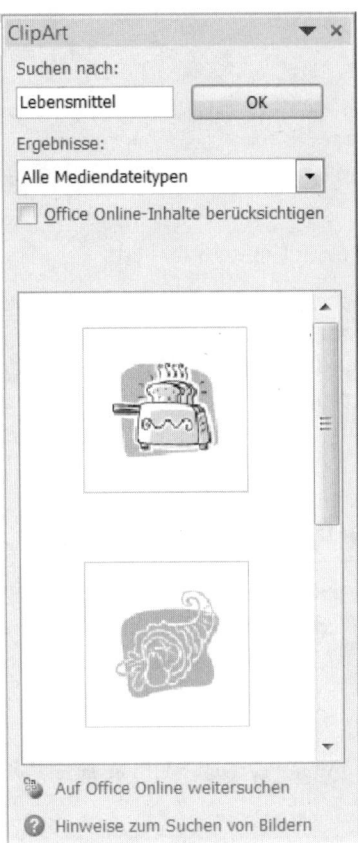

Bild 18.2: Die gefundenen Clips zum Thema Lebensmittel

5. Wenn Sie sich einen Clip genauer ansehen oder Sie sich weitere Informationen wünschen, dann klicken Sie mit der rechten Maustaste auf den Clip und wählen den Befehl *Vorschau / Eigenschaften*.

> **Tipp:** Sollte Ihnen die Liste nicht ausreichen, suchen Sie im Internet über den Link *Auf Office Online weitersuchen* auf den Webseiten von Microsoft nach den passenden Clips.

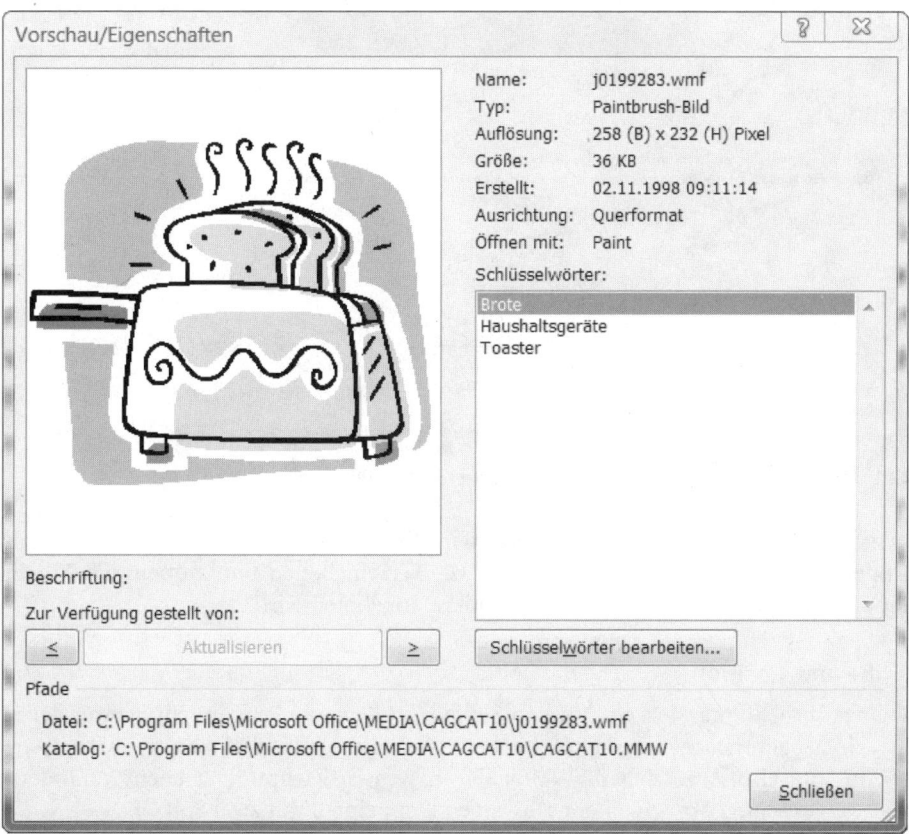

Bild 18.3: Den ausgewählten Clip betrachten

6. Um das Vorschaufenster wieder zu schließen, klicken Sie auf die gleichnamige Schaltfläche.

18.1.2 Clip einfügen

Mit einem Klick fügen Sie den Clip ins Dokument ein, und zwar genau da, wo der Cursor steht. Der Text hinter der Cursorposition wird nach unten verschoben.

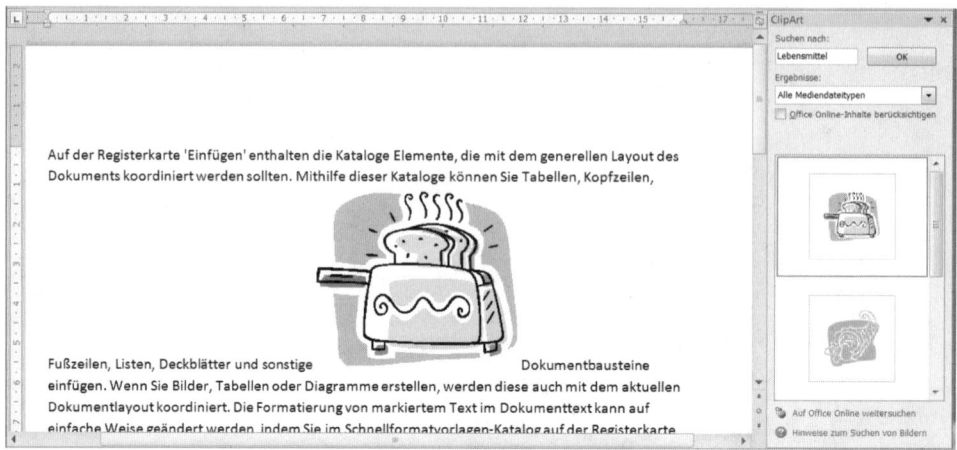

Bild 18.4: Den ausgewählte Clip ins Dokument übernehmen

Jedes Mal, wenn Sie das Bild markieren, wird Ihnen das Register *Format* in der Register-gruppe *Bildtools* angezeigt, in der Ihnen die verschiedenen Funktionen zur Arbeit mit der ClipArts-Sammlung und anderen Bildern angeboten wird.

Größe und Position

Solange Ihr Clip markiert ist, können Sie die Größe verändern, indem Sie mit der Maus auf einen der acht Ziehpunkte klicken und mit gedrückter linker Maustaste die gewünschte Größe aufziehen. Wenn Sie auf einem Ziehpunkt stehen, verändert der Mauszeiger seine Form zu einem schwarzen Doppelpfeil mit zwei Spitzen:

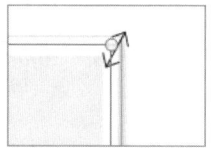

Bild 18.5: Der Doppelpfeil zum Verändern der Größe eines Objekts

Wenn Sie dabei an den Eckpunkten ziehen, ändern sich Höhe und Breite gleichzeitig.

Nutzen Sie die mittleren Ziehpunkte an den Seiten, so variieren Sie lediglich die Breite der Grafik. Nutzen Sie die mittleren Ziehpunkte an der oberen oder unteren Kante, ver-ändern Sie die Höhe.

Möchten Sie die Grafik an eine andere Stelle verschieben, zeigen Sie auf die markierte Grafik und ziehen mit gedrückter linker Maustaste das Objekt an die neue gewünschte Position.

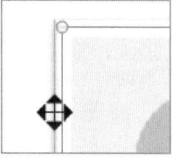

Bild 18.6: Der Vierfach-Pfeil zum Verschieben und der Schatten, der die neue Position eines Objekts anzeigt

Textumbruch und Position

Entscheiden Sie, wie sich die Grafik in Ihren Text einfügen soll. Sie wählen dafür entweder eine feste Position auf dem Blatt oder bestimmen das Verhältnis zum Textumbruch.

1. Wenn es schnell gehen soll, markieren Sie den Clip und aktivieren das Register *Format* im Bereich *Bildtools*.

2. Klicken Sie auf die Schaltfläche *Position* und entscheiden Sie, an welcher Stelle auf der aktuellen Seite Ihr Clip erscheinen soll.

Bild 18.7: Die Position des Clips im Text auswählen

Wenn Sie Ihren Clip frei auf dem Blatt positionieren möchten, nutzen Sie den Befehl *Zeilenumbruch*.

Die folgende Tabelle erklärt die einzelnen Befehle in der Schaltfläche *Zeilenumbruch*:

Symbol	Beschreibung
	Mit Text in Zeile Die Grafik wird in der aktuellen Zeile angezeigt. Die vorherigen Zeilen werden im Abstand zur Größe der Grafik gezeigt.
	Quadrat Der Text fließt im Rechteck um die Grafik herum. Sie erkennen dies am besten, wenn Sie den Text mit Blocksatz (Strg +b)gestalten.
	Passend Der Text passt sich an die Konturen der Grafik an.
	Transparent Der Text scheint durch die Hintergrundfarbe des Bildes durch. Die Hintergrundfarbe können Sie selbst bestimmen.
	Oben und unten Die Grafik wird zwischen den Textzeilen angezeigt.

Symbol	Beschreibung
▦	*Hinter den Text* Die Grafik wird hinter den Text gelegt. Je nach Farbe der Grafik ist der Text noch lesbar.
▦	*Vor den Text* Die Grafik liegt über dem Text. Es kann passieren, dass der Text nicht mehr lesbar ist.
▦	*Rahmenpunkte bearbeiten* Durch Ziehen an den Rahmenpunkten wird der Abstand vom Text zur Grafik verändert.
▦	*Weitere Layoutoptionen* Öffnet das Fenster *Layout* mit weiteren Einstellungen.

Tabelle 18.1: Die Position der Grafik im Text

Den Text beeinflussen

Soll der Text um den Clip herumfließen, dann markieren Sie den Clip und führen die folgenden Schritte durch:

1. Klicken Sie auf dem Register *Format* auf die Schaltfläche *Zeilenumbruch*.

2. Wählen Sie den Befehl *Quadrat*.

Nun fließt der Text quadratisch um den Clip herum.

Tipp: Wenn Sie für den Text die Ausrichtung *Blocksatz* wählen, erkennen Sie das Quadrat besser.

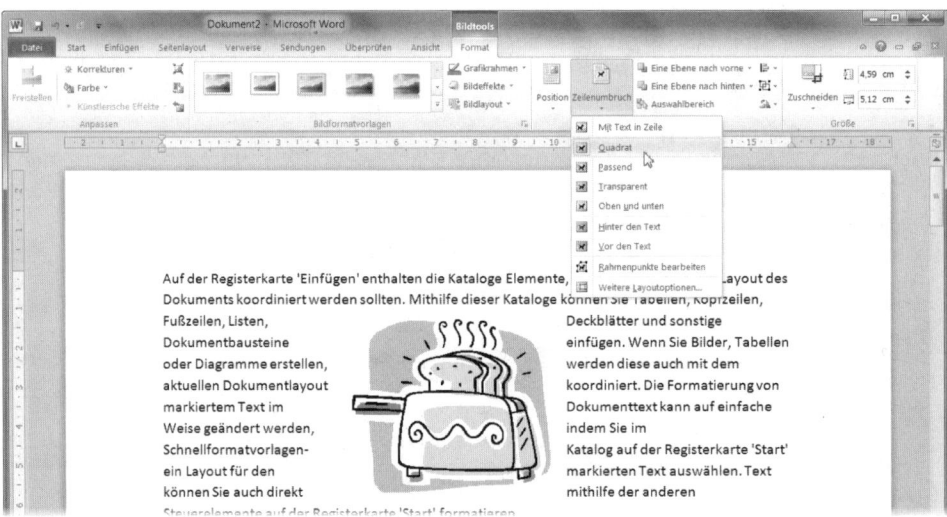

Bild 18.8: Der Clip im Dokument mit dem Textfluss *Quadrat*

Wenn Sie die Option *Passend* wählen, passt sich der Text an die Kontur der Grafik an.

Dokument2 - Microsoft Word
Bildtools
Datei
Start
Einfügen
Seitenlayout
Verweise
Sendungen
Überprüfen
Ansicht
Format
Korrekturen
Farbe
Künstlerische Effekte
Freistellen
Anpassen
Bildformatvorlagen
Grafikrahmen
Bildeffekte
Bildlayout
Position
Zeilenumbruch
Eine Ebene nach vorne
Eine Ebene nach hinten
Auswahlbereich
Zuschneiden
4,76 cm
4,69 cm
Größe
Mit Text in Zeile
Quadrat
Passend
Transparent
Oben und unten
Hinter den Text
Vor den Text
Rahmenpunkte bearbeiten
Weitere Layoutoptionen...
Formatierung von markiertem Text im Dokumenttext kann auf ein … erden,
indem Sie im Schnellformatvorlagen-Katalog auf der Registerkarte … n
markierten Text auswählen. Text können Sie auch direkt mithilfe d … nte auf
der Registerkarte 'Start' formatieren.
Die meisten Steuerelemente ermöglichen die Auswahl zwischen … en Designs
oder der direkten Angabe eines Formats. Wählen Sie neue Des … gisterkarte
'Seitenlayout' aus, um das generelle Layout des Dokuments zu ändern.
Verwenden Sie den Befehl zum Ändern des aktuellen Schnellformat-
vorlagensatzes, um die im Schnellformatvorlagen-Katalog ver-
fügbaren Formatvor-lagen zu ändern. Die Design- und die
Schnellformatvorlagen- Kataloge stellen beide Befehle zum
Zurücksetzen bereit, damit Sie immer die Möglichkeit haben, das
ursprüngliche Layout des Dokuments in der aktuellen Vorlage
wiederherzustellen. Auf der Registerkarte 'Einfügen' enthalten die
Kataloge Elemente, die mit dem generellen Layout des Dokuments
koordiniert werden sollten.

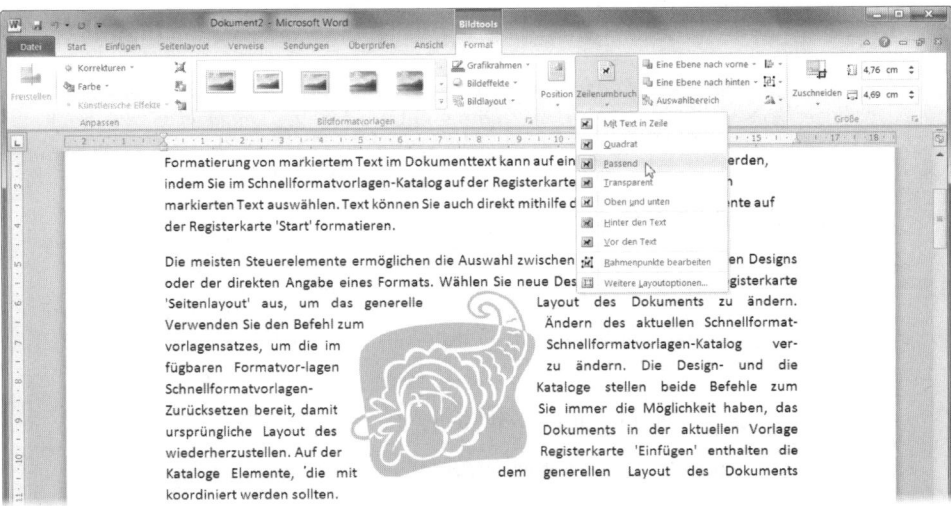

Bild 18.9: Der Clip im Dokument mit dem Textfluss *Passend*

Wenn Sie möchten, dass der Clip hinter dem Text angezeigt wird, dann wählen Sie den Eintrag *Hinter den Text.*

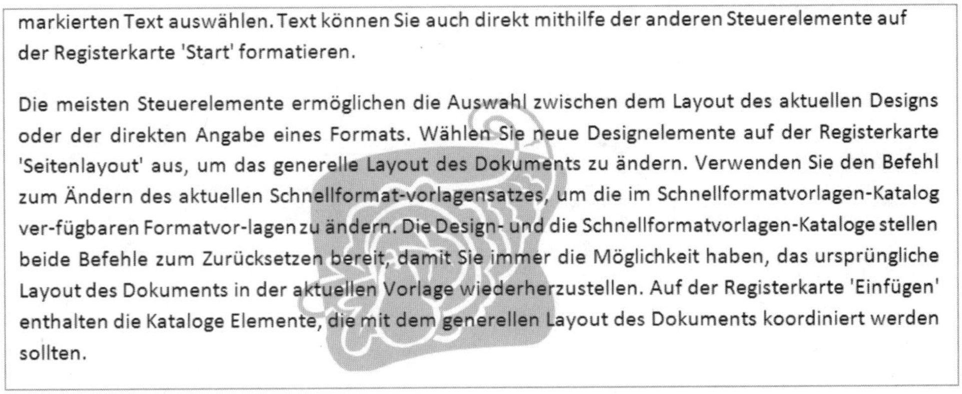

markierten Text auswählen. Text können Sie auch direkt mithilfe der anderen Steuerelemente auf
der Registerkarte 'Start' formatieren.
Die meisten Steuerelemente ermöglichen die Auswahl zwischen dem Layout des aktuellen Designs oder der direkten Angabe eines Formats. Wählen Sie neue Designelemente auf der Registerkarte 'Seitenlayout' aus, um das generelle Layout des Dokuments zu ändern. Verwenden Sie den Befehl zum Ändern des aktuellen Schnellformat-vorlagensatzes, um die im Schnellformatvorlagen-Katalog ver-fügbaren Formatvor-lagen zu ändern. Die Design- und die Schnellformatvorlagen-Kataloge stellen beide Befehle zum Zurücksetzen bereit, damit Sie immer die Möglichkeit haben, das ursprüngliche Layout des Dokuments in der aktuellen Vorlage wiederherzustellen. Auf der Registerkarte 'Einfügen' enthalten die Kataloge Elemente, die mit dem generellen Layout des Dokuments koordiniert werden sollten.

Bild 18.10: Der Clip hinter dem Text

Um den Clip wieder markieren zu können, wechseln Sie auf das Register *Start* und wählen über die Schaltfläche *Markieren* den Befehl *Objekte markieren.* Jetzt können Sie den Clip bearbeiten oder verschieben. Nach getaner Arbeit müssen Sie die Taste [Esc] drücken, um den Markierungspfeil wieder abzulegen.

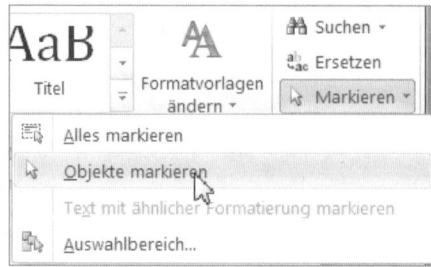

Bild 18.11: Hinter dem Text liegende Objekte können über *Objekte markieren* wieder nach vorne geholt werden. Beenden Sie die Funktion wieder mit ⌐Esc⌐.

18.1.3 Rahmen um die Grafik

Word bietet Ihnen eine große Anzahl von Rahmen an, die Sie um die Grafik ziehen können.

1. Markieren Sie die Grafik und aktivieren Sie das Register *Format* im Bereich *Bildtools*.

2. Klicken Sie auf den Listenpfeil im Bereich *Bildformatvorlagen*.

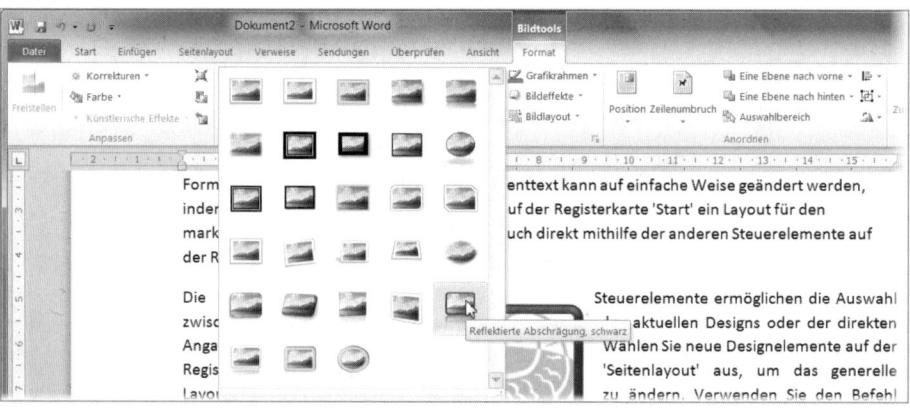

Bild 18.12: Fertige Rahmen um den Clip ziehen

3. Wählen Sie eine Vorlage aus.

Bild 18.13: Eine Bildformatvorlage mit einem dicken Rahmen und Schatten

4. Wenn Ihnen die Angebote im Bereich *Bildformatvorlagen* nicht reichen, öffnen Sie die Auswahl über das Feld *Bildeffekte*.

5. Hier können Sie verschiedene Effekte wie beispielsweise *Schatten* oder *Abschrägungen* auswählen.

6. Bei dem Effekt *Leuchten* legen Sie einen luftigen bunten Lichtschatten um die Grafik.

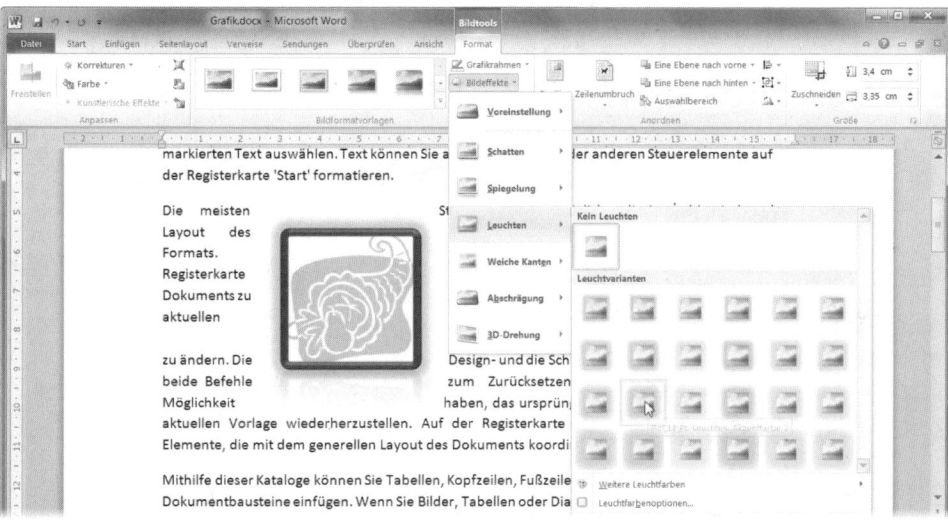

Bild 18.14: Bildeffekte, die Ihr Bild zum *Leuchten* bringen

18.1.4 Die Grafik im Text verankern

Die Grafik ist standardmäßig mit dem Absatz verbunden, in den sie eingefügt wurde. Das bedeutet, wenn Sie oberhalb der Grafik Text einfügen, rutscht sie auf dem Blatt mit dem Absatz weiter nach unten.

Wenn Sie die Formatierungszeichen eingeschaltet und die Grafik markiert haben, erkennen Sie an dem kleinen Anker vor dem Absatz, dass innerhalb dieses Absatzes eine Grafik verankert ist.

> ⚓ Die·meisten·Steuerelemente·ermöglichen·die·Auswahl·zwischen·dem·Layout·des·aktuellen·Designs·
> oder·der·direkten·Angabe·eines·Formats.·Wählen·Sie·neue·Designelemente·auf·der·Registerkarte·
> 'Seitenlayout'· aus,·um·das·generelle·Layout·des·Dokuments·zu·ändern.·Verwenden·Sie·den·
> Befehl· zum· Ändern· des· aktuellen· Schnellformat-vorlagensatzes,· um· die· im·
> Schnellformatvorlagen-Katalog· ver-fügbaren· Formatvor-lagen· zu· ändern.· Die· Design-· und· die·
> Schnellformatvorlagen-Kataloge·stellen·beide·Befehle·zum·Zurücksetzen·bereit,·damit·Sie·immer·die·
> Möglichkeit· haben,· das· ursprüngliche· Layout· des· Dokuments· in· der· aktuellen· Vorlage·
> wiederherzustellen.·Auf·der·Registerkarte·'Einfügen'·enthalten·die·Kataloge·Elemente,·die·mit·dem·
> generellen·Layout·des·Dokuments·koordiniert·werden·sollten.¶

Bild 18.15: Der Hinweis auf die verankerte Grafik im Absatz

Wenn Sie die Grafik genau auf dem Papier positionieren möchten, unabhängig vom umgebenden Text, dann führen Sie die folgenden Schritte durch.

1. Markieren Sie die Grafik, aktivieren Sie das Register *Format*, klicken Sie auf die Schaltfläche *Zeilenumbruch* und wählen Sie den Eintrag *Weitere Layoutoptionen*.

2. Aktivieren Sie das Register *Position*.

3. In den Bereichen *Horizontal* und *Vertikal* können Sie millimetergenau die Stelle auf dem Papier bestimmen, an der die Grafik stehen soll.

4. Deaktivieren Sie den Haken *Objekt mit Text verschieben*.

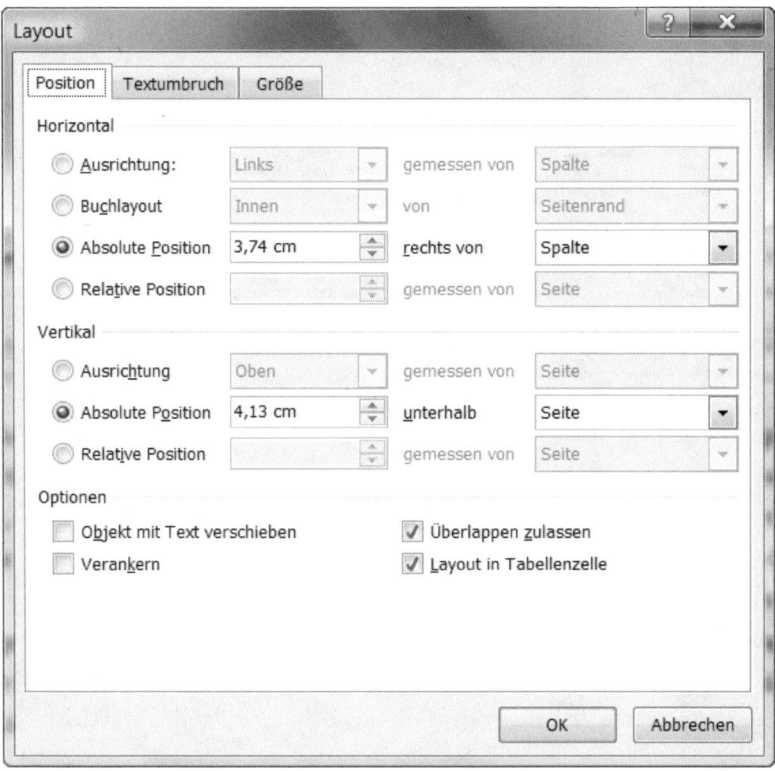

Bild 18.16: Einstellungen über das Fenster *Layout*

5. Bestätigen Sie mit *OK*.

Wenn Sie jetzt Text oberhalb des Absatzes einfügen, an dem die Grafik hängt, bleibt die Grafik an der aktuellen Position auf dem Papier stehen, auch wenn der Absatz auf die nächste Seite rutscht.

Trotzdem bleibt die Grafik mit diesem Absatz verbunden. Das bedeutet, wenn Sie den Absatz löschen, löschen Sie auch die Grafik.

Sie können die Grafik auch mit einem anderen Absatz verankern. Zeigen Sie einfach auf das Ankersymbol und ziehen Sie es an den gewünschten Absatz.

Wenn Sie möchten, dass eine Grafik fest mit einem Absatz verankert bleibt, dann öffnen Sie wieder das Fenster *Layout* und aktivieren den Haken *Verankert*.

Bestätigen Sie mit *OK*.

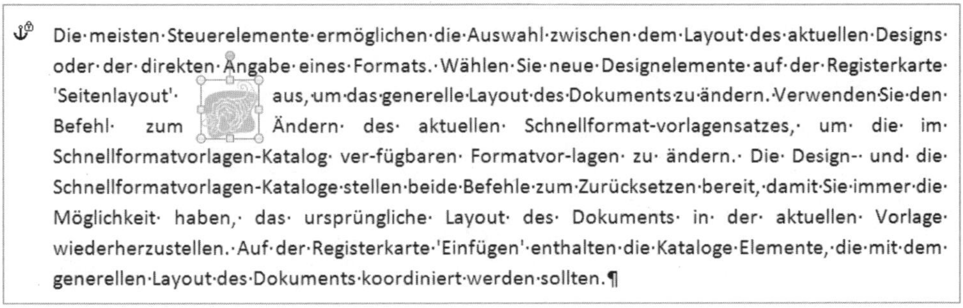

⚓ Die·meisten·Steuerelemente·ermöglichen·die·Auswahl·zwischen·dem·Layout·des·aktuellen·Designs· oder·der·direkten·Angabe·eines·Formats.·Wählen·Sie·neue·Designelemente·auf·der·Registerkarte· 'Seitenlayout'· aus,·um·das·generelle·Layout·des·Dokuments·zu·ändern.·Verwenden·Sie·den· Befehl· zum· Ändern· des· aktuellen· Schnellformat-vorlagensatzes,· um· die· im· Schnellformatvorlagen-Katalog· ver-fügbaren· Formatvor-lagen· zu· ändern.· Die· Design-- und· die· Schnellformatvorlagen-Kataloge·stellen·beide·Befehle·zum·Zurücksetzen·bereit,·damit·Sie·immer·die· Möglichkeit· haben,· das· ursprüngliche· Layout· des· Dokuments· in· der· aktuellen· Vorlage· wiederherzustellen.·Auf·der·Registerkarte·'Einfügen'·enthalten·die·Kataloge·Elemente,·die·mit·dem· generellen·Layout·des·Dokuments·koordiniert·werden·sollten.¶

Bild 18.17: Eine mit dem Absatz fest verbundene Grafik

An dem kleinen Schloss am Ankersymbol erkennen Sie, dass es jetzt nicht mehr verschoben werden kann. Das bedeutet, dass die Grafik mit dem Absatz verbunden bleibt.

18.2 Fotos einfügen und bearbeiten

Sie können in Ihr Dokument auch Fotos einfügen. Stellen Sie sich vor, Sie möchten einen Urlaubsschnappschuss in Ihren Text einfügen. Alles, was weiter oben bereits über die ClipArts beschrieben wurde, beispielsweise über den Textfluss, gilt auch für Fotos.

1. Setzen Sie den Cursor an die Stelle, an der Sie das Foto sehen möchten.

2. Aktivieren Sie das Register *Einfügen* und klicken Sie auf die Schaltfläche *Grafik*.

3. Wählen Sie das Laufwerk und den Ordner aus, in dem die Grafik gespeichert ist, markieren Sie die Datei und klicken Sie auf die Schaltfläche *Einfügen*.

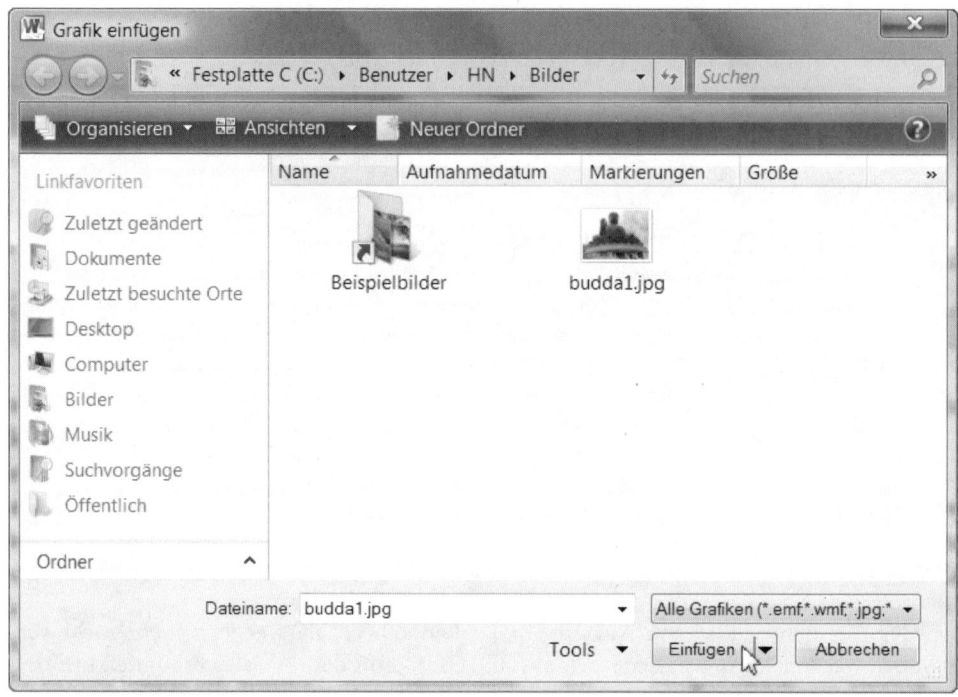

Bild 18.18: Ein Foto ins Dokument übernehmen

Auch ein Foto können Sie wie einen Clip durch Ziehen an den Größenziehpunkten verkleinern bzw. vergrößern.

Über die Schaltflächen *Position* und *Zeilenumbruch* bestimmen Sie auch hier, wie der Text um, über bzw. hinter dem Foto erscheinen soll.

Im Bereich *Anpassen* auf dem Register *Format* können Sie über die Schaltfläche *Korrekturen* die *Schärfe* bzw. den *Weichzeichner* aktivieren. Außerdem stellen Sie hier *Helligkeit* und *Kontrast* ein.

Über den Befehl *Farbe* können Sie den Farbton des Fotos neu bestimmen.

18.2.1 Die künstlerischen Effekte

Ein neuer Befehl in Word 2010 bietet die Schaltfläche *Künstlerische Effekte*. Hier können Sie Ihr Foto verfremden. Ziehen Sie mit der Maus über die Beispiele. Am Mauszeiger zeigt sich dann auch der Name des Effekts.

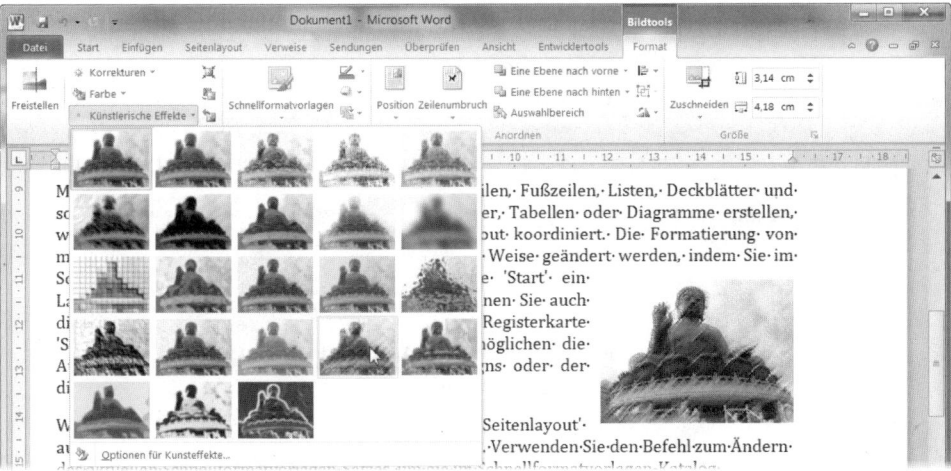

Bild 18.19: Ein Foto mit künstlerischen Effekten verfremden

Über den Befehl *Optionen für Kunsteffekte* können Sie weitere Einstellungen für den gewählten Effekt vornehmen.

18.3 Screenshots

Sie möchten ein Handbuch zu einer Software schreiben und zur besseren Erklärung auch Bildschirmabbildungen in Ihren Text einfügen. Word bietet Ihnen mit dem neuen Befehl *Screenshot* jetzt die Möglichkeit, Fenster oder auch nur Ausschnitte von Fenstern als Grafik in Ihr Dokument einzufügen.

18.3.1 Ganze Fenster abbilden

1. Öffnen Sie die Anwendung und die Datei, die Sie abbilden möchten.

2. Setzen Sie den Cursor an die Stelle, an der das Bild eingefügt werden soll.

3. Aktivieren Sie das Register *Einfügen* und klicken Sie auf die Schaltfläche *Screenshot*.

4. Im Bereich *Verfügbare Fenster* finden Sie alle aktivierten Fenster.

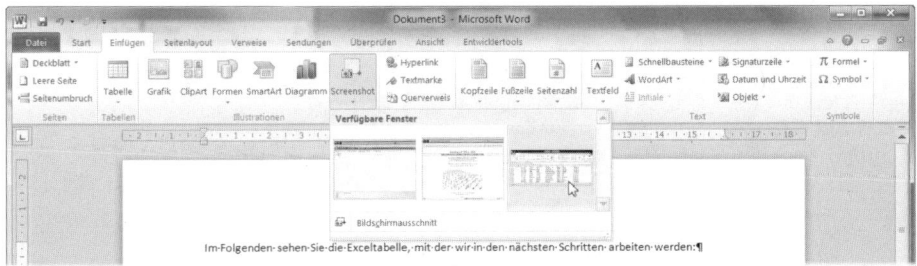

Bild 18.20: Alle zurzeit verfügbaren Fenster, die jetzt abgebildet werden können

5. Klicken Sie auf das Fenster, das Sie als Bild in Ihr Dokument einfügen möchten.

Sofort wird das Bild an der Cursorposition eingefügt.

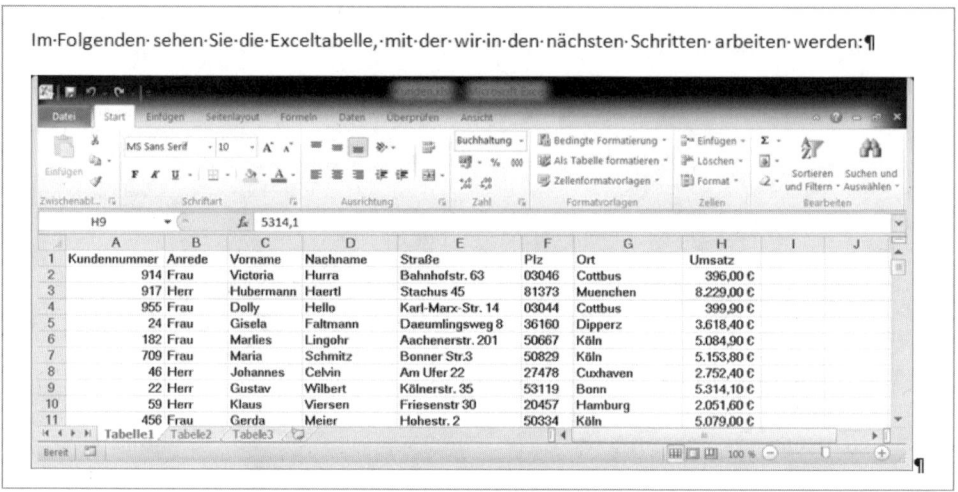

Bild 18.21: Das Bild im Word-Dokument

18.3.2 Teile eines Fensters abbilden

Diesmal wollen Sie nur einen Teil des Excel-Fensters in Ihr Word-Dokument einfügen.

1. Aktivieren Sie das Register *Einfügen* und klicken Sie auf die Schaltfläche *Screenshot*.

2. Klicken Sie auf den Befehl *Bildschirmabschnitt*.

3. Klicken Sie in die Taskleiste und wählen Sie mit einem Klick die gewünschte Anwendung aus.

Die Anwendung wird nur ganz schwach angezeigt.

4. Markieren Sie jetzt den Teil der Anwendung, den Sie abbilden möchten. Er wird jetzt deutlich angezeigt.

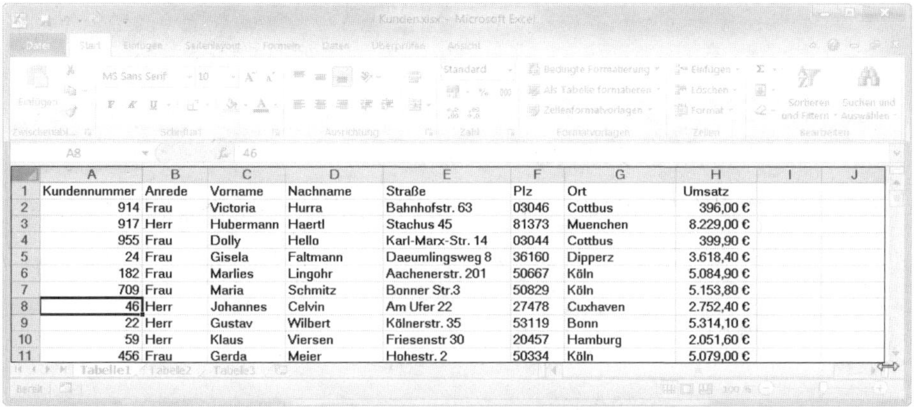

	A	B	C	D	E	F	G	H	I	J
1	Kundennummer	Anrede	Vorname	Nachname	Straße	Plz	Ort	Umsatz		
2	914	Frau	Victoria	Hurra	Bahnhofstr. 63	03046	Cottbus	396,00 €		
3	917	Herr	Hubermann	Haertl	Stachus 45	81373	Muenchen	8.229,00 €		
4	955	Frau	Dolly	Hello	Karl-Marx-Str. 14	03044	Cottbus	399,90 €		
5	24	Frau	Gisela	Faltmann	Daeumlingsweg 8	36160	Dipperz	3.618,40 €		
6	182	Frau	Marlies	Lingohr	Aachenerstr. 201	50667	Köln	5.084,90 €		
7	709	Frau	Maria	Schmitz	Bonner Str.3	50829	Köln	5.153,80 €		
8	46	Herr	Johannes	Celvin	Am Ufer 22	27478	Cuxhaven	2.752,40 €		
9	22	Herr	Gustav	Wilbert	Kölnerstr. 35	53119	Bonn	5.314,10 €		
10	59	Herr	Klaus	Viersen	Friesenstr 30	20457	Hamburg	2.051,60 €		
11	456	Frau	Gerda	Meier	Hohestr. 2	50334	Köln	5.079,00 €		

Bild 18.22: Der Zellbereich, der markiert wird, wird in Word eingefügt.

5. Sobald Sie die Maustaste loslassen, wird der Ausschnitt im Dokument an der Cursorposition angezeigt.

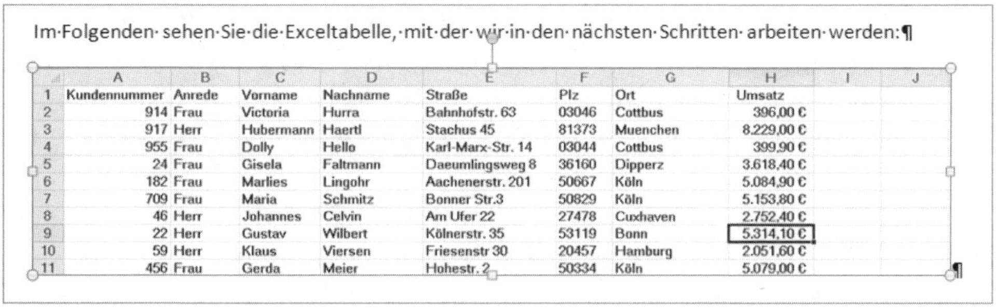

Bild 18.23: Der eingefügte Teil einer Excel-Tabelle

Dieses Stück einer Tabelle ist jetzt auch eine Grafik und kann als solche gestaltet und verändert werden.

18.4 Der Auswahlbereich

Über den neuen Auswahlbereich können Sie die Anzeige der Grafikelemente steuern. Im folgenden Beispiel befinden sich vier Grafikelemente in einem Dokument: ein Foto, eine AutoForm, ein Screenshot und eine ClipArt-Grafik.

1. Wenn Sie, um den Text besser bearbeiten zu können, diese Elemente temporär ausblenden möchten, aktivieren Sie den Bereich *Auswahl und Sichtbarkeit.*
2. Wählen Sie entweder über das Register *Start* an der Schaltfläche *Bearbeiten* die Befehlsfolge *Markieren / Auswahlbereich* oder markieren Sie eines der Grafikelemente. Aktivieren Sie das Register *Format* und klicken Sie auf die Schaltfläche *Auswahlbereich.*

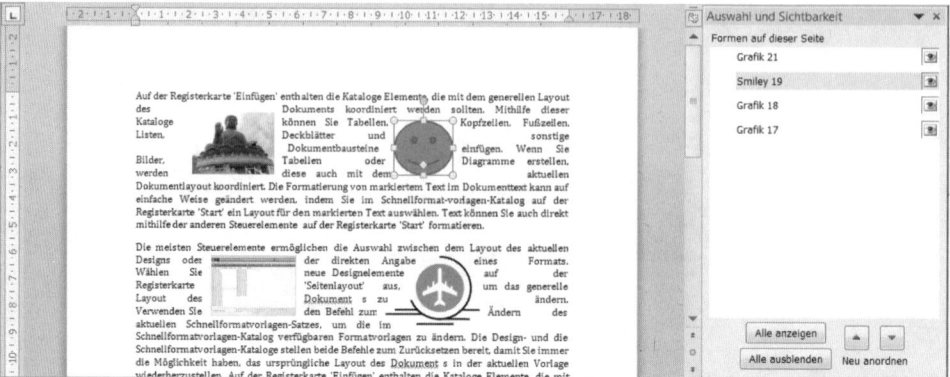

Bild 18.24: Der Auswahlbereich führt alle eingefügten Grafikelemente auf.

Mit einem Klick auf den Grafiknamen können Sie ihn ändern, damit Sie bei vielen Grafikelementen die Übersicht behalten.

18.4.1 Grafikelemente im Dokument aus- und einblenden

Wenn Sie jetzt alle Grafikelemente in einem Schritt ausblenden möchten, klicken Sie auf die Schaltfläche *Alle ausblenden*. Dann verschwinden die Grafikelemente im Text. Nur im Auswahlbereich erkennen Sie, dass und wie viele Grafikelemente sich im Text verstecken.

Um Grafikelemente einzeln ein- oder auszublenden, klicken Sie in der Auswahlliste auf das Kästchen neben dem Namen der Grafik.

In der folgenden Abbildung sind immer noch alle vier Grafikelemente im Dokument, es werden aber nur zwei angezeigt.

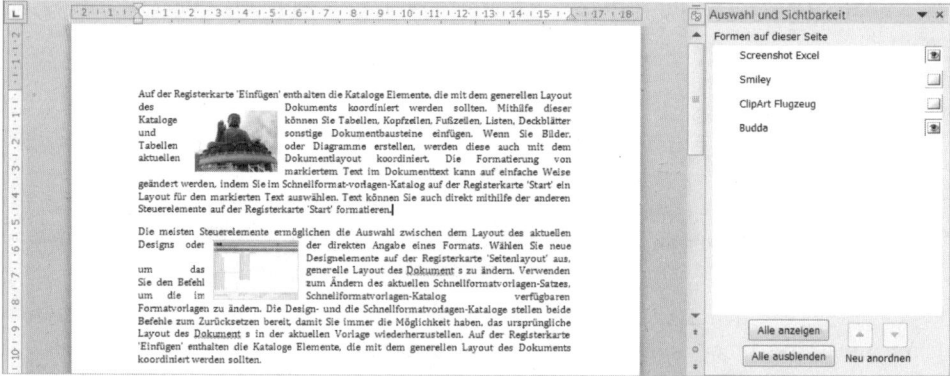

Bild 18.25: Der Auswahlbereich führt ALLE eingefügten Grafikelemente auf, auch wenn nicht alle sichtbar sind.

Wenn Sie auf einen Namen klicken, wird das zugehörige Element im Dokument markiert.

18.5 SmartArt-Grafiken einfügen und bearbeiten

Die SmartArt-Sammlung enthält Grafiken, die zur bildlichen Darstellung von Informationen dient. Word bietet Ihnen eine große Anzahl an fertigen Grafiken an, die Sie nur noch mit Ihren Informationen füllen müssen.

18.5.1 SmartArt-Grafik mit Text

1. Aktivieren Sie das Register *Einfügen* und klicken Sie auf die Schaltfläche *SmartArt*.

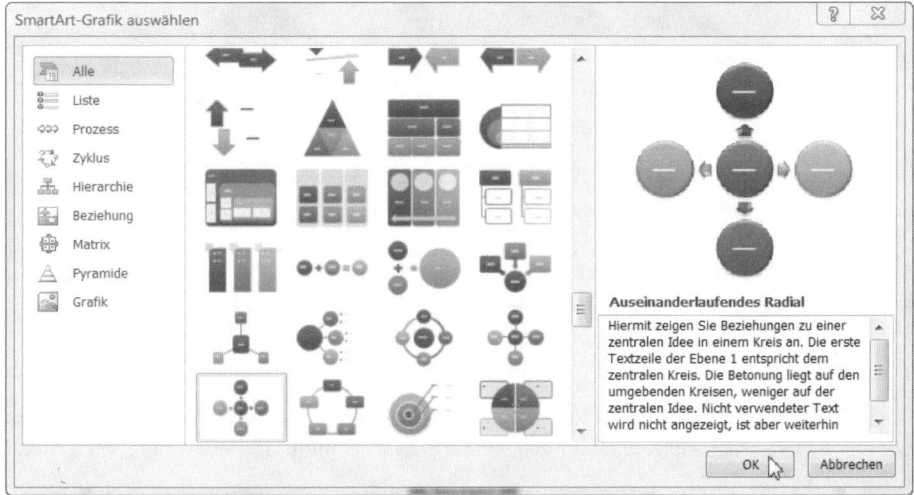

Bild 18.26: Eine SmartArt-Grafik auswählen

2. Wählen Sie aus den acht Kategorien eine Grafik aus und bestätigen Sie mit *OK*.

3. Wenn Sie die Grafik markieren, sehen Sie am linken mittleren Markierungsrahmen zwei Dreiecke. Um Ihren Text bequem in die Grafik einzugeben, klicken Sie einmal auf die beiden Dreiecke.

Der übergeordnete Punkt steht für den mittleren Kreis.

4. Klicken Sie auf das Wort *[Text]* und geben Sie hier den ersten Text ein.

5. Füllen Sie jetzt auch die restlichen Zeilen mit Text. Word verändert die Schriftgröße automatisch, sodass der Text in die Kreise passt.

6. Wenn Sie nur drei äußere Kreise benötigen, entfernen Sie eine Textzeile. Sollten Sie fünf äußere Kreise benötigen, markieren Sie eine Textzeile und drücken Eingabe.

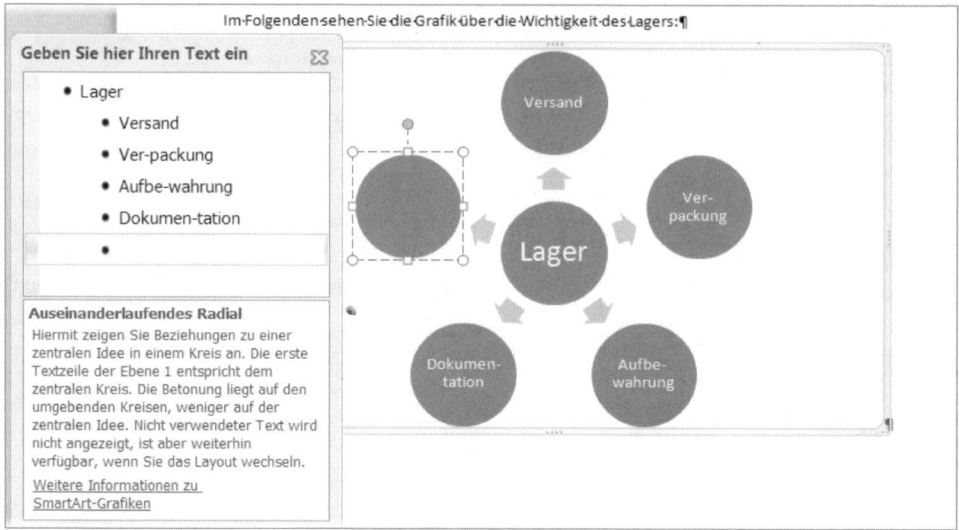

Bild 18.27: Die Grafik mit den Texten

Sie können, nachdem Sie Ihre Grafik mit Werten gefüllt haben, mit der weiteren Formatierung beginnen. Dazu stehen Ihnen die Register *Entwurf* und *Format* im Bereich *SmartArt-Tools* zur Verfügung.

Auf dem Register *Entwurf* können Sie über die Schaltfläche *Layout ändern* eine andere Darstellung für Ihre Grafik wählen. Die von Ihnen bereits eingegebenen Texte werden übernommen. Mit dem Befehl *Farben ändern* können Sie zwischen verschiedenen Farbmustern wählen.

Im Listenfeld der *SmartArt-Formatvorlagen* können Sie einige 3-D-Effekte für Ihre Kreise auswählen. Zeigen Sie mit der Maus auf den gewünschten Effekt, um in der Livevorschau das zu erwartende Ergebnis zu begutachten.

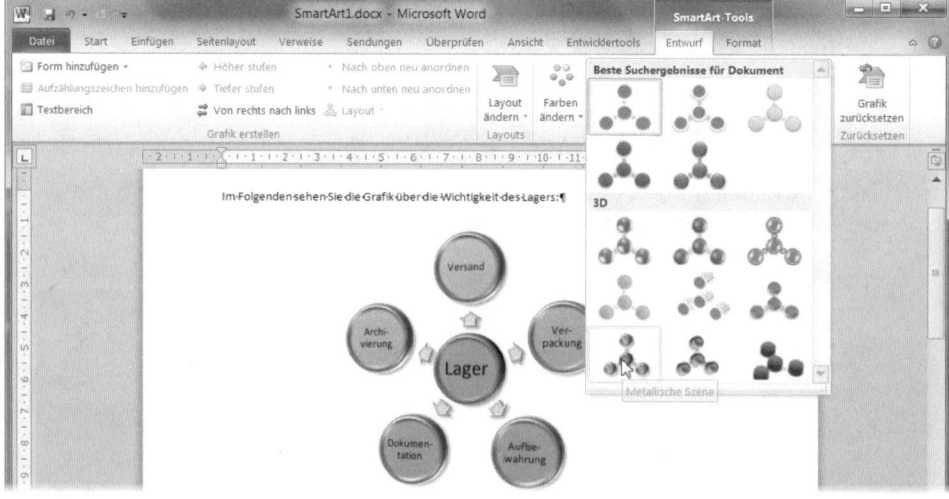

Bild 18.28: Die *SmartArt-Formatvorlagen* in der Livevorschau

Auf dem Register *Format* können Sie die Größe und die Farben der markierten Elemente der Grafik ändern.

18.5.2 SmartArt mit Bildern

Eine neue Funktionalität bietet die Möglichkeit, Bilder bzw. Fotos in SmartArt-Grafiken einzufügen.

1. Aktivieren Sie das Register *Einfügen* und klicken Sie auf die Schaltfläche *SmartArt*.

2. Markieren Sie die Kategorie *Grafik* und wählen Sie ein Muster aus.

3. Doppelklicken Sie auf das Symbol *Grafik einfügen* und wählen Sie die gewünschte Datei aus.

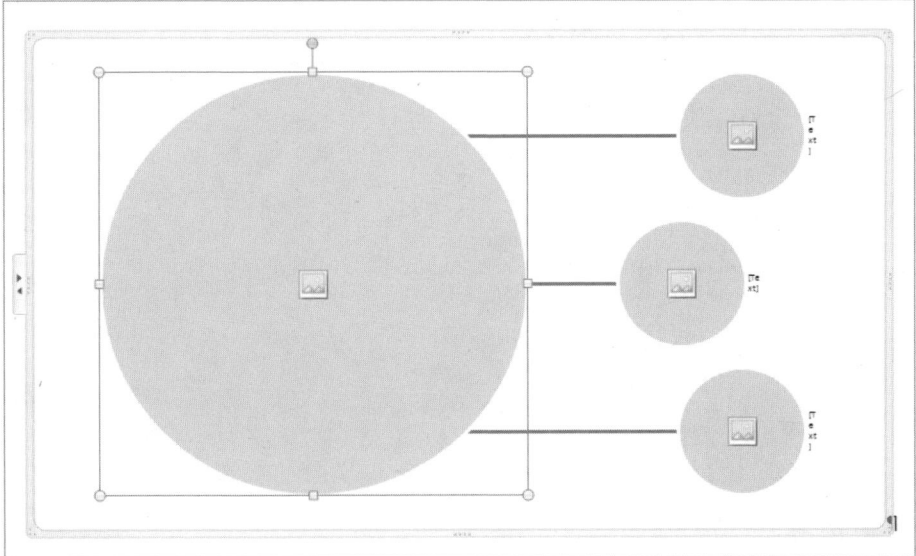

Bild 18.29: Die Grafik mit den Platzhaltern für die Bilder

4. Doppelklicken Sie auf das Symbol *Grafik einfügen* und wählen Sie die gewünschte Datei aus.

Bild 18.30: SmartArt-Grafik mit Bildern

19 Weitere Hilfen bei der Textbearbeitung

⊡ Download-Link

www.buch.cd

Hier finden Sie alle Beispieldateien übersichtlich nach Kapiteln sortiert.

In diesem Kapitel lernen Sie Bereiche von Word kennen, mit denen Sie sehr zeitsparend arbeiten können. Mit Feldern können Sie beispielsweise Ihre Texte automatisieren. So müssen Sie das Datum nicht mehr tippen, sondern lassen es von Word automatisch einfügen. Mit der Gliederungsfunktion lassen sich Texte übersichtlich darstellen. Der Schnellbaustein fügt auf Wunsch auch umfangreiche Texte ein. Mit Textfeldern schreiben Sie Text an jede Stelle Ihres Dokuments.

19.1   Felder

In diesem Buch sind in vielen Kapiteln Felder vorgestellt worden. Felder können das aktuelle Datum, die Anzahl der Wörter im Dokument und vieles mehr anzeigen. In diesem Abschnitt lesen Sie, was Felder sonst noch leisten.

Wichtiges zu den Feldern

Felder werden nicht automatisch aktualisiert. Das ist sehr wichtig zu wissen, es wurde im Buch auch immer wieder darauf hingewiesen.

Felder werden bei folgenden Aktionen aktualisiert:

- Beim Öffnen des Dokuments.
- Durch Drücken von F9 .
- Im Kontextmenü mit dem Befehl *Felder aktualisieren*.

Außerdem können Sie in Word einstellen, dass vor jedem Druck die Felder aktualisiert werden.

1. Öffnen Sie über das Menü *Datei* und den Befehl *Optionen* das Fenster *Word-Optionen*. Aktivieren Sie den Bereich *Anzeigen* und stellen Sie die Option *Felder vor dem Drucken aktualisieren* ein.

2. Bestätigen Sie mit *OK*.

> **Tipp:** Auch wenn Sie in die Seitenansicht wechseln, werden alle Felder im Dokument aktualisiert.

19.1.1 Die Tastenkombinationen

Beim Umgang mit den Word-Feldern ist die Kenntnis einiger Tastenkombinationen sehr wichtig, deshalb führen wir diese zu Beginn auf.

Taste(n)	Bedeutung
F9	Aktualisiert ein Feld
Umschalt + F9	Zeigt die Funktion hinter dem markierten Feld, bei erneuter Auswahl wird wieder das Ergebnis gezeigt.
Alt + F9	Zeigt die Funktionen hinter allen Feldern, bei erneuter Auswahl werden die Ergebnisse wieder gezeigt.
Strg + Umschalt + F9	Macht aus einem Feld einen Text. Aktualisierungen sind mit F9 nicht mehr möglich.
F11	Setzt den Cursor von einem Feld zum nächsten.
Umschalt + F11	Setzt den Cursor zum vorherigen Feld.
Strg + F11	Sperrt ein Feld vor Aktualisierung.
Strg + Umschalt + F11	Hebt die Sperrung eines Feldes wieder auf.
Strg + F9	Erzeugt ein leeres Feld { }.

Tabelle 19.1: Tastenkombinationen für die Bearbeitung von Feldfunktionen

19.1.2 Datum und Uhrzeiten

Die klassischen Felder in Word sind die Felder zum Datum und zur Uhrzeit.

1. Klicken Sie auf das Register *Einfügen* auf die Schaltfläche *Datum und Uhrzeit* .

2. Markieren Sie Ihr Wunschformat.

3. Stellen Sie sicher, dass das Feld *Automatisch aktualisieren* aktiviert ist.

4. Bestätigen Sie mit *OK*.

Jetzt erscheint an der Cursorposition das aktuelle Datum bzw. das Datum, welches Ihr Computer für das aktuelle Datum hält.

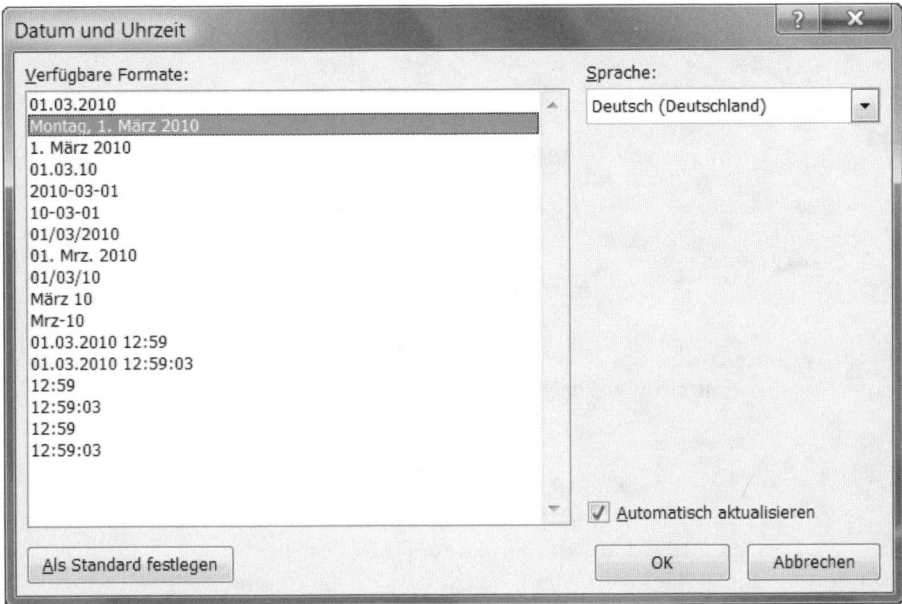

Bild 19.1: Ein Datum auswählen

Tipp: Sie ändern das Systemdatum Ihres Computers mit einem Doppelklick auf das Datum rechts unten am Bildschirm, wenn Sie die Berechtigung haben.

Die Farbe der Felder

Wenn Sie nun auf das Datum klicken, färbt sich der Hintergrund grau.

1. Öffnen Sie über das Menü *Datei* und den Befehl *Optionen* das Fenster *Word-Optionen*. Aktivieren Sie die Kategorie *Erweitert* und sehen Sie sich den Inhalt des Feldes *Feldschattierung* im Bereich *Dokumentinhalt anzeigen* an.

2. Im Feld *Feldschattierung* entscheiden Sie, wie ein Feld gezeigt werden soll.
   Nie: Sie merken gar nicht, ob der Text ein Feld ist.
   Immer: Alle Felder sind immer grau hinterlegt.
   Wenn ausgewählt: Wenn ein Feld markiert ist, dann erscheint die graue Farbe. Dies ist die Standardeinstellung.

3. Bestätigen Sie Ihre Wahl mit *OK*.

19.1.3 Die Feldfunktionen

Hinter jedem Feld verbirgt sich eine Funktion.

Um die Funktion zu sehen, klicken Sie mit der rechten Maustaste auf das Feld und wählen den Befehl *Feldfunktionen ein/aus*.

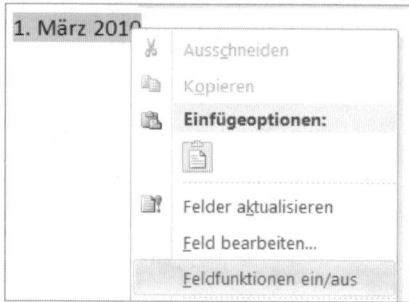

Bild 19.2: Das Kontextmenü zu einem Feld

Als Alternative können Sie das Feld auch markieren und mit der Tastenkombination Umschalt + F9 zur Funktion wechseln.

`{ TIME \@ "d. MMMM yyyy" }` **Bild 19.3:** Die Feldfunktion

Sie erkennen, dass dieses Feld aus der Funktion TIME besteht. Das »d« bedeutet, dass der Tag nur einstellig gezeigt wird. Der Zwanzigste wird als 20. und der Erste wird als 1. und nicht als 01. gezeigt.

Wenn Sie dies ändern möchten, lesen Sie hier weiter.

Ein Feld verändern

Wie bereits oben beschrieben, können Sie die Darstellung der Felder ändern. Sollte Ihnen im Fenster *Datum und Uhrzeit* kein Format wirklich gefallen, dann wählen Sie das Format, das Ihnen am ehesten zusagt.

Gehen wir davon aus, dass Sie das eben beschriebene Datumsformat gewählt haben und dass Sie das folgende Datum sehen.

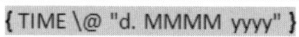

`1. März 2010`

Sie wünschen allerdings das folgende Format:

`01.März 2010`

1. Lassen Sie sich die Funktion anzeigen, entweder mit der Tastenkombination Umschalt + F9 oder im Kontextmenü mit dem Befehl *Feldfunktionen ein/aus*.

2. Tippen Sie hinter dem *d* ein weiteres *d*. Damit geben Sie an, dass beispielsweise beim Ersten eines Monats 01. gezeigt wird.

   `{ TIME \@ "dd.MMMM yyyy" }`

3. Lassen Sie sich wieder das Datum anzeigen, entweder mit der Tastenkombination Umschalt + F9 oder im Kontextmenü mit dem Befehl *Feldfunktionen ein/aus*.

4. Drücken Sie nun noch die Taste F9, um das Feld zu aktualisieren.

   `01. März 2010`

Nun wird das Feld in Ihrem gewünschten Format gezeigt.

Die folgende Tabelle gibt Aufschluss darüber, wie Sie Ihr Datum auch noch darstellen können:

Format	Beispiel: 01.01.2010	Beispiel: 31.12.2010
"dd.MM.yy"	01.01.10	31.12.10
"d.M.yy"	1.1.10	31.12.10
"dd.MMM.yyyy"	01.Jan.2010	31.Dez.2010
"dd. MMMM yyyy"	01. Januar 2010	31. Dezember 2010
"dddd, 'den 'dd.MM.yyyy"	Montag, den 01.01.2010	Montag, den 31.12.2010

Tabelle 19.2: Optionen für die Formatierung von Datumswerten

> **Tipp:** Die "M" für die Monate müssen immer großgeschrieben werden, da Word sonst annimmt, es handelte sich um Minuten.

Sie haben gesehen, wie Sie einzelne Teile eines Datums miteinander kombinieren können. Wenn Sie einen Text mit ins Datum nehmen möchten, müssen Sie den Text in Hochkommas ⌑ setzen.

19.1.4 Felder zur Dokumentautomation

Anzahl der Wörter im Dokument

Werden Sie bei einer Arbeit nach geschriebenen Wörtern bezahlt, dann ist es wichtig, die genaue Anzahl zu erhalten. Setzen Sie dazu das Feld *NumWords* ein.

1. Setzen Sie den Cursor an die Stelle, an der die Zahl gleich erscheinen soll.

2. Klicken Sie auf dem Register *Einfügen* auf die Schaltfläche *Schnellbausteine* und wählen Sie den Eintrag *Feld*.

3. Markieren Sie im Feld *Feldnamen* den Eintrag *NumWords*.

4. Wenn Sie wollen, markieren Sie noch ein numerisches Format.

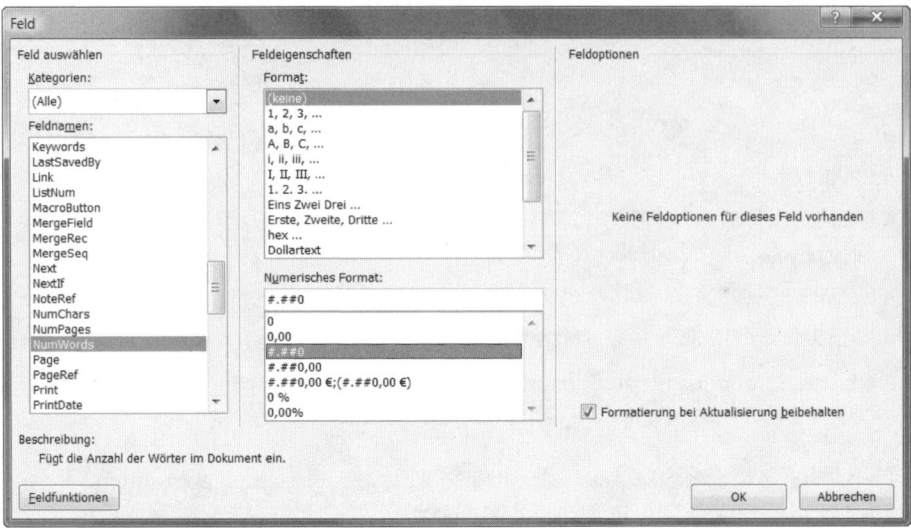

Bild 19.4: Das Feld *NumWords*

5. Bestätigen Sie mit *OK*.

Nun sehen Sie die Anzahl der Wörter. Denken Sie daran, dass Sie mit F9 das Feld aktualisieren, wenn Sie den Text erweitert haben.

Tipp: Neben dem Feld *NumWords* gibt es das Feld *NumChar*, das die Anzahl der Zeichen ohne die Leerzeichen ausgibt.

Dokumentname und Pfad

Manchmal benötigen Sie den Dateinamen mit der Angabe zum Pfad im Dokument.

1. Klicken Sie auf der Programmregisterkarte *Einfügen* auf die Schaltfläche *Schnellbausteine* und wählen Sie den Eintrag *Feld*.

2. Markieren Sie im Feld *Feldnamen* den Eintrag *FileName*.

3. Markieren Sie das gewünschte Format.

4. Stellen Sie sicher, dass der Haken bei *Pfad zum Dateiname hinzufügen* gesetzt ist.

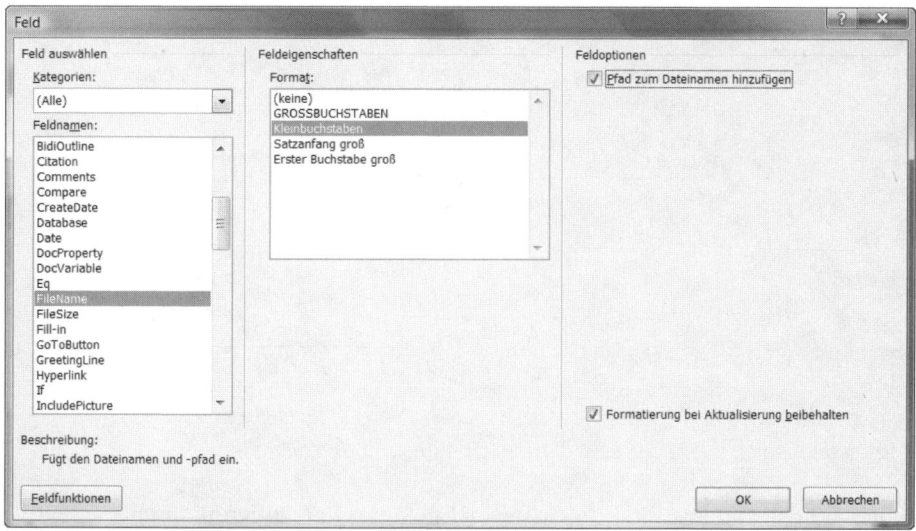

Bild 19.5: Den Dateinamen mit Pfad in Kleinbuchstaben

5. Bestätigen Sie mit *OK.*

Denken Sie daran, dass Sie mit $\boxed{\text{F9}}$ das Feld aktualisieren müssen, wenn sich der Dateiname ändert.

19.2 Schnellbausteine

Schnellbausteine sind Ihnen vielleicht unter den Namen Autotext oder auch Textbausteine bereits aus früheren Word-Versionen bekannt. Sie dienen Ihnen zur schnelleren Eingabe von Text. Sie können Texte, die Sie immer wieder benötigen, als Schnellbausteine abspeichern und jederzeit einfügen, ohne sie erneut tippen zu müssen. Die Möglichkeiten sind auch hier vielfältig. Schnellbausteine können sich auf einzelne Wörter beschränken oder ganze Dokumentpassagen mit aufwendigen Formatierungen enthalten. Eine große Auswahl von Schnellbausteinen ist bereits im Lieferumfang von Word enthalten.

Die mitgelieferten Schnellbausteine sind in Katalogen gespeichert, die Word Ihnen in den jeweiligen Registern zur Auswahl anbietet. Als Beispiel zeigt die folgende Abbildung die Schnellbausteine zur Kopfzeile, die Sie in der Gruppe *Kopf- und Fußzeilen* auf dem Register *Einfügen* finden.

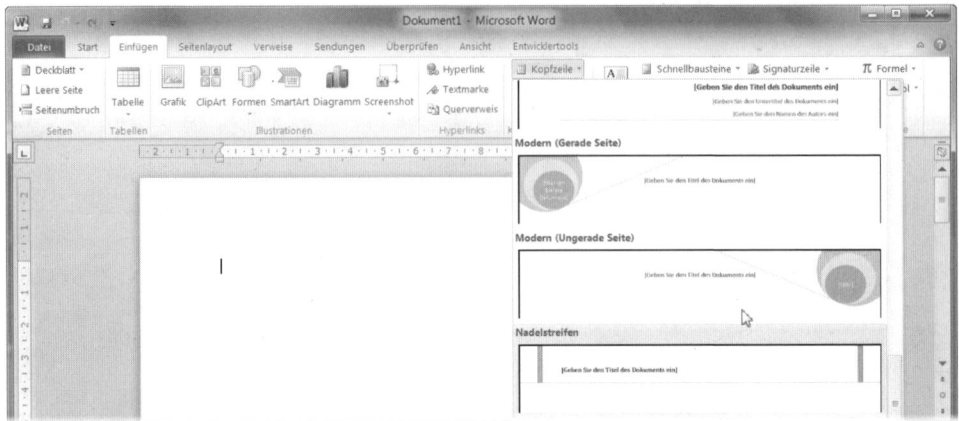

Bild 19.6: Eine Auswahl der Schnellbausteine im Katalog *Kopfzeile*

Innerhalb der Kataloge sind die Schnellbausteine in Kategorien unterteilt. Einen Überblick über alle vorhandenen Schnellbausteine und die Kategorien und Kataloge, denen sie zugeordnet sind, können Sie sich im *Organizer für Bausteine* verschaffen.

Schauen Sie sich dieses Angebot einmal an:

1. Wechseln Sie dafür in das Register *Einfügen* und klicken Sie in der Gruppe *Text* auf die Schaltfläche *Schnellbausteine*.

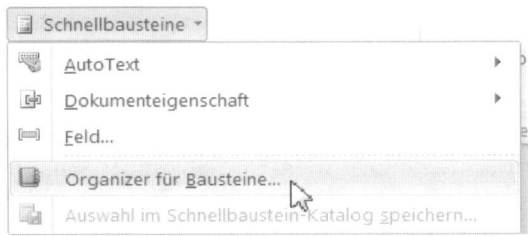

Bild 19.7: Schnellbausteine

2. Klicken Sie auf die Zeile *Organizer für Bausteine*.

Im nun geöffneten Fenster *Organizer für Bausteine* sehen Sie links immer die Liste der zurzeit vorhandenen Schnellbausteine mit folgenden Informationen:

- Name   Der Name des Schnellbausteins

- Katalog   Bezeichnung des Katalogs, der Liste, der dieser Schnellbaustein zugeordnet ist

- Kategorie   Name der Kategorie (Unterteilung) innerhalb eines Katalogs

- Vorlage   Name der Dokumentenvorlage, in der dieser Baustein gespeichert ist

- Verhalten   Beschreibung der Einfügeoptionen, mit denen der Schnellbaustein in ein Dokument eingefügt wird

- Beschreibung Erklärender Text zum Schnellbaustein als optionale Information.

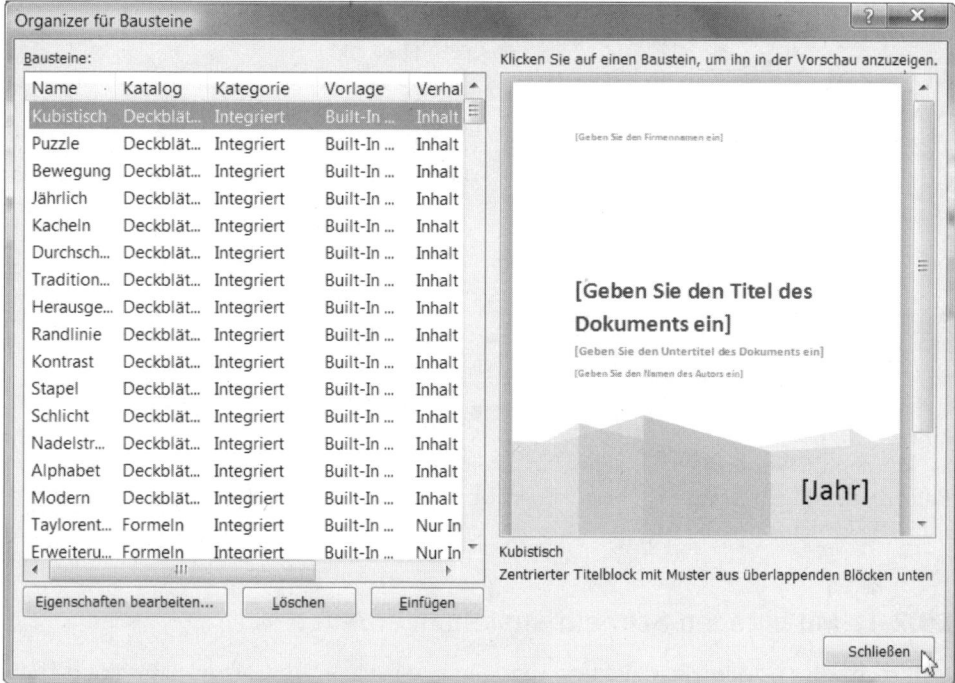

Bild 19.8: Der Organizer für Bausteine

Sie können diese Auflistung der Bausteine nach jeder Spalte sortieren. Sobald Sie einen Schnellbaustein in der Liste angeklickt haben, wird Ihnen der Inhalt im rechten Vorschaufenster angezeigt.

Wenn Sie auf die Schaltfläche *Einfügen* klicken, wird der Schnellbaustein an der aktuellen Cursorposition in Ihr Dokument eingefügt. Über die Schaltfläche *Löschen* entfernen Sie einen Schnellbaustein endgültig aus der Dokumentenvorlage. Sicherheitshalber erfolgt vor dem endgültigen Löschen noch einmal eine Abfrage.

Über die Schaltfläche *Eigenschaften bearbeiten* öffnen Sie das folgende Fenster, in dem Sie die Zuordnung und Beschreibung und auch den Namen des Schnellbausteins verändern können:

Bild 19.9: Eigenschaften für Schnellbausteine ändern

Sie können die vordefinierten Schnellbausteine jedoch nicht nur über den *Organizer für Bausteine* einfügen, sondern überall dort, wo Ihnen einer der Kataloge angeboten wird, auch auswählen.

19.2.1 Mit eigenen Schnellbausteinen arbeiten

Natürlich ist es noch viel effizienter, wenn Sie sich ganz auf Ihre Ansprüche zugeschnittene eigene Schnellbausteine definieren. Dies ist hilfreich, wenn Sie bestimmte Textpassagen immer wieder tippen müssen oder wenn Sie Ihre eigenen Kopf- und Fußzeilen abspeichern möchten. Eventuell legen Sie sogar ganze Dokumentabschnitte, wie Lieferbedingungen, AGBs oder Bestellformulare in Tabellenform, als Schnellbaustein ab, um sie jederzeit an ein beliebiges Dokument anhängen zu können.

Ihre eigenen Schnellbausteine können Sie den bestehenden Katalogen zuordnen oder in benutzerdefinierte Kataloge speichern. Innerhalb der Kataloge können Sie darüber hinaus eigene, neue Kategorien bilden.

Einen eigenen Schnellbaustein erstellen

1. Markieren Sie den Text, der als Schnellbaustein gespeichert werden soll.

2. Klicken Sie in das Register *Einfügen* und in der Gruppe *Text* auf die Schaltfläche *Schnellbausteine*. In der geöffneten Liste wählen Sie die Zeile *Auswahl im Schnellbaustein-Katalog speichern*:

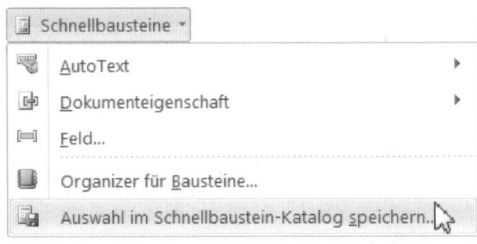

Bild 19.10: Einen eigenen Eintrag erstellen

3. Im Fenster *Neuen Baustein erstellen* geben Sie dem Baustein einen Namen und ordnen ihn einem Katalog und einer Kategorie zu. Entscheiden Sie im Feld *Speichern in*, in welcher Dokumentvorlage der Baustein gespeichert werden soll. Als Voreinstellung ist die *Building Blocks.dotx* eingestellt, Sie können jedoch auch die *Normal.dotx* auswählen. Geben Sie noch eine kurze Beschreibung ein und legen Sie in den Optionen fest, ob der Baustein in einem neuen Absatz oder auf einer neuen Seite oder ob nur der Inhalt eingefügt werden soll.

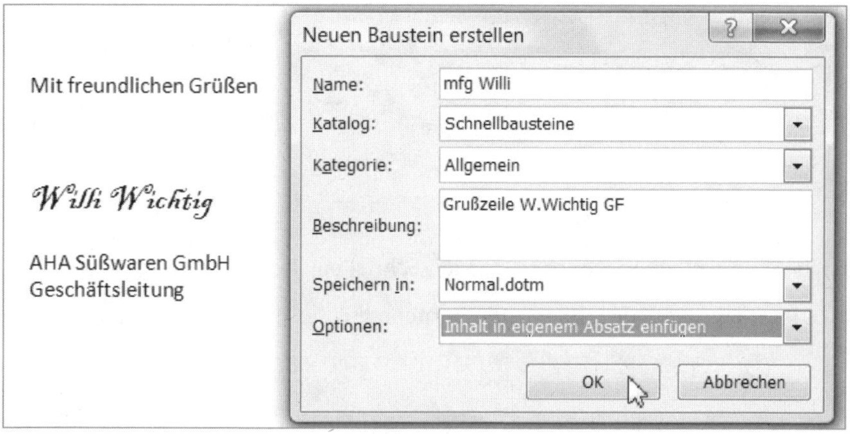

Bild 19.11: Einen eigenen Eintrag erstellen

4. Bestätigen Sie mit einem Klick auf die Schaltfläche *OK*.

Nun schließt sich das Fenster und der neue Schnellbaustein ist gespeichert.

Tipp: Sie können das Fenster *Neuen Baustein erstellen* auch mit der Tastenkombination [Alt]+[F3] öffnen, nachdem Sie den Text für den neuen Baustein markiert haben.

Einen eigenen Schnellbaustein-Eintrag einsetzen

Wenn Sie den Schnellbaustein jetzt einsetzen möchten, positionieren Sie den Cursor an die Stelle, an der er eingefügt werden soll.

1. Klicken Sie auf dem Register *Einfügen* auf die Schaltfläche *Schnellbausteine*.

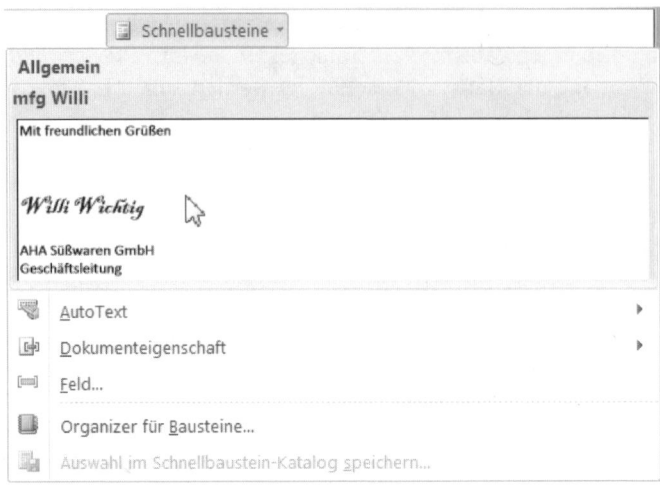

Bild 19.12: Den eigenen Eintrag auswählen

Im Bereich *Allgemein* sehen Sie Ihren eigenen Schnellbaustein.

2. Mit einem Klick auf den Baustein übernehmen Sie den gewünschten Text in Ihr Dokument.

> **Tipp:** Sie können Ihre eigenen Schnellbausteine auch in die bestehenden Kataloge speichern, sodass sie Ihnen nicht in dieser Liste *Schnellbausteine*, sondern im jeweiligen thematischen Kontext zusammen mit den mitgelieferten Schnellbausteinen angeboten werden.

Schnellbausteine in andere Kataloge speichern und von dort einsetzen

Wir haben ein Deckblatt für die Seminarunterlagen der Produktschulungen der AHA Süßwaren GmbH erstellt und möchten es in den Katalog *Deckblätter* mit aufnehmen.

1. Erfassen Sie alle Informationen und gestalten Sie das Deckblatt. Markieren Sie anschließend das gesamte Deckblatt, das gleich der Schnellbaustein sein soll.

2. Wählen Sie im Register *Einfügen* über die Schaltfläche *Schnellbausteine* den Befehl *Auswahl im Schnellbaustein-Katalog speichern*.

3. Vergeben Sie einen Namen und eine Beschreibung für Ihr Deckblatt, wählen Sie im Feld *Katalog* den Eintrag *Deckblätter* aus und legen Sie im Feld *Optionen* fest, dass der Schnellbaustein auf einer eigenen Seite eingefügt werden soll.

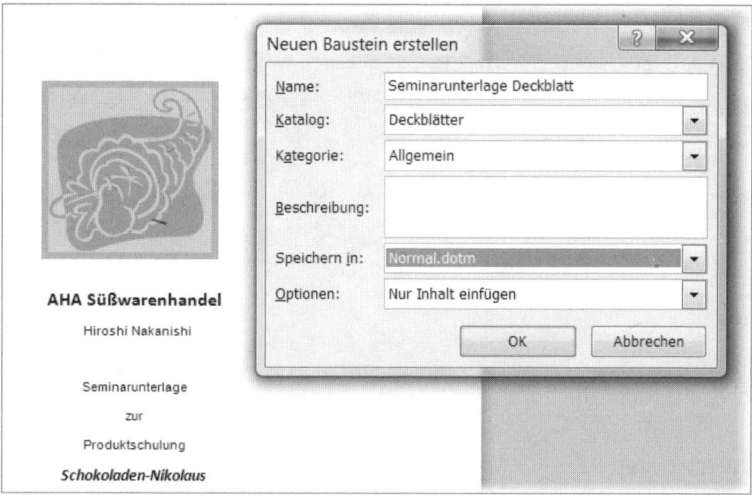

Bild 19.13: Einen Schnellbaustein in den Katalog *Deckblätter* aufnehmen

4. Bestätigen Sie mit *OK*.

Sie finden Ihr eigenes Deckblatt ab jetzt auf dem Register *Einfügen* im Katalog *Deckblätter*.

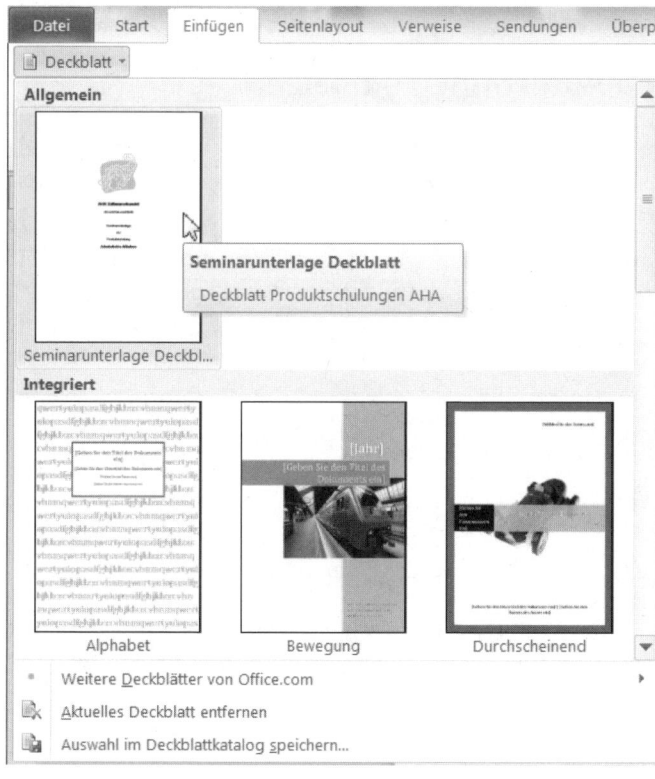

Bild 19.14: Eigener Schnellbaustein im Katalog *Deckblätter*

Mit Abkürzungen arbeiten

Wenn Ihnen der Griff zur Maus beim Einfügen eines Schnellbausteins zu lästig ist, nutzen Sie die Variante mit den Kürzeln, die es bereits seit vielen Word-Versionen gibt.

1. Markieren Sie den gewünschten Text, der gleich der Schnellbaustein sein soll.

2. Wählen Sie auf dem Register *Einfügen* über die Schaltfläche *Schnellbausteine* den Befehl *Auswahl im Schnellbaustein-Katalog speichern.*

3. Tippen Sie ins Feld *Name* das gewünschte Kürzel ein.

4. Bestätigen Sie mit *OK.*

Um den Schnellbaustein in Ihr Dokument einzufügen, brauchen Sie jetzt nur noch das Kürzel zu tippen und direkt im Anschluss die Taste F3 zu drücken.

Schnellbausteine sortieren

Wenn Sie erst einmal Geschmack an den Schnellbausteinen gefunden haben, kann der Katalog der Schnellbausteine sehr schnell sehr groß werden. Damit Sie dennoch den Überblick nicht verlieren, können Sie die Bausteine thematisch in eigenen Kategorien zusammenfassen. Dabei legen Sie je nach Bedarf beim Erstellen der neuen Bausteine eine neue Kategorie an und ordnen alle zusammengehörigen Bausteine derselben Kategorie zu.

19.3 Textfelder und AutoFormen einsetzen

Mithilfe eines Textfeldes schreiben Sie Ihren Text innerhalb Ihres Dokuments an jede Stelle. Möchten Sie beispielsweise ganz links oben auf Ihrem Papier einen Text schreiben, machen Sie dies am besten mit einem Textfeld.

Word bietet verschiedene Textfelder an. Neben dem klassischen rechteckigen Textfeld können Sie die meisten AutoFormen als Textfeld nutzen. So kann beispielsweise auch ein Herz ein Textfeld sein. Neuerdings bietet Word Ihnen auch fertige Textfelder an, die zum Teil eine ganze Seite ausfüllen.

19.3.1 Textfelder und AutoFormen zeichnen

Sie konnten bereits in den Vorgängerversionen ein Textfeld an jeder beliebigen Stelle Ihres Dokuments einfügen.

1. Aktivieren Sie das Register *Einfügen* und klicken Sie auf die Schaltfläche *Formen.*

2. Wählen Sie den Befehl *Textfeld.* Wenn Sie eine der anderen AutoFormen mit einer Füllfläche einsetzen, wählen Sie später über das Kontextmenü den Befehl *Text hinzufügen.*

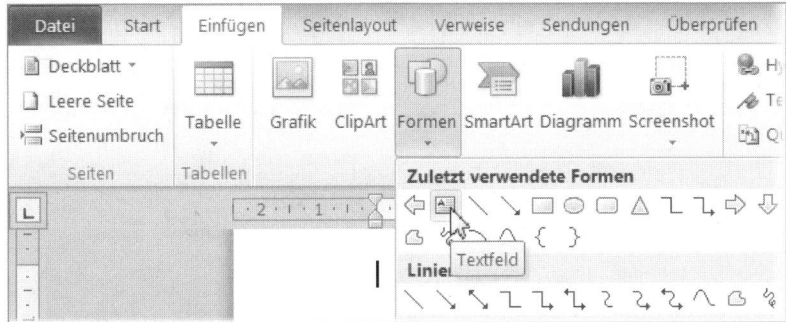

Bild 19.15: Das Textfeld bei den AutoFormen

Der Mauszeiger wird zu einem kleinen Fadenkreuz.

3. Ziehen Sie jetzt Ihr Textfeld an der gewünschten Position mit der gewünschten Größe auf.

Nachdem Sie die Maustaste losgelassen haben, erscheint der Rahmen und der Cursor blinkt bereits im Textfeld.

4. Schreiben Sie jetzt Ihren Text.

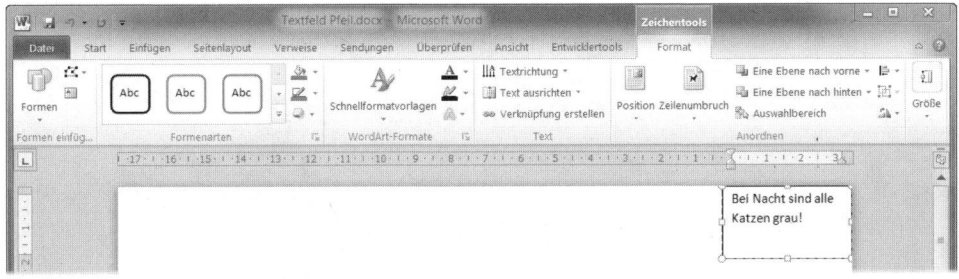

Bild 19.16: Ein Textfeld zeichnen

Während der Bearbeitung des Textfeldes ist das Register *Format* im Bereich *Zeichentools* eingeblendet. Über dieses Register können Sie das Textfeld formatieren.

19.3.2 Ein fertiges Textfeld auswählen

Word bietet Ihnen einige fertige Textfelder zur Auswahl an.

1. Aktivieren Sie das Register *Einfügen* und klicken Sie auf die Schaltfläche *Textfeld*.

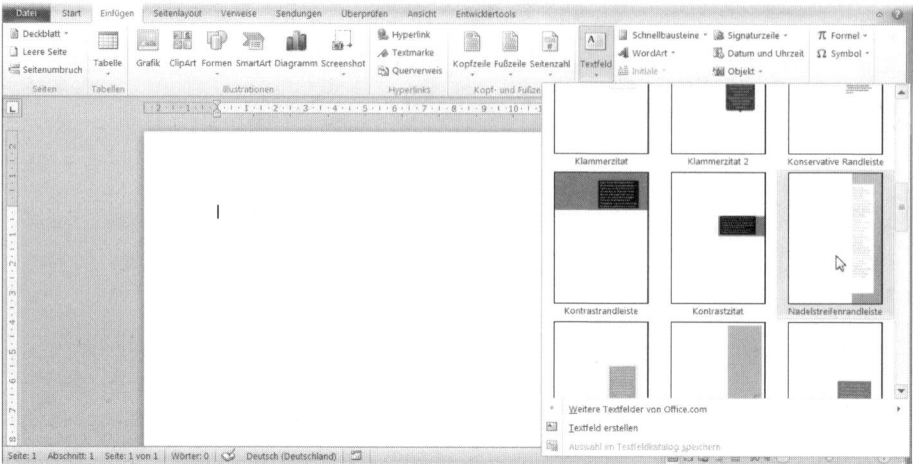

Bild 19.17: Ein Textfeld auswählen

2. Wählen Sie ein Muster aus.

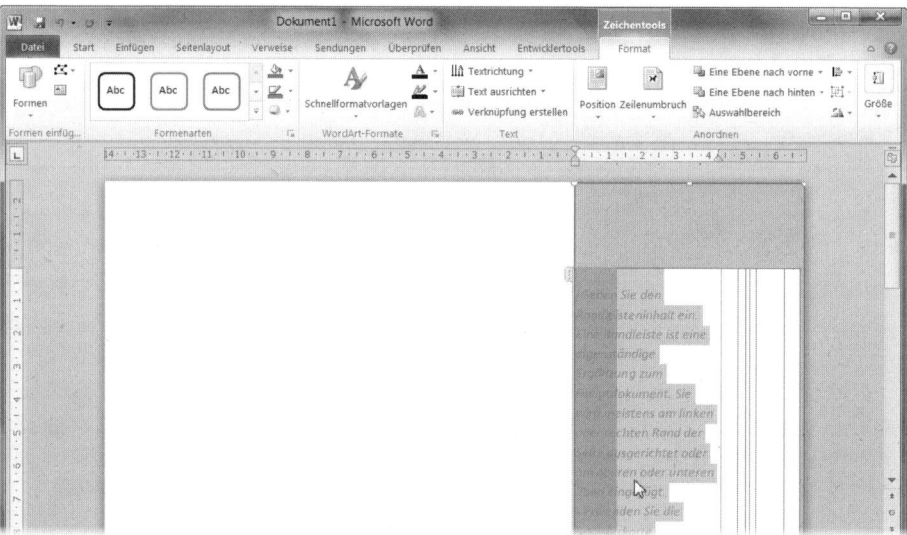

Bild 19.18: Ein fertiges Textfeld

3. Schreiben Sie jetzt Ihren Text direkt in den dafür vorgesehenen Bereich.

20 Word-Vorlagen effektiv einsetzen

⊡ **Lesezeichen**

http://bit.ly/acylym

Praktische Word-Vorlagen für Ihre persönlichen Dokumente

Damit Sie sich beim Verfassen von Briefen auf den Inhalt konzentrieren können, sollte die äußere Form des Dokuments, also die Seitenränder, der Briefkopf und die Formatierung der Schrift und der Absätze, bereits vorbereitet sein.

In diesem Kapitel erhalten Sie Tipps zum effizienten Erstellen von Geschäftsbriefen. Sie erhalten Einblick in die von Word mitgelieferten Brief- und Faxvorlagen und in das Erstellen eigener Briefvorlagen unter Berücksichtigung der zurzeit geltenden DIN-Regeln. Zum Abschluss werden wir auf den Umgang mit speziellem Briefpapier eingehen, beispielsweise einem Vorstandsbogen.

Sie müssen sich eine Dokumentvorlage wie extra für Sie bedrucktes Briefpapier vorstellen. Sie gehen in eine Druckerei und bestellen beispielsweise 1000 Blätter. Auf diesem Briefpapier können Sie 1000 Briefe schreiben.

Sollte sich danach aber eine Telefonnummer ändern, dann können Sie Ihr Briefpapier vernichten. Dokumentvorlagen sind wie bedrucktes Briefpapier, allerdings mit dem Unterschied, dass Sie jederzeit Änderungen vornehmen und unendlich viele Blätter beschreiben können.

⊡ **Download-Link**

www.buch.cd
Hier finden Sie alle Beispieldateien übersichtlich nach Kapiteln sortiert.

20.1 Briefe mit Word-Vorlagen

Word bietet Ihnen im Lieferumfang fertige Briefvorlagen an. Diese sollten Sie sich unbedingt ansehen. Vielleicht entspricht eine dieser Vorlagen ja schon ziemlich genau Ihren Vorstellungen.

1. Wählen Sie die Befehlsfolge *Datei / Neu.*
2. Klicken Sie auf das Symbol *Beispielvorlagen.*

Jetzt werden Ihnen die mitgelieferten Vorlagen gezeigt. Neben Fax- und Briefvorlagen finden Sie auch Muster zu Berichten, Blogs und Lebensläufen.

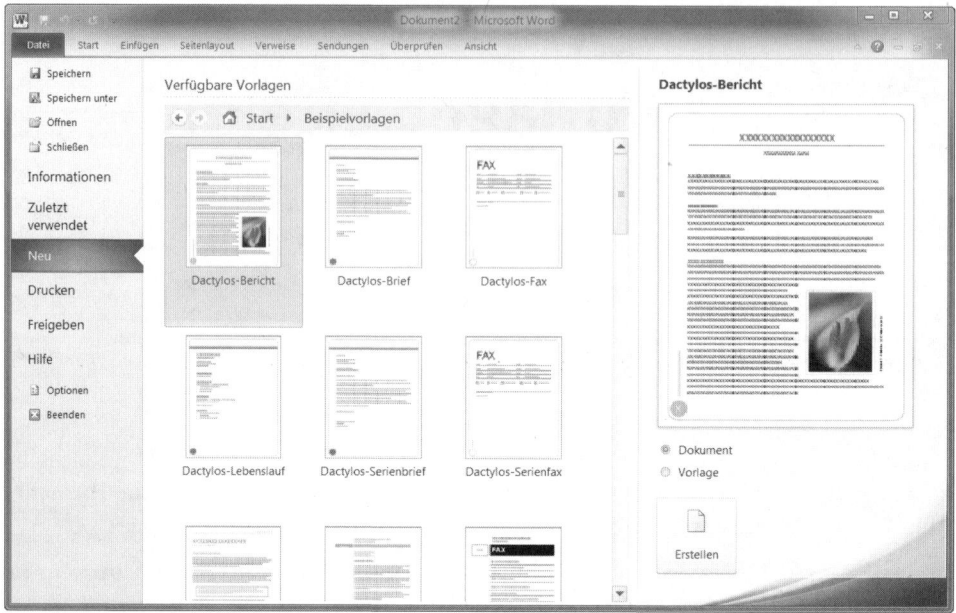

Bild 20.1: Die mitgelieferten Vorlagen, mit denen Sie Ihre Briefe schreiben können

3. Doppelklicken Sie auf die Vorlage, deren Aufbau oder Bezeichnung Ihnen zusagt.

Als Ergebnis sehen Sie nun ein Muster für einen Standardbrief, den Sie jetzt mit Ihren Informationen und Texten füllen müssen.

In dieser Vorlage können Sie jedes Feld, welches in eckigen Klammern angegeben ist, anklicken und mit Ihren Angaben füllen oder löschen, wenn Sie es nicht benötigen.

Die Zeile mit dem Datum haben wir rechtsbündig ausgerichtet, da dies die Gestaltung des Briefs aufwertet.

> **Tipp:** Sie müssen nicht alle Felder ausfüllen, die Word Ihnen anbietet. Dazu klicken Sie auf den Rand des Feldes und drücken dann die Taste $\boxed{\texttt{Entf}}$.

Zusätzlich haben wir einen Betreff eingefügt, damit der Empfänger auf einen Blick sieht, worum es in diesem Brief geht. In der Vorlage war dies nicht vorgesehen.

Ein neu gestalteter Brief auf der Basis einer Word-Vorlage kann so aussehen:

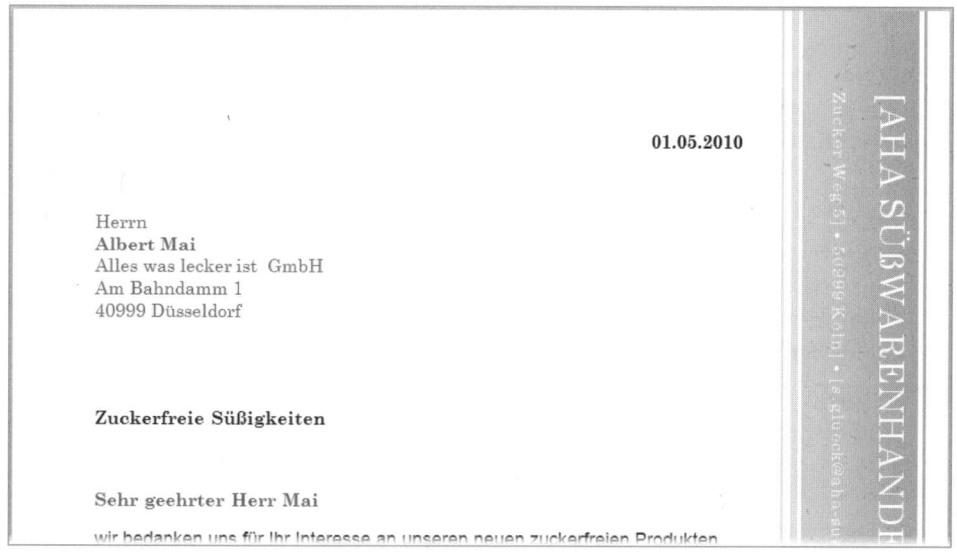

Bild 20.2: Ein Brief auf der Basis einer Vorlage

Dieser Brief kann nun gespeichert, gedruckt und geschlossen werden.

Nun wollen Sie den gleichen Brief an einen anderen Empfänger schreiben.

Wählen Sie die Befehlsfolge *Datei / Neu*. Doppelklicken Sie auf das Symbol *Neu aus vorhandene*. Wählen Sie den gewünschten Brief aus und öffnen Sie ihn. Jetzt haben Sie ein neues Dokument, das Sie verändern können, ohne dass das erste Dokument verändert wird.

Schon beim zweiten Brief lohnt sich eine Dokumentvorlage. Lesen Sie weiter unten, wie Sie eigene Dokumentvorlagen erstellen.

20.2 Die Vorlage *Normal.dotm*

Jedes Mal, wenn Sie Word starten oder wenn Sie auf die Schaltfläche *Neu* klicken, erhalten Sie ein neues leeres Dokument. Dieses Dokument hat bereits bestimmte Einstellungen zu den Rändern, zum Absatz- und zum Zeilenabstand sowie zur Schriftart und -größe. All dies regelt die Dokumentvorlage *Normal.dotm*.

> **Tipp:** Die Endung *.dotm* steht für *Document Template Macro*. Dies bedeutet, dass auch Makros in dieser Vorlage gespeichert werden können.

1. Um die Standardschriftart zu ändern, drücken Sie die Tastenkombination ⌨Strg+⌨Umschalt+⌨A. Stellen Sie die gewünschten Formate ein und klicken Sie auf die Schaltfläche *Als Standard festlegen*.

2. Aktivieren Sie die Option *Alle Dokumente basierend auf der Vorlage Normal.dotm*.

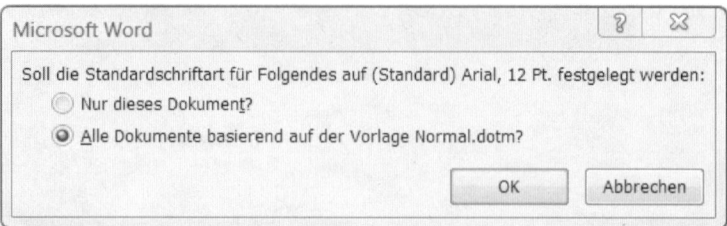

Bild 20.3: Die Einstellungen für die Schriftart dauerhaft ändern

3. Bestätigen Sie die Sicherheitsabfrage mit *Ja*. Nun haben Sie im aktuellen Dokument und in allen neuen Dokumenten die Standardschriftart geändert.

4. Um die Einstellungen für die Absätze dauerhaft zu ändern, drücken Sie die Tastenkombination [Alt], [R], [P], [B]. Stellen Sie die gewünschten Formate ein und klicken Sie auf die Schaltfläche *Als Standard festlegen*. Aktivieren Sie die Option *Alle Dokumente basierend auf der Vorlage Normal.dotm*. Bestätigen Sie die Sicherheitsabfrage mit *Ja*. Nun haben Sie im aktuellen Dokument und in allen neuen Dokumenten die Einstellungen für alle Absätze geändert.

5. Wenn Sie die Einstellungen zu den Rändern dauerhaft ändern möchten, öffnen Sie das Fenster *Seite einrichten* über die Registerkarte *Seitenlayout*. Nehmen Sie die gewünschten Einstellungen vor und klicken Sie auf die Schaltfläche *Standard*. Bestätigen Sie die Sicherheitsabfrage mit *Ja*.

20.3 Eigene Dokumentvorlagen erstellen

Word speichert alle Dokumentvorlagen in einen speziellen Ordner. Nach der Standardinstallation von Word liegt dieser Ordner in der Regel auf Ihrem Laufwerk *C:*.

Wenn Sie nun beginnen, eigene Dokumentvorlagen zu erstellen, dann sollten Sie sich darüber klar werden, in welchem Ordner Ihre Dokumentvorlagen gespeichert werden sollen.

1. Stellen Sie zunächst einmal fest, wo Ihre Dokumentvorlagen zurzeit gespeichert werden. Um sich den Pfad dieses Ordners anzusehen oder um ihn gegebenenfalls zu ändern, müssen Sie das Fenster *Word-Optionen* öffnen.

2. Aktivieren Sie das Register *Datei*. Öffnen Sie das Fenster *Optionen* über die gleichnamige Schaltfläche.

3. Aktivieren Sie den Bereich *Erweitert*, blättern Sie ganz nach unten und klicken Sie auf die Schaltfläche *Dateispeicherorte*. Markieren Sie im Fenster *Speicherort für Dateien* die Zeile *Benutzervorlagen*.

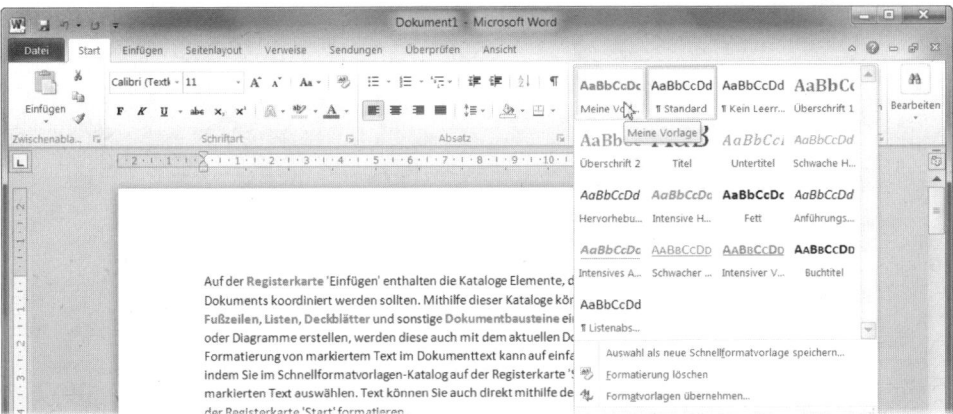

Bild 20.13: Die eigene Formatvorlage ist jetzt verfügbar.

Die Formatvorlage bearbeiten

Wenn Sie eine bereits vorhandene Formatvorlage verändern möchten, führen Sie die folgenden Schritte durch:

1. Klicken Sie mit der rechten Maustaste auf die Formatvorlage, die Sie ändern möchten, und wählen Sie den Befehl *Ändern*.

2. Es öffnet sich das Fenster *Formatvorlage ändern*, in dem Sie Ihre Änderungen vornehmen.

3. Nachdem Sie mit Ihren Änderungen fertig sind, bestätigen Sie mit *OK*. Alle Texte, die mit der Formatvorlage formatiert wurden, sind jetzt geändert.

Das Fenster *Formatvorlage ändern* wird im Folgenden beschrieben.

20.4.2 Eine neue Formatvorlage über das Fenster erstellen

In diesem Beispiel möchten wir zeigen, wie Sie eigene Formatvorlagen über das Fenster definieren. Sie benötigen vielleicht in jedem neuen Dokument eine bestimmte Formatierung. So wollen Sie den Text in der Farbe Blau mit einer Unterstreichung, mit einem doppelten Zeilenabstand und zentriert darstellen.

Tipp: Alle Formatvorlagen, die wir jetzt erstellen, werden in der Dokumentvorlage gespeichert, auf der das aktuelle Dokument basiert.

1. Wählen Sie am Listenpfeil des Feldes *Formatvorlage* den Eintrag *Auswahl als neue Schnellformatvorlage speichern*.

2. Klicken Sie auf die Schaltfläche *Ändern*.

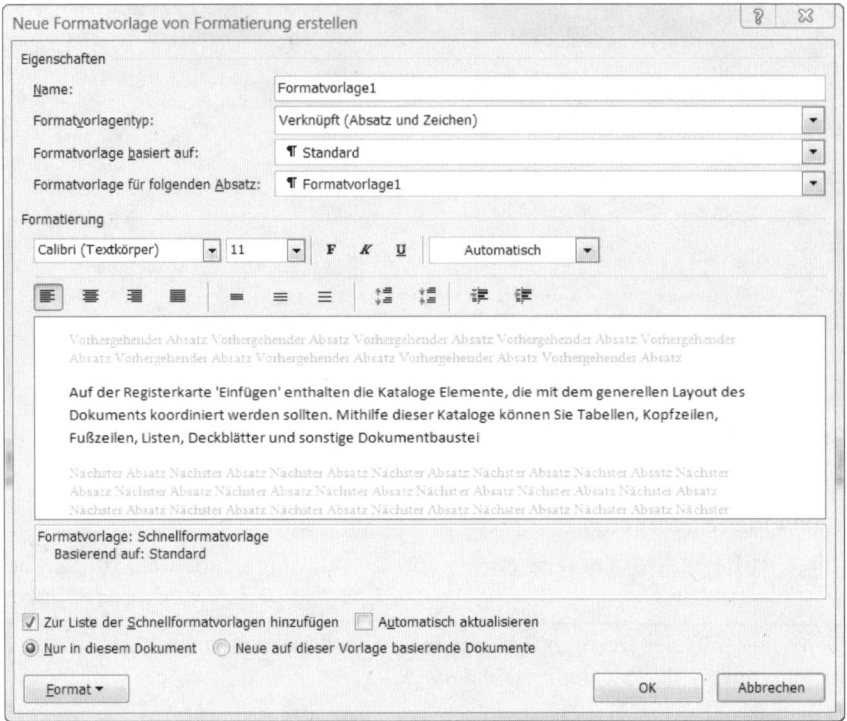

Bild 20.14: Eine Formatvorlage über das Fenster erstellen

3. Geben Sie der neuen Formatvorlage zu Beginn einen Namen.

4. Wählen Sie anschließend im Feld *Formatvorlagentyp*, ob sich die Formatierung auf Absätze, auf Zeichen, auf Tabellen, auf Listen oder auf Zeichen und Absätze beziehen soll. In diesem Beispiel erstellen wir eine Formatvorlage für Zeichen und Absätze.

5. Wenn Sie ganz sichergehen wollen, dass später keine automatische Änderung an der aktuellen Vorlage vorgenommen werden soll, stellen Sie den Eintrag *Keine Formatvorlage* am Feld *Formatvorlage basiert auf* ein.

6. Im Feld *Formatvorlage für folgenden Absatz* entscheiden Sie, welche Formatvorlage nach Drücken der Eingabe-Taste gezeigt wird. In unserem Beispiel soll die Formatvorlage *Standard* gezeigt werden. Bei Formatvorlagen für normalen Text wird häufig dieselbe Formatvorlage gewählt. So folgt beispielsweise nach Überschriften, Hinweisen und Anmerkungen in der Regel wieder die Standardformatvorlage.

7. Im Bereich *Formatierung* und über die Schaltfläche *Format* stellen Sie nun die gewünschten Formatierungen ein.

8. Als letzten Schritt sollten Sie unbedingt die Option *Neue auf dieser Vorlage basierende Dokumente* aktivieren, damit Ihnen diese Formatvorlage in jedem Dokument, das auf dieser Dokumentvorlage basiert, zur Verfügung steht. Wenn Sie zu Beginn keine Dokumentvorlage gewählt haben, wird die Formatvorlage in der *Normal.dotm* gespeichert.

Tipp: Das Feld *Automatisch aktualisieren* sollten Sie nicht aktivieren, sonst wird jede manuelle Änderung im Dokument automatisch in die Formatvorlage übernommen.

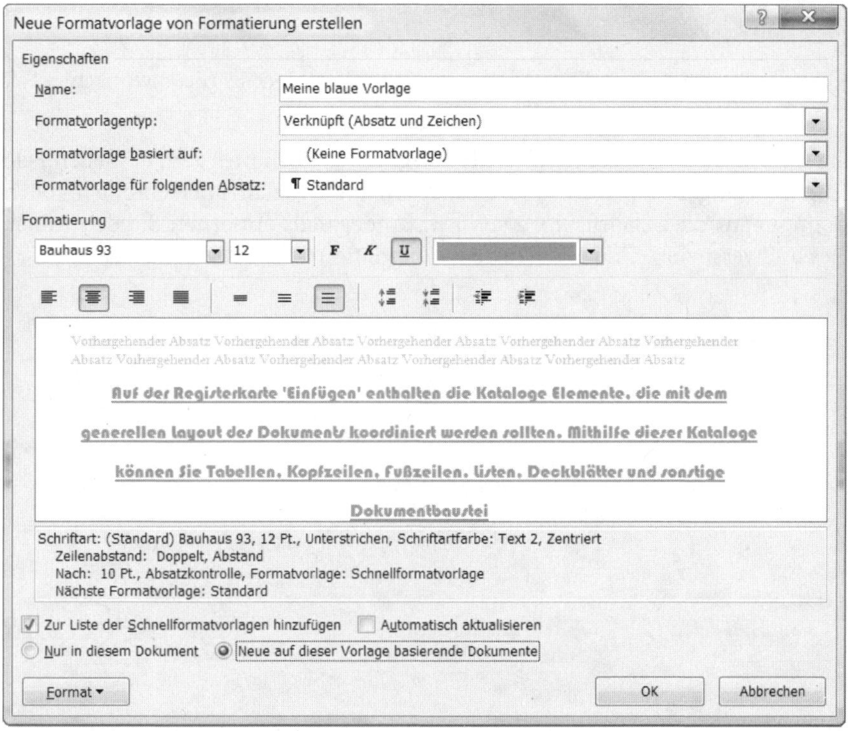

Bild 20.15: Die fertige Formatvorlage

9. Bestätigen Sie mit *OK*.

20.4.3 Formatvorlagen zuweisen

Um die neue Formatvorlage zu benutzen, markieren Sie den Absatz und klicken auf den Namen der Formatvorlage.

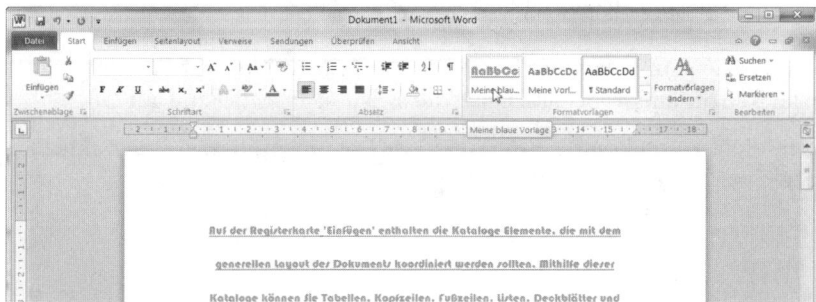

Bild 20.16: Die Formatvorlage benutzen

Eine Formatvorlage mit einer Tastenkombination aufrufen

1. Um eine Tastenkombination zuzuweisen, wählen Sie am Listenpfeil den Eintrag *Ändern*.

2. Klicken Sie auf die Schaltfläche *Format* und wählen Sie den Eintrag *Tastenkombination*.

3. Klicken Sie ins Feld *Neue Tastenkombination* und wählen Sie die gewünschte Tastenkombination.

4. Sollte diese Tastenkombination bereits belegt sein, wird unter dem aktuellen Feld die Befehlsfolge angezeigt. Wenn Sie diesen gezeigten Befehl überschreiben möchten, klicken Sie auf die Schaltfläche *Zuordnen*. Andernfalls entfernen Sie den Inhalt des Feldes und versuchen eine neue Tastenkombination.

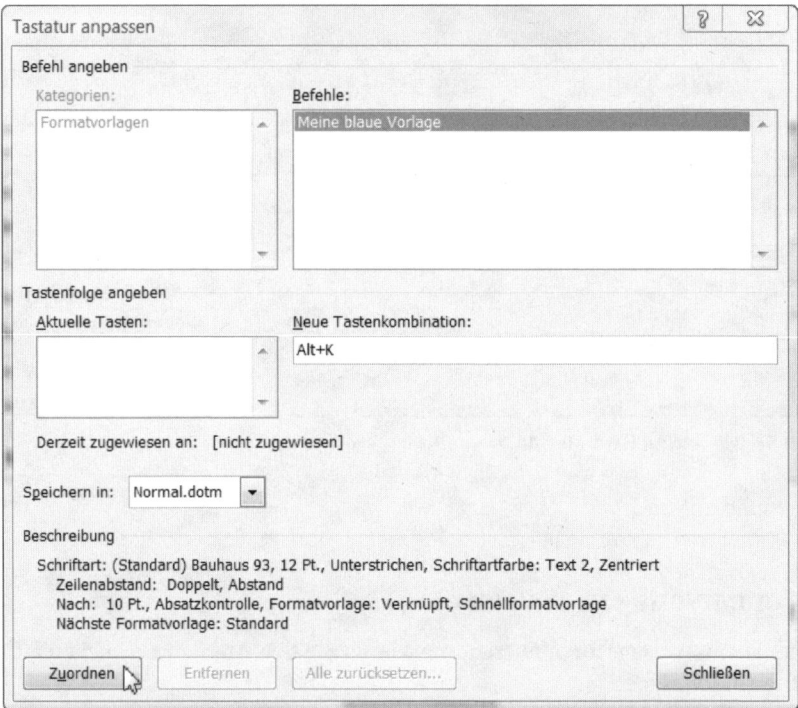

Bild 20.17: Die Tastenkombination für die neue Formatvorlage

5. Wenn Sie eine Tastenkombination gefunden und mit einem Klick auf *Zuordnen* bestätigt haben, klicken Sie auf die Schaltfläche *Schließen* und anschließend auf *OK*.

Nun steht Ihnen diese Tastenkombination in jedem Dokument, dass mit der aktuellen Dokumentvorlage erzeugt wurde, zur Verfügung.

20.5 Designs

Mit den Designs können Sie Ihren Dokumenten schnell ein einheitliches Layout zuweisen. Zu einem Design gehören die Schriftart, die Schriftfarben und die Farben für Diagramme, AutoFormen und SmartArts. Dabei können Sie zwischen 20 vordefinierten Designs wählen oder ein eigenes Design erstellen.

20.5.1 Ein vordefiniertes Design aktivieren

Zur Geburt eines Mädchens möchten Sie ein besonderes Dokument erstellen. Sie wollen den Text sehr farbig gestalten und möchten, dass Word Ihnen viele verschiedene rosa Farbabstufungen anzeigt.

1. Aktivieren Sie das Register *Seitenlayout*.

2. Wählen Sie am Feld *Design* ein Muster Ihrer Wahl.

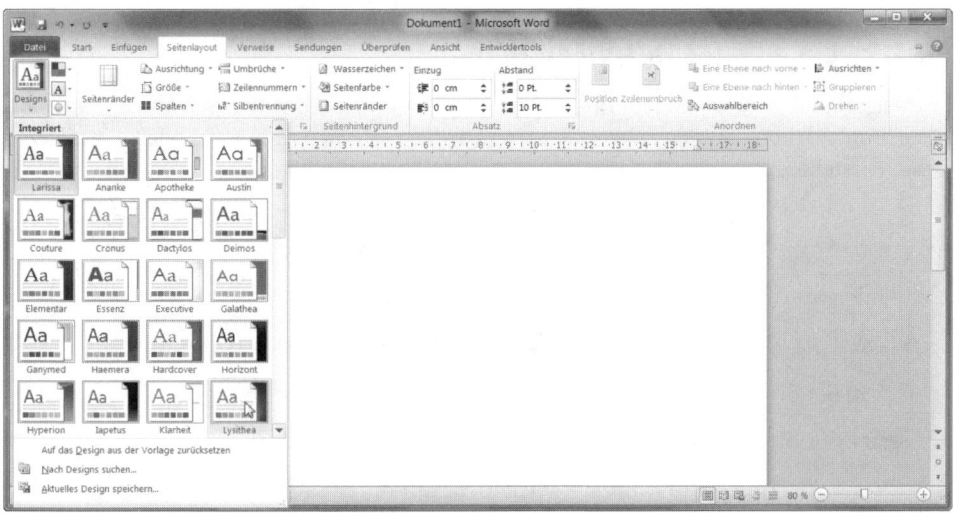

Bild 20.18: Die Auswahl an fertigen Designs

Nachdem Sie ein Design gewählt haben, ändert sich die Schriftart Ihres Textes.

Sie haben jetzt am Listenfeld *Schriftart* auf dem Register *Start* einen weiteren Bereich mit dem Namen *Designschriften*. Je nach Design steht Ihnen jetzt eine bestimmte Schriftart in der Liste ganz oben zur Verfügung.

Außerdem haben Sie jetzt an den Feldern *Schriftfarbe* und *Füllfarbe* auch jeweils einen Bereich mit dem Namen *Designfarben*. Je nach Design stehen Ihnen hier bestimmte Farbgruppen ganz oben in der Liste zur Verfügung.

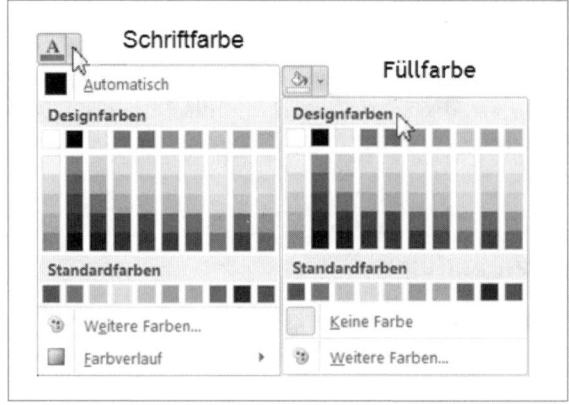

Bild 20.19: Die Bereiche im Listenfeld *Schriftart* und *Schriftfarbe*

Wenn Sie beispielsweise ein AutoForm-Objekt einfügen, hat es eine Farbe aus dem gewählten Design.

20.5.2 Ein eigenes Design erstellen

Wahrscheinlich nutzen Sie in Ihrer Firma eine ganz bestimmte Schriftart und ganz bestimmte Farben zur *Corporate Identity*. In diesem Fall können Sie sich ein eigenes Design erstellen.

1. Aktivieren Sie das Register *Seitenlayout*. Klicken Sie auf die Schaltfläche *Designfarben*, um die Farben für die Schrift und für die Zellen zu wählen.

2. Wählen Sie den Befehl *Neue Designfarben erstellen*.

3. Wählen Sie für alle Bereiche Ihres Dokuments die gewünschte Farbe aus.

4. Geben Sie Ihren Farbmustern einen Namen im Feld *Name*.

5. Bestätigen Sie Ihre Eingaben mit *Speichern*.

6. Um die Schriftart zu bestimmen, klicken Sie auf die Schaltfläche *Designschriftarten*.

7. Wählen Sie den Befehl *Neue Designschriftarten erstellen*.

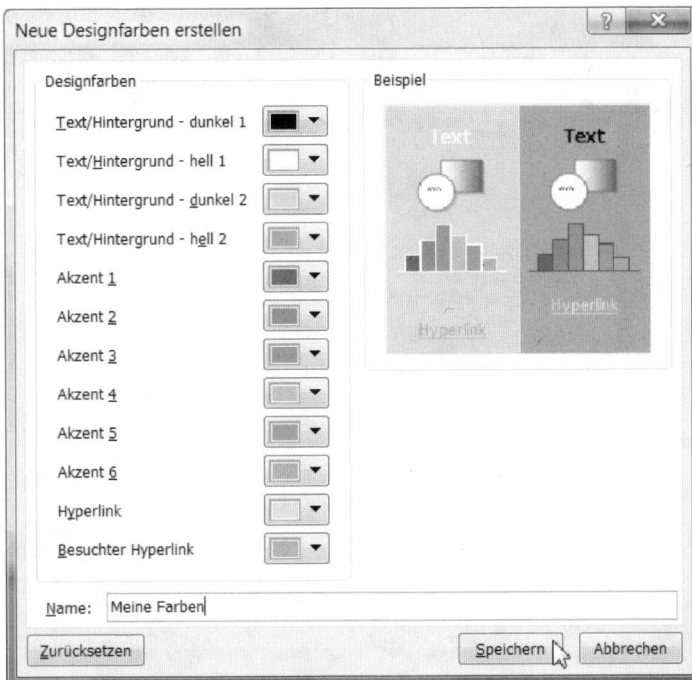

Bild 20.20: Die Farben für das eigene Design wählen

8. Wählen Sie für die Überschriften und für den Textkörper eine Schriftart aus.

9. Geben Sie Ihren Einstellungen einen Namen im Feld *Name*.

Bild 20.21: Die Schriftarten für das eigene Design wählen

10. Bestätigen Sie Ihre Eingaben mit *Speichern*.

11. Um jetzt das Design zu speichern, wählen Sie an der Schaltfläche *Designs* den Befehl *Aktuelles Design speichern*.

Die Einstellungen zu einem Design werden in einer Datei gespeichert. Damit können Sie Ihre Einstellungen auch an andere Personen weitergeben.

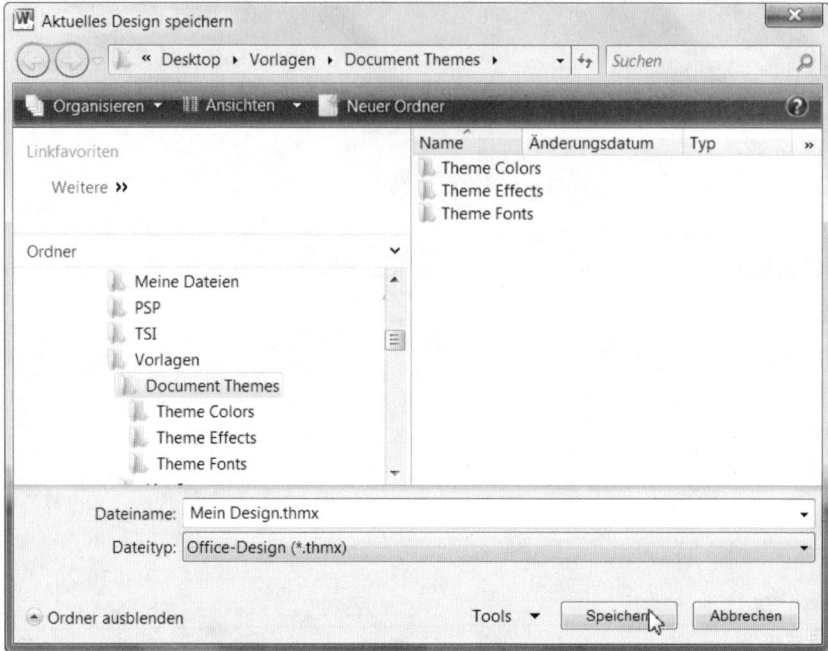

Bild 20.22: Das Speichern eines Designs

12. Bestätigen Sie den vorgeschlagenen Namen und den Pfad mit einem Klick auf die Schaltfläche *Speichern.*

Bild 20.23: Das neue Design ist in die Liste aller Designs integriert.

Damit steht Ihnen das neue Design an der Schaltfläche in allen Office-Anwendungen, also auch in Excel und in PowerPoint, zur Verfügung.

21 Ein Brief, viele Empfänger

⊡ Download-Link

www.buch.cd
Hier finden Sie alle Beispieldateien übersichtlich nach Kapiteln sortiert.

Viel Arbeit kann man sich sparen, wenn man einen Brief schreibt und ihn gleich an mehrere Empfänger versendet. Diese Art der Dokumentbearbeitung nennt man *Seriendruck*. Dabei spielen immer zwei Dateien zusammen: der Brief mit dem feststehenden Text, der Hauptdokument genannt wird, und die variablen Informationen je Brief, beispielsweise die Adressen, meist in Listenform. Diese Informationen werden als Datenquelle bezeichnet.

21.1 Einen Brief an Freunde schreiben

Sie möchten eine Einladung an Ihre Freunde senden. Bis jetzt haben Sie allerdings die Adressen in Ihrem kleinen schwarzen Adressbuch und Sie haben alle Briefe bis jetzt mit der Hand geschrieben.

Es lohnt sich, alle Adressen einmal in Ihrem Computer zu erfassen, denn dann müssen Sie den Brief nur einmal schreiben.

1. Nehmen Sie sich ein neues leeres Dokument, erfassen Sie den Teil des Briefs, so wie ihn alle Freunde erhalten sollen, und speichern Sie ihn ab.

2. Wechseln Sie auf das Register *Sendungen* und klicken Sie auf die Schaltfläche *Seriendruck starten*. Wählen Sie den Befehl *Seriendruck-Assistent mit Schritt-für-Schritt-Anweisungen*.

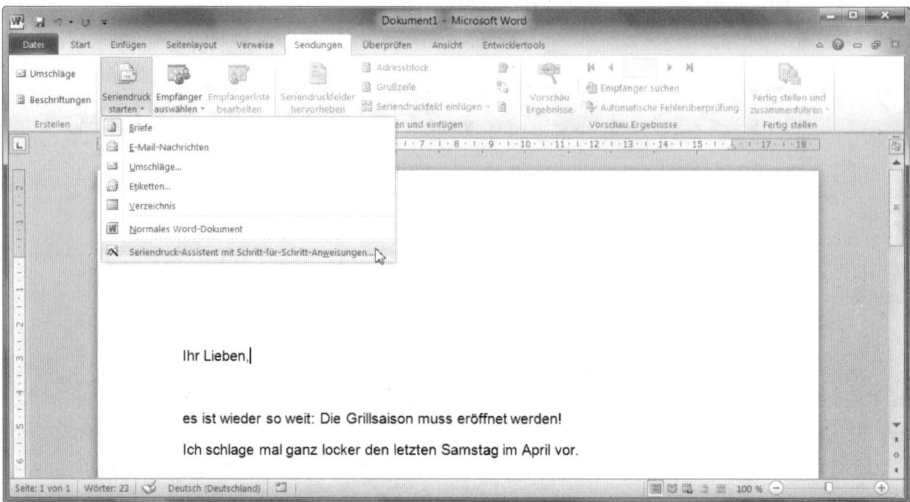

Bild 21.1: Auf dem Register *Sendungen* starten Sie den Seriendruck.

3. An der rechten Bildschirmseite öffnet sich nun der *Aufgabenbereich Seriendruck.* Im ersten Schritt von insgesamt sechs geben Sie zunächst an, ob Sie einen Brief schreiben oder beispielsweise Etiketten bedrucken möchten. Lassen Sie hier die Option *Briefe* aktiviert.

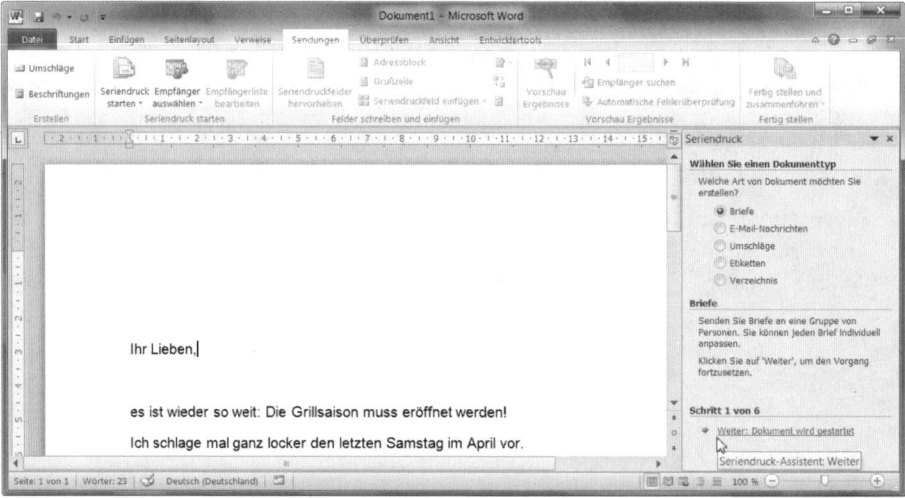

Bild 21.2: Die Art des Seriendrucks wählen

4. Klicken Sie auf den Link *Weiter: Dokument wird gestartet.*

5. Im zweiten Schritt entscheiden Sie, ob Sie den Seriendruck mit dem aktuell angezeigten Dokument erzeugen oder ein vorhandenes Dokument öffnen möchten. Lassen Sie hier die Option *Aktuelles Dokument verwenden* aktiv.

Tipp: Sie können natürlich aus allen bereits auf Ihrem Computer gespeicherten Briefen bzw. Vorlagen Serienbriefe erstellen, indem Sie hier die Option *Mit vorhandenen Dokument beginnen* bzw. *Mit Vorlage beginnen* wählen.

6. Klicken Sie auf den Link *Weiter: Empfänger wählen*.

7. Hier geben Sie an, woher die Adressen für den Seriendruck kommen sollen. Da wir in diesem Beispiel noch keine Adressen im Computer gespeichert haben, aktivieren Sie die Option *Neue Liste eingeben*.

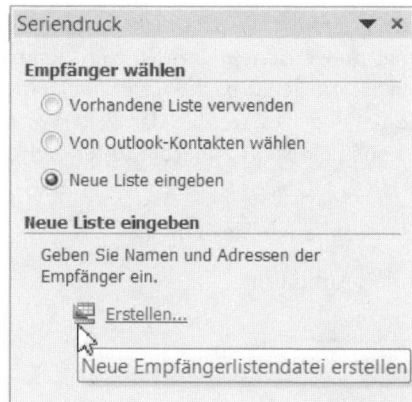

Bild 21.3: Eine neue Empfängerliste erstellen

8. Klicken Sie auf den Link *Erstellen*.

9. Nun können Sie die erste Adresse in das Fenster *Neue Adressliste* eingeben.

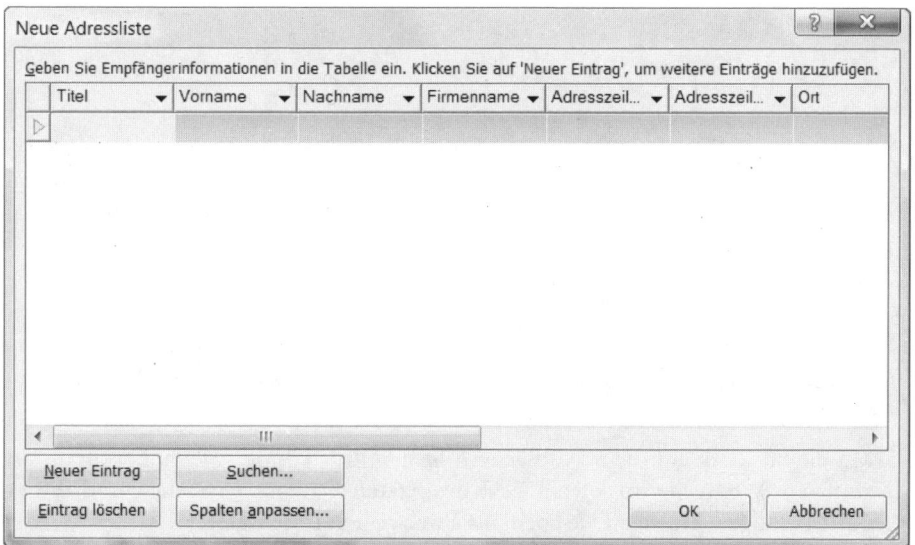

Bild 21.4: Neue Adressliste erstellen

10. Word bietet eine Reihe vorgefertigter Eingabefelder an. Wenn Ihnen die angebotenen Felder nicht zusagen, klicken Sie auf die Schaltfläche *Spalten anpassen*.

11. Markieren Sie nun die Feldnamen, die Ihnen nicht gefallen, und klicken Sie auf die Schaltfläche *Löschen*. Sie werden zur Sicherheit noch einmal gefragt, und wenn Sie auf *Ja* klicken, ist das Feld weg.

12. Um ein Feld einzufügen, klicken Sie auf die Schaltfläche *Hinzufügen*, geben den gewünschten Namen ein und bestätigen mit *OK*. Mit den Schaltflächen *Nach oben* und *Nach unten* bestimmen Sie die Position des Feldes.

13. In unserem Beispiel werden jetzt die Felder *Titel, Firma, Adresszeile 2, Bundesland/Kanton, Land/Region* sowie das Feld *Telefon – geschäftlich* nacheinander gelöscht. Das Feld *Adresszeile 1* soll umbenannt werden in *Straße*. Markieren Sie anschließend noch das Feld *Ort* und betätigen Sie die Schaltfläche *nach unten* einmal, um den Ort hinter die PLZ zu platzieren. Zuletzt markieren Sie das Feld *Vorname* und fügen ein neues Feld *Anrede* ein. Dieses neue Feld steht zunächst unter dem Feld *Vorname*.

Über die Schaltfläche *nach oben* schieben Sie dieses Feld an den Anfang der Liste.

Vergleichen Sie Ihre Felder mit denen der folgenden Abbildung.

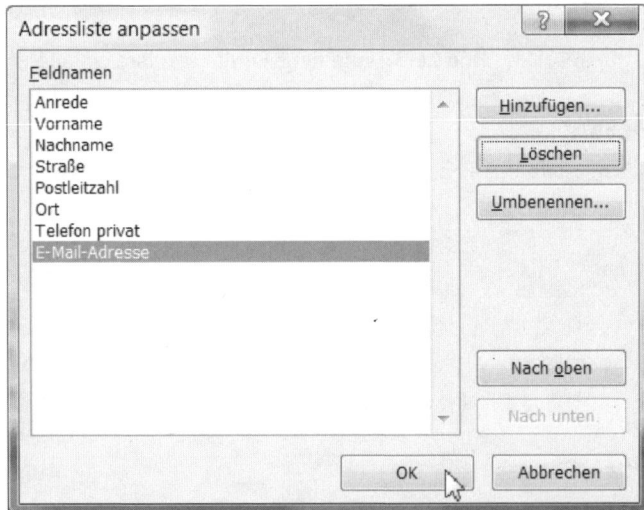

Bild 21.5: Anpassen der Felder in der Adressliste an Ihre individuellen Bedürfnisse

14. Mit einem Klick auf die Schaltfläche *OK* gelangen Sie wieder in das Fenster, in dem Sie nun Ihre Adressen eintippen können. Bewegen Sie sich von Feld zu Feld mit der Tab-Taste.

15. Mit einem Klick auf die Schaltfläche *Neuer Eintrag* können Sie eine weitere Adresse einfügen. Wenn Sie im letzten Feld des letzten Datensatzes stehen und die Tab-Taste betätigen, erzeugen Sie ebenfalls einen neuen Datensatz.

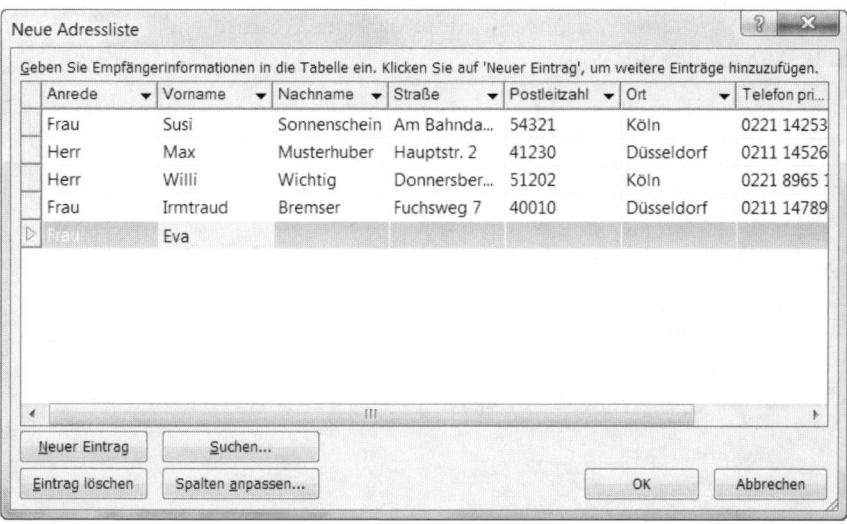

Bild 21.6: Eingeben der Adressen

16. Nachdem Sie alle Daten eingegeben haben, klicken Sie auf die Schaltfläche *OK*.

17. Jetzt werden Sie aufgefordert, dieser Adressliste einen Namen zu geben. Word schlägt Ihnen den Ordner *Eigene Datenquellen* als Speicherort vor. In diesem Beispiel vergeben wir den Dateinamen *Freunde*. Word legt jetzt eine Access-Datenbank an, in der alle Adressen gespeichert werden. Auch wenn Sie das Programm Access nicht auf Ihrem Computer installiert haben, können Sie die Adressen später erweitern oder ändern.

18. Nach dem Speichern gelangen Sie in die folgende Liste.

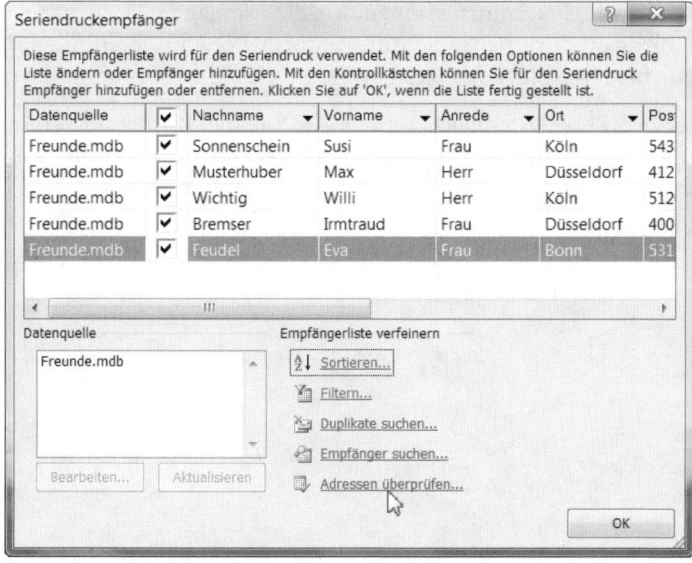

Bild 21.7:
Alle Adressen
tabellarisch auf
einen Blick

19. Das Fenster *Seriendruckempfänger* wird im nächsten Abschnitt ausführlich beschrieben. Bestätigen Sie mit *OK*.

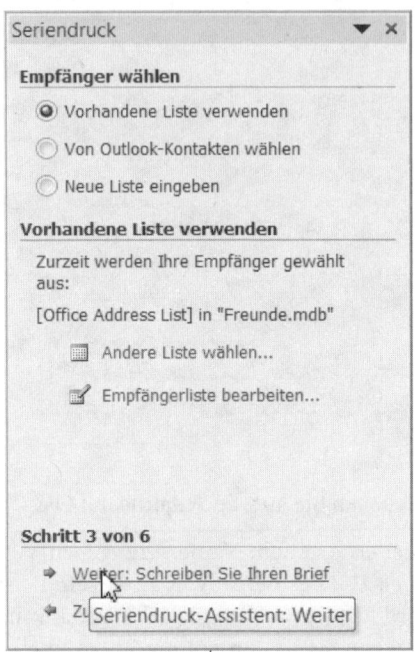

Bild 21.8: Die eigene Empfängerliste bestätigen

20. Klicken Sie nun auf den Link *Weiter: Schreiben Sie Ihren Brief.*

Die festen Textbestandteile, also die Informationen, die für alle Empfänger gleich sind, haben wir in unserem Beispiel bereits am Anfang eingegeben.

Jetzt müssen noch die individuellen Informationen, wie die Empfängeranschrift und die individuelle Anrede, hinzugefügt werden. Alle Adressinformationen stehen Ihnen dabei zusammengefasst in einem Adressblock zur Verfügung.

1. Klicken Sie hier auf den Link *Adressblock*. Fehlen – so wie hier – Adressdaten in der Vorschau, müssen Sie noch die Übereinstimmung der Felder kontrollieren und gegebenenfalls ändern.

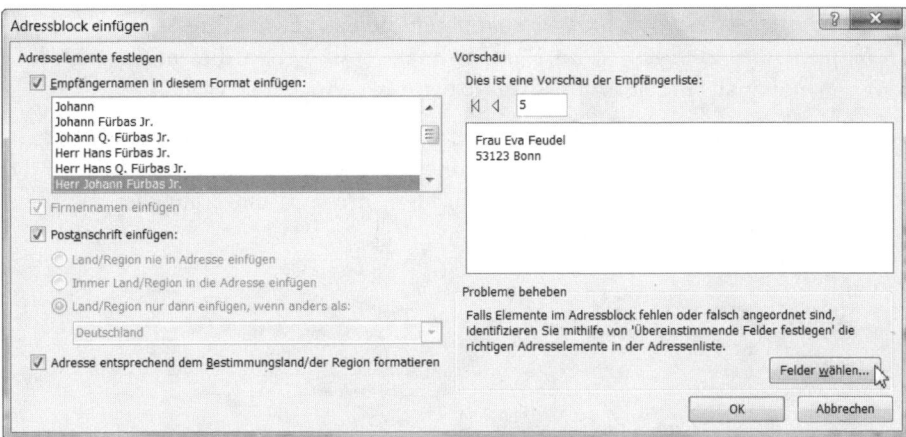

Bild 21.9: Wählen Sie das Format für den Adressblock.

2. Klicken Sie auf die Schaltfläche *Felder wählen.*

3. Hier müssen Sie nun angeben, welches Feld aus der Adressliste an welcher Position im Brief gedruckt werden soll. Die folgende Abbildung zeigt ein Beispiel.

Bild 21.10:
Zuordnung und
Auswahl der
gewünschten Felder

4. Am rechten Feld wählen Sie die Bezeichnung aus Ihrer soeben angelegten Adressliste aus. Wenn Sie alle Felder zugewiesen haben, bestätigen Sie mit *OK.*

5. Im Fenster *Adressblock einfügen* markieren Sie das gewünschte Muster. Die Option *Firmennamen einfügen* ist im Moment inaktiv, da wir in diesem Beispiel das Feld *Firmenname* aus unserer Adressliste gelöscht haben.

6. Wenn Sie die Felder *Land/Region* noch in der Adressliste gelassen haben, aktivieren Sie die Option *Land / Region nie in Adresse einfügen*. In unserem Beispiel sind diese Optionen inaktiv, da wir diese Felder aus der Adressliste entfernt haben.

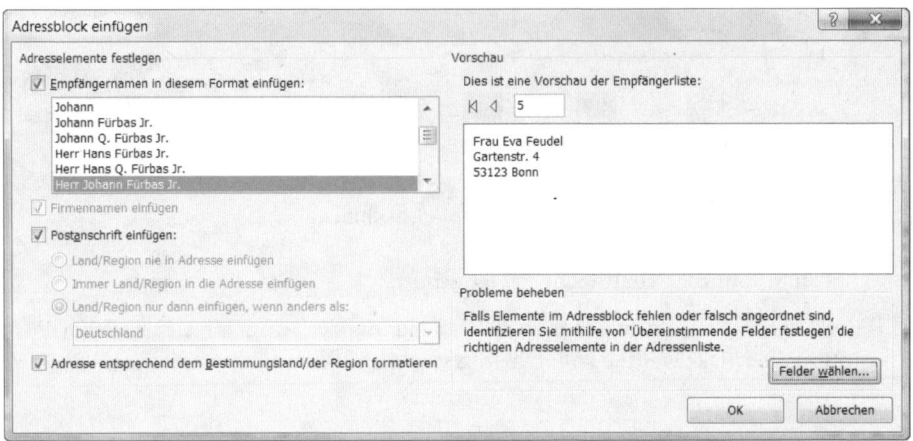

Bild 21.11: Jetzt ist die Anschrift korrekt.

7. Bestätigen Sie mit *OK*.

8. Nun steht im Dokument der Text *Adresse*.

Bild 21.12: Der Adressblock im Brief verbirgt alle Adressen.

9. Klicken Sie hier auf den Link *Weiter: Vorschau auf Ihre Briefe*.

10. Jetzt sehen Sie hier die erste Adresse auf Ihrem Brief. Mit den beiden Schaltflächen rechts im Seriendruckbereich blättern Sie durch die Adressen.

Frau Susi Sonnenschein
Am Bahndamm 1
54321 Köln

Ihr Lieben,

es ist wieder so weit: Die Grillsaison muss eröffnet werden!

Bild 21.13: Die erste Adresse im Brief zeigt, dass alle Felder an der richtigen Stelle stehen.

11. Wenn Ihnen alles zusagt, klicken Sie hier auf den Link *Weiter: Seriendruck beenden.*

12. Im letzten Schritt klicken Sie auf den Link *Individuelle Briefe bearbeiten.*

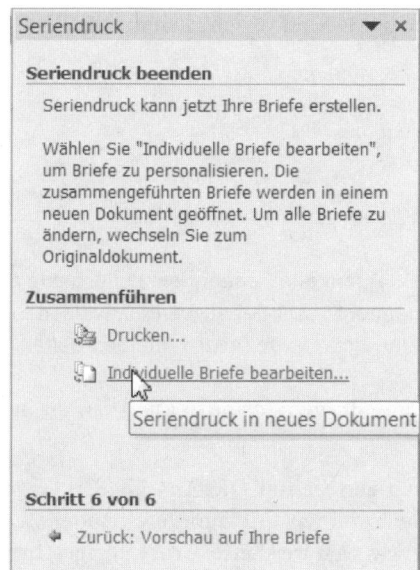

Bild 21.14: Der letzte Schritt: Alle Briefe werden in einem neuen Dokument zusammengeführt.

13. Jetzt erscheint ein kleines Fenster, in dem Sie angeben können, wie viele Briefe Sie in das neue Dokument einführen möchten. Lassen Sie die Option *Alle* aktiviert und klicken Sie auf *OK.*

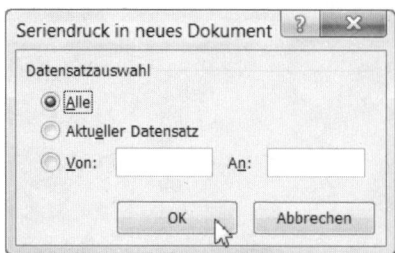

Bild 21.15: Welche Briefe sollen gezeigt werden?

Als Ergebnis erhalten Sie ein neues Dokument mit genau der Anzahl Seiten, wie Sie zuvor Adressen eingetippt haben. Jeder Empfänger erhält einen Brief. Dieses Dokument können Sie jetzt speichern und bearbeiten.

Der letzte Schritt besteht darin, den eigentlichen Seriendruck zu starten.

1. Um nun Ihren Serienbrief auszuführen, klicken Sie auf die Schaltfläche *Fertig stellen und zusammenführen*.

2. In der nun geöffneten Liste entscheiden Sie, ob Sie die Serienbriefe in ein neues Dokument schreiben wollen, um eventuell noch einzelne Dokumente zu bearbeiten, ob Sie die Serienbriefe sofort drucken oder ob Sie sie per E-Mail verschicken möchten.

3. Klicken Sie in die Zeile *Einzelne Dokumente bearbeiten.*

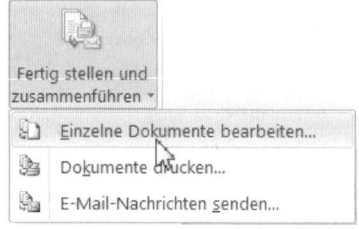

Bild 21.16: Damit alle Serienbriefe zunächst in ein neues Dokument geschrieben werden, wählen Sie hier den Eintrag *Einzelne Dokumente bearbeiten*.

4. Legen Sie im folgenden Dialog fest, ob Sie alle Briefe oder nur eine Auswahl in das neue Dokument übernehmen möchten.

5. Lassen Sie die Option *Alle* aktiviert und bestätigen Sie mit *OK*. Anschließend erzeugt Word ein neues Dokument, in dem nun alle einzelnen Briefe hintereinander stehen. In der Statuszeile können Sie mitverfolgen, wie weit der Seriendruck fortgeschritten ist. In dem neuen Dokument *Serienbriefe 1* können Sie noch einmal kontrollieren, ob wirklich alles so ist, wie Sie es möchten. Eventuell sind in einzelnen Briefen noch Änderungen vorzunehmen, bevor dieses Dokument gespeichert und ausgedruckt werden kann.

21.2 Das Register *Sendungen*

Sollten Sie bereits mit älteren Word-Versionen gearbeitet haben, vermissen Sie eventuell die Symbolleiste zum Seriendruck. Alle Befehle sind nun auf dem Register *Sendungen* zusammengefasst.

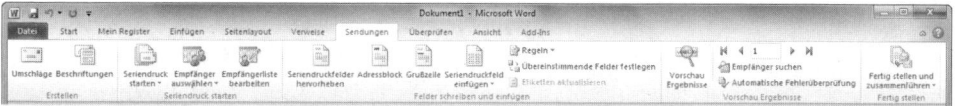

Bild 21.17: Das Register *Sendungen*

In den folgenden Beispielen wollen wir auf den Assistenten zur Serienbrieferstellung verzichten. Damit Sie sich auch ohne Assistenten gut zurechtfinden, werden in der folgenden Tabelle die einzelnen Symbole des Registers *Sendungen* erklärt:

Symbol	Beschreibung
Umschläge	*Umschläge erstellen* Öffnet das Fenster *Umschläge und Etiketten* auf der Registerkarte *Umschläge*, in dem Sie einen einzelnen Umschlag mit Adressaten- und Absenderinformationen beschriften können.
Beschriftungen	*Etiketten erstellen* Öffnet das Fenster *Umschläge und Etiketten* auf der Registerkarte *Etiketten*, in dem Sie ein einzelnes Etikett beschriften können
Seriendruck starten ▾	*Seriendruck starten* Wählen Sie in der Liste die Art von Seriendruck aus, die Sie erstellen möchten, oder entscheiden Sie sich für den Assistenten, der Sie Schritt für Schritt bei der Erstellung eines Seriendrucks begleitet.
Empfänger auswählen ▾	*Empfänger auswählen* In dieser Liste legen Sie fest, wo die Adressen für Ihren Serienbrief herkommen sollen. Sie können auf bestehende Dateien ebenso zugreifen wie auf die Kontakte aus Outlook oder, wie in unserem ersten Beispiel beschrieben, eine neue Adressliste anlegen.
Empfängerliste bearbeiten	*Empfängerliste bearbeiten* Öffnet das Fenster *Seriendruckempfänger*, in dem Sie sich alle Adressen ansehen können.
Seriendruckfelder hervorheben	*Seriendruckfelder hervorheben* Hinterlegt alle Seriendruckfelder mit grauer Farbe.
Adressblock	*Adressblock einfügen* Öffnet das gleichnamige Fenster, in dem Sie entscheiden, wie die Adressen auf Ihrem Brief gezeigt werden.
Grußzeile	*Grußzeile einfügen* Öffnet das gleichnamige Fenster, in dem Sie entscheiden, ob und wie die Anrede im Brief gestaltet wird.

Symbol	Beschreibung
Seriendruckfeld einfügen ▾	*Seriendruckfelder einfügen* Öffnet das gleichnamige Fenster, in dem Sie die Felder für den Seriendruck auswählen.
▾	*Regeln* Öffnet eine Liste von Felder, mit denen Sie den Seriendruck beeinflussen können.
	Übereinstimmende Felder festlegen Fügt die Felder im Seriendruck und die Felder aus der Datenquelle zusammen.
	Etiketten aktualisieren Kopiert die Einstellungen des ersten Etiketts auf die anderen Etiketten.
Vorschau Ergebnisse	*Vorschau Ergebnisse* Zeigt anstelle der Feldnamen bereits die Inhalte der Felder.
◀‖	*Erster Datensatz* Zeigt den ersten Datensatz aus der Datenquelle an.
◀	*Vorheriger Datensatz* Zeigt den vorherigen Datensatz aus der Datenquelle an.
1	*Rekord* Zeigt die Nummer des aktuellen Datensatzes und springt nach Eingabe einer Zahl zum gewünschten Datensatz.
▶	*Nächster Datensatz* Zeigt den nächsten Datensatz aus der Datenquelle an.
‖▶	*Letzter Datensatz* Zeigt den letzten Datensatz aus der Datenquelle an.
Empfänger suchen	*Empfänger suchen* Öffnet das Fenster *Eintrag suchen*, über das Sie bestimmte Feldinhalte suchen können.
Automatische Fehlerüberprüfung	*Fehlerprüfung* Öffnet das Fenster *Fehlerbehandlung*, in dem Sie einstellen, wie bei einem möglichen Fehler verfahren werden soll.
Fertig stellen und zusammenführen ▾	*Fertigstellen und Zusammenführen* Fügt das Hauptdokument und die Datenquelle zusammen und erzeugt ein neues Dokument.

22 Mit Outlook ein E-Mail-Konto einrichten

E-Mails zu lesen und zu schreiben ist einfach. Um E-Mails empfangen und schreiben zu können, müssen Sie jedoch vorher »Ihr« Postfach einrichten. Dafür muss nur eine Voraussetzung erfüllt sein: Ihr Computer benötigt einen Internetzugang.

Ist diese Voraussetzung erfüllt, können Sie mit der Einrichtung des E-Mail-Kontos beginnen. Es gibt verschiedene freie Anbieter, die Ihnen die Nutzung eines E-Mail-Postfachs kostenfrei zur Verfügung stellen. Einige der bekanntesten sind GMX, Hotmail oder Yahoo, die sich meist über Werbung auf ihren Seiten finanzieren. Andere Anbieter bieten für eine regelmäßige Gebühr ein E-Mail-Postfach sowie weitere Dienste an.

Im Folgenden zeigen wir Ihnen anhand der Anbieter Strato und Google die Einrichtung eines Outlook-Postfachs.

22.1 E-Mail-Konto einrichten

Wenn Outlook das erste Mal aufgerufen wird, werden Sie aufgefordert, Ihr E-Mail-Konto einzurichten. Falls die Installation nicht automatisch angezeigt wird, starten Sie in der Windows-Systemsteuerung den Befehl *E-Mail*. Dort finden Sie Befehle, um die E-Mail-Konten auf Ihrem Computer einzurichten.

Neues Konto einrichten

1. Geben Sie Ihren Namen, Ihre E-Mail-Adresse und das Passwort für Ihr Postfach ein.

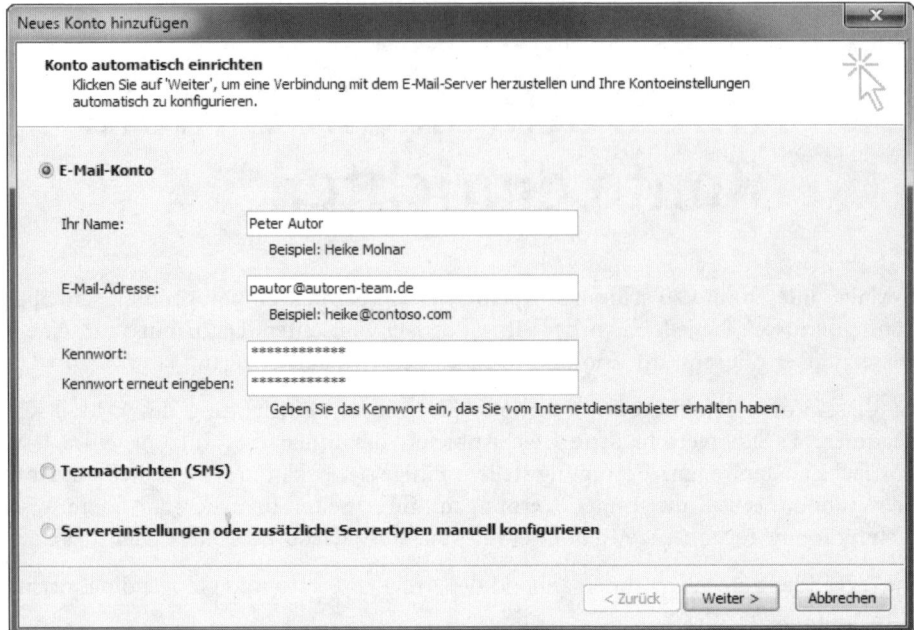

Bild 22.1: Geben Sie die Daten zu Ihrem E-Mail-Konto ein.

2. Klicken Sie auf *Weiter*. Outlook versucht automatisch, die Verbindung zum Postserver herzustellen und die Einstellungen vorzunehmen.

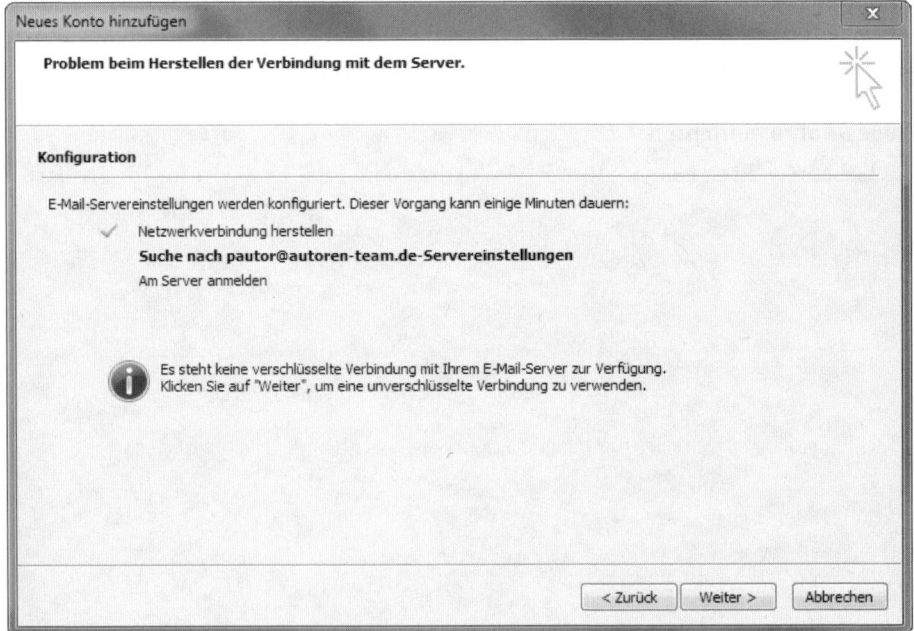

Bild 22.2: Outlook versucht, Ihr Konto automatisch zu konfigurieren.

Wenn Outlook die Angaben zum Postserver nicht automatisch findet, müssen Sie die Einstellungen selbst vornehmen.

☑ Servereinstellungen manuell konfigurieren

< Zurück | Weiter > | Abbrechen

Bild 22.3: Servereinstellungen manuell konfigurieren

3. Setzen Sie das Häkchen vor *Servereinstellungen manuell konfigurieren* und klicken Sie auf *Weiter.*

4. Wählen Sie im folgenden Dialogfenster, auf was für ein Postfach Sie zugreifen möchten.

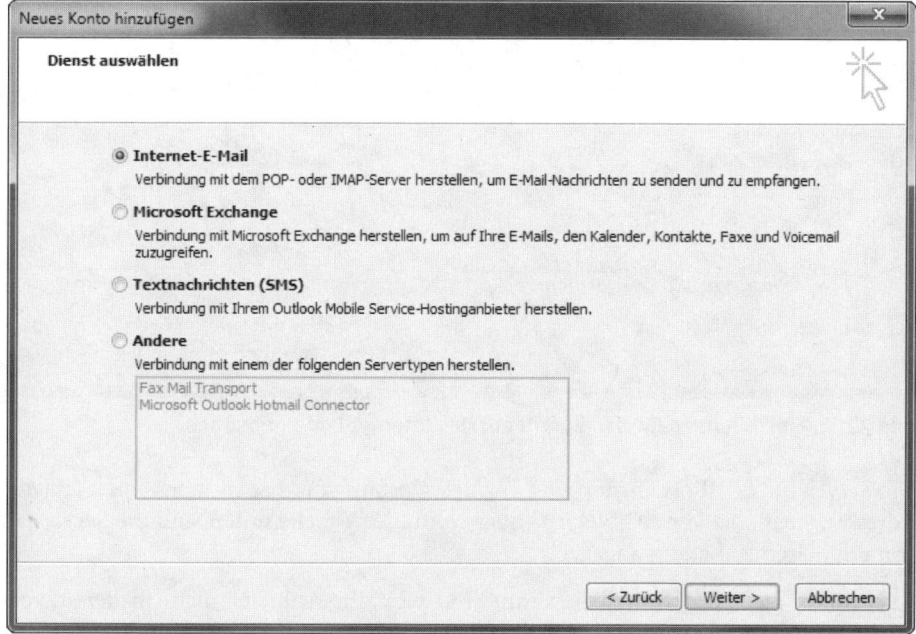

Neues Konto hinzufügen

Dienst auswählen

⦿ **Internet-E-Mail**
   Verbindung mit dem POP- oder IMAP-Server herstellen, um E-Mail-Nachrichten zu senden und zu empfangen.

◯ **Microsoft Exchange**
   Verbindung mit Microsoft Exchange herstellen, um auf Ihre E-Mails, den Kalender, Kontakte, Faxe und Voicemail zuzugreifen.

◯ **Textnachrichten (SMS)**
   Verbindung mit Ihrem Outlook Mobile Service-Hostinganbieter herstellen.

◯ **Andere**
   Verbindung mit einem der folgenden Servertypen herstellen.

   Fax Mail Transport
   Microsoft Outlook Hotmail Connector

< Zurück | Weiter > | Abbrechen

Bild 22.4: Ihr Postfach im Internet: *Internet-E-Mail*

5. Wählen Sie für die Postfächer im Internet die Option *Internet-E-Mail* und klicken Sie auf *Weiter.*

22.2 POP3-Postfach einrichten

Im folgenden Beispiel geht es um die Einstellungen für ein Postfach vom Typ POP3, dem PostOffice Protocol.

1. In diesem Fenster geben Sie zuerst Ihren Namen und Ihre E-Mail-Adresse ein. Wählen Sie als Kontotyp *POP3*. Geben Sie darunter die Namen der Posteingangs- und Postausgangsserver (SMTP) ein. SMTP ist hierbei die Ankürzung für *Simple Mail Transport Protocol* und beschreibt das Verfahren für den Versand von E-Mails. In den beiden Feldern im Bereich *Anmeldeinformationen* tragen Sie die Angaben zur Authentifizierung am Server ein. Meist sind es die E-Mail-Adresse oder der Benutzername mit dem zugehörigen Kennwort.

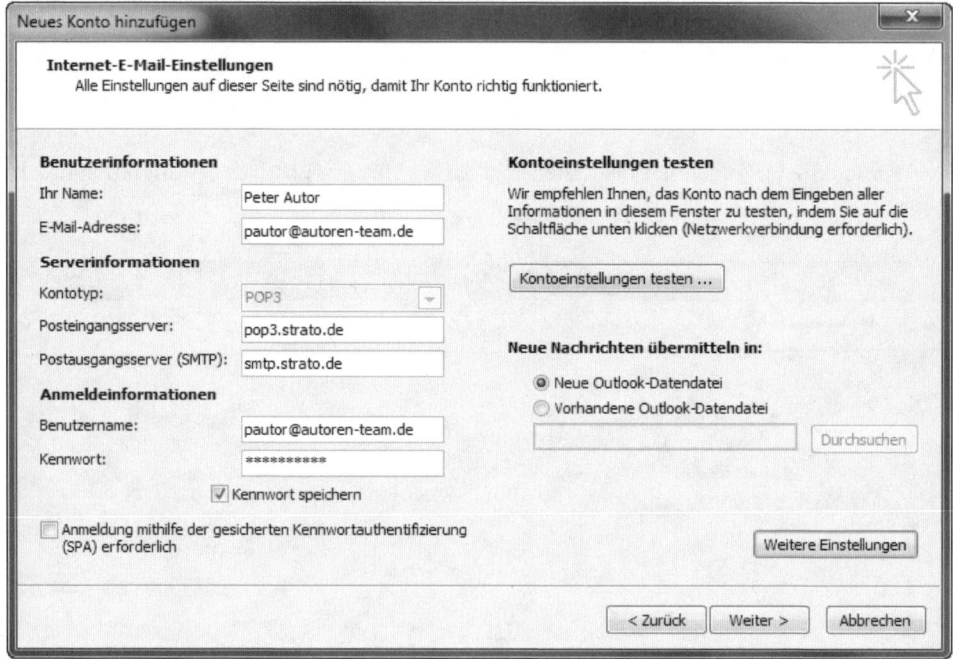

Bild 22.5: Einstellungen für den Zugriff auf das Internet-E-Mail-Postfach

Die Server für den Posteingang und für den Postausgang haben meist unterschiedliche Adressangaben, die vom Anbieter abhängen. In der Tabelle unten sind die Servernamen von populären Providern angegeben.

Falls Ihnen diese Daten nicht bekannt sind oder Ihr Anbieter nicht in der folgenden Liste angegeben ist, geben Sie in einer Suchmaschine den Namen Ihres Anbieters und den Begriff *pop3* ein. Sie werden sicher eine Hilfe-Seite im Internet finden.

Anbieter	Posteingangsserver (POP3)	Postausgangsserver (SMTP)
Hotmail*	pop3.live.com	smtp.live.com
GMX*	pop.gmx.net	mail.gmx.net
Google Mail*	pop.googlemail.com	smtp.googlemail.com
mymail.ch*	mail.mymail.ch	mail.mymail.ch
Yahoo (Deutschland)*	pop.mail.yahoo.de pop.mail.yahoo.com	smtp.mail.yahoo.de smtp.mail.yahoo.com

Anbieter	Posteingangsserver (POP3)	Postausgangsserver (SMTP)
Web.de*	pop3.web.de	smtp.web.de
1und1	pop.1und1.com	smtp.1und1.com
Arcor	pop3.arcor.de	mail.arcor.de
T-Online	pop.t-online.de	smtp.t-online.de
T-Online (Sichere Verbindung)	securepop.t-online.de	securesmtp.t-online.de
Freenet	pop3.freenet.de	mx.freenet.de
netcologne	pop3.netcologne.de	smtp.netcologne.de
Schlund & Partner	pop.kundenserver.de	auth.smtp.kundenserver.de
Strato	pop3.strato.de	smtp.strato.de

Tabelle 22.1: Die Servernamen der Provider mit POP3-Protokoll

2. Je nach Anbieter sind noch zusätzliche Einstellungen notwendig. Prüfen Sie zuerst, ob bei Ihrem Anbieter die Option *Anmeldung mithilfe der gesicherten Kennwortauthentifizierung (SPA) erforderlich* gesetzt werden muss. Gegebenenfalls müssen Sie auf die Schaltfläche *Weitere Einstellungen* klicken und in einem zusätzlichen Dialogfenster die Optionen setzen. Für das Beispiel beim Anbieter Strato muss zusätzlich die Option *Der Postausgangsserver (SMTP) erfordert Authentifizierung / Vor dem Senden bei Posteingangsserver anmelden* auf dem Register *Postausgangsserver* gesetzt werden.

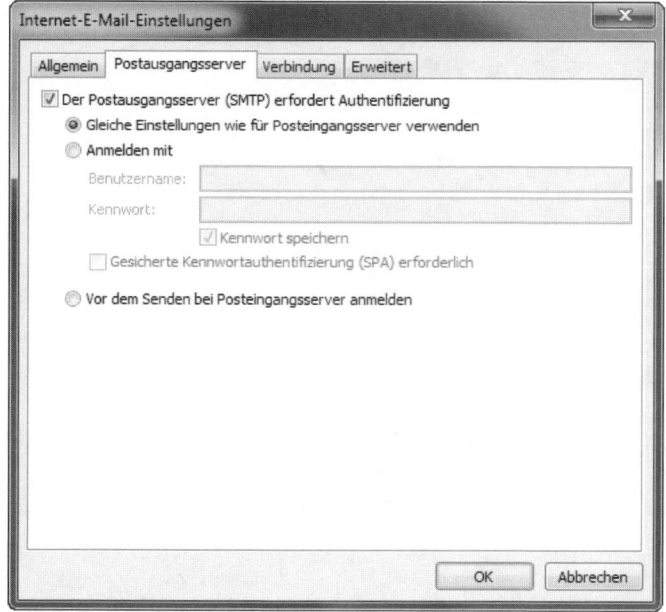

Bild 22.6: Weitere Internet-E-Mail-Einstellungen

3. Bestätigen Sie alle Einstellungen mit *OK*.

4. Wenn alle Einstellungen vorgenommen sind, klicken Sie auf die Schaltfläche *Kontoeinstellungen testen*.

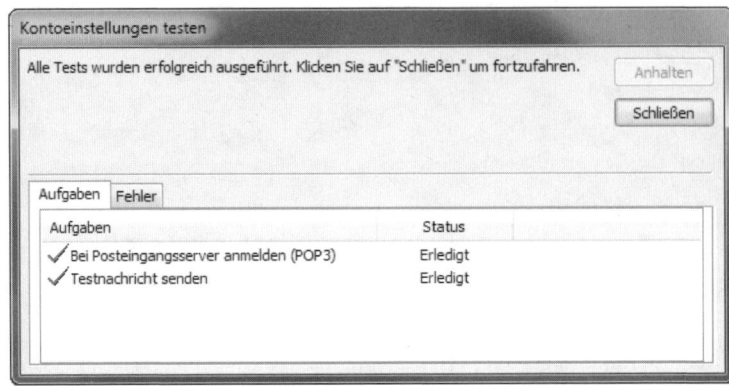

Bild 22.7: Weitere Internet-E-Mail-Einstellungen

So kann Outlook im Vorfeld überprüfen, ob E-Mails empfangen und gesendet werden können. Zur Überprüfung, ob das Versenden von Nachrichten funktioniert, sendet das Prüfprogramm eine Testnachricht an Ihr E-Mail-Konto. Sie werden also gleich eine Testnachricht in Ihrem Posteingang finden.

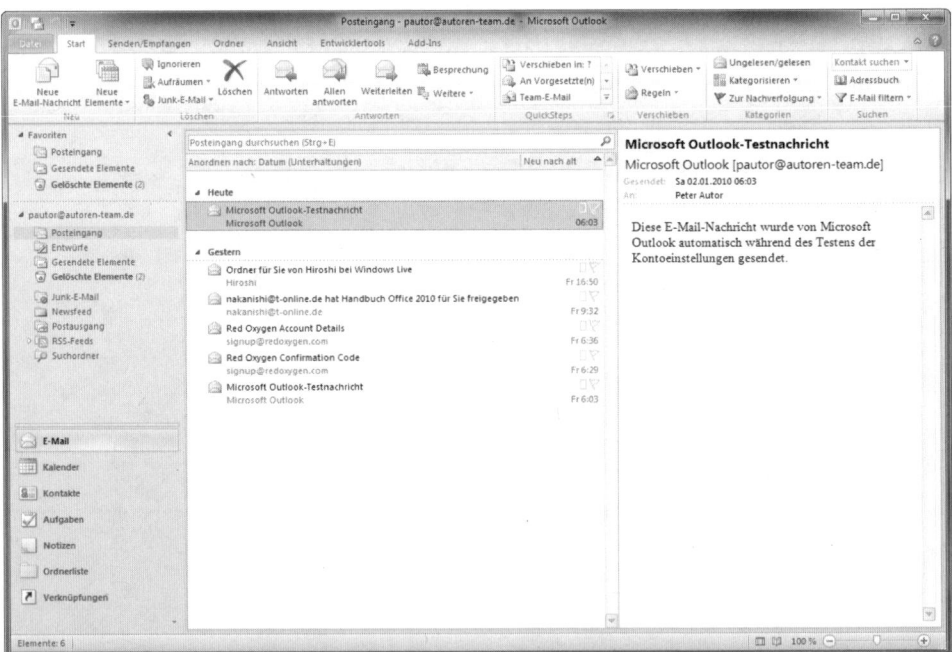

Bild 22.8: Outlook mit dem POP3-Postfach

Wie Sie die Outlook 2010-Oberfläche einstellen und wie Sie mit dem Programm arbeiten, lesen Sie im nächsten Kapitel.

22.3 IMAP-Postfach einrichten

Es gibt einige Provider, wie beispielsweise AOL oder Google, die das *IMAP*-Protokoll unterstützen.

Der Unterschied für den Anwender liegt in der Ablage der E-Mails. Beim Einsatz von POP3 werden die E-Mails vom Server abgeholt und auf Ihrem Rechner gespeichert. Beim IMAP-Protokoll wird Ihr Postfach im Outlook eingebunden und das Ordnersystem als eigenständiger Zweig angezeigt. Sie haben einen Onlinezugriff auf Ihr IMAP-Postfach. Ein Lesen der E-Mails ist nur bei einer bestehenden Internetverbindung möglich. Wir gehen nicht im Detail auf die technischen Unterschiede zwischen dem POP3- und dem IMAP-Protokoll ein.

Im folgenden Beispiel zeigen wir Ihnen, wie Sie ein Google-Mail-Postfach in Outlook 2010 einbinden. Sie müssen dazu in Ihrem Google-Mail-Konto »nur« zusätzlich einstellen, dass Sie neben dem Zugriff mit dem Webbrowser auch über Outlook auf Ihr Postfach zugreifen wollen.

Google Mail für den POP3/IMAP-Zugriff aktivieren

1. Melden Sie sich bei Google Mail mit Ihren Zugangsdaten an.

2. Klicken Sie auf den Link *Weiterleitung und POP/IMAP* und aktivieren Sie die Option *IMAP aktivieren.*

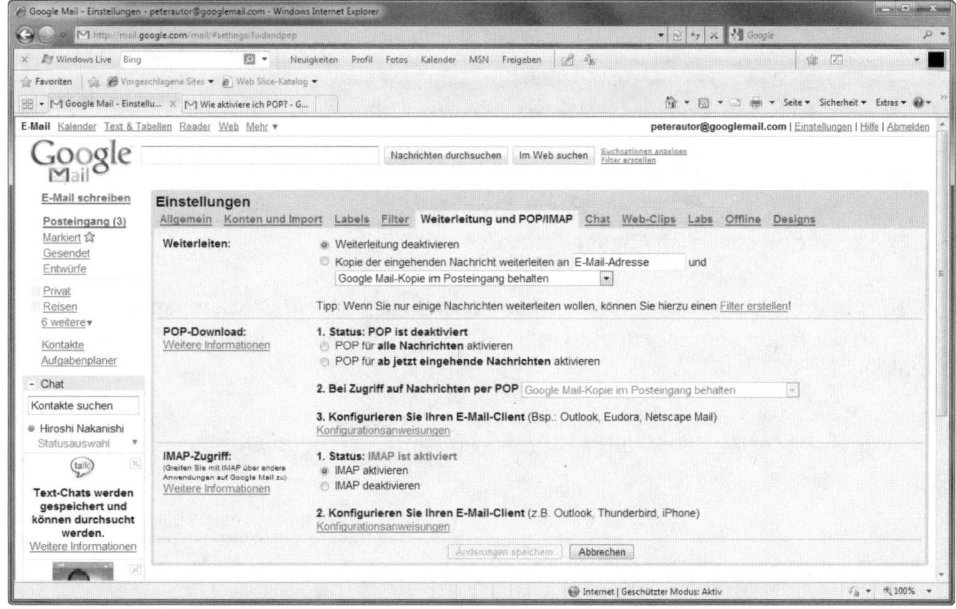

Bild 22.9: Google Mail für die Weiterleitung und POP/IMAP einstellen

Mit dieser Option haben Sie Ihr Google Mail-Konto für Outlook vorbereitet.

3. Wenn Sie im Dialogfenster Ihren Namen, Ihre E-Mail-Adresse und Ihr Kennwort eintragen haben, klicken Sie auf *Weiter*.

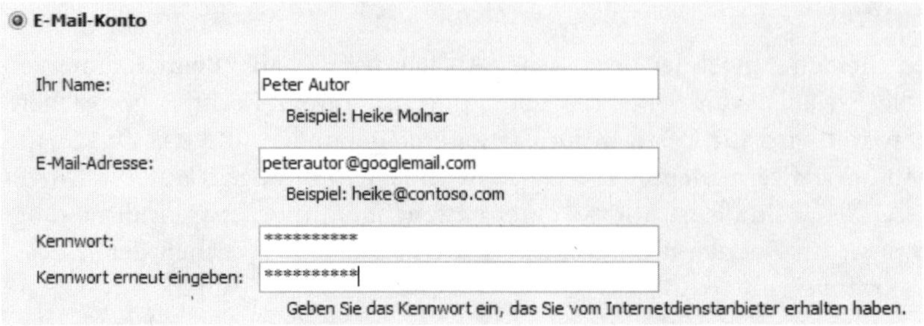

Bild 22.10: Ihre persönlichen Angaben zum Google Mail-Konto

Die automatische Onlinesuche sollte ohne Probleme verlaufen und nach einer kurzen Zeit den Erfolg der Konfiguration anzeigen.

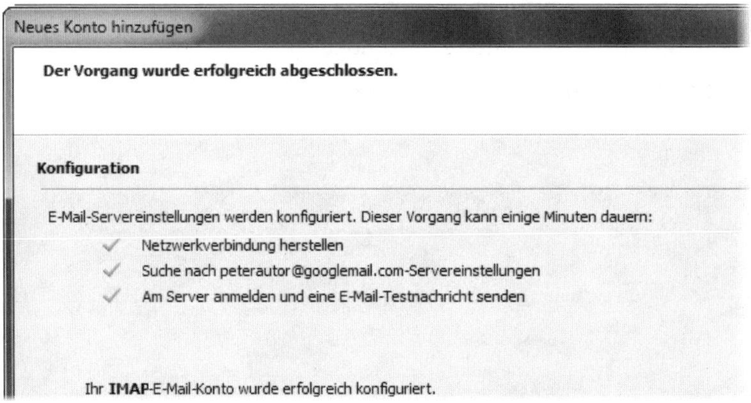

Bild 22.11: Ihre persönlichen Angaben zum Google Mail-Konto

Das Konfigurationsprogramm sendet automatisch eine Testnachricht an das E-Mail-Konto. In der folgenden Tabelle finden Sie die Servernamen einiger Provider mit IMAP-Protokoll.

Provider/Anbieter	Posteingangsserver (IMAP)	Postausgangsserver (SMTP)
AOL	imap.aol.com imap.de.aol.com	smtp.aol.com smtp.de.aol.com
Google-Mail	imap.googlemail.com	smtp.googlemail.com
T-Online	imap.t-online.de	smtpmail.t-online.de
GMX	imap.gmx.net	mail.gmx.net

Tabelle 22.2: Servernamen mit dem IMAP-Protokoll

Nach dem Start von Outlook werden auf der linken Seite die Ordner des Google Mail-Kontos angezeigt.

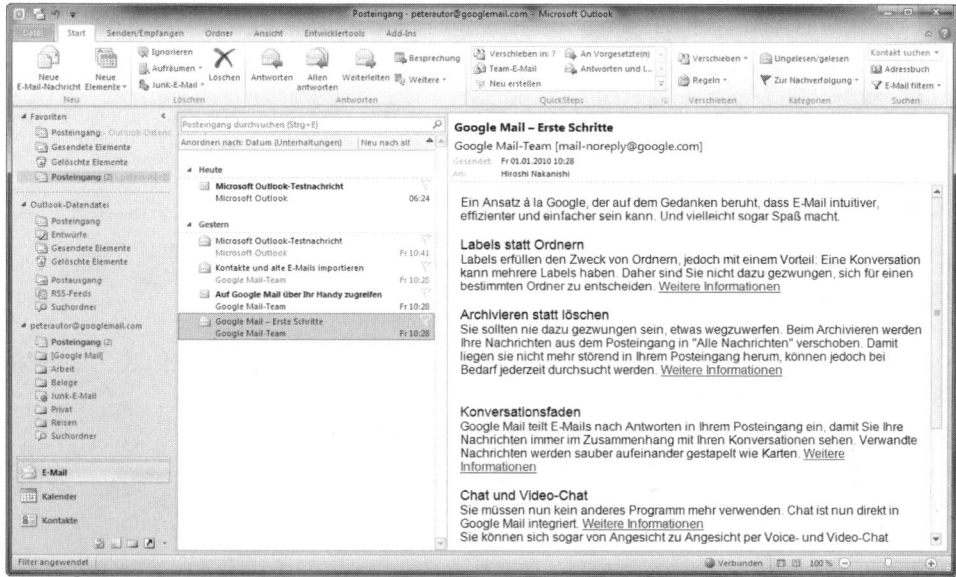

Bild 22.12: Outlook mit dem Google Mail-Konto

Der erste Zweig zeigt die Ordner, die sich auf Ihrem Computer befinden. Der zweite Ordnerzweig zeigt den Posteingang sowie weitere Unterordner des Kontos bei Google Mail.

22.4 Konteneinstellungen anpassen und verändern

Sollte etwas an den Kontoeinstellungen nicht passen, können Sie selbstverständlich die Einstellungen nachträglich verändern.

1. Öffnen Sie dazu das Menü *Datei*. Auf dieser Seite können Sie generelle Einstellungen zu Outlook vornehmen. Dazu gehören auch die Kontoeinstellungen für den E-Mail-Versand.

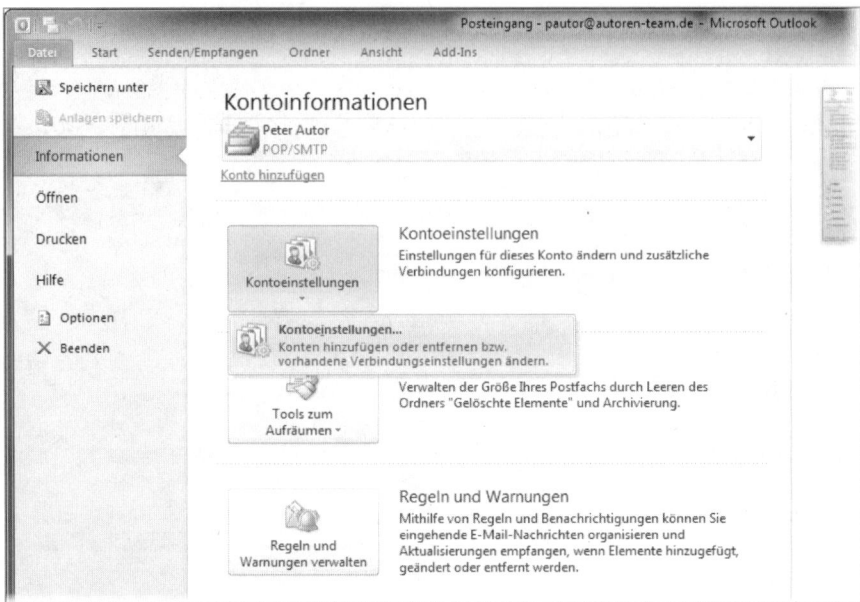

Bild 22.13: Über das Menü *Datei* können Sie Einstellungen zu Outlook vornehmen.

2. Im oberen Bereich sehen Sie, welche Konten in Outlook eingestellt sind. Über das Listenfeld *Kontoeinstellungen* gelangen Sie zum folgenden Dialogfenster.

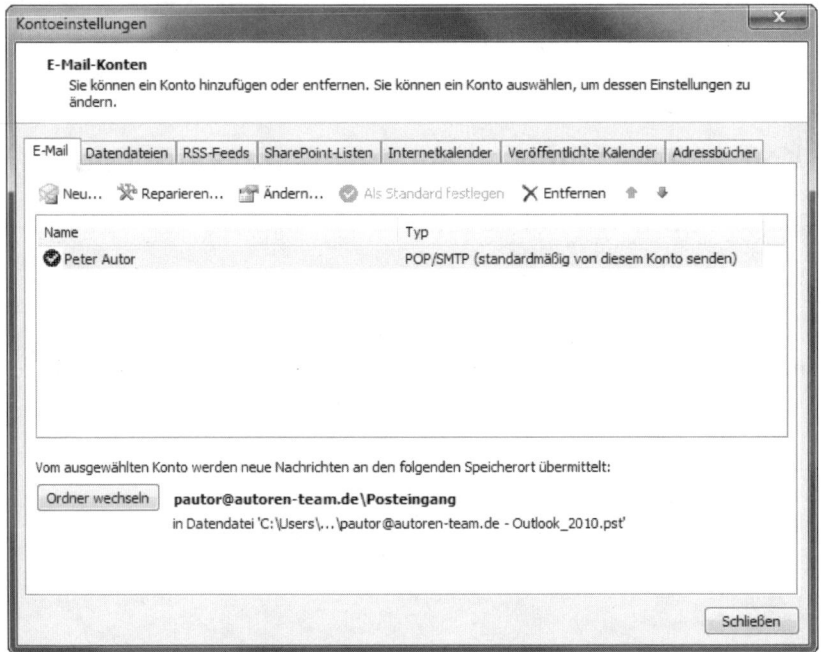

Bild 22.14: Das Dialogfenster zur Anpassung der E-Mail-Konten

Auf dem Register *E-Mail* können Sie bestehende E-Mail-Kontoeinstellungen bearbeiten, entfernen und weitere E-Mail-Konten einrichten. Das bedeutet, dass Sie mit Outlook auch mehrere E-Mail-Konten verwalten können. Dies ist beispielsweise nützlich, wenn Sie ein Postfach in einem Firmennetz mit Microsoft Exchange Server und zusätzlich ein E-Mail-Konto im Internet besitzen.

23   E-Mails senden und empfangen mit Outlook 2010

E-Mails sind aus dem Alltag nicht mehr wegzudenken. Heute werden mehr E-Mails versendet als Briefe, Faxe und Telegramme. Zwischen Versand und Empfang der elektronischen Nachrichten vergehen nicht einmal Sekunden, auch wenn der Addressat am entgegengesetzten Ende der Welt sitzt.

Die Schritte zum Erstellen und zum Versenden von E-Mails sind immer noch vergleichbar mit der alten »gelben Post«. Sie benötigen eine Absender- und eine Empfängeradresse, die jedoch heute eine virtuelle elektronische Adresse ist. Schreiben Sie einen Betreff, danach den Text. Zum Abschluss müssen Sie nur noch auf *Senden* klicken.

23.1   Outlook-Oberfläche einstellen

Wenden wir uns zuerst der neuen Outlook-Oberfläche zu. Nachdem das E-Mail-Konto eingerichtet ist, zeigt sich Outlook mit einer oder vielleicht auch schon mehreren Nachrichten im Posteingang. Der Bildschirm ist in mehrere Teile unterteilt:

Menüband

Der obere Fensterbereich der Oberfläche wurde in Outlook 2010 komplett überarbeitet und besitzt nun, wie die anderen Anwendungen in Office 2010, ein Menüband mit Registerkarten.

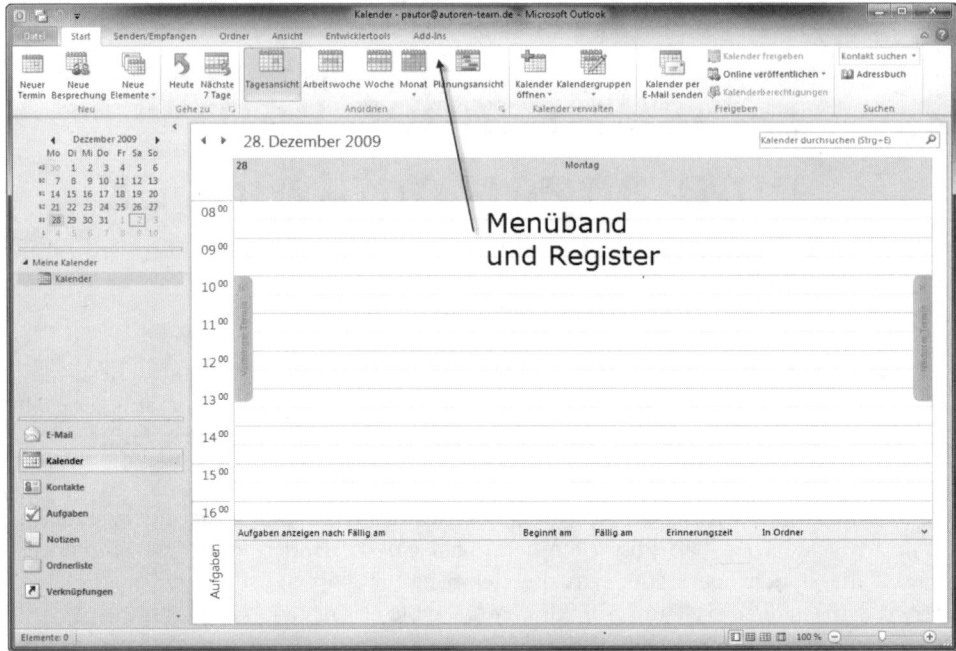

Bild 23.1: Outlook verfügt nun über ein Menüband mit Registern.

Navigationsbereich

Mit dem Navigationsbereich ist der linke Bildschirmbereich gemeint, in dem Sie zwischen den Outlook-Arbeitsbereichen wechseln können.

Wenn Sie beispielsweise auf *Posteingang* klicken, zeigt Outlook Ihnen die Liste der Mails an.

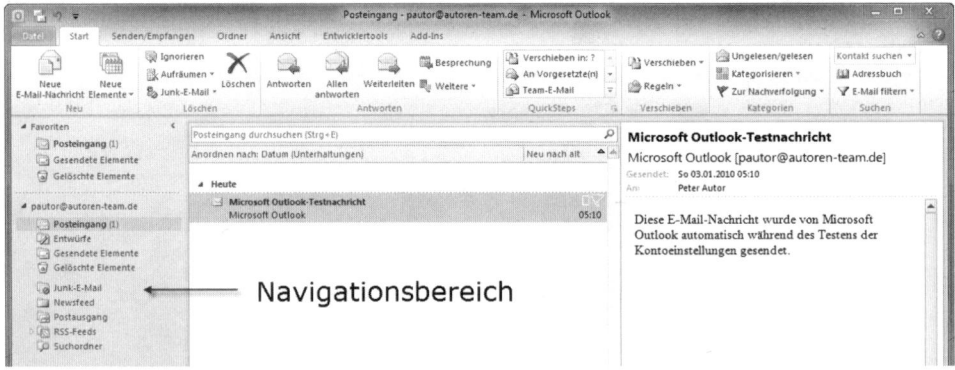

Bild 23.2: Der Posteingang in Outlook

23.1.1 Navigationsbereich einstellen

Diesen Bereich können Sie über das Listenfeld *Navigationsbereich* einstellen. Neben den Optionen *Normal, Minimiert* und *Aus* können Sie über den Befehl *Optionen* die Reihenfolge der Outlook-Bereiche verändern.

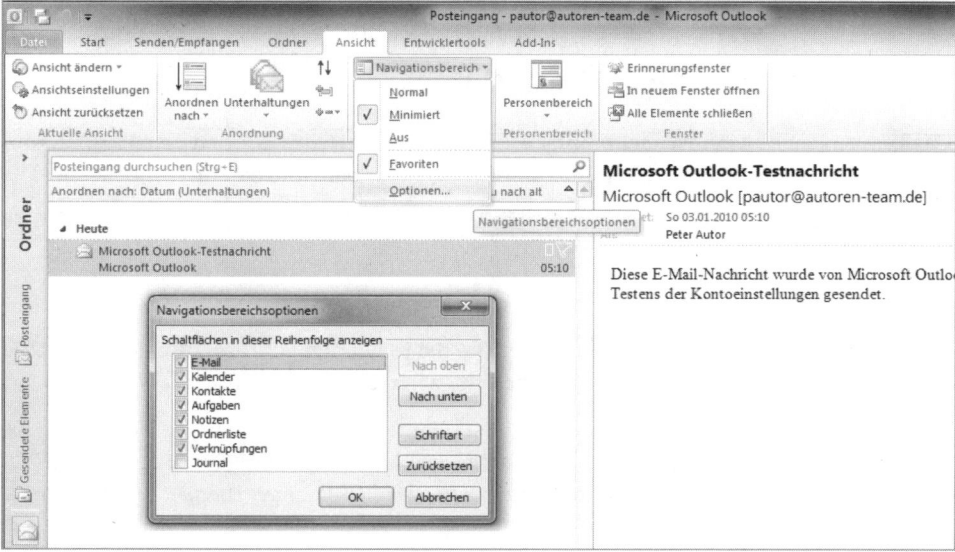

Bild 23.3: Den Navigationsbereich einstellen

23.1.2 Arbeits- und Lesebereich

Wenn Sie viele E-Mails erhalten und bearbeiten müssen, sollten Sie sich die Aufteilung des Outlook-Bildschirms nach Ihren Wünschen einrichten. So gibt es im Posteingang den sogenannten Lesebereich, der den Inhalt der markierten E-Mail in einer Vorschau anzeigt. Sie können die Größe und den Ort des Lesebereichs einstellen.

1. Aktivieren Sie die Registerkarte *Ansicht*.

2. Dort finden Sie das Listenfeld am Befehl *Lesebereich*. Sie können zwischen den Optionen *Rechts, Unten* und *Aus* wählen.

23.1.3 Aufgabenleiste einstellen

Mit der *Aufgabenleiste* ist die Leiste gemeint, die am rechten Bildschirmrand angezeigt wird. Sie enthält einen Monatskalender und einen Bereich, in dem die Elemente angezeigt werden, die Sie im Outlook-Bereich *Aufgaben* eingetragen haben.

Diese Leiste können Sie ein- und ausblenden.

23.1.4 Personenbereich

Über die Schaltfläche *Personenbereich* können Sie einen zusätzlichen Bereich im Lesebereich einblenden. Dieser enthält dann weitere Angaben zu der Person, die Ihnen eine E-Mail geschrieben hat. Damit die Daten geladen werden, müssen Sie eine Verbindung zu einem der sozialen Netzwerke oder zu Sharepoint herstellen.

23.2 E-Mails schreiben und lesen

Das Lesen einer E-Mail ist recht einfach. Sie klicken entweder auf den Nachrichtenkopf im Posteingang oder Sie öffnen eine E-Mail ganz einfach mit einem Doppelklick. Die Nachricht wird in einem separaten Fenster angezeigt.

23.2.1 E-Mail schreiben

Um eine neue E-Mail zu schreiben, führen Sie die folgenden Schritte durch. Schalten Sie zur Registerkarte *Start*. Klicken Sie auf die erste Schaltfläche Neue *E-Mail-Nachricht*.

Eine E-Mail-Adresse besteht aus dem Postfachnamen und dem Standort des Postfachs. Vor dem @-Zeichen wird der Name des Postfachs eingetragen, der Name des Systems, in dem sich das Postfach befindet, wird hinter dem @-Zeichen angegeben.

`Name@Provider.Endung`

Outlook kann jetzt noch nicht prüfen, ob es diese Adressen überhaupt gibt, und geht daher davon aus, dass Sie wissen, was Sie tun. Sollten Sie einen Namen nicht korrekt eingetippt haben, dann wird er nicht unterstrichen.

Sie können auf die Schaltfläche *An* oder *Cc* klicken, um auf die Empfängeradressen zuzugreifen, die in Outlook verfügbar sind. Nach der Installation sind die Adressbücher jedoch noch leer. Es gibt generell drei Empfängerarten, die Sie adressieren können:

1. An – Direktempfänger der E-Mail
2. Cc – Kopieempfänger der E-Mail (Carbon Copy)
3. Bcc – Blindkopie-Empfänger der E-Mail (Blind Carbon Copy)

Cc- und *Bcc*-Empfänger erhalten die E-Mail genauso wie der Direktempfänger, nur dass sie die Nachricht lediglich zur Kenntnis erhalten haben. Beim *Bcc*-Empfänger gibt es die Besonderheit, dass er gegenüber den anderen Empfängern unsichtbar ist. Sie können die Bcc-Empfängerzeile einblenden, indem Sie auf der Registerkarte *Optionen* die Schaltfläche *Bcc* anklicken. Unterhalb der Zeile *Cc* wird eine weitere Zeile eingeblendet, in der Sie die Bcc-Empfänger eintragen können.

> **Tipp:** In der normalen E-Mail-Korrespondenz ist es nicht sinnvoll, Empfänger als Blindkopie-Empfänger anzugeben. Wenn Sie jedoch an viele Empfängeradressen schreiben, die aus Gründen des Datenschutzes einander unbekannt bleiben sollen sollen, können Sie diese Option nutzen.

Wie Sie Ihr eigenes Adressbuch mit Namen, Anschriften und E-Mail-Empfängeradressen aufbauen, lesen Sie weiter unten.

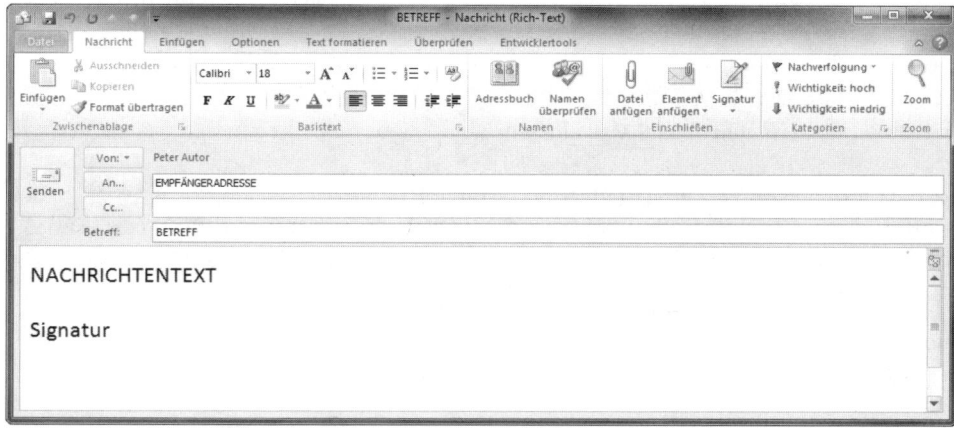

Bild 23.4: Neue E-Mail-Nachricht erstellen

Geben Sie dann den Titel Ihrer E-Mail in die Zeile *Betreff* und Ihren Text ein.

Zum Versenden klicken Sie auf die große Schaltfläche *Senden*.

Neuer Befehl zur Erstellung einer E-Mail

Eine neue Möglichkeit zur Erstellung einer E-Mail in Outlook 2010 liefert die Taskleiste. Ist Outlook gestartet, wird in der Taskleiste das Outlook-Symbol angezeigt. Klicken Sie mit der rechten Maustaste auf das Symbol. Die Befehle werden in einer Liste angeboten.

23.2.2 E-Mail-Format einstellen

Outlook bietet für das Schreiben von E-Mails drei Formate an:

1. HTML
2. Rich-Text
3. Nur-Text

Bei den ersten beiden E-Mail-Formaten können Sie den Nachrichtentext formatieren. Beim letzten Format ist, wie der Name es schon andeutet, keine Formatierung des Textes möglich.

Sie können das Nachrichtenformat in jeder einzelnen E-Mail auf der Registerkarte *Text formatieren* einstellen.

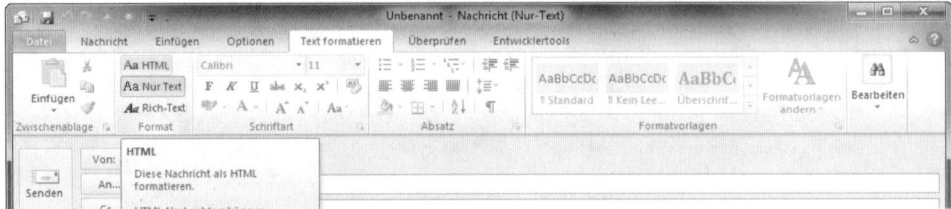

Bild 23.5: Textformat in einer E-Mail einstellen

Ist die Option *Nur-Text* eingestellt, sind fast alle Befehle im Bereich *Schriftart* und auch im Bereich *Absatz* inaktiv. Setzen Sie eine der Optionen *HTML* oder *Rich-Text*, sind die Schaltflächen aktiv.

Möchten Sie diese Option generell einstellen, öffnen Sie das *Optionen*-Fenster von Outlook. In der Kategorie *E-Mail* gibt es im ersten Block *Nachrichten verfassen* das entsprechende Listenfeld.

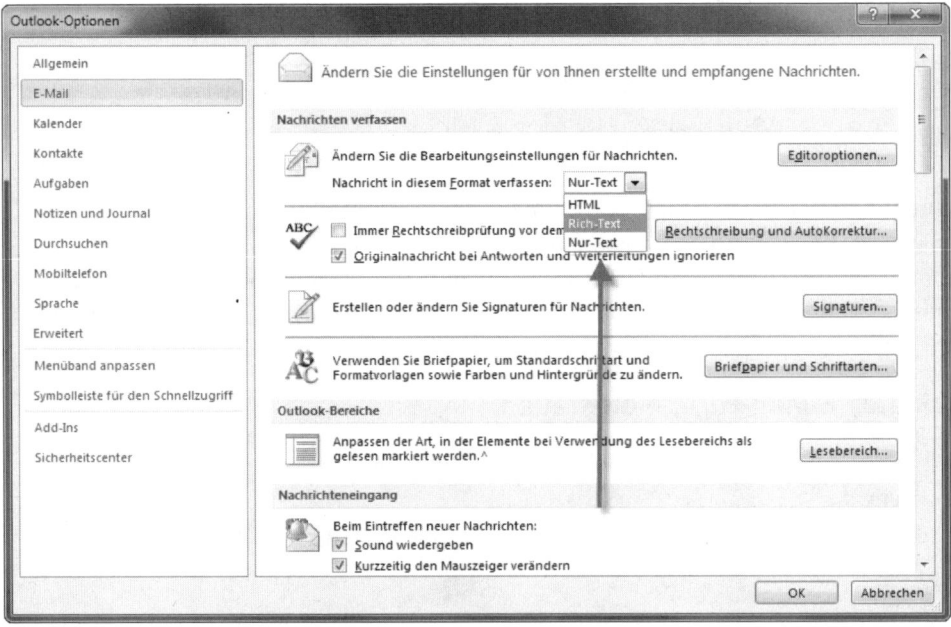

Bild 23.6: Textformat für alle E-Mails einstellen

Stellen Sie hier das Format für alle neuen E-Mails ein. Für den allgemeinen Betrieb empfehlen wir die Option *Rich-Text*.

23.2.3 E-Mail lesen, beantworten und weiterleiten

Wenn Sie eine E-Mail mit einem Doppelklick öffnen, wird sie in einem eigenen Fenster angezeigt. Das Fenster enthält alle Befehle, die Sie zur Bearbeitung der Nachricht benötigen.

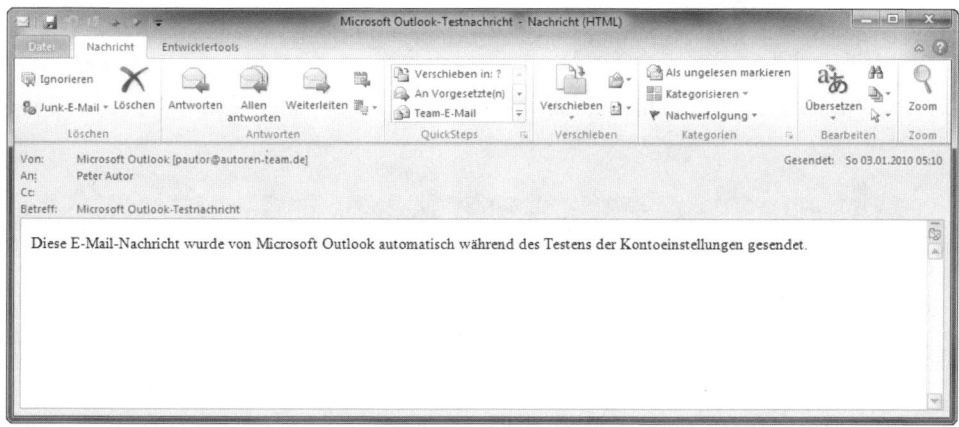

Bild 23.7: Eine E-Mail

E-Mail beantworten

Outlook bietet zwei unterschiedliche Befehle zur Beantwortung der E-Mail an. Über die Schaltfläche *Antworten* schreiben Sie nur dem Verfasser der E-Mail. Sind mehrere Empfänger direkt oder auch Kopieempfänger angegeben, verwenden Sie den Befehl *Allen antworten*. Die Antwort wird dann an den Absender und an alle weiteren Empfänger gesandt.

E-Mail weiterleiten

Wenn Sie den Befehl *Weiterleiten* anklicken, wird die Nachricht in eine neue E-Mail verpackt. Sie können eine andere Empfängeradresse eintragen und die Mail dann versenden.

23.3 Eine individuelle Signatur einstellen

Normalerweise unterschreiben Sie E-Mails mit einem Gruß und Ihrem Namen. Wenn Sie viele Nachrichten schreiben, kann dies viel Zeit kosten.

Für diesen Zweck können Sie eine *AutoSignatur* einrichten, die automatisch eingetragen wird, wenn Sie eine neue E-Mail schreiben.

1. Wenn Sie gerade eine E-Mail schreiben, schalten Sie in der E-Mail auf die Registerkarte *Einfügen* und starten den Befehl *Signatur / Signaturen*.

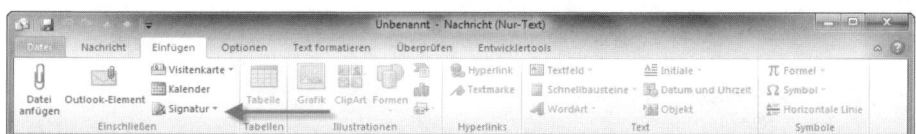

Bild 23.8: Signatur einstellen

Tipp: Den Befehl finden Sie auch bei den Outlook-Optionen in der Kategorie *E-Mail*.

2. Klicken Sie auf die Schaltfläche *Neu*, um eine neue Signatur anzulegen, und geben Sie diesem Gruß einen Namen.

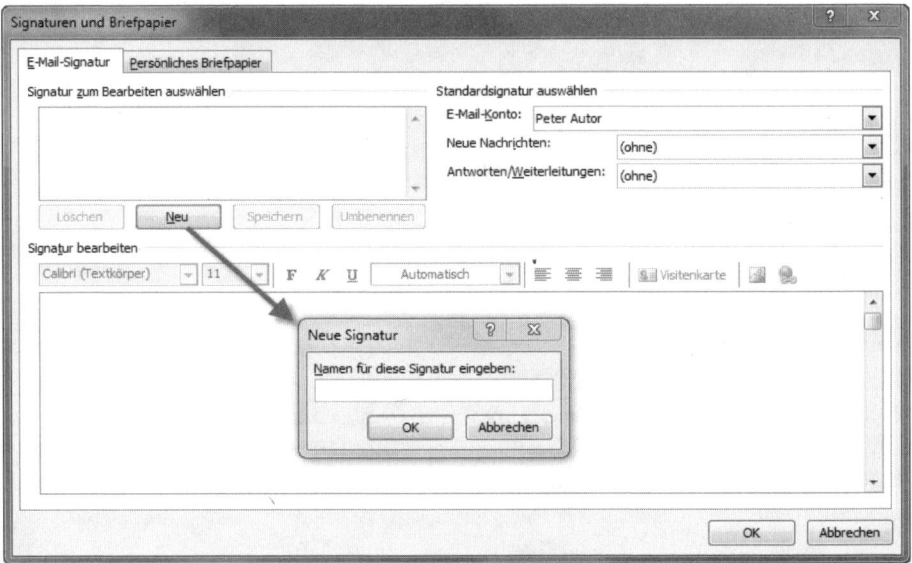

Bild 23.9: Geben Sie Ihrer neuen Signatur einen Namen

3. Bestätigen Sie mit *OK*.

4. Tragen Sie im großen Eingabefeld *Signatur bearbeiten* den Text ein und formatieren Sie ihn nach Ihren Wünschen.

5. Soll diese Signatur automatisch in jeder neuen Nachricht erscheinen, wählen Sie im Listenfeld *Neue Nachrichten* den Namen der Signatur aus.

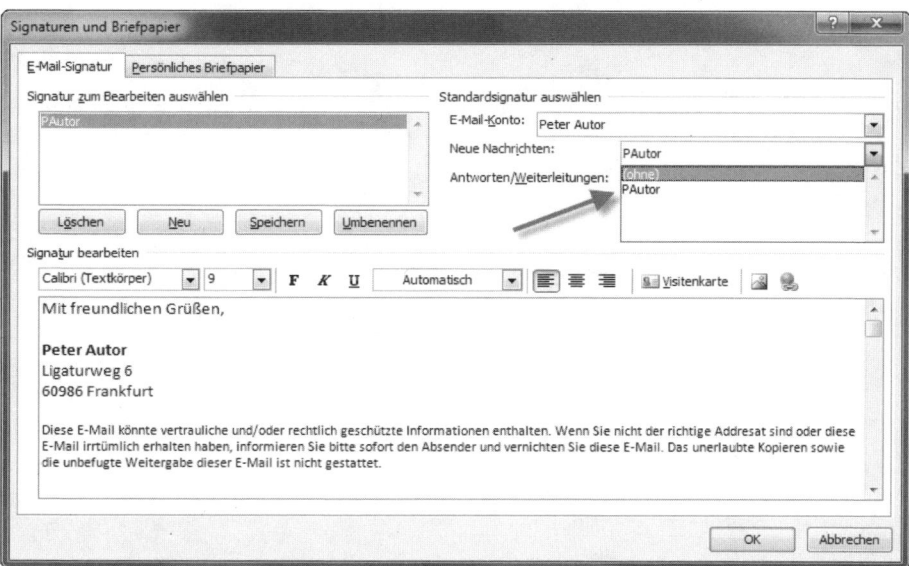

Bild 23.10: Formatieren Sie Ihre Signatur

6. Speichern Sie die Signatur, indem Sie auf die Schaltfläche *Speichern* klicken.

7. Falls Sie mehrere Signaturen einsetzen möchten, klicken Sie auf die Schaltfläche *Neu* und wiederholen die Schritte. Bestätigen Sie das Fenster mit *OK*.

23.4 E-Mails mit Dateianhang senden und empfangen

Wenn Sie Informationen versenden möchten, die bereits in Form einer Datei vorliegen, können Sie an Ihren Nachrichtentext ein oder mehrere »Datei-Päckchen« anhängen. Die Dateianhänge können Bilder, Word-Dokumente oder beliebige andere Dateien sein.

23.4.1 Dateien und Elemente an die E-Mail anhängen

Die Anhänge werden zusammen mit der E-Mail verschickt. Klicken Sie auf die Schaltfläche *Datei anfügen*. Wählen Sie über die Ordner- und Dateiauswahl die gewünschte Datei aus und klicken Sie auf *OK*. An der Cursorposition der E-Mail wird das Symbol mit Dateinamen eingefügt.

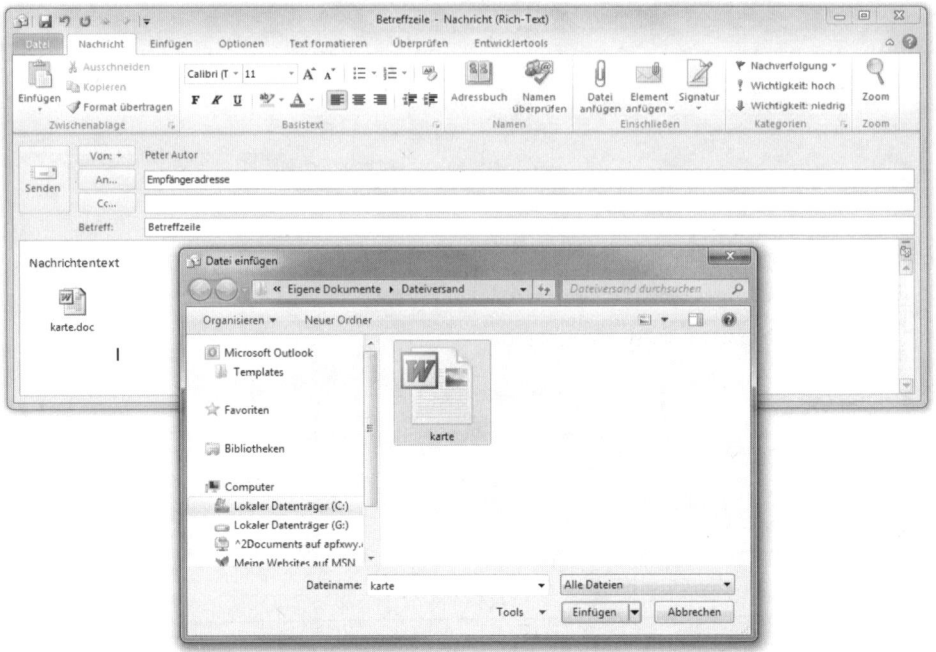

Bild 23.11: Dateien an eine E-Mail anhängen

Je mehr Dateien Sie an Ihre Nachricht hängen, umso »schwerer« ist eine E-Mail. Bei langsamen Verbindungen kann der Versand etwas länger dauern. Darüber hinaus gibt es in vielen Systemen Größenbeschränkungen, sodass es passieren kann, dass Ihr eigenes Postfach oder das des Empfängers die große Nachricht ablehnt. Outlook zeigt ab einer Dateigröße von 20 MByte die Fehlermeldung *Die Anlagengröße überschreitet das erlaubte Maximum* an.

23.4.2 E-Mails mit Dateianhang empfangen

Wenn Sie eine E-Mail mit einem Dateianhang empfangen, werden die angehängten Dateien in Form von zusätzlichen Registern angezeigt. Ist eine Vorschau des Datei-inhalts möglich, sehen Sie ihn im E-Mail-Fenster sofort.

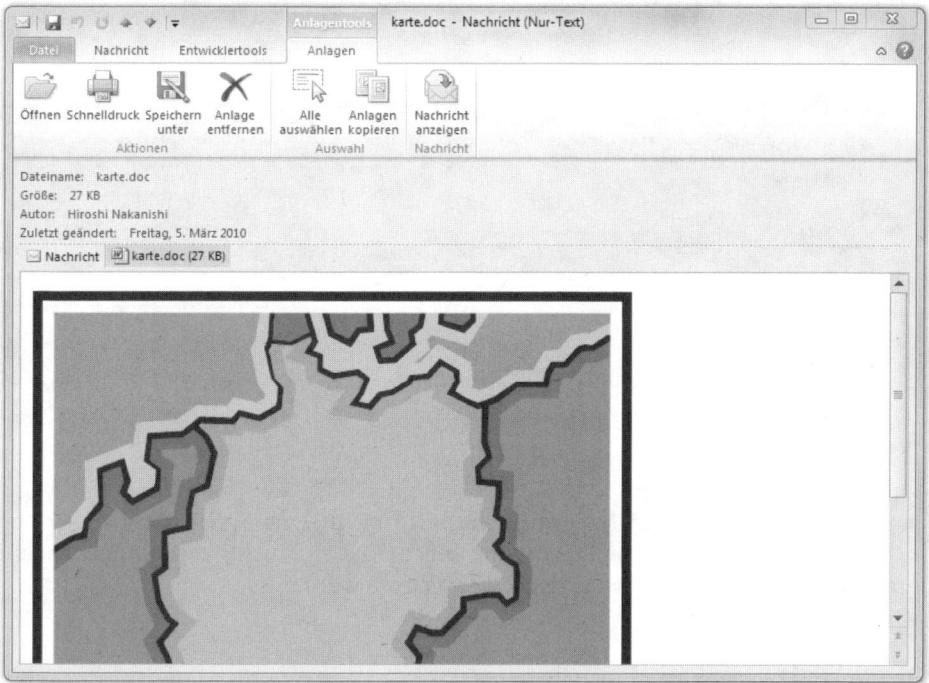

Bild 23.12: Der empfangene Dateianhang in der Vorschau

Die möglichen Aktionen werden auf dem Register *Anlagentools / Anlagen* angeboten. Sie können die Datei in einem separaten Fenster öffnen, den Inhalt drucken oder auf einem Datenträger abspeichern.

Über den Befehl *Anlage entfernen* wird die Datei aus der E-Mail entfernt. Beachten Sie, dass die Anlage beim Löschen nicht in den Papierkorb geschoben wird.

23.5 Wo finde ich meine gesendeten E-Mails wieder?

Jedes Mal, wenn Sie eine E-Mail versenden, bleibt das Original als Kopie bei Ihnen im Ordner *Gesendete Objekte*.

23.5.1 Gesendete Objekte

Der Ordner zeigt alle Nachrichten an, die Sie von Outlook aus abgeschickt haben.

Der Ordner ist für zwei Befehle nützlich. Zum einen können Sie eine bereits versendete E-Mail erneut an den Empfänger bzw. auch an einen anderen Empfänger senden, andererseits können Sie versuchen, die Nachricht wieder zurückzurufen. Outlook bietet dazu einen entsprechenden Befehl an. Das könnte notwendig sein, wenn Sie die E-Mail nicht an den richtigen Empfänger verschickt haben.

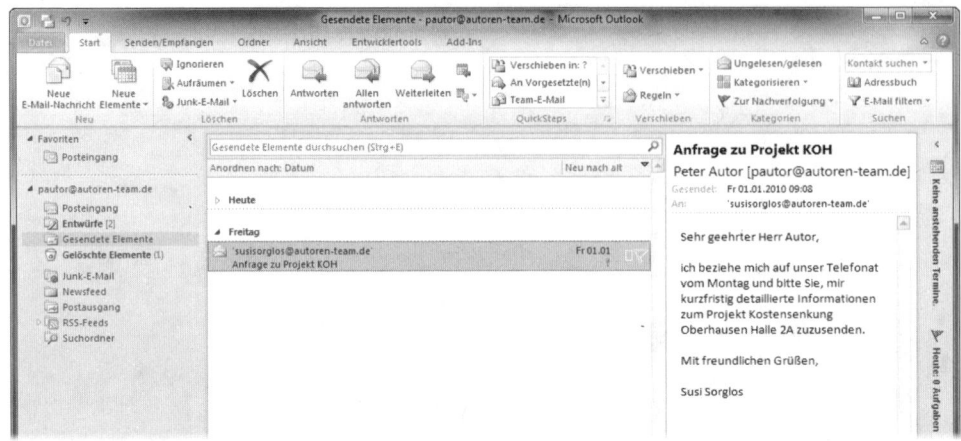

Bild 23.13: Der Ordner *Gesendete Objekte*

Beachten Sie jedoch, dass es in vielen Fällen nicht möglich ist, E-Mails zurückzurufen. Ein Grund ist, dass das Empfängersystem einen Rückruf nicht erlaubt. Ein anderer Grund ist, dass die Nachricht vom Empfänger gelesen wurde.

23.5.2 E-Mails erneut senden

Ist eine E-Mail beim Empfänger aus technischen Gründen nicht angekommen oder bittet Sie jemand, die E-Mail noch einmal zu senden, da er sie vielleicht versehentlich gelöscht hat, können Sie Ihre Nachricht einfach noch einmal hervorholen und absenden.

Sie wissen bereits, dass Ihre Nachrichten automatisch im Ordner *Gesendete Objekte* gelandet sind.

1. Schalten Sie zu diesem Ordner und suchen Sie die gewünschte E-Mail.

2. Öffnen Sie die E-Mail mit einem Doppelklick.

3. Wählen Sie auf der Registerkarte *Nachricht* im Listenfeld *Aktionen* den Befehl *Diese Nachricht erneut senden*.

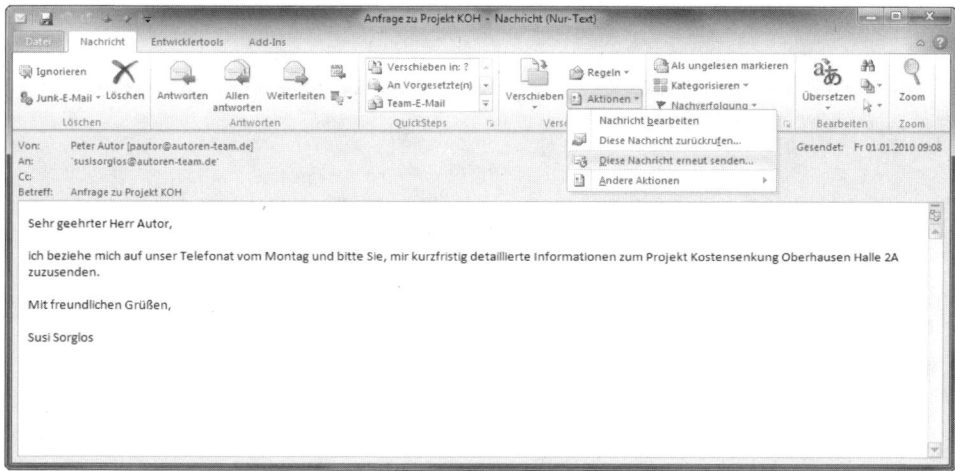

Bild 23.14: Eine E-Mail-Nachricht erneut senden

Die Empfängeradresse, der Betreff und auch der Nachrichtentext inklusive aller Formatierungen und Anlagen sind wieder in den Ursprungszustand versetzt.

Wenn Sie die Nachricht ohne Änderung senden möchten, klicken Sie einfach auf die Schaltfläche *Senden*. Auch von dieser E-Mail wird eine Kopie in Ihren Ordner *Gesendete Objekte* gestellt.

Der Ordner Entwürfe

Wenn Sie das Schreiben einer E-Mail abbrechen müssen, können Sie diese Mail zwischenspeichern. Sie müssen dazu nur auf die *Speichern*-Schaltfläche klicken. Die E-Mail landet dann automatisch im Ordner *Entwürfe*.

Dort können Sie die E-Mail wieder mit einem Doppelklick hervorholen und weiterbearbeiten.

23.6 E-Mail-Optionen festlegen

Es gibt noch viele weitere Optionen, die Sie in einer Outlook-E-Mail einstellen können. Die wichtigsten Punkte, die Anwender einstellen möchten, ist eine Bestätigung, ob die E-Mail beim Empfänger auch angekommen ist. Bei der gelben Post heißt diese Option *Einschreiben*.

In Outlook können Sie dies natürlich ebenfalls ganz leicht einstellen. Sie brauchen dazu nur das entsprechende Häkchen setzen.

23.6.1 Sende- und Lesebestätigung anfordern

Erstellen Sie eine neue E-Mail. Aktivieren Sie die Registerkarte *Optionen*. Dort finden Sie die beiden Häkchen mit der folgenden Beschreibung:

1. *Übermittlungsbestätigung anfordern*

2. *Lesebestätigung anfordern*

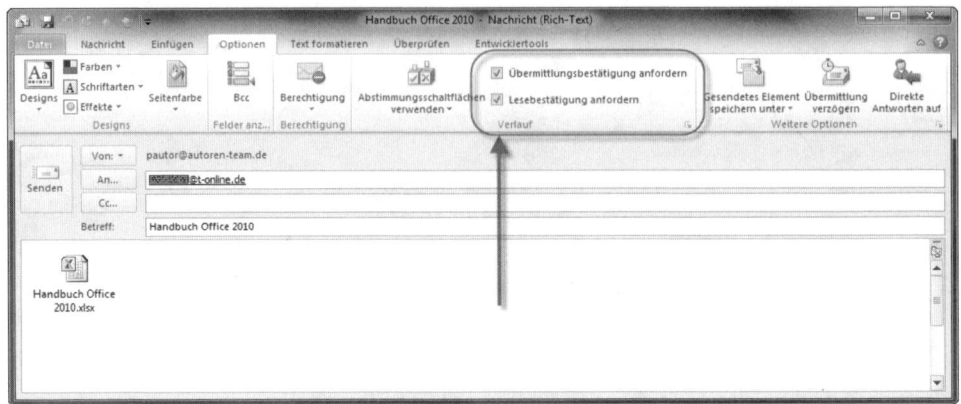

Bild 23.15: Lese- und Sendebestätigung als Optionen zur E-Mail einstellen

Die erste Bestätigung erhalten Sie, wenn die E-Mail – technisch gesehen – im Empfängerpostfach gelandet ist. Öffnet der Empfänger die E-Mail, kann er gegebenenfalls die Lesebestätigung bestätigen und zurücksenden.

Tipp: Einige E-Mail-Server senden keine Übermittlungsbestätigungen zurück.

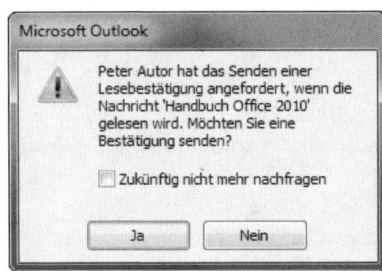

Bild 23.16: Lesebestätigung an den Absender zurücksenden

Die Bestätigungs-Mail erkennen Sie am Symbol neben der Nachricht. Wenn Sie die Information zur Kenntnis genommen haben, können Sie die Systemnachrichten löschen.

23.6.2 Weitere E-Mail-Eigenschaften

Das *Eigenschaften*-Fenster zur E-Mail hält zusätzliche Optionen bereit. Einige wurden bereits oben in einem praktischen Zusammenhang beschrieben. Die folgende Abbildung zeigt das zugehörige Fenster.

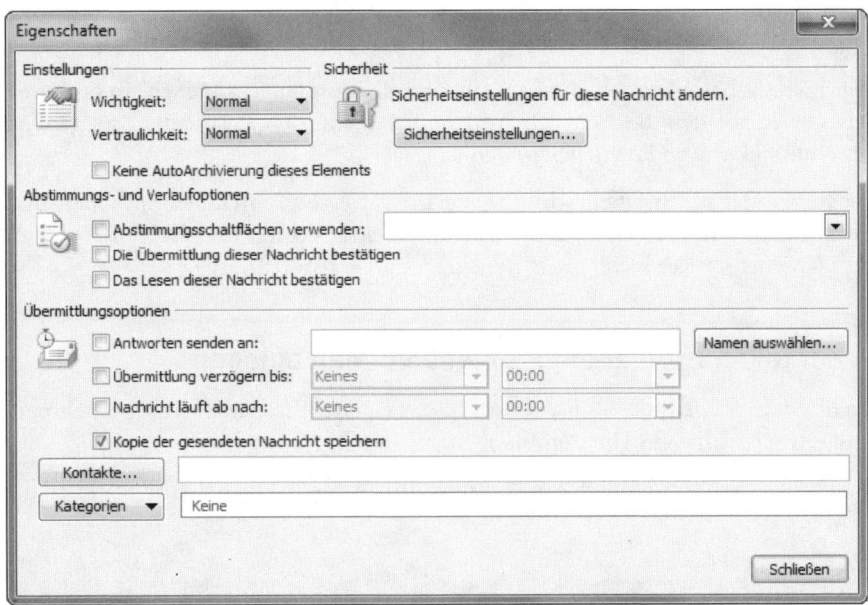

Bild 23.17: Das *Eigenschaften*-Fenster zur E-Mail

Die weiteren Optionen werden im Folgenden kurz erläutert.

Keine AutoArchivierung für dieses Element	Über diese Option legen Sie fest, dass dieses Element nicht in den Archivordner verschoben wird, wenn Outlook die AutoArchivierung startet.
Antworten senden an	Wenn Sie dieses Häkchen setzen, müssen Sie eine Empfängeradresse angeben. Klickt der Empfänger der E-Mail auf *Antworten*, wird die Antwort-Mail nicht an den Originalabsender, sondern an die angegebene Adresse geschickt. Sie können dies einsetzen, wenn Sie beispielsweise die Anfrage starten, aber die Aufgabe von anderen Personen bearbeitet wird.
Übermittlung verzögern	Über diese Option können Sie die E-Mail zu einem bestimmten Zeitpunkt versenden. Wählen Sie dazu das Datum und die Uhrzeit, zu der die E-Mail vom Server verschickt werden soll.
Nachricht läuft ab	Wenn Sie ein Datum mit Uhrzeit zur Option *Nachricht läuft ab* setzen, wird die E-Mail beim Empfänger automatisch durchgestrichen, wenn die Zeit abläuft. Das kann beispielsweise nützlich sein, wenn ein Termin nur bis zu einem bestimmten Zeitpunkt gültig ist.

Tabelle 23.1: Zusätzliche Optionen zu einer E-Mail

23.7 Adressbücher und Kontakte-Ordner

Ein wichtiger Punkt beim Senden von E-Mails sind die Empfängeradressen. In größeren Firmennetzwerken werden automatisch Adressbücher von den Postfächern aufgebaut, auf die der Outlook-Anwender zurückgreifen kann.

Im folgenden Kapitel beschreiben wir, wie Sie Ihr Adressbuch manuell aufbauen und bearbeiten können. Die Personendaten mit Namen, Anschriften und E-Mail-Adressen werden als Elemente im *Kontakte*-Ordner angelegt und verwaltet.

23.7.1 Kontakt aus einer empfangenen E-Mail anlegen

Eine einfache Methode, eine E-Mail-Adresse in das eigene Adressbuch zu übernehmen, ist die direkte Übernahme aus einer empfangenen E-Mail.

1. Markieren Sie dazu die E-Mail-Adresse und öffnen Sie das Kontextmenü über die rechte Maustaste.

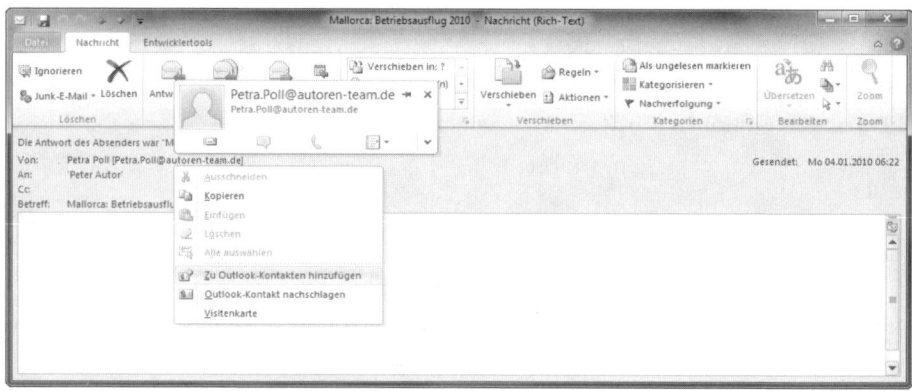

Bild 23.18: Einen Kontakt aus einer E-Mail anlegen

2. Starten Sie den Befehl *Zu Outlook-Kontakten hinzufügen*.

23.7.2 Einen neuen Kontakt anlegen und abrufen

Outlook legt automatisch ein neues Kontaktelement an und trägt Namen und E-Mail-Adresse ein. Ergänzen Sie zu der Person weitere Informationen, wie beispielsweise Rufnummern und Anschriften. Ihnen stehen dabei bis zu 16 Telefonnummern und drei Anschriften zur Verfügung.

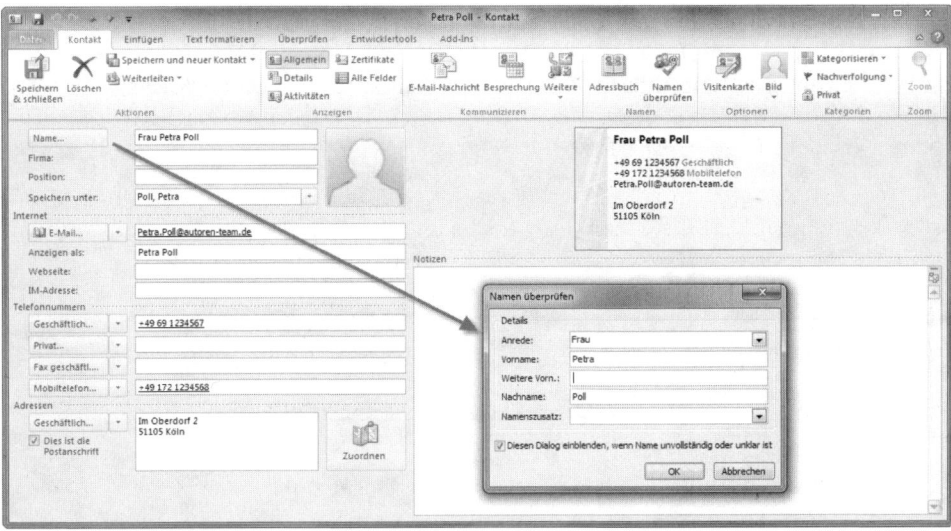

Bild 23.19: Die Angaben zum Kontakt vervollständigen

Klicken Sie auf die Schaltfläche *Name*, um zum Namen die Anrede und gegebenenfalls einen Titel hinzuzufügen. Für individuelle Angaben zum Kontakt steht Ihnen noch ein großes Memofeld zur Verfügung.

Nachdem Sie alle bekannten Informationen eingetragen haben, klicken Sie auf *Speichern & schließen*. Das Outlook-Element wird im Bereich *Kontakte* abgelegt.

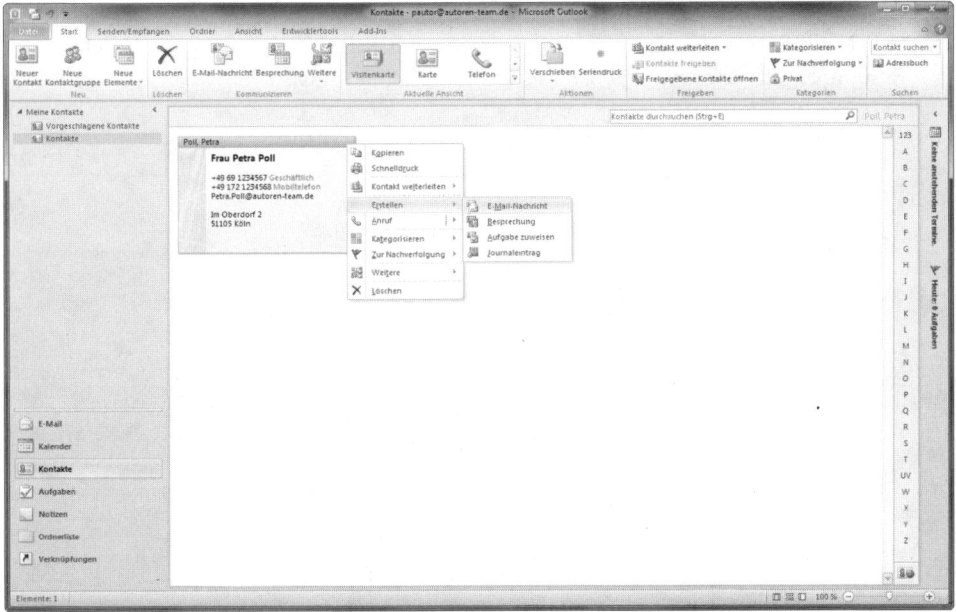

Bild 23.20: E-Mail zum neuen Kontakt erstellen

Von diesem Bereich können Sie alle notwendigen Aktionen zum Kontakt ausführen. Um beispielsweise eine E-Mail zum Kontakt zu erstellen, markieren Sie den Kontakt und klicken auf der Registerkarte *Start* auf die Schaltfläche *E-Mail-Nachricht*.

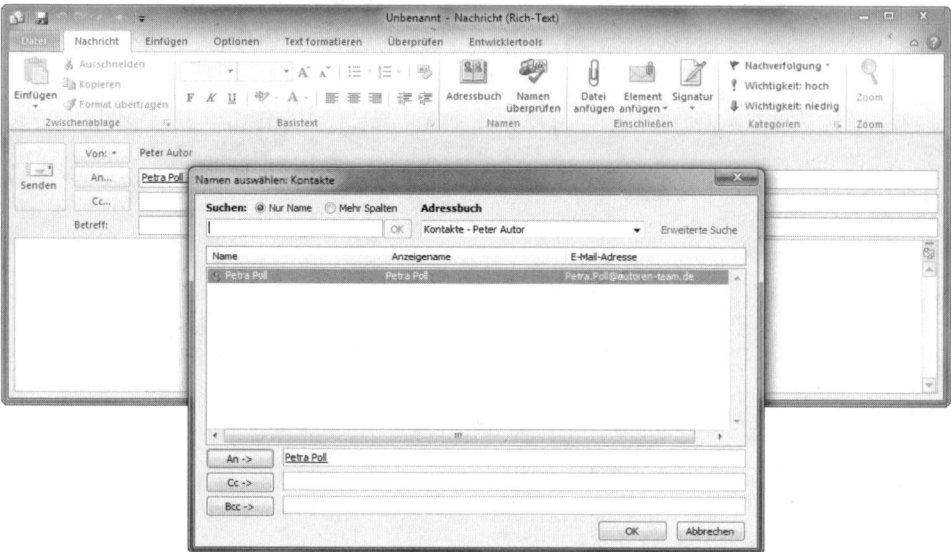

Bild 23.21: Empfänger aus dem Adressbuch auswählen

Sie erhalten dann ein neues E-Mail-Fenster, das als Empfänger die E-Mail-Adresse mit dem Namen enthält.

Ist die E-Mail-Adresse eingetragen, können Sie auch auf die Schaltfläche *An* klicken und den Empfänger aus der Liste *Namen auswählen : Kontakte* aussuchen.

24 E-Mails bearbeiten und die Mail-Flut verwalten

Bei der Arbeit mit Outlook ist es heutzutage wichtig, den Überblick über die eingegangenen E-Mails zu behalten. Dieses Kapitel behandelt die Organisation und Verwaltung von E-Mails sowie die Ordner, in denen die Outlook-Elemente gespeichert werden.

Outlook 2010 bietet Ihnen viele Möglichkeiten, den Überblick im »E-Mail-Dschungel« zu behalten. Sie können E-Mails mit Fähnchen zur Nachverfolgung kennzeichnen, mit Farbfeldern in Kategorien einteilen oder Unterordner einrichten, um die Masse der E-Mail sinnvoll zu verteilen.

Darüber hinaus beschreiben wir in diesem Kapitel das Drucken und Löschen sowie die Befehle und Möglichkeiten, die Sie im Zusammenhang mit dem integrierten Papierkorb haben. Der letzte Abschnitt über die PST-Dateien befasst sich mit der Datei, die hinter der gesamten Ablage von Outlook steht.

24.1 Arbeitsabläufe mit QuickSteps vereinfachen

QuickSteps sind neu in Outlook 2010. Unter QuickSteps versteht man ein oder mehrere Befehle, die Sie zur Bearbeitung von Outlook-Elementen einsetzen können. QuickSteps können Sie definieren, um beispielsweise eine Nachricht zu markieren, an einen Kollegen weiterzuleiten und danach in einem bestimmten Ordner abzulegen. Diese Aktionen können Sie einer Tastenkombination zuordnen, sodass Sie die Schritte beim nächsten Mal auf Knopfdruck durchführen können.

24.1.1 Vordefinierte QuickSteps einsetzen

Im ersten Schritt beschreiben wir Ihnen die QuickSteps, die bereits von Outlook mitgeliefert werden.

1. Schalten Sie zum Posteingang und markieren Sie eine E-Mail, die Sie gelesen haben.

2. Schauen Sie sich auf dem Register *Start* die Befehle in der Gruppe *QuickSteps* an. Outlook bietet Ihnen eine Auswahl an Befehlen an, die Sie beim ersten Start konfigurieren können.

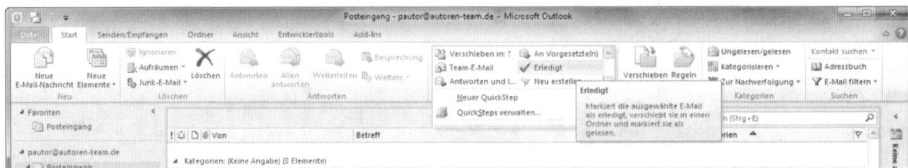

Bild 24.1: Die Befehle in der Gruppe *QuickSteps*.

3. Starten Sie den Befehl *Erledigt.*

Beim ersten Start fragt Outlook nach ein paar Parametern für diesen QuickStep.

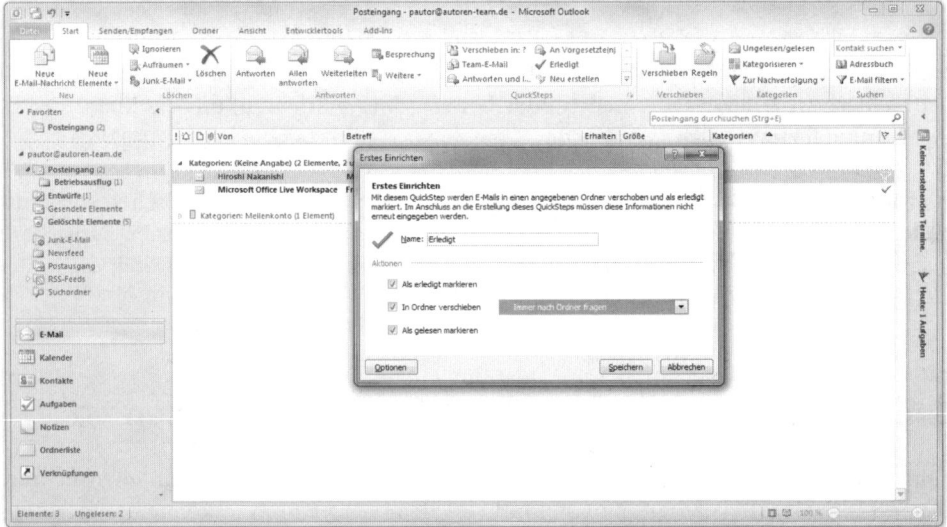

Bild 24.2: Erstkonfiguration des QuickSteps

Als Aktionen für den QuickStep *Erledigt* sind standardmäßig die Aktionen *Als erledigt markieren*, *In Ordner verschieben* und *Als gelesen markieren* hinterlegt. Für den Zielordner können Sie einen bestimmten Ordner im Outlook festlegen oder einstellen, dass Outlook ein Dialogfenster zur Auswahl öffnet.

4. Führen Sie den QuickStep noch einmal aus.

5. Outlook zeigt nun ein Fenster an, in dem Sie den Zielordner auswählen können. Ist an der E-Mail eine Kennzeichnung hinterlegt, wird diese automatisch entfernt und als gelesen markiert.

Bild 24.3: Wählen Sie den Zielordner aus.

6. Bestätigen Sie mit *OK*.

In der folgenden Tabelle sind die QuickSteps beschrieben, die im Katalog direkt abrufbar sind.

QuickStep	Beschreibung
Verschieben in: ?	Zeigt ein Dialogfenster an, in dem Sie einen neuen Ordner oder den Zielordner angeben können.
An Vorgesetzte(n)	Leitet die markierte Nachricht an einen oder mehrere Empfänger weiter. Beim ersten Start geben Sie dem QuickStep einen Namen und legen die Empfänger fest.
Team E-Mail	Erstellt eine neue Nachricht an einen Empfänger oder eine Verteilerliste.
Erledigt	Mit der Definition dieses QuickSteps können Sie die E-Mail als erledigt und gelesen markieren und die Nachricht sofort in einen Ordner verschieben.
Antworten und löschen	Bei diesem QuickStep wird im ersten Schritt das Fenster zur Beantwortung der E-Mail geöffnet. Nach dem Versenden wird die Nachricht gelöscht.
Neu erstellen	Legt einen neuen QuickStep an.

Tabelle 24.1: Die Aktionen hinter den vordefinierten QuickSteps

24.1.2 Einen individuellen QuickStep erstellen

Interessanter ist die »Programmierung« eines eigenen QuickSteps. Dafür ist nur eines wichtig: Sie müssen wissen, was der QuickStep für Sie erledigen soll. Im folgenden Beispiel sollen bestimmte eingehende E-Mails mit einer Farbkategorie gekennzeichnet, an einen Kollegen weitergeleitet und automatisch in den Projektordner verschoben werden.

Um den QuickStep anzulegen, führen Sie die folgenden Schritte durch:

1. Legen Sie zuerst den Projektordner an. Im Beispiel nennen wir den Ordner *Webseminar_Excel_Delta.*

2. Aktivieren Sie den Posteingang oder einen anderen E-Mail-Ordner.

3. Starten Sie den Befehl *Neuer QuickStep / Benutzerdefiniert.*

Bild 24.4: Einen neuen QuickStep bearbeiten

4. Geben Sie dem QuickStep einen Titel. In unserem Beispiel erhält der QuickStep den Namen *Excel-Delta.*

Die Aktionen wählen Sie im Listenfeld darunter aus.

5. Wählen Sie in der Liste den Befehl *Nachricht kategorisieren.*

6. Für diese Aktion wird ein Parameter, die Farbe bzw. der Name der Kategorie benötigt. Zu diesem Zweck wird automatisch ein weiteres Listenfeld darunter eingeblendet. Wählen Sie die Farbe *Blaue Kategorie* oder eine andere Farbe aus.

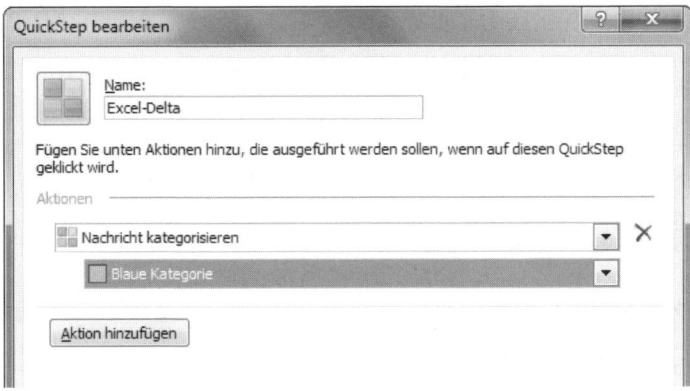

Bild 24.5: Die Nachricht wird der blauen Kategorie zugeordnet.

7. Klicken Sie auf die Schaltfläche *Aktion hinzufügen*.

8. Legen Sie als zweite Aktion *Weiterleiten* mit dem Empfängernamen an. Sie können den Betreff, die Kennzeichnung und die Farbkategorie individuell anpassen und einen Text hinzufügen.

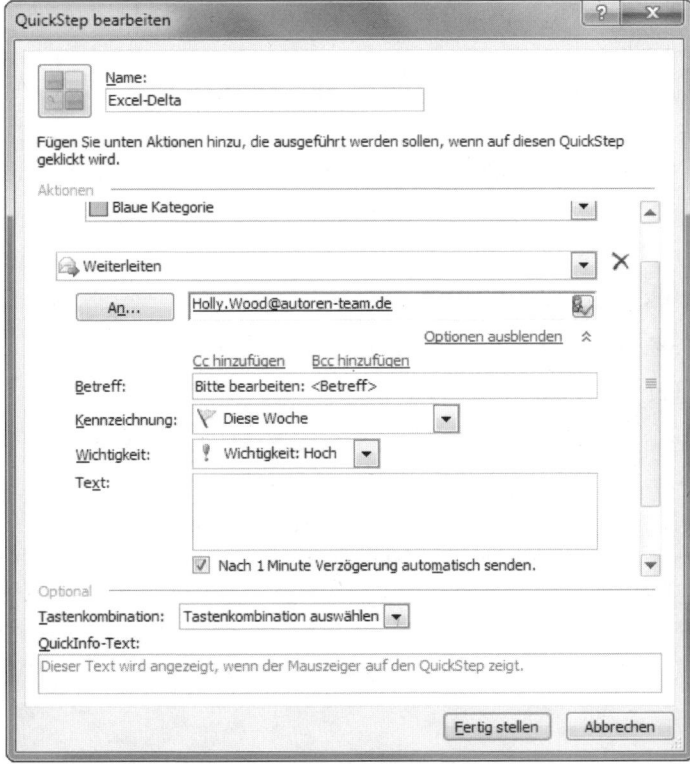

Bild 24.6: Die Weiterleitung mit zusätzlichen Angaben automatisieren

9. Klicken Sie auf die Schaltfläche *Aktion hinzufügen*.

10. Wählen Sie die Aktion *In Ordner verschieben* und geben Sie als Option den gewünschten Zielordner (*Excel-Delta*) an.

Dem QuickStep eine Tastenkombination zuordnen

Zum Abschluss können Sie dem QuickStep eine Tastenkombination zuordnen.

Zur Auswahl stehen die Tastenkombinationen Strg+Umschalt+1 bis Strg+Umschalt+9.

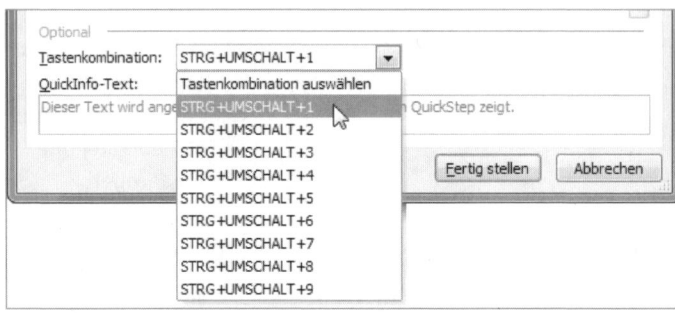

Bild 24.7: Auswahl der Schnelltaste für den QuickStep

QuickInfo für den QuickStep

Um den Überblick über die QuickSteps zu behalten, können Sie im Feld *QuickInfo-Text* eine Beschreibung eingeben.

Beenden Sie die Definition des neuen QuickSteps mit *Speichern*.

Sie sehen, dass Sie mit QuickSteps wiederkehrende Arbeitsabäufe in Outlook auf Knopf-druck automatisieren können. Was früher aufwendig programmiert werden musste, ist heute für den gewöhnlichen Benutzer kein Problem mehr.

24.1.3 Einen QuickStep bearbeiten

Die Nachbearbeitung oder Erweiterung eines QuickSteps ist ganz einfach.

1. Starten Sie dazu den Befehl *QuickSteps verwalten*.

2. Sie sehen eine Liste der QuickSteps, die Sie in Outlook definiert haben. Markieren Sie den QuickStep.

3. Outlook 2010 bietet Ihnen die drei Befehle *Löschen*, *Duplizieren* und *Bearbeiten* an. Über den Befehl *Bearbeiten* gelangen Sie wieder zum Dialogfenster, um die Aktionen des QuickSteps anzupassen.

Bild 24.8: Auswahl der Schnelltaste für den QuickStep

4. Beachten Sie die Schaltfläche unterhalb der Liste. Darüber können Sie die Reihenfolge der QuickSteps anpassen oder weitere QuickSteps anlegen.

24.2 E-Mails mit Fähnchen kennzeichnen

Nachrichten haben nicht immer dieselbe Wichtigkeit, einige können auch sofort gelöscht werden. Für E-Mails, die innerhalb einer bestimmten Zeit bearbeitet werden sollen, bietet Outlook ein Fähnchen an, mit dem man die Zeilen zur Nachverfolgung kennzeichnen kann.

1. Markieren Sie die E-Mail, die Sie kennzeichnen möchten.

2. Auf der Registerkarte *Start* finden das Listenfeld *Zur Nachverfolgung*. In der Liste finden Sie verschiedene Optionen von *Heute, Morgen, Diese Woche* usw.

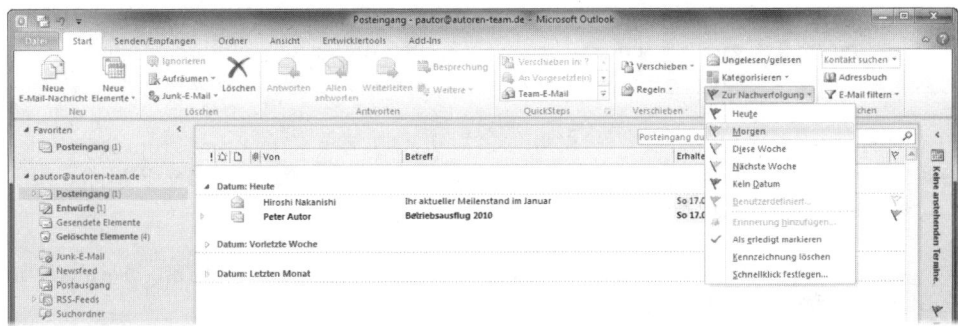

Bild 24.9: Nachrichten kennzeichnen

So können Sie Nachrichten nach Wichtigkeit der Bearbeitung sortieren. Im Posteingang gibt es die Spalte mit dem Fähnchen. Wenn Sie auf den Spaltentitel klicken, können Sie die E-Mails nach der Kennzeichnung sortieren.

24.3 Das Leben ist bunt: Farbkategorien

Eine farbliche Kennzeichnung von E-Mails lässt sich über den Befehl *Kategorisierung* vornehmen. Outlook 2010 bietet Ihnen standardmäßig sechs Farbkategorien an, die Sie auf dem Register *Start* am Listenfeld *Kategorisierung* finden.

Nehmen wir einmal an, Sie möchten alle E-Mails, die mit dem Betriebsausflug zu tun haben, einer neuen Kategorie zuordnen. Markieren Sie die gewünschte Zeile und wählen Sie am Befehl *Kategorisierung* die Farbe *Grüne Kategorie* aus. Wenn Sie eine Farbkategorie das erste Mal aufrufen, fragt Outlook, ob Sie diese Einstellungen übernehmen oder der Kategorie eine andere Bezeichnung geben möchten.

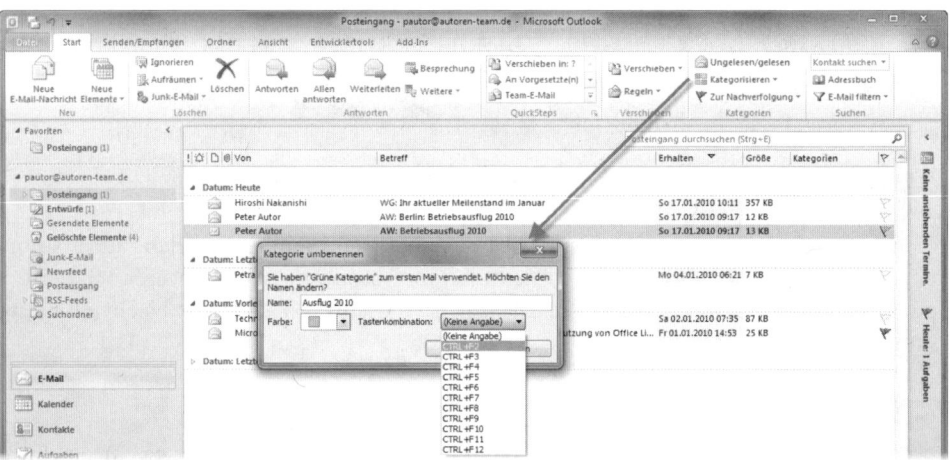

Bild 24.10: Name und Farbe der Kategorie definieren

Falls Sie diese Kennzeichnung öfter vornehmen, ist es sinnvoll, diesem Vorgang eine Tastenkombination zuzuweisen. Zur Auswahl stehen die Tastenkombinationen [Strg]+[F2], [Strg]+[F3] bis [Strg]+[F12].

Der Vorteil liegt später darin, dass Sie die E-Mail nach den Kategorien gruppieren oder eine erweiterte Suche durchführen können. Die Zusammenfassung der E-Mails nach Farben erhalten Sie über das Register *Ansicht*.

Wählen Sie dazu in der Gruppe *Anordnung* im Listenfeld die Option *Kategorie* aus. Die E-Mails werden sofort nach Farbkategorie gruppiert.

Bild 24.11: E-Mails werden nach Farbkategorie zusammengefasst.

24.4 Unterordner zur Organisation von E-Mails anlegen

Über die Organisation von eingegangenen E-Mails sollten Sie sich Gedanken machen: Sollen die E-Mails nach Thema, nach Absender, nach Datum oder nach Aufgabe sortiert werden?

Diese Fragestellung kann man nicht eindeutig beantworten. Meist werden die Unterordner in einer Kombination wie beispielsweise Jahr und Thema oder Aufgaben und Personen angelegt. Bestimmen Sie selbst, wie Sie Ihre E-Mails organisieren.

Führen Sie die folgenden Schritte durch, um neue Unterordner hinzuzufügen:

1. Markieren Sie den Ordner, in diesem Beispiel ist es der Posteingang, und öffnen Sie das Kontextmenü über die rechte Maustaste.

2. Starten Sie den Befehl *Neuer Ordner*.

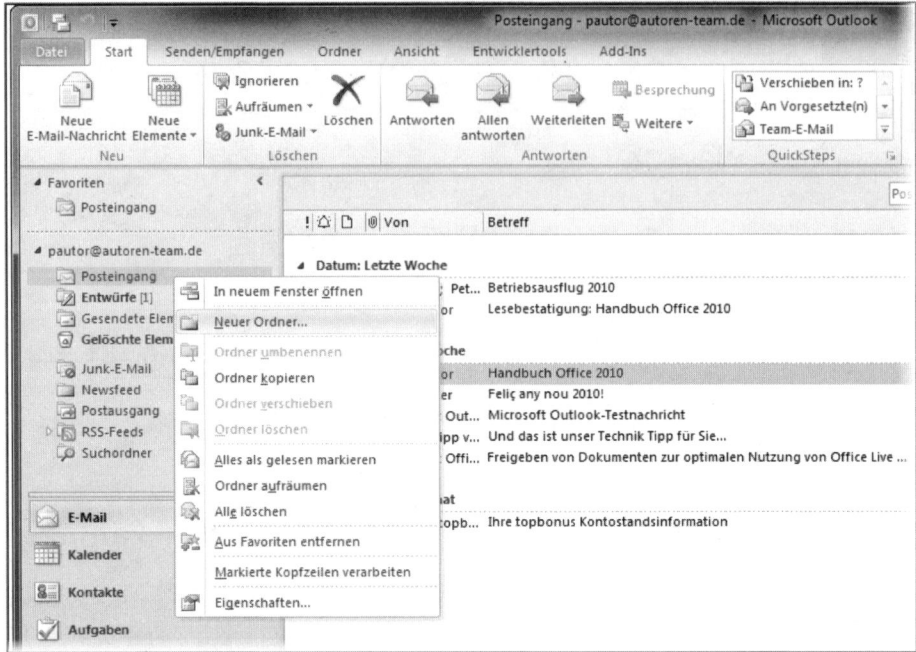

Bild 24.12: Einen neuen Unterordner anlegen

3. Geben Sie in das Dialogfenster den Namen des neuen Ordners ein.

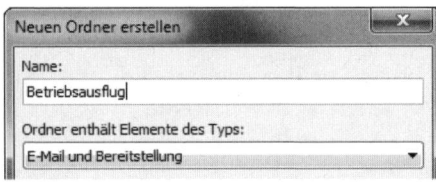

Bild 24.13: Der Name des neuen Ordners

E-Mails in den Unterordner verschieben und kopieren

Um eine E-Mail aus dem Posteingang in einen Unterordner zu verschieben, markieren Sie die E-Mail und ziehen sie mit gedrückter linker Maustaste auf den neuen Ordner. Wenn Sie den Vorgang mit gedrückter ⌊Strg⌋-Taste durchführen, wird die Nachricht in den Unterordner kopiert.

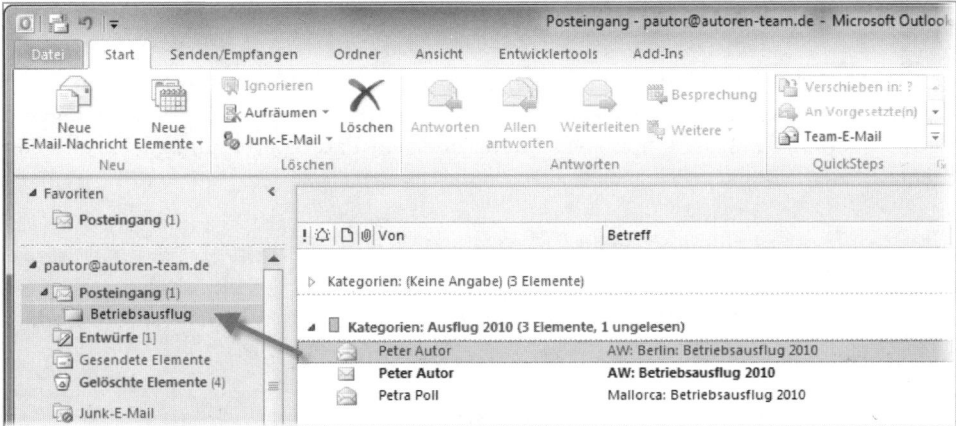

Bild 24.14: E-Mails verschieben und kopieren

Für einen bestehenden Ordner gibt es verschiedene Befehle. Sie finden die Befehle, indem Sie den Ordner markieren und das Kontextmenü über die rechte Maustaste öffnen.

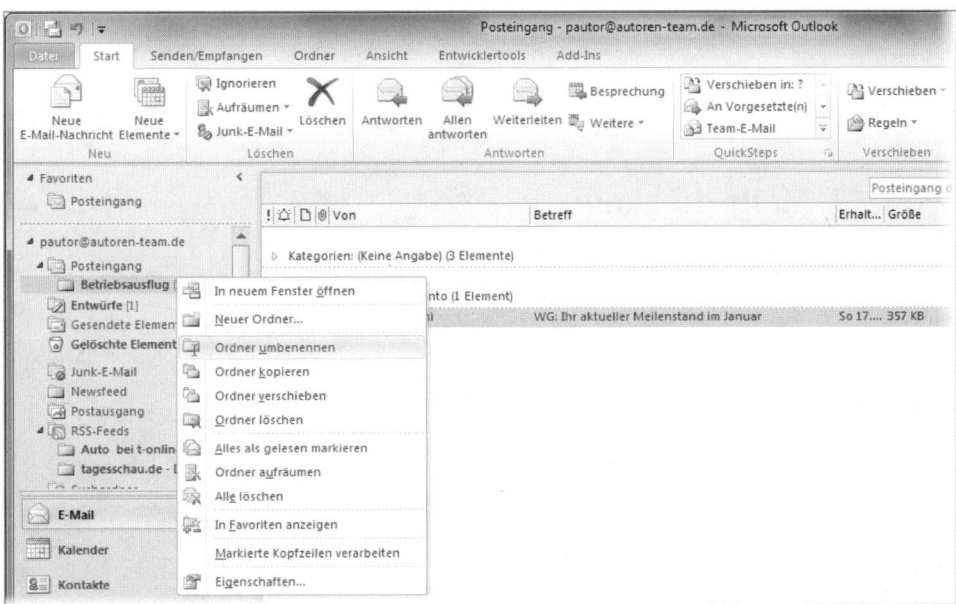

Bild 24.15: Befehle zum Unterordner finden Sie im Kontextmenü.

Dort werden die Befehle zum Verschieben, Kopieren, Löschen und Umbenennen angeboten.

24.5 Den Papierkorb bearbeiten

Der Papierkorb ist ein Ordner wie *Posteingang* oder *Gesendete Objekte*. Der Papierkorb wird so lange gefüllt, bis Sie den Befehl *Ordner leeren* im Kontextmenü zu diesem Ordner starten. Sind die Outlook-Elemente noch im Papierkorb, können Sie alle Elemente wiederherstellen.

E-Mails aus dem Papierkorb wiederherstellen

Die gelöschten Elemente können Sie wieder aus dem Papierkorb herausholen, indem Sie das Element im Papierkorb markieren und es mit der Maus in den Ursprungsordner verschieben.

Papierkorb leeren beim Beenden von Outlook

Ob beim Beenden von Outlook der Papierkorb automatisch geleert werden soll, stellen Sie über das Menü *Datei / Optionen* ein.

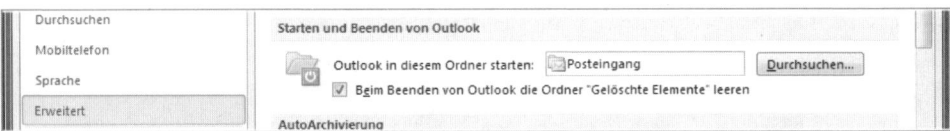

Bild 24.16: Die Option, den Papierkorb beim Beenden automatisch zu leeren

24.6 E-Mails drucken

Um eine Nachricht zu drucken, markieren Sie sie in einem E-Mail-Ordner.

Starten Sie im Menü *Datei* den Befehl *Drucken*.

Die Druckvorschau wird auf der rechten Bildschirmseite angezeigt. Die Druckoptionen sind leicht zu finden. Wenn Sie mehrere Drucker verwenden, können Sie den Druckernamen über das Listenfeld auswählen.

Die Schaltfläche *Druckoptionen* finden Sie direkt unter der Druckerauswahl. Die Auswahl an Optionen ist vom jeweiligen Drucker abhängig.

Tabellenformat

Interessant ist die Schaltfläche *Tabellenformat*. Wenn Sie die Anzeige auf das Tabellenformat ändern, wird der Inhalt des Ordners – also gegebenenfalls mehrere E-Mails – tabellarisch in einer Liste angezeigt.

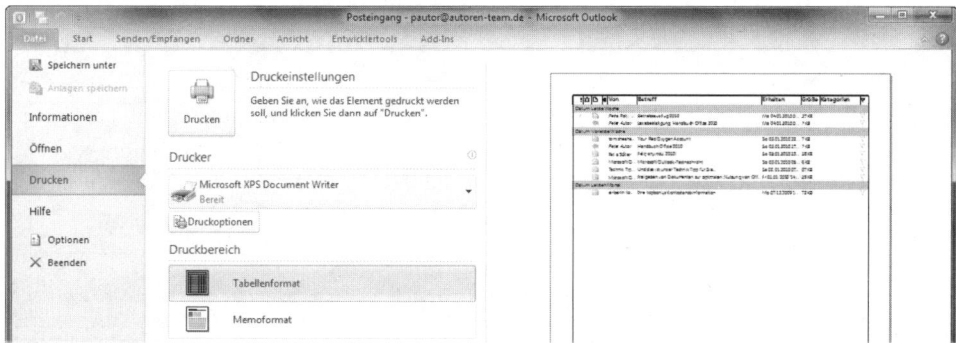

Bild 24.17: Die Liste der markierten E-Mails im Posteingang

Wenn Sie in einem Posteingang mit sehr vielen E-Mails bestimmte Zeilen im Tabellenformat ausgeben möchten, markieren Sie die Zeilen, starten den Befehl *Datei / Drucken* und setzen bei den *Druckoptionen* das Häkchen *Nur markierte Zeilen*. Klicken Sie dann auf den Befehl *Seitenansicht*.

Diese Methode zur Druckausgabe gilt übrigens auch für andere Outlook-Elemente, also beispielsweise auch für den Kalender oder den Bereich *Aufgaben*.

24.7 Die Outlook-Datendateien

In Folgenden geht es um die Dateien, die Outlook als Ablagesystem auf dem Computer dienen. Es geht um sogenannte PST-Dateien, denn Outlook muss die Elemente ja irgendwo speichern. Diese Frage ist besonders wichtig, wenn Sie den Computer wechseln oder Ihre Outlook-Elemente auf einem anderen Medium wie einem USB-Stick oder einer externen Festplatte sichern möchten.

Bei der Installation erstellt Outlook 2010 automatisch eine PST-Datei. Schauen wir zunächst, wo diese Datei liegt. Starten Sie dazu die folgende Befehlsfolge im Menü *Datei*:

1. Starten Sie den Befehl *Kontoeinstellungen / Kontoeinstellungen*.

2. Aktivieren Sie das Register *Datendateien*.

In der Liste werden die Datendateien aufgelistet. Nach einer »normalen« Installation von Outlook 2010 wird in der Liste eine Zeile mit Ihrer Datendatei angezeigt.

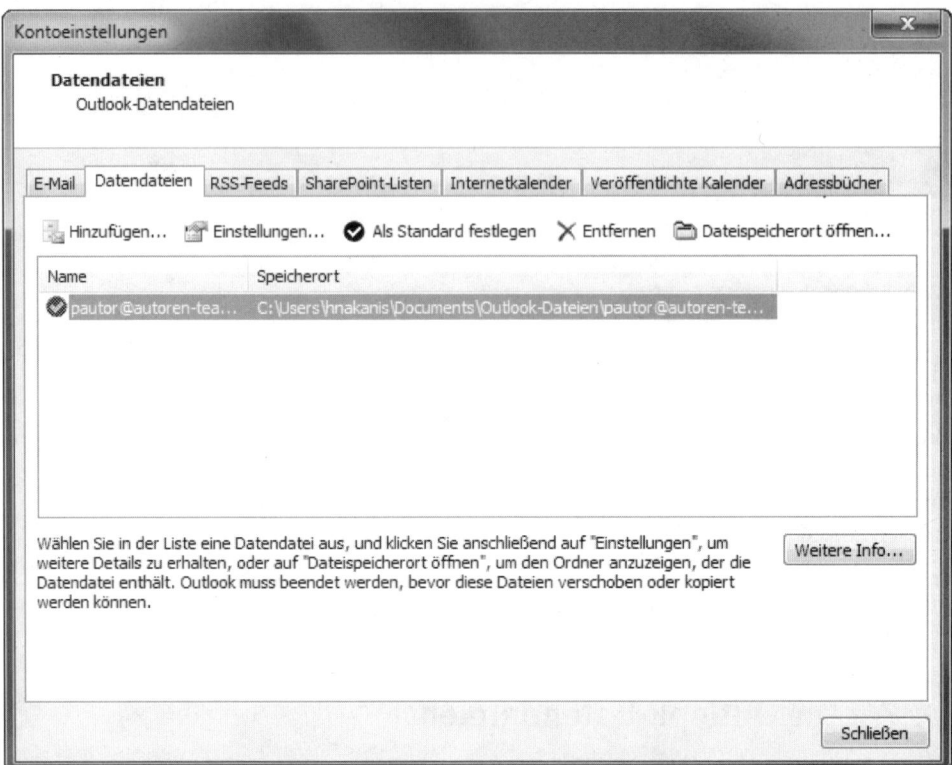

Bild 24.18: Ihre Outlook-Elemente liegen in einer PST-Datendatei.

In der Spalte *Speicherort* ist der Ordner zu sehen, unter dem die PST-Datei gespeichert ist.

3. Um den Ordner- und Dateinamen zu erhalten, markieren Sie die Zeile und klicken auf den Befehl *Einstellungen*.

Das Dialogfenster zeigt den Titel der PST-Datei und liefert die Möglichkeit, den genauen Standort der PST-Datei zu markieren.

4. Kopieren Sie nur den Ordnernamen ohne den Dateinamen mit der Endung .PST im Feld *Datei* in die Zwischenablage. Für das Beispiel

    C:\Users\hnakanis\Documents\Outlook-Datieen\pautor@autoren-team.de.pst

    lautet der Ordner:

    C:\Users\hnakanis\Documents\Outlook-Datieen

5. Kopieren Sie diesen Eintrag im Windows-Explorer in das Feld für die Pfadangabe, sodass die Dateien im Ordner angezeigt werden.

6. Wenn Sie die Datei auf einen Stick oder auf eine externe Festplatte kopieren möchten, öffnen Sie zu der Datei einfach das Kontextmenü und wählen im Untermenü *Senden an* das Laufwerk aus.

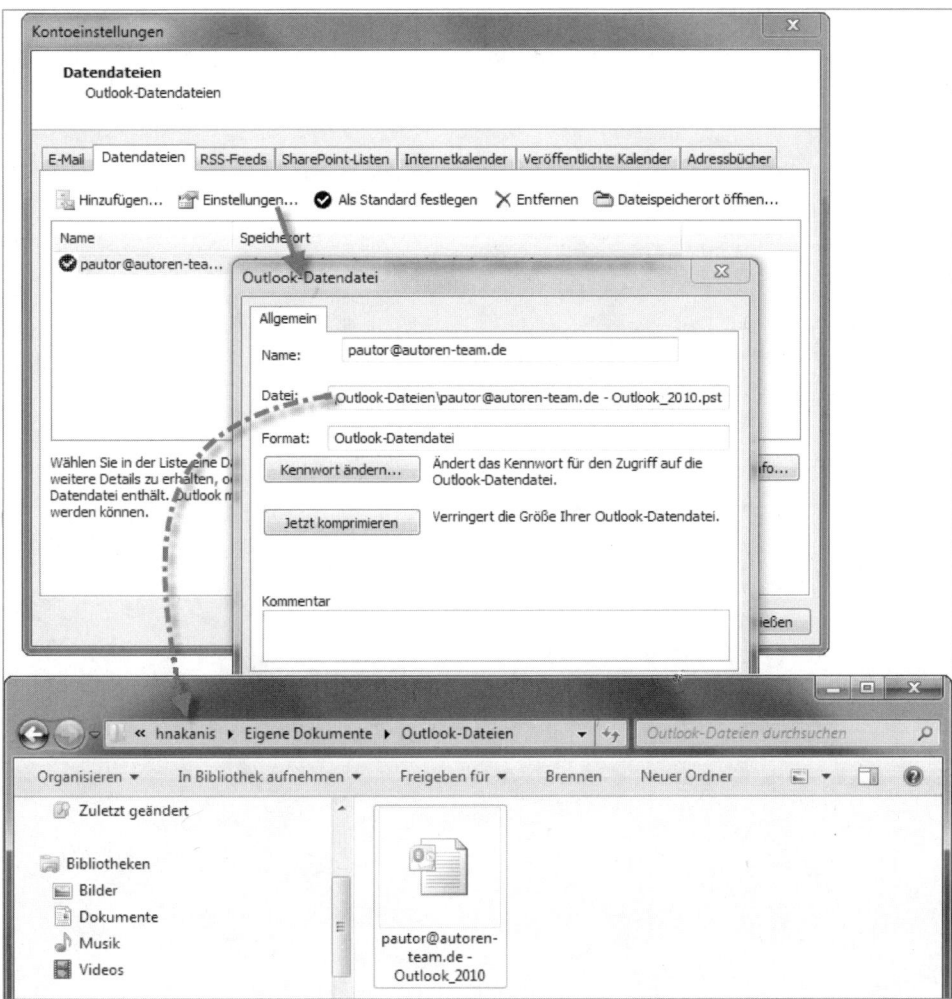

Bild 24.19: Sichern Sie diese Datei auf ein externes Speichermedium.

Bevor Sie die Datei auf den Datenträger kopieren, sollten Sie Outlook schließen.

Stichwortverzeichnis